陳榮捷著

朱子新探索

臺灣學生書局印行

敬以此書

奉 獻

Irene Bloom

Wm. Theodore de Bary（狄培瑞）

兩博士

朱文公遺像

朱子畫像 參看頁八十五朱子圖像之(2)

朱文公遺像採自朱玉康熙六十一年壬寅（一七二二）所編朱子文集大全類編第一冊卷一。朱玉識文云，「右像迺文公六十歲自寫真也。家廟遺硋，數羅兵火。後之重鐫。皆失其舊。此家藏墨刻，祀奉年久。威儀整肅，體備中和，與各祠院塑像，毫釐千里。茲謹依元本鈎摹，鋟梓於卷端。俾海內名宿，景仰尊崇，儼然見文公當年之氣象云。十六代裔孫玉百拜識」。

朱子墨蹟 參看頁六九四至六九七朱子墨蹟現存真蹟之(25)

數也

朱熹書

朱子新探索　目錄

序

此書專研究朱子，然爲何而作也？其原因複雜，不只一端。有因學生詢問，如李退溪（李滉，一五〇一—一五七〇）聖學十圖何以不用朱子大學圖（五七）？紹熙州縣釋奠儀圖是否專書（一〇八）？王懋竑（一六六八—一七四一）朱子年譜中所謂「年譜」（八）是何所指？「魔」字是否指摩尼教（五四）？「豁然貫通」是否頓悟（五三）等等，均歸而檢讀文集語類。偶有所得，不特以答學生，而亦以供同好。此其一。有因歷代懸案未決，不宜延緩下去。如遯之「家人」抑是「同人」（一二）？王陽明（王守仁，一四七二—一五二九）批評朱子之「定本」（四八），究是何解？南軒（張栻，一一三三—一一八〇）仁說（五九）是否朱子所撰？門人丁克還是丁堯（七二）？朱子曾見大慧禪師（一〇八九—一一六三）（一〇〇）否？朱子是否壓抑人欲（三九）？等等，學者意見紛歧，莫衷一是。予不敢謂遽下決斷。然愚者一得，或有參考之價值。此其二。有因好奇之心，欲罷不能。如「一而二，二而一」（五〇），「明」與「誠」（四二），朱子之記憶力（一五），之幽默（一八），之酒與（二一），與其高歌（二二），朱子用喻（五五）之類，或者引起同道者之興趣而增益新知。此其三。

有因朱子墨蹟（一〇九），聯語（一一五），逸詩（一〇四），文體（一〇五）（一〇七）之屬，爲文人騷客所樂道，然自從朱子十六世孫朱玉朱子文集大全類編（一七二二）所編朱子墨蹟以後，絕未見有通盤羅列者。誠然事體重大，非中韓日三國學者通力合作，費一二十年之工夫，不能濟事。而謂以個人一年半載之力，且非收藏家而是外行，乃敢越俎代庖，寧非狂妄？然梁章鉅（一七七五—一八四九）編楹聯叢話，搜集朱子所撰之聯十餘對，謂「此類尚多，安得有心人爲之一一搜輯乎」？予之意亦正是如此。此其四。

理學家以釋道爲異端，排除過甚。南宋末年以後，日益強烈。非以朱陸對峙，卽以朱王對壘。卽考據精審之王懋竑，亦所難免。觀其謂沈繼祖誣朱子六罪（一一七），乃「陽明後人依倣撰造以詆朱子」，可以知之。官方又以朱子爲正統。此門戶風氣，阻碍我國學術思想之進展凡數百載。及至二十世紀西風東漸，方始醒覺，而五四運動以後，抨擊程朱，謂理學爲魔鬼，大唱理學家以理殺人。中共立權以來，變本加厲，以程頤（一〇三三—一一〇七）「餓死事小，失節事大」之言爲殘忍，強調朱子在長沙斬十九人。於是我國又有一新門戶之見。其不幸如此。予每心焉痛之，乃撰孀婦再嫁（一二一），沈繼祖誣告（一一七），朱子之執法（一一九），天理人欲（三九），半日靜坐（四六），民可使由之（四九），可惜死了告子（九一）諸條，以爲朱子鳴寃。在積極方面，則側重朱陸、朱王、儒與釋道共同之點，故有朱陸私情（八九），陽明有得於朱子（九二），朱子與僧道（九三）（九九），佛經佛語（一〇一）（一〇二），老子莊子（九五）—（九八）諸條。此其五。

最大原因則是其六，卽言學者所未言。此實可以形容全書最少一百條。天地生物之心爲朱子天（三六）之觀念之中心思想。學者談朱子言天多矣，而從未見由生物之心出發者。偶爾及之，亦無有統系之討論也。命（三八）與體用（四〇）以至尊德性（四一），均是如此。四端七情（四三），知行合一（四四），哲學範疇（三三），玉山講義（六〇）等等，更無論矣。至其親屬（七），衣冠（二四），行（二五），居（二三），面之七痣（一〇），世俗信仰（一三），異蹟傳說

（二八），貧寒以至經營印務（二〇），朱子之於婦女（一二〇），精舍生活（七六），晝人朱熹（一一三）各方面，則學者皆緘默無言。學者不談，蓋有兩因。一者學者側重理氣太極心性格物窮理等主要觀念，以其他爲無關宏旨，因而付諸不討不論之列。殊不知由小可以見大。如吾人苟知朱陸私情方面互相尊敬，則學術之辨，其意義自然不同。門戶之強，未嘗非因此方面有所忽略也。又如吾人苟知朱子實際上如何待遇婦女，則理學家殘酷女性之說，不攻自破。

學者另一忽略細目之原因，乃在學術園地之界線與公私之別。我國傳統專重文史哲與政事，皆目之爲公。傳記文集皆以此爲範圍，而以家事與個人習尙爲私，諱而不言。然近年學術視野擴大，以社會學、心理學、自然科學等爲與人文科學同樣重要。於是研究朱子之嚴肅（一六）及其笑與怒（一七）等等，別有一般滋味。從心理學觀之，其重要性當不下於哲學方面之仁說（五八）也。

予敢言學者所未言，又敢以「新」字名篇，非謂有所發見，只欲彰其密，顯其微，提倡激動，擴大研究朱子之範圍而已。本書盡量採用韓國與日本資料，希望三國學人，多多合作，促進朱子之研究。

朱子之意，應以朱子本人之言示之。故文集語類，多多引用。集註或問等書亦有。又本書凡百餘目，讀者未必從頭到尾，敍述不免重複，惟讀者諒之。

湖南大學嶽麓書院研究所所長楊愼初教授與湖南師範大學楊金鑫教授之於湖南掌故，厦門大學高令印教授之於福建遺蹟，建陽縣文化館徐貫行先生之於考亭遺蹟，均提供資料，幫忙甚力。北京國立故宮博物院副院長楊伯達先生之於朱子眞墨，北京大學湯一介教授之於拓本，供給材料，又多又詳。臺北國立故宮博物院副院長昌彼得先生屢示朱子遺像與眞跡，均所感激。哈佛大學楊聯陞博士，Peter Bol 博士，Joanna Handlin Smith 博士，中國社會科學院歷史研究所冒懷辛教授，人民大學張立文教授，國立臺灣大學黃俊傑博士，中央研究院歷史語言研究所黃進興博士，香港中文大學李弘祺博士與王煜博士，廣島大學佐藤仁教授，Rutger 大學余君方博士，均伸助手，敬此致謝。供獻最多者則爲哥倫比亞大學研究生朱榮貴君。彼爲予搜尋版本頁數，大費心力時光。又於數處提供資料，且改正予之幾點錯漏。輔仁大學曾春海博士校對一遍，改正多端，今一並鳴謝。

一九八六，十月，陳榮捷

說明

(一) 生卒年。朱子之生卒年（高宗建炎四年庚戌，一一三〇，九月十五甲寅正午生，寧宗慶元六年庚申，一二〇〇，三月初九甲子午初刻卒，享年七十有一），只於此處指明。其他所知者則每條首次舉其生卒年或某年進士，用陽曆。年號則加干支，不避複雜，因年譜史傳，多用干支也。程顥、程頤、黃榦等人，不免重複多次。然此書無連續性，讀者決不從頭至尾。故每條首次加生卒年，以免讀者窮索之煩。各朝代之年期與先秦人物之生卒年則免，蓋如需檢查，亦至易也。陽曆之年與陰曆之年有異，然大致相同，故以相等視之。惟陸九淵（陸象山）卒於紹熙三年壬子（一一九二）十二月十四日。是日爲陽曆一一九三年一月十日，故其卒年破例，用一一九三。王守仁（王陽明）卒於嘉靖七年戊子（一五二八）十一月二十九日，等於陽曆一五二九年一月九日，故亦破例用一五二九。我國傳統以曆數爲歲。故如十二月出世，翌年正月卽稱二歲。西方傳統以足十二個月爲一歲，故正月仍爲一歲。許多西方學者將陰曆年齡減少一年，以符足數。如是則「人生七十古來稀」須改「人生六九古來稀」，孔子「四十九而知天命」，幾成笑話。於是有等學者用「歲」（sui）字以示與「年」（age）之不同，實可不必。本書除陸王二氏外，一律以陽曆之年爲陰曆之歲。故象山仍享壽五十有四，陽明五十有七。

(二) 版本。每條首次用書，必指明版本。版本當然採用善本，然亦有爲讀者利便計，用圖書館易見之通行本者。日版華版，非所計也。朱子語類，黎靖德（壯年一二六三）編，一百四十卷。本書簡稱語類，用臺北正中書局一九七〇年本。附註括弧內之頁數，卽此版本之頁數也。諸條不再言明版本。朱子文集朱在（一一六九年生）余師魯（壯年一二六五）等編，一百卷，續集十一卷，別集十卷。本書用四部備要本名朱子大全簡稱文集。諸條亦不再指出版本。

㈢ 卷頁與條之號碼。我國印書，素來爲精選份子而設。學者熟誦，又有師友就近諮詢。故著者附註每每只舉書名，或加卷數，絕少詳以頁數者。今時學界情勢大變，學術範圍擴大，學數理化者亦看文史哲之書。爲讀者檢查計，非備舉卷數，卷之題目，與頁之上下不可。語類每卷條數甚繁。單舉卷數，有如敎讀者海底撈針。學者間或指明條之首二三字如「□□條」，亦檢查不易。本書指明爲第幾條，括弧內又加正中本頁數。讀者如欲檢原文，自可按圖索驥也。近思錄與傳習錄無版本頁數，故用「第幾□□條」。

㈣ 分章。四書章數依朱子四書章句集註，不依十三經。本書硏究朱子，故用其分章，與朱子分章之是否無涉也。

㈤ 標點。通行標點，如「仁、義、禮、智」，每字之下加點子。引號則在句點之外，如「□□。」此乃效法英文而然。惟英文以文法爲標準，我國標點則以誦讀口氣爲句讀。每字佔一空位，句讀亦佔一空位。讀者至空位，則略停頓。「仁義禮智」，普通連讀不停。今四字下各加點子，佔一空位，則讀時應停頓一次，實不自然。引號既在句點之外，與下文密接，則似屬下文，而兩句之間不停頓矣。本書皆以讀之句讀爲準。「仁義禮智」，不加點子，而置句點於引號之外，如」。

㈥ 索引。諸書少有索引，亟待提倡。其有索引者，則分人名、書名、名詞、各爲一字表。如是讀者必先識得某某二字爲人名、書名，抑名詞，方可從事檢查。本書總爲一表，字之左旁以黑圈表示人名地名，以星標表示書名篇名，名詞則免。希望新版諸書，皆有聯合索引，以直線曲線或別種符號分別人名書名。至於字之次序，劃數與拼音各有得失。惟部首繁難，決不可用。

（一） 朱子行狀

洪武二十七年甲戌（一三九四），汪仲魯撰文公先生年譜序有云：「當時年譜與行狀二文並傳，故年譜所載，求師取友，注述本末，出處進退，居官莅政，前後次第，悉詳年月書之。而行狀則惟以發明求端用力之精義微旨，造道成德之淵奧要歸。所以承先聖，道統之傳，信有在也」❶。此年譜與行狀之大別也。年譜指朱子門人李方子（嘉定七年甲戌，一二一四，進士）所撰之最初年譜，久已失傳。王懋竑（一六六八—一七四一）朱子年譜沿之❷。行狀則指黃榦（一一五二—一二二一）之朱子行狀。行狀、年譜，與宋史本傳❸，同爲研究朱子生平之第一手資料，而宋史大半據行狀也。

黃榦爲朱子高弟與女壻。期望最殷。紹熙五年甲寅（一一九四）朱子作竹林精舍，遺榦書有「他時便可請直卿（黃榦字）代卽講席」之語❹。易簀前一日致書黃榦曰，「吾道之託在此

❶ 葉公回校訂，朱子年譜（近世漢籍叢刊本）（一四三一），序，頁六上下，總頁十一至十二；戴銑（一五〇八年卒），朱子實紀（近世漢籍叢刊本）序，頁五上，總頁二十一。

❷ 參看七十一頁「朱子年譜」條。

❸ 宋史，卷四二九。

❹ 同上（北京，中華書局，一九七七），卷四三〇，黃榦傳，頁一二七七八。

者，吾無憾矣」❺。朱子死於慶元六年庚申（一二〇〇）。其時朝庭攻擊道學甚嚴，稱爲「僞學」。行狀之作，勢須有待。嘉定二年己巳（一二〇九）賜諡曰文以後，情勢稍鬆。其子在（字敬之，一一六九—？）乃請黃榦爲撰行狀。黃榦「更俟一二年，學業稍進，方敢下筆」❻。「於是追思平日聞見，定爲草稾，以求正於四方之朋友。如是者十有餘年」❼。其間抄寫傳遞，商量辨論者屢屢。黃榦自云，「先師行狀乃是初本，殊未成次第。不知何人便輒傳出」❽。由此可見一斑。弟子亦印寄同門，各抒意見。陳淳（一一五九—一二二三）有致朱在書，措詞坦白而嚴正。摘錄如下：

> 繼得（廣東）潮陽郭子從（名叔雲，朱子門人）寄示先生行狀。後段印本不書姓名，想是直卿之筆，鋪敘得大意境出甚穩帖。然亦有小小造語立字未安處。不知前段如何？又不得本子。如云「正統有歸」，恐亦只宜作「全體有在」。又如「秋霜」處，恐尚欠溫和一節。又如「有功天下後世」處，恐欠集諸儒大成底意。又如天文、地理、樂律、兵機等類，皆吾道中之事。自己本分，著實工夫，所以明明德體用之全，止至善精微之極底意思所係，不可得而精粗者。今乃結上文以道德光明俊偉。如此却分析此節離為二截，似出道德之外，不相管屬❾。

陳淳之批評，可云精晰。別處反應，必然尚多。如是考思十有餘年，「參以敍述奠誄之文，定爲草稾，以諗同志，反復詰難」❿。「一言之善則必從，一字之非則必改。遷就曲從者，間或有之，徧愎自任者，則不敢也」⓫。於是成爲一萬六千餘言之大文章⓬。所述奏劄甚詳。此外有如下述：

先生自同安（福建）歸，奉祠家居，幾二十年。間關貧困，不以屬心。涵養充積，理明義精。見之行事者，益霈然矣。至郡懇惻愛民，如己隱憂。興利除害，惟恐不及⑬。

……

先生嘗草奏疏，言講學以正心，修身以齊家，遠便嬖以近忠直，抑私恩以抗公道，明義理以絕神姦，擇師傅以輔皇儲，精選任以明體統，振綱紀以厲風俗，節財用以固邦本，修政事以攘夷狄。凡十事，欲以為新政之助。會執政有指道學為邪氣者，力辭新

⑤ 文集，卷二十九，與黃直卿，頁二十二下。

⑥ 勉齋集（四庫全書珍本），卷十六，答王幼觀，頁二十下；卷三十六，朱子行狀跋，頁四十八上。

⑦ 同上，卷三十九，晦菴朱先生行狀告成告家廟，頁二十二下。

⑧ 同上註⑥上半。

⑨ 北溪大全集（四庫全書珍本），卷二十三，與朱寺正敬之第二書，頁四上下。

⑩ 勉齋集，卷三十六，朱子行狀跋，頁四十九上。

⑪ 同上註⑦。

⑫ 載勉齋集，卷三十六。又載朱子實紀，卷五。韓國有李滉輯注。與姜浩錫譯韓文。日本有佐藤仁譯注，朱子行狀（東京，明德出版社，一九六九）。頁六十五至一二六。

⑬ 勉齋集，卷三十六，頁七上。

命。除秘閣脩撰，仍奉外祠。遂不果上⑭。……

遂草書萬言，極言姦邪蔽主之禍，因以明其冤。詞旨痛切。諸生更諫以筮決之，遇遯之家人。先生默然退，取諫藁焚之，自號遯翁⑮。……

五十年間，歷事四朝。仕於外者僅九考，立於朝者四十日⑯。……

其為學也，窮理以致其知，反躬以踐其實。居敬者，所以成始成終也。謂致知不以敬，則昏惑紛擾，無以察義理之歸。躬行不以敬，則怠惰放肆，無以致義理之實。……萬物莫不有理。存此心，……窮此理。……無所容乎人欲之私，而有以全乎天理之正，……而道之正統在是矣⑰。……

其為道也，有太極而陰陽分。有陰陽而五行具。稟陰陽五行之氣以生，則太極之理，各具於其中。天所賦為命，人所受為性，感於物為情，統性情為心。根於性則為仁義禮智之德，發於情則為惻隱羞惡辭遜是非之端⑱。……

其可見之行則脩諸身者，其色莊，其言厲。其行舒而恭，其坐端而直。其閒居也，未明而起，深衣幅巾方履。拜於家廟以及先聖。退坐書室，几案必正。書籍器用必整。其飲食也，羹食行列有定位，匕箸舉措有定所。……其祭祀也，事無纖鉅，必誠必敬。……吉凶慶吊，禮無所遺。賙卹問遺，恩無所闕。其自奉則衣取蔽體，食取充腹，居止取足以障風雨。人不能堪，而處之裕如也⑲。……

周（周敦頤，一〇一七—一〇七三）程（程顥，一〇三二—一〇八五；程頤，一〇三三—一一〇七）張（張載，一〇二〇—一〇七七）邵（邵雍，一〇一一—一〇七七）之書，所以繼孔孟道統之傳。歷時未久，微言大義，鬱而不彰。先生為之裒集發明，而後得以盛行於世。……老佛之說，……計功謀利之私，二說並立。……先生力排之。……先生敎人，以大學、語、孟、中庸為入道之序，而後及諸經⑳。……

竊聞道之正統，待人而後傳。……先生出而自周以來聖賢相傳之道，一旦豁然如大明中天，昭晰呈露㉑。……

行狀成後，黃榦復寫六百餘言，以說明其去取之由。蓋有謂「言貴含蓄，不可太露」。有謂「年月不必盡記，辭受不必盡書」。有謂「告上之語，失之太直。記人之過，失之太訐」。又有以「前輩不必深抑，異學不必力排」。黃榦一一爲之解釋。實在行狀並無太露、太訐之語。又將行狀與陳淳所言比較，便可知其採納異議不少。「正統有歸」已依陳意改爲「正統在是」。「秋霜」處經已刪除。裒集發明周、程、張、邵之書一節，必因陳淳「欠集大成」之言而改。天文、地理、樂律、兵機等亦因陳淳之言，而加「學修而道立，德成而行

⑭同上，頁二十五上下。
⑮同上，頁三十六下。
⑯同上，頁三十八下。實計仕於外者七年六個月餘，立朝四十六日。
⑰同上，頁三十九至四十上。
⑱同上，頁四十上下。
⑲同上，頁四十一下至四十二上。
⑳同上，頁四十三下至四十四下。
㉑同上，頁四十八上下。

尊」㉒。可知「一言之善，不敢不從。然亦有參之鄙意，而不敢盡從者」㉓。嘉定十年丁丑（一二一七）既成之後，又「藏之篋笥，以爲未死之前，或有可以更定者。如是又四年。今氣血愈衰，疾病愈甚，度不能有所增損，乃繕寫一通，遣男曰之家廟」㉔。恐繕寫之愼，從來未有如此者。告諸家廟，所以「質諸鬼神而無疑」㉕。此不特黃榦一人之「百年論定」㉖，而是同門百數十人之論定，又是中國以至韓國、日本數百年之論定。讀此行狀，如見其人。

行狀影響整個東亞。明代大儒胡居仁（一四三四—一四八四）每令初學讀之，曰：「朱子行狀學問道理，本末精麤詳盡。吾每令初學讀之。明道行狀形容明道（程顥）廣大詳密㉗。然渾化純全，非夫積累久、地位高者，領會不得。吾每欲學者先讀朱子行狀，有規模格局，方好讀明道行狀」㉘。理學家之重視行狀，有如此者。不特我國理學家爲然。韓國理學巨擘李滉（號退溪，一五〇一—一五七〇）嘗爲輯注。其徒趙穆（字月川，一五二四—一六〇六）等於萬曆四年丙子（一五七六）印行。旋附於其理學通錄之第一卷，嗣后又單獨刊印。所註雖略，然從宋史、年譜，與皇朝道學名臣外錄三書補充行狀所未備。其注戊申（一一八八）封事爲注之最長者，顯然以表示朱子一萬二千言之封事並非不言復讎，故引朱子門人楊復之言，謂封事有「仇虜不滅，臣請伏鈇鉞之誅」之語，故知朱子主張先行自治，乃可恢復中原耳。行狀未言慶元元年乙卯（一一九五）朱子撰楚辭集註。退溪則補入門人楊楫（一一四二—一二一三）之跋，以示「先生憂時之意，屢形於色」。朱子紹興二十三年癸酉（一一五三）夏始受學於李侗（稱延平先生，一〇九三—一一六三）。各年譜均側重延平敎以默坐澄心，看喜怒哀樂未發時作何氣象。退溪獨引李先生理一分殊之說。此爲朱子以後特重理一分殊之種子，而爲諸書所未言者。退溪可謂獨具隻眼矣。此外，輯注特點尚多，無怪日本學者重視之。楠本碩水（一八三二—一九一六）云，「先輩謂非退溪不能作，信矣」。近年韓人姜浩錫譯行狀爲韓文㉙，日本崎門學派，特意表揚行狀。崎門三傑之一佐藤直方（一六五〇—一七一九）跋朱子行狀，謂「學者不學朱子則已。若欲學之，則不可不考於此書也」。崎門學者以行狀爲初學家塾教科書，又舉行行狀講會，印行講義。若林強齋（一六七九—一七三二）之教科課程，由小學而四書；而近思錄，而六經，而宋之五子，而朱子行狀㉚，則直等行狀於儒家經典與理學名著矣。

㉒同上，頁四十五下。

㉓同上，頁四十九上。

㉔同上注⑦。

㉕中庸，第二十九章。

㉖勉齋集，卷三十六，頁五十一上。

㉗伊川文集（四部備要二程全書本），卷七，明道先生行狀，頁一上至七上。

㉘居業錄（正誼堂全書本），卷三，聖賢德業，頁九下至十上。

㉙朱子行狀（漢城，文化社，一九七五）。

㉚李滉輯注之在日本與行狀之在日本均詳山崎道夫，朱子行狀退溪輯注の意義，載退溪學報，第十九期（一九七八年，八月），頁一三一至一四一。

〔此文曾刊在東吳大學哲學系傳習錄，第四期（一九八五），頁一至九。又孔子研究，第二期（一九八六），頁一二〇至一三三。〕

(一)朱子自述

語類一〇四爲朱子自論爲學工夫，一〇五爲論自注書。朱子全書卷五十五爲自論爲學工夫與論自著書。錢穆朱子新學案有朱子自述早年語。然皆未盡，且多未言明出處。今增補之。其中半數爲諸書所未載者。分四項如下：

甲 有時間性之回憶

❶「某五六歲時，心便煩惱箇天體是如何？外面是何物」？

❷「孟子所謂弈秋(告子篇第六上，第九章)，……某八九歲時，讀孟子到此，未嘗不慨然發奮」。

❸「某自總角讀論孟。自後欲一本文字高似孟論者，竟無之」。

❹「某少時讀四書，甚辛苦」。

❺「向年十歲，道人授以符印。父兄知之，取而焚之」。

❻「熹年十一歲，先君……手書此賦(昆陽賦)以授熹。……今忽忽五十有九年矣」。

❼「某十數歲時讀孟子，言聖人與我同類者(告子篇第六上，第六章)，喜不可言，以爲聖人亦易做。今方覺得難」。

❽「某十二三歲時，見范丈（范如圭，一一〇二—一一六〇）所言如此（「絜矩」作「結」字解）。他甚自喜，以爲先儒所未嘗到也」。

❾「熹年十三四時，受其（論語）說于先君」。

❿「少年時被病翁（劉子翬，稱屛山先生，一一〇一—一一四七）監看，他不許人看「了齋集」之類，要人看讀其議論好處。被他監讀，煞喫工夫」。

⓫「某自十四五歲時，便覺得這物事是好的物事，心便愛了」。

---

❶ 語類，卷四十五，第三十條（頁一八三六）。

❷ 同上，卷一二一，第十條（頁四六七一）。

❸ 同上，卷一〇四，第三條（頁四一五一）。

❹ 同上，第一條（頁四一五一）。

❺ 同上，卷三，第八十條（頁八十七）。

❻ 文集，續集，卷八，跋韋齋書昆陽賦，頁十上下。

❼ 語類，卷一〇四，第四條（頁四一五一）。

❽ 同上，卷十六，第二五一條（頁五八九）。

❾ 文集，卷七十五，論孟要義目錄序，頁六下。

❿ 語類，卷一三〇，第三十八條（頁四九七六）。陳瓘（一〇五七——一一二二）著五十卷了齋集，已不傳。宋元學案（四部備要本）卷三十五，頁四上至五上，錄若干條。關于陳瓘好佛，參看頁五上至六下。

⓫ 同上，卷一〇四，第四十一條（頁四一六七）。

⑫「熹自年十四五時，卽嘗有志於此（格致誠正）」。

⑬ 某年十五六時，讀中庸人一己百，人十己千一章（第二十章），因見呂與叔（呂大臨，一〇四六—一〇九二）解得此段痛快，讀之未嘗不竦然，警厲奮發」。

⑭「格物之說，程子（程頤，一〇三三—一一〇七）論之詳矣。……蓋自十五六時，知讀是書而不曉格物之義，往來於心餘三十年。近歲就實用功處求之，而參以他經傳記，內外本末，反復證驗，乃知此說之的當」。

⑮「某年十五六時，亦嘗留心於此（禪學）。一日在病翁所會一僧，與之語。……及去赴試時，便用他意思去胡說。……遂得舉」。原注云，「時年十九」。

⑯「某自十五六時，聞人說道理，知道如此好。但今日方識得」。

⑰「某少時爲學，十六歲便好理學。十七歲便有如今學者見識。後得謝顯道（謝良佐，一〇五〇—約一一二〇）論語，喜甚，乃熟讀」。

⑱「熹自少時妄意爲學，卽賴先生（謝顯道）之言以發其趣」。

⑲「鄭漁仲（鄭樵，一一〇二—一一六〇）詩辨將仲子（詩經第七十六篇）（國風，鄭）只是淫奔之詩非刺仲子之詩也。某自幼便知其說之是」。

⑳「某少時常鄙之（唐鑑），以爲苟簡因循之論。以今觀之，信然」。

㉑「某自十五六時至二十歲，史書都不要看」。

㉒「某自十六七時，下功夫讀書。彼時四畔皆無津涯，只自恁地硬着去做」。

㉓「熹未冠而讀南豐先生（曾鞏，一〇一九—一〇八三）之文，愛其詞嚴而理正，居常誦習」。

㉔「某自十四歲而孤，十六而免喪。是時祭祀只依家中舊禮。禮文雖未備，卻甚整

齊。先妣執祭事甚嚴。及某年十七八，方考訂諸家禮，禮文稍備」。㉔

「某年十七八時，讀中庸大學。每早起須誦十遍。今大學可且熟讀」。㉕

「某從十七八歲讀（孟子）至二十歲，只逐句去理會，更不通透。二十歲以後，方知不可恁地讀」。㉖

⑫ 文集，卷五十四，答陳正己第一書，頁十七下。
⑬ 語類，卷四，第四十一條（頁一〇六）。
⑭ 文集，卷四十四，答江德功第二書，頁三十七上。
⑮ 語類，卷一〇四，第三十八條（頁四一六六）。
⑯ 同上，卷三十三，第八十四條（頁一三六三）。
⑰ 待查。朱子全書（康熙五十三年，甲午，一七一四，本），卷五十五，自論爲學工夫，頁九上引。
⑱ 文集，卷八十，上蔡先生祠記，頁四下至五上。
⑲ 語類，卷二十三，第二十七條（頁八七一）。
⑳ 同上，卷一〇八，第二十條（頁四二六六）。
㉑ 同上，卷一〇四，第二十三條（頁四一五九）。
㉒ 同上，第八條（頁四一五三）。
㉓ 文集，卷八十三，跋曾南豐帖，頁十二下。
㉔ 語類，卷九十，第一〇九條（頁三六七六）。
㉕ 同上，卷十六，第二十二條（頁五〇九）。
㉖ 同上，卷一〇五，第三十六條（頁四一八〇）。

㉗「某記少年應舉時，嘗下視那試官，說他如何曉得我底意思。今人盡要去求合試官，越做得那物事低了」。

㉘「某少好古。金石文字，家貧不能存其書。獨時時取歐陽子（歐陽修，一〇〇七—一〇七二）所集錄（集古錄），觀其序跋辨證之辭以爲樂」。

㉙「某少年時，只做得十五六篇義。後來只是如此發舉及第。人但不可不會作文字。及其得也，只是如此」。

㉚「熹年十八九時，得拜徐公先生（徐存，字誠叟）于清湖之上，便蒙告以克己歸仁（論語，顏淵篇第二，第一章）知言養氣（孟子，公孫五篇第二上，第二章）之說」。

㉛「某登科後，要讀書。被人橫截直截。某只是不管，一面自讀」。

㉜「某二十歲前得上蔡語錄觀之。初用銀朱畫出合處。及再觀則不同矣，乃用粉筆。三觀，則又用墨筆。數過之後，則全與元看時不同矣」。

㉝「某二十歲前後，己看得書大意如此（諷誦中見義理）。如今但較精密。日月易得，忽忽過了五十來年」。

㉞「某自二十時，看道理便要看那裏面。嘗看上蔡（謝良佐）論語（說）。其初將紅筆抹出，後又用青筆抹出，又用黃筆抹出，四番後又用墨筆抹出，是要尋那精底」。

㉟「某舊二十許歲時，讀至此（程頤，易傳，註屯卦「匪寇婚媾」），便疑此語有病，只是別無他說可據。只得且隨他說，然每不滿。後來方見得不然」。

㊱「某自二十歲時，讀詩便覺小序無意義。及去了小序，只玩味詩詞，卻又覺得道理貫徹」。

㊲「某今且勸諸公屏去外務，趲工夫專一去看這道理。某年二十餘已做這工夫」。

㊳「某少年過（福建）莆田見林謙之方次榮說一種道理，說得精神極好。聽爲之踊躍鼓動。退而思之，忘寢與食者數時」。

㊴「某向爲（福建）同安簿（一一五三—一一五六），許多賦稅出入之簿，逐日點對僉押，以免吏人作弊」。

㊵「昔在同安作簿時，每點追稅，必先期曉示」。

㉗同上，卷一二一，第二十一條（頁四六七七）。
㉘文集，卷七十五，家藏石刻序，頁二上。
㉙語類，卷一〇七，第三十二條（頁四二四七）。
㉚文集，卷八十一，跋徐誠叟贈楊伯起詩，頁二十一下。
㉛語類，卷一〇四，第二十四條（頁四一五九）。
㉜同上，第十二條（頁四一五七）。
㉝同上，第九條（頁四一五四）。
㉞同上，卷一二〇，第十八條（頁四六一二）。
㉟同上，卷七十，第十二條（頁二七七八。）
㊱同上，卷八十，第四十三條（頁三三〇二）。
㊲同上，卷一〇四，第四十五條（頁四一六七）。
㊳同上，卷一三二，第五十五條（頁五〇九六）。
㊴同上，卷一〇六，第一條（頁四一九三）。
㊵同上，第二條（頁四一九三）。

㊶「某在同安作簿去州請印。當時有箇指揮使並一道家印。緣胥吏得錢方給。某戲謂要做箇軍員與道士，亦不能得」。

㊷「頃在同安見官戶富家，吏人市戶，典賣田業，不肯受業，操有餘之勢力以坐困。……每縣中有送來整理者，必了于一日之中。蓋不如此，則村民有宿食廢食之患，而市人富家得以持久困之，使不敢伸理」。

㊸「嘗記少年時在同安，夜聞鐘鼓聲。聽其一聲未絕，而此心已自走作。因此警懼，乃知爲學須是專心致志」。

㊹「後來在同安作簿時，因睡不着，忽然思得，乃知『洒掃應對』（論語，子張篇第十九，第十二章）與『精義入神』（易經，繫辭下傳，第五章）卻是有本末，有大小」。

㊺「在同安時，一日差入山中檢視。夜間忽思量得……非是洒掃應對，便是精義入神，更不用做其他事也」。

㊻「某向來費無限思量……如何諸公都說成末即是本。後在同安往外邑定驗公事，路上只管思量，方思量得透」。

㊼「舊爲同安簿時，下鄉宿僧寺中，衾薄不能寐。是時正思量子夏之門人小子章（論語，子張篇第十九，第十二章）（程子註云洒掃應對，即是精義入神之理），（遺書，卷十五，頁八上，程子註云，從洒掃應對至精義入神，通貫只一理）聞子規聲甚切。今纔聞子規啼，便記得是時」。

㊽「某舊爲同安簿時，學中一士子作書義如此說（自學教人，無非是學）。某見他說得新巧，大喜之」。

㊾「某往年在同安……後官滿，在郡中等批書。已遣行李，無文字看。於館人處借得

孟子一册。熟讀之，方曉得養氣一章（公孫丑篇第二上，第二章）語脈」。

㊿「某向爲同安簿，滿到泉州候批書。在客邸借文字，只借得一册孟子。將來子細讀，方尋得本意」。

51「紹興二十六年（丙子，一一五六）之秋，予吏同安適三年矣。吏部所使代予者不至，而解署日以隳敝不可居，方以因葺之宜爲請於縣。會予奉檄走旁郡，因得并載其老幼，身送之東歸。涉春而反，則門廡列舍，已摧壓而不可入矣。於是假縣人陳氏之館居焉」。

52「初師屏山籍溪（胡憲，一〇八六—一一六二）。籍溪學於文定（胡安國，一〇七四—一一三八）

---

41 同上，第四條（頁四一九四）。

42 文集，卷四十三答陳明仲第九書，頁四上。

43 語類，卷一〇四，第三十三條（頁四一六三）。

44 同上，卷四十九，第四十二條（頁一九一四）。

45 同上，第四十三條（頁一九一五）。

46 同上，第四十四條（頁一九一六）。

47 同上，第五十五條（頁一九二〇）。

48 同上，卷七十九，第五十八條（頁三二三七）。

49 同上，卷一〇四，第十四條（頁四一五七）。

50 同上，第十三條（頁四一五七）。

51 文集，卷七十七，畏壘菴記，頁五上下。

52 語類，卷一〇四，第三十七條（頁四一六四）。

又好佛老。以文定之學爲論，治道則可，而道未至。然於佛老亦未有見。屏山少年能爲舉業。官莆田，接客下一僧，能入定，數日後乃見了。老歸家讀儒書，以爲與佛合，故作聖傳論。其後屏山亡，籍溪在。某自見於此道未有所得，乃見延平（李侗，一〇九三—一一六三）。

53 「後赴同安任，時年二十四五矣。始見李先生，與他說。李先生只說（禪）不是。某卻倒疑李先生理會此未得，再三質問。李先生爲人簡重，卻不會說。只教看聖賢言語。某遂將那禪來權倚閣起。意中道禪亦自在，且將聖人書來讀。讀來讀去，一日復一日。覺得聖賢言語，漸漸有味。卻回頭看釋氏之說，漸漸破綻，罅漏百出」。

54 「初見李先生，說得無限道理。李先生云，『汝恁地懸空理會得許多，面前事卻理會不得。道亦無玄妙，只在日用間着實做工夫處理會，便自見得』。後來方曉得他說」。

55 「某少年未有知，亦曾學禪。只李先生極言其不是。後來考究，卻是這邊味長。才這邊長得一寸，那邊便縮了一寸，到今銷鑠無餘矣。畢竟學佛無是處」。

56 「某時爲學，雖略理會得，有不理會處，便也恁地過了。及見李先生後，方知得是恁地下工夫」。

67 「頃至（福建）延平見李愿中丈（李侗），問以一貫忠恕（論語，里仁篇第四，第十五章）之說，見謂忠恕正曾子見處。及門人有問，則亦以其所見諭之而已。豈有二言哉」？

58 「某舊日理會道理，亦有此病（無着摸處用工）。後來李先生說，令去聖經中求義。某後刻意經學，推見實理，始信前日諸人之誤也」。

59 或問先生與范直閣（范如圭，一一〇二—一一六〇）說忠恕還與集註同否，曰，「此是三十歲以前書，大槩也是，然說得不似，而今看得又較別」。

60 「某所解論孟（集註）和訓詁，注在下面。要人精粗本末，字字爲咀嚼過。此書某自三十歲便下工夫。到而今改猶未了。不是草草。看者且歸子細」。

61 「三十年前長進，三十年後長進得不多」。

62 「某四十以前，尚要學人做文章。後來亦不暇及此矣。然而後來做底文字，便只是二十左右歲做底文字」。

63 「嘗欲於（福建）雲谷（一一七五）左立先聖，四賢（顏子、子思、曾子、孟子）配，右立二程（程顥（一〇三二—一〇八五），程頤）諸先生，後不曾及」。

64 「某記在（江西）南康（一一七九—一一八一），欲於學中整頓宣聖，不能得。後說與交代，宣聖本不當設像。春秋祭時，只設主祭可也。今不可行，只得設像，坐於地，方始是

---

53 同上，第三十八條（頁四一六六）。
54 同上，卷一〇一，第七十六條（頁四〇八二）。
55 同上，第三十九條（頁四一六七）。
56 同上，卷九十八，第三十五條（頁三九九二）。
57 文集，卷三十七，與范直閣第一書，頁三上下。
58 語類，卷一〇四，第二十七條（頁四一六〇）。
59 同上，卷二十七，第一〇〇條（頁一一二一）。與范書見文集，卷三十七，頁三上至五上。
60 同上，卷一一六，第三十七條（頁四四六二）。
61 同上，卷一〇四，第四十四條（頁四一六九）。
62 同上，卷一三九，第十七條（頁五三〇三）。
63 同上，卷九十，第二十八條（頁三六四〇）。

禮」。

65 「他（陸象山）來南康。某請他說書。他卻說（論語，里仁篇第四，第十六章，「君子喻于義，小人喻于利）這義利分明，是說得好。說得來痛快，至有流涕者」。

66 「在南康時，才見旱劄刷錢物」。

67 「某在南康時，……某都是使牒。吏初皇懼。某與之云，有法，不妨只如此去」。

68 「向在南康日，教官（斷章）出題不是，也不免將他申請下郡學，令不得如此。近來省試，如書題依前如此」。

69 「某南康臨罷，有躍馬於市者，踏了一兒將死。某時在學中，令送軍院。次日以屬知錄。晚過廨舍。知縣云，『早上所喻，已栲治如法』。某既而不能無疑。回至軍院，則其人冠履儼然，初未嘗經栲掠也。遂將吏人并犯者訊。次日吏人杖脊勒罷。偶一相識云，『此是人家子弟，何苦辱之』？某曰，『人命所係，豈可寬弛？若云子弟得躍馬踏人，則後日將有甚於此者矣』」。

70 「某舊時用心甚苦。思量這道理，如過危木橋子，相去只在豪髮之間。才失腳便跌落下去。用心極苦。五十歲已後，覺得心力短。看見道理，只爭絲髮之間。只是心力把不上。所以大學中庸語孟（章句集註）諸文字，皆是五十歲已前做了。五十已後，長進得甚不多」。

71 因論監司巡歷受折送。曰，「近法自上任許一次受」。直卿（黃榦，一一五二—一二二一）曰，「看亦只可量受」。曰，「某在浙東（一一八二）都不曾受」。

72 「昔爲浙東倉時，（浙江）紹興有繼母與夫之表弟通，遂爲接腳夫。擅用其家業，恣意破蕩。其子不甘來訴。初以其名分不便，卻之。後趕至數十里外，其情甚切，遂與受理。

……其罪至此，官司若不與根治，則其父得不銜寃於地下乎？……追之急，其接脚夫即赴井。其有罪蓋不可掩」。

73 「某覺得今年（六十一歲）方無疑」。

74 「某看文字，看到六十一歲，方略見得道理恁地」。

75 「某向時也杜撰說得，終不濟事。如今方見分明，方見得聖人一言一字不吾欺。只今六十一歲，方理會得恁地」。

76 「在（福建）漳州日（一一九〇）詞訟訖，有一士人立庭下，待詢問。乃是要來從學，

---

64 同上，第二十條（頁三六三八）。

65 同上，卷一一九，第十七條（頁四五九〇）。

66 同上，卷一〇六，第五條（頁四一九四）。

67 同上，第八條（頁四一九六）。

68 同上，卷一一八，第五十六條（頁四五五七）。

69 同上，卷一〇六，第七條（頁四一九五至四一九六）。

70 同上，卷一〇四，第四十六條（頁四一六八）。

71 同上，卷一〇六，第二十條（頁四二〇一）。

72 同上，第二十一條（頁四二〇二）。

73 同上，卷一〇四，第四十七條（頁四一六九）。是條爲童伯羽庚戌（一一九〇）所聞。是年朱子六十一歲。

74 同上，卷一一五，第三十三條（頁四四二八）。

75 同上，卷一〇四，第四十六條（頁四一六九）。

居（福建）泉州。父母遺學舉業，乃厭彼要從學。某以其非父母命，令且歸去，得請再來，始無所礙。然其有所見，如此自別」。

(77)「先生忽發嘆……曰……『自是覺無甚長進。於上面（道理）猶覺得隔一膜』。又云，『於上面但覺透得一半』」。

(78)「（湖南）潭州（一一九四）初一十五例不見客，諸司皆然。某遂破例，令皆相見」。

(79)「頃在朝（一一九四）因僖祖之祧與諸公爭辯，幾至喧怒。後來因是去國。不然亦必爲人論逐」。

(80)「某聞一日集議（姚僖祖），遂辭不赴。某若去時，必與諸公合炒去」。

(81)「理會得時，今（六十七歲）老而死矣。能受用得幾年？然十數年前理會不得。死又卻可惜」。

(82)「自去年來，拜跪已難。至冬間益艱辛。今年（一一九八或一一九九）春間僅能立得住，遂使人代拜。今立亦不得了。然七八十而不衰。非特古人，今人亦多有之。不知某安得如此衰也」（此條爲沈僴戊午（一一九八）以後所聞）。

(83)「浙間是權譎功利之淵藪，一二三十年後，其風必熾，爲害不小。某六七十歲，居此世不久，且夕便死。只與諸君子在此同說，後來必驗」。

(84)「某今病得十生九死。已前數年見浙中一般議論如此，亦嘗竭其區區之力，欲障其末流，而徒勤無益。不知瞑目以後，又作麼生。可畏可嘆」。

(85)「早晚入講（一一九四）非某之請，是自來如此。然某當時便敎久在講筵，恐亦無益。一日雖是兩番入講筵，文字分明，一一解注，亦只謂過而已。看來亦只是文具」。

86 慶元二年丙辰，一一九六，楊方（隆興元年癸未，一一六三，進士）「臨行請教，曰，『累日所講，無非此道，但當勉之』。……因曰，『自深沉了二十年，只是說取去。今乃知當涵養』」。

87 「諸人怕做黨錮（一一九六）。看得定，是不解恁地。且如楊子直（楊方），前日纔見某入文字，便來勸止，且攢着眉，做許多模樣。某對他云，『公何消得恁地？如今都是這一串說話。若一向絕了，又都無好人去』」。

88 「州縣捕索（蔡元定，一一三五—一一九八）甚急，不曉何以得罪」。

---

76 同上，卷一二〇，第五十六條（頁四六三五）。

77 同上，卷一〇四，第四十九條（頁四一七〇）。是條爲董賀孫辛亥（一一九一）以後所聞，朱子六十二歲以後。

78 同上，卷一〇六，第四十六條（頁四二三三）。

79 同上，卷九十，第五十二條（頁三六五八）。

80 同上，卷一〇七，第八條（頁四二三三）。

81 同上，卷一〇四，第四十八條（頁四一六九）。注云，「丙辰（一一九六）冬」。是年朱子六十七歲。

82 同上，卷九十，第一〇九條（頁三六七七）。

83 同上，卷九十四，第二〇五條（頁三八二五）。

84 同上，卷七十三，第三十二條（頁二九四一）。

85 同上，卷一三二，第八十六條（頁五一〇六）。

89 或勸先生散了學徒，閉戶省事，以避禍者。先生曰，「禍福之來，命也」。

90 時僞學之禁嚴。……先生曰，「某今頭常如黏在頸上」。又曰，「自古聖人未嘗爲人所殺」。

乙　生平回顧

91 「且如某之讀書，那曾得師友專守在裏？初又曷嘗有許多文字？也只自著力耳」。

92 「某不敢自昧，實以銖累寸積而得之」。

93 「某舊學琴，且亂彈。謂待會了卻依法。元來不然。其後遂學不得。知學問安可不謹厥始」？

94 「某平生不會懶。雖甚病，然亦一心欲向前做事，自是懶不得」。

95 「某平生不會做補接底文字。補湊得不濟事」。

96 「平生最不喜作文。不得已爲人所託乃爲之」。

97 「予舊嘗好法書，然引筆行墨，輒不能有毫髮象似，因遂懶廢」。

98 「予少嘗學書，而病於腕弱，不能立筆，遂絕去不復爲」。

99 「道間人多來求詩與跋。某以爲人之與天地日月相爲長久者，元不在此」。

100 「某不立文字。尋常只是講論」。

101 問在官所還受人壽儀否？曰，「否。然也有行不得處。如作州則可以不受，蓋可以自由。若有監司所在，只得按例與之受。蓋他生日時，又用還他。某在潭州（一一九四）如此。在南康（一一七九—一一八一）漳州（一一九〇—一一九一）不受亦不送」。

⑩②「人每欲不見客。不知它是如何？若使某一月日不見客，必須大病一月似。今日一日與客說話，卻覺得意思舒暢。不知他們關着門不見人底，是如何過日」？

⑩③「平日辭官文字甚多」。

⑩④問先生忌日何服？曰，「某只着白絹涼衫，黲巾。不能做許多樣得」。

---

86 同上，卷一一九，第五條（頁四五七七）。
87 同上，卷一〇七，第二十一條（頁四二四四）。
88 同上，第二十二條（頁四二四五）。
89 同上，第二十七條（頁四二四六）。
90 同上，第三十三條（頁四二四八）。
91 同上，卷一二一，第五十三條（頁四六九〇）。
92 同上，卷一〇四，第四十一條（頁四一六七）。
93 同上，卷五十五，第四十一條（頁二〇八九）。
94 同上，卷一二〇，第二十九條（頁四六一七）。
95 同上，卷一三九，第一二九條（頁五三三六）。
96 同上，卷一〇四，第五十七條（頁四一七二）。
97 文集，卷八十二，頁四上，題法書。
98 同上，卷八十四，頁十三下，跋程沙隨帖。
99 語類，卷一〇七，第六十三條（頁四二五五）。
100 同上，卷一一八，第八十八條（頁四五七一）。
101 同上，卷八十七，第一五七條（頁三五八三）。
102 同上，卷一〇七，第四十四條（頁四二五〇）。

⑩「七月十五素饌，用浮屠。某不用耳」。
⑩問行時祭則俗節如何？曰，「某家且兩存之」。
⑩「某自有吊服，絹衫，絹巾。忌日則服之」。
⑩「某平生每夢見故舊親戚。次日若不接其書信及見之，則必有人說及。看來惟此等是正夢。其他皆非正」。

丙　自論本人著作

109「讀書須是自肯下工夫始得。某向得之甚難，故不敢輕說與人。至於不得已而爲注釋者，亦是博採諸先生及前輩之精微，寫出與人看，極是簡要」。
110「某釋經每下一字，直是稱等輕重，方敢寫出」。
111「某解書如訓詁。一二字等處多，有不必解處。只是解書之法如此。亦要教人知得看文字不可忽略」。
112「某所改經文字者，必有意。不是輕改。當觀所以改之之意」。
113「每常解文字，諸先生有多少好說話，有時不敢載者，蓋他本文未有這般意思在」。
114「某於大學用工甚多。溫公（司馬光，一〇一九—一〇八六）作通鑑，言臣生平精力，盡在此書。某於大學亦然。論孟（集註）中庸（章句），卻不費力」。
115「大學中庸（章句）屢改，終未能到得無可改處。大學（章句）近方稍似少病。道理最是講論時說得透。纔涉紙墨，便覺不能及其一二」。

看」。116「某於論孟（集註）四十餘年理會。中間逐字稱等，不教偏些子。學者將注處宜子細看」。又曰，「解說聖賢之言，要義理相接去，如水相接去，則水流不碍」。後又云，「中庸解每番看過，不甚有疑。大學（章句）則一面看，一面疑。未甚愜意，所以改削不已」。117「某語孟集註，添一字不得，減一字不得。公子細看」。又曰，「不多一箇字，不少一箇字」。

103 同上，第七十條（頁四二五七）。
104 同上，卷八十七，第一五七條（頁三五八二）。
105 同上，卷九十，第一三二條（頁三六八四）。
106 同上，第一三三條（頁三六八四）。
107 同上，第一四一條（頁三六八六）。
108 同上，卷八十六，第七十條（頁三五三〇）。
109 同上，卷一二一，第七十九條（頁四七〇二）。
110 同上，卷一〇五，第二條（頁四一七四）。
111 同上，第三條（頁四一七四）。
112 同上，第四條（頁四一七五）。
113 同上，第五條（頁四一七五）。
114 同上，卷十四，第五十一條（頁四二二）。
115 文集，卷五十四，答應仁仲第一書，頁十下。

⑱「某舊時看文字甚費力。如論孟諸家解，有一箱。每看一段，必檢許多。各就諸說上，推尋意脈。各見得落着，然後斷其是非。是底都抄出兩字。好亦抄出。雖未如今集註簡盡，然大綱已定。今集註只是就那上刪來。但人不着心，守見成說，只草草看了。今試將（論孟）精義來參看一兩段，所以去取底是如何，便自見得」。

⑲「某向來作（四書）或問，蓋欲學者試取正意。觀此書者，當於其中見得此是當辨，此不足辨。刪其不足辨者，令正意愈明白可也」。

⑳先生說論語或問不須看。請問。曰，「支離」。

㉑「某向時編此書（孟子要指），今看來亦不必。只孟子便直恁分曉示人，自是好了」。

㉒「某向作詩解文字，初用小序。至解不行處，亦曲爲之說。後來覺不安。第二次解者，雖有小序，間爲辨破，然終是不見詩人本意。後來方知只盡去小序，便自可通。於是盡滌舊說，詩意方活」。

㉓「某解詩多不依他序。縱解得不好，也不過只是得罪於作序之人。只依序解而不考本詩上下文意，則得罪於聖賢也」。

㉔「某舊時看詩數十家之說，一一都從頭記得。……又熟看，久之方敢決定斷說這說是，那說不是」。

㉕「禮編纔到（湖南）長沙，卽欲招諸公來同理會。後見彼事叢，且不爲久留計。遂止。後至都下，庶幾事體稍定，做箇規模，盡喚天下識禮者修書，如余正父諸人皆敎來。今日休矣」。

㉖「西銘（解）太極（圖說）諸說，亦皆積數十年之功，無一字出私意」。

127 「脩身大法，小學備矣。義理精微，近思錄詳之」。

128 「近思錄好看。四子六經之階梯，近思錄四子之階梯」。

129 「近思錄一書，無不切人身，救人病者」。

130 「小學多說那恭敬處，少說那防禁處」。

131 「仁說只說得前一截好」。

---

116 語類，卷十九，第六十一條（頁七〇四）。

117 同上，第五十九條（頁七〇三）。

118 同上，卷一二〇，第十七條（頁四六一〇）。

119 同上，卷一二一，第三十三（頁四六八二）。

120 同上，卷一〇五，第三十五條（頁四一八一）。

121 同上，第三十七條（頁四一八二）。

122 同上，卷八十，第七十一條（頁三三一三）。

123 同上，第九十六條（頁三三二四）。

124 同上，第九十七條（頁三三二五）。

125 同上，卷八十四，第三十七條（頁三四七九）。

126 文集，卷三十八，答黃叔張，頁三十上。

127 語類，卷一〇五，第二十二條（頁四一七九）。

128 同上，第二十三條（頁四一七九）。

129 同上，第二十六條（頁四一七九）。

丁 有願未償

132「欲立一家廟，小五架屋」。「便是力不能辦」。

133「予嘗自念自今以往，十年之外，嫁娶亦當粗畢。卽斷家事，滅景此山（蘆山雲谷）」。

134問論語或問。曰，「是十五年文字，與今說不類。當時欲修。後來精力衰。那箇工夫大。後掉了」。

135「王氏（王安石，一〇二一—一〇八六）新經，儘有好處。蓋其極生平心力，豈無見得着處？……某嘗欲看一過，與摭撮其好者而未暇」。

136「書亦難點。如（周書）大誥語句甚長，今人卻都碎讀了，所以曉不得。某嘗欲作書說，竟不曾成」。

137（禮書）「散在諸處，收拾不聚，最苦。每日應酬多工夫，不得專一。若得數月閑，更一兩朋友相助，則可畢矣。頃在朝欲奏乞專創一局，召四方朋友習禮者數人編修，俟書成將上，然後乞朝廷命之以官，以酬其勞，亦以少助朝庭蒐用遺才之意。事未及舉而某去國矣」。

138「嘗欲寫出蕭何（前一九三年卒）韓信（前一九七年卒）初見高祖（前二〇六—前一九五）時一段，鄧禹（二—五八）初見光武（二五—五七）時一段，武侯（諸葛亮，一八一—二三四）初見先主（劉備）時（二〇七）一段。將這數段語及王朴平邊策編爲一卷」。

139「某嘗作通鑑綱目，有無統之說。此書今未及修。後之君子必有取焉」。

140「向讀女戒，見其言有未備及鄙淺處。伯恭（呂祖謙，稱東萊先生，一一三七—一一八一）亦嘗病之。間嘗欲別集古語，如小學之狀爲數篇。其目曰正靜，曰卑弱，曰孝愛，曰和睦，曰勤謹，曰儉賢，曰寬惠，曰講學。班氏（班昭，五二—一二五）書（女戒）可取者亦刪取之。……病倦不能檢閱。幸更爲詳此目有無漏落。有卽補之，而輯成一書，亦一事也」。

141 「杜（杜甫，七一二—七七〇）詩最多誤字。蔡興宗（杜詩）正異固好而未盡。某嘗欲廣之，作杜詩考異，竟未暇也」。

142 （福建武夷山）「谷簾水所以好處，某向欲作一詩形容之，然極難言。大曁到口便空又滑。然此兩字亦未說出」。

143 「嘗欲因司馬氏（司馬光，一〇一九—一〇八六）之書，參考諸家之說，裁訂增損，舉綱張目，以附其後（張栻，一一三三—一一八〇，三家禮範之後）……顚以病衰，不能自已」。

130 同上，第二十一條（頁四一七八）。
131 同上，第四十二條（頁四一八四）。
132 同上，卷九十，第四十九至五十條（頁六三五七）。
133 文集，卷七十八，雲谷記，頁四下。
134 語類，卷一〇五，第三十四條（頁四一八一）。
135 同上，卷一三〇，第十三條（頁四九六八）。
136 同上，卷七十八，第十五條（頁三一四八）。
137 同上，卷八十四，第三十七條（頁三四七九）。
138 同上，卷一三五，第十五條（頁五一七〇）。
139 同上，卷一〇五，第五十五條（頁四一八九）。
140 文集，卷三十五，與劉子澄第十五書，頁二十七下。
141 語類，卷一四〇，第二十一條（頁五三四三）。
142 同上，第五十九條（頁五三五一）。
143 文集，卷八十三，跋三家禮範，頁十四下。

(三) 朱子自稱

(參看頁四十一「劉屏山命字元晦祝詞」條)

朱子名熹。通常自稱熹或朱熹。黃榦(一一五二—一二二一)朱子行狀云,「字仲晦父」❶。宋史本傳云,「字元晦,一字仲晦」❷。性理大全云字元晦❸。朱子跋家藏劉病翁遺帖云,「熹字元晦,亦先生所命」❹。王懋竑(一六六八—一七四一)朱子年譜考異云,「朱子跋不云改字仲晦。惟性理大全載(屏山劉氏作元晦)字詞註云,『其後以「元」爲四德之首,不敢當。遂更曰仲晦』。此于文集語錄(朱子語類)皆無所考。不知何所據而云也。延平答問及張(栻)、呂(祖謙)、陸(象山)、陳(亮)(一一四三—一一九四)諸集,共稱元晦,無云仲晦者。而朱子文集,于題跋自署,皆云仲晦,無稱元晦者,是爲參錯。疑大全注語,亦有自來。行狀據朱子自稱,本傳則兼考他書」❺。捷案:病翁(劉子翬,號屏山,一一〇一—一一四七)「元晦」之字,必于屏山未卒以前朱子成婚時冠之。文集卷七十五至八十四序跋自署,誠如王氏所言,皆用仲晦。最早爲與一維那詩,題「紹興癸酉(二十三年,一一五三)九月晦日紫陽朱仲晦書」❻。次爲紹興二十八年戊寅(一一五八)許升字序❼。詩距屏山之死六年,序距十一年。屏山卒年朱子已舉建州鄉貢。翌年榜進士。或此時已用仲晦。歷年用之,不下數十次。文集最遲者爲詠吳氏社倉書樓寫眞詩,署「慶元庚申二月八日滄洲病叟朱熹仲晦父」❽。此爲一二〇〇年,上距朱子之沒,適得一月。則朱子終身所用之字也。

朱子跋之所以不云「改字仲晦」者，乃不欲拋棄其師屏山所予之字而自用「仲晦」，以謙自居也。延平答問爲朱子所編。書首云「門人朱熹元晦編」，似是朱子自稱元晦者。然此必是門人趙師夏（紹熙元年，一一九〇，進士）刊于郡齋時所加，非朱子自稱也。朱子間用朱某仲晦父❾，朱某仲晦❿，朱熹仲晦⓫。然不外數次而已。大概朱子一字元晦，一字仲晦。延平（李侗，一〇九三—一一六三）等用元晦，蓋所以尊之也。葉紹翁四朝聞見錄云，「天下稱元晦者久矣，無稱仲晦者」⓬。反之，朱子自稱仲晦，不稱元晦也。

---

❶ 勉齋集，卷三十六，頁一下。
❷ 宋史（北京，中華書局，一九七七），卷四二九，朱熹傳，頁一二七五一。
❸ 性理大全，（四庫全書珍本），卷四十一，諸儒三，頁一上。
❹ 文集，卷八十四，頁十八上。
❺ 朱子年譜（叢書集成本），考異，卷一，頁二四一至二四二。
❻ 文集，別集，卷七，頁一上。
❼ 同上，正集，卷七十五，頁二下。
❽ 同上，卷九，頁十四下。
❾ 如別集，卷七，頁八上，頁九上。
❿ 同上，頁九下。
⓫ 同上，正集，卷七十五，頁四上。

東京大學朱子研究會所編朱子文集固有名詞索引附「朱子自稱」索引，計用元晦三次，仲晦一次，仲晦父一次，朱元晦一次，朱仲晦二次，朱仲晦父六次，朱仲晦甫一次，朱某九次，朱某仲晦一次，朱某仲晦父二次，朱熹三百四十八次，朱熹仲晦五次，朱熹仲晦父三十五次，熹一千五百七十八次。又新安二百一十六次。其中以元晦三次與朱元晦一次爲朱子自稱皆誤。元晦一見文集胡子知言疑義，乃張栻（一一三三—一一八〇）致書朱子所稱朱子者⑬。一見跋潘顯甫字序。朱子曰，「劉先生字予以元晦」⑭。一見跋家藏劉病翁遺帖。朱子云，「熹字元晦，亦先生所命」⑮。朱元晦見呂氏大學解。何鎬（一一二八—一一七五）爲之跋，云，「新安朱元晦以孟子之心爲心」⑯，此三處皆他人之稱朱子爲元晦而非朱子自稱者。王懋竑朱子無自稱元晦之言，誠不謬矣。

由仲晦而晦翁，事至自然。由淳熙元年甲午（一一七四）⑰至沒年⑱署晦翁者凡二十餘次。二年乙未（一一七五）白鹿洞賦稱「洞主晦翁」⑲。是年朱子作晦菴于雲谷。雲谷記曰，「雲谷在建陽縣西北七十里蘆山之顚。……乾道庚寅（六年，一一七〇）予始得之。因作草堂其間，牓曰晦菴」，自署晦翁⑳。此距淳熙元年甲午（一一七四）朱子年四十五首次用晦翁已一年矣。江永（一六八一—一七六二）謂朱子六十以后稱晦翁㉑，相差遠矣。

朱子晚年又稱雲谷老人㉒，亦曰雲谷晦菴老人㉓。晏寧跋朱子書陶潛（三六五—四二七）歸去來辭之文，謂「亦曰雲壑老人」㉔，然此稱不見文集。朱子嘗書「風泉雲壑」四大字，刻于廬山白鹿洞書院前崖壁。豈晏寧聯想及此耶？朱子沒年三稱晦菴病叟㉕。紹興五年甲寅（一一九四）築竹林精舍于建陽之考亭所居之旁。因舍有洲環繞，自號滄洲病叟。然文集只一見耳㉖。南平縣志謂其號滄洲釣叟㉗，則不知所據。當時朝廷攻擊朱子學派甚亟，詆爲僞學。黃榦朱子

⑫ 四朝聞見錄（浦城遺書本），卷一，考亭，頁三十三下至三十四上。朱生榮貴函云，「南平縣志有石塾撰之韋齋記跋云，『乾道七年（一一七一）塾猥當邑寄（南康），公之子編修仲晦父以事來塾學（一九二八年本，卷十七，頁二十七上）。如果此處所載之跋未經編修方志者更動，則石塾稱朱子仲晦而不稱元晦，是一大例外」。所見誠是。石墪誤印石塾，與朱子交好。稱仲晦父者，或因其爲韋齋之子，故用其自稱之「仲晦父」，亦未可知。四朝聞見錄所云，概言之耳。

⑬ 文集，卷七十三，頁四十三上。

⑭ 同上，卷八十二，頁十上。

⑮ 同上，卷八十四，頁十八上。

⑯ 同上，卷七十二，頁四十六上。

⑰ 同上，卷七十六，頁二下。

⑱ 同上，卷八十四，頁二十四上。

⑲ 同上，卷一，頁一下。

⑳ 同上，卷七十八，頁二上。

㉑ 近思錄集註，附錄，朱子世家。

㉒ 文集，卷七十六，頁三十上；卷八十四，頁十四下，均一一九九。

㉓ 同上，卷八十三，頁七上，一一九二。

㉔ 故宮法書第十四輯，宋朱熹吳說墨蹟（臺北，國立故宮博物院，一九六一），頁五下。

㉕ 文集，卷七十六，頁三十二下；卷八十四，頁二十五上，均一二〇〇。

㉖ 同上，卷九，頁十四下。

㉗ 高令印，朱熹在福建遺迹考釋（厦門大學哲學系，一九八一），頁十二引。

行狀云，「丞相既逐，而朝廷大權悉歸（韓）侂冑。先生自念身雖閑退，尚帶侍從職名，不敢自嘿。遂草書萬言，極言姦邪蔽主之禍，因以明其寃。詞旨痛切。諸生更諫以筮決之。遇『遯』之『同人』（應作「家人」）。先生默然退，取諫藁焚之，自號遯翁」㉘。是年（一一九五）題嚴居厚與馬莊甫唱和詩軸，即署遯翁㉙兩年後書河圖洛書後，亦署遯翁㉚。

朱玉（壯年一七二二）謂「既而年週甲子，遂名晦翁，又曰晦菴通叟」㉛。朱子年週甲子爲一一九〇，然早在一一七四即用晦翁，已如上述。晦菴通叟之名，不見文集。朱熹及其學派福建地方史資料載莊炳章所輯錄，亦謂年週甲子（一一九〇）曰晦菴通叟，又謂紹熙三年壬子（一一九二）滄子病叟㉜。「滄子病叟」必是「滄洲病叟」抄寫之誤，「晦翁通叟」則是「晦庵病叟」抄寫之誤。朱玉云朱子任同安，號牧齋。然朱子文集卷七十七牧齋記未用此號。又云知南康軍，號拙齋。查文集卷七十八拙齋記乃爲趙景明之拙齋而作，必不以之爲號也。跋陳居士傳署「新安朱熹書於南康郡舍之拙齋」。明署朱熹，則拙齋非其號也顯然㉝。其書語孟要義序後亦署「江東道院拙齋記」㉞，乃指江東道院之拙齋，而非自號拙齋也。有如跋免解張克明啓之署「六老軒書」㉟，同指其地也。

與雲谷老人等相類者有白鹿洞主與仁智堂主。淳熙六年己亥（一一七九）朱子復建白鹿洞書院于廬山，作白鹿洞賦，自稱白鹿洞主㊱。淳熙十年癸卯（一一八三）建武夷精舍于崇安縣西北三十里武夷山之五曲大隱屏下。武夷精舍雜詠云，「直屏下兩麓相抱之中，西南向爲屋三間者，仁智堂也」㊲。慶元元年乙卯（一一九五）作武夷圖序，有云，「屬隱屏精舍仁智堂主爲題其首」㊳。

朱子出身貧寒，篤志聖學。故先後請祠二十次，被派主管道教六宮觀者十一次，前後共二十三年。祠祿甚微，但無職守，亦不在本祠居住。朝廷蓋以佚老優賢而已。淳熙十二年乙卯（一一八五）浙江台州崇道觀秩滿，四月改差主管華州雲台觀。觀原在陝西，已陷金人，只存其名耳。在任期間，朱子自稱雲台隱吏朱熹仲晦父㊴，雲台眞逸㊵，雲台外史朱熹㊶。後于慶元三年丁巳（一一九七），仍署雲台子㊷。淳熙十五年戊申（一一八八）朱子主管西京嵩山崇福宮。宮原在河南。南渡後只置祠祿。朱子拜命，因而署嵩高隱吏朱熹㊸。紹興二一年辛亥（一

㉘ 勉齋集，卷三十六，頁三十六上下。
㉙ 文集，卷八十三，頁二十六下。
㉚ 同上，卷八十四，頁四上。
㉛ 朱玉，朱子文集大全類編，第一册，朱子年譜，建炎四年（一一三〇）下。
㉜ 朱熹及其學派福建地方史資料（厦門大學哲學系中國哲學研究室，一九八一），頁七。
㉝ 文集，卷八十一，頁二十一下。
㉞ 同上，頁二十二下。
㉟ 同上，頁二十三上。
㊱ 文集，卷一，頁一下。
㊲ 同上，卷九，頁二下。
㊳ 同上，卷七十六，頁二十七上。
㊴ 同上，卷八十二，頁八上。
㊵ 同上，卷七十六，頁十七下。
㊶ 同上，卷八十二，頁十下。
㊷ 同上，卷八十四，頁十一下。
㊸ 同上，卷八十二，頁十六下。

一九一）至慶元二年丙辰（一一九六），朱子兩任南京鴻慶宮。宮已陷金人，南渡後只置祠祿而已。任內屢稱鴻慶外史朱熹[44]。但亦曾監潭州南嶽廟與主管台州崇道觀與武夷山沖佑觀，則未見有自稱隱吏外史者。

公牘署名，自然加上職銜。紹興二十五年乙亥（一一五五）稱左廸功郎泉州同安縣主簿主管學事[45]。乾道八年壬辰（一一七二）稱前左廸功郎[46]。紹興三十二年壬午（一一六二）與乾道三年丁亥（一一六七）稱左廸功郎監潭州南嶽廟[47]。五年己丑（一一六九）稱廸功郎新差充樞院編修官[48]。淳熙三年丙申（一一七六）稱宣教郎主管台州崇道觀[49]。七年庚子（一一八〇）稱宣教郎權發遣南康軍事兼管內勸農事提轄本軍界分誌鋪遞角借緋臣[50]。八年辛丑（一一八一）稱宣教郎新提舉江南西路常平茶鹽公事[51]。九年壬寅（一一八二）稱宣教郎直秘閣[52]。十年癸卯（一一八三）稱宣教郎直徽猷閣主管台州崇道觀[53]。十二乙巳、十三丙午兩年（一一八五至一一八六）稱宣教郎直徽猷閣主管華州雲臺觀[54]。十五年戊申（一一八八）稱朝奉郎直寶文閣主管西京嵩山崇福宮[55]。紹熙二年辛亥（一一九一）稱朝散郎直寶文閣權發遣漳州軍州事[56]。四年癸丑（一一九三）稱朝散郎秘閣修撰主管南京鴻慶宮[57]。五年甲寅（一一九四）稱朝散郎秘閣修撰發潭州主管荊湖南路安撫司公事[58]及朝散郎秘閣修撰權發遣潭州軍州事兼管內勸農營田主管荊湖南路安撫司公事馬步軍都總管借紫臣[59]。五年甲寅與慶元二年丙辰（一一九四，一一九五）稱朝請郎[60]。慶元元年乙卯（一一九五）稱朝請郎提舉南京鴻慶宮[61]，朝奉大夫提舉南京鴻慶宮[62]，與朝奉大夫提舉南京鴻慶宮婺源縣開國男食邑三百戶賜紫金魚袋[63]。三年丁巳（一一九七）稱朝奉大夫[64]。四年戊午（一一九八）稱朝奉大夫致仕[65]。翌年己未（一一九九）稱朝奉大夫致仕婺源縣開國男食邑三百戶賜紫金魚袋[66]。蓋四年四月已致仕矣。

朱子男爵以婺源爲名，蓋溯其本也。朱子最重知本思源。生平最喜署新安朱熹。文集卷

44 同上，卷八十二，頁二十六下；卷八十三，頁十下，二十二下，二十三上。
45 同上，卷九十七，頁三十一上。
46 同上，頁四十二上。
47 同上，卷十一，頁一上；卷九十五，頁四十一上。
48 同上，卷九十七，頁三十四下。
49 同上，卷八十七，頁四下。
50 同上，卷十一，頁十上。
51 同上，卷八十一，頁二十六下。
52 同上，卷七十九，頁五上。
53 同上，卷七十六，頁九上；卷七十九，頁九上。
54 同上，卷七十九，頁二十一上；卷八十七，頁十四下，卷九十，頁十三下。
55 同上，卷十一，頁十七上；卷九十六，頁三十三下。
56 同上，卷七十六，頁二十六上。
57 同上，卷八十三，頁八下；續集，卷八，頁十上。
58 同上，卷八十，頁十三上。
59 同上，卷八十二，頁十上。
60 同上，卷八十，頁十四下；卷八十三，頁二十上。
61 同上，卷八十，頁十五下。
62 同上，頁二十下。
63 同上，頁十九上。
64 同上，卷八十四，頁七上。
65 同上，卷九十，頁二十一下。
66 同上，卷九十七，頁二十六下。

七十五至八十四，至少有五十次。最早爲紹興二十六年丙子（一一五六）一經堂記[67]，最遲爲慶元六年庚申（一二〇〇）朱子逝世之年跋黃壺隱所藏師說[68]。茅星來（一六七八—一七四八）云，「新安本漢丹陽郡地。吳孫權分置新都。晉平吳，改爲新安。宋屬江南東路。宣和三年（辛丑，一一二一）改爲徽州。朱子世居新安之（婺源縣）永平鄉（朱子實紀依舊譜作萬安鄉）松巖里。父松爲（福建）尤溪縣尉。亡。朱子年十四，奉遺命依劉子羽（一〇九三—一一四二）寓居（福建）崇安，晚徙建陽」[69]。朱子署新安，蓋不忘本也。故由乾道一年乙酉（一一六五）至紹熙二年辛亥（一一九一）亦署丹陽朱仲晦父，丹陽朱熹，或丹陽朱熹仲晦父數次[70]。于紹興二十六年丙子（一一五六）與慶元元年乙卯（一一九五）署吳郡朱熹兩次[71]。朱子最早（一一五三）卽題紫陽朱仲晦，已如上述。朱子名堂室記云，「紫陽山在徽州城南五里……先君子故家婺源，少而學于郡學，因往遊山樂之」[72]。至樂齋銘亦題紫陽朱熹仲晦父[73]。署紫陽，卽所以思其父。凡此皆思源精神之表現也。至題魏府藏趙公飲器署平陵朱熹[74]，承張立文教授函示，據中國歷史地圖，徽州北部有平陵山。則亦卽新安懷本之意也。

上述署名之上，朱子于其父則加「孤」[75]，于其師則加「門人」[76]，于先儒則加「後學」[77]。此則理所當然。小品題署，則有只用朱某者[78]。最特殊者爲慶元三年丁巳（一一九七）書周易參同契考異後，署空同道士鄒訢[79]。朱子此書名爲考異，然校讎較少，箋註爲多。朱子之署此名，據四庫全書總目提要，「蓋以鄒本邾國。其後去邑而爲朱，故以寓姓。禮記鄭註謂『訢』當作『熹』。又集韻「熹」『虛其』切，『訢』亦『虛其』切，故以寓名。殆以究心丹訣，非儒者之本務，故託諸廋辭歟」[80]。「空同」卽「倥侗」，固童蒙無知之義。朱子自謙之辭。「空同」亦有廣大無邊之義。朱子步虛詞云，「扉景廓天津，空同無員方」[81]。空同賦云，「盍將反予旆于空同」[82]，亦是此意。朱子對道家思想，批評嚴烈。然每與道士往來。

今自稱道士，亦足見其度量之廣矣。

67 同上，卷七十七，頁四上。
68 同上，卷八十四，頁二十四下。
69 近思錄集註，朱序註。
70 文集，卷七十五，頁十二上；卷八十一，頁二十六下；卷八十二，頁二十三上，二十五上，二十六上。
71 同上，卷七十五，頁二下；卷八十三，頁二十五下。
72 同上，卷七十八，頁五上。
73 同上，卷八十五，頁一上。
74 同上，頁五上。
75 同上，卷八十三，頁八下；卷八十四，頁十九下；卷九十七，頁二十六下。
76 同上，卷八十四，頁十八下；卷八十五，頁四上；卷九十，頁二十一下；卷九十七，頁十七上。
77 同上，卷九十八，頁十七上。
78 同上，別集，卷七，頁五上，頁七上，頁十上。
79 同上，正集，卷八十四，頁二十六下。
80 四庫全書總目提要（上海，商務印書館，一九三三），子部，道家類，頁三〇四七。
81 文集，卷一，頁十八下。
82 同上，頁三上。

〔此文曾刊在中華文化復興月刊，第十五卷，第五期（民國七十一年，一九八二，五月），頁二十三至二十五。茲略有增補。〕

（四）沈　郎

梁章鉅（一七七五—一八四九）楹聯叢話云，「朱子生於延平之尤溪，故小字沈郎。沈水名。即尤溪縣，亦因此得名也。後人皆誤以朱子字沈郎耳」❶。梁氏尤溪從沈水得名之說，不知何據。查廣韻，沈，水名，在高密。此縣在今山東之東部，與福建風馬牛不相及也。王懋竑（一六六八—一七四一）朱子年譜考異紹興四，年甲寅（一一三四），朱子五歲條下云，「閩本年譜云：文公名沈郎，小字季延，皆志其地也。尤溪原名沈溪。後因避王審知諱，改尤溪。尤溪隸延平。行五十二」❷。王氏所引閩譜，不知何本。朱子十六世孫玉（壯年一七二二）所編年譜，王氏或未之見。其年譜建炎四年庚戌（一一三〇）朱子一歲條下云，「獻靖公（朱松）爲文公取乳名沈郎，志其地也。（原註：尤溪原名沈溪，（因避閩王審知諱，改名尤溪）小字季延。（原註：以尤溪隸延平耳）行五十二」。王懋竑所參考之閩本年譜與朱玉所編之年譜，或皆根據朱子門人李方子（嘉定七年甲戌一二一四，進士）之最早年譜。朱子之父嘗任尤溪縣尉。去官後館于尤溪之鄭氏，而朱子生焉。故諸譜皆謂沈郎之名與季延之字，皆志其地也。

❶ 楹聯叢話，續話（國學基本叢書本）卷一，廟祀，頁一九一。

❷ 朱子年譜（叢書集成本）考異，卷一，頁二四三。

(五) 劉屏山命字元晦祝詞

(參看頁三十「朱子自稱」)

王懋竑（一六六八—一七四一）朱子年譜云，「當韋齋❶疾革時，手自爲書，以家事屬少傅劉公子羽（一〇九三—一一四六），而訣於籍溪胡憲原仲（一〇八六—一一六二）白水劉勉之致中（一〇九一—一一四九），少傅之弟屏山劉子翬彥沖（一一〇一—一一四七）。且顧謂先生（朱子）曰，『此三人者，吾友也。學有淵源，吾所敬畏。吾卽死，汝往父事之，而唯其言之聽』。韋齋歿，少傅爲築室於其里第之傍❷。先生遂奉母夫人遷而居焉。乃遵遺訓，稟學于三君子之門。三君子撫教如子姪。而白水劉公，因以其女妻之」❸朱子屏山先生劉公墓表亦云，「盖先人疾病時，嘗顧語熹曰，『籍溪

❶ 朱子父朱松之號，朱松紹興十三年癸亥（一一四三）死於福建建州城南之寓舍。

❷ 三先生居福建崇安縣之五夫里。

❸ 王懋竑，朱子年譜（叢書集成本），卷一，頁三至四，紹興十三年癸亥（一一四三）朱子十四歲。最早年譜爲門人李方子（嘉定七年甲戌，一二一四，進士）所撰，早已失傳。王氏盖據李默改訂本（嘉靖三十一年壬子，一五五二）與洪去蕪改訂本（康熙三十九年庚辰，一七〇〇）。今考葉公回校訂之朱子年譜與戴銑（一五〇八年卒）朱子實紀（正德元年丙寅，一五〇六）卷二之年譜，所載全同。大抵皆溯源于李方子年譜也。

胡原仲，白水劉致中，屛山劉彥冲，此三人者，吾友也。其學皆有淵源，吾所敬畏。吾卽死，汝往父事之，而惟其言之聽，則吾死不恨矣。熹飲泣受言不敢忘。既孤則奉以告于三君子而稟學焉。……世家屛山下潭溪之上，有園林水石之勝。于是俯仰其間，盡棄人間事，自號病翁。獨居一室，危坐或竟日夜，嗒然無一言」❹。

朱子何年結褵，年譜不詳。惟朱子跋家藏劉病翁遺帖，「熹字元晦，亦先生所命」❺。其跋潘顯甫字序亦曰「余年十六七時，屛山劉先生字余以元晦而祝之。……余受其言而行之不力。涉世犯患，顚沛而歸，然後知其言之有味也」❻。祝詞凡二百餘字，葉氏年譜與戴氏年譜均摘其要語載于紹興十三年癸亥（一一四三）下。性理大全所載較詳，惟仍少四十八字，但有附注云，「其後以元爲四德之首❼，不敢當。遂更曰仲」❽。朱子文集大全類編，全載引言祝文，但錯字不少❾。惟王氏年譜所載，最爲完整，只欠性理大全之附注而已❿。玆錄之如下，並正諸本之誤而加注釋焉。

冠⓫而欽（敬）⓬名，奧（發語辭）惟古制。朱氏子熹，幼而騰異⓭。友⓮朋尚焉，請祝以字。字以元晦，表名之義。木晦（暗藏）⓯於根，春榮⓰曄（盛）敷⓱（施）。人晦於身，神明內腴（肥潤）。昔者曾子⓲稱其友曰，「有若無，實若虛」⓳。不斥（指）厥名而傳於書，雖百世之遠也⓴，揣其氣象，知顏子㉑如愚㉒。迹（步）參並遊，英馳俊驅。豈無他人？夫誰敢居㉓？自諸子言志，回欲無伐㉔。一宣於聲㉕，終身弗越。陋巷闇然，其光烈烈㉖。從事於斯，惟參也無慚㉗。貫道唯㉘一㉙，省身則三㉚。夾輔孔門，翺翔兩驂。學的欲正㉛，吾知斯之爲指南。惟光吏部㉜，文儒之粹。彪（文采）炳（煥發）（養）育珍，文㉝華其繼㉞。來玆講磨，融融憙憙（喜悅）。眞聰廓開，如源之方駛（迅捷）。望洋（仰視）渺瀰（曠遠），老㉟我縮

④ 文集，卷九十，頁一上至二上。

⑤ 同上，卷八十四，頁十八上。

⑥ 同上，卷八十二，頁十上。

⑦ 易經，乾卦，文言，「元者，善之長也」。

⑧ 性理大全（四庫全書珍本），卷四十一，諸儒三，頁一上下。

⑨ 朱子文集大全類編，第一册，題贊。

⑩ 王懋竑，朱子年譜，卷一上，頁四至五。

⑪ 朱子年十六七行冠禮，所以示其成人也。後世結婚時冠之以字。

⑫ 禮記冠義云，「所以敬冠事」。

⑬ 黃榦朱子行狀（勉齋集，四庫全書珍本，卷三十六，頁一下至二上），云「幼穎悟莊重。能言，韋齋指示曰，『此天也』。問曰，『天之上何物』？韋齋異之」。年譜同。

⑭ 朱子文集大全類編第一册，題贊，誤作「交」。

⑮ 「晦」字來自易經第三十六卦明夷。象傳曰，「用晦而明」。王弼（二二六——二四九）注曰，「用晦而明者，藏明于內，乃得明也」。

⑯ 葉譜戴譜均作「容」。王譜注云，「一作『容』」。

⑰ 朱子文集大全類編作「華」。

⑱ 曾子，姓曾，名參，字子輿（約前五〇五—約前四三六），孔子最幼弟子，以孝名。

⑲ 論語，泰伯篇第八，第五章，「曾子曰：以能問於不能，以多問於寡。有若無，實若虛，犯而不校。昔者吾友，嘗從事於斯矣」。

⑳ 性理大全無「也」字。

㉑ 顏子，姓顏，名回，字子淵（約前五二一—約前四九〇）。傳爲孔門之最賢者。死時僅三十二歲。

㉒ 論語，爲政篇第二，第九章，「子曰：吾與回言終日，不違，如愚。退而省其私，亦足以發。回也不愚」。

㉓ 馬融（七九——一六六）注「吾友」（上注⑲）曰，「友謂顏淵」。劉寶楠（一七九一——一八五五）論語正義注「有若無，實若虛」，謂下文顏子欲無伐善，與此相發。屏山以無人敢居，蓋是此意。

㉔ 論語，公冶長篇第五，第二十五章，「顏淵季路（性仲，名由，字子路，約前五四二——約前四八〇）侍。子曰，『盍各言爾志』？……顏淵曰，『願無伐善，無施勞』」。

㉕ 性理大全「聲」作「言」。

㉖ 論語，雍也篇第六，「子曰：賢哉回也！一簞食，一瓢飲。在陋巷。人不堪其憂，回也不改其樂。賢哉回也」！

㉗ 參看上注⑲。

㉘ 性理大全與朱子文集大全類編均作「雖」。

㉙ 論語，里仁篇第四，第十七章，「子曰：參乎！吾道一以貫之」。

㉚ 論語，學而篇第一，第四章，「曾子曰：吾日三省吾身，爲人謀，而不忠乎？與朋友交，而不信乎？傳不習乎」？

㉛ 朱子文集大全類編誤作「王」。

㉜ 指朱子之父韋齋公，曾任吏部員外郎。

㉝ 性理大全作「又」。王譜注云，「一作『又』」。

㉞ 指朱子。

㉟ 性理大全作「光」。

（直）氣。古人不言乎？「純（精一）亦不已」㊱。悵友道之衰變㊲，切切（哀思深迫）而唯唯㊳。子㊴德不日新，則時（是）予㊵之恥。勿謂此耳，充（塞）之又充。借曰合矣，宜養於蒙㊶。言而思毖（慎），動而思躓（顛仆）。凜乎惴惴（憂懼），惟顏曾是畏。

各年譜附語云，「其期望之意如此。先生晚歲，猶書門符曰，『佩韋遵考訓，晦木謹師傳』，蓋識父師之誨也」㊷。

㊱ 中庸，第二十六章，「『文王之德之純』……（詩經，第二六七篇，周頌，清廟，維天之命）純亦不已」。

㊲ 嘆韋齋之死。

㊳ 應允教諭其子也。

㊴ 葉譜誤作「予」。

㊵ 性理大全誤作「子」。

㊶ 明夷卦（參看上注⑮）象辭王弼注云，「故以蒙（微昧）養」。易經，蒙卦第四，象曰，蒙以養正，聖功也」。

㊷ 葉譜戴譜，系于紹興十三年癸亥（一一四三），朱子十四歲。王譜則載考異，卷一，頁二四四。

(六) 朱子世系之命名

戴銑（一五〇八年卒）朱子實紀之年譜，有朱子世系源流，凡三十一頁，所列二十世（朱子以後十一世），截至十六世紀中期，共三〇六人❶。葉公回校訂朱子年譜（宣德六年辛亥，一四三一）亦有文公世系之圖，列十九世（朱子以後十世），共三十五人❷。戴表始祖名瓌，葉表名韓。「韓」字乃「諱」字之訛。兩表一望而知朱家之命名，有兩特點。一爲單名，一爲名之字旁皆爲五行二世至四世尚雙名。自五世振始，以後皆單名。只十一世（朱子後第二世）恩老爲雙名。恩老爲朱子之孫，塾之子。塾卒于一一九一，朱子尚生。其孫恩老之名，或爲所命。果爾，則朱家單名之傳統，朱子曾作例外矣。此名見文集❸。豈文集有誤，而年譜隨之耶？抑其名恩，尊稱恩老，而文集年譜皆沿之耶？朱子有女五。長女名巽，適劉學古。次女兌，適弟子黃榦（一一五二—一二二一）。三女名巳，十五歲未婚死。四女適弟子范元裕。五女夭折。以後歷代子孫均用單名，傳統嚴謹。據建陽文化館徐貫行先生函示，至明嘉靖元年壬午（一五二二）始出現雙字命名。據紫陽堂考亭朱子家譜，是年朱槐（十四代）生朱應秋（十五代）。朱應秋生朱時應。朱時應（十六代）在順治十一年丁酉（一六五七）生朱錫文（十七代）。至乾隆二年丁巳（一七三七）有裔孫朱世潤重編朱子年譜❹。稍後（一七五〇）又有十六代孫殿玉❺。此必非考亭支派，故代數較遲。朱子文集大全類編（康熙六十一年壬寅，一七二二）之編者朱玉亦十六代孫也（二十五世）。朱玉單名，則十八世紀仍有用單名者矣。現建陽考亭朱埜之後裔，多用雙名，單名亦有。如現仍健在之二十三代孫朱蘭溪爲雙名，惟其兄之子朱權與其孫朱旭，則皆單名也。

世系自七世森以下，均用五行。朱子父松（八世）屬木。朱子本人（九世）屬火。第一代（十世）男塾、埜、在均屬土。第二代（十一世）孫男七人，鑑、鉅、銓、鐸、銍、鉉、鑄，均屬金❻，惟恩老例外。第三代（十二世）曾孫男六人，淵、洽、潛、濟、濬、澄，均從水❼。第四代（十三世）孫戴譜十六人，葉譜一人，皆從木，惟戴譜岩爲例外。第五代（十四世）孫戴譜二十三人，葉譜一人，皆從火。惟戴譜之光爲例外，然意近火，亦可通。如是木火土金水，終而復始，最低限度，至戴譜所載十二代（二十一世）孫。考亭支派至光緒二十一年乙未（一八九五）仍有五行字旁，如應秋、錫文、蘭溪是也。雙名所用之名，間有艱深難讀者，如第五代（十四世）孫之⿱炎山，第六代（十五世）孫之⿱龍生垠，第十代（十九世）孫之烎、爆、⿰火有、⿱臤火，第十一代（二十世）孫之壆是也。除例外之外，亦有稍爲通融者，如「奎」從「大」而有兩土，「莊」從「土」而俗寫作「土」，「⿱龍生」字內亦有「土」。第十六代（二十五世）應用土，惟朱子集

❶ 朱子實紀（近世漢籍叢刊本），卷一，世系源流，頁三上至十八上，總頁四十三至七十三。

❷ 葉公回校訂，朱子年譜（近世漢籍叢刊本），卷上，頁二十六上下。總頁五十一至五十二

❸ 文集卷九十四，亡嗣子壙記，頁二十七上。

❹ 據中國人名大辭典（上海，商務印書館，一九三〇），頁二四九與容肇祖，記正德本朱子實記並說朱子年譜的本子，燕京學報，第十八期（一九三五），頁八十三。

❺ 朱子文集大全類編，文集書板復藏考亭書院敍。

❻ 黃榦，勉齋集（四庫全書珍本），卷三十六，朱子行狀，頁四十七下。朱子實紀多恩老與欽二人。

大全類編之編者爲朱玉，亦可謂「玉」中有「土」也。第十一代（二十世）應從土，惟李默改訂朱子年譜（一五五二）謂嘗咨于朱子裔孫河⑧，同年有十一世孫淩序⑨。河與淩當同代，「淩」可以假借爲「淩」。則第十一代有不用土而用水者矣。葉譜有文公塋墓形勢圖，云「孫淇謹識」。葉戴兩譜第八代（十七世）孫有湛而無淇，故知「淇」爲「湛」之誤。以五行爲次序，何時開始，尚有待于方家之考查，惟不早於朱松之父。三浦國雄謂由朱松之世代起，有一定之規則云，則似始于朱松矣⑩。果如是，則彼得名松之後，思後代以火土金水繼之，未嘗不可能，只待實證而已。五行之次序。在書經⑪與董仲舒等⑫，均爲木火土金水。度朱家之意，固尊重古經，而董子之配五行以仁智信義禮，必爲朱氏傳家之寶。諸橋轍次（一八八三——一九八二）謂取其五行相生之說⑬，愚不敢謂然。五行相勝固不可，五行相生亦有循環意。朱族代代相傳，當無取于循環之說也。

⑦ 亦從行狀，頁四十八上。葉譜只有淵、洽、潛、濟。戴譜則有淩、沂、涇、源、灝、沆、溱、澤而無洽以下五人。鑄子爲澤，而鈙子又爲澤，必有一誤。

⑧ 王懋竑，朱子年譜（叢書集成本）原序，頁五。

⑨ 同上，頁六。

⑩ 三浦國雄，朱子（東京，講談社，一九七九），頁二〇一。三浦誤以朱子第三女名癸巳（頁一九六，二〇〇），諒以文集卷九十三女巳埋銘有「生癸巳，因以名」之語。然題目明言女巳，則「因以名」乃名巳而非名癸巳也。

⑪ 書經，周書，共範，第五節。

⑫ 春秋繁露，卷十三，五行相生第五十九。

⑬ 三浦國雄，朱子，頁二〇一。

（七）朱子之親屬

朱子之父名松，字喬年。徽州婺源❶萬年鄉❷松巖里人。紹聖四年丁丑（一〇九七）閏二月二十三日戊申生。曾祖振，妣汪氏。祖絢，亦妣汪氏。父森，號退翁，妣程氏。三世不仕。政和八年戊戌（一一一八）三月以同上舍賜進士及第，授廸功郎爲福建建州政和縣尉。於是入閩。父承事公卒，貧不能歸❸，因葬於政和縣西二十里之護國寺西側。時從羅從彥（一〇七二——一一三五）游而聞楊龜山（楊時，一〇五三——一一三五）所傳河洛（指程顥，一〇三二——一〇八五，與程頤，一〇三三——一一〇七）之學，與李延平（李侗，一〇九三——一一六三）爲同門友，日誦大學中庸之書。自謂卞急害道，因取古人佩韋之義，名其齋曰韋齋❹。建炎二年戊申（一一二八）服除，三月調

❶今屬江西。

❷據葉公回校訂，朱子年譜（一四三一）與戴銑朱子實紀（一五一三）卷二之年譜。王懋竑，朱子年譜，謂永平鄉。

❸各年譜云以方臘亂，陸道梗，不能歸。然王懋竑考據方臘之亂在庚子辛丑（一一二〇——一一二一）。承事之卒在乙巳（一一二五），則方臘之亂已平久矣。朱子年譜（叢書集成本），考異，卷一，頁二四二。

❹文集，卷九十七，吏部行狀，頁十八上。

南劍州尤溪縣尉，七月到任。翌年五月任滿，除監泉州開建鄉修仁里石井鎮❺稅。八月到任。在任十一月，聞有北騎自江西入閩。時眷屬在尤溪，遂棄所攝，攜家返政和❻。「以是困於塵埃卑辱鋒鏑擾攘之中，逃寄假攝，以養其親十有餘年，以至下從算商之役於嶺海魚鰕無人之境」❼。往來於建劍二州。建炎四年庚戌（一一三〇）館於尤溪鄭安道（熙寧六年，一〇七三，進士）之義齋❽而朱子生焉。

御史胡世將撫喩東南，韋齋謁見，陳保守中原之論。胡公奇其言。泉州守謝克家亦薦。紹興四年甲寅（一一三四）乃召試。入奏，上悅其言。除秘書省正字。旋丁內艱。服滿，復召對。紹興八年戊午（一一三八）改左宣教郎，除秘書省校書郎。遷著作佐郎，尙書度支員外郎，兼史館校勘。是時秦檜（一〇九一——一一五五）議和。吏部（朱松）率同僚抗議。秦檜大怒，遷知饒州❾。不赴，遂請閑差主管台州崇道觀。於是於紹興十年庚申（一一四〇）罷官，來寓建陽，登高丘氏之居❿。旋寓建州城南。紹興十三年癸亥（一一四三）三月二十四日辛亥卒於寓舍，年四十七，謚獻靖公。朱子十六世孫朱玉所編朱子年譜（一七二二）謂其卒於建州城南環溪精舍，又謂獻靖公喜建州城南溪山之勝，築環溪精舍，嘗寓焉。其他年譜均無此說。城南年譜作「水南」。王懋竑（一六六八——一七四一）已據吏部行狀改正，蓋以吏部行狀不言「水南」也⓫。予疑後人改寓舍爲精舍，以作紀念，而朱玉附會以爲築此精舍耳。

吏部疾革，手自爲書，訣於籍溪胡憲（一〇八六——一一六二），草堂劉勉之（一〇九一——一一四九），與屛山劉子翬（一一〇一——一一四七）。三君皆住崇安縣五夫里。命朱子往稟學焉。紹興十三年癸亥（一一四三），朱子十四歲，遵命奉母移居五夫里。翌年葬其父於五夫里之西塔山靈梵院側。乾道六年庚寅（一一七〇）七月五日遷於里之白水鵝子峯下⓬。又因地勢卑濕，乃於慶元某年某日再遷於崇安縣武夷鄉上梅里寂歷山中峯僧舍之北。蓋韋齋之詩，嘗有「鄉關落日蒼茫外，尊酒寒花寂歷中」之句也。遺著有韋齋集十二卷，行於世。外集十卷則早已失傳矣。集序稱其詩「高潔而幽遠，其文溫婉而典裁」。朱子謂「亦爲得其趣者」⑬。

吏部娶同郡祝氏。關於朱子之母，資料極稀。黃榦（一一五二——一二二一）著朱子行狀，只舉其姓⑭。宋史朱子本傳⑮，則絕未提及。所幸朱子尚有記述。朱子外大父祝公遺事云，「外家（徽州）新安祝氏，世以貲力順善聞於州鄉。其邸肆生業，幾有郡城之半，因號半州祝

---

⑤ 今晉江安海鎭。

⑥ 高令印，朱熹行踪考（中國哲學史論叢，第一輯，一九八四），頁四一三至四一四引韋齋集，卷首，年譜。

⑦ 同上註④，頁十八上至十九上。胡適手稿，第九集，卷一，頁一三七，謂此指其管理鐵場或鹽場。

⑧ 據朱玉，朱子文集大全類編（康熙六十一年壬寅，一七二二，刋本），第一册之年譜。並云，「生文公之寓舍，今爲南溪書院」。

⑨ 今江西上饒。

⑩ 文集，續集，卷八，跋韋齋書昆陽賦，頁十上。

⑪ 王懋竑，朱子年譜，考異，卷一，頁二四四。又同上註④。

⑫ 文集，卷九十四，吏部遷墓記，頁二十三上下。

⑬ 同上註④，頁二十五下。

⑭ 勉齋集，卷三十六。

⑮ 宋史，卷四二九。

家。……諱確，字永叔，特淳厚孝謹。……其他濟人利物之事不勝計。……學試又每占上列。……先君子於時亦爲諸生。年甚少，未爲人所知。公獨器重，以女歸之。……比其晚歲生理益落，而好施不少衰。年八十三以終。娶同郡喻氏，亦有賢行。生二男一女」⑯。孺人祝氏壙誌又云，「以元符三年庚辰（一一〇〇）七月庚午生孺人（朱子之母）。性仁厚端淑。年十有八歸於我先君。……逮事舅姑，考謹篤至，有人所難能者。以先君校中秘書賜今號。及先君卒，熹年才十有四，孺人辛勤撫教，俾知所向。不幸既長而愚，不適世用。貧病困蹙，人所不堪，而孺人處之怡然。乾道五年己丑（一一六九）九月戊午卒，年七十。生三男，伯仲皆夭，熹其季也。……一女適右廸功郎長汀縣主簿劉子翔」⑰。與陳君舉（陳傅良，一一三七——一二〇三）書亦云，「先妣德性純厚，事姑極孝敬。祖母性嚴，先妣能順適之。治家寬而有法。歲時奉祀，必躬必親。撫媵御有恩意，無纖毫嫌忌之意」⑱。

據吏部致其岳父書，稱孺人爲小五娘⑲，祝孺人既沒，朱子於六年（一一七〇）正月癸酉葬於建陽縣西北七八十里崇泰里後山天湖之陽，名曰寒泉塢，即今之馬伏太平山麓。自作壙記⑳。朱子於此建寒泉精舍。後贈碩人，封粤國夫人。宋明人朱子年譜云，「先生居喪盡禮。既葬，日居墓側。朔望則歸奠几筵」。王懋竑謂精舍爲講論之地，而非守墓之所，故並於朔望歸奠亦不置信㉑。然精舍可以兩用。問題是在由寒泉歸五夫里路途遙遠，恐朔望難常歸耳。母夫人忌日，朱子着縿墨布衫，其中亦然。門人問曰，「今日服色何謂」？朱子應曰，「公豈不聞君子有終身之喪」㉒？

以上吾人所知朱子之母甚少。知其令人，則更少而又少。此爲我國傳統使然，以夫婦生活爲私事，無足怪也。黃榦朱子行狀云，「娶劉氏。追封碩人。白水草堂先生之女。草堂即韋齋所屬以從學者也。其卒以乾道丁酉，其葬以祔穴（合葬）」㉓。葉公回校訂朱子年譜（一一四三二）淳熙三年丙申（一一七六）云，「十一月令人劉氏卒。次年二月葬於建陽縣之唐石大林谷。名其亭曰宰如，而規壽藏（生壙）於其側。名其菴曰順寧」。戴銑（一五〇八年卒）朱子實紀卷二之年譜與王懋竑之年譜均同。惟朱玉之年譜則加詳而云嘉禾里之唐石大林谷與規壽藏於其左。又於慶元六年庚申（一二〇〇）朱子葬於建陽縣唐石里之大林谷註云「今名嘉禾里」。「宰如」出列子天瑞篇，「望其壙，睪如也，宰如也，墳如也，鬲如也」，皆形其突起之貌㉔。張子（張載，一〇二〇——一〇七七）西銘結語曰，「存吾順事，沒吾寧也」㉕。觀其亭菴之名義與其合葬

---

⑯ 文集，卷九十八，外大父祝公遺事，頁二十四下至二十六上。

⑰ 同上，卷九十四，孺人祝氏壙誌，頁二十三下至二十四上。又卷九十七，吏部行狀，頁二十五下至二十六上。

⑱ 同上，卷三十八，與陳君舉第四書，頁四十六下。

⑲ 同上，續集，卷八，韋齋與祝書跋，頁八下。

⑳ 見上註⑰。

㉑ 王懋竑，朱子年譜，考異，卷一，頁二六二至二六三。

㉒ 語類，卷九十，第一四三條（頁三六八六），終身之憂見禮記，祭義篇，第五節。

㉓ 勉齋集（四庫全書珍本），卷三十六，朱子行狀，頁四十七上下，誤作丁酉。乾道無丁酉也。卽乾道元年乙酉（一一六五）亦誤。令人實死於淳熙三年丙申（一一七六）。

㉔ 列子（四部叢刊本名沖虛至德眞經），卷一，天瑞，頁五上。

㉕ 張子全書，卷一，西銘。

之計，可知其夫婦關係必甚圓滿。吾人所知，如是而已。劉勉之死於紹興十九年己巳（一一四九）。其女必於其未死之前適朱子。但其何年出世與何年結婚，則無從而知。假若紹興三年癸丑（一一三三）出世，少朱子三歲，十七歲（一一四九）出嫁，二十一歲（一一五三）出長子，四十三歲生幼女，則死時四十四歲，婚姻生活，只二十八年而已。

黃榦行狀續云，「子三人。長塾，先十年（一一九一）卒。次埜，廸功郎監湖州德清縣戶部新市犒賞酒庫。後十年（一二〇九）亦卒。季在，承議郎提舉兩浙西路常平茶鹽公事。女五人。壻儒林郎靜江府臨桂縣令劉學古，奉議郎主管亳州明道宮黃榦，進士范元裕。仲季二人亦早卒。孫男七人。鑑、鉅、銓、鐸、銍、鈜、鑄。鉅從政郎差監行在雜買務雜賣場門。銓從事郎融州司法參軍。鑑廸功郎新辟差充廣西經略安撫司準備差遣。餘業進士。（孫）女九人。（孫）壻承議郎主管華州雲臺觀趙師夏、進士葉韜甫、周巽亨、鄭宗亮、黃輅、從政郎紹興府會稽縣丞趙師郟、黃慶臣、李公玉。曾孫男六人。淵、洽、潛、濟、濬、澄。（曾孫）女七人」㉖。

長男塾，字受之。紹興二十三年癸酉（一一五三）七月丁酉生。初受庭訓。朱子以其懶怠，且在家汩於俗務，二十一歲乃遣其至（浙江）金華受學於呂東萊（呂祖謙，一一三七——一一八一）。朱子管束甚嚴。臨行以書規約其言行。在金華食宿於東萊門人潘景憲（字叔度，一〇七四—一一三〇）之家。潘氏以長女妻之。塾原與項平父（名安世，一二〇八年卒）次女議婚，與塾同年，而竟不育㉗。潘女比塾少八九歲。朱子答呂伯恭（呂東萊）云，「叔度書云其令女方年十三歲。此則與始者所聞不同。此兒長大，鄙意欲早爲授室。如溫公（司馬光，一〇一九——一〇八六）之儀，則來歲已可爲婚」㉘是則淳熙三年丙申（一一七六）左右成婚也。東萊之弟子約（呂祖儉）甚愛之㉙。在留學期間，曾返五夫里守母喪及兩次應試。居此六年，然後攜婦兒歸五夫里，預備第三次應試，卒亦落第（參看頁五五四「朱子與呂東萊」條）。曾答呂伯恭云，「塾子蒙招攜，令寫綱目大字。渠懶甚。向令寫一二年大事記及他文字一兩篇，竟不寫來」㉚。及攜婦歸，朱子謂其粗知向學㉛。後此在家曾服役不少，如抄寫拜魏公墓一篇是也㉜。始終未仕。紹熙二年辛亥（一一九一）正月癸酉卒於婺州金華，年三十九。是時朱子知漳州。報至，即以繼體服斬衰。乞祠歸治喪葬㉝。

長子物故，朱子悲痛極至。在友朋書札中，屢屢哭子悲傷㉞，由漳州歸後，「願得躬視埋葬，以塞老牛舐犢之悲」㉟，惟以卜地未定，年餘未葬。與陳同父（陳亮，一一四三——一一九

㉖同上註㉓，頁四十七下至四十八上。朱子實紀（近世漢籍叢刊本），卷一，世系源統，頁三上至五下，總頁四十四至四十八多孫恩老欽二人或已不存。

㉗文集，別集，卷三，與劉子澄第二書，頁十三下。

㉘同上，正集，卷三十三，答呂伯恭第三十八書，頁二十六上。

㉙同上，續集，卷一，答黃直卿第二十六書，頁七下。

㉚同上，正集，卷三十四，答呂伯恭第九十三書，頁三十四下至三十五上。

㉛同上，續集，卷一，答黃直卿第八十六書，頁二十一下。

㉜同上，別集，卷三，致程允夫第一書，頁五下。

㉝同上，正集，卷二十三，乞宮觀劄子，頁五下。

㉞同上，卷二十八，與留丞相第一，二劄子，頁十七下至十八上；參看卷五十二，答吳伯豐第九書，頁十下；卷五十八，答宋擇之書，頁十九下；續集，卷七，答俞壽翁書，頁五下。

㉟文集，正集，卷二十八，與留丞相劄子，頁二十七上。

四）書云，「亡子卜葬已得地。但陰陽家說須明年夏乃可窆。今且殯在墳庵。其婦子卽且同在建陽寓舍。小孫壯實麄厚。近小小不安。然觀其意氣橫逸，卻似可望，賴有此少寬懷抱。然每抱撫之悲緒觸心，殆不可爲懷也……。此子自幼秀慧。生一兩月，見文書卽喜笑咿嗚，如誦讀狀。小兒戲事，見必學，學必能，然已能輒棄去。後來得親師友，意甚望之。旣而雖稍懶廢，然見其時道言語，亦有可喜者。但恐其鶩於浮華，不欲以此獎之。去年到婺，以書歸云，異時還家，決當盡捐他習，刻意爲己之學。私竊喜之。日望其歸。不意其至此也。痛哉痛哉」㊱！

朱子自爲壙記，略云，「娶潘氏。生二男，長曰鎭，次恩老。四女，歸、昭、接、滿。鎭、滿皆夭。明年（一一九二）十有一月甲申葬大同北麓上實天湖。其父爲之志。嗚呼痛哉」㊲。以蔭補將仕郎，贈中散大夫。朱子實紀謂「葬建陽縣崇政理荼堛。文公記其壙，陳同父爲墓銘。生子二，鑑、恩老」㊳。墓銘不見龍川文集。黃榦行狀云鑑，則「鑑」「鎭」必有一誤。朱子題嗣子詩卷云，「大兒自幼開爽，不類常兒。予常恐其墮於浮靡之習，不敢教以詩文。旣沒後許進之（朱子門人）乃出其所與唱和詩卷示予。予初不知其能道此語也。爲之揮涕不能已，不忍復觀也。爲書其後而歸之，以識予哀云。慶元乙卯（元年，一一九五）六月旣望，晦翁書」㊴。

語類有關於長子之喪四則，錄之如下：

「先生以子喪，不擧盛祭，就影堂前致薦。用深衣幅巾。薦畢，反喪服，哭奠於靈，至慟」㊵。

「先生殯其長子，諸生具香燭之奠。先生留寒泉殯所受吊。望見客至，必涕泣遠接之。客去必遠送。就寒泉庵西向殯。掘地深二尺，闊三四尺。內以火磚鋪砌，用石灰重重偏塗之。棺木及外用土磚夾砌，將下棺以食五味奠亡人。次子以下皆哭拜。諸客拜奠，次子代亡人答拜。蓋兄死子幼，禮然也」㊶。

「先生葬長子喪儀，銘旌埋銘魂轎柩上用紫蓋。盡去繁文。埋銘石二片，各長四尺，闊二尺許。止記姓名歲月居里。刻訖以字面相合，以鐵束之。置於壙上。其壙用石。上蓋厚一尺許。五六段橫，湊之。兩旁及底五寸許。內外皆用石灰雜炭末細核黃泥築之」㊷。

「先生以長子大祥，先生十日朝暮哭。諸子不赴酒食會。近祥則舉家蔬食。此日除祔。先生累日顏色憂戚」㊸。

㊱ 同上，續集，卷七，與陳同父書，頁八上下。
㊲ 同上，正集，卷九十四，亡嗣子壙記，頁二十七上。
㊳ 朱子實紀，卷一，世系源流，頁三下，總頁四十四。
㊴ 文集，卷八十三，題嗣子詩卷，頁二十二下至二十三上。
㊵ 語類，卷八十九，第五十四條（頁三六二〇）。
㊶ 同上，第六十六條（頁三六二三至三六二四）。
㊷ 同上，第七十二條（頁三六二六至三六二七）。
㊸ 同上，第五十九條（頁三六二一至三六二二）。

次男埜，字文之，紹興二十四年甲戌（一一五四）七月生，後塾一年。朱子曾欲招建陽一學者來教兒輩，當指塾、埜兄弟㊹。又答蔡季通（蔡元定，一一三五——一一九八）云「小兒輩又煩收教」㊺。亦當指此二兒。果如是，則兩子曾受學於蔡元定矣。朱子欲早爲納婦㊻。淳熙七年庚子（一一八〇）與塾同應試，均不第㊼。以蔭補廸功郎差監（浙江）湖州、德清新市鎭戶部激賞酒庫。是時朱子知南康，以旱嘆祈禳，犇走，日日暴露。遂發心疾。上炎下潦，勢甚可畏。急遣人呼埜㊽。及朱子疾危，埜急由五夫里歸建陽。兩日後，朱子易簀。季子在遠隔。只埜在埸送終而已。朱子嘗爲印務（參看頁一二七「朱子之印務」條）其子裏理㊾。此卽是埜，蓋塾已逝矣。後塾十年（一二〇九）埜亦卒，贈朝奉郎，葬建陽縣三衢里龍隱庵㊿。生子四，鉅、銓、鐸、鋌。

三男在，字敬之。乾道五年己丑（一一六九）正月戊午朔生。自幼未得讀處，朱子深以爲撓(51)。路遠不能遣之往尤溪許順之。欲約之來五夫里，而順之授室，事遂不成。朱子以其塊坐窮山，無嚴師畏友之益爲可慮(52)。結果未嘗親師受學。曾否應試亦不可知。或問敬之庭訓有異聞否？曰，「平常只是在外面聽朋友問答。或時在裏面亦只說某病痛處。一日教看大學，曰，『我生平精力盡在此書。先須通此，方可讀書』(53)。」

淳熙五年戊戌（一一七八）朱子差知南康軍，六年赴任。敬之是時十一歲，侍從焉。敬之本人爲宦時間頗長。朱子實紀，記其行實云，「以蔭補承務郎。籍田令。遷將作監主簿。累遷大理寺正。知南康軍。改知衡州、湖州，俱不赴。奉祠。起知信州。除提舉浙西常平茶鹽公事。加右曹郎，兼知嘉興府。召爲司農少卿，充樞密副都。承旨出爲兩浙運副。寶慶二年丙戌（一二二六）權工部侍郎，尋除右侍郎。丐外除寶謨閣待制，知平江府。遷煥章閣待制，知袁州。奉祠。封建安郡侯。卒贈銀青光祿大夫。葬建寧府城東光祿坊永安寺後，生子鉉、鑄、欽」54。朱子易簀前一日，作敬之書，令早歸收拾文字。且嘆息言，「許多年父子乃不及相見也」55。敬之卒年未詳。

長女名巽，適劉學古。學古乃劉子翬養子劉玶（一一三八——一一八五）之子。嘗與其父及塾在等侍朱子游密庵56，朱子詠其惠蘭57。次女名兌，適高第黃榦。有書黃榦云，「此女得歸

44 同上，卷三十九，答柯國材書，頁五上。
45 同上，卷四十四，答蔡季通第四書，頁三上。又第五書，頁四上。
46 同上，卷三十三，答呂伯恭第三十八書，頁二十六上。
47 同上，卷三十四，答呂伯恭第八十五書，頁二十九下。
48 同上，頁二十八下。
49 同上，卷六十，答周純仁第一書，頁一下。
50 朱子實紀，卷一，世系源流，頁四上，總頁四十五。
51 文集，卷三十九，答許順之第十八書，頁十九上。
52 同上，卷三十五，答劉子澄第七書，頁十七上。
53 語類，卷十四，第五十條（頁四一二）。
54 同上註50，頁四下至五下，總頁四十六至四十八。
55 蔡氏九儒書（同治七年戊辰，一八六八，刊本）卷六，蔡沈，朱文公夢奠記，頁五十九下，王懋竑，朱子年譜，卷四下，頁二二八引之。
56 文集，卷八十四，遊密菴記，頁三十上。
57 同上，卷二，秋蘭已悴以其根歸學古，頁四上。

德門事賢者，固爲甚幸。但早年失母，闕於禮教，而貧家資遣，不能豐備，深用愧恨。想太夫人慈念，必能闊略。……輅孫骨相精神。長當有立。輔亦漸覺長進，可好看之」[58]，蓋黃榦比朱子之窮爲尤甚。有書詢二孫在彼如何[59]？小孩子輅愛朱子壁間獅子畫，爲陸探微（第五世紀）眞筆，舉以與之（參看頁七四一「畫人朱熹」條）。又遣鉅、鈞兩孫就學於黃榦[60]。

第三女名巳。朱子書告林井伯（名成季）云，「今夏第三女得疾，療治驚憂，凡百餘日，竟不可救」[61]。與曹晉叔書亦云，「第三女子前月末間已似向安。疾勢忽變至此，十二日遂不可救。痛苦之極，殆無以堪」[62]。既死，朱子爲埋銘曰，「朱氏女，生癸巳，因以名。叔其字。父晦翁，母劉氏。生四年，呱失恃。十有五，適笄珥。趙聘入，奄然逝。哀汝生，婉而慧。雖未學，得翁意。臨絕言，孝友悌。從母藏，亦其志。父汝銘，母汝視。汝有知，尙無畏。宋淳熙，歲丁未（十四年，一一八七），月終辜（十一日），壬寅識」[63]（參看頁六七一「三字文」條）。此女乾道九年癸巳（一一七三）生。在世十五年間，大半是朱子屛居著書教學之時。必與此女有特殊愛護，甚得其意。特爲之銘，非無故也。第四女失名，適門人范念德之子元裕，亦朱子門人。第五女亦失名，已死後數年夭折。朱子書告門人陳才卿（名文蔚，一一五四——一二三九）謂夏間失一小孫，不知所指[64]。易簀之前日，爲書念德託寫禮書，且爲孫擇配[65]，亦不知何所指也。

58 同上，續集，卷一，答黃直卿第三十四書，頁十上。

59 同上，第五十九書，頁十六上。

60 同上，第五十一，六十五，七十三書，頁十四下，十七下，十九下。黃榦朱子行狀與朱子實紀世系源流，均無鈞之名。未審是否有誤。

61 同上，別集，卷四，與林井伯第五書，頁十三上。

62 同上，正集，卷二十七，與曹晉叔書，頁二十二下。

63 同上，卷九十三，女巳埋銘，頁一上。

64 同上，卷五十九，答陳才卿第十一書，頁三十二上。

65 同上註55。

（八）朱子年譜

研究朱子所用之年譜，素來以王懋竑（一六六八—一七四一）之朱子年譜爲無上權威。王氏每云「李本」、「洪本」、「閩本」等等，或只云「年譜」。學子不無紛惑。且亦有年譜爲王氏所未見者。今爲學子利便計，略將各本說明如下：

甲　宋，李方子本。朱子門人李方子，字公晦，號果齋（嘉定七年甲戌，一二一四，進士），福建邵武人。曾錄朱子語類戊申（一一八八）以後所聞二百餘條❶。著朱子年譜三卷，普通稱爲紫陽年譜。魏了翁（一一七八—一二三七）爲之序。載朱子實紀（丙），稱朱文公先生年譜。亦載王懋竑朱子年譜（辛）稱朱子年譜原序。序云，「吾友李公晦方子，嘗輯先生之言行。今高安洪史君友成爲之鋟木，以壽其傳。其弟天成屬予識其卷首」。性理大全成於永樂十三年乙未（一四一五），內載李果齋朱子言行錄甚詳❷。可知此時李方子年譜尚存。然先此王柏（一一九七—一二七四）云，「先生舊有年譜，門人各以意裒集」❸。明洪武二十七年甲戌（一三九四）朱子闕里掌祠事第六世孫境謀鋟年譜，函請汪仲魯爲序。孫叔拱謂此譜「以已意增損。……本板漫漶」❹。是則李方子之後，其年譜屢有增減。汪仲魯所序之譜，不知保持李方子原譜之程度如何？且歲月既深，字跡磨滅，於是有葉公回校訂之必要（乙）。至於李譜之本來面目，已不可考，只知其有朱子行狀與其敍述朱子生平、履歷、道學、事功頗詳❺，與其序有云果齋嘗辨朱陸異同❻而已。四庫全書總目提要謂朱境所刊而汪仲魯爲之序，已非方子之舊❼。嘉靖三十一年壬子（一五五二）李默序其修訂年譜，謂魏了翁序「但云果齋輯先生言行，卽不稱有年譜」❽。似謂李方子未嘗撰年譜。容肇祖考據年譜甚詳，則以朱子實紀中之年譜代表李方子原輯之年譜❾，又以汪仲魯所序之年譜爲祠堂翻刻，並無修改增補之事❿。

乙　明，葉公回校訂重刊本（一四三一）。日本內閣文庫藏有朝鮮刊葉公回校本朱子年譜。此書曾於寬文六年（一六六六）刊行於日本。今已不傳。此朝鮮本乃其底本也。宣德六年辛亥

❶ 拙著朱子門人（臺北，學生書局，一九八二），頁一一三至一一四。

❷ 性理大全，卷四十一，諸儒三，又載葉公回校訂，朱子年譜，（近世漢籍叢刊本），贊，頁十六上至二十五下，總頁三十一至五十。

❸ 王柏，原刻文公繫年錄序，載朱玉，朱子文集大全類編（康熙六十年壬寅，一七二二，本），第一冊，年譜原序，頁二下至三上。

❹ 葉公回校訂，朱子年譜，孫叔拱後序，載頁五上下。

❺ 李默改訂，朱子年譜，朱凌序，載王懋竑，朱子年譜（叢書集成本），原序，頁五至六。

❻ 洪去蕪改訂，朱子年譜洪璟序，載王懋竑，朱子年譜，原序，頁六。

❼ 四庫全書總目提要（上海，商務印書館，一九三三），史部，傳記類一，總頁一二六二。

❽ 李默自序朱子年譜，載王懋竑，朱子年譜，原序，頁四至五。

❾ 容肇祖，跋洪去蕪本朱子年譜，燕京學報，第二十期（一九三六），頁二一〇。

❿ 容肇祖，記正德本朱子實紀並說朱子年譜的本子，同上，第十八期（一九三五），頁八十一。

(一四三一)孫原貞序云，「括蒼⑪葉公公回來爲邑丞(指徽州婺源)⑫。既新厥廟，復以年譜舊刊本板，文字磨滅，漫不可辨。謀欲重刊。爰得舊本。若行狀褒典記文附於年譜之後者，與邑之儒士孫叔拱悉加校讎，補其遺闕，正其訛謬，命工鋟梓」。孫原貞序只云舊譜，不云何時何人所編。然孫叔拱有年譜後序。彼云，「葉侯……，並取是書徽閩二舊本考正，重新鋟梓」⑬。朱子八世孫朱湛序亦云，「葉侯公回，謁祠間觀而有感，遂購徽閩之本」。所謂閩本，大概指汪仲魯所序之本而言。葉本書分上中下三卷，與李方子(甲)本同，惟葉本中卷分首尾。一九七二年臺北廣文書局影印和刻近世漢籍叢刊，與北溪先生字義詳講朱子行狀合爲一冊。葉本王懋竑未見，因其未用「葉本」之辭也。且條文引洪去蕪本(戊)多處而不引所敍相同之葉公回本，如乾道六年庚寅(一一七〇)朱子日居墓側是也。葉本比洪本早三百年。苟王氏見之，必引此而不引洪本也。又王氏朱子年譜考異謂年譜無「其後子壽(陸九齡，一一三二—一一八〇)頗悔其非，而子靜(陸象山，一一三九—一一九三)終身守其說不變」之語⑭。若曾見葉本，則知淳熙二年乙未(一一七五)條下，誠有此語矣。容肇祖於朱子實紀得見葉本孫原貞序，惟未見其書。然彼推測其「當是戴銑朱子實紀凡例所說的「宣德(一四二六—一四三五)間婺源刻本，頗有疏脫」⑮。此可指葉公回本，亦可指朱湛序所云遂購之徽本。宣德朝只十年。葉本刊於一四三一。諒無數年之內，徽州印行兩本不同年譜之理。是則朱湛所云購買之徽本，必流傳若干年，而容教授所料爲正確也。紹興二十七年丁丑(一一五七)朱子二十八歲，容教授引徽本有「館於陳氏六月，作畏壘庵記」⑯。而葉本無此語。此又可證徽譜當時不止一本，而葉譜爲後起也。

丙　明，戴銑鼇正本(一五一三)。明人戴銑，字寶之，號珊峯(一五〇八年卒)婺源人。正德元年丙寅（一五〇六）編朱子實紀。卷二至卷四爲朱子年譜。戴氏自序云，「果齋李氏之書，屢經鋟鋪，頗涉淆舛。加以事或逸於時，文寖增於後。未有粹其全者。……竊因其舊而脩之，釐爲十有二卷」。其凡例云，「果齋李氏著紫陽年譜三卷。原本不存久矣。宣德間婺源刻本，頗有疏脫。今取朱子語類、大全集、行狀、本傳、道命錄（李心傳編）年譜節略（都璋編）等書，參互考訂，訛者正之，略者詳之」。戴云「因其舊」，又云「婺源本（指乙）刻本頗有疏脫」，則其基於李方子之年譜（甲），無可置疑。有如李氏之年譜，實紀之年譜亦分三卷，爲實紀之第二、第三、第四卷。第九卷以下爲褒典、讚述、與紀題，皆增補年譜所未及者。戴銑自序云，「舊名年譜，今更曰實紀，何也？謂之年譜，則紹乎前彰乎後者不足以該。必曰實紀，然後並包而無遺」。四庫全書總目提要則以此爲「主於以推崇褒贈，誇耀世俗爲榮」。又謂其「主於鋪張褒贈，以誇講學之榮」⑰，乃對卷九以下而言，與年譜無關，然似嫌過刻。愚嘗比較葉公回年譜與戴銑年譜之記載（參看本條附錄），不見其有何比葉本爲誇張也。

容肇祖參訂陳建（一四九七—一五六七）之學蔀通辨與實紀之年譜之異同，指出陳建採據之

⑪ 今浙江麗水縣。
⑫ 今屬江西省。
⑬ 同上註④。
⑭ 王懋竑，朱子年譜，考異，卷二，頁二七六。
⑮ 同上註⑩。
⑯ 同上註⑨，頁一九六。
⑰ 四庫全書總目提要，史部，傳記類一，總頁一二六三；傳記類存目二，總頁一三一八。

書，有朱子年譜一種，「疑或為宣德間婺源刻本」(指乙)⑱。因實紀所載與陳建所引年譜大致相同，故結論「朱子實紀中的年譜，以現今所存及所知本相比，實為最接近於李方子的紫陽年譜，又可見了」⑲，容教授未見葉公回本。今則葉譜已由海外來歸，容氏見之，必謂葉本之接近李方子本較實紀為先矣。學蔀通辨引年譜云，「朱子……曾去學禪」⑳紹興二十一年辛未(一一五一)條下葉本有此語而戴本無之。則陳建所用之年譜可能為李方子本或葉本，而戴銑刪去「曾去學禪」四字耳。

丁 明，李默改訂本(一五五二)。李默，字時言(一五五六年卒)，福建建陽人。其朱子年譜編訂之經過，可於朱淩(朱子第十一世孫)與李默兩序見之。朱淩云，「徽國文公年譜(甲)，宋李果齋氏所著也。益以勉齋黃氏行狀，先祖生平、履歷、道學、事功，始終大致盡矣。婺源戴氏因舊本釐正，附諡議詩文，而總曰實紀(乙)，重於徽也。考亭仍婺葉侯重修本，併附書院題記，總曰年譜行狀，重於建也。……嘉靖壬子(一五五二)仲春大巡，侍御元山翁曾先生按閩之暇，淩以年末胥見於建溪行臺。比詢家世，閱出年譜求正。公披覽一盡，歎字蹟多漫滅，亟欲修訂。且慨舊本之未盡善也。遂敦請於大冢宰古沖翁李老先生，重加參定。校閱纂輯之勤，歷三時焉。備載翁所序集矣。錄既成，侍御乃命付諸木，嘉惠四方學者」。

此處所謂舊本，卽戴銑據以釐正之舊本。至其是否果齋之舊，則李默序云，「世傳李果齋公晦，嘗著紫陽年譜三卷。魏了翁為之序。今其序固在。但云果齋輯先生言行，卽不稱有年譜。及考朱氏今所存譜，蓋多出洪武(一三六八—一三九八)、宣(宣德)景(景泰，一四五〇—一四五六)間諸人之筆，與朱氏增益所成，斷非果齋之舊。其最謬者，先生歿後，數十年間，所得褒典，猶用編年之法。甚者尊朱詆陸，為私家言。非述作體也。比侍御元山曾君佩按閩至建陽，得其書而讀之，頗疑冗脫。將重加刊正，而以其事謀於默。……輒以元山君之意，咨於先生裔孫河。河指摘譜中舛誤者數事，與予意合。因屬之考訂，一準行狀、文集、語類所載。默不自揆，稍爲刪潤。其猥冗左謬不合載者，悉以法削之。視舊本存者十七。不以鄙誣累先哲也。譜成，復取勉齋（黃榦，一一五二—一二二一）行狀，並國史本傳爲附錄，以示傳信。其自宋褒典，亦彙附於末，與是譜合爲五卷云」。李序成於嘉靖三十一年壬子（一五五二）六月。朱序則成於同年十一月㉑。

王懋竑朱子年譜參考「李本」不少，必指此本而非李方子本。王氏卒於乾隆六年辛酉（一七四一）。可知此譜十八世紀中葉尚傳。惟四庫全書總目提要成於乾隆四十六年辛丑（一七八一），已不著錄，蓋此間已亡佚矣。故容肇祖考訂朱子年譜，「以舒敬亭朱子傳道經世言行錄中年譜以當李默本，因以王懋竑朱子年譜考異證之，字句的偶然不同的不多」㉒。

四庫全書總目提要以爲「默之學源出姚江（王陽明，一四七二—一五二九）陰主朱陸（陸象山，一一三九—一一九三）始異終同之說，多所竄亂，彌失其眞」㉓。又云，朱子「辨陸學之非，辨陳

⑱ 同上註⑩，頁七十七。
⑲ 同上註⑩，頁八十四。
⑳ 學部通辨（正誼堂全書本），卷一，前編上，頁二上。
㉑ 兩序載王懋竑，朱子年譜，原序，頁四至六。
㉒ 同上註⑨，頁一九五，二一〇。
㉓ 同上註⑦，總頁一二六三。

（陳亮，一一四三—一一九四）學之非，舊譜有之，惟李默本刪去，以默傳金溪（陸象山）之學故也㉔。李默門戶之見，又可於洪去蕪修訂本（戊）洪璟之序見之。洪璟曰，「考朱子門人李果齋氏，嘗敍次朱子之言行。雖未以年譜稱，而大端歲月之終始可與稽也。世宗時（一五二二—一五六六），李古冲（李默）從而修之。以舊譜爲多出於洪、宣、景間諸人之所改竄。是豈果齋之譜不復見於世歟！當古冲同修年譜，諸公在嘉靖（世宗）之朝。姚江之學方盛。其以果齋之譜爲多所改竄非舊本者，不過如序中所稱果齋嘗辨朱陸異同，從而疑其書之未能盡善，而不知果齋親見朱子辨正象山。豈嘗有晚年定論之說？其亦據實而直書之，以俟夫後人之折衷定論，不可謂著書立說者之不當出於此也」。洪璟續云，「然而古冲之所修，其亦有出於果齋之所未逮。如大修荒政，條奏諸州利病諸書法，與陳同甫（陳亮）來往，當在其大書之下，及毀秦檜祠事，皆絕有關係，不可以略者」㉕。

戊　清，洪去蕪改訂本（一七〇〇重刻）。此書四庫全書總目提要亦無著錄，只謂「國朝康熙庚辰（一七〇〇）有婺源洪氏續本」㉖。洪璟之序有云，「古冲（李默）之所修（丁），亦有出於果齋(甲)之所未逮。……家兄去蕪嘗輯兩家之譜，而參以朱子從學延平（李侗，一〇九三—一一六三），及與張敬夫（張栻，一一三三—一一八〇）氏中和三變之書，而合爲一編，附以黃氏行狀，宋史本傳，與歷代褒典廟記諸文，以俟後之君子。其書舊刻於金陵。……題曰『重刻』，仍其舊也」㉗。此爲洪璟康熙三十九年庚辰（一七〇〇）所識。「兩家」非指李方子與李默本，因序之上文已謂「果齋之譜不復見於世」也。所指者乃李默本與李默以爲出於洪、宣、景間諸人之「舊譜」。是則洪譜爲李方子本改訂之改訂矣。王懋竑則以爲「似見舊本」與「疑是年譜元本」㉘，故參引特多。

容肇祖著跋洪去蕪本朱子年譜，考據極精㉙。據云，「今年（一九三六）三月，劉文興先生以其尊人所藏洪去蕪本朱子年譜見示，說輾轉得之王氏（王懋竑）後人。……據書內標題絕沒有洪氏的名字。目錄下題有兩行如下：宋邵武李方子果齋原輯；明婺源李默古沖增訂。其爲本自二家年譜，而折衡增訂於其間可知。……今案洪氏本書，卷首爲序、像、贊、世系，題名錄；卷一卷二爲年譜；以下則附錄，卷三爲行狀，卷四宋史本傳，卷五歷代褒典之屬。今劉先生藏本缺去卷三以下，然據目錄是可知的」㉚。容氏所謂「二家」，亦如洪璟之「兩家」，蓋指李默本與所謂「舊譜」，已非李方子本之原貌矣。

據容氏考證，洪氏名嘉植，字去蕪，卽洪秋士，婺源人。漫遊甚廣。好作詩。學於熊賜履（一六三五－一七〇九）。曾與閻若璩（一六三六－一七〇四）論學㉛。容氏又更參以王懋竑朱子年譜（辛）考異，互相比較，指出「洪嘉植對於朱熹的論學的重要之處，如從學李侗，如與張栻

㉔同上註⑦，傳記存目類二，總頁一三三三，朱世潤，朱子年譜條下。
㉕同上註⑥，頁六至七。
㉖同上註⑦，總頁一二六三。
㉗同上註⑥，頁六至七。錢穆誤以洪璟爲洪去蕪。朱子新學案（臺北，三民書局，一九七一），第五冊，頁四一一。
㉘王懋竑，朱子年譜，考異，卷四，頁三二〇，三三六。
㉙同上註⑨，頁一九五至二二三。
㉚同上註⑨，頁一九五至一九七。
㉛同上註⑨，頁一九七至二一〇。

論學中和三變，如朱陸異同，如與呂祖謙（一一三七—一一八一）論涵養，如儒佛同異，如許陳亮的功利說，皆有所增訂。雖得失不能沒有，他對於朱熹學說的重要大端，確不是輕易放過的，又可見了」㉜。

己 閩本。王懋竑（辛）參考閩本多次，但只云「閩本」與「新閩本」而未明言其爲何時何人所編。只云「閩本新出」與「新閩本尤爲疏略」㉝。「閩本」與「新閩本」當同是一書。四庫全書總目提要云有「建寧朱氏新本」㉞，卽指此書。李默年譜（丁）亦是閩本，然王氏指明「李本」，而李本亦非新出，故「閩本」不能指李本。葉公回（乙）校訂本亦是閩本，然亦非新出，且王氏朱子年譜考異朱子五歲條下引閩本「文公名沈郎」，而葉本無此條也。據容教授，王懋竑未見萬曆四十四年丙辰（一六一六）刻本趙滂編程朱闕里志卷四之晦庵先生年譜，及雍正三年乙巳（一七二五）紫陽書院重刻本程朱闕里志。亦未見乾隆二年丁巳（一七三七）朱世潤重編之朱子年譜㉟。紫陽書院雖在徽州，而朱世潤則爲朱子裔孫。故朱刊可爲新閩本。而王懋竑未見，故彼之所謂「閩本」或「新閩本」，始終是謎。

康熙六十一年壬寅（一七二二）朱子十六代孫朱玉編朱子文集大全類編，凡八冊。每冊由一卷至三十七卷。第一冊卷首年譜原序載年譜序十二，其中包括魏了翁（甲）、汪仲魯（甲），孫原貞（乙）、戴銑（丙）、李默（丁）、朱凌（戊）之序。卷二爲文公年譜、祭文、與行狀。今比較王懋竑所參「閩本」，有許多相同處㊱。閩本與此本同用文公而不稱先生或朱子。但朱子五歲王引閩本有「文公名沈郎，小字季延」等三十九字。朱玉年譜無之。又朱子生年王引閩本云「文公面右有七黑子，時並稱異」，而朱玉年譜只云「文公面有七痣」。故知王氏所用之閩本，決非朱玉新出之閩本也。朱子實紀卷十載朱子門人祝穆朱子易簀私議，謂朱子病革，先作書季子與之訣別，次作書黃榦，次作書范念德。「今年譜所書，乃謂先作黃范二書，而後季子書，則其事失倫」。祝穆所指年譜，乃朱子死後數十年內之年譜。今查上述乙、丙、丁、戊四年譜，皆不失倫。只朱玉年譜以黃、范二書爲先。豈朱玉年譜從最早年譜而來耶？

庚　清，鄒琢其年譜正譌。此卽四庫全書總目提要所稱之（江蘇）武進鄒氏正譌本㊲，王懋竑云，「武進鄒君琢其，雍正己酉（一七二九）以御史謫居吾邑。……逾年，始與余相晤。……戊午（一七三八）秋，琢其自金陵貽余年譜正譌一册。……其議論雜用余說。……顧其言僅據洪本（戊）與新閩本（己），而李本（丁）則未之見。……所增入者間不言其所據。詳略亦無定例，頗非著書之體。余竊考其書，採摭廣博，辨正精詳，而所附論學諸語，亦簡要分明，可見古人爲學大略，皆舊譜之所不及」㊳。此書不見四庫全書總目提要，想流行不廣。

辛　清，王懋竑朱子年譜。上述葉本（乙）戴本（丙），均宜參考。王氏之書，則爲研究朱子

㉜同上註⑨，頁二二〇。

㉝王懋竑，朱子年譜，考異，卷一，頁二四一至二四二。

㉞同上註⑦，總頁一二六三。

㉟同上註⑩，頁八十三。

㊱如王懋竑，朱子年譜，考異，卷一，頁二四七，二六二；卷二，頁二七七；卷四，頁三三一，三三四。

㊲同上註⑦，總頁一二六三。

㊳王懋竑，白田草堂存稿（廣雅叢書本），卷八，記朱子年譜正譌后，頁六下。

者所不能免。不特從考據觀點爲上乘之作，而其材料與正確，實所罕見。四庫全書總目提要謂爲「諸家之中，惟懋竑本最精核」㊴，誠非過言。

王懋竑（一六六八—一七四一），字與中，號白田，（四川）寶與人。竭一生之力爲朱子年譜「未第時，即編是書。……直至易簀前數日，釐正乃成」㊵。其子箴傳識其目錄云，「先君子纂訂朱子年譜，歷二十餘年，凡四易槀而後定。別爲考異附於後。又續輯論學切要語，並附焉。歲辛酉（一七四一）秋，書成，先君子棄世。不肖等謹藏篋中。今年（乾隆十六年辛未，一七五一）春，孫氏甥仝轍、仝敞，亟請付梓」。轍、敞附語曰，「仝轍兄弟，少小嘗侍先生左右。竊聞教晦，略窺纂訂之意。輒不揣謭陋，強綴例義十有二條，列諸篇端」。其例義略云，「先生大抵據李（丁）洪（戊）兩本嚴審而愼採之。……李洪兩本年譜，按之朱子文集語錄，多所不符。先生蓋憑文集語錄，以考正李洪兩本。故文集語錄收載爲詳，而文集刪取尤多。……朱子行狀，爲門人勉齋黃氏作，最可徵信（參看頁一「朱子行狀」條）。宋史本傳，不無舛誤。先生考正李洪兩本，悉以行狀爲主，而本傳有可採者，亦參附之。……李洪兩本年譜，先生分別註明，仍志年譜之舊，而所載文集語錄行狀本傳，暨凡引證羣書，總綴於各條下，統標之曰『朱子年譜』。……先生纂訂年譜，凡己所辯論，原綴各條末後。恐繁重難以行遠，因摘出別爲一書曰年譜考異。……古冲爲陽明之學，率其私意刪改舊譜。……先生有憂之。得洪本稍增多，並有閩本（己）可參校」。

書分四卷。每卷分上下。繼以考異四卷。然後以朱子論學切要語兩卷終焉。其所參考各書，過半只云「年譜」。此指李洪兩本以至閩本所同，而王氏以爲可以上溯李方子原本（甲）總概而言，而非其本人「引證羣書」之朱子年譜。如建炎四年庚戌（一一三〇）云，「按年譜，李本稱『朱子』，洪本稱『先生』。……年譜云，『以方臘亂不能歸』。方臘之亂在庚子辛丑（一〇六〇—一〇六一），承事（朱子之祖父）之卒在乙巳（一〇六五）。則方臘之平久矣。年譜誤也』。可知「年譜」兼李洪等本而言。王氏參考以洪本爲最多，李本甚少。大概以洪本較確較詳之故。如朱子落職罷祠，李本只一條，洪本則增多三條㊶。固不止因李默爲陸王之學而已也。間亦兩本並舉，以資比較。參考閩本亦多，間有因李本洪本俱無而據以增入者㊷。參考鄒本（庚）亦不少，而據以補入者較多㊸。四本或詳或略。亦有衝突。王氏一一改正之。如淳熙十五年戊申（一一八八），除直寶文閣，李本作七月，洪本作八月。王氏依文集改正爲七月㊹。又如紹熙元年庚戌（一一九〇）刻經書，李本作五經，洪本作四經。王氏亦依文集改正爲四經㊺。慶元元年乙卯（一一九五）占得遯之家人，考異云，「年譜遇遯之同人，行狀同。……蓋傳聞之誤，今改正」㊻。王氏未見葉本（乙）與戴本（丙）。戴本爲「遇遯之家人」，可爲王氏作證。然王氏之改訂，乃根據文集別集答劉德修書云，「得遯之家人，爲遯尾好遯之

㊴ 同上註㉔。

㊵ 乾隆二十四年己卯（一七五九）門人喬汲朱子年譜後序。

㊶ 王懋竑，朱子年譜，考異，卷四，頁三三六至三三七。

㊷ 同上，卷二，頁二九三；卷四，頁三三二，三三五等。

㊸ 同上，卷一，頁二四七；卷二，頁二八六，二八八；卷三，頁三〇五；卷四，頁三二一，三三二。

㊹ 同上，卷三下，頁一四三；考異，卷三，頁三一三。

㊺ 同上，卷四上，頁一七六；考異，卷四，頁三二〇。

㊻ 同上，卷四下，頁二一六；考異，卷四，頁三三五。

占」[47]。故王氏云，「若遯之同人，則止占遯尾矣」[48]。謂爲傳聞之誤，恐未必然。因占時門人數人在場，且事關重要，不容輕信。不如謂抄寫之誤之爲愈也（參看頁九十四「遯之家人抑同人」條）。王氏專靠第一手材料，精審詳核。錢穆許爲「最稱審密」，而撮王氏之朱子年譜爲朱子年譜要略[49]。

上述八種年譜，只戴本，與王本四庫全書總目提要有著錄。於戴本則批評甚烈，於王本則雖有指摘，而贊美備至。提要云，王譜「於學問特詳，政事頗略。如淳熙元年甲午（一一七四）劾奏知（浙江）臺州唐仲友事，後人頗有異論，乃置之不言。……至於生平著述，皆一一縷述年月。獨於陰符經考異參同契考異兩事，不載其名，亦似有意諱之。然於朱子平生求端致力之方，考異審同之辨，元元本本，條理分明。……以作朱子之學譜，則勝諸家所輯多矣」[50]。

懋竑對於朱子文書其未署年月者，加以年期。此爲其改正年譜之外之最大貢獻。除少數外，未嘗於考異說明理由，其中難免少數以意度之。錢穆於此不盡同意。如書集傳若干篇與其定中和舊說之年歲是也[51]。錢氏亦反對懋竑之辨家禮之僞，謂爲「遇大節目，考覈每見紕繆」[52]。然此尚是懸案，未可以一概論也。錢氏本人所考年期，亦嘗有誤。如彼謂朱子答陸子美第二書在丙申（一一七六）而王氏以之爲在丁未（一一八七）。然書提及近作小筮書，指易學啓蒙，而朱子序此書於丙午（一一八六），故知王氏爲正而錢氏爲誤也[53]。李相顯謂王氏所定朱子書札與要語年期，即在其白田草堂存稿加以討論，仍乏證據[54]，然李氏亦未提出反證，則只可存疑而已。無論如何，此類究屬少數，只是白璧之瑕耳。愚以爲此璧最爲碍眼之瑕，乃在其未能脫除門戶之見。故四庫全書總目提要謂其書「大旨在辨別爲學次序，以攻姚江晚年定論之說」[55]。此是指其朱子論學切要語而言，而伍崇曜朱子年譜跋則謂「即是此書」。又謂「是書專爲衞道而作」。王氏因其門戶之故，乃不錄朱子之陰符經考異與參同參考異。沈繼祖奏朱子六大罪，余嚞乞斬。王氏注云，「沈繼祖余嚞兩疏，皆不知所據。竊疑爲陽明後人，依倣撰造以詆朱子者」[56]。沈疏載葉紹翁（約一一七五—一二三〇）四朝聞見錄[57]，距朱子之歿，僅二三十年，非姚江派僞造也。文集只舉篇名，語錄只舉記錄者之名，甚難檢查。深望

[47] 文集，別集，卷一，答劉德修第六書，頁十三下。
[48] 同上註[45]。
[49] 錢穆，朱子新學案，第五册，頁四一一。
[50] 同上註[23]。
[51] 王懋竑，朱子年譜，考異，卷一，頁二五五；卷四，頁三四〇；錢穆，朱子新學案，第四册，頁八十九，一六四至一七一。
[52] 王懋竑，朱子年譜，卷四下，頁二二〇至二二一；錢穆，朱子新學案，第四册，頁一六六至一七一。
[53] 王懋竑，朱子年譜，卷三上，頁一二八；錢穆，朱子新學案，第三册，頁三四四至三四五。參看拙著朱學論集（臺北，學生書局，一九八二），朱陸通訊詳述，頁二六〇—二六一。
[54] 李相顯，朱子哲學（北平，世界科學社，一九四七），頁七三一，七二六，七六七，七七九，七八一，七八七，七八八，八〇六，八一〇，八一五，八一六。
[55] 同上註[7]，總頁一二六三。
[56] 王懋竑，朱子年譜，考異，卷四，頁三三七。
[57] 四朝聞見錄（浦城遺書本），卷四，慶元黨，頁十下至十三下。

有心人一一註其卷頁，則造福學子不淺矣。

懋竑未見葉本與戴本。苟見之，則必用此兩本而少用李本洪本。如淳熙十四年丁未（一一八七）「四月拜命」。王氏從洪本。如曾見葉戴兩本，則必引之，因其所載相同，而比洪本早二三百年也。然諸本大同小異，於懋竑結論，無甚影響。朱子生年戴譜有「貧不能歸」之語，王氏可依以補年譜之缺。紹興十三年癸亥（一一四三）葉本命字祝詞較年譜爲詳，王氏可以引用。慶元三年丁巳（一一九七）年譜作餞別寒泉精舍，王氏亦可依戴本改正爲淨安寺。然王氏採用文集語類第一手材料，反爲優勝。淳熙七年庚子（一一八〇）應詔上封事，王氏以「上讀之大怒，令其分析。趙雄詭詞救解乃已」之語，來自李本而不知早已見諸戴本也。苟見葉譜，或寧取其所載。其言曰，「上初不以爲忤。當筆者始欲疏駁。同列喻解乃已」。又淳熙七年庚子（一一八〇）朱子築臥龍菴於廬山，並繪諸葛像於其中。葉戴兩譜，均載其事。苟王見之，必增入焉。然此類究屬少數，亦非重要，無損於王氏朱子年譜之眞價値也。

附　葉本（乙）與戴本（丙）之比較

葉公同本	戴銑朱子實紀本
有魏了翁，汪仲魯，孫原貞，朱湛序。	無朱湛序。
均有朱子半身像。同爲家廟所藏文公六十一歲寫眞之摹寫。	
世系圖十九世，三十六人。	世系圖二十世，三〇九人。
稱「先生」。	稱「朱子」。

建炎四年	方臘亂，陸道梗，不能歸。	方臘亂，陸道梗，且貧不能歸。
紹興七年	八歲問天何所附？	相傳朱子生時，婺源故宅井中有紫氣見。四歲問天何所附？
紹興二十年		略述虞集復田記。
紹興廿三年	初見延平（李侗），說得無限道理。也曾去學禪。	初見延平，說得無限道理。渠初從謙開善處下工夫，故皆就裏面體認。
紹興廿七年	無洪本徽本之「館於陳氏」。	亦無。
隆興元年		正文多「是歲論語要義成」，「論語訓蒙口義成」。
隆興二年		正文多「困學恐聞編成」，又加注。
乾道三年	除樞密院編修。至自長沙。	注多「用執政陳俊卿劉珙薦也」。注多東歸與道中作詩二百餘篇數十字。
乾道六年	家禮成，未嘗為學者道之，易簀後其書始出。	家禮既成，為一童行竊去。至易簀後其書始出。
乾道八年		正文多「八朝名臣言行錄成」。
乾道九年		注多「九月序中庸集解」。
淳熙三年	歸婺源省先墓。	注長數倍，謂朱子思返其故廬，惟閩產力勸其還閩。

淳熙六年		正文多「十二月申請陶威公廟額」。
淳熙七年	疏入，上初不以為忤。當筆者始欲疏駁。同列喻解乃已。	正文多「三月復丐祠，不允」。疏入，上讀之大怒，命朱子分析。宰相趙雄詭辭救解乃已。
淳熙八年	陸子靜來謁。	注多朱子答東萊書。
淳熙九年	復上時宰書。 注，「詔與江東梁抱兩易，復辭」。	正文多「正月條奏巡歷諸羣救荒事宜」在此本為注。 正文多「毀秦檜祠」又注十一字。 作為正文，並加詳註。
淳熙十一年	力辨浙學。註謂朱子與陳亮往復辨難而陳心服。又述朱子江西（陸象山）頓悟，永康（陳亮）事功兩病之語。	不言朱陳辨難而有朱子致劉子澄書評功利之說。朱子學術兩說之語，見之紹熙三年。
淳熙十四年	十月拜命。注云宰執楊萬里薦。	正文多「三月編次小學書成」。 注云，「『十月拜命』四字疑衍」。
淳熙十五年	八月	注有葉適上疏言林栗以私意劾朱子。
紹熙三年	注，「永康陳亮同甫來」。	正文，「陳同甫來訪」，又注百餘字。
紹熙四年	二月差主管南京鴻慶宮。	二月仍舊宮觀。又注，「七月序詩集傳」。
紹熙五年	除官觀，尋除寶文閣侍制。	注較詳。

慶元元年　注，「遇遯之同人」。　注，「遇遯之家人」。

慶元三年　別蔡元定於寒泉。注，「會別蕭寺」。　別蔡元定於寒泉。周易參同契考異成。

注，「會別淨安寺」。

慶元六年　三月甲子終於正寢。　注甚詳。

十一月葬。注，「送者幾千人」。　注，「送者幾千人。言者誤以為歸葬婺源，奏乞約束會葬」。

兩本比較，戴本正文較多數事，但與葉本幾全同。注較詳。其長注多至三四百字者亦大同小異。事實不符者甚少，惟戴本特重著述。如此相同，必是共沿一本，或卽李方子原本(甲)亦未可知。隆興元年，兩本均云「十一月戊辰」，則其誤亦同，又可以知其同出一源也。又將此兩本與他本比較，亦是同者多而異者少。朱子傳信之可靠，可謂足以驚人。

（九）朱子畫像

朱子曾畫諸葛武侯（諸葛亮，一八一—二三四）像與尹和靖（尹焞，一〇七一—一一四二）像（參看頁七四一「畫人朱熹」條），亦有人爲之畫像。文集有寫照銘曰，「乾道九年，歲在癸巳（一一七三），予年四十有四，而容髮凋悴，遽已如此。然亦將修身以畢此生而已，無他念也。福唐□□元爲予寫照，因銘其上，以自戒云」❶。福唐縣在福建東南。是年朱子居家著書。年尚壯，而照之容髮凋悴，未必寫眞也。

十餘年後，又有吳氏社倉書樓之寫眞。文集云，「南城吳氏社倉書樓爲余寫眞如此，因題其上。慶元（六年）庚申（一二〇〇）二月八日，滄洲病叟朱熹仲晦父」。題詩云，「蒼顏已是十年前，把鏡回看一悵然。履薄臨深諒無幾，且將餘日付殘編」❷。此詩歷代傳誦。其更爲著名者，乃其書畫象自警贊。贊云，「從容乎禮法之場，沉潛乎仁義之府。是予將有意焉而力莫能與也。佩先師之格言，奉前烈之餘矩。惟闇然而日脩，或庶幾乎斯語」❸。此贊無年月，亦不知所指之像爲何。此像可能朱子自畫，亦可能爲別人所畫。既云自警，則以自畫視之爲宜。朱子既能畫人之眞，則亦必可寫自己之眞也。相傳此贊乃其六十一歲對鏡自像而自警之語。此亦無據，恐只是因前詩「蒼顏已是十年前」之句，由慶元庚申朱子七十一歲上溯十年爲六十一歲，而又因前詩「把鏡回看」，故附會爲六十一歲對鏡自像耳。可惜朱子所畫武侯像與和靖像，與福唐某人吳氏社倉所畫之朱子像，均已無存。現所存者，有紙本六幅，四幅藏在國內，兩幅藏在日本。石刻六塊，則皆在福建。拓本一幅，亦在日本。

(1) 福建近年有重要之發現。一九七四年六月在建甌城關豪棟街一公社社員家中發現朱子半身像石碑。約一米二公分高，八公分寬。右上角有小鵝蛋形印，文曰「紫陽書堂」。像之上方爲書畫象自警六行。末識「紹熙元年孟春良日熹對鏡寫眞題」。題後另行兩方印，一爲篆文「晦翁」。畫像右頰有七黑子，狀如北斗。碑之左下角有識文云，「家廟遺碑，數羅兵火。后出重鐫，皆失其舊。此文公六十一歲紹熙元年庚戌（一一九〇）對鏡自寫眞也。威儀整肅，體備中龢。謹依元本鉤摹重鐫，俾海內名宿景仰尊崇，儼然見先賢當年之氣象云。十六代孫玉百拜鐫石」。厦門大學高令印教授根據「紫陽書堂」四字，以像之原型乃建甌之朱子後代從朱子故里崇安縣五夫里移來，因據崇安縣志所載，朱子築室于五夫里之潭溪，扁曰紫陽書堂也❹。張立文教授影印此像於其朱熹思想研究，是爲首次刊印❺。此刻題「紹興元年孟春良日熹對鏡寫眞」，不知是朱子自題否。朱子詩序題跋，皆用「某日」，「秋日」，

❶ 文集，卷八十五，寫照銘，頁五上。
❷ 同上，卷九，南城吳氏社倉書樓爲余寫眞因題其上，頁十四下。
❸ 同上，卷八十五，書畫象自警，頁十一上。
❹ 高令印，朱熹遺跡研究（中國哲學，第十輯，一九八三）頁三〇一。
❺ 朱熹思想研究（北京，中國社會科學出版社，一九八一）。

「中春」等詞❻，此處用「良日」，則文集所未見。朱玉編朱子文集大全類編，刊於康熙六十一年壬寅（一七二二）。第一册第一卷印有朱文公遺像，與建甌石刻像幾全然相同。只右頰與右耳略異，或以傳神而稍改，亦未可知。朱玉識云，「右像迺文公六十歲自寫眞也。家廟遺碑，數羅兵火。後之重鐫，皆失其舊。此家藏墨刻，祀奉年久。威儀整肅，體備中龢。與各祠院塑像，毫釐千里。玆謹依元本鈎摹，鋟梓於卷端。俾海內名宿，景仰尊崇，儼然見文公當年之氣象云。十六代裔孫玉百拜識」。此處所云與石像識語幾全相同，只改早一年，然此或行文之便耳。兩像所摹，必是同一元本，但所謂元本，只示家廟所藏有年，而未詳年歲。朱玉距朱子五百載，又安知所謂元本非後出耶？葉公回所校訂之朱子年譜，刊于明宣德六年辛亥（一四三一）亦有太師徽國公眞像，與朱玉之書所印遺照，大同小異。必是摹寫同一元本。公回識語云，「右像乃家廟所藏，文公六十一歲時所寫眞也。威儀儼肅，與當泛觀而大相逕庭。因拜手謹依原像摹寫，鋟梓于卷端，使觀者亦可想見先生平生之氣象云。括蒼葉公回謹識」。明人戴銑（一五〇八年卒）正德八年癸酉（一五一三）刻朱子實紀，卷首亦有太師徽國文公像。其附語云，「右像乃朱氏家廟所藏文公六十一歲時所寫眞也。玆謹模寘卷端，使學者得以想見大賢道德之氣象云」。由上三書所印之像與識語均甚相似，吾人可得結論四端：㈠三像同出一源。㈡家廟所藏元本最遲至葉公回年譜之年，即一四三一。㈢頰有七痣與對鏡自象之傳統必早于一四三一。㈣建甌石像亦必早于一四三一。至此「元本」之上，尚有無「元本」與若干「元本」？至于葉公回校訂朱子年譜幾許年歲？均尚待考證。

⑵福建近年出土之第二石刻爲建陽發現之朱子全身像。予一九八三年九月探訪建陽朱

子遺跡。文化館徐貫行先生與建陽縣人民政府外事處庄泓女士同游。以文化館正在修葺，不便參觀，乃以車載此石刻來招待所，俾得從容觀察（參看頁二〇六「朱子遺蹟訪問記」）。像高一米一十五公分，寬四十九公分，厚六點二公分。像斜向右，與上述三像不同，惟右頰亦有七黑痣。上額刻楷書書畫像自警全文，題「紹興五年（一一九四）孟春良日熹對鏡寫眞題以自警」。再上爲「徽國朱文公遺像」。此外無落款或其他字樣。此石藏建陽文化館。從其誤寫「紹興五年」觀之，疑是後起，然並未因此而有減其歷史之價値也。

(3) 文化館又藏一對鏡寫眞。塊最小，損壞不能辨認❼。在建陽時未及見也。

(4) 福建第四塊乃在同安發現。據高教授，「像高二米，寬零點八米。原嵌在同安大同書院的牆壁裏，外塑朱熹泥像。歷來世人很少知之。文化大革命中書院倒塌，泥像毀圮，石像現出。這幅畫除朱熹半身形象外，無說明、落款等任何字樣。據初步研究，他可能刻於南宋嘉定（一二〇八—一二二四）或元至正（一三四一—一三六七）年間，是現存最早的朱熹畫像」。……這幅朱熹畫像與現存朱熹各種畫像的形象都有很大的不同。有待進一步研究云❽。

(5) 福建之第五石刻亦在同安。予同年八月先訪同安。游市外大輪山。上登爲梵天寺。禪堂在其旁。禪室左旁爲佛祖堂。堂后地甚荒蕪，已無路徑。禪堂大師帶領攀登。數十米許到一廢壇。壇上有石刻朱子正面半身像。高約一米二，寬約六公寸，右耳比左耳長。無七黑

❻ 如文集，卷六，頁二十一下；卷九，頁五上；卷七十六，頁二十四下。

❼ 高令印，朱熹遺跡研究（中國哲學，第十輯，一九八三），頁三〇一。

❽ 高令印，對朱熹事迹資料考察的新收穫（哲學研究，一九八四，四月號），頁七十四。

子，亦無款識。大師云，「此是朱子六十一歲對鏡自寫之像。此址原爲講經堂，朱子曾講經於此。文化革命破毁」云。無七黑子，又無對鏡自象之說明，豈是此等傳說未與以前之作品耶？抑所以紀念朱子之在同安（一一五三—一一五七）時尚年青耶？

(6) 福建第六塊在福州。吾等八九月兩登鼓山。沿山道到涌泉寺水雲亭。亭甚小，僅藏十人。傳爲此是朱子讀書處。內有石刻朱子全身像，右頰有七黑痣。上端橫款爲「宋徽國文公朱晦庵先生遺像」。兩旁爲正楷書畫像自警。下款爲「大清道光十四年（一八三四）仲冬吉旦三山魏杰敬刊，宋鍾鳴鐫石」。高約一米二，寬約七公寸。三山爲福州之美名。魏杰乃福州附近之侯官人，自稱耆宿拙夫，著九峯志四卷❾。此像顯是後人豎立，以紀念朱子者。以石刻論，此像並不高明。

後藤俊瑞所著朱子印有朱子半身像。上題由右至左「文公先生眞像」六大字。在此與半身像之間書朱子吳氏社倉書樓詩。半身像佔全幅下半有奇。右頰有七黑痣。面貌衣冠，甚似建甌石刻。後藤教授說明云，「朱子七十一歲之時。原拓本，中山久四郎氏藏」。至於原刻在何處，則未言明❿。七十一歲，乃作詩之年，謂顏已是十年前也。

上面所提葉公回、戴銑與朱玉朱子年譜所印畫像，是否皆是摹鈎同上元本，尚無定論。現存紙本之畫像，其中有無朱子自己所畫？若是摹鈎，則其元本爲何？凡此種種，亦待解決。今只敘述現存各本，以待專家考查。

(1) 一九六一年北京文物出版社印行之宋朱熹書翰文稿，有兩人全身合像。卷末楊仁愷附記于遼寧省博物館云，「畫象爲兩人，右立的淸瘦白鬚老人，面上有痣者便是朱熹」。此附記並未明言左立者爲誰。衣冠兩人相同，年歲亦相若。左立者身裁比較肥大。兩人略斜對面，而畫中左立者稍後，或以示其長幼有序之意。附記亦未說明原畫現藏何處。然書翰文稿現藏遼寧省博物館，則原畫亦想必爲所藏。朱子右頰有七黑子，並有長鬚。右上下角與左下角有收藏家四印。朱子相又放大印于下頁。左立者疑是張栻南軒（一一三三—一一八〇）。年歲似五十餘。然張栻卒年四十七，其時朱子五十一歲。倘若此象果是二賢，則必後人繪之以紀念二賢之道終同一耳。

⑵臺北國立故宮博物院藏有朱子半身像。右上角隸書題「宋徽國朱文公遺像」。紙本縱二十八點三公分，橫二十二點四公分。無款印，紙色已黃，聞來自清宮。朱子右頰有七黑點。額皮有皺，比前像約長二十歲，而莊嚴溫厚，則且過之。故宮圖像選粹，朱熹牘册，宋朱熹吳說墨蹟均印此像，可云朱像中之精粹。拙譯朱子近思錄與一九八二年國際朱熹會議之秩序表與佈告，均採用之。拙著朱學論集與朱子門人兩書封面亦用之，惟影片反底爲面，黑痣由右頰移至左頰矣！

⑶臺北國立故宮博物院又藏一幅兩面全身像。一面爲「徽國公朱熹」，右頰有七黑子，一面爲「華陽伯張栻」。兩面均縱三十三點三公分，橫二十四點三公分。

⑷臺北國立故宮博物院更有一幅。縱四十二點六公分，橫三十六點四公分。一面爲像，一面爲說明題款七八行，字甚劣，云「朱晦庵名熹……」。最後錄其書畫像自警贊。

⑸一九八三年九州大學教授日本理學權威岡田武彥博士賜贈影片兩張。上片爲朱子半

❾魏杰資料承厦門大學高令印教授見示，敬謝。

❿後藤俊瑞，朱子（東京，日本評論社，一九四三）。

身像。右頰有七黑子。上六點兩行相對，一點在下，與七斗異。年歲約五十，而威儀氣象，別覺英明。像爲狩野元俊（一五八八—一六七二）所繪。狩野通稱隼人，乃江戶畫家。下片爲大儒林羅山（一五八三—一六五七）贊。詩云，「聖學繼開朱遯翁，成功養正啓童蒙。千年理義一方寸，收集諸儒爲折中」。下款爲「夕顏巷叟謹書」。夕顏巷叟乃林羅山之別號。詩所贊朱子之易學啓蒙。啓蒙成於淳熙十三年丙午（一一八六）。是年朱子五十七歲，豈此像乃朱子五十七歲之照耶？然岡田教授指出，詩中有遯翁之名。朱子慶元元年乙卯（一一九五），方更號遯翁。是時已六十六歲。則羅山之詩，可以廣義解之，蓋贊朱子之集大成以開後學也。岡田教授一九八二年九月十五得此幀於京都。實爲一幅，上半爲像，下半爲贊。以幀太長，故分影兩片賜寄耳。

(6)　一九八二年岡田教授寄贈朱子全身像紙裱一幀之彩色影片一張。此是長幀，縱四倍于橫。紙色稍黃，然並無損壞。朱子像居十分之六。上爲行書，九行，左起。首兩行爲「紹熙元年（一一九〇）孟春，時六十一歲，對鏡寫眞，題以自警」。次六行爲書畫像自警贊。最後一行爲落款「後學月田強敬書」。月田蒙齋名強（一八〇七—一八六六），乃楠本端山、楠本碩水兄弟之師，傳崎門學派之正宗，主靜坐以窮理。楠本端山爲楠本正繼之祖，而楠本正繼則岡田教授之師也。下款細字篆書六字，首爲「鵝湖木雅」，餘兩字不詳。鵝湖指鈴木鵝湖（一八七六—一九二八），乃一畫家。彼與月田強不同時。岡田教授云，未審朱子像爲何人所畫。朱子側面，不露右頰。左頰無痣。年歲約五六十。氣象較近狩野元俊所像，亦可見中日傳統之不同。雖是七痣與對鏡自像之傳說相同，而日本所像比我國所像爲年幼，此點有無特殊意義？方家竊疑考究。

以上所述，僅限于個之人見聞。公私所藏，決不止此，願文化團體，廣爲調查，刊成朱熹畫像集，豈不快哉？

附記：本書校對後將付印，乃得高令印著朱熹事跡考（上海人民出版社，一九七八，十月）。頁三〇二至三一六討論朱子畫像甚詳，至宜參考。

（一〇）面有七黑子

相傳朱子右頰有七黑痣，像七斗形。王懋竑（一六六八—一七四一）朱子年譜，考異云，「閩本又云，『文公面右有七黑子，時並稱異』。李本洪本不載，今附見於此」❶。王氏不載正譜而附見考異，蓋以存疑。李本指李默改訂朱子年譜（一五五二），洪本指洪去蕪改訂朱子年譜（一七〇〇）。閩本則爲清初刊物，早王懋竑朱子年譜（一七六二）數十年，但不知何本。

王氏未見葉公回校訂朱子年譜（一四三一）與戴銑（一五〇八年卒）朱子實紀（一五一三）中之年譜。兩譜均無黑痣之記載。葉譜、戴譜、洪譜，均與朱子門人李方子（嘉定七年甲戌，一二一四，進士）所編最早之年譜相近（參看頁六十二「朱子年譜」條）。可謂十六世紀以前，所有朱子年譜，無此記載。黃榦（一一五二—一二二一）朱子行狀與宋史本傳，均無此異相。崇安縣志所載圓悟和尚朱子像贊❷，朱子本人之寫照銘與書畫像自警❸，陳亮（一一四三—一一九四）之朱晦庵像贊❹，朱子實紀卷十一之各祠堂記與卷十二之白鹿洞書院拜文公像四則❺，均不提七黑子之傳說。是則傳說必起于明，可無疑矣。

明人顧起元著說略三十卷。卷五彙舉歷代名人異象，如蒼頡（上古）四目重耳❻，沈約（四四一—五一三）左目重瞳，腰有紫痣之類。起元每引朱子❼，而不言朱子有七黑子。起元萬曆二十七年己亥（一五九九）進士，可知此時七痣傳說，流傳未廣。

年譜之最早登載七痣者，當爲閩本。閩本不一，其一爲朱子十六世孫朱玉（壯年一七二二）所編朱子文集大全類編第一册之年譜。譜云，「文公面右側有七黑子，如列星。時並稱異」。較王懋竑所參之閩本，多「如列星」三字。顯然隱示痣如北斗，朱子有天降之靈。譜續云，「明分巡李稠源（李琯）（江西）豐城人。曾居（江西）婺源令。得之故老傳聞云，『文公四代祖妣程恭人官坑墓，葬時下有七石，故生文公面有七痣』」。注云，「玉謁（福建）政和文公祖承事府君墓，山水奇秀，環抱對拱，無一不備。砂外溪水抵政邑治，名七星溪。有七石溪布列。溪水出西津，會松溪水，自東注西，至郡城三百餘里。此墓上承官坑，而蔭生文公七痣，殆應於此耶」？據朱玉，七痣應七石之說，來自徽州婺源，而應於福建延和。從朱玉觀之，天文地理，均所感應，而且由來久矣。

七痣傳說，明理學界已暫流行，故以附於大儒陳獻章（稱白沙先生，一四二八－一五〇〇）。康熙四十九年庚寅（一七一〇）何熊祥本白沙子全集所載行狀謂白沙「右臉有七黑子，如北斗

❶朱子年譜（叢書集成本），考異，卷一，頁二四三。
❷崇安縣新志（民國三十年，一九四一本），卷二十，宗教，釋教，頁五下，總頁五二〇。
❸文集，卷八十五，頁五上，十一上。
❹陳亮集（北京，中華書局，一九七四）頁一一〇。
❺朱子實紀，卷十二，紀題，頁五下至六下，總頁八四〇至八四二。
❻說略（金陵叢書，丁集），卷五，頁六上。
❼同上，卷三，頁三下，六下；卷五，頁二十一上；卷六，頁十一上；卷八，頁六上；卷十二，頁八下，九上；卷十五，頁十七下；卷二十一，頁十上；卷二十三，頁三下；卷二十五，頁十七下。

狀」❽，明史本傳如之❾。白沙門人林光辨之曰，「此朱子相也。若云白沙亦有，何吾輩未之見也」❿？林光所云，一方證明白沙時已有朱子七痣之傳說，一方證實白沙無七痣。七痣傳說，非由年譜而來。然是否來自畫像，又當另考（參看頁八十「朱子畫像」條）。頰之黑痣，老人常有，即七點亦未爲奇。然以之比北斗，且有七石感應，恐朱子門人，應有林光之問，而朱子亦謙不敢居也。

❽ 據簡又文，白沙子研究（香港，簡氏猛進書屋，一九七〇），頁二十九。
❾ 明史（四部備要本），卷二八三，陳獻章傳，頁一下。
❿ 南川冰蘗集，卷五，頁二十七。

(一一) 朱子卜筮

朱子著周易本義，又著易學啓蒙，語類所載關於易經之對話共十三卷。四書五經除論語外以此爲最多。近思錄六百二十二條中來自伊川(程頤，一〇三三—一一〇七)易傳者一百零六條。除二程遺書外北宋四子，以此書至多。可知朱子極重卜筮。先儒以象數或義理解易者，朱子皆極反對。彼以易乃卜筮之書，而卜筮乃所以決嫌疑，定猶與也。

朱子旣視卜筮之書爲如此重要，則其生平對卜筮亦必重視，生平必卜筮多次，而況卜筮乃當時士人之通習耶？然據記載所錄，則朱子全生與卜筮有關者，只得兩次，其中一次並不在場。此事至不可解。

黃榦(一一五二—一二二一)朱子行狀云，「先生獨愓然以侂胄(韓侂胄，一〇二七年卒)用事爲慮。旣屢爲上言，又數以手書遺生徒密白丞相(趙汝愚，一一四〇—一一九六)，當以厚賞酬其勞，勿使得預朝政。……丞相旣逐，而朝廷大權悉歸侂胄。先生自念身雖閑退，尙帶侍從職名，不敢自嘿。遂草書萬言，極言姦邪蔽主之禍，因以明其寃。詞旨痛切。諸生更諫以筮決之，遇遯之同人。先生默然退，取諫藁焚之，自號『遯翁』」❶。「同人」應作「家人」(參看

❶ 勉齋集(四庫全書珍本)，卷三十六，朱子行狀，頁三十六上下。

頁九十四「遯之家人抑同人」條）。

此次動機不在朱子而在諸生。然朱子在場，決筮後乃默然退。各本朱子年譜系此事於慶元元年乙卯（一一九五）五月，並謂「子弟諸生更進迭諫，以爲必且賈禍。先生不聽。蔡元定（一一三五－一一九八）入諫，請以蓍決之」。

第二次卜筮乃在兩年之後。據語類所載云，「季通（蔡元定）被罪，臺譴及先生。先生飯罷，樓下起西序行數回，即中位打坐。賀孫（葉味道，嘉定十三年庚辰，一二二〇，進士）退歸精舍告諸友。漢卿（輔廣）筮之，得小過『公弋取彼在穴』❷，曰，『先生無虞，蔡所遭必傷』。即同輔萬季弟至樓下。先生坐睡甚酣，因諸生偶語而覺。即揖諸生。諸生問所聞蔡丈事如何。曰，『州縣捕索甚急。不曉何以得罪』。因與正淳（萬人傑）說早上所問孟子未通處甚詳。……聞蔡編管（湖南）道州，乃沈繼祖（參看頁七六四「沈繼祖誣朱子六罪」條）文字，意詆先生也」❸。

此次亦非朱子主動，且朱子並不在場。乃輔廣之卜而非朱子之卜也。然此卜顯然是預卜吉凶，而非決嫌疑，不知朱子贊同與否。隨即與萬人傑講學，不知是否以卜之預兆不必留意，抑信卜筮之兆而置諸度外，吾人不能以意度之。所可異者，乃朱子之重視卜筮，而卜筮之能影響其行動者，諸書所載，只一次而已。（參看頁九十七「朱子之世俗信仰」條）。

據所知，朱子矢之，亦只一次。語類云，「某解此段，若有一字不是孟子意，天厭之」❹。「此段」指孟子集註解浩然之氣。集注云，「浩然，盛大流行之貌。氣，即所謂體之充者。本自浩然，失養故餒。惟孟子爲善養之以復其初也。蓋惟知言，則有以明夫道義，而於天下之事無所疑。養氣，則有以配夫道義，而於天下之事無所懼。此其所以當大任而不動心也。

……至大初無限量，至剛不可屈撓。蓋天地之正氣，而人得以生者。其體段本如是也。惟其自反而縮，則得其所養，而又無所作爲以害之，則其本體不虧而充塞無間矣」❺。

❷ 易經，第六十二卦，小過，爻辭。
❸ 語類，卷一〇七，第二十二條（頁四二四四至四二四五）。
❹ 同上，卷五十二，第八十六條（頁一九八三）。
❺ 孟子集註，公孫丑篇第二上，第二章。

（一二）遯之家人抑遯之同人？

慶元元年乙卯（一一九五）朱子以上疏忤韓侂冑（一二〇七年卒）罷歸。韓爲皇太后親屬，大權操於一身。凡異己者以次斥逐。又假僞學之名，攻擊朱子等理學家日急。朱子乃草封事數萬言，極陳姦邪蔽主之禍。諸生更進勸諫，以爲必且買禍。朱子不聽。蔡元定（一一三五—一一九八）入諫，請以著決之，得遯之家人。朱子默然退，取奏藁焚之，更號遯翁。戴銑（一五〇八年卒）朱子實紀之年譜❶與王懋竑（一六六八—一七四一）朱子年譜所述，大概如是❷。黃榦（一一五二—一二二一）朱子行狀只謂草書萬言，非數萬言。又謂遇遯之同人，非家人❸。韓國理學大儒李滉退溪（一五〇一—一五七〇）朱子行狀註沿之❹。宋史紀事本末亦用同人❺。中日學者作遯之同人者不少，如錢穆❻安岡正篤❼是也。惟戴銑（一五〇八年卒）朱子實紀之朱子年譜早已用家人❽，周予同所著朱熹❾，後藤俊瑞（一八九三—一九六一）所著朱子❿亦用家人。最近張立文⓫佐藤仁⓬均用家人。捷按，家人是也。王懋竑云，「年譜遇遯之同人。行狀同。按別集答劉德修書云，『得遯之家人，爲遯尾好遯之占』⓭若遯之同人，則止占遯尾矣。行狀年譜，蓋傳聞之誤，今改正」⓮。查文集又有與章侍郎（茂獻）書云，「疏其名字，牽連四十餘人，以白於上者。如此則非久，勢須別有行遣。然數日前嘗以周易筮之，偶得遯尾之占。見於著龜者如此，則亦非彼之能爲矣。將安避之哉」⓯？王氏未引此書，論者亦未嘗提及。遯尾指遯卦初六，變陰爲陽。如是成爲遯之同人。葉公回年譜遯之同人之說，或由此而來。王懋竑謂「若遯之同人，則止占遯尾矣」。此語須聯同「爲遯尾好遯之占」觀之，乃得明晰。初六爻辭曰，「遯尾厲，勿用，有攸往」。象曰，「遯尾之厲，不往何災也」？「好遯」指九四。爻辭曰，「好遯，君子吉，小人凶」。既云遯尾好遯之占，則初六九四皆變，初六變陰爲陽，九四變陽爲陰，而成爲遯之家人。王氏之意，蓋謂只占遯尾，則成同人。今占遯尾好

❶ 戴銑，朱子實紀（近世漢籍叢刊本），卷四，年譜，頁十八下，總頁一九六。
❷ 王懋竑，朱子年譜（叢書集成本），卷四下，頁二一六。
❸ 勉齋集（四庫全書珍本），卷三十六；朱子行狀，頁三十六下。
❹ 李滉，朱子行狀註（京都，朝倉儀助本），頁四十八下。
❺ 宋史紀事本末（北京，中華書局，一九五五），頁六八四。
❻ 錢穆，宋明理學概述（臺北，中華文化出版事業委員會，一九五三），頁一一五。
❼ 安岡正篤，朱子小傳（朱子學入門，東京，明德出版社，一九七四），頁六十一。
❽ 同上註❼。
❾ 周予同，朱熹（上海，商務印書館，一九三一），頁十六。
❿ 後藤俊瑞，朱子（東京，日本評論社，一九四三），頁一八七。
⓫ 張立文，朱熹思想研究（北京，中國社會科學出版社，一九八一），頁七十八。
⓬ 佐藤仁，朱子（東京，集英社，一九八五），頁二四七。
⓭ 文集，別集，卷一，答劉德修第六書，頁十三下。
⓮ 王懋竑，朱子年譜，考異，卷四，頁三二五。
⓯ 文集，續集，卷五，與章侍郎書，頁六上。

遯，則成家人也。王氏之說，誠是確論。

至其所謂「行狀年譜，蓋傳聞之誤」，則恐未必然。王氏未見葉譜與戴譜而參考明人李默改訂之朱子年譜（一五五二）與清人洪去蕪改訂之朱子年譜（一七〇〇重刻）。若得見戴氏之朱子實紀，則必不謂之爲誤矣。以行狀爲傳聞之誤，予亦不敢從。文集爲朱子季子在所編。在生於乾道五年己丑（一一六九），行狀成於嘉定十四年辛巳（一二二一）。其時別集未刻。答劉德修書黃榦或未之見。以是未嘗無傳誤之可能。然焚藁卜占爲朱子一生大事。門人多人在場，目擊眼見。諸生傳述，又必謹愼。斷無家人亂作同人之理。予疑是行狀抄寫之誤，而葉譜從之。行狀抄誤有據。如謂朱子「娶劉氏。……其卒以乾道丁酉」是也⑯。乾道無丁酉年。劉令人實卒於淳熙三年丙申（一一七六）也。語類載「季通（蔡元定）被罪臺譖及先生（朱子）。先生飯罷，樓下起西序行數回，即中位打坐。賀孫（葉味道，嘉定十三年庚辰，一二二〇，進士）退歸精舍告諸友。漢卿（輔廣）筮之，得小過，『公弋取彼在穴』，曰，『先生無虞。蔡所遭必傷』」⑰。此條爲賀孫所錄，且錄爻辭。其愼重如此，則遯之家人之傳聞，決不至苟且也。

⑯ 勉齋集，卷三十六，朱子行狀，頁四十七上。

⑰ 語類，卷一〇七，第二十二條（頁四二四四至四二四五）。

(一三) 朱子之世俗信仰

朱子對於怪異之信仰,承受程伊川(程頤,一〇三三—一一〇七)之傳統,一切以理釋之。卽伯有爲鬼,謂將殺人❶,伊川亦謂「別是一理」❷。故朱子不信日月之蝕爲灾異。縱有不合處,亦可算得。日月食皆是陰陽氣之衰微。古來以日月食爲預兆,乃古人不曉曆法之故❸。雷只是氣,如今之爆杖,「蓋鬱積之極而迸散者也」❹。然朱子又謂「雷雖只是氣,但有氣便有形,如蝃蝀。本只是薄雨爲日所照成影,然亦有形,能吸水吸酒。人家有此,或爲妖,或爲祥」❺。爲妖爲祥,乃人家信仰而非朱子之信仰。然謂能吸水吸酒,恐有信爲怪異之嫌。其釋雷鳴云,「恐發動了陽氣,所以大雪爲豐年之兆者。雪非豐年,蓋爲凝結得陽氣在地,來年發達,生長萬物」❻。此是理之解釋。所謂兆者,如此而已。

❶ 左傳,昭公七年(前五三七年)。
❷ 遺書(四部備要二程全書本),卷三,頁六上。
❸ 語類,卷二,第三十三,三十八條(頁三四至三五)。
❹ 同上,第五十二條(頁三十八)。
❺ 同上,第五十四條(頁三十八)。
❻ 同上,第五十三條(頁三十八)。

伊川以雹爲蜥蜴含水吐之而成⑦。朱子以爲「初恐無是理，看來亦有之。只謂之全是蜥蜴做，則不可耳」⑧。顯是亦信蜥蜴可能造雹。然謂「此理不知如何。造化若用此物爲雹，則造化亦小矣」⑨。以朱子觀之，「雹」字從「雨」從「包」，「是這氣包住，所以爲雹也」⑩。

蜥蜴形狀如龍，屬陰。陰氣感應，故能成雹⑪。世俗有龍行雨之說。朱子則曰，「龍，水物也。其出而與陽氣交蒸，故能成雨。但尋常雨自是陰陽氣蒸鬱而成，非必龍之爲也」⑫。如是雹雨均應以陰陽解釋，但亦信蜥蜴與龍，且信龍之兩眼光如銅盤⑬。既然信龍，則信麟自是不在話下。朱子對於春秋與麒麟互相感應之說，表示懷疑，但所疑乃其感應，而麟之存在，則無疑也⑭。

朱子雖未能完全解除傳統怪異之信仰，然大致已走入理性範圍，過于伊川，故能發見化石⑮。怪異均以陰陽二氣釋之。鬼火只是未散之氣⑯。佛燈亦然。語類云，「俗言佛燈，此是氣盛而有光。又恐是寶氣，又恐是腐葉飛蟲之光。……昔人有以合子合得一團光。來日看之，乃一腐葉。……此中有人隨汪聖錫(汪應辰，一一一八—一一七六)到峨眉山，云五更初去看。初布白氣，已而有圓光如鏡。其中有佛然。其人以手裹頭巾，則光中之佛亦裹頭巾，則知乃人影耳」⑰。關於佛家信仰，朱子所最反對者乃輪廻之說，「以偷胎奪蔭之說皆脫空」⑱，並謂「釋氏卻謂人死爲鬼，鬼復爲人。如此則天地間常只是許多人，來來去去，更不由造化生生，必無是理」⑲。

不信輪廻，自然不信長生。朱子以爲「人言仙人不死，不是不死，但只是漸漸銷融了不覺耳。蓋他能煉其形氣，使渣滓都銷融了。唯有那些清虛之氣，故能升騰變化。……然久後亦須散了。且如秦漢所說仙人，後來都不見了」⑳。問有無神仙，朱子答曰，「誰人說無？誠有是理，只是他那工夫，大段難做」㉑。此亦以氣爲論，以至清氣升騰變化。惟佛徒祈禱昇天，則只是淫巫瞽惑而已㉒。武夷君傳以爲仙，「蓋亦避世之士，生爲衆所臣服，沒而傳

⑦ 遺書，卷十，頁二下。

⑧ 語類，卷二，第五十六條（頁三十八）。

⑨ 同上，卷三，第十四條（頁五十五）。

⑩ 同上，卷二，第五十六條（頁三十九）。

⑪ 同上。

⑫ 同上，第五十條（頁三十七）。

⑬ 同上，卷一三八，第一〇四條（頁五二八五）。

⑭ 同上，卷八十三，第一一七條（頁三四四四）。參看卷九十，第三十四條（頁三六四四）。

⑮ 參考頁七九一「朱子發見化石」條。

⑯ 語類，卷六十三，第一一二條（頁二四五五）。

⑰ 同上，卷一二六，第一〇八條（頁四八六二）。

⑱ 同上，第一〇三條（頁四八六〇）。

⑲ 同上，卷三，第十九條（頁五十七至五十八）。

⑳ 同上，卷一二五，第五十九條（頁四八〇九至四八一〇）。又卷六十三，第一一二條（頁二四五四至二四五五）。

㉑ 同上，卷四，第九十七條（頁一二九）。

㉒ 同上，卷一〇六，第二十五條（頁四二〇四）。

以爲仙也」㉓。總之，「說無神仙，也不消得。便有也有甚奇異？彼此無相干，又管他什麼」㉔。換言之，「務民之義，敬鬼神而遠之」㉕。

世俗所謂寃鬼或鬼神憑依，亦皆以氣爲言。朱子云，「世俗大抵十分有八分是胡說，二分亦有此理。多有是非命死者，或溺死，或殺死，或暴病卒死。是他氣未盡，故憑依如此。又有乍死後氣未消盡。是他當初稟得氣盛，故如此。然終久亦消了。蓋精與氣合，便生人物。「游魂爲變」㉖，便無了。如人說神仙，古來神仙皆不見，只是說後來神仙。如左傳伯有爲厲，此鬼今亦不見」㉗。伯有後有子產（前四九六年卒）爲其立嗣，故其寃氣釋消。朱子曾舉漳州（福建）一例，有婦與人通而殺夫。其鬼寃氣不散而爲祟，及婦與姦夫決罪償命後乃息㉘。某處有鬼爲厲，後爲人放爆仗焚其所依之樹乃絕，則其枉死之氣未消，被爆仗驚散也㉙。然人鬼亦如雷如雹，特虹霓之類，日久必散㉚。

氣固然影響人鬼，其影響生人更甚。人有胸前有猪毛，睡時作猪鳴者，乃稟得猪氣者也㉛。有云愚民合衆以禱，其神便靈。朱子解之，謂衆心湊處便自暖，故便有一個靈底道理。所以祭神多用血肉者，蓋要藉其生氣也㉜。此乃氣之感應。儒家祭義，從古基於祖孫一氣，故可相通。然本文限於朱子之實際信仰，至其思想，在所不論。

門人詹體仁（字元善，一一四三—一二〇六）每相見便說氣數讖緯。朱子以爲皆不足憑。「只是他由天命，然亦由人事。才有此事，得人去理會便了」㉝。此卽是修身以俟命之意，故無需談命看命。精力到處便驗，在人爲耳㉞。朱子力言易是卜筮之書，著周易本義以伸其說。又著易學啓蒙以爲卜筮之助。然卜筮乃所以決嫌疑，定猶與，而非所以預測吉凶。或問左傳載卜筮有能先知數世後事，有此理否？答之曰，「此恐不然。只當時子孫欲僭竊，故爲此以欺上罔下爾」㉟（參看頁九十一「朱子卜筮」條）。以卦氣言之，「乾卦氣當四月，坤卦氣當十月。不可便道四月十月生底人便都是好人」㊱。

朱子致門人蔡季通（蔡元定，一一三五—一一九八）書，謂「中間到宅上，聞是日得子，深爲贊喜。衰鈍之蹤，素不利市。自年三十餘時，每到人家，輒令人生女。如是凡五七處。今年乃值慶門得男」㊲，似朱子亦信吉凶禁忌，然別處全無如此痕跡。元定與朱子甚熟，時相過

㉓ 文集卷七十六，武夷圖序，頁二十六下。
㉔ 語類，卷一一四，第四十條（頁四四〇九）。
㉕ 論語，雍也篇第六，第二十章。
㉖ 易經，繫辭上傳，第四章。
㉗ 語類，卷六十三，第一三三條（頁二四六四至二四六五）。又卷三，第二十條（頁六十一）。
㉘ 同上，卷三，第四十三條（頁六十九）。
㉙ 同上，第十九條（頁六十）。
㉚ 同上，第十五條（頁五十六）。
㉛ 同上，第五十條（頁七十二）。
㉜ 同上，卷八十七，第一六九條（頁三五九〇）。又卷三，第八十條（頁八十六）。
㉝ 同上，卷一三八，第六十七條（頁五二七七）。
㉞ 同上，第一〇一至一〇二條（頁五二八四）。
㉟ 同上，卷八十三，第二十五條（頁三四〇八）。
㊱ 同上，卷六十八，第四條（頁二六七七）。
㊲ 文集，卷四十四，答蔡季通第八書，頁十上。

從。此或趣談而已。南軒（張栻，一一三三—一一八〇）致朱子書云，「尊嫂已遂葬事否？……近世風俗深泥陰陽家之論，君子固不爾。但恐聞風失實，流弊或滋耳。更幸裁之」㊳。朱子與陳同父（陳亮，一一四三—一一九四）書云，「亡子卜葬已得地，但陰陽家說須明年夏乃可窆，今且殯在墳庵」㊴。兩函同指長子朱塾（一一五三—一一九一）之死。信陰陽家言，必爲其媳之主張，因朱子本人無取於此也。門人胡伯量（胡泳）函問爲謀葬先人，應否擇日，並卜其山水吉凶。朱子答云，「伊川先生力破俗說，然亦自言須是風順地厚之處乃可。然則亦須稍有形勢，拱揖環抱，無空闕處，乃可用也。但不用某山某水之說耳」㊵。語類有一段話，最足證實朱子絕無風水信仰。其擇地處，乃在形勢而非吉凶。諸生皆言某廟爲靈。朱子則云，「仰山廟極壯大，亦是占得山川之秀。寺在廟後卻幽靜。廟基在山邊。此山亦小，但是來遠。到此溪邊上外面，羣山皆來朝。寺基亦好」㊶。此可謂爲美學觀點，與迷信相去遠矣。朱子上狀爭辯孝宗山陵，亦極力主張土肉深厚，無水石之虞，又可以避免兵戈亂離發掘暴露之患，而直斥臺史坐南向北謬妄之說。此則爲永遠安寧之計，開罪朝廷，固不惜也㊷。

朱子之反迷信，莫若其不肯入五通廟。朱子曾返安徽婺源舊名新安故里省墓。婺源鄉人以五通廟爲最靈。居民出門，必帶紙張入廟祈祝。士人之過者，必以名紙稱門生。宗人力迫朱子謁廟。朱子不往。是夜族人設宴。朱子以飲動臟腑，終夜失和。次早又偶有一蛇在階旁。衆人皆以爲不謁廟之故。益來勸往。朱子憤然云，「某幸歸此，去祖墓甚近。若能爲禍福，請卽葬某於祖墓之旁，甚便」㊸。朱子發大脾氣，只此一次。

朱子於世俗習尚，並非全無妥協。此可於語類兩則見之。其一則云，「先生於世俗未嘗立異。有歲逼欲入新居而外門未立者，曰，『若入後有禁忌，何以動作？門欲從橫巷出』。

朱子應之曰，『直出是公道，橫則與世俗相抅』㊹。」不與世俗相抅，可知其隨俗矣。又一則云，「先生問直卿（黃榦，一一五二—一二二一）何不移入新屋居。曰，『外門未立』。曰，『歲暮只有兩日，便可下工。若搬入後有禁忌，如何動作？初三又是赤口』」㊺。此則顯然信禁忌矣。

總之，朱子未能全然脫離俗人信仰，然大體而言，比諸二十世紀人物，亦算高明。七百年前，更無論矣。詩云，「文王陟降，在帝左右」㊻。朱子云，「如今若說文王眞個在上帝之左右，眞個有個上帝如世間所塑之像固不可，然聖人如此是說，便是有此理」㊼。所謂此理，已不是科學之理而是宗教之理。祭祀一面所以表示吾心之誠，一面亦信有氣來格。故朱

㊳南軒先生文集（近世漢籍叢刊本）卷二十三，頁十二上，答朱元晦秘書第五十三書，總頁七三五。

㊴文集，續集，卷七，與陳同父，頁八上。

㊵同上，正集，卷六十三，答胡伯量第一書，頁一下。

㊶語類，卷三，第八十條（頁八十六至八十七）。

㊷參看文集，卷十五，山陵議狀，頁三十二上至三十六下；王懋竑，朱子年譜（叢書集成本），卷四上，頁二〇一至二〇二，紹熙五年甲寅（一一九四）。

㊸語類，卷三，第七十九條（頁八十五）。

㊹同上，卷一〇七，第七十四條（頁四二五七）。

㊺同上，第七十五條（頁四二五七）。

㊻詩經，第二三五篇，大雅，文王之什，文王。

㊼語類，卷三，第五十七條（頁七十六）。又卷八十一，第一三四條，（頁三三七一）。

子曰，「若道無物來享時，自家祭甚底？肅然在上，令人奉承敬畏，是甚物？若道眞有雲車擁從而來，又妄誕」㊽。又云，「神殺之類，亦只是五行旺衰之氣。推亦有此理。但是後人推得小了，太拘忌耳。曉得了，見得破底好。如上蔡（謝良佐，一〇五〇—約一一二〇）言，『我要有便有，我要無便無』㊾，方好」㊿。語類尙有一條，足爲本書此條之結束。朱子云，「鬼神死生之理，定不如釋家所云，世俗所見。然又有其事昭昭，不可以理推者。此等處且莫要理會」51。

㊽ 同上，卷三，第六十八條（頁八十一）。

㊾ 上蔡語錄（近世漢籍叢刊本），卷上，頁十六上，總頁三十一。

㊿ 語類，卷一三八，第一百條（頁五二八三）。

51 同上，卷三，第十二條（頁五十三至五十四）。

（一四）朱子言夢

語類載「竇（竇從周）自言夢想顚倒。先生曰，『魂與魄交而成寐。心在其間，依舊能思慮，所以做成夢』。因自言數日病，只管夢解書。向在官所，只管夢爲人判狀。竇曰，『此猶是日中做底事』。曰，『只日中做底事，亦不合形於夢』」❶。此爲廖德明癸巳（一一七三）以後所聞，不審何年所錄。從周淳熙十三年丙午（一一八六），年五十與弟澄往見朱子於福建建陽，則朱子晚年之事也。

宋人羅大經著鶴林玉露，載朱子軼事一則云：「廖德明，朱文公高弟也。少時夢謁大乾。謁者出索刺，出諸袖。視題字云「宣敎郎」。後登第改秩，以宣敎郎案闕。思前夢，恐官止此，不欲行。質之文公。文公曰，「人與器物不同。如筆止能爲筆，不能爲硯。劍止能爲劍，不能爲琴。故其成毀久速有一定不易之數。人則不然。虛靈知覺，萬理兼賅。吉凶禍福，隨之而變，難以一定言。子赴官但當充廣德性，力行好事。前夢不足芥蔕」。德明拜受敎。後把麾持節，官至正郎❷。查廖德明，字子晦，（福建）順昌縣人❸，乾道五年己丑（一一六九）進士。語類卷一一三訓德明二十條，禀別數次，未及此事。然此事大有可能。朱子之重視道

❶語類，卷一一四，第四七五條（頁四四一〇）。
❷鶴林玉露（叢書集成本），卷十三，頁一四四至一四五。

理而不輕信夢兆，於此可以見之矣。

語類一則云，「因說及夢，曰：聖人無所不用其敬。雖至小沒緊要的事物，也用其敬。到得後世儒者，方說如此濶大沒收殺。如周禮夢亦有官掌之。此有甚緊要？然聖人亦將做一件事。某平生每夢見故舊親戚。次日若不接其書信及見之，則必有人說及。看來惟此等是正夢。其他皆非正」❹。是則夢有正與不正之分，以道理爲準也。

❸ 拙著朱子門人（臺北，學生書局，一九八二），頁二八七，誤以順昌縣爲今安徽阜陽。

❹ 語類，卷八十六，第七十條（頁三五三〇）。

（一五）朱子之記憶力

語類一百四十卷所載師生問答一萬四千餘條。除絕少數以書卷請問而朱子筆批之外，皆隨問隨答。答辭中引經據典，超乎萬數，皆是信口而來，全憑記憶力。四書五經，在昔學人固皆念熟。惟經史子集，以至年期尺寸，皆能隨問而答，且隨口引用詩句，不下千百。不能不謂朱子記憶力之強，實遠出乎常人之外。問答之間，顯然不能查書。語類有一條足爲答辭並未查書之證。門人問尹和靖（尹焞，一〇七一－一一四二）解論語，數問數答。因命敬之（黃顯子）取和靖語錄來檢看❶。此可證其曾檢書，而同時亦可證其平常答話不先檢書，因檢書之記錄，語類只此一次而已。

答語不先檢書，又有旁證。朱子著作甚多，常須抄寫。或命其子爲之❷，或令他人❸。平常不免雇人寫，但資用不少，朱子無法應付❹。有時獨自校讎❺。然每謂「無人寫得」❻，

❶ 語類，卷三十六，第三十三條（頁一五二五）。
❷ 文集，別集，卷三，答程允夫第一書，頁五下。
❸ 同上，正集，卷四十九，答滕德章第十四書，頁二十五上。
❹ 同上，卷五十三，答劉季章第二十二書，頁十三上。
❺ 同上，續集，卷二，答蔡季通第九十一書，頁二十下。
❻ 同上，第九十二書，頁二十一上。

「無人別寫得」⑦，「私居無人寫得」⑧，「無人抄得」⑨，「乏人抄錄」⑩，「但惜無人錄得」⑪，「未暇錄寄」⑫。凡此皆證明乏人抄書。既乏人抄書，則亦乏人檢書，亦是合理之結論。

因未查書，故常有誤。「天理二字，卻是自家體貼出來」，乃明道（程顥，一〇三二—一〇八五）之語，而朱子誤以爲伊川（程頤，一〇三三—一一〇七）語⑬。引董仲舒（前一七六—前一〇四）語爲「質樸之謂性，性非教化不成」，而評董氏下一「成」字爲「極害理」⑭。然春秋繁露原文乃「性者，天質之樸也。善者，王教之化也」⑮，無「成」字也。大槻信良著朱子四書集註典據考，指出其一百七十五處爲新義，卽是朱子之解釋，爲前人之所未道也。惟又指出朱子誤說苑爲家語，以儀禮旣夕禮爲儀禮士喪禮，以謝顯道（謝良佐，一〇五〇—約一一二〇）之語爲范淳夫（范祖禹，一〇四一—一〇九八）之語，以漢書所謂農家者流爲史記所謂農家者流⑯。語類有記錄者之誤而非朱子之誤者。「某人」條下註云，「先生言其姓名，今忘記」⑰。是乃記錄者之忘也。又朱子說金人春則往鴨綠江獵，夏則往一山。註云「忘其名」⑱。亦記者之忘也。「四端」條朱子引伊川云，「聖人無端，故不見其心」。註云，「今云無端，義亦不通，恐誤」⑲。所恐者乃記錄者之誤而非朱子之誤也。又有似誤而實非誤者。如朱子以「論性不論氣不備，論氣不論性不明」⑳爲明道語，但亦以爲伊川語。此非矛盾而實兩兄弟意見相同耳（參看頁三一四「程子曰」條）。老蘇（蘇洵，一〇〇九—一〇六六）與其子蘇軾（東坡先生，一〇三七—一一〇一）解義利亦然。一方以利者義之和爲東坡之說㉑，一方又以爲老蘇之說㉒。似是衝突。其實父子同爲此論。朱子固知之。嘗云，「老蘇嘗以爲義剛而不和，惟有利在其中故和。此不成議論……後來東坡解易，亦用此說，更不成議論也」㉓。

至於非誤而只忘記者，則明言「某」字。如謂「某王加恩制」㉔，「某國王問某尊者」㉕，

❼ 同上，正集，卷三十九，答柯國材第一書，頁五上。
❽ 同上，卷六十三，答孫敬甫第五書，頁二十二上。
❾ 同上，卷四十，答何叔敬第九書，頁三十一下。
❿ 同上，卷三十八，答耿直之書，頁三十下。
⓫ 同上，卷六十一，答曾景建第五書，頁三十五上。
⓬ 同上，卷六十二，答張元德第一書，頁一上。
⓭ 語類，卷九十八，第六十四條（頁四〇〇一）。
⓮ 同上，卷一二五，第五十一條（頁四八〇六）。
⓯ 春秋繁露（四部叢刊本），卷十，實性第三十六，頁八下。
⓰ 朱子四書集註典據考（臺北，學生書局，一九七六），頁八十二，一一八，一六四，四〇一。
⓱ 語類，卷一三二，第十五條（頁五〇八一）。
⓲ 同上，卷一三三，第二十條（頁五一二三）。
⓳ 同上，卷五十三，第八十八條（頁二〇六二）。
⓴ 遺書（四部備要二程全書本），卷六，頁二上。
㉑ 語類，卷二十二，第五十九條（頁八三六至八三七）。
㉒ 同上，第六十六條（頁八四〇）；卷六十八，第一二三條（頁二七一六），第一二八條（頁二七一七至二七一八）。
㉓ 同上，卷三十六，第四條（頁一五一七）。
㉔ 同上，卷一三九，第七十一條（頁五三三二）。
㉕ 同上，卷一二六，第五十八條（頁四八四一）。

「某經云」[26]，「龜山（楊時，一〇五三—一一三五）爲某人作養浩堂記」[27]。此等或是不憶其名，或是無指出其名之必要。朱子謂「某人所記劉元城（劉安世，一〇四八—一一二五）每與人相見，終坐不甚交談」[28]。似是忘記者之姓名。然下文詳言元城之「恣口極談，無所顧忌」[29]。此處或特諱其名，或不以爲重要耳。其確實忘記者，則朱子明言之。朱子云伯恭（呂祖謙，一一三七—一一八一）之文鑑去取有五例。舉其四例而云「已忘一例」[30]。文集亦明言如是。致劉子澄（劉清之，一一三九—一一九五）書云，「朱君岑何字，偶不記憶，更告」[31]。

以上所舉之誤或忘，均是少數。以總數萬餘而言，則此小數適足以表示其大概無忘無誤而已。然亦有確實證明其記憶力之異常強大者。據左傳楚人一廣有一百七十五人[32]，申生以閔公二年（紀元前六六〇）十二月出師[33]，皆記憶清楚。晉人之士神主牌長一尺三寸，博四寸五分，甚爲準確[34]。古車之輪高六尺[35]，亦非測度之辭。余大雅再見，卽問「三年不相見。近日如何」[36]？朱子說四十二章經、心經、楞嚴經、大般若經、圓覺經等書。門人記錄其要點而註腳云，「說佚者皆能舉其支離篇章成誦。此不能盡記」[37]。說詩經采薇篇則首章、二章、三章、四章、五章、卒章各述其大意[38]。答論語集註之問，則歷舉某章有五說以至九說，皆舉說者之名[39]。最令人歎服者爲訓程端蒙（一一四三—一一九一）條。朱子云，「嘗見老蘇說他讀書，孟子、論語，韓子，及其他聖人之文，兀然端坐，終日以讀者十八年。方其始也，入其中而惶然，博觀於其外而駭然以驚。及其久也，讀之益精，而其胸中豁然以明。若人之言固當然者。猶未敢自出其言也。時既久，胸中之言日益多，不能自制，試出而書之。已而再三讀之，渾渾乎覺其來之易矣」[40]（參看頁四七〇「滄洲精舍諭學者正誤」條）。此乃朱子訓門人之語，隨便說出。乃與蘇洵嘉祐集致歐陽修（一〇〇七—一〇七二）書㊶幾字字全同。只原文爲「論語孟子」與「而兀然」略異而已。語類作「十八年」，原文爲「七八年」，顯是抄刊之誤。當時對語，必無嘉祐集在側可查。若謂編語類者核閱原文，則又必不論孟倒置與

㉖同上，第七十一條（頁四八四八）。
㉗同上，卷五十二，第七十九條（頁一九七八）。
㉘同上，卷六十八，第九十七條（頁二七〇九）。
㉙同上。
㉚同上，卷一二三，第二十四條（頁四七二七）。
㉛文集，別集，卷三，致劉子澄第二書，頁十三下。
㉜語類，卷八十三，第九十六條（頁三四三六）。
㉝同上，第一〇五條（頁三四四〇）。
㉞同上，卷九十，第八十一條（頁三六七〇）。
㉟同上，卷三十八，第五十五條（頁一六〇五）。
㊱同上，卷一一三，第三十三條（頁四三八〇）。
㊲同上，卷一二六，第六條（頁四八二三）。
㊳同上，卷八十一，第一〇四條（頁三三六二）。
㊴同上，卷三十至三十三等條，詳頁四一一「語類雜記」條註㊱。
㊵同上，卷一二一，第六條（頁四六六四）。
㊶嘉祐集，（四部備要本），卷十一，上歐陽內翰第一書，頁三上下。

刪去「而」字也。故此必是憶述，而全然準確如此。謂朱子有超常之記憶力，誰曰不宜？

（一六）朱子之嚴肅

朱子重禮，態度嚴正。玆錄語類數則，以示其人品之此方面：

(1)「某向年（一一七九）過江西與子壽（陸九齡，一一三二—一一八〇）對語，而劉淳叟堯夫（淳熙二年乙未，一一七五，進士）❶獨去後面角頭坐，都不管，學道家打坐。被某罵云，『便是某與陸丈言不足聽，亦有數歲之長。何故恁地作怪』？」❷堯夫年十七而登陸子之門，二十四而入太學，二十九而爲僧，四十四而卒，的是怪人。

(2)「有侍坐而困睡者，先生責之」❸。

(3)「有學者每相揖畢，輒縮左手袖中。先生曰，『公常常縮著一隻手，是如何也？似不是舉止模樣』」❹。

(4)「每夜諸生會集，有一長上，纔坐定便閑話。先生責曰，『公年已四十，書讀未通。纔坐便說別人事。夜來諸公閑話至二更。如何如此相聚，不廻光反照，作自己工夫，卻

---

❶ 參看拙著朱子門人（臺北，學生書局，一九八二），頁三一二頁三一三。

❷ 語類，卷一二〇，第一〇八條（頁四六五四）。

❸ 同上，卷一二一，第一〇二條（頁四七一四）。

❹ 同上，第一〇三條（頁四七一五）。

要閑說』？歎息久之」❺。

(5) 門人問色容莊最難。朱子曰，「心肅則容莊，非是外面做那莊出來」。陳才卿（陳文蔚，一一五四—一二三九）亦說九容❻。次早才卿以右手拽涼衫左袖口偏於一邊。朱子曰，「公昨夜說『手容恭』❼，今卻如此」。才卿赧然，急叉手鞠躬，曰，「忘了」。朱子曰，「爲己之學，有忘耶？向徐節孝（徐積，一〇二八—一一〇三）見胡安定（胡瑗，九九三—一〇五九）退，頭容少偏。安定忽厲聲云，『頭容直』。節孝自思，不獨頭容要直，心亦要直。自此更無邪心。學者須是如此始得」❽。

(6) 賀孫（葉味道，嘉定十三年庚辰，一二二〇，進士）請問，語聲末後低。朱子不聞，因云，「公仙鄉❾人，何故聲氣都恁地？說得箇起頭，後面賴將去。孔子曰，『聽其言也厲』❿。公只管恁地，下稍（到底）不好，見道理不分明，將漸入於幽暗，含含胡胡，不能得到正大光明之地。說話須是一字是一字，一句是一句，便要見得是非」⓫。

(7) 小童添炭，撥開火散亂。朱子曰，「可拂殺了。我不愛人恁地。此便是燒火不敬。所以聖人教小兒灑掃應對，件件要謹。某外家子姪，未論其賢否如何，一出來便齊整。緣是他家長上元初教誨得如此。只一人外居，氣習便不同」⓬。

❺ 同上，第一〇一條（頁四七一三至四七一四）。
❻ 朱子門人，頁二〇九至二一〇。
❼ 禮記，王藻篇，第二十九節，言手足口目等九容。
❽ 語類，卷一一四，第七條（頁四三八七）。
❾ 「仙鄉」爲宋人口語，尊稱別人家鄉。
❿ 論語，子張篇第十九，第九章。
⓫ 語類，卷一一四，第二十三條（頁四三九七）。
⓬ 同上，卷七，第十七條（頁二〇三）。

（一七）朱子之笑與怒

明道（程顥，一〇三二—一〇八五）溫和，伊川（程頤，一〇三三—一一〇七）嚴肅，爲學者所共知。程氏外書云，「朱公掞（朱光庭，一〇三七—一〇九四）來見明道於汝，歸謂人曰，『光庭在春風中坐了一箇月』。游（游酢，一〇五三—一一二三）楊（楊時，一〇五三—一一三五）初見伊川，伊川瞑目而坐。二子侍立。旣覺，顧謂曰，『賢輩尚在此乎？日旣晚，且休矣』。及出門，門外之雪深一尺」❶。遺書外書不載其笑怒，是意中事。語類則記朱子之笑怒，不只一次。誠然遺書外書與語類不可比並，因前者比後者不及十分之一，且是善言而非問答體。但此亦可以顯見朱子之比較寬鬆，可笑可怒。

朱子數百門人之中，以陳淳（一一五九—一二二三）知之最深。淳之敍述云，「望之儼然而可畏，卽之溫然而可親。其接人也，終日怡悅，薰然如春風之和而可挹。事有所不可，則其斷之也，雷霆之威，又厲然而不可犯」❷。則其或笑或怒，亦至自然。語類之記其笑怒者，不下十次。笑之問答，每次不同，不可以一概論。其關於體認仁德、井田、高祖閉關，與四端，並無特殊情形，想只是人品溫和之表現❸。井田閉關，同出一條。一次對談而兩笑，只此而已。說及古禮，或微笑，或良久乃笑，或說至某處方笑，如坐尸而醉❹，冠帶乘轎❺，只實是可笑。然門人謂古禮難行，則朱子微笑而應❻，可知古禮重敬，而不顧難與不難也。問觀其所以，則笑謂孟子看人眸子瞭眊❼，乃是得意之笑❽。門人初見，問有一言而可以終身者乎❾？朱子笑容之中，卻有批評之意，蓋謂學者要學聖人，不能以一字盡包也❿。蔡元定（一一三五—一一九八）從游最久。有勸其止南泉之行，決於朱子。朱子笑而不答，良久乃謂安心則為之，義多則為之⓫。元定善易，實無需取決於朱子也。此乃安身立命之笑而非輕笑。輕笑之最有趣味為對吳壽昌之微笑。壽昌好禪。初謁佛者疎山，後游考亭，攜子浩同事朱子。好與朱子談詩。嘗承朱子醉酣興逸，請賜醉墨。朱子為大字小字三幅。某日問鳶飛魚躍，何

---

❶ 外書（四部備要二程全書本），卷十二，頁七下至八上。二程全書又有遺書、粹言、易傳、經說。汝州在今河南臨汝縣。

❷ 北溪大全集（四庫全書珍本），卷十七，侍講待制朱先生敍述，頁四上。

❸ 語類，卷二十六，第三十六條（頁一〇四二）；卷九十，第四十二條（頁三六四八）；同上（頁三六五四）；卷十一，第六條（頁四五七七）。

❹ 同上，卷九十，第七十條（頁三六六七）。

❺ 同上，卷九十一，第九條（頁三六九三）。

❻ 同上，卷八十九，第十六條（頁三六〇八）。

❼ 孟子，離婁篇第六上，第六章。

❽ 語類，卷二十四，第二十八條（頁九二四）。

❾ 論語，衞靈公篇第十五，第二十三章。

❿ 語類，卷一一八，第八十八條（頁四五六七）。

⓫ 同上，卷一二〇，第一二六條（頁四六六二）。

故仁在其中？朱子良久微笑曰，「公好禪。這箇亦略似禪，試將禪來說看」。壽昌對，「不敢」。曰，「莫是『雲在青天水在瓶』麼」？壽昌又不敢對。曰，「不妨試說看」。壽昌曰，「渠今正是我，我且不是渠」。朱子曰，「何不道『我今正是渠』」。既而又曰，「須是將中庸其餘處，一一理會，令教子細。到這箇田地時，只恁地輕輕拈掇過，便自然理會得，更無所疑，亦不著問人」⑫。朱子對門人之傾於禪者，殊不客氣。獨於壽昌則處之泰然，幾與之開玩笑。大概壽昌卒然有悟。故此微笑眞是靈丹一粒，點鐵成金。

朱子之笑，尚有數處，採入頁一二〇「朱子之幽默」條。

朱子之怒，據著者所知，語類只有三次。一爲甘節問何以驗得性中有仁義禮智信？朱子怒曰，「觀公狀貌不離乎嬰孩。高談每及於性命」。與衆人曰，「他只管來這裏摸這性。性者是去捕捉他，則愈遠。理本實有條理。五常之體不可得而測度。其用則爲五教，孝於親，忠於君」。又曰，「必有本。如惻隱之類，知其自仁中發。……眼前無非性，且於分明處作工夫」。又曰，「體不可得而見，且於用上著工夫，則體在其中」。次夜曰，「吉甫（甘節）昨晚問要見性中有仁義禮智。無故不解發惻隱之類出來。有仁義禮智，故有惻隱之類」⑬。吉甫問答、記錄，與卷子所問，皆性理之學，而今仍不解性中有五常，又捉摸其體而不求其用，極教朱子失望之至，無怪其怒也。

另一次更怒。語類載：先生氣疾作。諸生連日皆無問難。一夕遣介召入臥內，諸生亦無所請。先生怒曰，「諸公恁地閑坐時，是怎生地。恁地便歸去強，不消得恁地遠來」⑭。朱子鼓勵門人好問，病中亦講學不休。門人或因朱子氣作，不敢擾其寧靜，而不知朱子努力精神，至死不休。易簀前一日，諸生來問病。朱子起坐曰，「誤諸生遠來，然道理只是恁地。

但大家倡率做些堅苦工夫，須牢固著脚力，方有進步處」⑮。此次大發脾氣，卽是大努力也。

語類又有一則云：先生一日說及受贓者，怒形於色曰，「某見此等人，只與大字面配去」。徐又曰，「今說公吏不合取錢。爲知縣者自要錢矣」。節節言之，爲之吁歎⑯。

⑫ 同上，卷一一八，第八十條（頁四五六五）。參看拙著朱子門人（臺北，學生書局，一九八二），頁一〇〇。
⑬ 同上，卷一一五，第四十三條（頁四四三六）。
⑭ 同上，卷一二一，第一〇六條（頁四七一六）。
⑮ 蔡氏九儒書（同治七年戊辰，一八六八，刋本），卷六，蔡沈，朱文公夢奠記，頁五十九上。
⑯ 語類，卷一〇七，第五十條（頁四二五一）。

（一八）朱子之幽默

根據行狀所形容，則朱子似是嚴肅過人，毫無幽默。行狀云，「其色莊，其言厲。其行舒而恭，其坐端而直。……几案必正，書籍器用必整。其飲食也，羹食行列有定位，匕箸舉指有定所。倦而休也，瞑目端坐。休而起也，整步徐行」❶。然據語類文集所載，則朱子頗爲詼諧。玆錄數則如下：

(1) 語類吳壽昌記錄云：先生問壽昌近日教浩讀甚書。壽昌對以方伯謨教他午前卽理論語，仍聽講曉些義理。午後卽念些蘇文之類，庶學作時文。先生笑曰，「早間一服朮附湯，午後又一服清涼散」。復正色云，「只教讀詩書便好」❷。

(2) 又錄云：先生問壽昌，「子見疎山有何所得」？對曰，「那箇且拈歸一壁去。」曰，「是會了拈歸一壁，是不會了拈歸一壁」？壽昌欲對「總在裏許」，然當時不曾敢應。會先生爲壽昌題手中扇云，「長憶江南三月裏，鷓鴣啼處百花香」，執筆視壽昌曰，「會麼？會也不會」？壽昌對曰，「總在裏許」❸（參看頁一一六「朱子之笑與怒」條）。

(3) 先生於州❹治射堂之後圃，畫爲井字九區。中區石甃（砌累）爲高壇，中之後區爲茆（茅）庵。庵三廳，左廳爲泰卦，右爲否卦，後爲復卦，前扇爲剝卦。庵前接爲小屋。前區爲小茅亭。左右三區各列植桃李而間以梅。九區之外圍繞植竹。是日遊其間，笑謂諸生曰，

「上有九疇八卦之象，下有九丘八陣之法」❺。

(4) 朱子告諸生：王拱辰（一〇一二—一〇八五）作高樓，溫公（司馬光，一〇一九—一〇八六）作土室。時人語云，一人鑽天，一人入地。康節（邵雍，一〇一一—一〇七七）謂富公（富弼，一〇〇四—一〇八三）云，「比有恠事，一人巢居，一人穴處」❻。

(5) 朱子告諸生又一則：墨翟與工輸巧爭辨云云。論到下稍（到底），一著勝一著，沒了期。一曰，「吾知所以拒子矣，吾不言」。一曰，「吾知所以攻子矣，吾不言」❼。

(6) 寄江文卿（江嗣）劉叔通（劉淮）詩云，「詩人從古例多窮，林下如今又兩翁。應笑湖南老賓友，兩年吹落市塵中」。原注云，「此戲子蒙（游開）恐落窮籍不便。可發一笑也」❽。

(7) 朱子答門人問易云，「文王之心，已自不如伏羲寬濶，急要說出來。孔子之心，不

---

❶ 勉齋集（四庫全書珍本），卷三十六，朱子行狀，頁四十下。

❷ 語類，卷一一八，第八十五條（頁四五六六）。參看拙著，朱子門人（臺北，學生書局，一九八二），頁九十三。

❸ 同上，第八十七條（頁四五六六）。參看朱子門人，頁一〇〇。

❹ 指福建漳州。朱子紹熙元年（一九〇〇）知漳州一年。

❺ 語類，卷一〇六，第三十五條（頁四二一七）。

❻ 同上，卷一三八，第五十五條（頁五二七五）。

❼ 同上，第一四四條（頁五二九二至五二九三）。

❽ 文集，卷九，寄江文卿劉叔通，頁十四上。三人皆朱子門人。參看朱子門人，頁八十，二四一，三一〇。

如文王之心寬大，又急要說出道理來，所以本意浸失。都不顧元初聖人畫卦之意，只認各人自說一副當道理。及至伊川（程頤，一〇三三—一一〇七），又自說他一樣微似孔子之易而又甚焉。……據某所見，且如此說，不知後人以爲如何」。因笑曰，「東坡（蘇軾，一〇三七—一一〇一）注易畢，謂人曰，『自易有以來，未有此書也』」⑨。

(8) 王過到溫陵⑩回，以所聞岳侯（岳飛，一一〇三—一一四二）對高廟（宋高宗）天下未太平之問，云「文臣不愛錢，武臣不惜命，天下當太平」⑪。告之先生之前，只笑云，「後來武官也愛錢」⑫。

(9) 調息箴云，「守一處和，千二百歲」⑬。此爲誇大之幽默，與上不同。

(10) 答壻黃榦（一一五二—一二二一）書云，「輅孫不知記得外翁否？渠愛壁間獅子，今畫一本與之」⑭。輅孫必不忘記外翁。姑漫言之，以取笑耳。

---

⑨ 同上，卷六十六，第二十條（頁二五九二至二五九三）。
⑩ 溫陵爲福建泉州之美名，以其氣候溫和也。
⑪ 宋史（北京，中華書局，一九七七），卷三六五，岳飛傳，頁一一三九四。
⑫ 語類，卷一一二，第五十八條（頁四三五八）。
⑬ 文集，卷八十六，調息箴，頁六上。
⑭ 同上，續集，卷一，答黃直卿第四十書，頁十二上。

（一九）一介寒士

朱子曾建數處精舍，酷好游山。常與顯貴往來。復建白鹿洞書院，贍四百八十七畝❶。慶元三年（一一九七），沈繼祖上奏控其「娶劉珙（一一二二—一一七八）之女，而奄有其身後巨萬之財。……開門授徒，必引富室子弟，以責其束修之厚。四方餽賂，鼎來踵至。一歲之間，動以萬計」❷。近年中外學者，亦每謂朱子代表地主階級，必然富有。然朱子每每稱窮。黃榦（一一五二—一二二一）朱子行狀謂其「自奉則衣取蔽體，食取充腹，居止取足以障風雨。人不能堪，而處之裕如也」❸。乾道九年癸巳（一一七三）朱子辭任命，請祠。有旨主管臺州崇道觀，有曰，「朱某安貧守道，廉退可嘉」❹。畢竟朱子是富是貧，學者從未有詳細述說。予乃不揣冒昧，廣集證據。然後知朱子之處處稱窮，實非謙話。而行狀上旨所云，非虛語也。乃草朱子固窮而發表之❺。今述其大意於此，略為增補。主要目的，在鳴朱子之寃耳。

❶ 白鹿書院志（天啓二年壬戌，一六二二，本），卷十六，頁一上。
❷ 葉紹翁，四朝聞見錄（浦城遺書本），卷四，慶元黨，頁十二下至十三上。
❸ 勉齋集（四庫全書珍本），卷三十六，朱子行狀，頁四十二上。
❹ 王懋竑，朱子年譜（叢書集成本），卷一下，頁五十四。
❺ 拙著朱學論集（臺北，學生書局，一九八二），頁二〇五至二三二。

沈繼祖之顚倒是非，予已另條斥駁（參看頁七六四「沈繼祖誣朱子六罪」條）。朱子一生前後奏請派爲祠官二十次，被派監督主管宮觀十一次，前後共二十二年又七月。祠官無職，亦不在祠居住。乃一種榮銜，以敬老養賢。朱子樂意爲之，蓋得以居家講論著述。惟祠祿甚微。此朱子所以整生貧乏也。吾人不知其年中餽賂之收入爲何。生平撰序、記、墓銘、行狀不少。必有酬勞。然朱子嘗爲劉子和作傳，其子以其先人所藏漢書爲謝而已❻。朱子以之轉贈白鹿洞書院。捐贈書院學田數百畝，恐亦以守南康軍❼所得俸祿爲之。朱子受與甚嚴。宋史本傳云，「非其道義，則一介不取也」❽。趙帥汝愚（一一四〇—一一九六）欲爲朱子營造房屋，朱子以私家齋舍不當動用公款辭謝❾。其他辭謝餽贈者，尙有多次❿。

學徒束脩多少，吾人亦無可稽考。予嘗統計其門人四百六十七人之中，有官職者只一百三十三人，佔百分之二十八⓫。語類載門人問門人之貧者應否令子弟經營。朱子謂合義而爲，則德亦從而進矣⓬。可見朱門亦有貧者。其最貧者乃其門人女壻黃榦。有書云，「此女得嫁德門事賢者，固爲甚幸。但早年失母，闕於禮敎，而貧家資遣，不能豐備，深用愧恨」⓭。答友人書，亦謂黃榦「食貧」⓮。黃榦噫嘻示兒云，「腰折亦無米五斗，餓死安得粟一囊？徒令汝曹困齏鹽，對我面目青且黃。冬寒輕裘不得御，朝饑軟飯不得嘗。……人生窮通固有命，丈夫志氣當自強」⓯。

朱子欲爲其壻作一小屋，惟以無錢而止⓰。欲立一家廟，亦以財力不足而不能辦⓱。雲谷所築晦庵，只是草堂。詩云，「堂成今六載，上雨復旁風。逐急添茆蓋，連忙畢土功」。註云，「謂柱下貽塼」⓲。武夷精舍固有石門，而亦有柴扉。詩云，「山水爲留行，無勞具雞黍」⓳。是武夷亦甚簡單。竹林精舍規模比較大，然亦無華麗之稱也。

拙文對於朱子之奉祠，其俸祿，與其因窮情況，敘之頗詳。此處不贅。朱子以其貧乏，不能不謀生路，故印書出售。此事行狀、年譜、本傳，皆不提。學者亦絕未有言之者，故特爲一條，俾便注意（參看頁一二七「朱子之印務」條）。朱子之窮，一方因入息低微，一方亦因費用太大。南軒（張栻，一一三三—一一八〇）曾勸其撙節⑳。大概朱子不善理財，而以貧者爲「士之

⑥ 文集，卷八十一，跋白鹿洞所藏漢書，頁二十四上。

⑦ 故治今江西星子縣。

⑧ 宋史（北京，中華書局，一九七七），卷四二九，朱熹傳，頁一二七六八。

⑨ 文集，卷二十七，與趙帥書，頁二下。

⑩ 詳朱學論集，頁二二三至二二四。

⑪ 拙著朱子門人（臺北，學生書局，一九八二），頁十五。

⑫ 語類，卷一一三，第四十條（頁四三八三至四三八四）。

⑬ 文集，續集，卷一，答黃直卿第三十四書，頁十上。

⑭ 同上，正集，卷六十四，答鞏仲至第十七書，頁十三上。

⑮ 勉齋集，卷四十，噫嘻示兒，頁十七上下。

⑯ 文集，續集，卷一，答黃直卿第七十六書，頁十九下至二十上；第八十書，頁二十上下。

⑰ 語類，卷九十，第四十九，五十條（頁三六五七）。

⑱ 文集，卷六，雲谷合記，頁十七下。

⑲ 同上，卷九，武夷精舍雜詠並序，頁三上至四上。

⑳ 南軒先生文集（近世漢籍叢刊本），卷二十九，答朱元晦秘書第二十九書，頁二十一下，總頁六八六。

常」㉑，故告黃榦云，「生計逼迫非常，但義命如此，只得堅忍耳」㉒。此其所以安窮樂道也。

㉑ 文集，卷三十九，答呂侁書，頁二下。
㉒ 同上，續集，卷一，答黃直卿第八十八書，頁二十一下。

（一〇）朱子之印務

朱子貧乏。招待來賓，所費亦在不少。而於餽贈去取，標準甚嚴。數十年間，大多靠主管廟觀名譽，祠祿甚微。於是不得不別謀一生路，以補所缺。此朱子所以印書出售也。關於此事，黃榦（一一五二—一二二一）朱子行狀，戴銑（一五〇八年卒）朱子實紀，宋史卷四二九朱子本傳，王懋竑（一六六八—一七四一）朱子年譜等均一字不提。或因此是小事，不必注意。或以大儒業小買賣，有損尊嚴。從來學者敍述朱子生平，或詳或略，絕未見有提及之者。予嘗撰朱子固窮一文（參看頁一二三「一介寒士」條），內以一節述之❶。論及此題，恐是首次。

朱子印書，固是爲窮。然亦因坊間翻印其書。故爲自護計，自行印銷，亦可防奸商奪利也。答呂伯恭（呂祖謙，一一三七—一一八一）云，「婺人番開（論孟）精義事，不知如何。此近傳聞稍的，云是（浙江）義烏人。……試煩早爲問故，以一言止之。渠必相聽。如其不然，即有一狀，煩封至沈丈❷處，唯速爲佳。……此舉殊覺可笑，然爲貧謀食，不免至此，意亦可諒

❶ 朱學論集（臺北，學生書局，一九八二），頁一一〇至一二三。

❷ 不知是否沈度。

❸ 文集，卷三十三，答呂伯恭第二十八書，頁十九上。

也」❸東萊（呂祖謙）答書云，「義烏欲再刊精義者，兩日詢問得。方寫畢而未鋟板。已屬義烏相識，審詢其實而就止之」❹。究竟效果如何，不得而知。然朱子非自刊不可，事勢固已顯然。

印書事務，大概由其子埜負責❺，財務則由門人林用中（字擇之）協理❻。然朱子對於編纂校對，紙張數目，與板樣大小，均親自留意❼。此項工作，必在武夷精舍以前。武夷精舍建於淳熙十年癸卯（一一八三）。曾刊有武夷精舍小學❽。在此以前，張栻（一一三三—一一八〇）對於此項事業，頗感不安。嘗有書云，「比聞刊小書板以自助，得來諭及敢信。想是用度大段逼迫。某初聞之，覺亦不妨。已而思之，則恐有未安者。……爲貧乏故，寧別作小生事不妨。……宅上應接費用亦多，更深加撙節爲佳耳」❾。朱子告林擇之云，「欽夫（張栻）頗以刊書爲不然，卻云別爲小小生計卻無害。此殊不可曉。別營生計，顧恐益猥下耳」❿。南軒（張栻）謂「今日此道孤立，信向者鮮。若刊此等文字，取其贏以自助，切恐見聞者別作思維，愈無靈驗矣」⓫。然此道孤立，正是朱子印書之一因。南軒只云別爲小小生計，未見有若何具體建議。至其「撙節爲佳」，則是至友鍼砭膏肓之言。

朱子在一一九二年卜居建陽以後，繼續經營。在致學古書中，詳細商量擬印經子等書。又一書提及蔡季通（蔡元定，一一三五—一一九八）被貶事。此事在一一九六朱子落職罷祠之後。兩書大抵同時也⓬。語類又載彭世昌守象山書院。慶元二年丙辰（一一九六）來訪朱子，謂象山書院未有藏書，特來購買⓭。雖未說明何書，然必是經史子集，尤是其理學書籍如論、孟、精義、小學、近思錄之類爲建陽市面所無者。語類未指明年期，但語類載世昌臨行朱子所贈之詩，亦載於文集，而於此則明言丙辰（一一九六）正月三日也⓮。建陽爲當時印刷中心之一。

市商志在營利，蓋以易成而速售爲主。理學書籍必少印行。宋人葉夢得（一〇七七—一一四八）石林燕語云，「今天下印書，以杭州爲上，蜀本次之，福建最下。京師比歲印板，殆不減杭州。但紙不佳。蜀與福建多以柔木刻之，取其易成而速售，故不能工。福建本幾徧天下，正以其易成故也」⓯。葉氏早於朱子五六十年。建陽所刻，至今猶稱善本。或至朱子之時，已進步矣。

---

❹ 東萊呂太史文集（續金華叢書本），別集，卷七，與朱侍講第十六書，頁十五上。

❺ 文集，卷六十，答周純仁第一書，頁一下。

❻ 同上，別集，卷六，與林擇之第七書，頁六上。

❼ 同上，正集，卷二十七，與詹儀之第四書，頁十九上下；別集，卷五，致學古第二書，頁四上。

❽ 同上，續集，卷二，答蔡季通第一二五書，頁二十五下。

❾ 南軒先生文集（近世漢籍叢刊本），卷二十一，答朱元晦秘書第二十九書，頁十上下，總頁六八五

⓫ 至六八六。

❿ 同上註❻。

⓫ 同上註❾。

⓬ 文集，別集，卷五，致學古第一書，頁三下。

⓭ 語類，卷一二四，第六十八條（頁四七八三）。

⓮ 文集，卷九，丙辰正月三日贈彭世昌歸山，頁八上。

⓯ 葉夢得，石林燕語（四庫全書珍本），卷八，頁六下至七上。

（二一）朱子之酒興

朱子嘗戒酒。家釀二首云，「疾身從法縛，好客爲公留」。註云，「熹近戒酒，故有法縛之句」❶。從上句「但知愁鬢白，那復醉顔紅」？可知此次戒酒是晚年之事。答南軒（張栻，一一三三——一一八〇）書曰，「近日一種向外走作，心悅之而不能自已者，皆準止酒例，戒而絕之，似覺省事」❷，則在南軒未死以前，已行戒酒例矣。嘗勸趙昌甫（趙蕃，一一四三——一二二九）「千萬戒詩止酒」❸。昌甫喜作詩。書箋往還，多以詩代。朱子嘗稱其詩爲「較懇惻」❹。但因門人林擇之（林用中）論其詩，則曰，「今人不去講義理，只去學詩文，已落第二義。況又不去學好底，卻只學去做那不好底。作詩不學六朝，又不學李（李白，六九九——七六二）杜（杜甫，七一二——七七〇），只學那嶢崎底。今便學得十分好後，把作甚麼用？莫道更不好」❺？朱子之意，並非全不作詩，只是不作不好之詩。所謂止酒，亦非全然不飲，只是不要過量而已。朱子本人整生作詩飲酒。並非言不顧行，或時作時輟。「戒而絕之」，非謂殺斷思慮，而是正其心也。「止酒」亦如此，孔子「唯酒無量，不及亂」❻。止者，止其亂也。嘗遣長子塾就學於呂東萊（呂祖謙，一一三七——一一八一）。臨行有書詳細指示其言語行動。「不得飲酒，荒思廢業。亦恐言語差錯，失己忤人」❼。此是全戒，蓋塾年雖二十一，未婚，尚未能自治也。

詩酒不分，乃文人之雅事。從朱子詩中得知其隨時隨處可飲。有獨飲❽，有共飲❾。有晨飲❿，有晚飲⓫。有與伴侶飲⓬，有與隣里飲⓭，有與同游飲⓮，有與道士飲⓯。月下⓰，

❶ 文集，卷一，頁十五下。

❷ 同上，卷三十一，答張敬夫第二十七書，頁十四下。

❸ 同上，續集，卷六，與趙昌甫書，頁一下。

❹ 語類，卷一四〇，第五十七條（頁五三五一）。

❺ 同上，第七十三條（頁五三五四）。

❻ 論語，鄉黨篇第十，第八章。

❼ 文集，續集，卷八，與長子受之，頁六下。

❽ 同上，正集，卷一，茅舍獨歓，頁二十二上，「獨酌誰爲歡」？又寄黃子衡，頁十九上，「有酒不同斟」。

❾ 同上，卷三，次韻寄題芙蓉館，頁十三上，「且將伴侶同盃酒」。

❿ 同上，卷二，奉酬子厚詠雪之作，頁八上，「凌晨飲一杯」。

⓫ 同上，卷五，晚飲列岫，頁十六下，「日未斜……一罇酒」。

⓬ 同上註❾，頁十三上。

⓭ 文集，卷二，歲晚分韻得巳字，頁十九上，「斗酒會隣里」。

⓮ 同上，卷八，發懷安，頁九上，「醉中別去」。

⓯ 同上，卷九，用公濟韻，頁四下，「邀諸羽客同飲」。

⓰ 同上，卷上，月劇飲，頁二上，「月色中流滿，……杯深同醉極」。

雪中⑰，舟中⑱，沼上⑲，花下⑳，道旁㉑，山頂㉒，茅舍㉓，華館㉔，均可飲。朱子酒量必不淺。載酒則一盃㉕，斗酒㉖，尊酒㉗。或飲一杯㉘，或飲三杯㉙。多者「喜茲煩抱舒，未覺杯酒深」㉚。甚則以酒作茶。「白酒頻斟當啜茶，何妨一醉野人家」㉛？

所謂一醉㉜，當然是小醉㉝。又時沉醉而又醒㉞，有時醉極㉟。或醉至「歸路相扶持」㊱。或「幾枝藤竹醉相攜」㊲。大多醉則臥睡。劉共甫（劉珙，一一二二——一一七八）曾委撰王公集序。與共甫書云，「昨承撰王公集序，已嘗具稟恐不能事，以病高明。前日偶與平父（項安世，一二〇八年卒）諸人小飲醉臥。中夜少甦。因不復能寐。感慨俯仰之間，若有開其意者，忽得數十百言。蹶然起坐，取火書之。竊意以是為王公集序，若可無愧，但未知尊意如何耳」㊳？此即代劉共甫作之王梅溪文集序㊴。計已達一千二百餘言，一氣吐成，不可不謂酒意有以助之也。某日舟中新月，伯崇（范念德）擇之二友皆已醉臥。惟朱子不然。因為詩戲之曰，「與問醉眼客，豈知行路難」㊵？蓋乾道三年丁亥（一一六七）八月朱子訪南軒於長沙，參究中和問題（參看頁五二一「朱子與張南軒」條）門人伯崇與擇之隨。十一月同登衡山，游山七日，駕風踏雪，故謂行路難也。師生溫厚之情，因酒而益旺。

朱子不善琴，但能高歌。有詩云，「援琴不能操，臨觴起長嘆」㊶。興到之時，則「酣歌氣激烈，傑句韻清美」㊷。「濁酒三杯豪氣發，朗吟飛下祝融峯」㊸。紹興二十年庚午（一一五〇）春，朱子歸婺源㊹省墓。「時董琦侍朱子於鄉人之坐。酒酣。坐客以次歌頌。朱子獨歌離騷經一章。音吐鴻暢，坐客竦然」㊺。據門人吳壽昌，「先生每觀一水一石，一草一木，稍清陰處，竟日目不瞬。飲酒不過兩三行，又移一處。大醉則趺坐，高拱經史子集之餘，雖記錄雜說，舉輒成誦。微醺則吟哦古文，氣調清壯。某所聞見，則先生每愛誦屈原楚騷，孔明（諸葛亮，一八一——二三四）出師表，淵明（陶潛，三六五——四二七）歸去來並詩，並杜子美（杜甫）數詩而已」㊻。嘗腳疼臥息樓下，吟詠杜子美古柏行三數遍㊼。壽昌又因朱子酒酣興逸，遂請醉墨。朱子爲作大字小字與之（參看頁六八四「朱子墨蹟」條）㊽。文集以醉作爲題者有同飲白雲精舍醉中走筆㊾與醉作三首㊿。其他以酒爲題者如芳舍獨飲(51)，超君澤攜琴載酒

⑰ 同上，卷五，清江道中見梅，頁十四上，「正奈雪重重，煖熱惟須酒」。
⑱ 同上，舟中見新月，頁十五下，「舟中見新月，與問醉眠客」。
⑲ 同上，卷六，次彥集置酒白蓮沼上韻，頁十九上，「病着無因爲擧觴」。
⑳ 同上，卷一，丘子野郊園五詠，頁七上，「還當具春酒，與客花下醉」。
㉑ 同上，卷五，敬夫韻，頁六上，「行林間幾三十里，寒甚。道旁有殘火溫酒。擧白方覺有暖意」。
㉒ 同上，胡廣仲同登絕頂，頁七下，「同登絕頂，擧酒極談」。
㉓ 同上註⑧上半。
㉔ 同上註⑨，「華館清波引興長」。
㉕ 同上註⑨，頁十三下，「綠暗紅深酒一盃」，卷四，送謝周輔入廣，頁三上，「分攜一盃酒」。
㉖ 文集，卷三，題祝生畫，頁三下，「定交斗酒歡無窮」。
㉗ 同上註⑪。
㉘ 文集，卷五，懷南嶽舊遊，頁二十一上，「向來一杯酒」。
㉙ 同上，卷六，仙洲晝寒亭，頁五上，「賞寄三杯酒」，卷七，次上掌書落成白鹿佳句，頁六下，「三爵何妨奠蘋藻」？
㉚ 同上，卷四，趙君澤攜琴載酒見訪，頁一下。
㉛ 同上，卷五，次擇之進賢道中，頁十七上。

㉜ 同上。又卷六，次韻晝寒，頁五上，「一醉今何許」？卷二，巢居分韻得將字，頁二十三上，「攸然復一醉」。

㉝ 同上，卷六，小醉再登晝寒，頁七下。

㉞ 同上，卷八，次韻寄題萬頃寒光，頁六上，「不知沉醉又還醒」。

㉟ 同上註⑯。

㊱ 同上註㉜下半。

㊲ 文集，卷五，歸報德，頁二十下。

㊳ 同上，別集，卷四，與劉共甫第五書，頁四下。

㊴ 載文集，卷七十五，頁二十八上至三十上。

㊵ 同上註⑱。

㊶ 文集，卷一，寄黃子衡，頁十九上。

㊷ 同上，卷二，晚出分韻得巳字，頁十九上。

㊸ 同上，卷五，醉下祝融峯作，頁八上。

㊹ 原屬徽州，今屬江西。

㊺ 葉公回校訂，朱子年譜（一四三一，近世漢籍叢刊本），卷中首，頁五下，總頁六十四。以後各年譜同。

㊻ 語類，卷一〇七，第五十二條（頁四二五二）。

㊼ 同上，卷一二七，第四十四條（頁四八九二）

㊽ 同上，第六十七條（頁四二五六）。

㊾ 文集，卷六，頁八下。

㊿ 同上，卷十，頁二上。

(51) 同上註❽。

見訪[52]，小醉再登書寒[53]次子服載酒詩[54]，爲數亦復不少。

南軒對於朱子高歌，曾有書規勸，謂「來者多云會聚之間，酒酣氣張，悲歌慷慨，如此等類，恐皆平時血氣之習，未能消磨者，不可作小病看」[55]。來人恐張大其辭，朱子斷不至於亂也。婺源有五通廟，鄉人以爲最靈，出門必帶紙張入廟祈祝而後行。士人之過者必以紙稱門生謁廟。鄉人迫朱子前往，朱子不肯。是夜會族人，乍飲，遂動臟腑終夜。鄉人以爲是不謁廟之故。朱子曰，「某幸歸此，去祖墓甚近。若能爲禍福，請卽葬某於祖墓之旁甚便」[56]。可見酒能動其腑臟而不能動其心也。酒中安定者，莫如淨安寺之會。慶元二年丙辰（一一九六）朱子旣以忤韓侂胄（一二〇七年卒）等權貴，落職罷祠。翌年其友蔡元定（一一三五——一一九八）被罪，編謫道州[57]，主意在詆朱子。州縣捕元定甚急。據語類，「先生往淨安寺候蔡。蔡自府乘舟就貶，過淨安。先生出寺門接之。坐方丈，寒暄外無嗟勞語。以連日所讀參同契所疑扣蔡。蔡應答灑然。少遲，諸人醵酒至，飲皆醉。先生間行列坐寺前橋上飲。回寺又飲。先生醉睡。方坐飲橋上，詹元善（詹體仁，一一四三——一二〇六，朱子門人）卽退去。先生曰，『此人富

[52] 同上註[30]。

[53] 同上註[33]。

[54] 文集，卷九，頁十四下。

[55] 南軒先生文集（近世漢籍叢刊本），卷二十，答朱元晦秘書第十一書，頁十一上，總頁六五九。

[56] 語類，卷三，第七十九條（頁八十五）。

[57] 今湖南道縣。

貴氣』」58。宋史蔡元定本傳云，「熹與從游者數百人，餞別蕭寺中。坐客興嘆，有泣下者。熹微視元定，不異平時。因喟然曰，『友朋相愛之情，季通（蔡元定）不挫之志，可謂兩得矣』」59。語類亦云無嗟勞語，相與論參同契。其不爲酒困，而安定如此。

---

58 語類，卷一〇七，第二十四條（頁四二四五至四二四六）。
59 宋史（北京，中華書局，一九七七），卷四三四，蔡元定傳，頁三八七五。

（二二）朱子之歌

據葉公回校訂朱子年譜（一四三二），朱子於紹興二十年庚午（一一五〇）春，如（江西）婺源拜省先人之墓。「時董琦嘗侍先生於鄉人之坐。酒酣，坐客以次歌誦。先生獨歌離騷經一章，音吐鴻暢。坐客竦然」。王懋竑（一六六八——一七四一）朱子年譜（一七六二）所載全同。是年朱子二十一歲。文集有廸功郎致仕董公墓誌銘，云「予不及識君」❶。大概婺源之會，朱子無甚印象。

歌唱吟誦，文士之常，或遣興，或嗟嘆。朱子無事，每「領諸生游賞，則徘徊顧瞻，緩步微吟」❷。門人吳壽昌❸好與朱子談詩。據其所錄，「微醺則吟哦古文，氣調清壯。某所聞見，則先生每愛誦屈原楚騷，孔明（諸葛亮，一八一——二三四）出師表，淵明（陶潛，三六五——四二七）歸去來幷詩，幷杜子美（杜甫，七一二——七七〇）數詩而已」❹。壽昌又記「先生偶誦寒山

❶ 文集，卷九十四，廸功郎致仕董公墓誌銘，頁二十七下。

❷ 語類，卷一〇七，第五十七條（頁四二五三）。

❸ 參看拙著朱子門人（臺北，學生書局，一九八二），頁一〇〇。

❹ 語類，卷一〇七，第五十二條（頁四二五二）。

數詩。其一云，『城中娥眉女，珠佩何珊珊？鸚鵡花間弄，琵琶月下彈。長歌三日響，短舞萬人看。未必長如此，芙蓉不奈寒』」❺。朱子之浪漫，於此可見。然寒山詩有嘆息意，朱子或有同情之感。其吟詠杜子美古柏行三數遍，乃因杜甫之讚美諸葛武侯亮之忠貞，有如古柏，而嘆息紹興七年丁巳（一一三七）之與金人議和也❻。

朱子之吟誦，當不止此數次。至於高歌，則所知只少年一次而已。元代大儒許衡（一二〇九——一二八一）將死，曳杖於門曰，「予心怦怦然」。瞑目坐，久之，曰，「死生何異？人精神能有幾？世事何時窮」？遂發嘆歌朱子所撰之歌，歌罷奄然而逝。歌曰，「睡起林風瑟瑟，覺來山月團團。身心無累久輕安，況有清涼池館？句穩翻嫌白，俗情高卻笑。郊寒蘭膏，元自少陵殘好處，金章不換」❼。此歌不見文集。惟宋元學案謂許衡「歌朱子所撰歌」❽，則是朱子所撰無疑。

❺ 同上，卷一四〇，第三十七條（頁五三四六）。
❻ 同上，卷一二七，第四十四條（頁四八九二至四八九三）。
❼ 許文公正遺書（乾隆五十五年庚戌，一七九〇，本），卷首，考歲略，頁十九上。
❽ 宋元學案（四部備要本），卷九十，魯齋學案，頁五上。

（一二三）朱子之居—五夫里、武夷、與建陽

關於朱子之里居，專家亦難免錯誤。普通讀者，則多未了然。茲詳言之，希爲研究朱子之一助。

朱子之父諱松，字喬年，號韋齋，謚獻靖公（一〇九七——一一四三）。世居徽州婺源❶之永平鄉松巖里。以任建州政和縣尉奉父入閩。父喪，貧不能歸，因葬其邑。建炎二年戊申（一一二八）調南劍州尤溪縣尉。及去官，嘗往來建劍二州。建炎四年庚戌（一一三〇）館於尤溪之鄭安道家，而朱子生焉。

紹興元年辛亥（一一三一），朱子二歲，隨父避寇寓長溪（今霞浦）龜靈寺。由此至七歲，仍在尤溪。紹興六年丙辰（一一三六）朱子七歲，由尤溪遷建州（今建甌）。至紹興十三年癸亥（一一四三），朱子十四歲，其父死於建州城南之寓舍。或云城南之環溪精舍，恐是後改此名以爲紀念。疾革時遺囑朱子往建寧府崇安縣五夫里師事胡憲（字原仲，稱籍溪先生，一〇八六——一一六二），劉勉之（字致中，稱白水先生，一〇九一——一一四九），劉子翬（字彥冲，稱屏山先生，一一〇一——一一四七）。屏山之兄劉少傅子羽爲築室於五夫里其第之傍。朱子遂奉母祝氏遷而居焉。由紹興

❶ 今江西婺源縣。

十三年至紹熙三年壬子（一一九二）五十年間，五夫里遂爲朱子之里居。

五夫里在福建北部崇安縣城東南五十七公里。朱子從三先生學於此。里有朱子巷（參看頁二〇〇「朱子遺蹟訪問記」條之五夫里），傳爲朱子上學必經之路。里之潭溪彼岸有紗帽山。因山似屏，故劉子翬自號屏山，而學者稱屏山先生。武夷山有水簾洞，可容千數百人。洞內有石刻康熙四十八年己丑（一七〇九）福建巡撫張氏布告，謂「屏山諸賢居武夷山水簾洞講學」。武夷盛傳朱子曾侍學劉屏山於此。屏山好游武夷，是意中事。間或講學，而朱子隨從，亦屬可能。惟朱子之侍學屏山，則在五夫里。謂爲從學屏山於武夷山之水簾洞，恐是不確。

五夫里之爲朱子之長期里居，證據不少。文集答蔡季通（蔡元定，一一三五——一一九八）書云，「所囑文字，昨在五夫，已爲具革。歸來一向擾擾。又緣卜葬未定，心緒紛亂」❷。考紹興十四年甲子（一一四四），卽朱子奉母遷居五夫里之明年，葬其父於五夫里之西塔山靈梵院側❸。以地勢卑濕，懼體魄之不獲其安，乃以乾道六年庚寅（一一七〇）七月五日遷於五夫里之白水鵝子峯下❹。所謂卜葬，卽指此。故知一一七〇，朱子四十一歲，尚住五夫里也。淳熙二年乙未（一一七五），呂東萊（呂祖謙，一一三七——一一八一）來訪，共輯近思錄於寒泉精舍。據東萊太史文集入閩錄，「四月初一至五夫里訪朱元晦，館於書室」❺。是年仍住五夫，又可知矣。語類萬人傑所錄云，「先生問別後工夫，（人傑）曰，『謹守教誨，不敢失墜。舊來於先生之說，猶不能無疑。自昨到五夫後，乃知先生之道，斷然不可易』」❻。人傑原學於象山（陸九淵，一一三九——一一九三）❼。淳熙七年庚子（一一八〇），見朱子於江西南康，遂從事焉。錄庚子以後所聞四百餘則。十五年戊申（一一八八）再見❽。第一次仍受象山影響，不能無疑。昨到五夫里，必是第二次。換言之，朱子在十六年三月啓行赴行在（杭州）奉事之前，尚在五夫。不止居住，且亦講授。

最確實者乃朱子本人所具之證據。紹熙二年辛亥（一一九一）朱子漳州任滿，四月去郡。五月歸次建陽。有書致陳同父（陳亮，一一四三——一一九四）云，「五夫所居，眼界殊惡。不敢復歸，已就此卜居矣。然囊中纔有數百千。工役未十一二，已掃而空矣。將來更須做債，方可了辦。甚悔始謀之率爾也。但其處溪山卻儘可觀」❾。又答吳伯豐（吳必大）云，「此間寓居近市，人事應接，倍於山間。今不復成歸五夫。見就此謀卜居。已買得人舊屋。明年可移。目今且架一小書樓，更旬月可畢工也。其處山水清邃可喜」❿。

山間指武夷。淳熙十年癸卯（一一八三）朱子建武夷精舍於此。武夷有「三三六六」之勝，卽指溪水九曲，山環三十六峯。朱子燴炙人口之九曲棹歌最後兩句云，「漁郎更覓桃源路，

---

❷ 文集，續集，卷二，答蔡季通第一二〇書，頁二十五上。
❸ 同上，正集，卷九十四，皇考遷墓記，頁二十三下；卷九十七，吏部朱公行狀，頁二十六上。
❹ 同上，卷九十四，頁二十三下。
❺ 東萊呂太史文集（續金華叢書本），卷十五，入閩錄。
❻ 語類，卷一一五，第三條（頁四四一二）。
❼ 拙著朱子門人（臺北，學生書局，一九八二），頁二四八至二四九。
❽ 據田中謙二，朱子弟子師事年考（東方學報，第四十八期，一九七五），頁三〇二。
❾ 文集，續集，卷七，與陳同父書，頁八上。
❿ 同上，正集，卷五十二，答吳伯豐第八書，頁十下。

除是人間別有天」⑪。朱子居五夫，以武夷爲後園。常到此遊玩講學。每逢親朋故舊來訪，樂與之尋勝。有「琴書四十年，幾作山中客」之詠⑫。門人在九曲沿岸擇地築室。武夷爲一時南宋之文化重心。淳熙三、四年（一一七六——一一七七）朱子主管武夷山冲佑觀。雖無職守，亦不在觀居住。然觀中設備齊備，常可利用爲學者團集之需。在建武夷精舍以後十年之間，朱子居留此處，比較長期，但亦不週年在此。淳熙十二年乙巳（一一八五）答陳亮書云，「熹前月初間略入城歸來，還了幾處人事。遂入武夷，昨日方歸」⑬。翌年陳亮欲爲武夷之游。朱子答曰，「此山多寒夏熱不可居，惟春暖秋涼，紅綠紛葩，霜清木脫，此兩時節爲勝游耳。今春纔得一到而不暇宿。秋來以病，未能再往。職事甚覺弛廢。若得來春命駕，當往爲數日欵也」⑭。是則武夷之宿，或久或暫。大概精舍以前，五夫爲主。精舍以後，武夷爲多（參看頁一九五「朱子遺蹟訪問記」條之武夷）。朱子或曾有移居武夷之志，因有詩題「懷潭溪舊居」。潭溪即五夫里所在。詩又云「東遷」⑮。然從上所述，未長居也。

武夷精舍以前，已有寒泉精舍。乾道五年己丑（一一六九）九月，朱子丁母孺人祝氏憂。翌年正月癸酉葬於建陽縣崇泰里後山天湖之泊，名曰寒泉塢，即在今之馬伏太平山麓，離建陽城約十二公里，屬離建陽城二十二公里之莒口管轄。朱子築寒泉精舍於此。諸年譜均謂日居墓側，朔望必歸。此節另詳頁一四九「朱子之行」。各年譜又謂慶元三年丁巳（一一九七）朝廷攻擊道學，朱子經已落職罷祠，而州縣捕蔡元定甚急之際，朱子與蔡共宿寒泉。已經王懋竑（一六六八——一七四一）據宋史蔡本傳與語類證實無其事矣⑯。

寒泉居天湖之陽，往來較易，以故才到即賓客滿座⑰，曾與友人相處旬日⑱。又嘗攜二子過寒泉，約朋友來聚⑲，故寒泉屢到⑳。可知朱子甚喜寒泉。然又謂「走寒泉」㉑與「今日略

⑪ 同上，卷九，頁五下至六上。

⑫ 同上，精舍，頁三下。

⑬ 同上，卷三十六，答陳同甫第九書，頁二十八上。

⑭ 同上，第十一書，頁三十上。

⑮ 同上，卷九，頁九上。

⑯ 王懋竑，朱子年譜（叢書集成本）考異，卷四，頁三三九。

⑰ 文集，續集，卷二，答蔡季通第六書，頁二下。重見第九十三書，頁二十一上。

⑱ 同上，正集，卷四十四，答方伯謨第七書，頁二十一下。又卷三十三，答呂伯恭第三十九書，頁二十六上。

⑲ 同上，卷三十九，答范伯崇第九書，頁四十四下。

⑳ 同上，卷四十四，答蔡季通第五書，頁四上，云，「欲過寒泉」；第八書，頁十一上，云，「自欲一到寒泉」。

㉑ 同上，別集，卷一，與林伯井第二書，頁九上。

㉒ 同上，續集，卷二，答蔡季通第十三書，頁三下。

㉓ 同上，正集，卷三十三，答呂伯恭第四十書，頁二十七下。

㉔ 同上，卷四，卜居，頁九上。

㉕ 同上，卷七十八，雲谷記，頁二上至四下。

㉖ 同上，卷六，雲谷合記，頁十八上。

㉗ 同上，早發潭溪夜登雲谷，頁十四下。潭溪在五夫里。

㉘ 同上，登雲谷，頁二十二上。

㉙ 同上註㉗。

走寒泉，晚即還此治」㉒。可知並非久居。東萊自金華來訪，先到五夫里，同過寒泉精舍，留止旬日。然後同赴武夷，題字刻石。復同出江西鵝湖寺與陸象山兄弟相會。歸五夫里後數日，始登蘆山之顛，「清曠非復人境，但過清難久居耳」㉓。

蘆山之頂即雲谷。朱子極欲卜居于此。卜居詩云，「卜居屛山下，俯仰三十秋。終然村墟近，未愜心期幽。近聞西山西，深谷開平疇。……誓捐三徑資」㉔。雲谷記云，「雲谷在建陽縣西北七十里蘆山之顛。……乾道庚寅（一一七〇）予始得之。因作草堂，牓曰晦庵。谷中水西南流七里……故牓之曰南澗。下流曲折……欲爲小亭……命以鳴玉，而未暇也。……石壁高廣，皆百餘尺，瀑布當中而下。沼上田數畝。其東欲作田舍數間，名以雲莊。……竹中得草堂三間，所謂晦菴也。……可耕者數十畝。寮有道流居之。……草堂前……植以椿桂蘭蕙。……堂後結草爲廬。……自予家西南來，猶八十餘里。以故他人絕不能來，而予亦歲不過一再至。獨友人蔡季通家山北二十餘里，得數往來其間。自始營葺，迄今有成，皆其力也」㉕。雲谷記成於淳熙乙未（一一七五）七月，則鵝湖歸後也。然營造已經五年，仍甚簡陋。有詩云，「堂成今六載，上雨復旁風。逐急添茆蓋，連忙畢土功」㉖。

雲谷離五夫甚遠，又在山顚。故有詩早發潭溪，夜登雲谷云，「懷山不能寢，中宵命行軒。……疲勞既云極，饑渴不能言」㉗。一日輻車，勉強可達，然普通需要兩日。如登雲谷詩題云，「同發屛山，西登雲谷，越夕乃至」㉘。然仍「淹留十日」㉙，或「留十餘日」㉚。而雲谷今在何處，已無可考，然必離寒泉不遠。某次寒泉拜掃事畢，即上蘆山㉛，予以爲雲谷與寒泉皆是別墅性質，並非久居。

建陽之考亭山水秀麗，朱子之父嘗過此而愛之，謂可以卜居。朱子之定居考亭，此亦其原因之一。其他原因，可於其致書其師胡憲見之。范如圭（一一〇二——一一六〇）死，其家欲居（福建）泰寧。朱子致胡憲書以為並非良計，而以居建陽「一則便於墳墓，二則便於講學，三則便於生計」㉜。胡憲死於一一六二，是時朱子僅三十三歲。則建陽優點，早已深留印象矣。在朱子，確是便於墳墓，蓋寒泉塢距離不遠。居考亭後，又遷其父之墳於崇安縣武夷鄉上梅里寂歷山中峯僧舍之北。蓋其父之詩嘗有「鄉關落日蒼茫外，尊酒寒花寂歷中」之句㉝，且其母建陽寒泉塢之墓，「東北距先君白水之兆百里而遠也」㉞。朱子在建陽曾業印務（參看頁一二七「朱子之印務」條），故亦便於生計。朱子甚貧，築室經費之難，已見上述致陳同父與吳伯豐書。致朱魯叔亦云，「去歲歸來，計度不審。妄意作一小屋，至今方得遷居。然所費百出，假貸殆遍。人尚未能結裹圓備。甚悔始慮之不精也」㉟。

紹熙二年辛亥（一一九一）五月二十四日朱子抵建陽。翌年六月新居既成，乃為文以告家廟。「伏惟降鑒，永奠厥居。垂之子孫，世萬無極」㊱。現目建陽下考亭有村戶三十六。其中

㉚ 同上，卷四十四，與方伯謨第十書，頁三十三上。

㉛ 同上，續集，卷二，答蔡季通第一一七書，頁二十四下。

㉜ 文集，卷三十七，與籍溪胡原仲先生，頁一下。

㉝ 同上，卷九十七，吏部朱公行狀，頁二十六上。武夷鄉之寂歷山現屬崇安縣之雙梅鄉。不知是否武夷鄉為雙梅鄉之舊名。然必較五夫里為近於寒泉塢也。

㉞ 同上，卷九十四，孺人祝氏壙記，頁二十四上。

㉟ 同上，別集，與朱魯叔書，頁十三下。

㊱ 同上，正集，卷八十六，遷居告家廟文，頁十五上。

二十五姓朱，皆朱子後裔（參看頁二〇五「朱子遺蹟訪問記」條）。惜朱子居此不及八年，即已棄世。而八年之中，有大半年外出為官。幸五年甲寅（一一九四）十一月還考亭後，建竹林精舍，學者雲集。其講學盛況，遠勝於五夫武夷也。

(一四) 朱子之衣冠

朱子之衣冠，從來未經有人研究。予非衣服制度專家，不敢濫竽。玆從文集、語類、朱子行狀、朱子年譜，錄其關於朱子衣冠者十餘條，思有以激動專家之興趣，發表專文，亦提倡朱子研究之一道也。

(1) 行狀云，「其閒居也，未明而起，深衣幅巾方履。拜於家廟，以及先聖。……其自奉則衣取蔽體，食取充腹，居止取足以障風雨。人不能堪，而處之裕如也」。

(2) 「先生早晨拈香。春夏則深衣，冬則戴漆紗帽。衣則以布為之，闊袖皂襈。裳則用白紗。如濂溪(周敦頤，一〇一七—一〇七三)之服。或有見任官及他官相見，易窄衫而出」。

(3) 「問衣裳制度。曰，『也無制度。但畫像多如此，故效之』。又問有尺寸否？曰，『也無稽攷處。那禮(禮記玉藻、深衣等篇)上雖略說，然也說得沒理會處。』」

(4) 「先生見正甫(余正父)所衣之衫，只用白纈、圓領，領用皂。問，『此衣甚制度』？

---

❶ 黃榦，勉齋集(四庫全書珍本)，卷三十六，朱子行狀，頁四十一下至四十二上。

❷ 語類，卷一〇七，第五十四條(頁四二五二)。

❸ 同上，第五十五條(頁四二五三)。

❹ 同上，卷一三八，第一四一條(頁五二九二)。

曰，『是唐衫』。先生不復說，後遂易之」。此爲王過甲寅（一一九四）朱子六十五歲以後所聞。

(5) 朱子有深衣制度并圖，只言尺寸布料。順及大帶、緇冠、幅巾、黑履。惟未說及深衣之沿革與用途。語類問答關於禮記深衣篇，亦注重衣料與顏色。

(6)「問先生忌日何服？曰，『某只著白絹涼衫，黲巾。不能做許多樣服得』。問黲巾以何爲之？曰，『紗絹皆可。某以紗』。又問誕辰……衣服易否？曰，『否』。……又問黲巾之制。曰，『如帕複相似。有四隻帶，若當幞頭然』」。

(7)「問衣服之制。曰，『某自有吊服、絹衫、絹巾。忌日則服之』」。

(8)「忌日須用墨衣墨冠」。

(9) 考姚諱日，祭罷，裹生絹黲巾終日。一日晚到閣下，尚裹白巾未除。因問答者云，『聞內弟程允夫（程洵）之訃』」。

(10)「某在同安作簿時，朝廷亦有文字，令百官皆戴帽。某時坐轎有碍。後於轎頂上添了一圈竹」。

(11)「先生有疾，及諸生省問，必正冠坐揖，各盡其情，略無倦接之意。……客退，必立視其車行，不復顧，然後退而解衣」。

(12)「因論世俗不冠帶云，『今爲天下，有一日不可緩者，有漸正之者，一日不可緩者，興起之事也。漸正之者，維持之事也』」。

(13) 慶元二年丙辰（一一九六）朱子六十七歲，落職罷祠。四年戊午（一一九八）乞致仕。五年己未（一一九九）四月，有旨令守朝奉大夫致仕。朱子始用野服見客。王懋竑（一六六八—一七四一）朱子年譜錄坐位榜略云，「滎陽呂公嘗言，『京洛致仕官，與人相接，皆以閒居野服爲禮，而嘆外郡或不能然』。其指深矣。夫上衣下裳，大帶方履，比之涼衫，自不爲簡。其所便者，但取束帶足以爲禮。解帶足以燕居而已。且使窮鄉下邑，得見祖宗盛時京都舊俗，其美如此，亦補助風教之一端也」。捷按：王懋竑蓋採用李默改訂朱子年譜（一五五二）與洪去蕪改訂朱子年譜（一七〇〇）。然葉公回校訂朱子年譜（一四三一）與戴銑朱子實紀（一五一三）已均有之。則坐位榜所云，或可上溯於朱子門人李方子之最早朱子年譜也。坐位榜載文集卷七十四之末，題休致後客位咨目。

⒁ 行狀云，「先生疾且革。……已而正坐，整冠衣，就枕而逝」。

❺ 文集，卷六十八，深衣制度，頁五上至七上。語類，卷八十七，第一八〇與一八一條（頁三五九四）。

❻ 語類，卷八十七，第一五七條（頁三五八二至三五八三）。

❼ 語類，卷九十，第一四一條（頁三六八六）。

❽ 同上，第一四二條（頁三六八六）。

❾ 同上，第一四五條（頁三六八七）。

❿ 同上，卷九十一，第九條（頁三六九三）。

⓫ 同上，卷一〇七，第五十七條（頁四二五三）。

⓬ 同上，卷一〇八，第七條（頁四二五九）。

⓭ 王懋竑，朱子年譜（叢書集成本），卷四下，頁二二五。

⓮ 勉齋集，卷三十六，朱子行狀，頁四十六上。

⓯ 蔡氏九儒書（同治七年戊辰，一八六八本），卷六，朱文公夢奠記，頁六十上。

(15) 蔡沈朱文公夢奠記云。「初九日甲子五更……先生執筆如平時，然力不能運。少頃，置筆就枕。手誤觸巾，目沈正之」。

(16) 宋史黃榦傳云，「病革，以深衣並所著書授榦」。然王懋竑已證深衣授榦爲暗用禪家衣鉢之說，其爲附會無疑。（參看頁四三五「朱門傳授」條）。

⑯ 宋史（北京，中華書局，一九七七），卷四三〇，黃榦傳，頁一二七七八；王懋竑，朱子年譜，考異，卷四，頁三四四。

(一五) 朱子之行

歷來寫朱子傳者，不論我國或韓日學者，皆以黃榦(一一五二—一二二一)之朱子行狀爲本，宋史本傳爲副，而質詳細於朱子年譜。對於朱子之出處行止之有歷史意義者，至矣備矣。至於朱子畢生之愛好遊覽，專程訪友，中年以後到處講學，晚年因慶元黨禍(一一九六—一二〇〇)而稍有廻避等等，其地點爲何？時間之長短爲何？旅行之方式爲何？則廬山之游，長沙與衡山之旅，鵝湖寺之會而外，尚未有完全之報導。卽此等記載，亦未詳盡，如鵝湖寺會期之長短是也。後藤俊瑞所著朱子，有「南嶽の旅」一節。雖無新發見，然亦開一生面矣。最近高令印教授發表朱熹籍貫由魯至閩考❶與朱熹行踪考❷採用地方史誌，增長吾人許多智識。然於上提各點，仍未暇及。予非歷史專家，又無地方史誌之便，只敢提問，不敢作答。行狀與年譜載朱子之行，有三端屢啓疑問而答案尚未滿意者。玆略論之。

(1) 徒步數百里。行狀云，「延平李先生(李侗，一〇九三—一一六三)學於豫章羅先生。羅先生(羅從彥，一〇七二—一一三五)學於龜山楊先生(楊時，一〇五三—一一三五)。延平於韋齋(朱松，一

❶ 高令印陳其芳合撰，齊魯學刊，一九八三，第六期，頁三十至三十五。

❷ 中國哲學史論叢，第一輯(福建人民出版社，一九八四)，頁四一三至四三一。

○九七—一一四三，朱子之父）爲同門友。先生歸自同安（一一五八），不遠數百里，徒步往從之」❸宗史朱子本傳從之❹。其他朱子年譜，則無此言❺。予所疑者，非其徒步，而是其徒步數百里。行狀所云，想是以婉言朱子求學之殷。予在建陽，嘗問學者此事可能否？皆云中間朱子必乘船並用車馬。李侗居延平❻，直線離同安亦二百五十公里。道路彎曲，隔水過山。步行非五日不可。此非絕無可能。然以情度之，未必如此。因此提出朱子旅行方式之問題：乘轎乎？載車乎？騎馬乎？坐舟乎？徒步乎？試一考究。

據朱子，「京師全盛時，百官皆只乘馬。雖侍從亦乘馬。惟是元老大臣老而有疾底，方賜他乘轎。然也尙辭遜，未敢便乘。今卻百官不問大小盡乘轎，而宦者將命之類皆乘轎」❼。是以朱子任同安主簿時，乘轎出入。朱子云，「某在同安作簿時（一一五三—一一五六，二十四至二十七歲），朝廷亦有文字令百官皆戴帽。某時坐轎有礙。後於轎頂上添了一圈竹」❽。赴延平時，旣已解官，自無官轎可乘。自同安歸，差監潭州南嶽廟，入息甚微。無錢僱轎，亦是一因。朱子自小已從其父得聞伊川（程頤，一〇三三—一一〇八）之教。程氏自少時未嘗乘轎。有詰之者，答曰，「某不忍乘，分明以人代畜」❾。朱子思想行動，均深受伊川影響，然少時印像未深，對乘轎未聞反對。朱子謂「南軒（張栻，一一三三—一一八〇）……在家，凡出入人事之類，必以兩轎同其弟出入」❿。亦未見有何批評。答門人居敬窮理之問曰，「譬如出路要乘轎便乘轎，要乘馬便乘馬，要行路便行路」⓫。前條爲包揚癸卯甲辰乙巳（一一八三—一一八五）所聞，後條爲呂燾己未（一一九九）所錄。可見晚年仍不責難乘轎。呂燾所錄爲註。條之正文爲沈僩所錄，只云「如人欲出路，若有馬便騎馬去，有車便乘車去，無車便徒步去」，豈諱言乘轎耶？同安以後，文集語類均無乘轎痕跡。則或朱子謹奉伊川之遺敎，對南軒乘轎，未明言耳。

步行上山，自然不在話下。如上雲谷，在廬山之顚。某次自下上山，半塗大雨，通身皆濕⑫。又有詩云，「廬山一何高！上上不可盡。我行獨忘疲，泉石有招引」⑬。文集行路紀游之詩，不知凡幾。又答蔡季通（蔡元定，一一三五—一一九八）書云，「某昨日冒雨登龍湖，幸無它。但路滑狼狽耳」⑭。龍湖在福建邵武縣西五十里，絕頂有湖。車輛所不能到。如非乘馬，只得走路耳。朱子步行不少，則赴延平道中，若干路程徒步，亦至自然。

朱子常用馬。南嶽衡山（一一六七）之游，幾全用馬。文集卷五馬上所作之詩，如大雪馬上

③ 勉齋集（四庫全書珍本），卷三十六，朱子行狀，頁三十九上。
④ 宋史（北京，中華書局，一九七七），卷四二九，朱熹傳，頁一二七六九。
⑤ 如王懋竑，朱子年譜（叢書集成本），卷一上，頁十三。
⑥ 今之南平。
⑦ 語類，卷一二七，第五十七條（頁四九〇〇）。
⑧ 同上，卷九十一，第九條（頁三六九三）。
⑨ 外書（四部備要二程全書本），卷十，頁三上。
⑩ 語類，卷一〇三，第五十二條（頁四一四九）。
⑪ 同上，卷一二一，第五十八條（頁四六九二）。
⑫ 同上，卷五，第二十條（頁一三七）。
⑬ 文集，卷六，游廬峯，頁十三上。
⑭ 同上，續集，卷二，答蔡季通第八十九書，頁二十上。

次韻。馬上口占之類甚多。由五夫里至武夷山半塗有歇馬站。今日行汽車，遺址猶存。可知其數十年中之游武夷，必然乘馬。武夷有山有水。溪水九曲。予一九八三年游時尚乘竹筏。武夷精舍非乘舟不能達。文集詩中乘舟，比乘馬爲多。蓋因水道爲我國南部交通路線，不獨福建爲然。且舟中食宿問題，均可解決。舟中又可交談互論，觀帖作跋⑮。由同安至延平，或乘馬，或僱舟，均有可能。或且乘車，詳下。

(2)　單車就道。朱子出行，亦每駕車。某次將就車而病作⑯。某次聞田舍有誦書聲，乃亟下車⑰。某次欲自載一至近縣，以貧甚無法裹糧而中止⑱。此外尚有多端。登雲谷「日中秣吾馬，日暮膏吾車」⑲。廬山十日之游（一一八一），幾全用車。山北紀行云，「行軒復東鶩」⑳。又一詩云，「登車閩嶺徼，自駕康山陽」㉑。然則自閩赴知南康軍之任（一一七九）全途用車矣。其最有名者，爲淳熙八年辛丑（一一八一）除提舉兩浙東路常平茶鹽公事。是時浙東大饑。行狀云，「時民已艱食，卽日單車就道」㉒。宋史與各年譜傳記，均無異辭。予亦深信之。惟行程爲何，需時若干？則尚無答案。查淳熙五年戊戌（一一七八）差知南康軍。辭者四次。翌年正月啓行，三月赴任。與執政劄子云，「熹昨以朝命敦迫，勉彊到官。不敢攜家爲久住計，祇挈一小兒在此，方十餘歲」㉓。此兒必是第三子在，是年剛十一歲也。與袁守丞書則云「熹以一身孤客於此，攜小兒甥在此，無婦女看當」㉔吾人不知此甥是誰，或隨後方來，亦未可知。又告呂東萊（呂祖謙，一一三七－一一八一）云，「此間只有三五檐行李，及兒甥一兩人，去住亦不費力」㉕。此皆言赴南康之任，不作久留之計，故輕車而往。行狀與年譜不言單車，可知不只一車矣。至赴兩浙，則明言單車就道。是否並無隨從？是否朱子自駕？吾人不得而詳。只知其以單車之故，未帶文書而已。與友人郭雍書云，「又以單車此來，無復文書可以檢索」㉖。行狀謂其在任「每出皆乘單車，屛徒從。所歷雖廣，而人不知」㉗。宋史本傳沿之㉘。葉公回校訂朱子年譜（一四三二）則增補而言，謂「每出皆乘輕車，屛徒御。一身所需，皆自賚以行，秋毫不及州縣。以故所歷雖廣，而部內不知」㉙。戴銑（一五〇八年卒）朱子實紀卷

⑮ 參看同上，正集，卷八十二，跋東坡與林子中帖，頁一上；卷八十四，跋徐騎省所篆項王亭賦後，頁二十七下。

⑯ 同上，卷三十四，答呂伯恭第十書，頁六上。

⑰ 同上，卷七十六，謝監廟文集序，頁十三下。

⑱ 同上，卷三十三，答呂伯恭第十四書，頁十下。

⑲ 同上，卷六，同發屛山西登雲谷，頁二十二上。

⑳ 同上，卷七，山北紀行，頁十六上。

㉑ 同上，屢游廬阜，頁一下。

㉒ 勉齋集，卷三十六，朱子行狀，頁十下。

㉓ 文集，卷二十六，與執政劄子，頁二十三下。

㉔ 同上，與袁守丞書，頁二下。

㉕ 同上，卷三十四，答呂伯恭第八十三書，頁二十五上。

㉖ 同上，卷三十七，與郭沖晦第二書，頁二十六下。

㉗ 勉齋集，卷三十六，朱子行狀，頁十三下。

㉘ 宋史，卷四二九，朱熹傳，頁一二七五六。

㉙ 葉公回校訂朱子年譜（近世漢籍叢刊本），卷中尾，頁十二上，總頁一三五。

二之年譜同㉚。既言屏御，則可能由閩入浙，自駕而往。然在南康之時，已有足疾㉛。若謂長途屏御，恐難入信。單車就道之主因，乃在民已艱食。故急不及待，即日動程。然所以單車之由，是否亦避免沿途應酬，擔擱時間？凡此問題，尚待專家研究。

(3) 朔望必歸。乾道五年己丑（一一六九）九月朱子丁母憂，六年庚寅（一一七〇）正月葬祝孺人於建陽縣崇泰里後山天湖之陽，名曰寒泉塢（參看頁五十一「朱子之親屬」條）。於此處建寒泉精舍。此即淳熙二年乙未（一一七五）朱子與呂東萊合輯近思錄之地也。葉公回與戴銑朱子年譜皆於乾道六年下云，「朱子居喪盡禮。既葬日居墓側，旦望則歸奠几筵」。王懋竑（一六六八－一七四一）朱子年譜云，「『朔望』，李洪本作『旦望』。閩本已改正」㉜。李本指李默之改訂本（一五五二），洪本指洪去蕪改訂本（一七〇〇重刻）。閩本則不知何所指（參看頁六十二「朱子年譜」條）。四譜均同，或是來自最早之李方子（嘉定七年甲戌，一二一四，進士）朱子年譜。王懋竑又云，「按李洪閩三本，皆云日居墓側，而不言何所。寒泉精舍當與墓相近。然以精舍名，則是講論之地，而非守墓之所也。……而謂日居墓側，朔望方歸奠几筵，恐未然也。今刪去」㉝。王氏未見葉戴兩譜，然葉戴亦未言所居在何處。予以王氏之疑，大可不必。蓋日居墓側之精舍，有何不可？豈講論便是不孝耶？且精舍必甚簡陋，與墓廬無異也。吾人難題不在日居墓側而在朔望必歸。當時朱子之家在崇安縣五夫里（參看頁一三九「朱子之居」條）。則歸必歸五夫里。惟五夫里與寒泉相隔八九十里。寒泉塢即在今之馬伏太平山麓，離建陽城約十二公里。屬離建陽城西北二十二公里之莒口管轄。若以兩日一程，來回三四日，則朔望必歸，每月需要七八日，未必跋涉於途如此。

年譜所云「日居墓側」，乃讚美之辭，指其築居墓側也。謂其「朔望必歸」，非指久住寒泉，每月朔望返五夫里，而是凡居寒泉，則必初一十五還家以奠几筵而已。答蔡季通書謂「幸會期不遠。此只八九間下寒泉，十一二間定望臨顧也」㉞。大概初一尚在五夫里，至十一二與季通會後又回家，蓋朔望必奠几筵也。

㉚ 戴銑，朱子實紀（近世漢籍叢本），卷三，年譜，頁九下，總頁一三二。
㉛ 參看文集，卷二十二，乞宮觀劄子，頁十五下；卷二十六，與周參政劄子，頁二十四上。
㉜ 王懋竑，朱子年譜，考異，卷一，頁二六二。
㉝ 同上，頁二六二至二六三。
㉞ 文集，續集，卷二，答蔡季通第二書，頁二上。

(二六) 考亭傳說

堯山堂外紀：朱韋齋，晦庵父也。酷信地理。嘗招山人擇地，問富貴如何？山人久之答曰，「富也只如此，貴也只如此。生箇小孩兒，便是孔夫子」。後生晦庵，果爲大儒。文公爲(福建)同安主簿日，民以有力強得人善地者，索筆題曰，「此地不靈，是無地理。此地若靈，是無天理」。後得地之家不昌❶。

蔣粹翁，宋季隱滿月山。嘗言先世家九峯山，畜一牝馬生駒，龍首馬身，狀如負河圖者。有父老曰，「昔仲尼筆削六經而麒麟出，今朱晦翁表章四書而龍馬生，聖人之瑞也。」晦翁聞之，遜不自居，謹視芻秣。後牧於山，竟失所在❷。

兩事均非史實。然皆比朱子於孔子，可見景仰之至(參看下頁「漳州民間傳說」條。)。

又一傳說：朱子將逝，喚老婦來親視其以破硯陪葬。後老婦之子盜墓。至有石處，不能掘。老婦告之曰，「朱子窮甚，只一破硯陪葬，我所親見也」。其子盜念遂息。此傳說乃一九八三年予赴建陽訪問朱子遺跡時鄉人所告者。

❶ 丁傳靖，宋人軼事彙編(臺北，商務印書館，一九六六)，卷十七，頁八五八，朱熹第一百九引堅瓠集。

❷ 同上，頁八五九，引湧幢小品。

（一七） 漳州民間傳說

漳州在福建之南，濱於海。紹熙元年庚戌（一一九〇）朱子知漳州，四月到任。翌年以子塾死，四月去郡。在漳僅及一年，政績大著。頒禮教，禁男女聚僧廬爲傳經會，延郡士八人入學，劾營私縣宰，罷科茶錢，奏條畫經界，刊四經四子書，提高漳州文化水準，民間自然有許多傳說。翁國樑編漳州史蹟，又名福建漳州傳說❶。今擇其與朱子有直接關係者，錄之于下，增入諸人生卒年期。傳說不可盡信，但其文化史之價值，亦不可忽也。

(1) 白雲巖

白雲巖在城東二十里，唐虔誠禪師卓錫處。有卓錫泉。舊傳朱子嘗過此講誠意章，有「與造物遊」四字，及門帖句云：「日月每從肩上過，江山常在掌中看」，皆朱子手書也。又有黃道周（一五八五—一六四六）八分書「白雲深處」。巖舊祀朱子，今移建巖右。巖中景物有八，曰：「百草亭」、「洗硯池」、「晚浦歸帆」、「棠陰漏月」、「何有石」、「意果園」、「卓錫流泉」、「松關鳥語」。

❶ 北京大學民俗叢書，一九三五。

民間傳說：朱子知漳州府知事時，要尋個幽靜山林讀書，便想在白雲巖上築一讀書菴。但山高搬運瓦料困難。朱子便想出一計，傳言某日要在白雲巖飛瓦。民皆以爲奇。一傳十，十傳百，愈傳愈遠。是日男女老幼，莫不傾街空巷，先覩爲快。

朱子早已將所要用之瓦搬在巖下，叫來看飛瓦的人們，無論男女，都要盡他的力量帶幾塊瓦上巖。知府的話，誰敢不聽？

便都帶了瓦上巖去。有的等待得不耐煩，便趨前拜問朱子。朱子說，「這就是飛瓦了。因爲我的瓦本在巖下，現在卻已飛在巖上了」。觀衆至此，始知上當，囂囂而歸。

朱子在巖上住了。因爲和尚都是素食，所以關於魚蝦葷味，很少進口。有一天，村人送一盤油蝦和一盤石螺。朱子吃了之後，便將剩餘的丢下山澗去。不料這煮熟的蝦和螺，卻會復活，繁殖到現在。而今巖澗中尚有紅蝦子和斷了尾的石螺。

朱子祠前之洗硯池，池水常黑。祠後有亭，亭中立石碣，書「朱文公解經處」六字，蓋以紀念也。巖上清幽好玩，產有茶樹，味甘適口，俗呼「紫陽茶」。

漳州從前是個野蠻的地方，但後來一變而有「海濱鄒魯」之美稱。這實在由提倡理學始。朱子影響於閩南文化，更有力焉。朱子守漳，對於風俗，大爲興革，趨於正軌。居家門前，必掛一竹簾或竹格子，以隔內外。使裏面得看見外面，外面不能看見屋內的人。此爲婦女計也。今此俗尚在。竹格上常貼用紅紙寫的「格外春風」四字。

又閩南婦女，多纏足，鞋底的後跟有一木塊高寸許，只許用一枝釘釘着。所以婦女走路切要仔細。不然，則鞋底那一塊木頭便會脫落。這是朱子創議的，蓋以防婦女之私奔也。「婦女出門，有文公斗、文公衣、文公履、文公杖，誠海濱鄒魯」也。（見龍溪縣志清荆南八十四序）由此可見漳州文化之受朱熹影響之一斑。

(2) 北　溪

漳人盛傳陳北溪（陳淳，一一五九—一二二三）尤長於畫，故今漳州尚有「陳北溪好字畫」之諺。考志書不載，傳記亦缺，茲將民間傳說關於陳北溪好字畫之故事二則於下。

有一次朱文公打聽得陳北溪寄宿在本城東橋亭佛祖廟內，便立刻穿起布袍，也不騎馬，也不坐轎，也不帶跟人，就喜形於色的匆匆走出衙門，向東橋亭而來，要陳北溪畫一幅月亮圖相贈。陳北溪答應他過幾天可派人來取畫。朱文公等不上兩天，便叫人去取畫。但那時的月亮尚是一鈎朦朧如眉，北溪以爲時期未到，回話衙役再過幾天來取。倏然間又過四五日了。朱文公想起月亮圖，又忙着派人往取。陳北溪看看天上的月亮，還未十分圓滿，依然說再過幾天來吧！衙役聽了，懇切的求。陳北溪不勝其擾，就在地上拾起一枝甘蔗粕，眼睛望着月亮，相了一會兒，蘸了濃墨在紙鈎了一鈎，便付與衙役帶去。衙役途中自思，這樣子畫一鈎墨，有甚麼稀奇。回去一定挨罵，還不如到書坊去買一張爲妙。便到書坊裏買了一幅月亮圖回去。朱文公看了搖頭，問道，「這是陳先生親手畫的嗎」？衙役並不遲疑的答，「是的，是的」。朱文公大氣，叱道，「你敢騙我！陳先生的畫是這樣俗嗎」？要打衙。衙役知道隱瞞不過，方將懷中那一幅陳北溪用甘蔗粕畫的月亮圖取出。朱文公看了，喜氣洋洋，讚美不停。

還一段故事，說陳北溪嫁女時，以五大籠的舊畫作嫁奩。鄰家聞知此事，都覺好笑，紛紛議論。但他的女兒卻很歡喜。過了一些時，婆婆發覺那五大籠是臭味的舊畫。長嘆幾聲，便一籠一籠搬到灶前去充燃料了。等北溪的女兒知道時，搶回的快，只留下一幅紅日圖，痛心大哭，婆婆卻大罵一場，她才說這是他父親得意的畫，沒處可以買得到的。像這幅紅日圖，冬日掛起來，會曬乾麥子的。婆婆不信，一試果然。滿院濕麥卻都曬乾了。到這時，已後悔不及，然而那些好畫，早已變成青煙一裊，飄渺不見了。

(3) 東湖

東湖旁有羅星墩一十有二，傳爲朱子守郡時所築。今僅存其大半。又羅星池七所，亦傳爲朱子所濬。今詩浦巷廟邊一，林家祠堂前一，林家書館前一，餘居在民居圍牆中。

(4) 斷蛙池

斷蛙池，原是一口池塘。但今附近該池塘旁邊的街，也叫做斷蛙池了。這個池塘，冬天沒有水，乾得像龜甲一樣，池上可以行人。一到春夏之交，梅雨淋漓，整個池塘，都充滿了水。

當太陽西墮的時候，一直到天亮，蛙聲如雷，不絕於耳。

民間傳說，在南宋紹熙時，朱子知漳州府事。公餘常在府學旁邊那幾間人家送給他的民房，來作解注的消遣地。原是要這裏比較肅靜些，那知道這裏的蛙聲，徹夜的叫，擾的神思不靖，怪不快活！

因此，他便想到韓愈（七六八—八二四）祭鱷魚文的故事來，也就作了一篇祭蛙文，預備很多死的胡螓（閩人呼蒼蠅為胡螓。按沈括（一〇三一—一〇九五）夢溪筆談：蟭蟟之小而綠色者，北人謂之螓，即詩所謂「螓首蛾眉」者也，取其頂深且方也。又閩人謂大蠅曰胡螓，亦蜂之類也），叫差役賚到池邊祭之。翌日，不但蛙聲沒有斷絕，反而叫得更利害。朱子非常忿怒，便用紙剪成許多紙枷，親往投之。用很嚴厲的話向蛙說，「迅速離開此地，否則叫你們扛枷受刑」！果然，第二天的早上，很多的青蛙頸上都扛上了紙枷，浮在水面上。朱子看了也很難過，便指着青蛙說，「寬赦你們，去罷」！從此蛙聲斷絕。朱子的聲望，也像大石一般的永遠沈入人們的腦海裏了。後人紀念朱子，便改麗藻池為斷蛙池。

現在，別的池中發現有白頸子的青蛙，市民便以為這就是他們的祖宗曾扛過朱子紙枷的蛙種。

福建通志：「斷蛙池，在府學東南，朱子解經處。以蛙鳴喧聒，作字投之。今夏月無蛙聲。（卷四十三，頁一）。

漳州府志：「斷蛙池原名麗藻池，在府學東南。相傳為朱子在此改註。以蛙聲鳴鬧，作字投之。至今夏月無蛙聲。或云是潘尙書榮事，未知孰是」。（卷二十八，頁二十）。

龍溪縣志：「斷蛙池在府學東南，相傳朱子在此解註。以蛙鳴鬧，作字投之。至今夏月無蛙聲。或潘尙書事，未知孰是」。（卷十一，頁二十一）。

按朱子祭蛙文，已於當時在池邊燒去，不傳。聞蛙詩一首，今尙傳。玆錄之於下：「兩樞盛怒鬥春池，羣吠同聲徹曉帷。等是一場狼藉事，更無人與問官私」。（見朱文公集，卷九，頁十）。

(5) 中山公園

仰文樓下，卽漳州府治也。府治大堂之壁上，有「忠、孝、廉、節」四字。傳爲朱子所書。字方丈餘。今壁已圮，該四字移拓於府學內明倫堂壁上，今尚存。

民間傳說，府治大堂上之中樑，一端已出墻，乃因前漳州開元寺有一怪僧，說是老鼠精，設地窟機關於拜石間。婦女稍有美色者，入廟燒香，跪拜時則機關一動，陷落地窟，任意姦淫，無惡不作。官民均畏忌之。所以每屆新任官員，必先到開元寺請安，否則定受其害。唯朱子守漳，雖有耳聞，然不往焉。老鼠精於怒憤之餘，放水作災，意欺淹死朱子。但府治爲漳市之最高處。水尚未浸上府治之階，而各街市有的已淹沒過屋頂矣。朱子急將「漳州府」之橫額取下，並將自己之衣覆於額上，放於洪水中，任其流去。市人見之，呼曰，「漳州府流矣」！老鼠精聞知，心中暗喜，便將洪水收歸井中，而漳州府額卻橫在井上。翌日朱子派人找尋府額，得於井上。朱子奇之，知爲開元寺僧所作祟。乃以石橫井中，從此無論井水如何漲高，均不能超過該橫石矣。

老鼠精心殊不甘，復於朱子坐在大堂上辦案的時候，嚙斷府堂上之中樑，意欲藉此壓死朱子。不料朱子見中樑一端離墻勢將下墮，急將朱砂筆向樑一指，樑遂不墮。今該府治大堂已折廢，橫之爲路矣。

縣志載：府治前，宋朱子曾建九區亭，守方來重修，久廢。（卷十一，頁九）。

又載：府治後，宋朱子建復軒，軒後爲月台，台後爲隱室，其象園以茅覆之。窗櫺隨方，刻八卦其上。公餘閱書於此。守趙汝譡卽舊址爲亭，扁曰「君子」（卷十一，頁九）。

今府治後有河，河邊有七星墩。不知始於何年，或曰紫陽朱子爲之。（見卷二十一，頁二十）。

(6) 塔口菴

民間傳說：（咸通）塔下有一井，俗呼美人井。前因該地婦女多犯淫亂，朱子奇之。細察其地理形勢，謂該地係美人穴。北橋如枕，公府街與碩仁橋街如人之兩臂，北橋直街如人之身軀，至塔口菴處，分岐兩路，如人之兩腳分開，井在兩街分岐之間，如女人之陰。故婦女飲此井水，必多淫亂，乃鳩工建塔於其上云。

（一一八）異蹟之傳說

朱子思想以理爲主，其生平亦以道義爲指南。其一生事蹟，並無奇異可言。然其建樹之宏，影響之深，在常人視之，不能不謂之爲超人。於是歷代有異蹟之傳說。大多是世俗之崇拜信仰，而年譜亦有載者。今錄若干則，以示國人之景仰如何。

(1) 朱子自述：某五、六歲時，心便煩惱箇天體是如何？外面是何物❶。捷按：此是朱子所自道。並非異蹟，然其天生英才，可見一斑。

(2) 黃榦（一一五二—一二二一）朱子行狀：幼穎悟莊重。能言，韋齋（朱子之父朱松，一〇九七—一一四三）指示曰，「此天也」。問曰，「天之上何物」？韋齋異之。就傳授以孝經，一閱封之。題其上曰，「不若是，非人也」。嘗從羣兒戲沙上。獨端坐以指畫沙。視之，八卦也❷。

捷按：黃榦之語，各年譜均錄之，根據「能言」二字，系問天於四歲，而系讀孝經畫八卦于八歲。朱子文集大全類編年譜，且謂列八卦之地址猶存。葉公回校訂朱子年譜（一四三一）無上述指天之問答，而于八歲條下謂「常指日問於韋齋曰，『日何所附』？曰，『附于天』。

❶ 語類，卷四十五，第三十條（頁一八三六）。
❷ 勉齋集（四庫全書珍本），卷三十六，頁一下至二上。

又問『天何所附』？韋齋奇之。後一事不知何歲，姑附於此」。戴銑（一五〇八年卒）朱子實紀（一五一三）之年譜則以兩問答「當是一事」，系於四歲。此數事皆非異蹟而是天才。錄在異蹟之先，所以表示朱子之思想與生平，並非神奇。

(3) 堅瓠集：據堯山堂外紀，朱韋齋，晦庵父也。酷信地理。嘗招山人擇地，問富貴何如？山人久之答曰，「富也只如此，貴也只如此。生箇小孩兒，便是孔夫子」。後生晦庵，果爲大儒❸。

(4) 朱玉（壯年一七二二）朱子文集大全類編，年譜：生文公之寓舍，今爲南溪書院。坐向皆山。向山形如「文」字，坐山形如「公」字，卒謚爲文，爵封爲公。至今名文公山❹。

(5) 梁章鉅（一七七五—一八四九），楹聯叢話：朱子生于延平之尤溪。……其地有公山文山。朱子誕生之日，兩山俱發火光，現出「文公」二字❺。

(6) 延平府志：文山在青印溪濱，階溪爲公山。……先是二山草木繁密。及考亭（朱子）既生，野燒，同時盡焚，山形畢露，儼若「文公」二字❻。

(7) 朱子文集大全類編年譜：婺源南街故宅有古井。紹聖四年（一〇九七），井中白氣如虹。是日獻靖公（朱子之父韋齋）生（本註，「見徽州府志」）。文公嘗曰，「聞先君子生時，井中有氣如白虹，經日不散，因名虹井。」獻靖公嘗作井銘，遂名韋齋井。是歲（建炎四年庚戌，一一三〇）井中紫氣如雲，三日而文公生（本註，「見世紀」）❼。

捷按：王懋竑（一六六八—一七四一）評之曰，「閩本年譜云（引如上述，惟無本註）（懋竑註，「雲」疑當作「虹」）。三日而文公生（懋竑註，洪本略）。按建炎四年，正干戈擾攘之時，（福建）尤溪距（安徽）婺源甚遠。卽故宅井有紫氣，焉得知之？且曰三日而文公生，其爲附會無疑也」❽。

以紫氣爲朱子誕生之兆，決是迷信。然謂路遠不得而知，則懷疑過甚，蓋亦可以事後傳聞。謂之偶然可耳。葉公回校訂朱子年譜不載。戴銑年譜只謂「相傳朱子生時，婺源故宅井中有紫氣見」，已是半信半疑。可知相信確有紫虹爲朱子誕生之兆，乃十六世紀以後之事。朱子爲父行狀，未嘗提及虹井⑨。卽當時傳聞，朱子亦必不信。懋竑閩本，不知所指。（關于各本年譜，可參看頁六十二「朱子年譜」條）。

(8) 朱子文集大全類編，年譜：文公面右側有七黑子，如列星，時並稱異。注云，「文公祖承事府君墓，山水奇秀……砂外溪水抵政邑治，名七星溪。有七石，沿溪布列。……此墓上承官坑而蔭生文公七痣，殆應於此耶」？

捷按：王懋竑云，「閩本又云，『文公面右有七黑子，時並爾異』。李洪本不載」⑩。李本指李默改訂朱子年譜（一五五二），洪本指洪去蕪改訂朱子年譜（一七〇〇）。葉本戴本均不載。可知此傳說乃明末之產物，以示朱子有天降之靈。如孔子生時之麒麟出焉。（參看頁八十

③ 褚人穫，堅瓠集（清代筆記叢刊本），四集，卷二，地理，頁七上。
④ 朱玉，朱子文集大全類編（康熙六十一年壬寅，一七二二，本），第一册，年譜，頁一下。
⑤ 梁章鉅，楹聯叢話（國學基本叢書本），頁一九一。
⑥ 延平府志（同治十二年癸酉，一八七三，本），卷五，山川，頁一下至二上。
⑦ 同註④，頁一下至二上。
⑧ 王懋竑（叢書集成本）朱子年譜，考異，卷一，頁二四二至二四三。
⑨ 文集，卷九十七，皇考吏部朱公行狀，頁十七上至二十六下。
⑩ 王懋竑，朱子年譜，考異，卷一，頁二四三。

八「面有七黑子」條）。

(9) 朱國禎，湧幢小品：蔣粹翁宋季隱滿月山。嘗言先世家九峯山。畜一牝馬，生駒龍首焉。身狀如負河圖者。有父老曰，「昔仲尼筆削六經，而麒麟出。今朱晦翁表章四書，而龍馬生，聖人之瑞也」。晦翁聞之，遜不自居，謹視蒭秣。後牧於山，竟失所在⑪。

(10) 朱子嘗書贈農家聯，有「禾黍豐年」之語。後嘉靖（一五二一—一五六六）倭亂，他縣殘破，其地獨完。長溪瑣語乃云，「朱子之言驗矣」。竟以朱子為先知，可謂思想靈敏之至。（參看頁七四九「朱子之聯語」條）⑫。

(11) 徐氏筆精：義烏東平山有宋平昌刺史劉豪墓。隆慶戊辰（一五六八）長至，裔孫尚恭重修墓碑。掘數尺，見壙臺。臺上有磚，方尺許。刻晦庵卜墓數，云，「天聖戊辰（一〇二八）葬此丘，蔭十八紀出公侯。子子孫孫垂不替，繩繩武武永無休。五百四十一年損，十七八歲裔孫修。戊辰戊辰新一石，重修重修千百秋」。秘書郎朱熹書。按天聖戊辰至隆慶戊辰，年數良是，而長至又恰戊辰。仍孫劉仕龍在宋贈武節侯修墓，裔果年十七歲。文公之數亦奇矣。劉之曾孫輝熺皆文公門人，故為之卜而刻之墓⑬。捷按：義烏縣屬浙江。平昌不知是否安徽滁縣治。劉輝劉熺，各書均不列為朱子門人。徐氏筆精題此為「朱子前定數」，決不可信。

(12) 徐氏筆精：朱文公與呂東萊讀書雲谷，銳意著述，精神百倍，無少怠倦。東萊至夜分，輒覺疲困，必息而後興。嘗自愧精神不及。爰詢文公，夜坐時，書几下若有物抵其足。據蹈良久，精力倍增。數歲後，一夕文公忽見神人頭上目光百餘道。云，「多目星見，自是几下之物不至」。文公夜分亦被就寢矣⑭。

捷按：淳熙二年乙未（一一七五）四月呂東萊訪朱子於寒泉精舍。精舍在建陽縣崇泰里後山天湖之陽寒泉塢附近，共編近思錄。五月下旬同至江西鵝湖。七月乃建晦庵於雲谷。徐氏筆精之誤寒泉爲雲谷，顯而易見。所謂神人爲助，自是野叟之談。

⒀ 朱子與麗娘與白鹿洞狐狸精，別爲在下兩條。

⒁ 雲谷神助。予一九八三訪建陽。建陽縣文化館徐貫行先生告以如下之建陽傳說：紹熙五年甲寅（一一九四）朱子以上疏忤韓侂冑（一二〇七年卒），落職罷祠。十一月返建陽考亭。韓派二人追捕。及抵雲谷，則朱子以蜜糖在地上寫「日在雲谷，夜在西山」。群蟻聚在字上。追者以問農民。農民謂朱子乃有神人保護。追者聞言遂碰頭而死。鄉人立祠以祀之。徐君並謂鄉人須在四十歲以上，方知有此傳說云。西山云者，蓋雲谷在蘆山之巔，與西山遙相對望。西山乃蔡元定（一一三五—一一九八）讀書處，故學者稱爲西山先生。朱子駐雲谷時，二人舉相過從。兩山相距約五公里。今兩山俱已荒蕪。

⒂ 蔡沈，朱文公夢奠記。此文追敘慶元六年庚申（一二〇〇）三月朱子易簀前數日情況最詳，曰，「初四日己未，先生在樓下商量起小亭于門前湖上。……時溪東山間，有獸聲甚異。里人在坐者云，『前後如此，鄉里輒有喪禍，然聲未嘗有此雄也』。……初九日甲子，……先生上下其視，瞳猶烱然，徐徐開合。氣息漸微而逝，午初刻也。是日大風破屋。左右梧桐等大木皆拔。未幾洪水，山皆崩陷。其所謂山頹木壞者歟」⑮！門人祝穆易簀私議則謂「是歲春，先生故宅之前，其山絕頂有數百年之合抱之木一株，勢干雲霄。一旦忽爲巨風所拔。夏六月，溪流大漲，素所未有。宅前之岸，爲洪濤捲去數百尺，則所謂木稼山頹，大賢之厄。其關於造化盛衰之運固如此。今年譜所書，則謂是日大風拔木，洪流崩岸。二異併見於易簀一日之間，則其事近恠，能無駭聽？竊謂不若改是日爲是歲，則可紀實矣」⑯。

易簀時祝穆實與童子執燭之列，所見當無誤也。

⒃福建通志引八閩志云，「其山（九峯山）九峯聯峙。宋時有異人語朱文公曰，『龍居後塘，乃先生歸葬之所乎』。後果葬于此」⑰。

⒄徐氏筆精：宋咸淳（一二六五—一二七四）間，蜀人彭澹軒江東倅，游武夷山。嘗獨行林藪，入草庵中。見二士夫峨冠博帶對食。招彭坐。俎中豕首一，羊肺一，雞一。所言皆先天圖、易傳、性理之學，玄妙深奧，不可曉。問其姓字，右坐者曰姓魏，山林野叟，無字可稱。問左坐者不答。日暮，辭出。彭明日攜僕挈榼再往，無徑可達。下山至一富家，言其所以。富家曰，「異哉。昨日至朱公祠致祭正俎中之肴」，方悟左者朱晦翁，右者魏鶴山（名了翁，一一七八—一二三七）也。此段異聞總錄，可補武夷山志之缺⑱。

⑪ 朱國禎，湧幢小品（北京，中華書局，一九五九），頁五〇二。

⑫ 長谿瑣語，厦門大學哲學系中國哲學史研究室編，朱熹及其學派福建地方史資料（一九八一），頁六十七引。

⑬ 徐𤊹，徐氏筆精（碧琳瑯館叢書，臺北，學生書局影印），卷八，頁二十九上下，總頁七八一至七八二。

⑭ 查不見徐氏筆精。引自朱熹及其學派福建地方史資料頁六十八。豈書名有誤耶？

⑮ 蔡氏九儒書（同治七年戊辰，一八六八，本），卷六，朱文公夢奠記，頁五十八下至六十上。王懋竑，朱子年譜（叢書集成本），卷四下，頁二二八載之。

⑯ 朱子易簀私議，載戴銑，朱子實紀（近世漢籍叢刊本），卷十，頁二十下至二十一上，總頁五一八至五二一。

⑰ 福建通志（民國二十一年，一九三二，本），卷十九，山徑，頁三上。

⑱ 徐氏筆精，卷八，頁三十四下至三十五上，總頁七九二至七九三。

(二九) 白鹿洞狐狸精

民國前一年有美國人士數人，游廬山白鹿洞。歸美後發表文章，報告白鹿洞書院情況。(參看頁五一九「民國前一年之白鹿洞書院」條)。其中一段敍述狐狸精故事。雖甚簡短，然意義頗深。今譯之於左：

歷史未明言朱夫子在此工作若干年，惟歷代相傳，則彼終身居此書院，死則葬於書院後面之叢林。傳說又以為洞悉其超人智慧之原自。當彼來駐山洞之時，有一狐狸精換形少女與之同居而朝夕奉侍。此女帶來一貴重寶珠，強朱子吞之。在其苦求之下，朱子難卻，於是此珠遂為彼智慧之源泉，而非生靈所能有者。不久又有青蛙精換形少女來與朱子同居。可惜兩女不能相得。某日吵鬧，青蛙精曰，「你只是一個狐狸精而已」。狐狸精反駁之曰，「你非青蛙精而何」？翌日二精失踪，狐屍與蛙屍均見於書院舊橋之下。乃依禮葬於書院之叢林，立石為碑❶。

❶ 原文Carl F. Kupfer, "The White Deer Grotto University," *Sacred Places in China* (中國之聖地) (Cincinatti; Western Methodist Book Co., 1911), p. 74.

捷案：朱子淳熙六年己亥三月履任南康軍，（一一七九）十月復建白鹿洞書院，八年辛丑（一一八一）閏三月即去任東歸。是在南康只得兩年，亦不常赴白鹿洞書院也（參看頁四七八「朱子與書院」條）。且以後未嘗再去。此傳說與武夷山傳說相似。必是同出一源或由甲方以傳至乙方。如是而言，則傳說應發源於武夷。因朱子居武夷甚久，廬山甚暫，而福建民間宗教，極爲活動。淫祀妖怪，幾爲全國之冠。吾人苟讀朱子門人陳淳（一一五九—一二二三）所著北溪字義之鬼神一門，可以知之。一說云，武夷山自嶺南下，半壁有洞曰南溟境。明道人劉端陽藏幌於此。石塚居壇曲中，可望見之。不知者以爲孤夫人墓。狐夫人者，俗傳孤精。常夜侍朱子讀書。倦而睡。元精從鼻竅流出。朱子吸而吞之。狐遂死。乃爲之殯葬於此❷。是則狐精之傳說，亦流播於武夷矣。此兩傳說之狐精、蛙精，並無如陳淳所述妖怪之邪淫凶惡。在民衆心目中，朱子道巍德尊，可以感化鬼神。故一精以至兩精前來服侍也。鄉人其愚可憫，而其志則可嘉也。

❷崇安縣新志（民國三十年，一九四一，本），卷二十一，名勝，頁三上，總頁五三九。

（三〇）朱熹與麗娘

福建武夷山奇秀甲東南。有三十六峯，九十九巖，九曲溪水。故素有「溪曲三三水，山環六六峯」之稱。朱子歌頌九曲之武夷櫂歌結語云，「漁郎更覓桃源路，除是人間別有天」❶朱子酷愛武夷山水，游居於此者達四十年。淳熙十年癸卯（一一八三）築武夷精舍，著書授徒，學者雲集。家居離山東南約八十公里之五夫里，而武夷則其學業發揚之地也。故其數十年之生活，與武夷山合而爲一，亦卽與武夷居民合而爲一。於是民間不能不有一種傳說，以表達其愛慕之情。武夷山民間傳說，有朱熹和麗娘一篇。因其爲通俗文章，最足披露民間感情，全錄於下。朱子有靈，亦默許也。

南宋淳熙十年，朱熹辭官回到武夷山，在碧水縈繞的五曲溪畔建起了武夷精舍。那四方的學子。慕朱夫子大名紛紛前來，求學聽經。

朱熹住在淸隱岩下的茶洞旁。這裏奇峰秀水，丹岩翠壁，一道道瀑布從天游峰上「嘩嘩」地流瀉下來，銀花飛濺，紛紛揚揚，像一片片雪花撒落在雪花泉裏。泉外長滿了一叢叢靑靑的岩茶，山風一吹過呀，淸香撲鼻，沁人肺腑。朱熹陶醉在秀麗的山光水色裏，專心做他的學問：餓了吃一塊冷地瓜；渴了喝一杯濃岩茶；冷了跺跺脚取暖；困了舀一瓢泉水洗臉

❶文集，卷九，武夷櫂歌十首，頁五下至六上。

提神。他每天講學著述到深夜。

日落月起，花開花謝，朱熹年復一年地文不離口，筆不離手；他讀呀，寫呀，蘸乾了十幾缸的墨汁，寫出的稿卷堆滿了整個書房。弟子們誰不誇讚朱夫子刻苦用功、博學多才呢！可是，朱熹獨居深山，在幽靜中也感到寂寞呀！

早晨，他送走了一團團飄過窗口的雲霧；

晌午，他目送著一只只飛過門前的山雀；

晚上，他靜聽著一陣陣刮過屋頂的山風。

冬去了，春天又來了，月缺了，十五又圓了。朱熹在寂寞中更加懷念起早逝的妻子。他把盞對著明月，遙祭劉夫人，不時又自飲幾盅，借酒來澆愁哩！

一天黃昏，日頭剛落山，朱熹正對著滿天的晚霞吟詩作賦，忽然聽到門外傳來「先生，先生」如銀鈴一般的呼喚聲，忙出門一看，見茶洞外的獨木橋上站著一位亭亭玉立的女子，正笑吟吟地朝這邊走來。那女子一步一顫的，震得獨木橋吱扭吱扭地擺著；忽然，朱熹看那女子腳下一滑，差點兒絆倒，就急忙上前扶著她從橋上走了下來。

「你是何人，家住哪裏，爲何來到此地」？

「我姓胡，名叫麗娘，家住在五曲河對面。因仰慕先生的才學，特來拜夫子爲師，請受學生一拜」。

麗娘深情地望著朱熹，一邊說著，一邊就向他施禮參拜。

朱熹又驚又喜，心想：我平生雖有弟子數百，卻從未收過女流。但這女子端莊識禮，又如此求學心切，想來並非俗人，還是不妨收下她吧！朱熹扶起麗娘，問過她平日的讀書情況，就將她引入書房，向她講授起四書五經來了。

這麗娘確實機靈，聰明過人，不一會兒，就把先生講的話全都記住了，而且能背會誦，對答如流。

朱熹一時高興，搬出自己的一大疊詩稿給麗娘看。麗娘見詩稿上密密麻麻地寫了許多絕句，畫了許多紅圈紅槓，知道先生爲了學業瀝盡心血，很是感動，就說：「先生，蒙夫子不棄，就讓學生把詩稿謄寫一遍吧！嗯」？麗娘見朱熹笑著點了點頭，就磨墨提筆，在紙上唰唰地寫了起來。

朱熹默默地站在一旁，見麗娘書法如行雲流水，似龍飛鳳舞，筆觸瀟洒娟秀，字字珍珠，不禁呆住了：這女子果然有才氣，今天收爲門生，日後也不枉費老夫一番心血呀！

麗娘專心致志地謄寫，剛抄完一篇，無意抬頭見朱熹正凝神地看著自己，那顆心立時湧上了胸口，臉也紅了，朝他輕輕地喊了聲「先生」，便羞澀地低下頭來。朱熹心頭一熱，馬上察覺出自己舉止有失，慌忙支支吾吾地走開了……

從這以後，麗娘風雨無阻，天天晚上來到朱熹的書房。她讀遍了四書五經，替朱熹謄寫了很多很多的詩文，還常常陪先生吟詩作畫到深夜哩。

麗娘聰明賢慧，不但才學過人，而且非常溫柔多情，體貼先生：

朱熹餓了，她悄悄地端來一碗熱騰騰的竹筍香菇麵；

朱熹渴了，她又輕輕地送來一盤甜蜜蜜的武夷香桃李；

六月酷暑，她爲先生搖扇送涼；

早春寒夜，她又爲先生起火取暖……

這一來，朱熹的著述越來越多，文思越來越敏捷。麗娘的心像浸在桂花蜜裏，從外到裏都甜透了。

麗娘的柔情體貼，使朱熹感到溫暖與歡樂，有時又思緒縷縷，在燈下寫了這樣一首七絕：

川原紅綠一時新，
暮雨朝晴更可人，
書册埋頭何日了，
不如抛却去尋春。

他愛麗娘才學風貌，愛她的溫柔多情。每天一早，麗娘走了，他就覺得孤單，總是巴望著日頭快落山，月兒早點升起。

這天傍晚，朱熹因思念麗娘，去平林渡口散步等她。忽聽得有人喚了聲「朱夫子」，回頭見是擺渡的烏老頭兩口子，朝他招呼著走來，忙停了腳步。

這兩口子長著三角腦袋，鼓著雙金魚眼睛，男的又高又大，女的又矮又小，一身穿戴黑不溜秋的，活像一對醜八怪。烏老頭朝朱熹瞅了瞅，搖搖三角頭，伸長又黑又細的脖子說：「哎呀，朱夫子，看你這氣色不好，定是中了邪呀」！

烏老婆子扯著嘶啞的喉嚨，陰陽怪氣地叫道；「是呀，是呀，中了邪呀！這邪氣入骨，要大難臨頭囉」！

朱熹問，「此話怎講」？

烏老頭說，「你可知每天晚上到你書房的女子是誰」？

朱熹反問，「你說她是誰」？

烏老頭說，「她是武夷山的狐狸精哩」！

「啊」？朱熹大吃一驚，又急忙問道，「狐狸精到我書房爲何」？

烏老婆子又拖長她那嘶啞的喉音接上話說，「謀你的才學，——唉，糊塗呵，還謀你祖傳的玉碗」！

朱熹聽了心裏納悶：自從來了麗娘，我筆下生花，學業精進；這與她的相助是分不開的呵！那祖傳的玉碗麼？麗娘每晚都要擦上幾遍，小心地供在香案上；她豈有謀財之意呢？好端端一個正經女子，怎會是狐妖？

「胡言亂語」！朱熹厲顏正色地說著，就拂袖而去了。

朱熹走近書房，推門一看，不知麗娘何時已在燈下爲他縫補衣裳了，心裏感到一陣溫暖。他仔細端詳，越覺得麗娘長得秀麗、端莊。臉如出水芙蓉，眼似閃閃明星。那雙巧手飛針走線，眼邊嘴角含笑，更見脈脈含情，禁不住輕聲地喚起麗娘的名字來。麗娘見先生深情地打量著自己，臉一紅，心裏頭像有隻小鹿在跳。她忙站起把補好的衣服披在朱熹身上，然後挑亮燈芯，擺好詩書，準備聽先生講課。

可是，朱熹哪有心思講課呢？他雖不相信麗娘是狐狸精，但是擺渡佬的話像毒蛇一樣死死纏著他，咬著他，攪得他心神不定。

麗娘一看先生臉色不好，忙問，「先生，看你這臉色，是不是身子不舒服了」？

朱熹慌忙搖搖頭，掩飾地說，「哦哦，沒有，沒有……」

麗娘問：「那你……」？

朱熹說，「麗娘……我今天遇到擺渡人了……」

「啊」！麗娘暗暗一驚，聽朱熹說遇到擺渡人，心頭像被鉛塊猛擊一下，又沉又痛。好久好久，她才抬起頭來，顫抖地對朱熹說，「先生，你不要聽信饞言，不要聽信饞言呀」！

朱熹見麗娘眼裏滾下兩串亮晶晶的淚珠，忙上前勸說，「麗娘，我不信，不信那些饞言……」。

從這以後，朱熹和麗娘結成了一對恩愛夫妻；但好事多磨，在歡樂中也隱藏著煩惱呵！一天，朱熹出門散步，就覺得有人在他背後嘀嘀咕咕；走進學堂。又見弟子們在議論狐夫人……朱熹正悶悶不樂，又遇到那兩個尖頭三角臉的擺渡佬。

烏老頭說，「大膽妄為的朱熹，老生好言相勸，你非但不聽，反而背叛聖賢禮教，與狐狸結為夫妻」！

烏老婆子又怪聲怪氣地幫腔，「哎呀，唉唉，朱夫子囉——你不信，不妨照我和老頭的辦法試一試……」。說著，兩口子在朱熹耳邊叨咕了一陣，轉眼不見了。

眞是大晴天響起霹靂，六月裏降下大雪；朱熹聽愣了，心如亂麻地回到家裏，在床上翻來覆去的，怎麼也睡不著。他只好拿起硃筆，坐在案前批改文章。

麗娘見先生沒有入睡，溫存地陪著他坐到天明。一連兩夜都是這樣。到了第三天晚上，朱熹實在困極了，上下眼皮一直打架，只好伏在書案上睡著了。

四更天時，朱熹打了個瞌睆醒來一看，就被眼前一片光亮驚呆了。果然，一對碧綠透明的玉筷從麗娘的鼻孔裏伸了出來！他慌忙上前想喊醒麗娘，只聽得「哯噹」一聲，玉筷被碰落地上，閃出一只狐狸的影子，一晃就不見了。接著麗娘乍醒過來，頓時覺得天懸地轉，心痛欲裂，渾身顫戰得站也站不住，眼淚像斷線的珠子簌簌地滾了下來。她哭道，「先生，我們要分別了，我雖有心陪伴夫子終身。但事到如今，也不得不走了……，先生，麗娘走了，無人問寒問暖，無人添衣送茶。你要自己珍重，珍重呀……。」

朱熹心如刀絞，緊緊地抓住麗娘的手說，「麗娘，你，你……你不能走，不能走呀」！

麗娘搖搖頭，痛苦地說；「先生，我是武夷山修煉千年的狐狸精。因爲仰慕先生的才學，知道先生的寂苦，所以每晚渡河來到書房，照料先生起居，陪伴先生讀書。不料，平林渡的擺渡佬，那一對害人的烏龜精，想謀先生的玉碗和麗娘的玉筷，曾跟我鬪法，被貶在那兒擺渡。他們就惡言中傷，撥弄是非，四下暗裏挑唆，使我倆分散，生離死別。我恨，我恨呀！……先生，如今麗娘千年道行已破，玉筷離身，歸宿洞穴。我該到南暝靖裏長眠去了……先生呀，麗娘不能跟你百年到老了，只能在高高的南暝靖裏把你相望……」。

麗娘淚水漣漣，與朱熹難分難捨。忽然空中嘞嚓嚓滾過一陣悶雷，在一陣旋風裏閃過一對黑影。麗娘泣不成聲，指著窗外黑影喊道，「先生，是它們，毀了麗娘，就是它們……。拆散了我們恩愛夫妻呀……」！

朱熹氣得咬牙切齒、渾身打顫。抄起硃筆扔向窗外，只見硃筆像燃燒的箭直飛而去。兩個擺渡佬立時「啊」地叫了一聲，就變回一對烏龜原形，慌忙地往九曲上游跑去。等朱熹回過頭時，麗娘已經不見踪影了。

朱熹發狂似地追出房門，對著空曠的山野大聲喊著：「麗娘——！麗娘歸來！麗娘歸來……！」

哦！麗娘呀麗娘，快點歸來吧！快點歸來，想一想孤獨的朱熹，想一想夫妻的深情，快點歸來吧！可是，麗娘一去不復返了。不是她不願歸來，是她歸不來了呀！山谷裏只留下一陣陣斷腸的回音……。

天漸漸地亮了，朱熹沿著崎嶇的山路，急匆匆地爬上隱屏峰頂，啊！高山的林濤在哀鳴，雪花泉的流水在哭泣。只有南暝靖門口開了五顏六色的山花。花叢裏靜靜地躺著一隻美麗的狐狸。她緊閉的嘴唇像蘊含著心裏的憤恨，她深情的眼睛還盈著兩顆晶瑩的淚珠！

朱熹痛似腸斷，他採一朵鮮花，哭一聲，又採一朵鮮花，哭一聲，慢慢地用眼淚和花兒把狐狸掩埋在南暝靖裏。民間傳說，他還在洞前立了一個狐氏夫人的石碑。從此，武夷人就把南暝靖叫做狐狸洞了。直到如今，凡是往來武夷山的游客，都一定要爬上狐狸洞去，看一看這位多情的麗娘！

至於那兩隻慌忙逃竄的烏龜精，剛爬八曲上水獅旁邊，就再也爬不動了，變成一對石龜——那就是我們現在乘竹排游九曲時所見到的上下水龜。那小龜之所以歪歪斜斜地趴在大龜背上。傳說那是矮小的烏老婆子中了硃筆後，骨頭變軟了，爬不動了，就由老烏頭背著跑。到了水獅地方，一頭栽倒溪邊，就死了。至今還一上一下地趴在水裏呢❷！

劉希玲　搜集整理

❷ 武夷山民間傳說（福州，福建人民出版社，一九八一），頁二十至二十八。

（三一）朱子遺蹟訪問記

朱子名熹，其師命字元晦。朱子以元爲善之長，不敢居，自字仲晦。然世無稱仲晦者。曾任福建同安縣主簿，知江西南康軍❶，提舉兩浙東路常平茶鹽公事，知福建漳州，知潭州❷荆湖南路安撫使，共七年六月有餘。又任待制侍講，受詔進講大學，凡四十二日。卽其徒黃榦（一一五二—一二二一）朱子行狀所謂「仕於外者僅九考，立於朝者四十日」是也❸。惟生平最好講學授徒。屢差監廟觀，無職俸薄。安貧守道，仕進泊如。嘗建武夷精舍與竹林精舍，學者雲集。又復興廬山白鹿洞書院與長沙岳麓書院，門人滿天下。其思想操縱我國七百餘年，影響韓日兩國，亦數百載。遺跡遍佈江浙福建。捷研究朱子有年，心焉嚮往。一九八一年十月，有宋明理學討論會舉行於杭州。捷被邀參加。會中得讀是年四月廈門大學哲學系中國哲學研究室所編之朱熹及其學派福建地方史資料與該大學教授高令印獻文朱熹在福建遺跡考釋。又得覩嶽麓書院通訊，欣知嶽麓書院重修之盛況。深嘆遺跡之富厚，而外間鮮有知者。感嘆之餘，卽懷親自探訪之念。一九八二年捷舉辦國際朱熹會議於夏威夷，曾建議組織朱子遺跡訪問旅行團，而志未遂也。

❶故治今江西，星子縣。

❷今湖南，長沙。

❸勉齋集（四庫全書珍本），卷三十六，朱子行狀，頁三十八下。

一九八三年八月，幸承中國社會科學院之邀，獨自爲此訪跡之遊。科學院厚待有加。外事局芮建羣先生安排良善，聯繫山東、湖南、江西、福建、廣東五省社會科學院妥爲照料。捷於八月七日由香港飛抵北京，承中國社會科學院副院長汝信與中國哲學研究所所長邢賁思兩先生到機場迎接。在北京十餘日，得哲學研究所魏北陵先生安排招待，至所感激。其間再遊曲阜，初登泰山，順道拜謁鄒縣亞聖祠。有山東社會科學院科研組李恒峯教授由濟南前來同遊，並詳說史蹟，新知頓增。十一日北京哲學研究所舉行座談會，由哲研室主任辛冠潔先生主席，討論理學問題，領教滋多。以下略述湖南、江西、福建三省訪跡，以誌不忘。

甲　嶽麓書院

捷於八月十九日偕科學院哲學研究員蒙培元先生由北京飛往長沙。二十日參訪嶽麓書院。吾等抵達時，湖南社會科學院蘭慶祥先生、湖南大學楊愼初教授、師範大學楊金鑫教授等已在大門迎接。參觀數小時。二十二日在嶽麓書院研究室舉行座談會，由楊愼初教授主席。參加者除研究室七位外，有社會科學院、湖南大學、師範大學、湖南省圖書館諸君。大都討論理學問題與朱熹張栻兩賢對嶽鹿書院之貢獻。蓋張栻（南軒先生，一一三三—一一八〇）講學於此。其時書院聲名已振。乾道三年（一一六七）朱子往長沙訪之，共游衡嶽。其後紹熙五年甲寅（一一九四）朱子知潭州，更建嶽麓書院，「學徒千餘人，學田五十頃」，形成「座不能容」，「飮（馬）池水立涸」之盛。吾等臨別時嶽麓書院賜贈嶽麓書院通訊一九八二第一、二、三期等資料，又以參觀所攝照片，安裝簿册見贈，並邀捷留言紀念。捷乃草「一水長流池不涸，兩賢互礎道終同」一聯以應。蓋謂儒學（泗水，在當地為湘水）永遠長流。馬飲之池可涸，而道學之流不可息。朱張兩公「繳紛往反者，幾十餘年。末乃同歸而一致」也❹。

嶽麓書院爲宋開寶九年丙子（九七六）潭州太守朱洞所創建。乾道元年乙酉（一一六五）至五年己丑（一一六九），張栻主持教事。紹熙五年甲寅（一一九四）朱子任荆湖安撫使，知潭州。明人葉公回所校朱子年譜（宣德六年辛亥，一四三一）云，「書院……久浸廢墜。……後復更建於爽塏之地」。據明人楊茂元重修嶽麓書院記，「聞諸故老，書院前有宣聖殿五間，殿前引泉作泮池。其列屋殆百間。其南爲風雲亭。殿後堂室二層，層各七間。兩廡亦如之。其外門距書院二里許，今其地猶以釁門名，而斷碑尚臥田中。方其盛也，學徒千餘人，食田五十頃。故諺曰，『道林三百衆，書院一千徒』」❺。此必非朱子時期之景象，而規模大約可見。今書院爲湖南大學之一部。全部佈置，明淸之局面猶存。玆據嶽麓書院通訊與親眼所見，略記如下：

大門之前一里許爲赫曦台。此台朱子時原建於嶽麓山頂。朱子命名有觀日之意。久廢。院長羅典（一七一八—一八〇八）辟院地八景。其中四景卽在此間。乾隆五十四年己酉（一七八九）羅典於此築前亭，後改名前台。道光元年辛巳（一八二一）改前台爲赫曦台，以存朱子故迹。一九八三年修理完成，煥然一新。此爲紀念朱子之特徵，亦爲書院修復原狀之特徵也。台上左右兩壁，有「福」「壽」兩大字，各高丈餘。其中以「壽」字寫得特別飛舞。傳爲嘉慶十

❹ 文集，卷八十七，又祭張敬夫殿撰文，頁九下。

❺ 載嶽麓書院通訊，一九八二年，第二期，頁三十五。

二年丁卯（一八〇七）羅典重赴鹿鳴宴時一道人用竹掃（或稱草履）醮黃泥所書。後道人不知去向，遂傳爲仙迹。今字色黑，已非其舊。台右一里許書院門側爲飲馬池。池上有風雩亭。此池由來已久，蓋以紀朱子講學，座不能容，以至飲馬池水立涸之盛事也。台右三里簧門池上爲吹香亭。爲乾隆五十四年己酉（一七八九）羅典所建，名東亭。嘉慶二十四年己卯（一八一九）院長歐陽厚均改今名。

現有大門爲同治七年戊辰（一八六八）所建。外用方形石柱一對，爲五間硬山，三山屏墻。總面濶二十點五二米，進深八點二七米，台基高出外地坪一點三五米。踏步十二級，屋高七點二七米。上有石額「嶽麓書院」，係一九八〇年據明刻複製。楷書金色，傳爲宋眞宗手迹。門聯云，「惟楚有材❻，於斯爲盛」❼，一九八〇年按照片字樣複製，刻爲木扁，綠字。撰者書者已佚其名。大門之後，講堂之前，明時增建二門。宣統三年辛亥（一九一一）高等學堂（書院奉詔改名）監督撰書門聯云，「納於大麓❽，藏之名山❾」。一九三三年門聯移掛湖南大學圖書館。二門毀於抗日戰火。一九八四年門已修復，仍移掛二門。

由大門直進一公里半爲講堂。此爲書院中心，乃在康熙時重建基礎之上而經過同治七年戊辰（一八六八）重新之遺物，爲五間單簷歇山。前出軒廊七間。總面濶二十八米，總進深十六點七三米，台基高零點八米，房屋總高一九點七五米。懸有木匾「實事求是」及門聯「工善其事，必利其器❿。業精於勤，而荒於嬉」⓫。乃六十餘年前賓步程所撰並書。毀於抗戰，現已復原。堂內左右兩壁四塊大碑，分刻朱子手書「忠」、「孝」、「廉」、「節」四大字，行書。每碑有泐石人名共二十四人。碑高二一三厘米，寬一四一厘米。字高一六九厘米，寬一二三厘米。題頭落欵爲正楷。此爲道光七年丁亥（一八二七）院長歐陽厚均（一七五一—

一八四五）刊立。碑面稍見風化，然字跡完好。朱子所存墨蹟，當以此爲最大。堂之又名忠孝廉節堂，良有以也。

堂內懸「道南正脈」木匾，藍字。係乾隆九年甲子（一七四四）御筆。文革損壞，一九八二年修復。又存石碑甚多。現嵌於講堂左壁前部者爲院長王文清乾隆十三年戊辰（一七四八）手定之嶽麓書院學規碑與同年手定之王九溪先生手定讀書法碑。嵌於講堂右壁者爲曠敏本（乾隆元年，一七三六，進士）之六有箴碑與乾隆廿二年丁丑（一七五七）院長歐陽正煥所書書整齊嚴肅四字因示諸生碑。嵌於講堂後壁左側者爲乾隆三十九年甲午（一七七四）之王九溪學箴九首碑與道光二十二年壬寅（一八四二）院長歐陽厚均所撰門人陳岱霖所書之擬張茂先勵志詩九首示及門諸子碑。嵌於講堂後壁右側者爲乾隆五十四年己酉（一七八九）畢沅（一七三〇—一七九七）所撰並書之畢沅詩碑。嵌於講堂前軒廊兩側者爲乾隆丁丑歐陽正煥所書道光七年丁亥（一八二七）院長歐陽厚均所立之「整」、「齊」、「嚴」「肅」四塊大字碑。「肅」字毀於抗戰。戰後據拓本重新塑刻。

⑥ 左傳，襄公，二十六年，「雖楚有材，晉實用之」。「楚材晉用」，爲通行成語。南軒朱子皆非湖南人，故云。十三經索引漏此語。承楊聯陞教授示出處，敬謝。

⑦ 論語，泰伯篇第八，第二十章，「唐虞之際，於斯爲盛」。

⑧ 書經，舜典，第二節。

⑨ 史記（四部叢刊本），卷一三〇，太史公自序，頁三十二上。

⑩ 論語，衞靈公篇第十五，第九章。

⑪ 韓昌黎全集（四部備要本），卷十二，進學解，頁三上。

書院存碑之中，與朱子有直接關係者爲朱子詩碑。乾道三年丁亥（一一六七）朱子訪張栻於長沙，講學於嶽麓書院。後同登衡山，詠詩紀遊，有南嶽唱酬集。十一月二十三日至櫧州，次日話別，贈張詩二首。光緒間吳大澂（一八三五—一九〇二）得其墨蹟於粵，屬門人以端石摹刻之。及吳來湖南，重鈎勒石，置於嶽麓書院。碑原有四塊，每塊長一六一厘米，寬四四點五厘米。碑文一百二十四字。另有吳氏篆體說明七十一字。戰時碑廢。最近清出殘碑二塊，字跡仍較完整清晰。惟其中一塊已斷裂。現均存書院。以上碑文圖片，均見嶽麓書院通訊一九八二，第一、二、三期。

大門與講堂之間左右兩側，南北相對。南爲教學齋，北爲半學齋。抗日戰爭全部被毀。戰後修復。現有三十餘舍，充辦公與教學之用。修復管理委員會預計保留原有布局，按照宋朱洞創建「齋序五十二間」修復，意存故迹。

講堂之右原有百泉軒，有「書院絕佳之境」之稱。書院八景一半在此。抗日戰爭被毀爲墟，現成荒野。委員會將復興勝景，綠化園林。講堂之左爲大成殿，乃戰後重建。大成門亦然。今存石構照壁，則清代遺物。文廟全景大體完整。石坊、石階、石獅均保全原狀。委員會將加以裝修，用作學術交流場所。

由講堂直進一公里許原爲文昌閣，又再進一公里原爲御書樓。均毀於戰時。後建辦公樓，均非原貌。現擬不重建文昌閣，但改建御書樓爲宋時建築風格，並復用宋時藏經閣之名。

六君子堂創於明代，以祀州守山長等六人。在文昌閣之左，與明代創建以祀朱子與張栻二賢之崇道祠相接。御書樓之左爲嘉慶年間建立崇禮周子（周敦頤，一〇一七—一〇七三）之濂溪祠再左為晚明建立以禮程顥（一〇三二—一〇八五）程頤（一〇三三—一一〇七）兄弟之四箴亭。現均改用為辦公室或宿舍。以上建築結構基本完好。委員會將裝修復原。環境清幽，靠近書樓。最宜研究閱覽之用。此外園林全景，均將恢復整理。即就吾等所見之修復，已是卓然可觀，為全國重修書院之成功最大者。此中主因有三。一為嶽麓書院成為湖南大學第一院。經費有着，而事業宏興。二者嶽麓書院研究室積極研究，歷史美術學術種種條件，均能充份實現。三則一九八二年國務院公布第一批歷史文化名城，嶽麓書院為長沙之重點文化古迹。嶽麓書院通訊第一期（一九八二）有嶽麓書院現狀圖、總平面規劃圖、與修復方案鳥瞰圖，則書院面貌，必日日新，又日新矣。

以上所記，大半根據嶽麓書院通訊第一、二、三期。第一期所載楊金鑫教授之嶽麓書院和朱熹，啓導殊多。楊愼初教授當場指導，並供給資料，與嗣後正誤數則，特此鳴謝。

乙　白鹿洞書院

朱子淳熙五年戊戌（一一七八）八月差知南康軍，六年己亥（一一七九）三月到任。即訪尋白鹿洞故址。蓋書院為唐隱士李渤所居。當時學者均從之遊，遂立黌宮。其後淪壞日久，莽為邱墟。朱子重建之。十月經始，次年庚子（一一八〇）三月告成。旋得朝廷勅額及賜御書。又置田以贍來學者，並捐俸錢買書。其影響最大而最長久者，乃其白鹿洞書院揭示⑫，通稱

⑫文集，卷七十四，白鹿洞書院揭示，頁十六下至十七下。

白鹿洞書院學規⑬。茲照錄於下：

父子有親　君臣有義　夫婦有別

長幼有序　朋友有信⑭

右五敎之目。堯舜使契爲司徒，敬敷五敎⑮，卽此是也；學者學此而已。而其所以學之之序，亦有五焉。其別如左：

博學之　審問之　謹思之⑯

明辨之　篤行之⑰

右爲學之序。學、問、思、辨四者，所以窮理也。若夫篤行之事，則自修身以至於處事接物，亦各有要。其別如左：

言忠信，行篤敬⑱。懲忿、窒慾⑲。遷善、改過⑳。

右修身之要

正其義，不謀其利。明其道，不計其功㉑。

右處事之要

己所不欲，勿施於人㉒。行有不得，反求諸己㉓。

右接物之要

此書院爲我國數百年來書院之典型，學規亦爲以後書院之敎範。朱子以之揭示嶽麓書院。以後各書院亦多揭示之。至二十世紀而不衰，可謂與儒家經典同壽。

蒙先生與捷八月二十二日下午二時由長沙乘火車赴南昌，晚上十一時抵達。車中討論蒙先生所著王陽明哲學論文，深獲切磋之益。及抵南昌，則江西社會科學院研究員余品華先生已到站迎迓。翌日得其安排陪遊九江與廬山。二十四日參觀白鹿洞書院。江西廬山文物管理所部長陳鶴興先生詳為指示。

白鹿洞在江西星子縣東北廬山五老峯下。所謂洞者，並非一小石岩而乃四通八達，面積有三平方公里。在廬山五老峯麓之下。四山回合，使人有入洞之感。故稱為洞。書院卽在此洞之中。離星子縣城八公里。門前有佈告板，標示意圖。吾等下汽車後，首入午乾門。門頗

⑬ 參看頁三八九之「學規」。
⑭ 孟子，滕文公篇第三上，第四章。
⑮ 書經，舜典，第二十節。
⑯ 中庸原文為「愼」。予早疑其避諱。然文集，卷四十二，答石子重第八書，頁二十五下用「愼思」。語類，卷六十二，第九十二條（頁二三八五）用「戒愼」，卷七十，第三十六、三十七條（頁二七八五）用「敬愼」。予疑「愼」「謹」通用。後楊聯陞教授告予，孝宗名昚，卽「愼」，故避其諱。
⑰ 中庸，第二十章。
⑱ 論語，衞靈公篇第十五，第五章。
⑲ 易經，損卦，象辭。
⑳ 同上，益卦，象辭。
㉑ 董仲舒（前一七六—前一〇四）語，見漢書（四部叢刊本），卷五十六，董仲舒傳，頁二十一下。
㉒ 論語，衞靈公篇第十五，第二十三章。

簡單，六柱三牌，石製，約四米半高，九米寬。上之橫額爲磚瓦圖案，並無顯額石刻。乃明代所建。由是而進，經左右蓮池。聞當時朱子曾植蓮花，此是意中事。再進四公尺許左爲禮聖門，門首額刻「白鹿書院」四字。右爲御書閣，原爲貯藏孝宗所賜九經，今已移作別用。由禮聖門進四公尺許爲禮聖殿。殿原爲大成殿。乃朱子屬南康太守錢聞詩（子言）所建。文集卷六十八跪坐拜說記當時擬據開元禮不爲塑像，而子言不從。清代重建三次。文化革命拆廢。去年重建。內無塑像，但有石刻吳道子（七九二年卒）先師孔子行教像。禮聖殿右爲明倫堂，乃明正統元年丙辰（一四三六）所建，相當完整。前門木聯傳爲朱子所撰，然決非朱子所書。聯語云，「鹿逐與游㉔，物我相忘㉕之地。泉峯交映，知仁獨得之天」。朱子決不至誤「豕」爲「逐」也。

明倫堂後有石門，門內小洞，內有南康知府何濬苗石鹿一隻。色白，所以紀念唐李渤在此讀書云。禮聖殿左側園地甚廣。以前石碑甚多。文化革命破爛少數。人民政府經已建牆三圍以樹之。約一百三十碑，以明清爲多。王陽明（王守仁，一四七二—一五二九）門人鄒守益（一四九一—一五六二）所撰其一也。紫霞眞人以蒲草扎筆臨壁而書之游白鹿洞歌爲最耐人尋味。最有學術意義者則爲二賢洞教。二賢指朱子門人程端蒙（一一四三—一一九一）與董銖（一一五二—一二一四）。其所合撰之學則，於朔望之儀，衣服起居飲食讀書之禮，詳爲規範。饒魯（壯年一二五六）合朱子白鹿洞揭示與程董二先生學則而揭之，以爲「一則舉其學問之宏綱大目，而使人知所用力。一則定爲羣居日用之常儀，使人有所持循。卽大小學之遺法也」㉖。又有二賢洞教碑，爲南昌府學教授馮元嘉靖廿七年戊申（一五四八）所立，刻陸象山（陸九淵，一一三九—一一九三）白鹿洞講義與朱子白鹿洞賦。園中有丹桂，傳爲朱子所手植。

門前爲貫道澗。澗旁巖壁刻有「敕白鹿洞書院」六大字。山水間有對對亭。亭下石崖刻有「風泉雲壑」四字更大。澗中大石上刻「枕流」兩字，每字約四十公分平方，爲最大者。前者爲楷書，後二者皆行書。此二者爲朱子所書，則無可疑。朱子十六代孫朱玉所編朱子文集大全類編，第七册，卷二十一均錄之。傳說炎夏時朱子頭枕此石，臥清流中。此蓋想像之言，加以浪漫色彩而已。

丙 福建五處

朱子一生七十一歲，除奉詔赴奏行在，在外作宦，與短期旅遊之外，皆住在福建。以故福建朱子遺跡最多。文化革命破壞最大，而近年漸次修復，埋土掘出遺物亦最多。大有朱子重現之勢。惜交通尚待發展，未能赴朱子所到各處，一視遺跡。然得踵最重要之四五處，亦云幸矣。

(1) 福州

捷於八月二十八日晨與蒙培元先生由南昌乘火車抵福州。福建社會科學院葉向平曲鴻亮

㉓ 孟子，離婁篇第四上，第四章。
㉔ 同上，盡心篇第七上，第十六章。
㉕ 莊子（四部叢刊本名南華眞經），卷四，在宥篇第十一，頁三十九上。
㉖ 張伯行，學規類編（正誼堂全書本），卷一，董程二先生學則，頁六上。

兩君安排福建旅程，並陪遊全省。是日偕蒙葉曲三君遊，登鼓山。其靈源洞水坑之旁有一大石刻正楷「壽」字，高約三米六，濶約二米四。傳爲朱子所書。恐不可靠。

山之湧泉寺石刻甚多。經石門，見山道左壁上刻有朱子題辭。辭曰，「淳熙丁未（一一八七），晦翁來謁鼓山嗣公。遊靈源，遂登水雲亭。有懷四川子直侍郎。同遊者清漳王子合，郡人陳膚仲、潘謙之、黃子方、僧端友」。楷書五行。石約高一米八，濶約九公寸。其爲朱子手書無疑。子直爲趙汝愚（一一四〇—一一九六）之字。嗣公卽直菴和尙，名元嗣，當時鼓山湧泉寺主持。黃子方，名琮，閩縣知事㉗。王子合，名遇。陳膚仲，名孔碩。潘謙之，名柄。皆朱子門人。嗣公嘗師事胡文定公（胡安國，一〇七四—一一三八）。父肅與文公友善。後棄儒就釋㉘。附近有摩崖石刻，文曰，「幾年奔走厭塵埃，此日登臨亦快哉。江月不隨流水去，天風直送海濤來。故人契濶情何厚，禪客飄零事已灰。堪歎人生祇如此，危欄獨倚更裴回。紹熙辛亥九月二十日題。趙子直同林澤之姚宏甫來遊。崇憲、崇范、崇度侍。王子充林伯井不至」。淳熙十四年丁未爲一一八七，紹熙二年辛亥爲一一九一，則朱子石刻在前，子直之刻在後。所謂「有懷四川子直侍郎」，非見子直石刻而有憶也。紹熙二年趙汝愚知福州，遊鼓山當不祇一次。據高令印教授，朱熹取其詩中『天風海濤』四字書之，刻於湧泉寺大頂峯盤石。現在仍存。由此可知，朱熹在紹熙二年（一一九一）九月之後，卽在他六十二歲之後，又到過福州。對此，諸本年譜均未記載㉙。我等是日不再上山，未見此碑爲可惜耳。又據高氏，「朱子淳熙十年癸卯（一一八三）十一月下旬遊福州。現烏石山桃石遺存朱子墨跡「趙子直朱仲晦淳熙癸卯仲冬丙子同登」題名摩崖石刻㉚。亦惜未見。

從朱子懷子直石沿山道到水雲亭。亭甚小，僅藏十人。後人傳此爲朱子讀書處。內有朱子全身像，右額有七黑痣。上端橫欵為「宋徽國文公朱晦庵先生遺像」。兩旁為正楷朱子書畫像自警贊。下欵為「大清道光十四年（甲午，一八三四）仲冬吉旦三山魏杰敬刊。宋鍾鳴鐫石」。高約一米二，濶約七公寸。諸家謂此贊為朱子六十一對鏡自像而作，恐無實據。此像既引此贊，卽隱示為朱子六十一歲之對鏡自畫。不知是據何原型而雕刻。以朱像論，此刻並不高明。

⑵ 廈門、同安

二十八日晚乘夜車赴廈門，翌晨抵達。傅衣凌副校長高令印教授等招待殊殷。三十日訪問同安，由福建社會科學院派專家導遊。由廈門到同安，北行約四十公里。紹興二十一年辛未（一一五一）朱子二十二歲，授泉州同安縣主簿。二十三年癸酉（一一五三）秋七月至同安。二十六年丙子（一一五六）秋七月秩滿。任內建經史閣，定縣學釋奠禮，申請嚴婚禮，立縣人故丞相蘇公祠於學宮，行鄉飲酒禮，屏縣學淫慝弟子，謁廟求雨。年譜云，「士思其教，民懷

㉗ 據高令印，朱熹在福建墨蹟考釋（論中國哲學史——宋明理學討論會論文集，一九八三），頁三六九，及其對朱熹事迹資料考察的新收穫（哲學研究，一九八四，三月號），頁七十二，註⑪。

㉘ 崇安縣志（清，雍正，一七二三—一七三五，刋本），卷八，釋。參看崇安縣新志（民國三十年，一九四一，本），卷二十，宗教，釋教，頁五上，總頁五一九。

㉙ 高令印，對朱熹事迹資料考察的新收穫，頁七十一。

㉚ 同上註㉗上半，頁三六七。

其惠。相與立祠於學宮」㉛。以未滿三十而邑人立祠以祀，此爲歷史上所罕有。專家云，文化革命以前，同安家有朱子塑像者甚多。

吾等入市即見水上大石刻有「弁石台」三字。行書，每字大約三十公分。無欵。同安之同山與大理山對峙。大理山石刻朱書最多，現均不存。大同山有珠砂寫「同山」兩字，篆體，碑高約四十五公分，濶約二十五公分。無欵。傳爲朱子所書。果爾，則歷代必已模仿多次矣。同山下有朱文公祠，旁爲梅山廟。均有人管理，並奉香燭。祠原有朱子像。現已不存，只餘像之基台，刻有「梅山朱子祠」五字。

市外有大輪山。入門牌坊石刻「大輪山」三字。壬戌年重修。有五公分「新安朱熹」方印。恐是仿筆。上登爲梵天寺。寺內有石刻楷書「瞻亭」二字，各丁方三十六公分。左有「新安朱熹」四字，右有「安成劉裳立」五字。原爲山上石刻。隨拓爲木刻，卒被水浸。乃建亭山上，刻之於石以置亭內。後石倒，乃移寺內。亭仍存。寺旁爲禪堂。堂前有石刻「德權琥闕」四字，各約丁方十八公分，無欵。堂之後山原有「寒竹風松」石刻。現石已湮沒，惟有拓本。禪堂左旁爲佛祖堂。後之荒地廢牆刻朱子正面半身像，高約一米二，濶約六公寸。右耳比左耳長。無七黑子。禪堂大師云此是朱子六十一歲對鏡自寫之像。此址原爲講經堂，朱子講經於此。文化革命破毀云。佛祖堂後有古榕。大師謂同安市內仍有朱子手植榕樹云。城東東溪西溪相會之處，離石橋約九公尺之大石刻有「中流砥柱」㉜，每字丁方三公寸之隸書，傳爲朱子所書。橋與此石之間又有一石刻隸書「逝者如斯」㉝，每字丁方二十五公分。似是武夷山朱子所書「逝者如斯」之仿寫。然兩處字體並不盡同，「中流砥柱」則與武夷「逝者如斯」筆勢相近。若謂此處「中流砥柱」爲朱子手筆，「逝者如斯」則否，當非大錯。

三十一日上午厦大師生齊集禮堂。捷略爲報告歐西研究理學之經過與趨勢、美國學生研討情形、與國際朱子會議之前瞻後顧。隨得厦大哲學系主任鄒永賢與高令印等教授之引導，參觀規模宏大而現正活潑發展中之厦大校園。下午與厦大教授約二十人座談，由鄒主任主席。幾集中於朱子研究。晚上傳校長設宴款待，賓主盡歡。

(3) 武夷山、武夷精舍（武夷書院）

九月一日正午乘汽車赴邵武，二日清晨三時抵達，寓邵武招待所。邵武離武夷山直線約九十公里，車行約一百四十公里。午後啓程，三時抵達。住武夷宮邊之幔亭山房，係建於幔亭峯下。此館兩層，住房共有十間，三十五床位。庭園雅緻，富有古風。牆梁床椅，皆用本

㉛ 葉公回校訂，朱子年譜（一四三一）（近世漢籍叢刊本）卷中首，頁十一下，總頁七十六。王懋竑，朱子年譜（一七六二）（叢書集成本），卷一上，頁十三同。

㉜ 書經，禹貢，第八十四節，「底柱析城」。經典釋文云，「底柱，山名，在河水中」。諸辭典皆舉明人丁鶴年自詠詩，「長淮横潰禍非輕，坐見中流砥柱傾」。豈明以前未見此詞句耶？且砥柱在陝州大河，不在淮水，丁氏借用耳。猶憶割股瘉親之傳說，各辭典皆舉宋史選舉志引蘇軾（一〇三七—一一〇一）「則勇者割股」之語。豈前此無案可考耶？參看拙著王陽明傳習錄詳註集評（臺北，學生書局，一九八三），頁一八四至一八六。

㉝ 論語，子罕篇第九，第十六章。

山竹木，而有衞生設備，不愧爲武夷增色。此處兩日之遊，得武夷山管理局張朮良先生指導，殊享眼福。

朱子除五夫里家居外，以居武夷山爲最久。武夷乃其學業發揚之地。武夷離五夫里約八十公里，並不難至。淳熙三年丙申（一一七六）差管武夷山沖佑觀。無職守，並不在觀居住。然朱子常遊武夷，愛其山水。寓五夫里，視武夷爲後園。每與門生弟子上山漫遊，或陪親朋尋勝。乃於淳熙十年癸卯（一一八三）建武夷精舍於此。四方士友來者甚衆。朱玉朱子文集大全類編第一册年譜紹熙二十七年丁丑（一一五七）下謂「多還建州，築室武夷山中。四方遊學之士，從之者甚衆」。是則建築精舍三十年前已築室於此山矣。然是年朱子只二十八歲，家計貧薄，且其他年譜皆無此記載。不知朱玉所云，是否有據。惟朱子愛好武夷，則是不磨之事實。卽晚年遷居建陽之後，仍常過訪武夷。

武夷有三三六六之稱。三三指九曲，六六指三十六峯。另有九十九巖。並黃山之奇、桂林之秀、泰山之雄而有之。其勝境最優者爲九曲。朱子有武夷櫂歌詠之㉞。吾等乘古樸之竹筏，泛兩小時。筏以大竹十筒排以爲舟。長約五公尺。遊客坐木櫈上。我等則坐竹椅。九曲繞山八九公里。或平流，或急湍。撑者只以竹篙左右推攞，沖波激浪，從星村順流而下。沿途細話掌故。武夷櫂歌最後兩句云，「漁郎更覓桃源路，除是人間別有天」。

第四曲有石刻「應接不暇」四字，非朱子書，只朱子常經此渡頭而已。六曲響聲岩遺存有朱子手書遊踪摩崖石刻，「何叔京、朱仲晦、連嵩卿、蔡季通、徐守臣、呂伯恭、潘叔昌、范伯崇、張元善、淳熙乙未五月二十一日晦翁」。此蓋淳熙二年乙未（一一七五）朱子與呂東萊（祖謙）（一一三七—一一八一）在莒口寒泉精舍五月五日輯成近思錄同赴江西信州鵝湖寺與陸象山兄弟相會途中也。岩下又刻有「逝者如斯」四字，無款，傳爲朱子手書。此曲高山上尚有「道南理窟」四個大字，則未之見。江邊石刻云，「淳熙戊戌（五年，一一七八）八月乙未劉彥集、嶽卿、純叟、廖子晦、朱仲晦來」。書法遠勝「逝者如斯」。此外朱子墨蹟，武夷山尚有慧苑寺內之木刻匾「靜我神」與別處石刻之「靜神養氣」。木匾「靜」字已鋸去一半。兩邊原有聯，今亦湮沒。武夷三百石刻與若干木匾之中，朱子所書不少。惜所存有限耳。

墨蹟之最寶貴者爲少傅劉公神道碑。少傅指劉子羽（一〇九三—一一四二），乃朱子教師劉子翬（一一〇一—一一四七）之兄。朱子之父病革，以家事屬子羽。子羽爲築室於崇安五夫里所居之旁。時朱子年十四，遂奉母由尤溪遷此而居焉。淳熙十二年壬戌（一一四二）子羽卒，年五十。此碑全文三千三百五十餘字，爲碑文之最長者。文字與文集所載稍有出入㉟。楷書間有行書。落欵爲「朱熹撰並書，張栻篆額」。篆額七行，每行三字。碑高三米七，寬一米半。文化革命時期碑面左上方損傷若干字。碑質爲青色磨刀石。碑沿鄉人間用以磨刀。然大部完好。原置在五夫里東北約半公里之蜈蚣山下蟹坑，有亭保護。文化革命初亭被廢，碑乃倒埋於草叢中。一九八二年崇安文物保管處移至武夷宮對面之中山堂後牆。破壞部份均已修補。故字跡清晰，兩旁花紋亦玲瓏可觀。左旁爲乾隆年間洞天紀府碑，右爲萬曆年間遊武夷山歌碑。

樓宇之至要者爲武夷書院。此原爲朱子所建之武夷精舍。在武夷五曲之大隱屏峯下，朝

㉞ 文集，卷九，武夷櫂歌十首，頁五上至六上。

㉟ 同上，卷八十八，少傅劉公神道碑，頁二下至八下。

東南。朱子武夷精舍雜詠序云，「爲屋三間者，曰仁智堂也。堂左右兩室，左曰隱求（齋）以待棲息。右曰止宿（齋），以延賓友。左麓之外，……又自爲一塢……命曰石門塢。別爲屋其中，以俟學者之羣居，……命之曰觀善齋。石門之西少南，又爲屋以居道流，……命之曰寒栖館。直觀善前山之顚爲亭，……名以晚對。其東出山背臨溪水，因故基爲亭，……名以鐵笛。……寒栖之外，乃植椶列樊，以斷兩麓之口，掩以柴扉，而以武夷精舍之扁揭焉。……釣磯茶竈，皆在大隱屏西。磯石上平，在溪北岸。竈在溪中流。巨石屹然，可環坐八九人。四面皆深水。當中科臼，自然如竈，可爨以瀹茗。凡溪水九曲。左右皆石壁無側足之徑。唯南山之南有蹊焉。而精舍乃在溪北。以故凡出入乎此者非魚艇不濟。總之爲賦小詩十有二篇，以紀其實」㉟。此當時勝景也。朱子在此十年，學者雲集。其著名者如蔡元定（一一三五—一一九八）游九言，劉爚（一一四四—一二一六），黃榦（一一五二—一二二一），詹體仁（一一四三—一二〇六），李閎祖（嘉定四年，一二一一，進士）李方子（嘉定七年，一二一四，進士），葉味道（嘉定十三年，一二二〇，進士）等，皆有九曲沿岸擇地築室。

武夷書院歷代重修。一四四八年改朱子祠，崇祀朱子，並以黃榦，蔡元定，劉爚，眞德秀（一一七八—一二三五）配享。文化革命之前尚存精舍與康熙五十六丁酉（一七一七）年所建之大殿，卽朱子祠，祠內朱子像兩旁排列諸生牌位。現則精舍只餘相隔約十五米半兩個廂房之一部與其木製窗戶。旁之大殿現已改建禮堂。文物管理處用以作療養院。由精舍上山，可以遠望雲谷。路上石壁刻有「雲窩」二字，高約五公分，寬約四公分，乃萬曆十一年癸未（一五八三）夏長樂陳省所書。再數百步爲叔圭精舍，乃北宋政和五年乙未（一一一五）江贇（字叔圭）所築。現只餘石牌而已。朱文公祠址之旁有茶灶。大石可環坐八九人，其中有穴。大概後人仿中流茶灶而成。

吾等所住慢亭山房左旁之武夷宮，卽朱子主監之沖佑觀。其前門本在中山堂前十公尺許廢牆之前。明改沖佑觀爲萬年宮。管理局將恢復南宋時形狀云。

五日上午赴建陽之前遊水簾洞之天東架。此洞在武夷北山慧苑寺附近。山洞甚長，高寬各十餘公尺。內架木屋，可容千數百人，爲武夷山最大洞穴。太平天國之亂，避難者來居於此。穴內週圍岩壁石刻甚多。其一爲康熙四十八年己丑（一七〇九）福建巡撫張氏之布告。內云「屏山（劉子翬）諸賢居武夷山水簾洞講學。卒卽洞建祠，從遊門人朱文公親題匾額『百世如見』四字，現懸祠中」㊲。此額久已不存。所傳朱子曾侍學劉屏山於此，恐與侍學五夫里相混。

武夷民間傳說，謂有少女胡麗娘，日夕奉侍朱子。擺渡烏老頭兩夫婦，曾警告朱子以此女實狐狸精，志在謀朱子祖傳之玉碗。朱子不信，後與少女結爲夫婦。某日烏老頭來，聲稱如不相信，可依我等辦法嘗試。說話未完，而忽爾滅跡。是時六月大雪。朱子夜不能睡。麗娘奉陪。至第三晚四更時分，稍瞌醒來，見一對碧綠玉筷從麗娘睡中鼻孔伸出放光。急喚醒麗娘。麗娘半醒，玉筷卽墜於地，閃出一狐狸形影。俄而不見。麗娘既醒，乃自白其爲武夷山修煉千年之狐狸精。並謂擺渡烏老頭夫婦，原是烏龜精。因彼等欲謀朱子之玉碗與其本人之玉筷，被其貶在平林渡擺渡。今反被挑唆，離間夫婦。而其本人玉筷經已離身，千年道行

㊱ 同上，卷九，武夷精舍雜詠並序，頁二下至三下。

㊲ 據福建論壇（一九八二，第二期），頁七十。

已破，以後只得到南暝靖長眠耳。朱子聞言之下，驚憤交集。即執硃筆從窗外望，而硃筆如箭直飛以去。兩烏老頭嗳呀一聲，即變回一對烏龜原形，八曲之上下水龜石是也。回頭一看，則麗娘已無踪影矣。朱子悲哀之餘，登隱屏峯頂。只見南暝靖開滿山花。花叢中有一美麗狐狸僵眠地上。乃掘穴葬之，並立石碑曰「狐氏夫人」。從此武夷人呼南暝靖為狐狸洞云。此傳說始自何時，今不可考。因傳說與白鹿洞書院狐狸精之神話內容酷似，必是由武夷而傳至廬山無疑。朱子之深入民間，於此可見。文集過毛山鋪詩，詠野狐精㊳。毛山鋪在湖南衡山，與此傳說無關。想野狐精神話，各地皆然。

(4) 五夫里

四日遊五夫里。崇安縣辦公室孫志成、外事部邵異昌、宣傳部丁麟征三君同遊。丁先生解釋甚詳，朱子資料極熟。五夫里在崇安縣城東南五十七里。汽車行約二小時。山路灣曲，半途有歇馬站。朱子自十四歲（一一四三）奉母由尤溪遷居五夫里，至淳熙年十年癸卯（一一八三，五十四歲）築武夷精舍，大部份時間除外任外，住在五夫里。即講學武夷，亦常歸家。至紹熙三年壬子（一一九二，六十三歲），乃築室於建陽之考亭而卜居焉。是其以五夫里為家，達半世紀。

五夫里潭溪彼岸有紗帽山，因山似屏，故劉子翬自號屏山，學者稱屏山先生。朱子承父命，從學於屏山與劉勉之胡憲。三人皆居五夫里。朱子與方士繇（一一四八—一一九九），魏掞之同依劉子羽。子羽創三屋以居之㊴。屏山宅在紗帽山之下，潭溪之上，有十七景。淳熙二年乙未（一一七五）於此設書院。朱子為書院匾額「屏山書院」四字。子羽為朱子母子所營之居，亦在潭溪之上。朱子名之曰紫陽樓，因故土有紫陽山，所以思舊也。又名寢堂曰韋齋，以思其父韋齋先生。紫陽樓原爲朱子讀書體註之所，現早已湮沒。民國十三年（一九二四）最後重新修建。文化革命廢滅。現只存牆基與荒坪數片而已。厦門大學哲學系存有該樓照片。山上尚有石刻，據云乃是後人記載朱子讀書之事迹，然字迹已糊塗莫辨矣。

五夫里有朱子巷，長約三四十米，舖以大小鵝卵石。兩旁無住宅，只有磚牆，亦無匾額。傳爲朱子每日由家至講學處必經之路。或云朱子母子從建甌到劉子羽莊園時所經之路，又云朱子從劉莊到鎮上常經之路。朱子巷爲橫巷。正街則甚長，鋪石。路邊有水渠。一巷門有磚牌坊，前面石刻「紫陽流風」，後面刻「三峯鼎峙」。另一磚坊刻「過化處」。又一巷有興賢書院，現狀相當完整。傳朱子講學此處，似是可信。廳內正面一匾曰「繼往開來」㊵，門木匾曰「升高行遠」㊶，俱光緒年間所置。屋頂有太極圖。其破壞處現正修葺。

最有歷史價值者爲五夫里之社倉。乾道四年戊子（一一六八），建人大饑。朱子與鄉之耆老勸富戶發其藏粟以賑之。後以應仿古法，立爲社倉儲粟，過饑則低息救貧。乃於七年辛卯（一一七一）五月經此，八月落成。別處聞風相繼設立。淳熙八年辛丑（一一八一）孝宗下詔全國推行朱子社倉法。於是社倉成爲歷史上一富有意義之特殊社會活動。現存之五夫社倉乃建於朱子所立社倉基礎之上。即在巷間，與民居商店無異。高約四米半，寬三米半。磚牆。因門

㊳ 文集，卷五，二十七日過毛山舖，頁十上。
㊴ 同上註㊲。
㊵ 朱子中庸章句序云，「若夫夫子……所以繼往聖，開來學」。

關閉，不知是否現爲公社貯物之用。門端石刻「五夫社倉」四大字。下云「崇禎九年（一六三五）邑武庠生王貞建內奉張府主郭縣主恩像」。右欸爲「光緒己丑十五年（一八八九）仲夏吉旦」，左欸爲「花翎郎中朱敬熙建」。

大街另有劉氏公祠。寬六七米。裝飾華麗。門前石獅，極其壯嚴。公社社長諸君，招待殷勤，饗以午餐。又以劉氏宗譜見示。此爲光緒三年丁丑（一八七七）重修印本，爲劉氏忠賢堂傳家之寶。凡九卷。卷一爲遺像。由始祖以降至南宋四五十幅。山圖若干。像贊爲胡宏（一一〇六—一一六二），胡憲（一〇八六—一一六二），朱熹，張栻，呂祖謙，黃榦，蔡元定，蔡沈（一一六七—一二三〇）等人所撰。卷二爲序，由紹興三十一年辛巳（一一六一）籍溪胡憲原序始。後七卷爲世系。譜一大册，其壯觀恐難與比。朱子贊文館學士光世公遺像云，「態度軒昂，志凌牛斗。渡世津梁，光門組綬。清揚有威，官箴無垢。儀型宛然，克昌厥后」。題新安朱熹拜撰。又贊太常寺博士玉公遺像云，「卓乎太常，其儀不忒。寬兮綽兮，剛克柔克。福地載仁，心田神德。啓我后人，是傚是則」。又贊朝儀大夫太素公遺像云，「敬爾容止，如圭如璋。朱門望重，靑史名揚。懋修厥德，長發其祥。千秋俎豆，禴祀蒸嘗」。以上三贊，未採入文集卷七十七贊類。

五夫里現有一萬二千人，組成一公社。五十歲以下者鮮有知朱子者。吾等四往參觀，兒童成羣隨後，似從未經見外賓者。

(5) 建陽，竹林精舍（考亭書院）

五日午後前往建陽。車行約十五公里，到崇安縣城，謁見縣長趙大炎。再行六十六公里，乃抵建陽。得建陽縣文化館徐貫行先生與建陽縣人民政府外事處莊瀰女士同遊。徐先生釋解詳盡。卽朱子生平事跡年月，記憶無誤。

紹熙元年庚戌（一一九〇）朱子知漳州。二年正月長子塾卒，丐祠歸治喪葬。三月差主管南京鴻慶宮。五月歸次建陽，寓同繇橋。三年壬子（一一九二）六月築室於建陽之考亭而居之。考亭在建陽西部三桂里玉枕山之麓，山水秀麗。韋齋嘗過此地而愛之，謂考亭溪山清邃，可以卜居。朱子之遷居建陽，蓋所以成其父之志也。朱子嘗致書其師胡憲「以爲居建陽一則便爲墳墓，二則便於講學，三則便於生事㊷。胡憲卒於紹興三十二年壬午（一一六二），其時朱子三十三歲，則早已有愛慕建陽之志矣。到建陽後致書陳亮（一一四三—一一九四），謂「五夫所居，眼界殊惡，不敢復歸。已就此卜居矣」㊸。然朱子甚貧。築室費用極覺支吾。與朱魯叔書云，「去歲歸來，計度不審。妄意作一小屋。至今方得遷居。然所費百出，假貸殆遍。人尚未能結裹圓備。甚悔始慮之不精也」㊹。朱子命此新居爲紫陽書堂㊺。內有清邃閣㊻，亦以思親。所居在考亭書院之右，元季傾圮，明重修，然不存久矣。

紹熙五年甲寅（一一九四）以上疏忤韓侂胄（一二〇七年卒）罷侍講，十一月返考亭。生徒日

㊶ 中庸，第十五章。
㊷ 文集，卷三十七，與籍溪胡原仲先生，頁一下。
㊸ 同上，續集，卷七，與陳同父，頁八上。
㊹ 同上，別集，卷五，與朱魯叔書，頁十三下。
㊺ 崇安縣志，卷八，古迹，參看崇安縣新志，卷三，地理，第宅，頁十五下，總頁一〇〇。
㊻ 文集，卷八十三，跋李參仲行狀，頁二十五下。

衆。乃於所居之東築竹林精舍以居之。淳祐四年（一二四四）詔立爲書院。書院位在竹林精舍之前。此卽予此次特來參觀之考亭書院也。道光十二年壬辰（一八三二）建陽縣志卷三云，「考亭書院卽朱子祠……聯對於集成殿」。據徐君所說，書院面積約長二百米，寬五十米，計一萬平方米。大部面積改爲菜地。兩邊禾田，則自始已然。書院原有集成殿，高三層。旁原有朱子祠，奉祀朱子，以黃榦，蔡元定，眞德秀，劉爚爲配。又置石刻朱子像，並許多碑刻。然兩處樓宇早已頹廢，至一九六四年許，已皆無存。現只餘書院之牆基與門前之石牌坊。理宗親筆所書「考亭書院」四大字橫額刻在牌坊正中。「考」字旁爲「嘉靖十年辛卯（一五三一）四月吉旦」，「院」字旁爲「分巡建寧道僉事仙居張儉立」。此乃明代重修時所加無疑。四大字上有「恩榮」二大字。牌坊前後如一，只後面題欵爲「福建侍御史蔣詔」。牌坊頂端有康熙所書「大儒世澤」。康熙並有筆書對聯，辭曰，「誠意正心，闡鄒魯之實學。主靜窮理，紹濂洛之眞傳」，在原書院集成殿內。牌坊正面原爲大路，再隔麻陽溪爲翠屏山。現因溪上已建水電站，水位增高，淹沒大路，且有淹及牌坊之危，故文化館已將牌坊依照原樣遷至山邊大路之旁矣。現建陽文化館已積極計劃恢復書院建築。移遷牌坊，只爲先務耳。建陽現有四萬人。下考亭村戶共三十六。其中二十五姓朱，皆朱子後裔。最老爲二十九世孫朱瀾溪。朱子遷建陽時並未攜全家子孫，因其子埜朱子臨終時方由五夫里到建陽也。

乾道五年己丑（一一六九）九月，朱子丁母孺人祝氏憂。翌年正月癸酉葬於建陽縣崇泰里後山天湖之泊，名曰寒泉塢，卽在今之馬伏太平山麓，離建陽城約十二公里，屬離建陽縣城二十二公里之莒口管轄。朱子於此作寒泉精舍，卽淳熙二年（一一七五）朱子與呂東萊共輯近思錄之地也。葉公回校正朱子年譜云，「先生居喪盡禮。既葬，日居墓側，旦望則歸奠几筵」。是年朱子又於建陽西北四十公里雲谷山最高峯之蘆峯築晦菴，有雲谷記㊼。建陽民間傳說，韓侂胄曾派二人追捕朱子。及抵雲谷，則朱子以蜜糖在地上寫「日在雲谷，夜在西山」。羣蟻聚在字上。追者以問農民。農民謂朱子乃得神人保護。追者聞言遂碰頭而死。鄉人立祠以祀之。徐君謂鄉人須在四十歲以上方知此傳說云。西山云者，蓋雲谷在蘆山之巔與西山遙相對望。西山乃蔡元定讀書處，故學者稱爲西山先生。朱子駐雲谷時，二人舉相過從。兩山相距數公里，今同屬莒口東山村管轄，距莒口約十公里。現兩山不特荒蕪。卽雲谷原址亦不可考矣。

雲谷既無遺跡，自無訪尋之必要。朱子之墓尚存，則甚欲一見。朱子死於慶元六年庚申（一二〇〇）三月。十一月葬於建陽縣黃坑（卽古之唐石里）後塘村之大林谷，離縣城八十五公里。其夫人死於淳熙三年丙申（一一七六），次年二月已葬於此。於是夫婦合墓。甚欲向前致拜。文化館諸位均謂道不通行。由建陽以電話詢諸黃坑，亦云無法前往。以前福建各地欲到之處，皆可參觀，且有問必答。黃坑境況，必是實情。畢竟不無失意，然此行所見，已喜出望外矣。徐君以捷不能臨墓地，乃示與墓地照片三大幅。一爲遠景，一爲近景，一爲墓碑。墓座西北朝東南。周壁以河卵石壘砌。中央封土，後之墓碑，文曰，「宋先賢朱子夫人劉氏墓」。前有石香爐石燭。有清代巡撫福建都院陳璸、總督閩浙部院覺羅保滿、提督福建學院車鼎晉與清初資政大夫升學使者彭蘊章四人爲朱子所立之墓道碑。墓前原有朱林公館，爲祀墓者駐宿，早已廢滅。現爲農民建房居住。現聞文化館對朱子墓經已修繕完畢，並劃出墓周二十米

㊼同上，卷七十八，雲谷記，頁一上至五上。

範圍爲保護區域。將拆遷民居，在原址建紀念亭。

徐莊兩君又以車載木匾石像各一來示。匾額長一米零三公分，寬三十二點七公分，厚三公分，刻朱子所書行書「鳶飛魚躍」[48]四字。後面爲「志向高明」，均題「晦翁」。此匾原懸於朱子往南平（延平）見李侗（一〇九三—一一六三）時所住之塘源李子坑西林院，現藏建陽文化館。石像長一米一十五公分，寬四十九公分，厚六點二公分。爲朱子全身像，斜向右。右頰有黑痣七。上端刻楷書朱子書畫像自警全文[49]題「紹興五年甲寅（一一九四）孟春良日熹對鏡寫眞題以自警」。再上爲「徽國朱文公遺像」。此石亦藏建陽文化館。博物館現正在建造中，文物皆暫貯藏。今特出以示捷，足見愛護之厚。近年福建發現朱子石像不少。高令印教授有文章討論[50]。

徐君又告我等謂朱子曾在建陽西南六十公里崇化里建同文書院以貯書籍。現地址亦不知所在。建陽邊有牌樓「南閩闕里」以比五夫里之「閩邦鄒魯」。今亦不存。朱子嘗到建陽南二十公里黃梅山著書。書「黃梅山」木牌三字。亦已沒矣。吾等九月六日乘汽車由建陽回福州。午膳在南平。共行四百公里。七日再遊福州鼓山。八日晨飛廣州。承廣東社會科學院副院長金應熙、廣州市政協主席羅培元、秘書長何炳垣、科長陸天三、廣州市僑務辦公室主任司徒梅芳、招待科長葉史生、嶺南大學校友會副主席設宴歡迎，款待殊殷，遂與蒙培元君握別於此。捷乃乘機飛港返美。年來各地文化單位重建朱子遺跡，再接再勵。不久又當重遊，以新眼目矣。

㊽中庸，第十二章引詩經，第二三九篇，大雅，文王之什，旱麓。
㊾文集，卷八十五，書畫像自警，頁十一上。
㊿高令印，朱熹遺跡研究（中國哲學，第十輯，一九八三）頁三〇一至三〇五。

〔本文原載明報月刊，一九八五年，二月號，頁二十二至三十〕

（三二） 朱熹栽杉成樹王

（王煜博士從香港大公報某年月日副刊剪出寄來，亦朱子遺蹟之一端也）。

關偉炎

在江西省婺源縣西南羣山環抱的官坑村，現在還有朱熹栽的一羣杉樹，樹齡已達八百餘歲。

南宋哲學家、教育家朱熹，字仲晦，江西婺源人，遷寓福建建陽，曾任秘閣修撰等職，主張抗金。廣注典籍，對經學、史學、文學、樂律以至自然科學，均有貢獻。南宋淳熙三年（公元一一七六年）春。朱熹第二次回婺源掃墓，曾在祖母墓周圍栽下了十九棵杉樹。傳說爲了保護這羣杉樹，村後的文公山上曾建兵營，駐兵守護，當年的積慶亭就是駐地。這羣杉經八百載歷史滄桑，至今仍然保存了十六棵。

沿着逶迤向上的青石板路拾級登山，山峯越來越高，山勢越來越陡，古樹越來越大。在濃蔭蔽日的山坳裏，有一座古墓，那就是朱熹祖母的墳，如今墓穴尚存。以墳墓爲中心，十六棵棕紅色皮的杉樹參天而立，直刺藍天。三個大人，剛剛抱過樹身。在這十六棵樹中，最高的達三十八點五米，最粗的胸圍達到三米以上。「一一」號樹光樹幹材積達十一點九立方米。十年內亂中，有人偷砍了一棵。做了一棟屋，後被罰款五百元。母墓挖出的古瓷考證，也說明這羣杉樹和這座古墓距今已有八百多年。

這羣杉樹，屬灰枝杉，雖然樹齡有八百多年，但仍然鬱鬱葱葱，長勢旺盛。一九七六年，這些樹上採下的杉樹籽，曾育出了杉樹苗，說明它仍然有繁殖能力。據有關方面的專家說：如按單株而論，這裏杉木材積並不是江南第一，貴州等地有比這更大的，如果按一羣計算，這在江南卻是絕無僅有的，可以說是江南獨一無二的杉王羣。

現在，朱熹栽的這羣杉樹王，已經引起省、地、縣有關部門的關注，婺源縣已把護林亭修葺一新，並派專人管理，把它列爲珍貴樹種、文物進行保護。

（三二） 朱子與中國哲學範疇

我國哲學範疇討論最多者無疑是朱子。一方因其爲我國過去七八百年影響最大之思想家，一方因其所遺材料最多。文集所存書札，將近二千。語類凡一百四十卷。其他著作，尚不在內。然雖是不斷討論，達四五十載，而所用範疇，絕無爲朱子所創者。孝、弟、忠、信，仁、義、禮、智，格、致、誠、正，中、庸、已發、未發等等，來自四書。有、無、才、性等等，來自魏晉玄學。太極、理、氣等等，來自北宋諸儒。嚴格言之，皆出於先秦。未見有一哲學名詞爲朱子所首用者。

朱子之述而不作，固守傳統，誠是嚴謹。然其所用舊有範疇，必加以新義。所撰四書章句集註，費盡四十年之精力，一字不加，一字不減。日人大槻信良著朱子四書集註典據考❶，指出其有新義者，不下一百七八十處，而太極，陰陽，理氣等等，尚非四書討論之目也。茲單舉四書論仁之新義，以見朱子之舊瓶新酒。

朱子釋仁爲心之德，愛之理。此定義見於論語與孟子集註十餘處❷。伊川（程頤，一〇三三—一一〇七）謂「心譬如穀種。生之性，便是仁也」❸，而「天地以生物爲心」❹。朱子則進一步而加以「人物之生，又各得夫天地之心以爲心者也」❺。伊川以仁爲「天下之正理」❻。朱子以此爲太汎，未及發仁之體❼，乃以「心之德」爲釋。蓋「說仁是本心之全德，便有箇天理在」❽。我國素來以愛言仁。韓愈（七六八—八二四）且以博愛爲仁❾。伊川評之曰，

「愛自是情，仁自是性。……退之（韓愈）言博愛之謂仁，非也。仁者固博愛，然便以愛爲仁則不可」⑩。因仁爲性，故「五常（仁義禮智信）之仁，偏言則一事，專言則包四者」⑪。朱子則進而釋仁爲愛之理。以後言仁，莫過於此。故伊川之仁，實際上是一新範疇。朱子之仁，則新而又新矣。此爲朱子對於範疇轉舊爲新之一大貢獻之一例而已。（參看頁三七一「仁說圖」）。

又一貢獻爲由微至顯。最特出者爲「無極」之範疇。「無極」一詞，出自老子⑫。柳宗

① 臺北，學生書局，一九七六。
② 論語，學而篇第一，第二章；孟子，梁惠王篇第一上，第一章等。
③ 遺書（四部備要二程全書本），卷十八，頁二上。
④ 外書（二程全書本），卷三，頁一上。明沈桂明道全書以此爲程顥語。
⑤ 文集，卷六十七，仁說，頁二十上。
⑥ 經說（二程全書本），卷六，論語說，頁二下，論語，八佾。
⑦ 語類，卷二十五，第二十條（頁九七六）。
⑧ 同上，第二十一條（頁九七六）。
⑨ 韓昌黎全集（四部備要本），卷十五，原道，頁一上。
⑩ 遺書，卷十八，頁一上。
⑪ 易傳（二程全書本），卷一，頁二下。
⑫ 老子，第二十八章。

元（七七三—八一九）⑬邵雍（一〇一一—一〇七七）⑭，已用之，然皆隱而不顯。周子（周敦頤，一〇一七—一〇七三）得太極圖於道士穆修（九七九—一〇三二）此圖經陳摶（約九〇六—九八九）而上溯於河上公（壯年前一七九—一五九）。道家用爲養生之助。周子則顚倒其序，而以仁義中正爲歸。然在初亦於理學無影響。二程（程顥，一〇三二—一〇八五，與程頤）受學於周子而終身不言太極。朱子爲澄清理氣之關係起見，不得不採用周子之太極圖，以太極爲理氣之基礎。周子之太極圖說開首便謂「無極而太極」⑮。朱子解之曰，「上天之載，無聲無臭⑯，而實造化之樞紐，品彙之根柢也。故曰無極而太極，非謂太極之外，復有無極也」⑰。關於此來自道家之名詞，朱子與門徒討論甚多⑱。淳熙十五六年戊申己酉（一一八八—一一八九）與象山（陸九淵，一一三九—一一九三）往來函辯數次，詞氣粗率。陸以無極之上加無極，正是床上加床，正是老氏之學。朱子以無極只是無方所，無形狀，而非別爲一物也⑲。此爲我國最著名之函辯。無極概念，經朱子而爲中國哲學之一重要範疇。

朱子對範疇次序，亦有貢獻。朱子並非有意安排，惟彼與呂祖謙（一一三七—一一八一）合輯近思錄，無意中商定若干範疇之序。近思錄分十四卷。各卷初無題目，只由朱子說明其大綱而已。其再傳弟子葉采（壯年一二四八）爲近思錄集解，加以題目。以後雖稍有改變，近思錄之卷目遂成範疇之次序。普遍十四卷之題目爲道體、爲學、致知、存養、克己、家道、出處、治體、治法、政事、教學、警戒、異端、聖賢。其中有非哲學範疇者。然朱子之次序，乃大體上依大學之格、知、誠、正、修、齊、治、平。由於朱子極重大學，而近思錄又爲理學之基本典籍，於是十四目之次序，遂成語類（一二七〇），性理大全（一四一五），朱子全書（一七一四），性理精義（一七一五）之典型，而中國哲學之範疇，牢不可破矣。

朱子嘗欲編婦女規範之書，如女誡小學之類。擬其目曰正靜，曰卑弱，曰孝愛，曰和睦，曰勤謹，曰儉質，曰寵惠，曰講學[20]，惜未成事（參看頁七八一「朱子之於婦女」條）。小學只分立教，明倫，敬身，稽古，嘉言，嘉行。女誡分卑弱，夫婦，敬順，婦行，專心，曲從，和叔妹七篇。兩者並非範疇，而朱子所擬，則皆範疇。講學一門，最有意義。豈朱子希望婦女參加理學運動耶？

⑬ 柳河東全集（四部備要本），卷十四，天對，觀物外篇上，頁九上。
⑭ 皇極經世書（四部備要本），卷七上，頁二十五下。
⑮ 周子全書（國學基本叢書本），卷一，太極圖說註，頁四。
⑯ 中庸，第三十三章引詩經第二三五篇，大雅，文王之什，文王。
⑰ 周子全書，卷一，太極圖說註，頁五。
⑱ 參看語類，卷九十四。
⑲ 參看拙著朱學論集（臺北，學生書局，一九八二），朱陸通訊詳述，頁二六〇至二六三。
⑳ 文集，卷三十五，與劉子澄第十五書，頁二十七下。

（三四）太極渾淪

羅光先生著中國哲學思想史，在其討論陳淳（一一五九—一二二三），謂「朱熹以太極爲理。陳淳謹守師說，然加以『渾淪』兩字去解釋太極的本體，則和朱熹的思想不相合」❶。此點未經前人討論，可謂新見。楠本正繼（一八八九—一九六三）著宋明時代儒學思想の研究，述評陳淳（一一五九—一二二三）甚詳，特提陳淳以「渾淪一箇の理」解釋太極。楠本謂其考慮精細，實非誇言❷。陳淳喜用「渾淪」一詞。卽在其北溪字義一書中，卷上「一貫」門採用五次，卷下「太極」門採用十二次，「中和」門採用三次，附錄師友淵源採用兩次，補遺「太極」條採用十次。可謂好用「渾淪」之最者，然不外渾而爲一之意，與朱子「無極而太極」之意，根本無別。朱子未嘗不用「渾淪」。其釋「無極而太極」❸，謂「方渾淪未判，陰陽之氣，混合幽暗」❹。教人爲學，亦用「渾淪」。如云，「學者初看文字，只見得箇渾淪物事。久久看作三兩片，以至於十數片，方是長進」❺。又曰，「但敬亦不可混淪說，須是每事上檢點，論其大要，只是不放過耳」❻。然朱子形容無極，總不喜用「渾淪」。大抵「渾淪」爲道家名詞，太過神秘。其言曰，「太極之義，正謂理之極致耳。……今以大中訓之，又以乾坤未判，大衍未分之時論之，恐未安也。……今論太極而曰『其物謂之神』，又以天地未分，元氣合而爲一者言之，亦恐未安也」❼。又云，「蓋詳來喻，正謂日用之間，別有一物光輝閃爍，動蕩流轉。是卽所謂『無極之眞』❽，所謂『谷神不死』❾二語，皆來書所引。所謂

『無位眞人』⑩，此釋氏語，正谷神之覔長也。……論孟之言，平易明白，固無此等玄妙之談」⑪。反之，朱子好用中庸「無聲無臭」之語⑫，以形容無極。「所以謂之無極，正以其無方所，無形狀。以爲在無物之前，而未嘗不立于有物之後。以爲在陰陽之外，而未嘗不行夫陰陽之中。以爲通貫全體無乎不在，則又初無聲無臭影響之可言也」⑬。又云，「所謂無極而太極，非謂太極之上，別有無極也。但言太極非有物耳。如云『上天之載，無聲無臭』」

① 中國哲學思想史，三，宋代（臺北，學生書局，一九七八），頁六七一。
② 宋明時代儒學思想の研究（東京，廣池學園出版部，一九六二），頁二九一至二九三。
③ 周敦頤，周子全書，卷一，太極圖說。
④ 語類，卷九十四，第十六條（頁三七五八）。
⑤ 同上，卷十，第十五條（頁二五七）。
⑥ 同上，卷八，第二十七條（頁二一四）。
⑦ 文集，卷三十七，答程可久第三書，頁三十一下至三十二上。
⑧ 周子全書，卷一，太極圖說。
⑨ 老子，第六章。
⑩ 臨濟慧照禪師語錄，（大正新脩大藏經，第四十七册），頁四九六。
⑪ 文集，卷四十五，答廖子晦第十八書，頁四十二下至四十三上。
⑫ 中庸，第三十三章，引詩經，第二三五篇，大雅文王之什，文王。
⑬ 文集，卷三十六，答陸子靜第五書，頁九下。

⑭。又云，「謂之無極者，所以著夫無聲無臭之妙也」⑮。凡此與陳淳之言太極，無有出入。陳淳之言曰，「『無極』是無窮極，只是說理之無形狀方體。正猶言『無聲無臭』之類。『太』之爲言，甚也。太極是極至之甚，無可得而形容，故以『太』名之。此只是說理雖無形狀方體，而萬化無不以之爲根柢樞紐。以其渾淪極至之甚，故謂之太極」⑯。陳淳以渾淪釋太極，實是生色，然非有異其師之說也。

⑭ 同上，卷四十九，答王子合第十三書，頁十上下。
⑮ 同上，卷四十五，答楊子直第一書，頁十一下。
⑯ 北溪字義，卷下，「太極」門，第二條。

（三五）太極果非重要乎？

理爲朱子哲學之中心思想。理必搭於氣而行。然非太極則理氣之關係無從釐清。故凡討論朱子哲學思想者，必討論太極。一九八二年國際朱子會議三十一篇論文之中，四分之三涉及太極。其中六篇詳細討論，爲其他主題之冠。此亦是傳統相沿。蓋朱子與東萊（呂祖謙，一一三七—一一八一）合輯之近思錄，作爲我國第一本哲學論集而又爲北宋理學之總滙，卽以周子（周敦頤，一〇一七—一〇七三）之太極圖說居首。朱子語類因之，開章明義卽爲「太極天地」。以後永樂十三年乙未（一四一五）欽命胡廣（一三七〇—一四一八）等編製之性理大全，卽因之以太極圖說爲第一卷。性理大全操縱我國思想四五百年，故其直接繼承之康熙五十四年（一七一五）御纂性理精義，卷一亦以太極圖說爲先。或曰，御製朱子全書篇目首以論學，太極之說，遠在其後。宋元學案亦首錄中和說仁說諸篇，然後乃及於理氣太極等語錄。豈非太極漸次喪失其重要地位之表徵耶？予應之曰：以上諸書，皆因編書目的之不同而異，而非因對朱子太極思想有所變遷也。故錢穆之朱子新學案❶以朱子論理氣冠軍，卽繼之以朱子論無極太極。卽謂捨理氣無朱子哲學之可言，而捨太極亦無朱子理氣哲學之可言也。

欲知太極概念之重要，必先考其內容，歷代中韓日學者關於太極之文章，汗牛充棟，予

❶ 朱子新學案，五册（臺北，三民書局，一九七一）。

實無以加。然亦欲附驥尾，故十餘年前曾爲法國漢學大師白樂日（Étienne Balazs）（一九〇五—一九六三）紀念論文集撰文詳論朱子如何完成理學。分三部。一爲「新儒家哲學之完成」，二爲「道統觀念之完成」，三爲「大學論語孟子與中庸合爲四書」。第一部分四節，即㈠確定新儒家之方向，㈡理與氣關係之釐清，㈢太極觀念之發展，㈣仁之觀念發展之極致是也❷。予所側重，不在太極圖之傳授，太極概念之分釋，與太極在朱子哲學系統之位置，而在其哲學之需求。即謂從哲學觀點視之，太極爲不可無也。十餘年來，鄙見於此並無改變。故今錄太極一節於下：

> 理氣之另一關係則涉及太極觀念。于朱子以前，太極觀念並不重要。二程兄弟（程顥，一〇三二—一〇八五；程頤，一〇三三—一一〇七）從不提及太極❸。張載（一〇二〇—一〇七七）邵雍（一〇一一—一〇七七）亦少論及，有之亦偶然。吾人已知周敦頤著有太極圖說，但周子初本以通書見稱。太極圖說遠與通書不類，因之有人懷疑周子未有圖說之作❹。朱熹于周子著作中特表揚圖說並予重要地位，使之成為新儒學哲學之基石。自朱子以來，太極圖說已為新儒家形而上學討論之起點。圖說已成新儒學之輯錄如近思錄、性理大全諸書之首章。圖說由之亦引起論辯達數百年之久。誠然，宋元學案為減少爭論，特將通書置于太極圖說之前❺。但其爭論在哲學性本身，並不比在太極圖真偽及其解說之多。在爭論期中，太極圖說仍為新儒家哲學之基石。朱子之塑造新儒家哲學，仍以此圖說為主要基礎。朱子之所為，非僅只綜合諸儒之不同概念。此非僅為一結構上之重組或綜合，有如吾人所嘗稱者。朱子學說實為一有機之重建。此是朱子新儒學獨造之論。若謂為朱子

一家之言，則益為確切。

朱子之取資于太極，須經一番大奮鬪。有如前所指陳，太極圖淵源于道家。朱子之學雖與道家不契，但朱子亦必收歛其矜持而取資于太極圖。此圖亦含「無」之觀念，而此一觀念絕非儒家所能接受。不僅此也，朱子還須闡明二程兄弟為何於太極圖全然緘默，此為吾人以後將提及者。朱子雖遭遇此類困難，仍須利用此一太極觀念，實以一種具有邏輯性綜合性有機性之新儒家哲學系統，不能無此觀念也。

形而上與形而下之分為兩橛，每易趨于兩元論或導致孰為主從。於二程學說中尚未見顯明。而於朱子，此種兩橛漸較顯著，因而兩難之困局，亦至迫切。朱子為免于此一困局，乃轉而求之於太極觀念。有如朱子所釋，極者至極也，因而太極為事事物物之極至。更明確言之，太極是理之極至。因之，朱子以太極卽理。

極亦意指中。此中非為每一事物之形體之中，乃為其品性之適中，為其質地之無過

---

❷ 英文原題爲 *Chu Hsi's Completion of Neo-Confucianism* 載 *Étude Song-Sung Studies in memoriam Balazs* 第二輯，第一期（一九七三年），頁五十九至九十。萬先法中文譯題爲朱熹集新儒學之大成，載中華文化復興月刊，第七卷，第十二期（民國六十三年，一九七四，十二月），頁一至十四。轉載華學月刊，第三十七期（民國六十四年，一九七五，正月），頁二十五至四十三。採入拙著朱學論集（臺北，學生書局，一九八二），頁一至三十五。

❸ 易傳兩序之一提及太極，然學者公認此序爲僞作。

❹ 象山全集（四部備要本），卷二，與朱元晦第一書，頁五下。

❺ 宋元學案，卷十一，濂溪學案。

與不及，為其體性之內在。所以太極實指謂每一事物之最高理則。太極卽理，更確定朱子導引新儒學步入理之路向。設朱子隨順張載或邵雍對太極之解說，朱子惟有歸結于氣或道家之自然主義。正因張載以太極，基本上為一氣之流行。在張載太虛太和為一體，其中便含陰陽二氣❻。邵雍雖謂太極是心，其卒也，太極是數❼。周敦頤未視太極同于理。如實言之，周子于太極與理氣間可能關係未作任何提示。唯有朱子始創明太極卽理。此一創明，乃朱子本人以新儒學為理學之發展所必需。太極同于理之思想，正用以闡釋形而上與形而下之關係，或一與多之關係以及創造之過程。依朱熹，太極乃一普遍之一理。總天地萬物之理便是太極。但此太極，非可視為靜止形態。有如朱子所說，理無窮盡。有一物卽有一理。太極亦非意謂有一定之盡頭。勿寧意謂為無限潛力之儲能。因之，新事物不僅可能，抑且為不可避免。太極是理，亦意謂非虛理而為實理。朱子嘗以太極或理之極致含陰陽，化生萬物。朱子於太極同于佛家之空，空為不着一物之說，逕予抨擊。

於此更有一點帶予朱子更多之困擾。周敦頤在其太極圖說開宗明義旣謂「無極而太極」，則道家氣息自為顯然，誠以無極一詞實來自老子❽。朱子與其主要學敵陸象山(陸九淵，一一三九—一一九三)，辯太極無極，書札往復，爭論再三。陸子堅持主無極是道家，不能容許於新儒學中有任何地位❾。朱子據以力爭，謂無極僅意謂太極是「無聲無臭」，上天之運行，正如中庸上所描述❿。朱子謂「太極無方所，無形體。無地位可頓放」⓫。苟屬如此，則周子不以儒家原有名詞以形容太極，而另以道家名詞，徒滋誤解，又何也？在朱子之意，周子恐人以太極為實物而思以示人以太極為無形體⓬。周子有此意，亦未見周子有何說明。真實之緣由，則在太極觀念，對于朱子塑造新儒學實不可少。因而雖有太極圖說開章第一句「無極而太極」之爭辯，朱子亦不能不對圖說善加利用。

至若一事一物與宇宙全體之關係，宇宙普遍之一理與萬物分殊衆理之關係，太極觀念提供一程式，對諸關係予以調和。程頤主張理一分殊。頤謂「天下之志萬殊，理則一也」⑬。張載在其名著西銘中，示人以民胞吾與之愛，但同時在分殊上，親其親，長其長，各有特殊道德之份。程頤及諸儒俱盛贊西銘理一而分殊，亦卽愛之理一，而施于人倫關係則分殊⑭。此類思慮，尚偏在倫理。朱子以其說推之於形而上學之領域，則從兩方面闡發一與多之關係。一、為理一用殊。合天地萬物皆有同一之理，理是一。但各物復各有其特殊之理，理是多。二、為太極既為理之極致而各物亦自有其理，此卽為物物

⑥張子全書（四部備要本），卷二，正蒙，太和篇第一，頁一上至二下。

⑦皇極經世書（四部備要本），卷八下，觀物外篇下，頁二十三上，二十五上。

⑧老子，第二十八章。

⑨象山全集，卷二，與朱元晦第一書，頁五下至六下；第二書，頁九上至十下。

⑩中庸，第三十三章，引詩經，第二三五篇，大雅，文王之什，文王。

⑪語類，卷九十四，第十九條（頁三七六二）。

⑫同上，第十條（頁三七五六）。

⑬易傳（四部備要二程全書本），卷一，頁八十四上。

⑭張子全書，卷一，西銘。參看伊川文集（二程全書本），卷五，與楊時論西銘書，頁十二下。

有一太極。因之，太極統萬物而為一，同時一物各具一太極。天地一大宇宙也，物物一小宇宙也。朱子云，「本只是一太極。而萬物各有稟受，又自各全具一太極爾。如月在天只一而已。及散在江湖間隨處可見，不可謂月已分也」[15]。月影之譬，使聯想佛家大海衆漚之喻，衆漚出于海而入于海，海為一，衆漚為多，一多互攝。朱子之受佛家影響，勿庸置疑。但朱子亦受張載與程頤理一分殊說之激發。亦或受周敦頤此類語式之暗式，如謂「是萬為一，一實萬分。一萬各正，大小有定」[16]。但有關一與多之關係，直至朱子始有邏輯性之闡述。

太極圖說中，周敦頤闡釋變化過程，為太極動而生陽，靜而生陰。陰陽互繼，因而宇宙開展。二氣交感，化生萬物[17]。

於張載為陰陽之氣相推[18]。於程頤，有謂「動靜無端，陰陽無始」[19]。在張載與程頤，固謂陰陽兩端，循環不已，而於新事物之創生問題，則置而不論。在周敦頤，有如前述，固直謂不斷創造之根在靜，而亦置動之本身而不問。朱子關於動靜之答復則謂氣之動靜，必有其所以動靜之理。有動之理便能動而生陽，有靜之理便能靜而生陰。朱子此說既未如張載之說太極是動或靜，亦未如周敦頤之說太極能動能靜。但因太極具有動靜之理，而陰陽之氣賦焉。如此朱子將其理學帶至邏輯之結論，並以其理學闡解存在本身及其變化之過程[20]。

朱子之闡發，更為生生不已之觀念所加强。此一觀念程頤曾發揮盡致。頤之論點源于易，大易有云，「天地之大德曰生」[21]。程頤便謂「天地以生物為心」[22]。又謂「天只是以生為道」[23]。又謂「人氣之生，生于真元。天之氣亦自然生生不窮」[24]。朱子於此進而謂有創造之理，故有生生不已之幾㉕。理之觀念于此又被確認為最終之詮釋。

從上面所論，可見太極之概念，在朱子哲學中，甚爲重要。而山井湧教授於國際朱子會議獻文中，乃謂「太極一詞與理、氣、心、性等詞，其場合大異其情。朱熹理論體系之中，太極之語並非組進，亦無固有之地位。故謂太極在朱熹理論體系之中實非決不可少」云云㉖。

⑮ 語類，卷九十四，第二〇三條（頁三八二四）。

⑯ 通書，理性命第二十二。

⑰ 周子全書（國學基本叢書本），卷一，太極圖說，頁六至十四。

⑱ 張子全書，卷二，正蒙，太和篇第一，頁五上。

⑲ 經說（二程全書本），卷一，易說，頁一下至二上。

⑳ 語類，卷九十四，第三十七條（頁三七六九）；文集，卷五十六，答鄭子上第十四書，頁三十三下。又太極圖說解，載周子全書，卷一。

㉑ 易經，繫辭上傳，第一章。

㉒ 外書（二程全書本），卷三，頁一上。

㉓ 遺書（二程全書本），卷二上，頁十三上。

㉔ 同上，卷十五，頁四下。

㉕ 有關生生不已之觀念，參看拙著 *The Neo-Confucian Solution of the Problem of Evil*（新儒學對惡的問題之解決），載中央研究院歷史語言研究所集刊，第二十八期，胡適先生六十五誕辰紀念專號（民國四十六年，一九五七），頁七七三至七九一。

此說與普通結論絕然不同。山井教授爲日本宋明理學權威，當今日本中國哲學會會長。彼非固爲驚人之論，而實有所見，亦其觀察與別不同之結果也。

山井氏統計「太極」之詞，文集約共用二百六十次，語類約共三百五十次。所用皆與周子太極圖說或易經繫辭上傳「易有太極」㉗有關，甚少用以發展其本人之理論或發表其本人之意見。據山井氏，只文集「要於常運中見太極，常發中見本性。離常運者而求太極，離常發而求本性，恐未免釋老之荒唐也」之語㉘，似與太極圖說與繫辭無關。語類亦只三言，即「若無太極，便不飜了天地」㉙，「西銘說是形化底道理。此萬物一源之性。太極者，自外面推入，去到此極盡，更沒去處，所以謂之太極」㉚，與「大而天地萬物，小而起居食息，皆太極陰陽之理也」㉛是也㉜。此四語與太極圖說與繫辭無關，從未經有人指出，足見山井教授觀察之精銳特殊處。查文集批評解太極爲中㉝，乃訓「極」字，似與太極圖說與繫辭無涉。除非山井教授以「中」之爭辨，乃從朱子與陸子靜（陸象山，一一三九—一一九三）一一八八至一一八九辯論太極圖說而來㉞。如此持論，似是間接，且與張栻（一一三三—一一八〇）論中，乃在與陸辯太極之前也。文集有太極說㉟。文中一半與易經有關。所引「動靜無端，陰陽無始」，乃伊川易說之言㊱。元亨利貞與「寂然不動，感而遂通」，來自易經乾卦卦辭與坤卦文言傳。然其他一半，則引中庸「天命之謂性」之言㊲，而所論則人之動靜與性命性情也。語類有云，「太極只是一箇理字」㊳。此爲朱子理的哲學之中心思想，非爲解釋太極圖說與繫辭而言也。此語與「太極只是天地萬物之理」㊴同義。若謂下文引「動而生陽，靜而生陰」，便與太極圖說有關，則下文亦引「動靜無端，陰陽無始」，不如謂之爲概言太極，而非太極圖說之爲愈也。語類又云，門人問，「季通（蔡元定，一一三五—一一九八）云，『理有流行，有對待。先有流行，後有對待』」。朱子曰，「難說先有後有。季通舉太極作以爲道理皆然，且執其說」㊵。此處亦不見與太極圖說與繫辭有何相干也。語類又討論邵雍（一〇一一—一〇七七）之「道爲太極」㊶與「心爲太極」㊷，亦無相干㊸。然山井教授之文集語類除極少

㉖ Wing-tsit Chan, ed., *Chu Hsi and Neo-Confucianism* (Honolulu: University of Hawaii Press, 1986), p#92.

㉗ 易經，繫辭上傳，第十一章。

㉘ 文集，卷三十二，答張敬夫第四十書，頁十三上。

㉙ 語類，卷一，第三條（頁二）。

㉚ 同上，卷九十八，第一〇一條（頁四〇一四）。

㉛ 同上，卷六，第四十五條（頁一六七）。

㉜ 同上註㉖，頁八十二至八十三。

㉝ 文集，卷三十一，答張敬夫孟子說疑義第二十九書，頁十七上；卷五十四，答俞壽翁書，頁十上。

㉞ 同上，卷三十六，答陸子靜第五書，頁八上至九上；第六書，頁十二上。

㉟ 同上，卷六十七，太極說，頁十六上下。

㊱ 同上註⑲。

㊲ 中庸，第一章首句。

㊳ 語類，卷一，第四條（頁二）。

㊴ 同上，第一條（頁一）。

㊵ 同上，卷六，第十三條（頁一六一）。

㊶ 皇極經世書，卷七上，觀物外篇上，頁二十三上。

數外，所言太極皆與太極圖說與繫辭有關，則不能不謂之爲一令人敬羨之發見。

山井敎授又謂太極一詞，並不見於四書章句集註。即四書或問中亦只一見，而此處所云「及周子出，始復推太極陰陽五行之說，以明人物之生，其性則同」㊹，亦非以太極釋孟子之性善論也。彼又云，「大學或問引周子『無極之眞，二五之精』，而不用『太極』㊺，可見太極概念，並非朱子哲學系統之線索云㊻。

四書章句集註與四書或問不用「太極」之發見，亦與文集語類之發見，令人肅然起敬。大學或問不用「太極」而用「無極」，豈非太極亦在意中？恐只爲行文之便耳。且四書註解不用「太極」之詞爲一事，太極之思想在朱子哲學有無重要，另爲一事。朱子特重四書。其基本學說如「明德者，人之所得乎天，而虛靈不昧，以具衆理而應萬事者也」，出大學章句註經文。「仁者，愛之理，心之德」，「禮者，天理之節文，人事之儀則」，皆出論語集註㊼。朱子嘗云，「某語孟集註添一字不得，減一字不得」㊽。又云，「某於論孟四十餘年理會。中間逐字稱等，不敎偏些子」㊾。易簀之前三日，仍改大學誠意章㊿。故謂四書章句集註乃朱子哲學之主腦，並不爲過。山井敎授謂太極觀念並未綱維其哲學，大概指此而言。然太極乃本體論與宇宙論之觀念，而四書則勿論上學下學，皆針對人生而言。太極思想於是潛在陰陽動靜性命之下。山井太極無甚重要之論，恐是賢者過之。然其指出太極並不如一般學者所視之重要，則大足以強調朱子之哲學，非以本體論宇宙論爲歸宿，而重點在乎人生，即在乎四書之敎，其功誠非小也。

㊷同上，卷八上，觀物外篇下，頁二十五上。
㊸語類，卷一〇〇，第三十一條（四〇五〇）。
㊹孟子或問（寶誥堂朱子遺書本），卷十一，頁四上，論孟子，告子篇第六上，第六章。
㊺大學或問（近世漢籍叢刊本），頁三上，總頁五。
㊻同上註㉖，頁八十三至八十四。
㊼論語集註，註學而篇第一，第二與十二章。
㊽語類，卷十九，第五十九條（頁七〇三）。
㊾同上，第六十一條（頁七〇四）。
㊿蔡氏九儒書（同治七年戊辰，一八六八，刊本），卷六，蔡沈，朱文公夢奠記，頁五十九上。又見王懋竑，朱子年譜（叢書集成本），卷四下，頁二二七。

（三六） 朱子言天

朱子思想系統中之天，其義有三。門人問經傳中「天」字。朱子答曰，「要人自看得分曉也。有說蒼蒼者也，有說主宰者也，有單訓理時」❶。又問天卽理之說。曰，「天固是理，然蒼蒼者亦是天。在上而有主宰者亦是天」❷。此思想上承伊川（程頤，一〇三三—一一〇七）。程子曰，「夫天專言之則道也。……分而言之，則以形體謂之天，以主宰謂之帝，以功用謂之鬼神，以妙用謂之神，以性情謂之乾」❸。

(1) 蒼蒼者天

蒼蒼者天，朱子大部份沿襲傳統，然增新義。語類云，「天地初間只是陰陽之氣。這一個氣運行，磨來磨去。磨得急了，便拶許多查滓。裏面無處出，便結成箇地在中央。氣之清者便爲天，爲日月，爲星辰。只在外常周環運轉。地便只在中央，不動。不是在下」❹。陰陽二氣，卽是水火❺。「天運不息，晝夜輾轉」❻。邵雍（一〇一一—一〇七七）云，「樵者問漁者曰，『天何依』？曰，『依乎地』。『地何附』？曰，『附乎天』。『然則天地何依何附』？曰，『自相依附。天依形，地附氣』」❼，朱子比較明晰，謂「天以氣而依地之形，地以形而附天之氣」❽。門人問天地會壞否？對曰，「不會壞。只是相將人無道極了，便一齊打合。混沌一番，人物都盡，又重新起」❾。此新天地乃是新義。固是古來循環道理，然佛家世刼之說，不無影響。觀其解釋生第一個人時借用佛家化生之說，無所托，突然而生，可以知之❿。最有意義者，乃朱子化石之發見。朱子見高山石上有螺蚌殼，乃知山石爲昔日之泥沙。於是作一科學之發見。惜其卽物窮理，未走上實驗之路耳（參看頁七九三「朱子發見化石」條）。

(2) 天卽理

以理訓天，自是朱子理的哲學之本色。從上述伊川之語觀之，此思想亦原自程子。然精密加詳，益以新義，則朱子之貢獻也。朱子云，「天之所以爲天者，理而已，天非有此道

❶ 語類，卷一，第二十二條（頁八）。
❷ 同上，卷七十九，第六十七條（頁三二四〇）。
❸ 易傳（四部備要二程全書本），卷一，頁一上。
❹ 語類，卷一，第二十三條（頁八）。
❺ 同上，第三十三條（頁十）。
❻ 同上，第二十五條（頁九）。
❼ 邵子全書（萬曆三十四年丙午，一六〇六，本），卷七，外書，漁樵對問，頁四上。
❽ 語類，卷一，第二十六條（頁九）。
❾ 同上，第三十九條（頁十一）。
❿ 同上。

理，不能為天。故蒼蒼者卽此道理之天」⑪。故註論語獲罪於天章云，「天卽理也」⑫。註孟子順天者存章亦云，「天者，理勢之當然也」⑬。又云，「天者，理而已矣。大(國)之事小(國)，小之事大，皆理之當然也。自然合理，故曰樂天。不敢違理，故曰畏天」⑭，傳統上獲罪於天，順天，逆天，樂天，畏天，皆作人格神解，今乃以理說之，可謂大膽萬分之新義。「夫子之言性與天道，不可得而聞」。朱子釋之曰，「性者，人所受之天理。天道者，天理自然之本體。其實一理也」⑮。程子雖云天專言之則道⑯，然解不可得聞之天道，未見有如朱子之澈底也⑰。

朱子云，「天義理所從以出者也」⑱。似謂天在理先。又云，「宇宙之間，一理而已。天得之而為天，地得之而為地，而凡生於天地之間者，又各得之以為性」⑲。似謂天在理後。學者或以為此中有些矛盾。其實理無先後之可言。朱子下文謂「此理之流行，無所適而不在」，乃指天地萬物各循其理，方能盡性成物耳。非謂天地萬物生於理也。門人問是否天則就其自然者言之。命則就其流行而賦於物者言之，性則就其全體而萬物所得以為生者言之，理則就其事物各有其則者言之。朱子曰，「然」⑳。並謂「理者天之體，命者理之用，性是人之所受」㉑。然天與命非二物，「蓋以理言之謂之天，自人言之謂之命，其實則一而已」㉒。解樂天知命曰，「天以理言，命以付與言，非二事也」㉓。畢究天與理非父子之關係而乃體用之關係。理為天之體。天卽命，而命者理之用也。

(3) 主宰與帝

天不外是蒼蒼之形體，然天義是理，則必有主宰之㉔。朱子云，「蒼蒼之謂天。運轉周流不已，便是那箇。而今說天有箇人在那裏批判罪惡固不可。說道全無主之者又不可。這裏要人見得」㉕。問孰爲主宰。朱子答曰，「自有主宰。蓋天是箇至剛至陽之物，自然如此運轉不息。所以如此，必有爲之主宰者。這樣處要人自見得，非言語所能盡也」。因舉莊子

⑪ 同上，卷二十五，第八十三條（頁一〇〇一）。
⑫ 論語集註，八佾篇第三，第十三章。
⑬ 孟子集註，離婁篇第四上，第七章。
⑭ 同上，梁惠王篇第一下，第三章。
⑮ 論語集註，公冶長篇第五，第十二章。
⑯ 同上註❸，
⑰ 經說（二程全書本），卷六，論語說，頁五上。伊川只云此是夫子之至論。
⑱ 孟子集註，盡心篇第七上，第一章。
⑲ 文集，卷七十，讀大紀，頁五上。
⑳ 語類，卷五，第一條（頁一三三）。
㉑ 同上，第二條（頁一三三）。
㉒ 孟子集註，萬章篇第五上，第六章。
㉓ 文集，卷四十，答何叔京第十八書，頁三十上。
㉔ 語類，卷六十八，第十條（頁二六七九）。
㉕ 同上，卷一，第二十二條（頁八）。
㉖ 莊子，（四部叢刊本名南華眞經），卷五，天運篇第十四，頁三十五下。

「孰綱維是？孰主張是」㉖？十數句，曰，「他也見得這道理」㉗。莊子續云，「孰居无事推而行是？意者其有機緘而不得已耶？意者其運轉而不能自止耶」？道家之答案爲自然論，機械論，或懷疑論。儒家之上帝傳統太強，故朱子云必有主宰。程子曰，「詩書中凡有箇主宰底意思者皆帝，有一箇包涵徧覆底意思則言天」㉘，此之謂也。

詩書之帝，無疑是人格神。道教且稱之爲玉皇大帝、三清大帝等等，有聲有色。朱子以理代之，謂「如父子有親，君臣有義㉙，雖有理如此，亦須是上面有箇道理教如此始得。但非如道家說眞有箇三清大帝著衣服如此坐耳」㉚。簡單而言「帝是理爲主」㉛。根據此理之原則，乃解文王「在帝左右」㉜爲「察天理而左右也。古注亦如此」㉝，其實孔穎達（五七四—六四八）疏尚未離開天帝，謂文王「常觀察天帝之意，隨其左右之宜，順其所爲，從而行之」㉞。朱子則直解爲理。然主宰之義，究是神秘。屬於信仰範圍，而非可以理性解決之。故朱子屢屢要人自見得。彼云，「理是如此。若道眞有箇文王上上下下則不可，若道詩人只胡亂恁地說也不可」㉟。書經記高宗武丁夢天帝賜予良弼㊱。門人謂據此則眞有箇天帝與高宗對答。朱子應之曰，「今人但以主宰說帝，謂無形象，恐也不得。若如世間所謂玉皇大帝，恐亦不可。畢竟此理如何，學者皆莫能答」㊲。即謂天帝之有無，非吾人所能知。吾人所知者，只是苟有天帝，亦必循理而已。

(4) 天地生物之心

主宰之原動，來自何處？天地之心是也。問：「天地之心，天地之理。理是道理，心是主宰底意否」？曰，「心固是主宰底意，然所謂主宰者，即是理也。不是心外別有箇理，理外別有箇心」。又問：「此『心』字與『帝』字相似否」？曰，「『人』字似『天』字，『心』字似『帝』字」㊳。又云，「天地之心，而理在其間也」㊴。此心「不可謂不靈，但不如人恁地思慮」㊵。天地之心，果何爲哉？生物是也。生之觀念，來源甚古。易經繫辭傳

㉗語類，卷六十八，第十一條（頁二六七九）。
㉘遺書（二程全書本），卷二上，頁十三下。
㉙孟子，滕文公篇第三上，第四章。
㉚語類，卷二十五，第八十三條（頁一〇〇一）。
㉛同上，卷一，第二十一條（頁八）。
㉜詩經，第二三五篇，大雅，文王之什，文王。
㉝語類，卷八十一，第一三五條（頁三三七二）。
㉞毛詩正義（世界書局十三經註疏本）卷十六，頁二三六，總頁五〇四。
㉟語類，卷八十一，第一三四條（頁三三七一至三三七二）。
㊱書經，商書，說命上，第二節。
㊲語類，卷七十九，第四十六條（頁三二三三）。
㊳同上，卷一，第十七條（頁五至六）。
㊴文集，卷五十八，答黃道夫第二書，頁五上。
㊵語類，卷一，第十六條（頁五）。

云，「生生之謂易」㊶，又云，「天地之大德曰生」㊷。「天地以生物爲心」，則是程子伊川之言㊸，而朱子以之爲其言天之中心思想也。朱子討論天地生物之心，比討論天，主宰，與帝，多至數倍。

朱子著仁說，開始卽謂「天地以生物爲心者也，而人物之生，又各得乎天地之心以爲心者也」㊹。南軒（張栻，一一三三—一一八〇）以「天地以生物爲心」之語爲未安，不知理由爲何。朱子則以爲無病，蓋天只以生爲道也㊺。其後南軒云，「天地以生物爲心之語，平看雖不妨，然恐不若只云天地生物之心，人得爲人之心似完全」㊻。今仁說未改，可知張語無效，然其討論之熱烈，可以見矣。與其他學者，討論甚多㊼。謂此觀念在朱子思想系統中，與太極、仁等同其重要，非過言也。

以朱子觀之，「天地別無勾當，只是以生物爲心。一元之氣，運轉流通，略無停間。只是生出許多萬物而已」㊽。此心未嘗停頓，亘古亘今，生生不窮。春生冬藏，其理未嘗間斷㊾。何以如此，則朱子未有正式之答案。惟在其問答之間，亦可以找出數種理由。其一爲凡物必須有生。朱子云，「天地之心，只是箇生。凡物皆是生，方有此物。如草木之萌芽，枝葉條榦，皆是生方有之。人物所以生生不窮者，以其生也」㊿。其二爲陽陰相推。朱子云，「夫舒而爲陽，慘而爲陰，孰非天地之心哉」(51)？其三爲春氣。朱子曰，「春氣溫厚，乃見天地生物之心。到夏是生氣之長，秋是生氣之斂，冬是生氣之藏。若春無生物之意，後面三時都無了」(52)。其四爲蒸氣所迫。朱子云，「天地以生物爲心。譬如甑蒸飯。氣從下面袞到上面，又袞下。只管在裏面袞，便蒸得熟。天地只是包含氣在這裏，無出處。袞一番便生一番物。別無勾當，只是生物」(53)。四者意思相同，亦有重複，而後者最爲有趣。蓋指天地生之力量，至剛至健，不能或止也。

(5) 復其見天地之心

最易見天地生物之心者，乃在一陽之初復。易經復卦彖辭曰，「七日來復，天行也。……，復其見天地之心乎」。關於此點，朱子議論甚詳。書札往來與師生答問，往往辯論此

㊶ 易經，繫辭上傳，第五章。
㊷ 同上，繫辭下傳，第一章。
㊸ 外書（二程全書本），卷三，頁一上。或以爲明道（程顥，一〇三二－一〇八五）語。
㊹ 文集，卷六十七，仁說，頁二十上。
㊺ 同上，卷三十二，答張欽夫論仁說第一書，頁十六下至十七上。
㊻ 南軒先生文集（近世漢籍叢刋本），卷二十一，答朱元晦第二十一書，頁五下，總頁六七四。
㊼ 如文集，卷四十二，答吳晦叔第十書，頁十八上。
㊽ 語類，卷一，第十八條（頁六）。參看卷六十九，第八十六條（頁二七五四）。
㊾ 同上，卷六十三，第十二條（頁二〇三一）；卷二十七，第一〇七條（頁一一二五）。
㊿ 同上，卷一〇五，第四十四條（頁四一八六）。
51 文集，卷二十五，與建寧傅守劄子，頁十一下。
52 語類，卷二十，第一一七條（頁七五四）。
53 同上，卷五十三，第十四條（頁二〇三三）。

題。復非天地之心，因復而可以見天地之心也。朱子云，「復非天地心，復則見天地心。……蓋天地以生物爲心，而此卦之下一陽爻，卽天地所以生物之心也。至於復之得名，則以此陽之復生而已。……但於其復而見此一陽之萌於下，則是因其復而見天地之心耳」[54]。「聖人說復其見天地之心。到這裏微茫發動了，最可以見生氣之不息也」[55]。又云，「陽極於外而復生於內，聖人以爲於此可以見天地之心焉。蓋其復者氣也。其所以復者，則有自來矣。向非天地之心，生生不息，則陽之極也，一絕而不復續矣」[56]。程子伊川注「復其見天地之心」云，「一陽復於下，乃天地生物之心也。先儒皆以靜爲見天地之心，蓋不知動之端，乃天地之心也」[57]。先儒指王弼（二二六—二四九）等之注易。王弼云，「寂然至无，是其本矣。故動息地中，乃天地之心見也」[58]。朱子釋伊川之言曰，「伊川……一段，蓋謂天地以生生爲德。自元亨利貞[59]，乃生物之心也。但其靜而復，乃未發之體。動而通焉，則已發之用。一陽來復，其始生甚微，固若靜矣。然其實動之機。其勢日長，而萬物莫不資始焉。此天命流行之初，造化發育之始，天地生生不已之心，於是而可見也。若其靜而未發，則此心之體，雖無所不在，然卻有未發見處。此程子所以動之端爲天地之心，亦舉用以該其體爾」[60]。朱子之言，不無批評程子之微意。蓋以動見天地之心，亦猶以靜見天地之心之趨於一邊耳。且動之端雖微，已是造化之始。朱子之意「復未見造化，而造化之心於此可見」耳[61]。南軒曾致書朱子，以動中涵靜，所謂復見天地之心。不免猶有靜爲見天地之心之意。朱子則堅持動之不能無靜，靜之不能無動，一陰一陽，互爲其根也[62]。「須通動靜陰陽善惡觀之」[63]。此其所以不取老子之只觀其復也[64]。

朱子不特不贊同單純以靜或動見天地之心，亦不贊同只以復見天地之心。其言曰，「聖人贊易，而曰『復見天地之心』。今人多言惟是復卦可以見天地之心，非也。六十四卦，無非天地之心。但於復卦忽見一陽之復，故卽此而贊之耳。論此者當知有動靜之心，有善惡之心，各隨事而看」(65)。又云，「須知元亨利貞，便是天地之心」(66)。換言之，天下生物之心，包括造化全部，非只一陽之復也。於是發問，「然卻爲甚於復然後見天地之心耶」(67)。實際

(54) 文集，卷四十二，答吳晦叔第十書，頁十八上。復卦坤上震下䷗，初九爲陽爻，由下上升，卽反復之意。參看卷四十，答何叔京第八書，頁二十一下。

(55) 語類，卷七十一，第四十二條（頁二八四九）。

(56) 文集，卷三十二，答張欽夫第三十三書，頁四下。

(57) 易傳，卷二，頁三十三上。

(58) 周易注，見王弼集校釋（北京，中華書局，一九八〇），頁三三六。

(59) 易經，乾卦之四德。

(60) 語類，卷七十一，第五十條（頁二八五二）。

(61) 同上，第五十三條（頁二八五四）。

(62) 文集，卷三十二，答張欽夫第四十七書，頁二十六上。張書已佚。

(63) 同上，卷四十九，答王子合第二書，頁二上。

(64) 語類，卷七十一，第五十三條（頁二八五八）。觀復出老子，第十六章。

(65) 同上，第六十條（頁二八五八）。

(66) 文集，卷四十，答何叔京第十六書，頁二十九上。參看卷六十七，元亨利貞說，頁一上。

(67) 同上，卷四十七，答呂子約第二十書，頁二十二下。

上復見天地之心與六十四卦見天地之心，並無衝突。且復卦陰極而陽，正足以表示一陰一陽之互爲其根。只以惟復乃見天地之心爲不安耳。

(6) 天心

論者皆用「天地之心」。朱子用「天之心」以代「天地之心」者少而又少，文集語類所知只各一見[68]。朱子本人用「天心」以作「天地之心」者，文集只見兩次。壬午應詔封事云，「此乃天心仁愛陛下之厚，不待政過行失而先致其警戒之意」。丞相李公奏議後序云，「若宣和靖康之變，吾有以知其非天心之所欲」[69]。此外尚有三次，乃引張子（張載，一〇二〇—一〇七七）正蒙「合天心」之言或述其意而言耳[70]。其他多處，則「天心」乃指君心，與天地之心無關也[71]。

(7) 有心無心

天地生物之心，是有心耶？是無心耶？既是生物之心，當然有心。苟無心則須牛生出馬，桃樹上發李花[72]，然此心無思慮，無營爲，故謂之爲「無心之心」[73]。問：「程子謂『天地無心而成化，聖人有心而無爲』」[74]。朱子答曰，「這是說天地無心處」[75]。朱子有云，「萬物生長，是天地無心時。枯槁欲生，是天地有心時」[76]。此語極耐人尋味。蓋萬物之生長，乃依理而行。天理大公無私，不須有主宰爲之思慮營爲。故謂之無心。枯槁欲生，乃是生意。卽如陰極復陽，可以見天地之心也。

(8) 人物得之以爲心

張子云，「天無心。心都在人之心。一人私見，固不足盡。至於衆人之心同一，則卻是義理。總之則卻是天。故曰天曰帝，皆民之情然也」(77)。此旨上沿書經與孟子之「天視自我民視，天聽自我民聽」(78)。朱子則與之以哲學的解釋。仁說首句即謂天地以生物爲心，而人物得之以爲心。上語得諸伊川，下語則朱子所自加(79)。語類詳論之曰，「天地以此心普及萬

(68) 文集，卷五十七，頁三十六下，陳安卿來書云，「所以爲生物之主者，天之心」。語類，卷九十五，第九十六條（頁三八七四），朱子云，「乃是得天之心以生。生物便是天之心」。
(69) 文集，卷十一，頁八下；卷七十六，頁七下。
(70) 張子全書（四部備要本），卷二，正蒙，大心篇第七，頁二十一上；語類，卷九十八，第六十一，六十八條（頁四〇〇一）；卷九十五，第一二七條（頁三八八七）。
(71) 如文集，卷十三，辛丑延和奏劄一，頁六下。
(72) 語類，卷一，第十八條（頁六）。
(73) 同上，卷四，第二十四條（頁九十六）。
(74) 經說，卷一，易說，頁二上。
(75) 同上註(72)。
(76) 語類，卷一，第十九條（頁七）。
(77) 張子全書，卷四，周禮，頁七下。
(78) 書經，周書，泰誓中，第七節；孟子，萬章篇第五上，第五章。

物。人得之遂爲人之心，物得之遂爲物之心。草木禽獸接着，遂爲草木禽獸之心。只是一箇天地之心爾」[80]。一箇天地之心，是指大宇宙而言。一人一物，是一小宇宙。「天地之生萬物，一箇物裏面，便有一箇天地之心」[81]。此與其萬物各一太極，同一典型。伊川曰，「心，生道也。有是心，斯具是形以生。惻隱之心，人之生道也」[82]。朱子申釋之曰，「『心，生道也』，心乃生之道。『惻隱之心，人之生道也』，乃是得天地之心以生。生物便是天地之心」[83]。「蓋無天地生物之心，則沒這身。才有這血氣之身，便具天地生物之心矣」[84]。人不特稟得天地之心，而亦如天視自我民視，人心卽是天地之心之表現。朱子論「人能弘道」[85]云，「人者天地之心。沒這人時，天地便沒人管」[86]。此非謂人勝於天，而是天人合一。故朱子云，「熹所謂仁者天地生物之心，而人物之所得以爲心。此雖出於一時之臆見，然竊自謂正發明得天人無間斷處」[87]。

在天地爲生物之心，在人則爲行仁之心。人受天地之氣而生，「故此心仁。仁則生矣」[88]。仁爲衆善之長。仁自然生出義禮智等等美德[89]。故仁有生意。心亦如天地生物，生生不窮[90]。故程子謂「心譬如穀種。生之性，便是仁也」[91]。張子曰，「爲天地立心」[92]。張伯行（一六五二—一七二五）註云，「天地以生生爲心，變化萬物，而性命因之各正。儒者亦以此爲心，而參贊位育，必實全其盡性之能事」[93]。盡性則仁，仁則聖，聖則天人合一矣。

79 同上註㊹。參看註㊸。
80 語類，卷一，第十八條（頁七）。
81 同上，卷二十七，第六十三條（頁一一〇七）。
82 遺書，卷二十一下，頁二上。
83 語類，卷九十五，第九十六條（頁三八七四）。參看卷五十三，第九十條（頁二〇六二）。
84 同上，卷五十三，第十條（頁二〇三一）
85 論語，衛靈公篇第十五，第二十八章。
86 語類，卷四十五，第六十六條（頁一八五〇）。
87 文集，卷四十，答何叔京第十七書，頁二十九下。
88 語類，卷五，第三十條（頁一三八）。
89 文集，卷三十二，答張欽夫論仁說，頁十七下。
90 語類，卷五，第三十一條（頁一三八）。
91 遺書，卷十八，頁二上。
92 張子語錄（四部叢刊本），卷中，頁六下。
93 近思錄集解（正誼堂全書本），卷二，爲學，頁五十下。

（三七）「理生氣也」

一九八二年國際朱熹會議在夏威夷舉行。日本學者山井湧教授獻文論太極與天。註三十七謂周子全書卷一，太極圖說，「太極動而生陽」節下集說引朱子曰，「太極生陰陽，理生氣也。陰陽既生，則太極在其中，理復在氣之內也」。此語又見性理精義，卷一，太極圖說，「太極動而生陽」節下。惟本人從未尋得其出處。學者如有消息，請祈示知云云。山井教授曾引朱子「氣雖是理之所生，然既生出，則理管他不得」❶。然此非山井教授之所問。愚歸而遍尋語錄、文集、四書章句集註，苦無所得。翌年赴江西、湖南、福建等地訪尋朱子遺跡。八月在北京中國社會科學院哲學研究所座談會上，承贈新刊中國哲學史研究一九八三年第二期。歸而閱之，則有陳來之關于程朱理氣學說兩條資料的考證。其第一條，卽討論上引朱子所言之出處。據著者說，此語不見于語類、文集、集註等各類著作，惟見于明人呂柟(一四七九—一五四二)所編宋四子抄釋。呂柟註云，「說氣有理是，說理生氣恐未穩」❷。其中朱子抄釋序云，「予(呂柟)乃取朱子門人楊與立(紹熙四年癸丑，一一九三，進士)❸所編語略者遺其重復，取其切近，抄出一帙，條釋其下，以便初學覽閱」。著者據此，按定此語來自楊與立之朱子語略。著者並云，「朱子語略一書，宋史藝文志、明史經籍志皆有著錄，而四庫〔全書〕未收。增訂四庫簡目標註云，『此書有道光十四年(甲午，一八三四)刻本』。由此可知朱子語略在宋、明、清都有刊本。但此書不見于今國內各館藏書目，恐怕已經散失了」❹。捷案：臺灣各圖書館亦未收藏。國外更無論矣。

至於何以不見于語類，則陳來先生所見與鄙見不盡相同。在陳君之意，朱子語略嘉定庚辰辛巳間（一二二〇—一二二一）行于東南，朱子語類之編者黎靖德（壯年一二六三）必得見之。而其所以未採用者，則因黎氏求集大全，而語略則取其精萃，以爲警己誨人之用。因而「對這些朱子語錄編本未能重視」，「未曾給以必要注意和認眞檢勘」❺。愚意則以黎氏頗爲審愼，「遺者收之，誤者正之。考其同異而削其複者一千一百五十餘條。越數歲編成可繕寫」❻。黎氏之所以不收此語者，可能因其重復。語類已有「有是理後生是氣」❼。又有以上所引「氣雖是理之所生」之語，卽無需「理生氣也」之必要。尤重要者，理先氣後問題，歷來爭辯紛紛。朱子謂「本無先後之可言。然必欲推其所從來，則須說先有是理。然理又非別爲一物，卽存乎是氣之中」❽。或問先有理後有氣之說。朱子曰，「不消如此說。而今知得他

❶ 語類，卷四，第六十五條（頁一一四）。

❷ 宋四子抄釋，（臺北，世界書局，一九六二），朱子抄釋，卷二，頁三六一。

❸ 參看宋元學案，（四部備要本）卷六十九，滄州諸儒學案，頁三十三下；拙著，朱子門人（臺北，學生書局，一九八二），頁二七三至二七四。

❹ 陳來，關于程朱理氣學說兩條資料的考證，（中國哲學史研究，一九八三，第二期），頁八十五。

❺ 同上，頁八十六。

❻ 朱子語類，黎靖德景定四年癸亥（一二六三）跋。

❼ 語類，卷一，第五條（頁二）。

❽ 同上，第十一條（頁四）。

合下先有是理後有氣邪？後有理先有氣邪？皆不可得而推究。然以意度之，則疑此氣是依傍這理行。及此氣之聚，則理亦在焉。蓋氣則能凝合造作，理則無情意，無計度造作」❾。上文所謂理管氣不得，卽是不計度無情意之意。語略之「理生氣也」過於斷言，且無理氣流行之自然主義。蓋「理生氣也」乃必欲推測之言，而朱子所側重者乃理不管氣，無情意，無計度造作也。然此僅是臆度之詞。吾人固不能起黎靖德于九泉以下以質之也。朱子註「天命之謂性」曰，「性，卽理也。天以陰陽五行，化生萬物。氣以成形，而理亦賦焉」❿。到底理氣均爲天之所生，非理生氣也。

❾ 同上，第十三條（頁四至五）。

❿ 中庸章句，註首句。

（三八）朱子言命

陳淳（一一五九—一二二三）北溪字義正德三年戊辰（一五〇八）年本皇明宗室壽藩書堂序云，「如中庸言命，文公只訓箇命猶令也。先生（陳淳）便說如尊令臺命之類，又說命之一字有二義。有以理言者，有以氣言者。其實理不外乎氣」。前半明謂陳淳言朱子所未言。後半亦引讀者誤以爲陳淳之新義。凡此皆不盡不實，爲陳淳所不敢居也。

陳淳北溪字義共二十六門，以「命」之一門冠首，凡九條。其說可括之爲四。⑴「命，猶令也。如尊命臺命之類❶。⑵「命一字有二義。有以理言者，有以氣言者。其實理不外乎氣。……如『天命之謂性』❷。『五十而知天命』❸，『窮理盡性至於命』❹。此等命字，皆是專指理而言。……如就氣說，卻亦有兩般。一般說貧富、貴賤、夭壽、禍福，如所謂『死生有命』❺與『莫非命也』❻之命，是乃就受氣之短長厚薄不齊上論，是命分之命。又一般

❶ 北溪字義（惜陰軒叢書本），卷上，「命」門，第一條，頁一上。
❷ 中庸，第一章。
❸ 論語，爲政篇第二，第四章。
❹ 易經，說卦，第一章。
❺ 論語，顏淵篇第十二，第五章。
❻ 孟子，盡心篇第七上，第二章。

如孟子所謂『仁之於父子，義之於君臣，命也』[7]之命，是又就稟氣之清濁不齊上論，是說人之智愚賢否」[8]。(3)「天命卽天道之流行而賦予於物者。就元亨利貞[9]之理而言，則謂之天道」[10]「此四者就氣上論也得，就理上論也得」[11]。「夫豈『諄諄然命之乎』[12]？亦只是其理如此而已」[13]。(4)「『莫之爲而爲者，天也。莫之致而至者，命也』[14]。……命是天命，因人形之而後見。故吉凶禍福自天來，到於人然後爲命」[15]。

以上四點，皆從朱子而來，亦朱子論命中重要之點。論者謂陳淳謹守師訓，闡其大旨，誠非過言。朱子語類無命字門，只於卷四「氣質之性」內附載之。朱子文集討論命字極少。並無專篇，則更無論矣。然語類于論語、孟子、易經、二程（程顥，一○三二—一○八五，程頤，一○三三—一一○七）言命處，則問答甚多。大概可分五點：

(1) 如何是命？朱子解命爲「便如君命，便如命令，性便如職事條貫」[16]。「這命字猶人君命人以官職，是交你做這事」[17]。「所謂命者，如天子命我作甚官」[18]。此說是朱子新義。所謂新者，不在釋命爲令，而在有職事須做。此點與伊川（程頤）爵命之說不同。程子云，「命，謂爵命也」[19]。朱子評之曰，「其一說以命爲爵命，則恐或未安耳」[20]。爵命乃朝廷所封之爵位，不必有職事須做。朱子則重在做事也。

(2) 命有理氣二種。「命謂天之付與。所謂天令之謂命也。然命有兩般。有以氣言者，厚薄清濁之稟不同也。如所謂『道之將廢，命也』[21]，『得之不得曰有命』[22]，是也。有以理言者。天道流行，付而在人，則爲仁義禮智[23]之性，所謂『五十而知天命』[24]，『天命之謂性』[25]，是也。二者皆天所付與，故皆曰命」[26]。又曰，「天之命人，有命之以厚薄修短，有命之以清濁偏正。無非是命」[27]。此卽語類所謂「先生說命有兩種。一種是貧富、貴賤、

⑦ 同上，第七下，第二十四章。
⑧ 北溪字義，卷上，「命」門，第二條，頁一上至二上。
⑨ 易經，乾卦之四德。
⑩ 北溪字義，卷上，「命」門，第二條，頁一下。
⑪ 同上，第五條，頁四上下。
⑫ 孟子，萬章篇第五上，第五章。
⑬ 北溪字義，卷上，「命」門，第六條，頁四下。
⑭ 孟子，萬章篇第五上，第六章。
⑮ 北溪字義，卷上，「命」門，第七條，頁五下至六上。
⑯ 語類，卷五十八，第十四條（頁二一五八）。又卷四，第三十八條（頁一〇一）；卷五，第四十五條（頁一四三）。
⑰ 同上，卷四十四，第一〇八條（頁一八一四）。
⑱ 同上，卷四十二，第四十六條（頁一七二七）。
⑲ 遺書（四部備要二程全書本），卷九，頁三下。
⑳ 論語或問（近世漢籍叢刊本），卷十一，先進，頁六下，總頁四一二。
㉑ 論語，憲問篇第十四，第三十八章。
㉒ 孟子，萬章篇第五上，第八章。
㉓ 同上，公孫丑篇第二上，第六章。
㉔ 論語，爲政篇第二，第四章。
㉕ 中庸，第一章。
㉖ 語類，卷四，第二十九條（頁二三二一—二三二二）。
㉗ 同上，卷五十八，第十四條（頁二一五八）。

死生、壽夭。一種是清濁、偏正、智愚、賢不肖。一種屬氣，一種屬理」㉘。朱子又云，「命只是一箇。命有以理言者，有以氣言者。天之所以賦與人者，是理也。人之所以壽夭窮通者，是氣也。理精微而難言。氣數又不可盡委之而至于廢人事」㉙。又云，「命一也。但聖賢之言，有以理而言者，有以其氣而言者。以理言者，此章之云（五十而知天命）是也。以氣言者，窮達有命云者是也」㉚。此亦是朱子新義。伊川云，「貴賤壽夭，命也。仁義禮智，亦命也」㉛。可謂之命有二種。然程子未嘗以理氣解之。朱子則分理氣爲言，然二者「也都相離不得。蓋天非氣無以命於人，人非氣無以受天所命」㉜。朱子雖以命同屬理氣，然究以理爲主。朱子曰，天之所命，「如『帝乃震怒』㉝之類，然這箇亦只是理如此。天下莫尊於理，故以帝名之」㉞。此語陳淳親炙所聞㉟。朱子亦曰，「天命者，天所賦之正理也」㊱。其重理可知。理氣不離，究須有別。因此朱子批評侯氏（侯仲良，字師聖）之論，謂之曰，「萬物受命於天以生，而得其理之體。故仁義禮智之德根於心而爲性。其既生也，則隨其氣之運。故廢興厚薄之變，唯所遇而莫逃。此章（道之將行與，命也。道之將廢與，命也）㊲之所謂命，指氣之所運而言。而侯氏以天理釋之，則於二者之分，亦不察矣」㊳。程子理氣未劃分清楚，故其徒侯氏亦不免此病。

(3) 命與性。命與性均是理。「理在天地間時，只是善，無有不善者。生物得來，方始名曰性。只是這理。在天則曰命，在人則曰性」㊴。「命猶誥勑，性猶職事」㊵。又云，「命便是告劄之類，性便是合當做的職事，如主簿銷注，縣尉巡捕」㊶。又云，「蓋嘗譬之，命字如朝廷差除，性字如官守職業」㊷。更詳之曰，「蓋天之所以賦與萬物，而不能自已者。命也。吾之得乎是命以生，而莫非全體者，性也。故以命言之，則曰元亨利貞㊸，而四時五行

㊹，庶類萬化，莫不由是而出。以性言之，則曰仁義禮智，而四端㊺五典㊻，萬物萬事之理，

㉘同上，卷四，第八十七條（頁一二三）。
㉙同上，卷三十六，第六條（頁一五一八）。
㉚論語或問，卷二，為政，頁七上，總頁八十五。
㉛遺書，卷二十四，頁三下。
㉜語類，卷四，第八十七條（頁一二三）。
㉝書經，周書，洪範，第三節。
㉞語類，卷四，第三十七條（頁一〇〇至一〇一）。
㉟北溪字義，卷上，「命」門，第八條，頁六上。
㊱論語集註，季氏篇第十六，第八章。
㊲同上註㉑。
㊳論語或問，卷十四，憲問，頁十九下，總頁五一四。
㊴語類，卷五，第十五條（頁一三四）。
㊵同上，第三條（頁一三四）。
㊶同上，卷四，第四十條（頁一〇三）。
㊷文集，卷五十九，答陳衞道第一書，頁二十八上。
㊸同上註⑨。
㊹金、木、水、火、土。
㊺孟子，公孫丑篇第二上，第六章。惻隱、羞惡、辭讓、是非為仁、義、禮、智之端。
㊻即五常，仁、義、禮、智、信。

無不統於其間。蓋在人在天，雖有性命之分，而其理未嘗不一。在人在物，唯有氣稟之異，而其理未嘗不同」[47]。以上所說，是繼承伊川而來，但更詳之。伊川云，「天之付與之謂命。稟之在我之謂性」[48]。又云，「天所賦爲命，物所受爲性」[49]。然於伊川之說，有所補充者。程子曰，「五者（口、目、耳、鼻、四肢）之欲，性也。然有分，不能皆如其願，則是命也。不可謂我性之所有，而求必得之也」。朱子補之曰，「愚按不能皆如其願，不止爲貧賤，蓋雖富貴之極，亦有品節限制，則是亦有命也」[50]。

陳淳於命與理氣，約而清晰。於命之不齊，特別加意。第三「人物」，第六「問天之所命固是」，與第九「問天之所命則一」三條[51]，均集中此點，且比較別條爲長。惟不以命與性比論而與天比論，蓋天命之謂性，天亦性耳。

(4) 人事與命。儒家傳統中所謂安命、順命、俟命、立命、正命，皆關於人之所爲。朱子云，「命之正者出於理，命之變者出於氣質。要之皆天所付。……但當自盡其道，則所值之命，皆正命也」[52]。又引張子（張載，一〇二〇—一〇七七）「養則付命於天，道則責成於己」[53]之言，而稱之曰，「其言約而盡矣」[54]。其解子罕言命[55]曰，「罕言命者，凡吉凶禍福皆是命。若儘言命，恐人皆委之於命，而人事廢矣。所以罕言」[56]。又云，「所謂命者，如天子命我作甚官，其官之閑易繁難，甚處做得，甚處做不得，便都是一時命了。自家只得去做。……故君子戰兢如臨深履薄[57]，蓋欲順受其正者，而不受其不正者」[58]。又云，「旣不以夭壽貳其心，又須修身以俟，方始立得這命[59]。自家有百年在世，百年之中，須事事教是當。自家有一日在世，一日之內，也須教事事是當始得」[60]。不貳，修身以俟，立命，乃孟子盡心下第一章之語。朱子註此章云，「不貳者，知天之至。修身以俟死，則事天以終身也。立命，則全其天之所付，不以人爲害之」61。此爲註此章之新義，從來爲註家所未言者。陳淳深明此點，故謂「盡到人事已盡地頭，赤見骨不容一點人力，便是天之所爲」62。既云盡到人事，又云不容一點人力，似是自相矛盾。然人事乃職所當爲，人力則安排造作，卽朱子所謂以人爲害之也。

47 中庸或問（近世漢籍叢刊本），頁三上，總頁五。
48 遺書，卷六，頁八上。
49 易傳（二程全書本）卷一，頁二下。
50 孟子集註，盡心篇第七下，第二十四章。
51 北溪字義，卷上，「命」門，頁二上，四下，六下。
52 語類，卷四，第九十三條（頁一一六）。
53 查不見張子全書。
54 孟子集註，盡心篇第七下，第二十四章。
55 論語，子罕篇第九，第一章。
56 語類，卷三十六，第一條（頁一五一五）。
57 詩經，第一九五篇，小雅，節南山，小旻。
58 語類，卷四十二，第四十六條（頁一七二七）。
59 孟子，盡心篇第七上，第一章。
60 語類，卷六十，第四十三條（頁二二六八）。
61 孟子集註，盡心篇第七上，第一章。
62 北溪字義，卷上，「命」門，第六條，頁五下。

⑸　窮理盡性至命。二程均以三者一時並了。明道（程顥）云，「『窮理盡性以至於命』63，三事一時並了，元無次序。不可將理作知之事。若實窮得理，卽性命亦可了」64。又云，「窮理盡性以至於命，一物也」65。伊川亦云「窮理盡性至命，只是一事。纔窮理便盡性，纔盡性便至命」66。橫渠（張載）則以此「亦是失於太快。此義儘有次序。須是窮理，便能盡得己之性，則推類又盡人之性。旣盡得人之性，須是並萬物之性一齊盡得。如此然後至于天道也」67。朱子則從張說，謂「程子皆以見言，不如張子有作用。窮理是見，盡性是行。覺得程子是說得快了」68。

關於此點，陳淳一字不提，想是與字義無關。彼側重天命，故以立命爲主。不特命字另立一門，且以冠首。蓋以天命流行，吾人行仁立義，責不容已。朱子每每敎其窮箇根原69。此根原卽是天理。對人而言，則是天命。以命冠首，非無故也。後藤俊瑞（一八九三—一九六一）編朱子四書集註索引與朱子四書或問索引，均別立命字一門。「天」居首，「命」次之70。不知北溪字義有無影響。此書日本儒者視之，甚爲重要。恐出我國之上。有所影響，亦至自然，惜不及詢諸後藤敎授耳。

63 同上註④。

64 遺書，卷二上，頁二下。

65 同上，卷十一，頁三下。

66 同上，卷十八，頁九上。

67 同上，卷十，頁五上。

68 語類，卷七十七，第二十六條（頁三一二七）。

69 參看語類，卷一一七，第二十四至五十七條（頁四四八八至四五二三）。

70 廣島，廣島大學中國哲學研究室，一九五四，一九五五。

(三九) 朱子論天理人欲

「天理」「人欲」兩詞，源自樂記。樂記曰，「好惡無節於內，知誘於外，不能反躬，天理滅矣。……人化物者也，滅天理而窮人欲也者」❶。開始卽以理欲對峙，兩不並立。橫渠(張載，一〇二〇—一〇七七)強調二者之不同，曰，「上達反天理，下達徇人欲者與」❷。又曰，「燭天理如向明，萬象無所隱。窮人欲如專顧影間，區區於一物之中爾」❸。似是理欲有如冰炭之不相容。然張子亦云，「口腹於飲食，鼻舌於臭味，皆攻取之性也。知德者屬厭而已，不以嗜欲累其心，不以小害大，末喪本焉爾」❹。王夫之(一六一九—一六九二)釋之曰，「性有之，不容絕也。知德者知吾所得乎天之不繫於此，則如其量以安其氣而攻取息」❺。「如其量」，卽無過不及之意，乃儒家之傳統主張也。

二程從此傳統，惟對天理加以說明。二程云，「萬物皆只是一箇天理，己何與焉？……此都是只是天理自然當如此。人幾時與？與則須是私意」❻。「天理云者，這一箇道理，更有甚窮已？不爲堯存，不爲桀亡。……是佗元無少欠，百理具備」❼。又云，「『不能反躬，天理滅矣』。天理云者，百理具備，元無少欠。故反身而誠，只是言得已上更不可道甚道」❽。又云，「人於天理，昏者是只爲嗜欲亂著佗」❾。此皆是二先生之語，蓋兄弟二人意見多相同也。伊川(程頤，一〇三三—一一〇七)云，「禮卽是理也。不是天理，便是私欲。人雖有意於爲善，亦是非禮。無人欲卽是天理」❿。「敬只是主一也。主一則既不之東，又不之西。如是則只是中。既不之此，又不之彼，如是則只是內。存此則自然天理明」[11]。又云，「先天後天，皆合乎天理者也。人欲則僞矣」[12]。又云，「人心人欲，道心天理」[13]。「人心惟危，人欲也。道心惟微，天理也」[14]。可見伊川側重理欲之別。彼所謂欲，乃是爲私之欲，有意之欲，故爲危而且僞耳。明道（程顥，一〇三二—一〇八五）謂「天下善惡皆天理。謂之惡者非本惡，但過或不及便如此」[15]。又云，「事有善有惡，皆天理也。天理中物須有

---

① 禮記，樂記篇，第一節。
② 張子全書（四部備要本），卷二，正蒙，誠明篇第六，頁十八上。
③ 同上，大心篇第七，頁二十二下。
④ 同上，誠明篇第六，頁十八下。
⑤ 王夫之，張子正蒙注（北京，古籍出版社，一九五六），頁八十八。
⑥ 遺書（四部備要二程全書本），卷二上，頁十三上。
⑦ 同上，頁十三下。
⑧ 同上，頁十四下。
⑨ 同上，頁二十二上。
⑩ 同上，卷十五，頁一下。
⑪ 同上，頁五上。
⑫ 同上，卷二十四，頁一上。
⑬ 外書（二程全書本），卷二，頁四上。
⑭ 同上，卷三，頁二上。人心道心出書經，大禹謨，第十五節。
⑮ 遺書，卷二上，頁一下。

美惡。蓋物之不齊，物之情也。但當察之，不可自入於惡，流於一物」⑯。又云，「學者不必遠求，近取諸身，只明天理，敬而已矣」⑰。最重要者，乃其自謂「吾學雖有所受，天理二字，卻是自家體貼出來」⑱。此是理學名言，人人傳誦。

「理」與「天理」每每通用。若解天爲自然，則天理自是元無少欠，百理具備。然明道所體貼出來之天理，不止如此，而又是宇宙之原則，人生之至善，有如西方哲學之自然律，亦如康德之無上命令。劉師培（一八八四—一九一九）所謂「卽人心中同然之公理，亦卽詩烝民篇所謂『天生烝民，有物有則』之則」是也⑲。樂記疏解理爲性⑳，卽中庸「天命之謂性」㉑。是則天理有哲學性，有倫理性，有宗敎性，以天人合一爲其最終目的。故二程特重誠敬。天理乃修身之目標也。牟宗三謂明道言第一義之天理，卽純善恒常自在就體而言之理。其第二義則落於實然上言現實存在之種種自然曲折之勢之天理。在牟氏之意，第一義爲明道主要思想，故第二義只附識之而已㉒。牟氏之論，可備一說。然二程言天理處言實體之天理較少，言誠敬以存天理較多。不若視其天理爲無上命令之爲愈也。

朱子天理人欲之思想，大體上承繼二程。然擴之大之，精細入微，遂發生異彩。玆分九點略言之：

(1)天理解。朱子答何叔京（何鎬，一一二八—一一七五）云，「天理旣渾然，然旣謂之理，則便是箇有條理底名字。故其中所謂仁義禮智四者，合下便各有一箇道理，不相混雜。以其未發，莫見端緒，不可以一理名，是以謂之渾然。非是裏面都無分別，而仁義禮智，卻是後來旋次生出四件有形有狀之物也。須知天理只是仁義禮智之總名，仁義禮智便是天理之件數」㉓。此段話有兩要點。一爲天理卽是四德，二爲天理自有條理。此皆爲二程所未道。朱子云，「事事物物上皆是天理流行。……日用之間，莫非天理」㉔。卽是說，無物不可爲實現仁義禮智之地。朱子釋禮爲「天理之節文」㉕，卽禮爲天理之條節文理之意。故曰，「禮卽天之理也」㉖。又引伊川「禮卽是理」之言，謂其「亦言禮之屬乎天理以對己之屬乎人欲，非以禮訓理，而謂眞可以此易彼也」㉗。門人問，「所以喚做禮而不謂之理者，莫是禮便是實了，有準則，有著實處」？朱子答曰，「只說理卻空去了。這箇禮是那天理節文，教

⑯ 同上，頁三下。物之不齊見孟子，滕文公篇第三上，第四章。
⑰ 同上，頁五下。
⑱ 外書，卷十二，頁四上。
⑲ 理學字義通釋（劉申叔先生遺書本），頁二上。烝民篇爲詩經第二六〇篇，大雅，蕩之什，烝民。
⑳ 禮記正義（世界書局十三經註疏本），卷三十七，樂記，孔穎達(五七四—六四八)疏，頁三〇一，總頁一五二九。
㉑ 中庸，第一章。
㉒ 心體與性體（臺北，正中書局，一九六八），頁七十九至八十一。大意見蔡仁厚，宋明理學——北宋篇（臺北，學生書局，一九七七），頁二五五至二七〇。
㉓ 文集，卷四十，答何叔京第二十七書，頁三十六上。
㉔ 語類，卷四十，第十條（頁一六三四）。
㉕ 論語集註，學而篇第一，第十二章。
㉖ 論語或問（近世漢籍叢刊本），卷十二，顏淵，頁二下，總頁四二六。
㉗ 同上，頁三下，總頁四二六。

人有準則處」㉘

(2) 人欲解。朱子云，「飲食，天理也。要求美味，人欲也」㉙。又云，「夫外物之誘人，莫甚于飲食男女之欲。然推其本則固亦莫非人之所當有而不能無者也。但於其間自有天理人欲之辨而不可以毫釐差爾」㉚。毫釐之差，不在味之美不美，而在要求與不要求。要求則爲己，便是私矣。「人欲不必聲色貨利之娛，宮室觀游之侈也。但存諸心者小失其道，便是人欲」㉛。「蓋天理中本無人欲，惟其流之有差，遂生出人欲來」㉜。所謂本無人欲者，亦卽人性本善而無惡。然失其正則流于惡。故欲乃不正之欲，亦卽私欲。或以「慾」字以別之。然「欲」與「慾」通用，故「人欲」「私欲」皆指「慾」。攻擊朱子者每以辭害意，謂朱子抑制飲食男女之欲，而不知其主張抑制飲食男女不正之私欲耳。朱子謂「人欲中自有天理」㉝。又云，「有箇天理，便有箇人欲。蓋緣這箇天理須有箇安頓處。才安頓得不恰好，便有人欲出來」㉞。換言之，飲食男女如得其正，便是天理而非人欲（人之私欲）。「男女居室，人事之至近，而道行乎其間」㉟。蓋須得其道也。

伊川有「人心私欲，道心天理」之說㊱。朱子以爲「私欲二字太重。……蓋心一也。自其天理備具，隨處發見而言，則謂之道心。自其所營爲謀慮而言，謂之人心。夫營爲謀慮，非皆不善也。便謂之私欲者，蓋只一毫髮不從天理上自然發出，便是私欲」㊲。如是「所謂人心私欲者，非若衆人所謂私欲也。但微有一毫把捉底意思，則雖云本是道心之發，然終未離人心之境也」㊳。門人問，「前輩多云道心是天性之心，人心是人欲之心。今如此交互取之，當否」？朱子答曰，「既是人心如此不好，則須絕滅此身而後道心始明。……人心是此身有知覺，有嗜欲者。如所謂『我欲仁』㊴，『從心所欲』㊵，性之欲也。感於物而動，此豈能無？但爲物誘而至於陷溺，則爲害爾。……且以飲食言之。凡饑渴而欲得飲食以充其飽且足者，皆人心也。然必有義理存焉。有可以食，有不可以食。……此道心之正也」㊶。此便是毫釐之差處。

(3) 理欲相對。朱子曰，「人只有天理人欲兩途。不是天理，便是人欲。卽無不屬天理又不屬人欲底一節」㊷。「天理人欲雖非同時並有之物，然自其先後公私邪正之反而言之，

㉘ 語類，卷四十一，第二十二條（頁一六七一）。
㉙ 同上，卷十三，第二十二條（頁三五六）。
㉚ 大學或問（近世漢籍叢刊本），第五章，頁二十一下，總頁四十二。
㉛ 文集，卷三十一，與劉共父第二書，頁十四下至十五上。
㉜ 同上，卷四十，答何叔京第二十九書，頁三十九下。
㉝ 語類，卷十三，第十六條（頁三五五）。
㉞ 同上，第十五條（頁三五五）。
㉟ 文集，卷四十六，答胡伯逢第二書，頁二十五下。
㊱ 外書，卷二，頁四上。參看卷三，頁二上；遺書，卷二十四，頁一下。
㊲ 文集，卷三十二，問張敬夫第三十七書，頁七上。參看卷四十，答何叔京第十五書，頁二十九上。
㊳ 同上，卷四十二，答吳晦叔第十一書，頁二十上。
㊴ 論語，述而篇第七，第二十九章。
㊵ 同上，爲政篇第二，第四章。
㊶ 語類，卷六十二，第四十一條（頁二三六二至二三六三）。
㊷ 同上，卷四十一，第二十二條（頁一六七〇）。

亦不得不爲對也」[43]。故「天理人欲常相對」，有如硯子，上面是天理，下面是人欲[44]。卽是說，「凡一事便有兩端。是底卽天理之公，非底乃人欲之私」[45]。延和奏劄有云，「心之所主，又有天理人欲之異。二者一分而公私邪正之塗判矣。蓋天理者，此心之本然。循之則其心公而且正。人欲者，此心之疾疢。循之則其心私而且邪」[46]。此天理人欲有公私邪正之別也。天理人欲，又可以義利分之。「義者，天理之所宜。利者，人情之所欲」[47]。總而言之，善者便是天理，惡者便是人欲」[48]。「善惡二字，便是天理人欲之實情」[49]。

(4) 理欲無定界。天理人欲雖是相對，但「無硬定的界」[50]。非可以將此換彼。「只此一心，但看天理人欲之消長如何耳」[51]。「人之一心，天理存則人欲亡，人欲勝則天理滅。未有天理人欲夾雜者」[52]。「此勝則彼去，彼勝則此退。無中立不進退之理」[53]。其差異處只在毫釐幾微之間[54]。

(5) 理欲之抉擇。理欲之別，既若是其幾微，「天理人欲，正當審決」[55]。朱子云，「天理人欲之分，只爭些子。故周先生只管說『幾』字。然辨之又不可不早，故橫渠（張載，一〇二〇—一〇七七）每說『豫』字」[56]。此指周敦頤（一〇一七—一〇七三）之「幾善惡」[57]，卽謂動於人心之微之時善惡所由分也。橫渠曰，「事豫吾內，求利吾外也」[58]。卽事先用功之謂。蓋「人欲易速，天理難復」[59]，故必須「日用間只就事上子細思量，體認那箇是天理，那箇是人欲」[60]。蓋「天理人欲之判，中節不中節之分，特在乎心之主宰與不宰」耳[61]。學者當於「收拾持守之中，就思慮萌處察其孰是天理？孰是人欲？取此舍彼」[62]。格物之功，不外就事物上，理會其各有天理人欲，逐一驗過而已[63]。

[43] 文集，卷四十二，答胡廣仲第五書，頁七下。

㊹語類，卷十三，第二十一條（頁三五六）。
㊺同上，第三十條（頁三五八）。
㊻文集，卷十三，延和奏劄二，頁七下。
㊼論語集註，里仁篇第四，第十六章。
㊽文集，卷六十二，答傳誠子，頁二十下。
㊾同上，卷五十三，答胡季隨第十五書，頁三十一下。
㊿語類，卷十三，第二十五條（頁三五六）。
51同上，第二十七條（頁三五七）。
52同上，第十七條（頁三五六）。
53同上，第二十六條（頁三五七）。
54文集，卷三十七，答鄭景望，頁十九下。參看卷六十四，答劉公度第十書，頁三十七下；語類，卷十三，第二十條（頁三五六）。
55文集，卷五十五，答顏子堅，頁二十五上。
56語類，卷十三，第十九條（頁三五六）。
57周子通書，第三章。
58張子全書，卷二，正蒙，神化篇第四，頁十四下。
59文集，卷四十三，答陳明仲，頁一上。
60語類，卷四十一，第十四條（頁一六六三）。參看卷四十二，第三十條（頁一七二二）。
61文集，卷三十二，問張敬夫第三十六書，頁六下。
62同上，卷五十一，答董叔仲，頁一上。
63語類，卷十五，第二十六條（頁四五九）。

(6) 寡欲與無欲。孟子謂「養心莫善於寡欲」[64]。朱子以爲寡欲是好的，不是不好的。不好的欲，不當言寡也[65]。若那事又要，這事又要，便是多欲[66]。朱子註寡欲章云，「欲，如口鼻耳目四肢之欲，雖人之所不能無。然多而不節，未有不失其本心者。學者所當戒也」[67]。伊川有云，「致知在乎所養，養知莫過於寡欲」[68]。朱子評之曰，「但得其道，則交相爲養。失其道則交相爲害」[69]。苟得其道，「欲寡則無紛擾之，而知益明矣」[70]。然一向靠著寡欲又不得，仍須格物也[71]。朱子之意不在欲之多寡而在其邪正。危險在多而不節耳。私欲自應寡之又寡，以至於無。故曰，「今且要得寡，以至於無」[72]。周子云，「予謂養心不止於寡而存耳。蓋寡焉以至於無。無則誠立明通」[73]朱子評之曰，「語其所至，則固然矣。然未有不由寡欲而能至於無者也。語其所至而不由其序，則無自而進。語由其序而不要其至，則或恐其安於小成也。是以周子之說，於此有起發之功焉」[74]。

「無欲」之詞，出自老子[75]。周子太極圖說「聖人定之以中正仁義而主靜」下小註云，「無欲故靜」[76]。通書聖學章曰，「一爲要。一者無欲也。無欲則靜虛動直」[77]。如上所述，周子云「寡焉以至於無，無則誠立明通」[78]。攻擊理學家者不善讀書，忽略「「主靜」二字，專攻「無欲」，以爲斷絕情感，而不知欲乃私欲之謂。私欲動人，故不靜。故朱子曰，「欲動情勝則不能靜」[79]。又云，「周子之說，只是無欲故靜。其意大抵以靜爲主」[80]。李光地（一六四二－一七一八）釋無欲云，「所以無欲者，則自存誠謹幾而來。存誠謹幾，則無欲而誠矣。一者，無欲也，誠也」[81]。

(7) 同體異用。胡宏（一一〇六－一一六一）著知言，謂「天理人欲，同體而異用，同行而異情。進修君子宜深別焉」[82]。朱子胡子知言疑義評之曰，「此章亦性無善惡之意。……蓋天理莫

64 孟子，盡心篇第七下，第三十五章。老子，第十九章，亦云「少私寡欲」。

65 語類，卷六十一，第六十八條（頁二三四〇）。

66 同上，第六十七條（頁二三四〇）。

67 孟子集註，卷十四，盡心篇第七下，第三十五章。

68 外書，卷二，頁四上。

69 語類，卷十八，第六十條（頁六五〇）。

70 同上，第六十二條（頁六五〇至六五一）。

71 同上，第五十九條（頁六五〇）。

72 同上，卷六十一，第七十一條（頁二三四〇）。

73 周子全書（國學基本叢書本），卷十七，養心亭記，頁三三四。

74 孟子或問，卷十四，告子篇第六下，第三十五章，頁十上，總頁二〇七。

75 老子，第三，三十四，三十七，五十七章。

76 周子全書，卷二，太極圖說，頁二十三。

77 周子通書，第二十章。

78 見上註73。

79 語類，卷九十四，第九十九條（頁三七八七）。

80 同上，第一〇三條（頁三七八八）。

81 周子通書（四部備要本），附錄，榕村通書篇，頁二下。

82 此段不見胡子知言，惟見朱子胡子知言疑義所引。

83 文集，卷七十三，胡子知言疑義，頁四十一下至四十二上。亦見胡子知言（粵雅堂叢書本），疑義，頁三上下。參看語類，卷四十三，第五十七條（頁一七六七）。

知其所始。其在人則生而有之矣。人欲者，梏于形，雜于氣，狃于習，亂于情而後有者也。……今以天理人欲混爲一區，恐未允當。……本體實然只一天理，更無人欲」[83]。語類亦云，「胡氏之病，在於說性無善惡。體中只有天理，無人欲。謂之同體則非也。同行異情蓋亦有之。如口之於味，目之於色，耳之於聲，鼻之於臭，四肢之於安佚，聖人與常人皆如此。是同行也。然聖人之情不溺於此，所以與常人異耳」[84]。「在聖賢無非天理，在小人無非私欲」[85]。此所以同行而異情也。對於此點，則與胡氏同意。嘗謂「只此毫釐之間，便是天理人欲，同行異情處，不可不精察而明辨也」[86]。

(8) 王霸之辨。陳亮（一一四三—一一九四）大唱功利主義，極言「義利雙行，王霸並用」[87]。謂「王霸可以雜用，則天理人欲可以並行矣」[88]。彼以爲「三代做得盡者也，漢唐做不到盡者也」[89]。換言之，漢唐與三代乃程度之異而非實質上之不同。朱子力辨之曰，「但論其盡與不盡而不論其所以盡與不盡，卻將聖人事業去就利欲場中比並較量，見有彷彿相似，便謂聖人樣子不過如此。則所謂毫釐之差，千里之謬者[90]，其在此矣」[91]。「漢唐之君，雖或不能無暗合之時，而其全體卻只在利欲上。此其所以堯舜三代自堯舜三代，漢祖唐宗自漢祖唐宗，終不能合而爲一也」[92]。朱子之貶漢唐，或是過激。然從其天理人欲之觀點，不能不如此立論也。

(9) 戴震痛擊理學。朱子與胡陳二氏立場不同，故不能相合，然兩氏猶有可說。戴氏（一七二四—一七七七）則只是抗議，非從學術上發言。其言悲痛而激烈。一則曰理學家以理「如有物焉」[93]。再則曰理學家以理殺人[94]。三則曰宋儒主張絕欲[95]。查理學家均未嘗言理如有物。清朝皇帝利用理學以責人而鑄成慘酷大獄則有之，惟理學家未嘗以理殺人也。程朱之書，不見「絕欲」之詞。朱子曾謂「學者須是革盡人欲，復盡天理」96。然此卽是「明天理，滅人欲」97，不外掃除私欲以明天理，非男女飲食之欲皆滅盡也。伊川云，「禮儀三百，威儀三千，非絕民之欲，而強人以不能也。所以防其欲，戒其侈，尚使之入道也」98。乃戴

84 語類，卷一〇一，第一八二條（頁四一一九）。參看第一八三至一八六條（頁四一一九至四一二一）。

85 同上，卷一一七，第七條（頁四四七六）。參看卷四十，第三十三條（頁一六四三）。

86 文集，卷三十七，與劉共父第二書，頁十五下。

87 陳亮集（北京，中華書局，一九七四），卷二十，與朱元晦甲辰秋書，頁二八一。

88 同上，與朱元晦丙午秋書，頁二九五。

89 同上，與朱元晦乙巳春書之二，頁二八九。

90 易緯通卦驗（四部集要本），卷上，頁五上，總頁一一〇五。

91 文集，卷三十六，答陳同甫第九書，頁二十七上。

92 同上，第八書，頁二十五上下。

93 孟子字義疏證，第五，十，二十七，三十三，四十，四十一，四十三節。

94 同上，第十，四十，四十三節。

95 同上，第四十，四十三節。

96 語類，卷十三，第二十八條（頁三五七）。

97 同上，卷十二，第七十一條（頁三二九）。

98 遺書，卷二十五，頁六下。

99 孟子字義疏證，第四十節。

氏謂「雖視人之饑寒號呼，男女哀怨，以至垂死冀生，無非人欲。空指一絕情欲之感者爲天理之本然」[99]。又謂「舉凡饑寒愁怨，飮食男女，常情隱曲之感，則名之曰人欲。故終其身見欲之難制。其所謂存理，空有理之名。究不過絕情欲之感耳」[100]。凡此與程朱所言，絕不相類。戴氏蓋有所感，遂信口雌黃耳。其解周子「一者，無欲也」，不依其誠靜解釋而等之於老莊之無爲[101]。以伊川之「主一無適」[102]爲卽是老子之抱一無欲[103]。夫程子以「主一無適」解敬，謂「一者無他，只是整齊嚴肅」[104]。敬非無欲無爲，爲學者所共知，而戴氏乃曲爲之解，豈其環境使然歟？彼反對氣質之性與堅持理存乎欲，自有其哲學根據，吾人當尊之敬之。惟其顚倒是非，無中生有，則是憤激悲痛者戴震之言，而非考據上乘者戴震之言也。實際上其所謂「節而不過，則依乎天理」[105]，「理也者，情之不爽失者也」[106]，「無過情無不及情之謂理」[107]，皆與朱子無異。從一角度觀之，可謂戴氏雖然極力反抗，仍不能跳出朱子之範圍也。

---

[100] 同上，第四十三節。

[101] 同上，第十節。

[102] 遺書，卷十五，頁一上。

[103] 孟子字義疏證，第四十三節。老子，第十，二十二章。無欲見上註[75]。

[104] 遺書，卷十五，頁六下。

[105] 孟子字義疏證，第十一節。

[106] 同上，第二，十節。

[107] 同上，第三節。

（四〇）朱子言體用

體用之說，由來已久❶。朱子之言體用，大體沿程子（程頤，一〇三三－一一〇七）之「體用一源，顯微無間」❷，心「有指體而言者，有指用而言者」❸，「與道爲體」❹諸語。然朱子範圍之廣，分析之詳，遠出乎程子之上，亦爲後儒之所未及者。其所謂體，非指體段，因體段只言其德而已❺。體用之體，指所以然，用指其然。朱子云，「喜怒哀樂是用，所以喜怒哀樂是體」❻。朱子又云，「體是這箇道理，用是他用處。如耳聽目視，自然如此，是理也。開眼看物，着耳聽聲，便是用」❼。然體不是道，因道兼體用。程子云，「水流而不

❶參看拙著「體用」條，韋政通主編，中國哲學辭典大全（臺北，水牛出版社，一九八三），頁八五三至八五六。

❷程頤，易傳，序。

❸伊川文集（四部備要二程全書本），卷五，與呂大臨論中書，頁十二上。

❹論語集注，子罕篇第九，第十六章引。參看遺書（二程全書本），卷十九，頁三下。

❺語類，卷三十二，第九十一條（頁一三三四）。

❻同上，卷十七，第五十條（頁六一九）。喜怒哀樂見中庸第一章。

❼同上，卷六，第二十二條（頁一六二）。

息，物生而不窮，皆與道爲體」[8]。朱子釋之曰，「與道爲體，是與那道爲體。道不可見，因從那上流處出來。若無許多物事，又如何見得道？便是許多物事，與那道爲體」[9]。朱子曾用骨子爲譬，謂「道之體只是道之骨子」[10]。至骨子爲何，則未及解釋也。朱子未嘗著一有統系之體用論。然從其言語文字之間，可以發見下列六種原則。

(1) 體用有別

朱子云，「至於形而上下，卻有分別。須分得此是體，彼是用，方說得一源。分得此是象，彼是理，方說得無間。若只是一物，卻不須更說一源無間也」[11]。又曰，「學者須是於未發已發之際，識得一一分明，然後可以言體用一源處。然亦只是一源耳。體用之不同，則固自若也」[12]。關於體用之別，朱子討論甚詳，舉例甚多。以易而言，則易與乾坤健順[13]，陰與陽，靜與動，寂然不動與感而遂通[14]。利貞與元亨[15]，理與象，微與顯[16]，現在與將來[17]，天地與鬼神[18]，皆各爲體用而不可混。以道而言，則道爲體，義爲用[19]，道之隱爲體之微，道之費爲用之廣[20]，天道爲體，人道爲用[21]，大本爲體，達道爲用[22]。在心性方面，性對情[23]，未發對已發[24]，中對和[25]，仁對愛[26]，忠對恕[27]，仁義禮智對惻隱羞惡恭敬是非[28]，

[8] 同上註[4]。

[9] 語類，卷三十六，第一一六條（頁一五五七至一五五八）。

[10] 同上，第一一六條（頁一五五七）。參看卷六，第二十條（頁一六二）。

⑪ 文集，卷四十八，答呂子約第四十一書，頁十七下。

⑫ 同上，卷三十五，答呂伯恭問龜山中庸，頁二上。參看註⑯。

⑬ 語類，卷七十五，第一〇三條（頁三〇七六）。

⑭ 同上，卷一，第一條（頁一）。感寂見易經，繫辭上傳，第十章。

⑮ 同上，卷六十九，第八十六條（頁二七五四）。元亨利貞見易經，乾卦，彖辭。

⑯ 文集，卷四十，答何叔京第二十九書，頁三十八下。

⑰ 語類，卷六，第三十一條（頁一六二）。

⑱ 同上，卷六十八，第十七條（頁二六八一）。

⑲ 同上，卷五十二，第一〇七條（頁一九九一）。

⑳ 同上，卷六十三，第五十三條（頁二四三二）。參看中庸章句第十二章，費隱見此章。

㉑ 同上，卷二十七，第三十四條（頁一〇八〇）。

㉒ 中庸章句，第一章。

㉓ 語類，卷五，第六十五條（頁一四八）；卷二十七，第四十七條，（頁一〇九一）；文集，卷四十，答何叔京第二十八書，頁三十六下。

㉔ 同上，卷五，第六十二條（頁一四六）。

㉕ 中庸或問（近世漢籍叢刊本），頁十下，總頁二十。

㉖ 語類，卷二十，第一百條（頁七五一）。

㉗ 同上，卷二十七，第九條（頁一〇七四）；第三、四條（頁一〇八〇）；第四十四條（頁一〇八九）。

㉘ 同上，卷六，第四十條（頁一六六）；文集，卷五十，答鄭子上第五書，頁三十七上；孟子集註，公孫丑篇第二上，第六章。

皆以體對用而言。此外如耳體聽用㉙，德體才用㉚，持敬以存其體，窮理以致其用㉛，爲數尚多，別見下文。

(2) 體用不離

體用固然有別，然並不相離。朱子云，「未發者，其體也。已發者，其用也。以未發言，則仁義禮智，渾然在中者，非想象之可得，又不見其用之所施行。指其發處而言，則日用之間，莫非要切，而其發之理，固未嘗不行乎其間。要之體用未嘗相離」㉜。又曰，「方其靜也，事物未至，思慮未萌，而一性渾然，道義全具。其所謂中，乃心之所以爲體，而寂然不動者也。及其動也，事物交至，思慮萌焉，則七情迭用，各有攸主。其所謂和，是乃心之所以爲用，感而遂通者也。然性之靜也，而不能不動。情之動也，而必有節焉。是則心之所以寂然感通，周流貫徹，而體用未始相離也」㉝。如是中和雖分體用，而實不離。故朱子設爲問答，「曰：然則中和果二物乎？曰：觀其一體一用之名，則安得不二？察其一體一用之實，則此爲彼體，彼爲此用，如耳目之能視聽，視聽之由耳目，初非有二物也」㉞。又云，「體與用不相離。且如身是體，要起行去便是用」㉟。

體用既然不離，斷無無用之體。朱子以佛家徒守空寂，有體無用㊱。門人曾問程子喜怒哀樂未發，當中之時耳無聞，目無見否？程子答曰，「雖耳無聞，目無見，然見聞之理在始得」㊲。朱子評此答語曰，「決無此理」㊳。蓋謂耳無聞，目無見，亦如佛家之有體無用也。朱子亦以陸象山（陸九淵，一一三九—一一九三）不審體用不離，而「說箇虛空底體。涉事物便是用」。卽是說，「才見分段子便說道是用，不是體。如說尺時，無寸底是體，有寸底不是體，便是用。如秤無星底是體，有星底不是體，便是用」㊴，以朱子觀之，陸氏之誤，乃在用而無體，體而無用。故朱子訶陸氏爲禪。

解釋體用不離之說，莫若其心之理論。此理論沿自張子（張載，一〇二〇—一〇七七）心統性情之說㊵。程子發明之，以心可指體亦可指用。朱子以之說明體用之並行。彼以爲性是體，情是用，而心統之㊶。朱子云，「仁義禮智，性也，體也。惻隱羞惡辭遜是非，情也，用也。

㉙同上，卷一，第十二條（頁四）。
㉚同上，卷二十四，第五十條（頁九三三）。
㉛文集，卷五十九，答吳斗南書，頁二十下。
㉜孟子或問（寶誥堂朱子遺書本），卷十三，頁七上下。
㉝文集，卷三十二，答張欽夫第四十七書，頁二十四下至二十五上。
㉞中庸或問，頁十一下，總頁二十一至二十二。
㉟語類，卷十七，第五十條（頁六一九）。
㊱同上，卷五十九，第一六〇條（頁二二四三）。又卷一二六，第八十條（頁四八五三）。
㊲遺書（二程全書本），卷十八，頁十五上。
㊳語類，卷一二六，第七條（頁四八二三）。
㊴同上，卷六，第二十二、二十三條（頁一六三）。
㊵張子語錄（四部叢刊本），卷下，頁一上。
㊶語類，卷五，第六十五條（頁一四八）。

統性情，該體用者，心也」[42]。換言之，「心主於身。其所以爲體者，性也。所以爲用者，情也」[43]。仁說圖以心無所不統，涵育渾全。以其兼未發與仁爲體，已發惻隱爲用[44]。心之性是仁，「仁無不統，故惻隱無不通。此正是體用不相離之妙」[45]。如是「性心只是體用。體用豈有相去之理乎」[46]？

體用不離，又可於其延續見之。用前又是體，體前又是用，如是延續不已[47]。此不是循環之說。邵子（邵雍，一〇一一—一〇七七）愛說循環，然「康節（邵雍）常要就中間說，……常要說陰陽之間，動靜之間，……便有方了」。卽云尚且有間，故「不如程子之體用一源，顯微無間也」[48]。朱子嘗云，「以體用言之，有體而後有用」[49]，似指體先用後，於是有間。然用乃體之流行，故必先立其大本。「是其一體一用，雖有動靜之殊，然必其體立而後用有以行，則其實亦非有兩事也」[50]。故朱子云，「只一念間，已具此體用。發者方往，而未發者方來。了無間斷隔截處」[51]。

(3) 體用一源

此爲程子之名句，以後成爲宋明理學之一基本概念。然程子並未說明體用何以一源。讀者極易釋爲同一來源之意。當然此是其樸素意義。朱子從而擴大之，使之精而深。從以後理學之發展而言，毋寧謂此是朱子之名句也。所謂一源，不止同一出處，而是體中有用，用中有體。換言之，體用相攝。論者或謂此卽佛家一多相攝之說。影響容或有之，然此是體用不離之自然發展，無需外來之助力，況佛家重體輕用耶？

朱子云，「太極自是涵動靜之理，卻不可以動靜分體用。蓋靜卽太極之體也，動卽太極之用也。譬如扇子。只是一箇扇子。動搖便是用，放下便是體。才放下時，便只是這一箇道理。及搖動時，亦只是這一箇道理」[52]。一源者，「這一箇」也。此中要點，在乎體中有用，用中有體。「體用一源，體雖無迹，中已有用。顯微無間者，顯中便具微。天地未有，萬物已具，此是體中有用。天地既立，此理亦存，此是顯中有微」[53]。如是體用不但不離，不但延續，而是互涵，爲明儒卽體卽用立下一強健之基根。朱子曰，「自理而言，則卽體而

42 文集，卷五十六，答方賓王第四書，頁十四下。

43 同上，卷四十，答何叔京第四十書，頁三十六下。又語類，卷五，第六十六至七十七條（頁一四八至一五三）。

44 語類，卷一〇五，第四十三條（頁四一八五）。

45 文集，卷四十，答何叔京第十七書，頁二十九下。

46 同上，第十一書，頁二十五下。

47 語類，卷一，第一條（頁一）。

48 同上，卷七十一，第五十八條（頁二八五七）。

49 同上，卷五十三，第四十二條（頁二〇四一）。

50 中庸章句，第一章。

51 文集，卷三十，與張欽夫第四書，頁二十上。

52 語類，卷九十四，第二十九條（頁三七六六至三七六七）。

53 同上，卷六十七，第三十七條（頁二六三一）。

54 文集，卷三十，答汪尙書第七書，頁十二下。

用在其中，所謂一原也。自象而言，則卽顯而微不能外，所謂無間也」[54]。又曰，「體用一源者，自理而觀，則理爲體，象爲用，而理中有象，是一源也。顯微無間者，自象而觀，則象爲顯，理爲微，而象中有理，是無間也」[55]。朱子與其至友南軒（張栻，一一三三—一一八〇）紛辯十餘年，大旨相同，而議論往往相左。然南軒謂「知之體動，而靜在其中。仁之體靜，而動在其中」，朱子則謂「此義甚精」[56]。語類文集討論體用一源處甚多，以其爲朱子體用之中心思想也。

(4) 自有體用

上文體中有用，用中有體，其體用仍是體自爲體，用自爲用。故上文「體用一源者」之後，朱子續曰，「其實體用顯微之分，則不能無也」。蓋謂體不能作用，用不能作體。然一物之中，有其體，又有其用。在朱子體用統系之中，各事理自有其體用。心可以體而言，亦可以用而言。仁義道德知皆然。仁有仁之體用，義有義之體用[57]。朱子註「知者樂水」，謂「周流無滯」，是用也。註「知者動」，則云「動靜以體言」，是體也[58]。此處非自相矛盾。知有體亦有用耳。門人言道兼體用，德義自兼體用。朱子以爲然[59]。如是類推，每一事理，皆可作體作用看。「以陰陽言之，則義體而仁用也。以存心制事言之，則仁體而義用也」[60]。又云，「若以形而上者言之，則冲漠者固爲體，而其發於事物之間者爲之用。若以形而下者言之，則事物又爲體，而其理之發見者爲之用」[61]。又云，「就陽言，則陽是體，陰是用。就陰言，則陰是體，陽是用」[62]。此是體用之相對性，在體用一源之下，自可各自保全其爲體爲用。

(5) 體用無定

體用既可互換，又可一可二，故不可以一時一位而論。如仁兼義言，則仁是體，義是用。專言仁者，則仁兼體用[63]，蓋義禮智皆在其中也[64]。「四端[65]之說，若以體用言之，則體爲首而用爲末。若自發處而言，則發之初爲首，而發之終爲末。二說亦不相妨」[66]。又如仁，孟子解

[55] 同上，卷四十，答何叔京第二十九書，頁三十八下。
[56] 同上，卷三十一，與張欽夫論癸巳論語說，頁二十六下。
[57] 語類，卷六，第一三〇條（頁一九四）。又卷九十四，第八十七條（頁三七八三）。
[58] 論語集註，雍也篇第六，第二十一章。參看語類，卷三十二，第八十六條（頁一三二二）。
[59] 語類，卷九十五，第二十四條（頁三八四三）。
[60] 孟子或問，卷一，頁一下。
[61] 文集，卷四十八，答呂子約第四十書，頁十六下。
[62] 語類，卷六，第二十一條（頁一六二）。
[63] 同上，第八十八條（頁一八六）。
[64] 同上，卷六十二，第九條（頁二三四九）。
[65] 四端，仁義禮智，見孟子，公孫丑篇第二上，第六章。
[66] 文集，卷五十九，答何巨元書，頁十一下。

作人心[67]，程子解作性[68]。並無衝突，只程子分體用，孟子兼體用而言耳[69]。朱子云，「仁字之義，孟子言心，該貫體用統性情而合言之也。程子言性，剖析疑似，分體用而對言之也」[70]。又如中，「中和之中，專指未發（體）而言。中庸之中，則兼體用而言」[71]。中字含有二義，有未發之中，有隨時之中。朱子云，「中庸之中，本是無過不及之中，大旨在時中上。若推其本，則自喜怒哀樂未發之中而爲時中之中。未發之中是體，時中之中是用。中字兼中和言」[72]。更詳釋之曰，「以性情言之，謂之中和。以理義言之，謂之中庸。其實一也。以中對和而言，則中者體，和者用。此是指已發未發而言。以中對庸而言，則又折轉來庸是體，中是用。以中和對中庸而言，則中和又是體，中庸又是用」[73]。可知體用之系統參差複雜，縱橫交架，爲從來所未有。朱子答門人「禮之用，和爲貴」[74]之間，有一詳盡痛快之答覆，可爲本節之結語。門人問：「上蔡（謝良佐，一〇五〇—約一一二〇）云，『禮樂異用而同體』[75]。是心爲體，敬和爲用。（論語）集註又云敬爲體，和爲用。其不同何也？朱子答曰，『自心而言，則心爲體，敬和爲用。以敬對和而言，則敬爲體，和爲用。大抵體用無定時。只管恁地移將去，如自南而視北，則北爲北，南爲南。移向北立，則北中又自有南北。體用無定。這處體用在這裏，那處體用在那裏。這道理儘無窮。四方八面無不是，千頭萬緒相貫串』。以指旋，曰，『分明一層了又一層。橫說也如此，豎說也如此。翻來覆去，都是如此。如以兩儀言，則太極是太極，兩儀是用。以四象言，則兩儀是太極，四象是用。以八卦言，則四象又是太極，八卦又是用』」[76]。

(6) 同體異用

上舉禮樂異用而同體之說，朱子贊同，且釋之曰，「禮主於敬，樂主於和，此異用也。皆本之於此一心，是同體也。然敬與和，亦只一事。敬則和，和則自然敬」㊆。意謂不只敬與和發於此心，蓋一本而萬殊。此是即伊川（程頤）理一分殊之說㊇。朱子釋忠恕爲一貫之道㊈云，「蓋盡己爲忠，道之體也。推己爲恕，道之用也。忠爲恕體，是以分殊，而理未嘗不一。恕爲忠用，是以理一，而分未嘗不殊」㊉。又云，「蓋至誠無息者，道之體也，萬殊之

---

67 孟子，告子篇第六上，第十一章。
68 遺書，卷十八，頁一上。
69 語類，卷二十，第一二八條（頁七六八）。
70 文集，卷三十五，答呂伯恭第九十六書，頁四上。
71 同上。
72 語類，卷六十二，第九條（頁二三四九）。
73 同上，卷六十三，第八條（頁二四一七）。
74 論語，學而篇第一，第十二章。
75 論語說，同上。
76 語類，卷二十二，第六十五條（頁八三八至八三九）。太極云云，指易經，繫辭上傳，第十一章。
77 同上，第六十三條（頁八三七）。
78 伊川文集，卷五，答楊時論西銘書，頁十二下。
79 論語，里仁篇第四，第十五章。
80 論語或問（近世漢籍叢刊本），卷四，里仁，頁十七下，總頁一八八。

所以一本也。萬物各得其所者，道之用也，一本之所以萬殊也。以此觀之，一以貫之之實，可見矣」81。上段從倫理立論，下段從本體立論，其理一也。

朱子雖贊同上蔡同體異用之說。但對五峯（胡宏，一一〇六—一一六一）「天理人欲，同體而異用，同行而異情」82，則極力反對。朱子云，「同行異情，蓋亦有之」。然「體中只有天理，無人欲。謂之同體，則非也」83。此點不特於其胡子知言疑義中謂之爲「未允當」84，且與五峯門人南軒商量其非85。然其所非者乃五峯之混天理人欲而爲一，而不是同體異用之說有所不當也。有體必有用，故由用可以知體。「蓋尋這用，便可以知其體。蓋用卽是體中流出也」86。如水之流而不息，便見得道體之自然87。總之，有其體必有其用，有其用必有其體。旣動而靜，亦卽亦離，組成一有機體之大全。體用觀念，其一基石也。

〔本文曾登中國文化與中國哲學（深圳大學國學研究所主編，東方出版社，一九八六），頁二五一至二五九。〕

81 論語集註，里仁篇第四，第十五章。
82 文集，卷七十三，胡子知言疑義，頁四十一下。
83 語類，卷一〇一，第一八二條（頁四一一九）。
84 同註82，頁四十二上。
85 文集，卷五十八，答徐居甫第一書，頁二十八上。
86 語類，卷四十二，第一〇三條（頁一七四五）。
87 同上，卷三十六，第一一八條（頁一五五八）。

(四一)「尊德性而道問學」

學者好以朱子代表理學而以陸象山(陸九淵,一一三九—一一九三)代表心學,謂象山主尊德性而朱子主道問學。更有謂淳熙二年乙未(一一七五)朱陸在江西鵝湖寺之會,乃在謀學術異同之分解,而所謂學術之異者,乃指朱子道問學與象山尊德性之衝突也。於是以後數百年陸門與朱門之對抗,即爲尊德性與道問學之對抗。然予嘗細考鵝湖之討論題目爲簡易與支離與九卦之序。談話之間,又涉及子壽(陸九齡,一一三二—一一八〇)之新篇,東萊(呂祖謙,一一三七—一一八一)之解書經,與陸子兄弟門人曹立之(曹建,一一四七—一一八三)。赴會途中,象山和其兄子壽之詩,有「易簡工夫終久大,支離事業竟浮沉」之句。朱子與象山會中商量數十折,可能是關於乾坤之易簡❶。吾人所知鵝湖話題,如是而已❷。旬日之間,並未提及尊德性與道問學。此會不歡而散,誠是事實。會後朱子書札中屢謂陸氏自信太過,規模狹窄,亦未嘗以尊德性而道問學爲爭論之點也。

歷來門戶之見,每以尊德性道問學對壘。始創之者,恐是象山本人。朱子曾致書項平父(項安世,嘉定元年戊辰,一二〇八,卒)云,「大抵子思以來教人之法,惟以尊德性道問學兩事爲

❶ 易經,繫辭上傳,第一章。
❷ 拙著朱學論集(臺北,學生書局,一九八二),頁二四一至二四五。

用力之要。今子靜（陸象山）所說，專是尊德性事，而熹平日所論，卻是問學上多了。所以為彼學者，多持守可觀，而看得義理，全不子細，又別說一種杜撰道理遮蓋，不肯放下。而熹自覺雖於義理上不敢亂說，卻於緊要為己為人上，多不得力。今當反身用力，去短集長，庶幾不墮一邊耳」❸。此是評己評人，集長補短，力求中庸之道。態度謙虛而公正。象山聞之曰，「朱元晦欲去兩短合兩長，然吾以為不可。既不知尊德性，焉有所謂道問學」❹？觀此可知象山不肯去短集長，而竟以朱子之「問學上多了」為「不知尊德性」。朱子果不知尊德性耶？今當嚴檢象山所言之是非。

中庸曰，「故君子尊德性而道問學，致廣大而盡精微，極高明而道中庸，溫故而知新，敦厚以崇禮」❺。朱子中庸章句註之曰，「尊德性，所以存心而極乎道體之大也。道問學，所以致知而盡乎道體之細也。二者修德凝道之大端也」❻。此註有三要點。一為等尊德性道問學於存心致知。二為尊德性與道問學極乎道體之大小。三為二者乃為學之大端。文集與語類關於尊德性道問學之討論，實不外乎此三點，比較詳細精微而已。

所可異者，文集與語類討論此題，並不多見。通計只二三十處，而大半在語類卷六十四討論中庸之語。然則此語在朱子思想系統中，實無重要之地位耶？何以引用此語之如是其少也？今請先述朱子對尊德性道問學之所見。

章句云，「尊者，恭敬奉持之意。德性者，吾所受於天之正理。道，由也」❼。又答門人問云，「德性猶言義理之性」❽。又曰，「尊只是把做一件物事，尊崇擡起他，道只是行，如去做他相似」❾。更詳言之云，「不過是『居處恭，執事敬』❿，『言忠信，行篤敬』⓫之類，都是德性。至於問學，卻煞闊，條項甚多。事事物物，皆是問學，無窮無盡。

……將這德性做一件重事，莫輕忽他。只此是尊。……且如這一柄扇，自家不會做。去問人扇如何做？人教之以如何做，如何做。既聽得了，須是去做這扇便得。如此方是道問學。若只問得去，卻掉下不去做，如此便不是道問學」⑫。

中庸由尊德性至崇禮，共爲十事。朱子以十件「無些子空闕處」⑬。此十件「固是一般，然又須有許多節奏方備」⑭。朱子同時亦分尊德性，致廣大，極高明，溫故，敦厚爲一頭項，道問學，盡精微，道中庸，知新，崇禮，爲另一頭項⑮。前項說行，後項說知⑯。前

---

③ 文集，卷五十四，答項平父第二書，頁五下至六上。

④ 象山全集（四部備要本），卷三十六，年譜，頁十一下。

⑤ 中庸，第二十七章。

⑥ 中庸章句，第二十七章。

⑦ 同上。

⑧ 語類，卷六十四，第一三一條（頁二五一七）。

⑨ 同上，第一五〇條（頁二五二二）。

⑩ 論語，子罕篇第十三，第十九章。

⑪ 同上，衞靈公篇第十五，第五章。

⑫ 語類，卷一一八，第八十八條（頁四五六八）。

⑬ 同上，卷六十四，第一五三條（頁二五二四）。

⑭ 同上。

⑮ 同上，第一五二條（頁二五二三）。

⑯ 同上，第一四〇條（頁二五一九）。

項爲大者五事，後項爲小者五事⑰。「尊德性至敦厚，此上一截，便是渾淪處。道問學至崇禮，此下一截，便是詳密處」⑱。「自尊德性至敦厚，凡五件，皆是德性上工夫。自道問學至崇禮，皆是問學上工夫」⑲。換言之，「尊德性，致廣大，極高明，溫故，敦厚，只是尊德性。盡精微，道中庸，知新，崇禮，只是道問學」⑳。於是「尊德性而道問學」總以下四句，亦猶尊德性道問學之兩件統八件也㉑。「尊德性而道問學一句是綱領。此五句上截皆是大綱工夫，下截是細密工夫。尊德性故能致廣大，極高明，溫故，敦厚。……道問學故能盡精微，道中庸，知新，崇禮」㉒。由是十事縮爲兩事，以至縮爲一事。朱子曰，「此本是兩事。細分則有十事。其實只兩事。兩事又只一事，只是箇尊德性。卻將箇尊德性來道問學。所以說尊德性而道問學也」㉓。

尊德性與道問學固是一事，然不害其爲二。兩者比較，問學功夫節目繁多，尊德性功夫則甚簡約㉔。尊德性爲本，爲大。道問學爲末，爲小。故「此學以尊德性求放心爲本」㉕。蓋尊德性是一箇「坯子」（三重山）。「有這坯子，學問之功方有措處」㉖，「不尊德性，則懈怠弛慢矣。學問何從而進」㉗？蓋不先立得大者，不能盡得小者也㉘。「能尊德性，便能道問學。所謂本得而末自順也」㉙。朱子晚年玉山講義云，「聖賢教人，始終本末，循循有序。精粗巨細，無有或遺。故才尊德性，便是箇道問學一段事。雖當各自加功，然亦不是判然兩事也。……故君子之學，既能尊德性以全其大，便須道問學以盡其小。……學者於此固當以尊德性爲主，然於道問學亦不可不盡其力。要當使之有以交相滋益，互相發明，則自然該貫通達，而於道體之全，無欠闕處矣」㉚。以尊德性爲本，而與道問學交相爲用，可謂之朱子晚年定論矣。此互用之旨，屢屢發諸言表。曰，「如今所說，卻只偏在尊德性上去，揀那便宜多底佔了。無道學底許多工夫，恐只是占便宜自了之學。出門動步便有礙，做一事不得」

⑰ 同上，第一五一條（頁二五二三）。又第一四八條（頁二五二一）；中庸或問（近世漢籍叢刊本）頁四十八下至四十九上，總頁九十六至九十七。
⑱ 同上，第一五九條（頁二五二六）。
⑲ 同上，第一四九條（頁二五二一）。又文集，卷七十四，玉山講義，頁二十一上下。
⑳ 同上，第一五〇條（頁二五二二）。
㉑ 同上，卷一一八，第八十八條（頁四五六九）。下文云，「致廣大，盡精微，極高明，道中庸，這四件屬尊德性。溫故，知新，敦厚，崇禮，這四件屬道問學」。註云，「按章句『尊德性，所以存心。致廣大，極高明。溫故，敦厚，皆存心之屬也。道問學，所以致知。盡精微，道中庸，知新，崇禮，皆致知之屬也』。此錄蓋誤」。今按此註與中庸章句文字不同，而意無異也。
㉒ 同上，卷六十四，第一五八條（頁二五二五）。
㉓ 同上，第一五四條（頁二五二四）。
㉔ 同上，第一四九條（頁二五二一）。
㉕ 文集，卷四十七，答呂子約第二十四書，頁二十四上。
㉖ 語類，卷六十四，第一四九條（頁二五二二）。
㉗ 同上，第一三二條（頁二五一七）。
㉘ 同上，第一五一條（頁二五二三）。
㉙ 同上，第一五二條（頁二五二三）。
㉚ 文集，卷七十四，玉山講義，頁二十一上下。

㉛。曰，「不如是，則所學所守，必有偏而不備之處」㉜。曰「兩腳」㉝，曰「兩邊做工夫」㉞，曰「互相爲用」㉟。又因門人去理會窮理工夫多，又漸漸不著已身，故教以尊德性㊱。其兩者交相爲用之意一也。

或謂以上所引，皆淳熙十年癸卯（一一八三）象山謂之不知尊德性以後之書札對話。豈非受象山之激刺，因而由偏於道問學一邊而轉向於兩邊並重耶？予應之曰：朱子致項平父書，只謂「學問上多了」，非謂偏於一邊也。因其「多了」，故要去短集長。即在十五年戊申（一一八八）以後，朱子仍認「某向來自說尊德性一邊輕了，今覺見未是」㊲。其未能全美，無可否認。然彼生平著作教人，均以「兩腳」爲主。如知行並進，居敬窮理，明誠兩進，敬義夾持，博文約禮，持敬致知，皆是兩輪兩翼，廢一不可。此等處皆與尊德性而道問學同義。朱子云，「博文是道問學之事，於天下事物之理，皆欲知之。約禮是尊德性之事，於吾心固有之理，無一息而不存」㊳。由此可以見之。最顯著者，莫如其引用伊川（程頤，一〇三三—一一〇七）「涵養須用敬，進學則在致知」㊴之言。朱子引此言與說尊德性道問學同一口氣㊵，則其採用程子之言，與其兩輪兩翼之意，無二致也。

王懋竑（一六六八—一七四一）云，「按自乾道六年庚寅（一一七〇）與呂東萊㊶、劉子澄㊷（劉清之，一一三九—一一九五）書，拈出程子兩語，生平學問大指，蓋定於此。即中庸『尊德性道問學』，易大傳之『敬以直內，義以方外』㊸。從古聖賢所傳，皆合符節。至（紹熙五年）甲寅（一一九四）與孫敬甫書云，『程夫子之言曰，「涵養須用敬，進學則在致知」』。此兩言者，如車兩輪，如鳥兩翼。未有廢其一而可行可飛者也』㊹，尤爲直截分明。蓋相距二十五年矣，而其言無毫髮異也」㊺。與呂劉兩書，遠在陸氏謂其不知尊德性之前，早已堅立其

「兩腳」之說矣。雖其教人說法，間有所獨重，而大旨始終不變也。

元儒吳澄（一二四九—一三三三）著尊德性道問學齋記，謂「程氏四傳而至朱。文義之精密，句談而字義，又孟氏以來所未有者。而其學徒往往滯於此而溺其心」㊻。即是謂朱子偏於道

㉛語類，卷一一七，第四十四條（頁四五〇四）。
㉜文集，卷三十七，與王龜齡書，頁九下至十上。
㉝語類，卷二十四，第十七條（頁九一八至九一九）。
㉞同上，卷六十四，第一五五條（頁二五二四）。
㉟同上，第一五八條（頁二五二五）。
㊱同上，卷一一四，第二十五條（頁四三九七）。
㊲同上，卷六十四，第一四九條（頁二五二二）。
㊳同上，卷二十四，第十七條（頁九一八至九一九）。又卷六十四，第一五六條（頁二五二四）。
㊴遺書（四部備要二程全書本），卷十八，頁五下。
㊵語類，卷六十四，第一五〇條（頁二五二二）。
㊶文集，卷三十三，答呂伯恭第四書，頁二下。
㊷同上，卷三十五，答劉子澄第二書，頁十二下。
㊸易經，坤卦，文言傳。
㊹文集，卷六十三，答孫敬甫第一書，頁十九上。
㊺朱子年譜（叢書集成本），考異，卷一，頁二六九。
㊻吳文正公全集（乾隆二十一年丙子，一七五六，本），卷二十二，尊德性道問學齋記，頁一下。

問學之意。故王陽明（王守仁，一四七二－一五二九）於其朱子晚年定論摘錄朱子三十四書之後㊼，幾全採此篇，以證陽明所謂朱子晚年趨於涵養，漸與其本人思想相同之說㊽。雖李祖陶跋齋記力言吳氏志在矯正末學而非以駁朱子。然影響所及，即黃宗羲（一六一〇－一六九五）亦以朱子「以道問學為主」㊾，而黃百家（壯年一六九五）沿之，亦謂「朱子主乎道問學」㊿。觀於上述朱子關於尊德性道問學之討論，此說不攻自破矣。

㊼ 傳習錄，卷下附。
㊽ 參看朱學論集，從朱子晚年定論看陽明之于朱子，頁二五三至二八三。
㊾ 宋元學案（四部備要本），卷五十八，象山學案，頁二上。
㊿ 同上，頁三上。

(四二)明與誠

朱子白鹿洞賦有「曰明誠其兩進，抑敬義其偕立」之語❶。前語出中庸「誠則明矣，明則誠矣」❷。後語出遺書「敬義夾持，直上，達天德自此」❸。朱子以此爲明道(程顥，一〇三二—一〇八五)語❹。敬義出自易經「敬以直內，義以方外」❺。自朱子以來，「明誠兩進，敬義夾持」，成爲理學名句。黃榦(一一五二—一二二一)復黃清卿書云，「明誠兩立，敬義夾持」❻。羅欽順(一四六五—一五四七)困知記卷一三引「誠明兩進」之言❼，黃宗羲(一六一〇—一六九五)明儒學案崇仁學案一則曰，「故必敬義夾持，明誠兩進」。再則曰，「所謂敬義夾持，誠明並進者也」❽。

❶ 文集，卷一，白鹿洞賦，頁二下。
❷ 中庸，第二十一章。
❸ 遺書(四部備要二程全書本)，卷五，頁二下。
❹ 語類，卷九十五，第一四一條(頁三八九一)。
❺ 易經，坤卦，文言。
❻ 勉齋集(四庫全書珍本)，卷十七，復黃清卿書，頁七上。
❼ 困知記(嘉靖七年戊子，一五二八，本)，卷一，頁九上，十六上，三十五下。
❽ 明儒學案(四部備要本)，卷一，崇仁學案，頁一上，二上。

最令人尋味者爲黃榦用「明誠」，羅欽順用「誠明」，黃宗羲則並用「明誠」與「誠明」，遂使予疑由宋而明，有自「明誠」而傾於「誠明」之趨勢。蓋朱子大學分章，以格物在先，誠意次之。其白鹿洞賦「明」先於「誠」，未必無故。陽明（王守仁，一四七二—一五二九）極端反對彼之分章，力主回復古本大學，以誠意在格物之前。是則陽明應用「誠明」而不用「明誠」。惟查傳習錄引中庸「誠則明矣，明則誠矣」之後，謂「明誠相生」而不謂「誠明相生」❾。此必非陽明自悖其說，而是行文之便耳。從黃宗羲之兩詞並用觀之，可知論點不在「明誠」與「誠明」之先後，而在性教之不同也。中庸云，「自誠明，謂之性。自明誠，謂之教」❿。朱子註此章云，「自，由也。德無不實而明無不照者，聖人之德，所性而有者也，天道也。先明乎善，而後能實其善者，賢人之學，由教而入者也，人道也」⓫。

聖人賢人之說，來自伊川（程頤，一〇三三—一一〇七）之顏子所好何學論。其言曰，「君子之學，必先明諸心，知所養，然後力行以求至，所謂自明而誠也。故學者必盡其心。盡其心，則知其性。知其性，反而誠之，聖人也」⓬。然朱子不盡依伊川明誠之說。伊川云，「自其外者學之而得於內者謂之明，自其內者得之而兼於外者謂之誠。誠與明則一也」⓭。又云，「孔子之道，發而爲行，如鄉黨⓮之所載者，自誠而明也。由鄉黨之所載，而學之以至於孔子者，自明而誠也。及其至焉一也」⓯。朱子評之曰，「程子諸說，皆學者所傳錄。其以內外道行爲誠明，似不親切。惟先明諸心一條，以知語明，以行語誠，爲得其訓，乃顏子好學論中語，而程子之手筆也」⓰。朱子謹守中庸之說，以性教爲兩塗。性之爲聖人之事，學之爲賢人之事。聖賢均有內外道行，故不可以之爲明誠之別也。

性教之別，張載（一〇二〇—一〇七七）最爲明晰。彼云，「須知自誠明與明誠者有異。自誠明者，先盡性以至於窮理也。謂先自其性理會來，以至窮理。自明誠者，先窮理以至於盡性也。謂先從學問理會，以推達於天性也」⑰。伊川以張子此說爲不然。或問，「橫渠（張載）言由明以至誠，由誠以至明，此言恐過當」。曰，「由明以至誠，此句卻是。由誠以至明，則不然。誠卽明也」⑱。朱子評之曰，「張子蓋以性教分爲學之兩塗，而不以論聖賢之品第。故有由誠至明之語。程子之辨，雖已得之，然未竟其立言本意之所以失也。其曰『誠卽明也』，恐亦不能無誤」⑲。

程子門人關於性教，各異其說。藍田呂氏（呂大臨，一〇四六—一〇九二）曰，「自誠明，性

---

⑨ 傳習錄，卷中，第一七一條答陸元靜第二書。
⑩ 同上註②。
⑪ 中庸章句，第二十一章。
⑫ 伊川文集（二程全書本），卷四，顏子所好何學論，頁一上。
⑬ 遺書，卷二十五，頁二上。
⑭ 論語，鄉黨篇第十，第二十章。
⑮ 遺書，卷二十五，頁六下。
⑯ 中庸或問（近世漢籍叢刊本），頁四十三上，總頁八十五。
⑰ 張子語錄（四部叢刊本），卷下，頁六下。又見張子全書（四部備要本），卷十二，語錄抄，頁七上。正蒙，誠明篇第六亦簡言之。
⑱ 遺書，卷二十三，頁三上。
⑲ 同上註⑯。

之者也。自明誠，反之者也。性之者，自成德而言，聖人之所性也。反之者，自志學而言，聖人之所教也。成德者，至於實然不易之地。理義皆自此出也。天下之理，如目覩耳聞，不慮而知，不言而喻。此之謂誠則明。志學者，致知以窮天下之理，則天下之理皆得，卒亦至於實然不易之地。至簡至易，行其所無事。此之謂明則誠」⑳。廣平游氏（游酢，一〇五三—一一二三）曰，「自誠明，由中出也。故可名於性。自明誠，自外入也。故可名於教。誠者因性，故無不明。明者致曲，故能有誠」㉑。龜山楊氏（楊時，一〇五三—一一三五）曰，「自誠而明，天之道也。故謂之性。自明而誠，人之道也。故謂之教。天人一道，而心之所至，有差焉，其歸則無二致也。故曰，誠則明矣，明則誠矣」㉒。游氏以內外為言，楊氏以誠明歸一，均如伊川本人之說，而朱子以為不親切者。朱子評三氏云，「呂氏性教二字得之，而於誠字以至簡至易，行其所無事為說，則似未得其本旨也。且於性教，皆以至於實然不易之地為言，則『至於』云者，非所以言性之事，而『不易』云者，亦非所以申實然之說也。然其過於游楊則遠矣」㉓。朱子注重窮理盡性，戒懼謹愼，非以至簡至易，行其所無事也。其批評實然不易之語，則似太過。理之實然不易，朱子亦常言也。

為性為教，朱子皆從賢人學者方面著想。故謂「『自誠明，謂之性』，此『性』字便是性之也。『自明誠，謂之教』，此『教』字是學之也」㉔。「性之」「學之」，均是動詞，卽窮理盡性之意。故朱子又云，「『自誠明』，性之也。『自明誠』，充之也」㉕。是卽孟子所謂「凡有四端（仁義禮智）於我者，知皆擴而充之」㉖。

朱子謂伊川「誠卽明也」之言，不能無誤，然未申其說。語類記載一條，可以視為答案。朱子云，「以誠而論明，則誠明合而為一。以明而論誠，則誠明分而為二」㉗。此乃一而二，二而一之意。故謂「及其至焉一也」可，「其歸則無二致」亦無不可。惟「誠卽明也」，則不分聖賢性敎之分。恐學者偏於自誠，而忽略自明而誠之功。朱子蓋從學者著想，必先爲賢人之事，由學以至於聖人。畢竟白鹿洞書院爲學者而設。明先乎誠，蓋此意歟。至於誠與明旣是一而二，二而一，無怪黃宗羲「明誠」與「誠明」並用也。

陽明亦爲聖人賢人之分。以爲「率性是誠者事，所謂『自誠明，謂之性』也。修道是誠之者事，所謂『自明誠，謂之敎』也。聖人率性而行卽是道。聖人以下，未能率性，於道未免有過不及，故須修道。……則道便是箇敎」㉘。然人人具有良知。能致良知，「不欺則良知無所僞而誠，誠則明矣。自信則良知無所惑而明，明則誠矣」㉙。到底「精則明，精則

⑳ 中庸或問（四庫全書珍本，六集，四庫大全本），卷下，頁五十四下引。
㉑ 同上。致曲有誠，見中庸，第二十三章。
㉒ 同上。
㉓ 同上，頁五十三下至五十四上。
㉔ 語類，卷六十四，第四十三條（頁二四八九）。
㉕ 同上，第四十四條（頁二四八九）。
㉖ 孟子，公孫丑篇第二上，第六章。
㉗ 語類，卷六十四，第四十六條（頁二四八九）。
㉘ 傳習錄，卷上，第一二七「馬子莘」條。
㉙ 同上，卷中，第一七一「不逆」條。

一，精則神，精則誠。一則精，一則明，一則神，一則誠。原非有二事也」㉚。在王則誠明爲一，在朱則誠明可一可二。朱子與陽明，於大學格物誠意之先後，已不能融合，宜乎明與誠亦不能歸一矣。

㉚同上，第一五三「精一」條。

（四三）四端與七情

朱子謂四端❶是理之發，七情❷是氣之發❸，引起韓國理學家一場大辯論。李退溪（李滉，一五〇一—一五七〇）釋鄭秋巒（鄭之雲）天命圖引朱子之言，謂四端皆善而七情善惡未定。其徒奇高峯（奇大升，一五二七—一五七二）以如是則析理氣爲二。於是四七問題成爲理氣一二或先後問題。兩者辯論四七，無慮萬餘言。以後李栗谷（李珥，一五三六—一五八四）等繼續討論，結果爲韓國理學爭論最烈之點。比朱子與象山（陸九淵，一一三九—一一九三）太極之辯或與同甫（陳亮，一一四三—一一九四）王霸之辯，超而上之。歷年之久，堪與我國明清陽明（王守仁，一四七二—一五二九）朱子晚年定論之辯比擬。

韓國理學家以四端與七情對論。我國理學家則否。二程（程顥，一〇三二—一〇八五，與程頤，一〇三三—一一〇七）好言四端，少言七情。陽明傳習錄雖屢言七情，然不與性對。只言本心至善，不言四端。兩國傳統如此，其故安在？朱子謂四端是理之發，七情是氣之發，顯是以四端對七情。韓國四七之對，可謂溯源朱子。然程朱及以後之理學家言性皆言中庸之喜怒哀樂❹而不言禮記禮運之喜怒哀懼愛惡欲。朱子說四端處極多，說七情處甚少。予以四七之辯，

❶孟子，公孫丑篇第二上，第六章，「惻隱之心，仁之端也。羞惡之心，義之端也。辭讓之心，禮之端也。是非之心，智之端也」。

❷禮記，禮運篇，第二十三節，「何謂人情？喜怒哀懼愛惡欲，七者弗學而能」。

❸語類，卷五十三，第八十三條（頁二〇六〇）。

不發生於我國理學，其故有二。一爲性情問題，如已發未發，中庸，中和等等，皆基於中庸首章而不基于禮記。禮記雖是六經之一，且中庸是其一篇。然此一篇，宋梁時代已特別受人注意。宋戴顒（三七八—四四一）著禮記中庸傳二卷。梁武帝（五〇二—五四九）著中庸講疏一卷。到唐李翺（壯年七九八）著中庸說一卷，且其論復性，大受中庸影響。張載（一〇二〇—一〇七七）年十八，見范仲淹（九八九—一〇五二）。范氏勸其讀中庸❺。至朱子集大學，論語，孟子，中庸爲四書，又著中庸章句，中庸或問，與中庸輯略。中庸傳統遂成理學一中堅。韓國無此傳統也。於是中庸之喜怒哀樂在韓不顯，而禮記之七情佔其前鋒。

我國另一傳統爲配合。漢代以來，八卦五行，均有所配。故理學家以元亨利貞❻配仁義禮智春夏秋冬等等。七情則難於分配。門人劉圻父（劉子寰，嘉定十年丁丑，一二一七，進士）問七情分配四端。朱子曰，「喜怒愛惡是仁義。哀懼主禮。欲屬水，則是智。且麁惡地說，但也難分」❼。如此分配，不特不勻，且亦太勉強。又有門人問，「喜怒哀懼愛惡欲是七情，論來亦自性發。只是怒自羞惡發出。如喜怒哀欲恰都自惻隱上發」。朱子曰，「哀懼是那箇發？看來也只是從惻隱發，蓋懼亦是怵惕之甚者。但七情不可分配四端。七情自於四端橫貫過了」❽。語類四端七情對話，只此兩處。比韓國駁論幾百年，相去遠矣。

❹ 中庸，第一章。
❺ 張子全書（四部備要本），卷十五，行狀，頁十一上。
❻ 易經，乾卦之四德。
❼ 語類，卷八十七，第八十七條（頁三五五九）。
❽ 同上，第八十五條（頁三五五八）。

(四四) 知行合一之先聲

語類載門人問云，「有知其如此而行又不如此者，是如何」？朱子曰，「此只是知之未至」。問，「必待行之皆是而後驗其知歟」？曰，「不必如此說。而今說與公是知之未至，公不信。且去就格物窮理上做工夫。窮來窮去，末後自家眞箇見得此理是善與是惡，自心甘意肯不去做，此方是意誠。若猶有一毫疑貳底心，便是知未至，意未誠。久後依舊去做。然學者未能便得恁地。須且致其知，工夫積累，方會知至」❶。朱子所重，仍在知至。但此處不言知至然後意誠，截然分作兩事。知而不行，只是知之未至，與陽明（王守仁，一四七二－一五二九）「未有知而不行者。知而不行，只是未知」❷之言，如出一轍。又不必說必待行之皆是而後驗其知。陽明亦云，「必說一個行，方纔知得眞，此是古人不得已補偏救弊的說話」❸。朱子雖謂末後見得此理，甘意不肯爲惡，又云工夫積累，方能知至，然見理知至，則意必誠，自然爲善去惡。故云不行只是未知而不云必待行之皆是而後爲眞知也。陽明亦云，「在常人不能無私意障碍，所以須用致知格物之功，勝私復理。卽心之良知，更無障碍，得以充塞流

❶ 語類，卷十五，第一百條（頁四八二至四八三）。
❷ 傳習錄上，第五「愛因」條。
❸ 同上。

行，便是致知。致知則意誠」❹。

朱子門人陳淳（一一五九—一二二三）更爲明顯。與弟子陳伯澡云，「愚之所謂眞能知則眞能行，行之不力，非行之罪，由知之不眞切者，乃就窮格一節，說個盡頭，兼與行相關云耳。……要之以極至而論，知與行其實只是一事，不是兩事。凡以知行爲兩事，或分輕重緩急者，皆是未曾切己眞下功夫，徒獵皮膚之故耳。眞切己下致知功夫者，念念每與行相顧。知得如是而行不去，便就步頭思所以窒礙如何，而求必通之故。則知益精細，而所行益縝密。眞切己下力行功夫者，步步與知相照應。行得如是而不知其理之所以然，節目必疎率，不合聖賢之成法。須知其理昭昭在目前，則行去便無礙，而叫知益澄清。知始終副行，行始終靠知。正如行路，目足相應。目顧足，足步目。……知至知終，皆致知之屬。至之終之，皆力行之屬。今於始條理以知至爲主，而必繼以至之。於終條理以終之爲主，而必繼於知終之下。知與行終始常相依，而不能相離，則聖人精密之意可見矣」❺。又答伯澡云，「其爲工夫大要處，亦不過致知力行二事而已。二者皆當齊頭著力並做。不是截然爲二事，先致知了，然後力行。只是一套底事。眞能知則眞能行。行之不力，非行之罪。皆由知之不眞切。須到見善眞如好好色，見惡眞如惡惡臭，然後爲知得親切，而謂知之至，則行之力卽便在中矣」❻。陽明云，「只說一箇知，已自有行在」❼。兩者之言，若合符節。

伊川（程頤，一〇三三—一一〇七）有云，「只是要一箇知見難。……人旣能知見，豈有不能行」❽？黃宗羲（一六一〇—一六九五）評之曰，「伊川先生已有知行合一之言矣」❾。予敢謂朱子更進一步，蓋伊川尚未解明何以必行。朱子則解知之至則意必誠，而爲陽明直接之先聲也。然而陽明主旨在乎良知，良知卽是良行。其不行者，則是人欲之阻碍。在朱子則或因氣質之偏，故需用力。知行合一，在朱子是用力之功，在陽明則本生已然，此其所謂良也。故知行合一之高峯，仍屬陽明。

❹ 同上，第八「又曰知是」條。
❺ 北溪大全集（四庫全書珍本），卷二十八，與陳伯澡論李公晦往復書，頁七下至九下。
❻ 同上，卷二十六，答陳伯澡，頁一下。
❼ 傳習錄上，第五「愛因」條。
❽ 遺書（四部備要二程全書本），卷十七，頁五下至六上。
❾ 宋元學案（四部備要本），卷十五，伊川學案，頁九下。

（四五）朱子與靜坐

朱子是否常常靜坐，無從考據。據所知，語類有兩段話記其靜坐。嘗云，「看文字罷，常且靜坐」❶。又云，「某如今雖便靜坐，道理自見得，未能識得涵養箇甚」❷。文集答友人潘叔昌（潘景愈）云，「熹以目昏，不敢著力讀書。閒中靜坐，收斂身心，頗覺得力」❸。與友人林井伯（林成季）書云，「某今年頓覺衰憊，異於常時。百病交攻，支吾不暇。服藥更不見効。只得一兩日靜坐，不讀書則便覺差勝」❹。答門人蔡季通（蔡元定，一一三五—一一九八）曰，「近覺讀書損耗心目，不如靜坐，省察自己爲有功。幸試爲之，當覺其効也」❺。可知朱子時常靜坐。其個人實習，當然因其有益。至原則上應否人人靜坐，則不可以一概論。嘗語學子，「閑時若靜坐些小也不妨」❻。答門人黃子耕（黃罃，一一四七—一二一二），則更積極，教其「病中不宜思慮。凡百可且一切放下，專以存心養氣爲務。但加趺靜坐，目視鼻端，注心臍腹之下。久自溫暖，卽漸見功効矣」❼。甘道士築室藏書，朱子則勸其「不如學靜坐，閑讀舊書」❽。答另一學者，則不甚贊成。問打坐也是工夫否？朱子答曰，「也有不要打坐底。若杲老（大慧普覺禪師，一〇八九—一一六三）之屬，他最說打坐不是」。又問「而今學者去打坐後坐得瞌睡時，心下也大故定」。朱子云，「瞌睡時卻不好」❾。此非朱子自相矛盾，而乃朱子因人施教，對症發藥。非謂靜坐本身之良與不良也。

朱子亦無一定之靜坐方式與工夫。然朱子所需靜坐條件，所云有二。一爲自然，一爲讀書。門人問靜坐用功之法，答曰，「靜坐只是恁靜坐。不要閑勾當，不要閑思量。也無法」。問，「靜坐時思一事，則心倚靠在事上。不思量則心無所倚靠。如何」？曰，「不須得倚靠。若然，又是道家數出入息，目視鼻端白一般。他亦是心無所寄寓，故要如此倚靠。若不能斷得思量，又不如且恁地，也無害」❿。又有門人欲專務靜坐。朱子勸其不要「墮落那一邊去，只是虛著此心」⓫。換言之，心無所住，乃是自然。門人因習靜坐後遂有厭書册之意。朱子戒之曰，「豈可一向如此？只是令稍稍虛閑，依舊自要讀書」⓬。朱子嘗教郭友仁

❶ 語類，卷一一六，第二十八條（頁四四五三）。
❷ 同上，卷九，第三十二條（頁二四一）。
❸ 文集，卷四十六，答潘叔昌第五書，頁二十一下至二十二上。
❹ 同上，別集，卷四，與林井伯第九書，頁十四下。
❺ 同上，續集，卷二，答蔡季通第五十四書，頁十三上。
❻ 語類，卷二十六，第六十三條（頁一〇五四）。
❼ 文集，卷五十一，答黃子耕第九書，頁二十七上。
❽ 同上，卷六十三，答甘道士，頁九下。
❾ 語類，卷一一六，第二條（頁四四四一）。杲老語類誤作「果若」。
❿ 同上，卷一二〇，第十六條（頁四六〇八至四六〇九）。
⓫ 文集，卷六十，答潘子善第五書，頁二十七上下。
⓬ 語類，卷一一三，第四十一條（頁四三八四）。

半日靜坐，半日讀書，蓋針對友仁個人之弱點也⓭。在朱子之意，靜坐讀書，當視爲一途。朱子云，「人也有靜坐無思念底時節，也有思量道理底時節。豈可畫爲兩塗，說靜坐時與讀書時工夫迥然不同？……今人之病，正在於靜坐讀書時二者工夫不一，所以差」⓮。靜坐讀書，固然並重，然亦有先後之可言。答友人周深父云，「人要讀書，須是先收拾身心，令稍安靜，然後開卷，方有所益。……但且閉門端坐，半月十日，卻來觀書，自當信此言之不妄也」⓯。

朱子相信善於靜坐，則一方可以栽培涵養，一方可以明曉道理。朱子嘗告門人曰，「昔陳烈先生苦無記性。一日讀孟子『學問之道無他，求其放心而已矣』⓰，忽悟曰，『我心不曾收得，如何記得書』？遂閉門靜坐，不讀書百餘日，以收放心。卻去讀書，遂一覽無遺」⓱。朱子論靜有云，「須是靜坐，方收斂」⓲。論乾者天之性情，曰，「如一箇剛健底人，雖在此靜坐，亦專一而有箇作用底意思」⓳。論張子橫渠（張載，一〇二〇—一〇七七）「息有養，瞬有存」⓴之言，以爲「雖靜坐亦有所存主始得。不然，兀兀而已」㉑。如是收斂，專一，存養，打成一片，故「靜坐則本原定」㉒，故「靜坐無閑雜思慮，則養得來便條暢」㉓。答門人熊夢兆書云，「靜坐而不能遣思慮，便是靜坐時不曾敬」㉔。然靜坐又可以有助於敬。「今人皆不肯於根本上理會。如敬字，只是將來說，更不做將去。根本不立，故其他零碎工夫無湊泊處。……看來須是靜坐」㉕。持敬工夫，誠如答門人李守約（李閎祖，嘉定四年辛未，一二一一，進士）書所云，「但只大綱收斂，勿令放逸。到窮理精後，自然思慮不至妄動。凡所營爲，無非正理，則亦何必兀然靜坐，然後爲持敬哉」㉖？

涵養須靜坐，明理亦然。朱子曰，「須是去靜坐體認，方可見得四時運行，萬物始終」

㉗。蓋「讀書閑暇，且靜坐，教他心平氣定，見得道理漸次分曉」㉘。如思慮又生，則是未熟。問，「靜坐觀書，則義理浹洽。到幹事後看，義理又生，如何」？朱子答云，「只是未熟」㉙。上文謂不遣思慮爲不敬，並非屏去思慮之意。所謂遣思慮者，乃排除慌亂之心思而

---

⑬ 參看頁三〇八，「半日靜坐，半日讀書」條。
⑭ 語類，卷十二，第一四二條（頁三四七）。
⑮ 文集，卷六十三，答周深父，頁三十八上。
⑯ 孟子，告子篇第六上，第十一章。
⑰ 語類，卷十一，第十條（頁二八〇）。
⑱ 同上，卷十二，第一三七條（頁三四五）。
⑲ 同上，卷六十八，第二十三條（頁一六八四）。
⑳ 張子全書（四部備要本），卷三，正蒙，有德篇第十二，頁九上。
㉑ 語類，卷一一八，第四十條（頁四五四五）。
㉒ 同上，卷十二，第一四〇條（頁三四五）。
㉓ 同上，第一三八條（頁三四五）。
㉔ 文集，卷五十五，答熊夢兆，頁二十四下。
㉕ 語類，卷十二，第八十四條（頁三三四）。
㉖ 文集，卷五十五，答李守約第一書，頁八下。
㉗ 語類，卷七十四，第一三〇條（頁三〇二二）。
㉘ 同上，卷十一，第十九條（頁二八三）。
㉙ 同上，卷一一七，第二十八條（頁四四九一）。

已。苟無思慮，便是兀坐而非靜坐矣。問，「每日暇時略靜坐以養心，但覺意自然紛起，要靜越不靜」。朱子答曰，「程子（程頤，一〇三三—一一〇七）謂心自是活底物事㉚。如何窒定敎他不思？只是不可胡亂思」㉛。問門人童伯羽（一一四四—一一九〇後）如何用工，曰，「學靜坐，痛抑思慮」。朱子曰，「痛抑也不得。只是放退可也。若全閉眼而坐，卻有思慮矣」。又言，「也不可全無思慮。無邪思耳」㉜。

既然涵養明察，便要力行。此是儒家明辨篤行之旨，靜坐為一途徑耳。或問「靜坐久之，一念不免發動，當如何」？曰，「也須看一念是要做甚麼事。若是好事，合當做的事，須去幹了。或此事思量未透，須着思量敎了。若是不好底事，便不要做」㉝。「既為人，亦須着事君親，交朋友，綏妻子，御僮僕。不成捐棄了，閉門靜坐。事物來時，也不去應接，云且待我去靜坐，不要應。又不可只茫茫隨他事物中走。二者中須有箇商量倒斷始得。這處正要着力做工夫」㉞。又云，「人須通達萬變，心常湛然在這裏。亦不是閉門靜坐，塊然自守。事物來也須去應」㉟。總之，「無事靜坐，有事應酬。隨時處無非自己身心運用」㊱。此雖以先後言，實則靜中有動，坐裏有行也。或問「初學精神易散。靜坐如何」？答曰，「此亦好。但不專在靜處做工夫。動作亦須體驗。聖賢敎人，豈專在打坐上？要是隨處着力，如讀書，如待人處事。若動若靜，若語若默，皆當存此」㊲。

從上所述，則朱子所言之靜坐，與禪定迥然不同。或問「不拘靜坐與應事，皆要專一否」？曰，「靜坐非是要如坐禪入定，斷絕思慮。只收斂此心，莫令走作閑思慮，則此心湛然無事，自然專一。及其有事，則隨事而應。事已則復湛然矣」㊳。「專一靜坐，如浮屠氏塊然獨處，更無酬酢，然後為得。吾徒之學，正不如此。遇無事時則靜坐，有書則讀書。以至接物處事，常教此心晗晗地，便是存心。豈可凡百放下，祇是靜坐」39？或問「疲倦時靜坐少頃，可否」？曰，「也不必要似禪和子樣去坐禪，方爲靜坐。但只令放教意思靜便了」40。且釋子坐禪，乃爲坐禪而坐禪。「今若無事，固是只得靜坐。若特地將靜坐做一件工夫，則卻是釋子坐禪矣」41。

朱子靜坐之教，從何而來？當然最初爲李侗（稱延平先生，一〇九三——一一六三）。李侗教學者於靜坐時看喜怒哀樂未發之氣象42，朱子不能無疑。或問，「近見廖子晦（廖德明，乾道五年己

30 遺書（四部備要二程全書本），卷五，頁一上。
31 語類，卷一一八，第七十九條（頁四五六二至四五六三）。
32 同上，第一條（頁四五二五）。
33 同上，卷十二，第一二八條（頁三四三）。
34 同上，卷四十五，第五十四條（頁一八四四）。又見卷十二，第一四三條（頁三四七）。
35 同上，卷一一五，第三十五條（頁四四二九）。
36 文集，卷六十一，答林德久第九書，頁十二上。
37 語類，卷一一五，第三十一條（頁四四二七）。
38 同上，卷十二，第一四一條（頁三四五至三四六）。
39 同上，卷一一五，第十四條（頁四四二一）。
40 同上，卷十二，第一三九條（頁三四五）。
41 文集，卷六十二，答張元德第七書，頁六上。
42 延平答問（寶誥堂朱子遺書本），頁十三下。

丑，一一六九，進士）言今年見先生問延平先生靜坐之說，先生頗不以爲然。不知如何」？曰，「這事難說。靜坐理會道理，自不妨。只是討要靜坐則不可。理會得道理明透，自然是靜。今人都是討靜坐以省事則不可。嘗見李先生說，舊見羅先生（羅從彥，一〇七二—一一三五）說春秋，頗覺不甚好。不知到（廣東）羅浮靜極後，又理會得如何？某心常疑之。以今觀之是如此。蓋心下熱鬧，如何看得道理出？須是靜，方看得出。所謂靜坐，只是打疊得心下無事，則道理始出。道理既出，則心下愈明靜矣」㊸。又曰，「某舊見李先生嘗教令靜坐。後來看得不然。只是一箇敬字好」㊹。問，「先生所作李先生行狀云『終日危坐，以驗夫喜怒哀樂之前氣象如何，而求所謂中者』㊺，與伊川（程頤）之說『靜便是動，靜中有理』㊻若不相似」。曰，「這處是舊日下得語太重。今以伊川之語格之，則其下工夫處，亦是有些子偏。只是被李先生靜得極了，便自見得是有箇覺處，不似別人。今終日危坐，只是且收斂在此，勝如奔馳。若一向如此，又似坐禪入定」㊼。

朱子於程李兩說，雖謂各有短長，終以程說爲是。門人楊道夫（字仲思）問曰，「李延平教學者於靜坐時看喜怒哀樂未發之氣象爲如何。伊川謂既思卽是已發㊽。……二先生之說何從」？曰，「也只得依程先生之說」㊾。上述伊川言中，均是伊川答蘇季明之問。季明問靜坐時是說未發之前，伊川以祭祀前旒䪼纊答之㊿。朱子曰，「前旒䪼纊，非謂全不見聞」(51)。季明問「喜怒哀樂未發之前下動字，下靜字」？伊川云，「謂之靜則可，然靜中須有物」(52)。問，「謂之無物則不可，然自有知覺處」。伊川曰，「既有知覺，卽是動也」(53)。朱子謂「此恐伊川說得太過。……今未曾知覺甚事，但有知覺在，何妨其爲靜？不成靜坐便只是瞌睡」(54)？是則朱子對於伊川動靜之說，有贊成有不贊成。惟於伊川教人靜坐，大致因襲其說。答門人潘謙之（潘柄，約乾道四年戊子，一一六八，生）書有云，「所示問目如伊川亦有時教人靜坐。然孔孟以上，卻無此說。須要從上推尋，見得靜坐與觀理兩不相妨，乃爲的當爾」㊺。門人問伊川嘗教人靜坐如何？曰，「亦是他見人要多思慮，且以此教人收拾此心耳。若初學者當如此」㊻。伊川見人靜坐，便嘆其善學㊼，朱子以爲「這卻是一箇總要處」。並釋

㊸ 語類，卷一〇三，第十一條（頁四一三五至四一三六）。
㊹ 同上，卷一二〇，第一〇五條（頁四六五四）。
㊺ 文集，卷九十七，延平先生李公行狀，頁二十七下。
㊻ 遺書，卷十八，頁十五上。
㊼ 語類，卷一〇三，第二十七條（頁四一三九）。
㊽ 遺書，卷十八，頁十四下。
㊾ 語類，卷一一五，第十一條（頁四四一八至四四一九）。
㊿ 遺書，卷十八，頁十五下。
51 語類，卷九十六，第四十二條（頁三九二〇）。
52 同上註㊿。
53 遺書，卷十八，頁十五上。
54 語類，卷九十六，第四十七條（頁三九二三至三九二四）。
55 文集，卷五十五，答潘謙之第二書，頁一上下。
56 語類，卷一一九，第十二條（頁四五八八）。
57 外書（二程全書本），卷十二，頁九下。

之曰，「且如看大學『在明明德』58一句，須常常提醒在這裏。他日長進，亦只在這裏。人只是一箇心做本。須存得在這裏，識得他條理，脈絡自有貫通處」59。

由上可見伊川靜坐之說，對朱子曾發生重大之作用。然此非謂程氏兄弟兩人，只小程子影響朱子。兄弟二人意見相同，靜坐之說，無以異也。朱子曰，「明道（程顥）延平皆教人靜坐。看來須是靜坐」60。又云，「明道教人靜坐，李先生亦教人靜坐。蓋精神不定，則道理無湊泊處」61。明道何故教人靜坐，尚未明言。朱子答門人張元德（張洽，一一六一—一二三七）則云，「明道教人靜坐，蓋爲是時諸人相從。只在學中，無甚外事，故教之如此」62。此或當時實際情形。然明道教靜坐，必如伊川，自有其積極之因素。觀明道之訓謝上蔡（謝良佐，字顯道，一〇五〇—約一一二〇），可以知之。朱子嘗告門人云，「昔明道在（河南）扶溝謂門人曰，『爾輩在此只是學某言語。盍若行之』？謝顯道請問焉。卻云，『且靜坐』」63明道並未申明何以需要靜坐，但靜坐方能理會，不問可知。朱子敍述此事，不只一次。某次云，「明道在扶溝時，謝（謝良佐）游（游酢，游定夫，一〇五三—一一二三）皆在彼問學。明道一日曰，『諸公在此只是學某說話。何不去力行』？二公云，『某等無可行者』。明道曰，『無可行時且去靜坐。蓋靜坐時便涵養得本原稍定。雖是不免逐物，及自覺而收斂歸來，也有箇着落』64。此處說出靜坐功能，與伊川同。朱子尚有一次舉明道教上蔡且靜坐，曰，「彼時卻在扶溝縣學中。明道言賢只是聽某說話，更不去行。上蔡對以無可行處。明道教他且靜坐。若是在家有父母，合當奉養。有事務，合當應接。不成只管靜坐休」65。此處特重力行，正是儒家本色。

日本柳川剛義曾集文集語類靜坐之語三十餘條爲靜坐集說，載佐藤直方全集卷三。日本大儒佐藤直方（一六五〇—一七一九）享保二年丁酉（一七一七）爲之序。所錄未全，蓋在擇要。如文集答熊夢兆李守約書與語類朱子論延平靜坐等十餘條，尚付缺如。然比我國尚無此集，已勝一籌矣。以上皆從靜坐之狹義而言，故所採錄皆有「靜坐」「打坐」等字。敍述朱子言廣義之靜，則錢穆朱子新學案第二册朱子論靜，甚詳，至足參考。

58 大學經文。
59 語類，卷十一，第十九條（頁二八三）。又見卷九十六，第五十七條（頁三九二六）。
60 同上，卷十二，第八十四條（頁三三四至三三五）。
61 同上，第一三七條（頁三四五）。
62 文集，卷六十二，答張元德第七書，頁六上。
63 語類，卷一一四，第三十四條（頁四四〇一）。
64 同上，卷九十六，第五十六條（頁三九二六）。
65 同上，卷二十六，第六十三條（頁一〇五四）。

（四六）半日靜坐半日讀書

朱子門人郭友仁，字德元。楚州山陽縣（今江蘇淮安縣）人。寓（浙江）臨安。凡紀錄朱子門人如考亭淵源錄，儒林宗派，朱子實紀，經義考，皆無其人事蹟。宋元學案且不記錄。只宋元學案補遺補數十字。王梓材（一七九二—一八五一）案云，「朱子語類載先生（友仁）所錄『問吾友昔從曾大卿游。于其議論云何』？云云。曾大卿蓋謂農卿曾原伯也」❶。卽指郭友仁曾學於曾大卿。梓材考據甚精，今則偶誤。查語類卷一一八第十五至二十九條，皆朱子訓門人鄭可學（字子上）。第二十八條之問吾友，乃問鄭可學而非問鄭友仁。梓材因第三十條爲友仁所錄而誤耳。然此可證友仁之事蹟無考。

關於友仁。只靠語類卷一一六第四十八至五十五條朱子訓友仁八則。其中一條云，「公向道甚切，也曾學禪來。……未能博文，便要約禮。窮理處不曾用工。……德元卻於此理見得彷彿。惜乎不曾多讀得書。……更須痛下工夫讀書始得」❷。又一條云，「公不可欲速。且讀一小段，若今日讀不得，明日又讀。明日讀不得，後日又讀」❸。全部八條幾集中於如何讀書。又云，「公今須是逐一些子細理會始得，不可如此鹵莽」❹。「讀書者當將此身葬在此書中。行住坐臥，念念在此。誓以必曉徹爲期。看外面有甚事，我也不管。只恁一心在書上，方謂之善讀書」❺。此乃教其專一。故其告行之日，朱子謂之曰，「人若於日間閑言語省得一兩句，閑人客省見得一兩人，也濟事。若渾身都在鬧場中，如何讀得書？人若逐日無事，有見成飯喫，用半日靜坐，半日讀書，如此一、二年，何患不進」❻？

朱子門徒甚多。每人背境性格，均皆熟識。其訓門人，皆因病施藥。於德元則教之靜坐讀書，於楊道夫則不然，是其一例。謂道夫曰，「仲思（道夫之字）早來所說專一靜坐，如浮屠氏塊然獨處，更無酬酢，然後爲得。吾徒之學，正不如此。遇無事則靜坐，有書則讀書。以至接物處事，常教心光晗晗地，便是存心。豈可凡百放下，祇是靜坐」❼？同是專一，一則靜坐專一，一則處事專一。所訓不同，蓋其個性有異也。

清儒顏元（號習齋，一六三五—一七〇四）對「半日靜坐，半日讀書」八字，有狂烈之反應。其言曰，「朱子半日靜坐，是半日達磨也。半日讀書，是半日漢儒也。試問十二箇時辰，那一刻是堯舜周孔乎？宗朱者可以思矣」❽。顏氏之顛倒是非，實所罕見。朱子只對此門徒一人如是教訓，並非教人人如是。卽訓友仁亦無事時然後如此實習，非絕無酬酢，而專靜坐讀書也。今顏元乃誣朱子以半日靜坐，半日讀書爲一般人之生活方式，又誣朱子所謂靜坐如菩提

❶ 宋元學案補遺，（四明叢書本），卷六十九，滄洲諸儒學案補遺上，頁一九〇上。
❷ 語類，卷一一六，第五十條（頁四四七〇）。
❸ 同上，第五十四條（頁四四七二）。
❹ 同上，第四十八條（頁四四六九）。
❺ 同上，第五十三條（頁四四七二）。
❻ 同上，第五十五條（頁四四七四）。
❼ 同上，卷一一五，第十四條（頁四四二一）。
❽ 顏李叢書（四存學會本）第六册，朱子語類評，頁二十四上。

達磨（約四六〇—五三四在華）之擯去外務，面壁九年，所謂讀書如漢儒之訓詁，堯舜周孔之經世，一律不管。實際上顏元並不相信朱子如此。彼反對宋儒性命之學，提倡實用。思以革命口號，打倒權威。因而故爲顚倒是非，亂唱口號。五四運動以後之新思潮運動以及中共之排擊理學，一犬吠形，百犬吠聲。凡攻朱子者，皆呼打倒半日靜坐，半日讀書之口號，而顏元儼然取堯舜周孔之地位而代之矣。然錢穆謂顏元爲不讀書。對顏氏半日靜坐，半日讀書之反應，有如下之評論：

> 「語類中只此一條提到半日靜坐半日讀書語，然此乃朱子對郭德元一人言之。儻逐日無事，有現成飯喫，在家半日讀書半日靜坐亦無不可，如此一二年，有進步了，到時當自有更進一步之工夫。朱子並不曾教人都閉門在家，半日靜坐，半日讀書。亦未嘗教郭德元常此半日靜坐，半日讀書。陸稼書文集有讀告郭友仁語一篇，謂友仁曾學禪，所記恐失真。又謂以此兩語為朱子教人之法，乃出陳幾亭。今按高景逸困學記自言，在赴揭陽舟中，嚴立規程，以半日靜坐，半日讀書，此乃在旅途中兩月如此。劉蕺山讀書說則云，「朱夫子嘗言，『學者半日靜坐，半日讀書，如此三五年，必有進步可觀』。今當取以為法」。此皆在明晚時。習齋不深考，乃拈此八字批評朱子，是亦不讀書之過」❾。

謂之「不讀書」，乃是忠厚之言。其實顏元讀朱子書，無孔不入。其朱子語類評，志在攻擊朱子，故不惜扭曲穿鑿，以朱子一時訓一門徒之言，爲一般教人之方。此或顏元步陳龍正(字幾亭，一五八五—一六四五)之後塵。龍正云：「文公提出半日靜坐，半日讀書。此固爲學至切要之法。然值無事時方可行。居官居家，難盡如意」❿。龍正奉之爲法，且無事方做。顏元則棄如敝屣，固大不相同也。明人大概崇奉朱子。錢穆所舉高景逸劉蕺山兩例，可以見之。高景逸(高攀龍，一五六二—一六二六)自述云：「(萬曆二十二年)甲午(一五九四)秋赴(廣東)揭陽……于舟中厚設蓐席，嚴立規程，以半日靜坐，半日讀書。……在路二月，幸無人事，而山水清美，主僕相依」⓫。語錄云：「朱子謂學者半日靜坐，半日讀書，如此三年，無不進者。嘗驗之一兩月，便不同」⓬。高氏改一二年爲三年或是抄印之誤。惟以朱子一時敎一門人之法爲學者常法，則可謂誣朱子矣。景逸不但自以爲法，亦屢勸人半日靜坐，半日讀書⓭。劉蕺山(劉宗周，一五七八—一六四五)則以爲於靜坐得力時讀書方能得益。其言曰，「朱夫子常言『學者半日靜坐，半日讀書。如是三五年，必有進步可觀』。今當取以爲法。然除卻靜坐工夫，亦無以爲讀書地，則其實亦非有兩程候也」⓮。高氏延長一二年爲三年。劉氏則延至三五年。毋怪顏元指朱子爲敎人半日達磨也。陸稼書(陸隴其，一六三〇—一六九三)則並朱子敎人靜坐而否認之。著讀朱子告郭友

❾ 朱子新學案(臺北，三民書局，一九七一)，第二册，頁二九三。
❿ 幾亭全集(康熙二十二年癸亥，一六八三，余十一元序)，卷五，學言詳記二，頁十五上。
⓫ 高子遺書(光緒二年丙子，一八七六，本)，卷三，困學記，頁十五上。
⓬ 同上，卷一，語，頁十下。
⓭ 同上，卷八上，與逯確齋第一書，頁二十五下；與安我素第一書，頁二十九下。
⓮ 劉蕺山集(四庫全書珍本)，卷十一，讀書記，頁二十九下。
⓯ 三魚堂文集(嘉會堂原刊本)，卷四，讀朱子告郭友仁語，頁三下至四上。

仁語，爲朱子洗脫。隴其云，「愚按：德元曾學禪。此語係德元所記，恐失其眞」⑮。以下引朱子答人兩書，以見朱子敎敬而不敎靜坐。續云，「愚故謂德元所記，恐失其眞。幾亭陳氏以此二語爲朱子敎人之法，誤矣。……程朱何嘗不言靜？不知程朱固未嘗不言靜，而未嘗限半日，且其所謂靜者，皆是指敬，非如學禪者之靜」。不限半日，誠是矣。靜敬與禪定不同，亦誠是矣。然因友仁曾學禪而遽謂其所錄失眞，則矯枉過正。朱子確敎友仁半日靜坐，半日讀書，乃對症施藥，而對一人一次之言，固無洗刷之必要。顏元另有用意，亂言之耳。

（四七）「程子曰」

四書章句集註引程子甚多。文集語類亦然。只云「程子曰」而不指明的大程子（程顥，一〇三二—一〇八五）抑小程子（程頤，一〇三三—一一〇七）。每令讀者不辨爲誰。其中因討論內容，而知「程子」爲程顥或程頤者，自無問題。如問「天地設位而易行乎其中，只是敬，如何」？朱子答曰，「易是自然造化。聖人本意，只說自然造化流行。程子是將來就人身上說」❶。程子指程顥，因所述之語，乃彼之所云也❷。又如語類云「尹彥明（尹焞，一〇七一—一一四二）見程子後半年方得大學西銘看」❸。讀者當知程子指程頤，因外書明言尹彥明見伊川（程頤）也❹。朱子亦稱兩兄弟之號，尤其是兄弟有不同處爲然。如論性，朱子云，「明道（程顥）此處卻是就人性發用處說。……伊川言極本窮源之性」❺。間或用「大程夫子」「小程夫子」。如朱子云，「今之想像大程夫子者，當識其明快中和處。小程夫子者，當證其初年之嚴毅，

❶語類，卷九十六，第十七條（頁三九一一）。
❷遺書（四部備要二程全書本），卷十一，頁二上。
❸語類，卷九十五，第一七六條（頁三九〇三）。
❹外書（二程全書本），卷十二，頁十三下。
❺語類，卷九十五，第四十七條（頁三八五九）。

晚年又濟以寬平處」❻。如是分別清晰，不生誤會。他如用「大程子」，「小程子」❼，「大程」，「小程先生」❽等，清清楚楚。何以不處處如是，而必用「程子」？朱子思路極其分明。則其用「程子曰」，必有理由。

朱子編次程氏遺書與程氏外書，採集二程門人所記，去取不苟。遺書卷十一至卷十四爲明道語，卷十五至卷二十五爲伊川語。其餘除少數注明爲「明」（明道）或「正」（正叔，程頤字）外，只云「二先生語」。外書亦只少數注明「正」「淳」（伯淳，程顥字），「伊川」，「明道」耳。學者每以朱子之「二先生語」爲不妥，而必欲決定某語爲誰之言者。陳龍正（一五八五—一六四五）編程子詳本，依近思錄例，分十四卷。以「明」字指明道語。「伊」字指伊川語，「合」字指兩先生語，空圈指無可考證爲誰人之語。雖用圈者尙多，而改朱子之「二先生」爲一人者亦屬不少。所用標準爲何，未得其詳，故有不可解者。如遺書卷二上有兩條言橫渠（張載，一〇二〇—一〇七七）之淸虛一大。陳龍正以一爲伊川語，以一爲不知誰人之語❾，殊乏一致。又如遺書二上以「受學於周茂叔（周敦頤，一〇一七—一〇七三），每令尋顏子仲尼樂處所樂何事」條爲明道語❿，兄弟均學於周子，而顏子所好何學論，則伊川之作也⓫。黃宗羲（一六一〇—一六九五）宋元學案之明道學案亦以此條爲明道語，不解何故。牟宗三謂其無鑑別之原則⓬，似非苛言。牟教授亦如陳黃二氏，以「二先生語」大部爲明道語。彼以(1)凡屬二先生語者吾人可視爲二程初期講學之所發。此期以明道爲主。(2)「二先生語中凡語句輕鬆，透脫，有高致，無傍依，直抒胸臆，稱理而談，而又有沖虛渾含之意味者，大體皆明道語也」。(3)「明道語句簡約，常是出語成經，洞悟深遠」。(4)「明道喜作圓頓表示，伊川作分解表示」。「以上四點卽是鑑別明道智慧之關鍵。握此關鍵，則知凡二先生語中未注明誰語者實大部皆明道語也」⑬。根據此四點，牟氏乃按定若干「二先生」之語爲明道之言。有所鑑別，誠遠勝於前人矣。然第一點以「二先生語」爲初期講學之所發，並以大部爲明道語，究屬假設。朱子與黃宗羲均未嘗爲此言。牟先生苟能實證，則於學術史之貢獻爲不小矣。其他三點界限難定，學者品評不同。大概「二先生語」中凡有與明道或伊川相近之語，可以屬諸一人。然朱子並未作如是想，其故安在？

頃查明人呂柟（一四七九－一五四二）宋四子抄釋總序引朱子云，「程氏兄弟二人，其學既同，其言無異。遂統稱『程子』」。是則朱子之用「程子曰」，並非偶然、疏忽、或糊塗，而所以強調其兄弟二人共同之思想也。呂柟所引朱子之語，曾查語類索引所列「程子」二十

⑥ 同上，卷九十三，第七十四條（頁三七四八）。

⑦ 文集，卷四十八，答呂子約第四十六書，頁二十八上。

⑧ 語類，卷九十三，第九十條（頁三七五二）。

⑨ 陳龍正，程子詳本（崇禎十六年癸未，一六四三，本），卷十一，教人，以遺書，卷二上，頁十六上之「橫渠教人」條爲伊川語而於卷一，道體三，以遺書，卷二上，頁六下之「立淸虛」條爲不知誰人語。

⑩ 同上，卷二，爲學二。

⑪ 伊川文集（二程全書本），卷四，頁一上至二上。

⑫ 心體與性體（臺北，正中書局，一九六八），第二册，頁九。

⑬ 同上，頁五至九。

五條⑭與朱子文集固有名詞索引所列「程氏」一〇五條⑮，均不之見。呂柟之朱子抄釋，錄自朱子門人楊與立（紹熙癸丑，一一九三，進士）之朱子語略（參看頁二四三「理生氣也」條）。此語或僅存於宋四子抄釋，未可知也。

抑「程子」之指兄弟二人，亦非無據。語類云，「橫渠之於程子，猶伯夷伊尹之於孔子」⑯。此言程子爲北宋理學之全而張子爲偏，亦猶孔子爲聖之全而伯夷伊尹爲聖之偏也。朱子斷非以兄弟中之一人爲北宋理學之全。故其道統論以明道伊川兩人同繼孟子之後（參看頁四二八「新道統」條）。語類又謂「程子不以太極圖授門人」⑰。朱子云，「太極圖立象意盡，剖析幽微。周子蓋不得已而作也。觀其手授之意，蓋以爲唯程子爲能受之。程子之秘而不示，疑亦未有能受之者爾」⑱。周子之曾否授程子以太極圖與程子是否因無能受之者而不授，姑且不論。此處「程子」指二程，則無可疑。如上所言，二程受學於周子。豈周子只授一人耶？朱子曰，「今觀通書皆是發明太極。書雖不多，而統紀已盡。二程蓋得其傳」⑲，亦足以證「程子」之指二程也。

語類更有一條，「程子」「二程」並舉，實可爲確鑿之證據。朱子云，「孟子已見得性善，只就大本處理會。更不思量這下面善惡所由起處，有所謂氣稟各不同。後人看不出，所以惹得許多善惡混底說來相炒。程子說得較密。因舉『論性不論氣不備，論氣不論性不明。二之則不是』⑳。須如此兼性與氣說方盡此論。蓋自濂溪（周敦頤）太極言陰陽五行有不齊處㉑，二程因其說推出氣質之性來。使程子生在周子之前，未必能發明到此」㉒。此處朱子先用「程子」，而繼續用「二程」之後，卽又用「程子」，則「程子」斷不能指程氏兄弟之一人。

朱子引用「論性不論氣不備，論氣不論性不明」之言，次數甚多。此語載遺書卷六，爲「二先生語」。朱子引之而不提姓或名者，據所知文集一處㉓，語類四處㉔。此五處可以不計外，指爲明道之語者文集一處㉕，語類兩處㉖，共三處。指爲伊川之語者，語類兩處㉗，

⑭ 語類，一九七〇年本索引，頁一〇九。
⑮ 東京大學朱子研究會編（東京，東豐書店，一九八〇），頁六八三至六八四。
⑯ 語類，卷九十三，第八十八條（頁三七五一）。
⑰ 同上，卷九十四，第一〇九條（頁三七九〇）。
⑱ 文集，卷三十一，答張欽夫第十九書，頁九上。
⑲ 語類，卷九十三，第五十二條（頁三七四三）。
⑳ 遺書，卷六，頁二上。
㉑ 周子全書，卷一，太極圖說。
㉒ 語類，卷五十九，第四十四條（頁二二〇〇）。
㉓ 文集，卷四十一，答連嵩卿第三書，頁六上。
㉔ 語類，卷五十九，第四十七條（頁二二〇二），第四十九至五十一條（頁二二〇二至二二〇三）。
㉕ 文集，卷四十四，答方伯謨第三書，頁十九上。
㉖ 語類，卷四，第六十四條（頁一一三）；卷六十二，第六十二條（頁二三七〇）。
㉗ 語類，卷四，第四十八條（頁一〇八）；卷五十九，第四十二條（頁二一九五）。

孟子集註一處[28]，近思錄一處[29]，共四處。而指爲「程子」之語者，則文集一處[30]，語類七處[31]，共八處，雙倍於指明道語或伊川語。凡此差異，並非朱子有所矛盾，或記憶錯誤，而是二程性氣之說無異，故謂爲明道之言也好，謂爲伊川之言也好，謂爲程子之言更好。故凡朱子用「程子曰」，除討論內容顯指何人外，皆與遺書「二先生語」同義。朱子記憶力甚強。引經據典，信口而來。惟語類載朱子曰，「伊川曰，『天理二字，卻是自家體貼出來』」[32]。「伊川」應作「明道」[33]。不知是否記錄者之誤。

學者對「論性不論氣不備，論氣不論性不明」究是誰人之語？答案並不一致。孫奇逢（一五八五—一六七五）之理學宗傳[34]與陳龍正之程子詳本[35]，作爲明道之語，而黃宗羲之宋元學案，則作爲伊川之語[36]。近人錢穆亦作伊川語[37]，而牟宗三以爲「未定誰語」[38]。查性理精義採錄此語，只云「程子」[39]，似較近朱子之意也。

近思錄所採二程之語佔六百二十二條中之三百七十六條。其中有數十條原書未指明何人所說或註家混亂者，余逐條考究，可備參考[40]。

㉘孟子集註，告子篇第六上，第六章。此處朱子未嘗明言伊川之語。但同註上文引遺書卷十八，頁十七下「性卽理也。理則自堯舜至於途人，一也」之言，以爲程子語。遺書卷十八乃伊川語，故論性氣不備不明之言，必爲伊川之語。

㉙近思錄，卷二，爲學，第三十「論性」條。第二十八「禮樂」條下朱子有註云，「以上並明道語」，而第四十三「學只」條以下爲「明道先生曰」，則自二十九「父子」條至四十二「視聽」條當爲伊川語。

㉚文集卷三十九，答徐元聘第二書，頁二十四下。

㉛語類，卷四，第四條（頁一○七），第六十二條（頁一一二）；卷五十三，第七十八條（頁二○五九）；卷五十九，第四十四條（頁二二○○），第四十八條（頁二二○二），第五十五條（頁二二○五）；卷一三七，第六十八條（頁五二五六）。

㉜同上，卷九十八，第六十四條（頁四○○一）。

㉝外書，卷十二，頁四上。

㉞孫奇逢，理學宗傳（康熙五年丙午，一六六六，本），卷二，頁十四上。

㉟程子詳本，卷一，道體一。

㊱宋元學案（四部備要本），卷十五，伊川學案，頁九上。

㊲宋明理學概述（臺北，中華文化出版事業委員會，一九五三），頁七十二。

㊳心體與性體，第二册，頁三○八。

㊴性理精義（四部備要本），卷九，性命類，頁二下。

㊵拙著朱學論集（臺北，學生書局，一九八二），頁一五四至一六二。

（四八）「定本」

文集卷四十六載朱子答黃直卿（黃榦，一一五二—一二二一）書云，「為學直是先要立本。……此是向來差誤」❶。此書又見續集，惟改「此是向來差誤」為「此是向來定本之誤」❷。王陽明（王守仁，一四七二—一五二九）傳習錄末附朱子晚年定論，摘選文集書札三十四通。第一通卽此續集之答黃直卿書。其朱子晚年定論序云，「世之所傳集註或問之類，乃其中年未定之說，自咎以為舊本之誤，思改正而未及」。傳習錄答門人楊士德問格物之說云，「文公早歲便著許多書。晚年方悔是倒做了」。士德曰，「晚年之悔，如謂向來定本之誤，……是他到此方悔從前用功之錯，方去切己自修矣」。陽明曰，「然。此是文公不可及處」❸。此處「定本」，卽陽明所謂「舊本」，是指朱子四書章句集註與四書或問之舊本也。陽明以朱子止是講論註解，太過支離。晚年方趨於陽明之涵養本源，著實體察。

朱子晚年定論發表以後，大受反對。羅欽順（一四六五—一五四七）致書陽明，謂「又所取答黃直卿一書，監本止云，『此是向來差誤』，別無『定本』二字。今所編刊，增此二字，當別有據。而序中變『定』字為『舊』字，卻未詳『本』字同所指否？朱子有答呂東萊一書，嘗及定本之說，然非指集註或問也」❹。朱子答東萊（呂祖謙，一一三七—一一八一）書云，「子靜（陸象山，一一三九—一一九三）舊日規模終在。……為學規模，亦豈容無定本？但隨人材質病痛而救藥之，卽不可有定本耳」❺。此處「定本」當然指固定之標準而非書卷之版本。陽明覆書，載傳習錄卷中，即答羅整庵少宰書。書甚長，但無一字講及「定本」。大概陽明以羅氏來函所論朱子之大學分章與其格物之説爲較重要，故大半集中於此兩點。或者無可解説，亦未可知。

明人陳建（一四九七—一五六七）批評陽明，詞更強烈。今錄其學蔀通辯一節如下：

> 或曰：陽明作定論序，謂朱子……集註諸書，乃其中年未定之説，自咎為舊本之誤，思改正而未及。陽明所據信然耶？曰：此陽明捕風捉影，誣前誑後之深也。……舊本之誤，朱子初無是語也。朱子續文集答黃直卿書云，「為學直是先要立本。文義却可且與説出正意，令其寬心玩味。未可便令考校同異，研究纖密。恐其意思促迫，難得長進。此是向來定本之誤。今幸見得，却煩勇革。不可苟避譏笑，却誤人也」。詳此書蓋論教人之事，説教人定本。文意甚明。（原注云：朱子嘗云，「聖人敎人有定本」。又下文謂「敎人須先立定本」，正同此）。陽明何得矯假以為悔集註諸書之證也哉？又按朱子正文集亦載此書。但此句止云「此是向來差誤」，無「定本」二字。其非為著述尤明。陽明定論不採

---

① 文集，卷四十六，答黃直卿第二書，頁三十下。

② 同上，續集，卷一，答黃直卿第十八書，頁三下。

③ 傳習錄上，第一一〇「士德」條。

④ 困知記（嘉靖七年戊子，一五二八，本），卷五，附錄，與王陽明書，頁四下。

⑤ 文集，卷三十四，答呂伯恭第九十三書，頁三十四上。

正集而採續集，亦乖❻。

語類載朱子云，「聖人敎人有定本。……父子有親。……非禮勿動，皆是定本」❼。上引答呂東萊書「卽不可有定本耳」下續云，「渠（子靜）卻云正爲多是邪意見，閒議論，故爲學者之病。某云如此卽是自家呵斥亦過分了。須是著『邪』字『閒』字，方始分明，不敎人作禪會耳。又敎人恐須先立定本。卻就上面整頓，方始說得無定本底道理。今如此一槩揮斥，其不爲禪學者幾希矣」。

以上辯論，全在「定本」二字。予嘗謂陽明解「定本」爲「舊本」，並非固爲曲解以惑人，而乃其確信朱子所謂定本實指訂定之版本，而答黃直卿書之「向來定本」乃「舊本」之意。觀其與門人士德對話，顯是此意。若謂故意曲解，希引人信，則師生談話之間，亦如此耶？陽明誤會不可掩，但其誠意亦不可掩也。予意陽明實在疑心生暗鬼。彼既堅信朱子晚年悔改，于是一見「定本」二字，便作「舊本」。其所以採用續集答直卿書而不採用正集答直卿書，則正以其有「此是向來定本之誤」之語也。至於續集何以改正集之「向來差誤」爲「向來定本之誤」？亦有可說。答直卿再前一書云，「大學向所寫者，自謂已是定本。近因與諸人講論，覺得絜矩一章，尚有未細密處」。編續集者遂以「差誤」爲大學定本之誤。且答直卿書言及考校異同，研究纖密，正與大學定本之細密相似，故遂改「差誤」爲「定本之誤」，而陽明早存主見，卽以定本爲舊本耳❽。

❻學蔀通辯（正誼堂全書本）卷一，前編中，頁四下至五下。
❼語類，卷八，第八條（頁一二〇七）。
❽參看拙著朱學論集（臺北，學生書局，一九八二）從朱子晚年定論看陽明之於朱子，頁三五三至三八三。

（四九）「民可使由之不可使知之」❶

論語記此語爲孔子之言，並無解釋。何晏（一九〇—二四九）注云，「由，用也。可使用而不可使知者，百姓能日用而不能知」。歷來注家均從此說，以爲羣衆無知，但可使由之而不可使知之。亦有主張此只限於愚民，其他則可敎而使之知也❷。至程子（程頤，一〇三三—一一〇七）乃持異說。問：「民可使由之，不可使知之」。是聖人不使知之耶？是民自不可知也？曰：聖人非不欲民知之也。蓋聖人設敎，非不欲家喩戶曉，「比屋皆可封」❸也。蓋聖人但能使天下由之耳，安能使人人盡知之？此是聖人不能。故曰「不可使知之」。若曰聖人不使民知，豈聖人之心，是後世朝三暮四之術也❹？卽是說，非不使知之，乃不能使知之也。其經說所云，「民可使之由是道，不能使之皆知也」❺，亦是此意。

至朱子解釋，又進一步。論語集註註此句曰，「民可使之由於是理之當然，而不能使之知其所以然也」❻。此下又引程子「聖人設敎」之言。程子只謂可使之由而不能使之知，朱子則進而謂可使之行所當然而不能使知所以然。朱子復於論語或問詳釋之曰，「理之所當然者，所謂「民之秉彝」❼，「百姓所日用」❽者也。聖人之爲禮樂刑政，皆所以使民由之也。其所以然者，則莫不原於天命之性，雖學者有未易得聞者❾，而況於庶民乎？其曰不可使知之，蓋不能使知之，非不使之知也❿。大槪信良謂此註爲新義，以其用當然所以然之說也⓫。實在仍是舊義，蓋程子所謂聖人不能使人盡知，乃因民無可知之能力耳。朱子亦謂聖人不能使知之，乃因民無可知理之必然之能力耳。

惟朱子確有一新義，爲程子所未言者，宋以前註家，更無論矣。此新義見於其答范伯崇書。伯崇卽念德。娶劉勉之（一〇九一—一一四九）之女，與朱子爲襟兄弟。學于朱子。嘗侍朱子訪張栻（自號南軒，一一三三—一一八〇）於湖南長沙，同登衡山，多所唱和。朱子去世之前一日，尚屬書念德託寫禮書並爲其孫擇配。其答伯崇書曰：

> 前書所詢「民可使由之」一段，熹竊謂兩說似不相妨。蓋民但可使由之耳。至於知之，必待自覺，非可使也。由之而不知，不害其為循理。及其自覺此理而知之，則沛然

❶ 論語，泰伯篇，第八，第九章。

❷ 參看劉寶楠，論語正義（國學基本叢書本），卷九，泰伯篇第八，頁六十六。

❸ 漢書（四部叢刊本），卷九十九上，頁三十八下，王莽傳。謂國多賢人，家家可以加賞爵位。

❹ 遺書（四部備要二程全書本），卷十八，頁二十八下至二十九上。

❺ 經說（二程全書本），卷六，論語說，頁十一下。

❻ 論語集註，泰伯篇第八，第九章。

❼ 詩經，第二百六十篇，大雅，蕩之什，烝民。孟子，告子篇第六上，第六章。

❽ 易經，繫辭上傳，第五章。

❾ 論語，公冶長篇第五，第十二章，「夫子之言性與天道，不可得而聞也」。

❿ 論語或問（近世漢籍叢刊本）卷八，泰伯，頁八上，總頁三五五。

⓫ 朱子四書集註典據考（臺北，學生書局，一九七六），頁一一六。

矣。必使知之，則人求知之心勝，而由之不安。甚者遂不復由，而惟知之為務。其害豈可勝言？釋氏之學是已。大抵由之而自知，則隨其深淺，自有安處。使之知則知之必不至。至者亦過之，而與不及者無以異。此機心惑志所以生也⑫。

朱子側重在一「使」字。問題不在聖人之能不能，而在聖人之使不使。苟必使之，卽是強之，則求知心勝，由亦不安，而知亦過之矣。是以必須自動追求，乃可知之。於是重心不在聖人而在民，必待自覺自知。此不特為「知之」之無上條件，而亦「由之」之無上條件也。此是多方面之新義。

⑫ 文集，卷三十九，答范伯崇第一書。頁三十一上下。

(五〇)「一而二二而一」

某日楊聯陞教授來示云：「一而二，二而一」兩命題，同時舉出，大有道理。中國友人往往使用，而未必知其所出。頃檢韓國大山先生所著理氣彙編第八葉上朱子又曰，「惟猶太極也，心猶陰陽也。太極只在陰陽之中，非能離陰陽也。然至論太極，則太極自是太極，陰陽自是陰陽。惟性與心亦然。所謂『一而二，二而一』也」❶。楊教授雖未提出朱子是否首用此語之問題，然予疑朱子或常用之。然檢查文集語類，只見尙有兩次，一論心性。其言曰，「大抵心與性，似一而二，似二而一」。一論顯與藏，曰，「如說一而二，二而一者也」❷。是則不止一次，然未常用也。朱子既云「所謂」，則此語必是成語或來自古籍。然遍查古籍索引與成語辭典，均無此語。佛家云「一卽一切，一切卽一」，然此指一與多，與理學之理一分殊之概念相當，而非指一而二，二而一也。慧照禪師(臨濟義玄，八六七年卒)有「一卽三，三卽一」之語❸，但未云「一而二，二而一」，故「一而二，二而一」，當非佛語。

張子橫渠(張載，一〇二〇—一〇七七)正蒙太和篇曰，「兩不立，則一不可見。一不可見，

❶ 語類，卷四十五，第四十三條(頁一四一至一四二)。

❷ 同上，卷五，第五十六條(頁一四四)；卷七十四，第一二六條(頁三〇一八)。

❸ 大正新脩大藏經，第四十七冊，臨濟慧照禪師語錄，頁四九九。

則兩之用息。兩體者，虛實也，動靜也，聚散也，清濁也。其究一而已」❹。此卽謂一與兩相同，亦卽一而二，二而一之意。下篇參兩篇，更云，「一故神（原注兩在故不測），兩故化（原注推行於一）」，其一爲兩而兩爲一之意更顯❺。但張子尚未明言「一而二，二而一」，論正蒙者，則直用之。明儒高攀龍（一五六二—一六二六）論太和篇曰，「張子本易以明器卽是道。故指太和以名道。蓋理之與氣，一而二，二而一者也」❻。清儒俞長城（壯年一七〇〇）論「一故神，兩故化」，亦曰，「一統於兩，而卽乘于兩。……蓋不離乎陰陽，誠之體物而咸在。不滯乎陰陽，誠之用物而不窮。故曰，天地之道，一而兩，兩而一者也」❼。此處以「兩」代「二」，蓋以張子原文爲「兩故化」。然其義一也。

查張子未嘗用「一而二，二而一」。程子（程頤，一〇三三—一一〇七）則明言之。嘗曰，「晝夜者，死生之道也。知生之道，則知死矣。盡人之道，則能事鬼矣。死生人鬼，一而二，二而一者也」❽。程子之言，朱子論語集註全引之❾，語類亦三述其「一而二，二而一」之語❿。吾人所知，程子爲用此語之第一人。然必有先之者，尚待考查。

程朱而後，宋明學者多用此語。陳淳（一一五九—一二二三）論克己復禮云，「克己復禮，須知二而一，一而二者也」⓫。陳埴（壯年一二二〇）木鐘集載問答云，「（問）：晦翁謂幽明始終無二理⓬，程子謂晝夜死生之道⓭。意者此理非有二塗，所謂『一而二』。以幽明始終言之，『二而一』。……（答）：氣聚則始而生，氣散而終而死。……所謂『一而二』者，聚散本一氣，分而爲聚散耳。所謂『二而一』者，雖分而爲聚散，其實一氣耳。惟其『一而二』，故有生必有死。惟其『二而一』，故知生則知死」⓮。黃榦（一一五二—一二二一）中庸總論，謂「知體用爲二，則操存省察，皆不可以不用其力。知體用合一，則從容中道，皆無所用其力也」⑮。以上三者皆朱子門人，可知此概念在朱門頗為普遍。以後明儒亦多用之。薛瑄（一三八九—一四六四）論太極圖云，「太極雖不雜陰陽，亦不離乎陰陽。天地之性，氣質之性，『一而二，二而一』也」⑯。羅欽順（一四六五—一五四七）論「一故神，兩故化」云，「故言化則神在其中矣。言神則化在其中矣。言陰陽則太極在其中矣。言太極則陰陽在其中矣。『一而二，二而一』者也」⑰。郝敬（一五五八—一六三九）答天地不二不測⑱之問曰，「太極

④張子全書（四部備要本），卷二，正蒙，太和篇第一，頁四下。

⑤同上，參兩篇第二，頁五下。

⑥正蒙釋，註正蒙太和篇第一，第一節。參看宋元學案（四部備要本）卷十七，橫渠學案，頁五下。

⑦俞長城，可儀堂文集（叢書集成本），卷一，誠通誠復說，頁六至十七。

⑧粹言（四部備要二程全書本），卷一，頁七上。

⑨論註集註，先進篇第十一，第十一章。

⑩語類，卷三十九，第二十，二十一條（頁一六一四），卷九十六，第八十二條（頁三九三四）。

⑪北溪大全集（四庫全書珍本），卷七，克己復禮須知二而一一而二，頁七上。

⑫文集，卷四十三，答吳公濟書，頁十五上下。

⑬同上註⑧。

⑭陳埴，木鐘集（四庫全書珍本），卷一，論語，頁八十七下。

⑮勉齋集（四庫全書珍本），卷三，頁三十九上。

⑯讀書錄（近世漢籍叢刊本），卷二，頁十五上下，總頁一〇六。

⑰困知記（嘉靖七年戊子，一五二八，本），卷一，頁二十一上下。

⑱中庸，第二十六章，「天地之道，可一言而盡也。其為物不貳，則其生物不測」。

未判，渾渾沌沌。太極初判，一生兩分，兩抱一立。以爲一，而兩已形，以爲兩，而一方函。不可謂一，不可謂二。第曰不二，非一非二之名。陽動陰靜，翕闢相禪。一以貫之，是曰不測。在人心惟已發之和與未發之中，交致而萬感萬應，所謂『一而二，二而一』」⑲。薛瑄與羅欽順均近朱子。郝敬爲經學家而略傾于朱。故三者有亦一亦二之論。謂此爲朱門之主旨，大概不誤。王門則主一而排二矣。朱子嘗謂「必使道心常爲一身之主，而人心每聽命焉」⑳。陽明（王守仁，一四七二—一五二九）不解朱子一而二，二而一之義，以朱子析爲二心㉑。劉宗周（一五七八—一六四五）評之曰，「先生（陽明）說人道只是一心，極是。然細看來，依舊只是程朱之見，恐尚有剩義在。孟子曰，『仁，人心也』㉒。人心便只『人心也』之人心。道心卽是仁字。以此思之，是一是二？人心本只是人之心。如何說他是僞心欲心？敢以質之先生」㉓。劉氏所議，乃陽明仍有僞心欲心之見，而非謂朱子之人心道心，是一而二，二而一也。宗周每評陽明，然謹守王門特色一而非二之旨。陽明謂「予既自幸其說之不繆於朱子，又喜朱子之先得我心之同然」㉔。施邦曜（一五八五—一六四四）評此語曰，「先生與朱子是一是二，兩言可見」㉕。此指朱王歸一，亦是王門重一之色彩。吾人苟謂朱門亦一亦二，王門一而無二，雖不中，不遠矣。韓國大儒李退溪（李滉，一五〇一—一五七〇）爲韓國朱子學之巨擘。謹守「一而二，二而一」之訓。故其小學題辭云，「蓋小學大學，相待而成，所以『一而二，二而一』者也」㉖。

⑲ 現據明儒學案（四部備要本），卷五十五，諸儒學案下，頁八上。
⑳ 中庸章句序。
㉑ 傳習錄，卷上，第十「愛問道心」條。
㉒ 孟子，告子篇第六上，第十一章。
㉓ 劉子全書遺編（光緒十八年壬辰，一八九二，本），卷十三，陽明傳信錄三，頁四下。
㉔ 傳習錄下，附錄，朱子晚年定論序。
㉕ 陽明先生集要（光緒三十二年丙午，一九〇六，本），理學集，卷四，頁九十一上下。
㉖ 增補退溪全書（大東文化研究院刊本），第一册，進聖學十圖劄，小學題辭，頁二〇二。

（五一）朱子解「自得」

孟子離婁篇第四下第十四章云，「君子深造之以道，欲其自得之也。自得之，則居之安。居之安，則資之深。資之深，則取之左右逢其原。故君子欲其自得之也」。朱子孟子集註註之曰，「言君子務於深造而必以其道者，欲其有所持循，以俟夫默識心通，自然而得之於己也」。又引程子曰，「學不言而自得者，乃自得也。有安排布置者，皆非自得也。然必潛心積慮，優游饜飫於其間，然後可以有得。若急迫求之，則是私己而已，終不足以得之也」❶。孟子或問較詳。其言曰，「學是理則必是理之得於身也。不得於身，則口耳焉而已矣。然又不可以強探而力取也。必其深造之以道，然後有以默識心通，而自然得之也。蓋造道之不深者，用力於皮膚之外，而責效於旦夕之間。不以其道者，從事於虛無之功，而妄意於言意之表。是皆不足以致夫默識心通之妙，而自得之必也。多致其力而不急其功，必務其方而不躐其等，則雖不期於必得，而其自然得之，將有不可禦者矣。若程子所謂篤誠燭理，潛心積慮，優游涵養，栽培深厚，皆其所以造之之道，而君子之所以自得者。……得而不出於自然，則雖有所居而不安。惟自得之，則理之在我者，吾皆得以居之」❷。語類亦曰，「造之愈深，則自然而得之。既自得之而爲我有，則居之安」❸。其解程子之說，亦謂自然。語類問「學不言而自得者，乃自得也」。曰，「道理本自廣大。只是潛心積慮，緩緩養將去，自然透熟。若急迫求之，則是起意去起趨他。只是私意而已。安足以入道」❹？

上述數則，皆側重自然。朱子解「自得」爲自然得之，毫無疑義。此解與南軒（張栻，一一三三—一一八〇）解釋不同。孟子大全引陳淳（一一五九—一二二三）云，「自得之有二說。朱子謂自然而得之。所附程子說，證己說之出於程子也。一說謂自得之於己。如南軒云，『不自得則無以有諸己。自得而後爲己物也。以其德性之知，非他人所能與。故曰自得』❺。此近乎莊生所謂自得其得，而非得人之得之意❻，然有弊。不如自然得之之說，有從容優游之味」❼。孟子此章趙岐（二〇一年卒）註只謂「意欲使己得其原本，如性自有之然也」。究竟自然得之如朱子之說，抑自我得之如南軒之說，殊不明瞭。從來註家只云自得，不加解釋。惟日本註家則每釋爲自我得之。美國學者亦然。大漢和辭典引孟子此章卽釋「自得」爲「自

❶ 遺書（四部備要二程全書本），卷十一，頁四上。程子指程顥（一〇三二—一〇八五）。「然必」以下述遺書，卷二上，頁二上大意。遺書未指明是程顥語抑程頤（一〇三三—一一〇七）語。

❷ 孟子或問（寶誥堂朱子遺書本），卷八，頁三下至四下，論孟子，離婁篇第四下，第十四章。

❸ 語類，卷五十七，第二十二條（頁二一三一）。

❹ 同上，卷九十五，第一四九條（頁三八九四）。

❺ 癸巳孟子說（四庫全書本），卷四，離婁篇第一下，頁五十一上下。

❻ 莊子，駢拇篇第八（四部叢刊本名南華眞經），卷四，頁十上。原文「不自得而得彼者，是得人之得，而不自得其得」。

❼ 陳淳語查不見北溪字義，北溪大全集，與北溪遺書。陳淳有孟子口義，或出於此。然此書早已失傳矣。

我悟于心」❽。既有兩解，則任擇其一，亦無不可。惟有等學者強解朱子之自得爲自我而得。此則有悖朱子原意，不可不辯。

❽ 大漢和辭典，卷九，頁四一三。

（五二）「心法」與「心學」

尹焞（一〇七一—一一四二）曰，「伊川先生（程頤，一〇三三—一一〇七）嘗言，『中庸乃孔門傳授心法』」❶。朱子中庸章句導言引之，曰，「此篇乃孔門傳授心法」。又于論語集註顏淵問仁章曰，「愚按此章問答，乃傳授心法切要之言」❷。James Legge（理雅各，一八一五—一八九七）譯中庸，翻「心法」爲“the law of the mind”以後譯者沿之。近年歐西學者，大受日本影響。日本佛學盛行，佛法以心傳心。故大漢和辭典卽釋「心法」爲「心を修めるみち」，卽修心之術。繼而謂「宋儒の語で、心の體を存養し，心の用を省察する道をいふ」。隨引中庸章句「傳授心法」之語❸，視心法爲存養心體，省察心用之道。其以心爲說也明矣。然中庸無「心」字。顏淵問仁乃問仁而非問心。若謂朱子註顏淵問仁，開始卽謂「仁者，本心之全德」，則只可云仁與本心之密切關係，而非謂中庸論語皆言心也。辭海解「心法」爲「卽要法」。辭源且解爲「通謂師弟傳授曰心法」，均不如大漢和辭典之集中於心也。

---

❶ 外書（四部備要二程全書本），卷十一，頁一下。
❷ 論語集註，顏淵第十二，第一章。
❸ 大漢和辭典，卷四，頁九四六。

竊謂「心法」之定義，應以儒者之了解如何爲準。邵子（邵雍，一〇一一—一〇七七）曰，「先天之學，心法也。故圖皆自中起。萬化萬事，生乎心也。……蓋天地萬物之理，盡在其中矣」。黃粵洲釋之曰，「右先天象數第二篇，皆以發明圖卦之精蘊。象數森齊，統乎一中。中爲太極，爲人心。圖法卽心法，學者卽圖以見心可也」❹。此指邵雍「所以謂之觀物者，非以目觀之也。非觀之以目，而觀之以心也。非觀之以心，而觀之以理也」❺。邵子之學，爲理學之一派，偏於象數。若謂象數之學，其中點爲心，其可通乎？謝扶雅教授有邵雍先天學新釋，以「先天學，心法也」之心法，相當於 Rationalism，用數理學的方法，是先驗的，重理性。「並非如一般唯心論者所用的自我中心的 (Ego-centric) 主觀法，乃是理性中心的 (Logo-centric) 的客觀法」❻。可見邵子之「心法」，與大漢和辭典所謂宋儒存養心體，省察心用之道，大相徑庭。

朱子討論「人心惟危，道心惟微。惟精惟一，允執厥中」之十六字訣❼，謂爲「聖人心法」。此非單指修心。下文引中庸擇善固執，博學審問愼思明辨篤行，明善誠身❽，與大學致知格物❾，乃整個修身之道，非僅修心也❿。元儒許衡（一二〇九—一二八一）有魯齋心法。韓士奇序有云，「人所以貴於天地間者，以心也。心所以貴於人者，有法也。心法之傳，堯開之，舜廣之」⓫。王原烷序云，「夫『人心惟危，道心惟微。惟精惟一，允執厥中』者，堯舜禹授受之言。世所謂三聖心法也」⓬。此卽十六字訣，乃儒家傳授之主旨。然非單指修心，而乃指如何克勝私欲而服從天理之整個修身行道而言。且魯齋心法非許衡所自撰。實是後人從魯齋全書中之語錄抄集而成。察其分類，則有日月，陰陽，理，仁，致知，論文，論官等門。非專言心也。明成祖（一四〇三—一四二四在位）採經史子集有關君道，父道，臣道，子道之言，刊印成書，名曰聖學心法。此書亦如魯齋心法，包括聖學全面，所謂要法是也。湛若水（一四六六—一五六〇）著孔門傳授心法論，首卽云，「心出於天。天無內外，心亦無內外。有內外，非心也。非心也者，不足以合天也」⑬。驟觀之，似是專論存心之術。然又續云，「人者，天之生理也。心者，人之生理也。性者，心之生理也。道者，性之生理也。……故心不可以不存也。一存而四者立矣。……無過不及，其中庸之心法乎！心包乎萬物之外，事物行乎心之中，內外合矣。此其法也。……此合內外之道也。大哉中庸，斯其至矣」⑭。畢竟所謂心法，乃內外合一中庸之道，亦卽孔門傳授之要道也。

朱生榮貴來函，謂學津討原有正易心法一書，爲宋人麻衣道者所撰，陳摶（賜號希夷先生，約九〇六—九八九）注解。最早有崇寧三年（一一〇四）李潛幾道序。開章首云，「正易者，正謂卦畫，若今經書正文也。據周孔辭傳，亦是註腳。每章四句者，心法也。訓於其文消息也」（頁三上）。朱君並云。「心法一詞的用法，似乎較接近朱子的用法。或許在北宋初年，已有將心法作爲書名者，多少增加學者了解理學家使用心法之歷史背景，也不一定」。朱君所見，誠爲精確。此序雖在程頤之後，然「心法」非指傳心之法而是要法，顯而易見。則心

④皇極經世書（四部備要本），卷七上，觀物外篇上，頁三十四下至三十五上。

⑤同上，卷六，觀物內篇之七，頁二十六上。

⑥中國哲學思想論集，宋明篇（臺北，牧童出版社，一九七六），頁九十四至九十五。

⑦書經，虞書，大禹謨，第十五節。

⑧均中庸，第二十章。

⑨大學，經文。

法之爲要法，不只限於理學矣。

日本與西方學者之解「心法」爲「修心之法」，乃以佛法以心傳心之故。又以陸象山（一一三九—一一九三）與王陽明（一四七二—一五二九）心卽理之說，有近於禪，稱爲心學。近年「心學」一詞，在我國哲學界亦甚通行。以程朱學派爲理學，陸王學派爲心學。大致而言，固無不可。然程朱亦言心，陸王亦言理，實非黑白之分也。邵子皇極經世書有心學一章。開章明義卽謂「心爲太極。人心當如止水，則定。定則靜。靜則明」，似是言養心之學。然下又云，「以物喜物，以物悲物，此發而中節者也。……中庸之法，自中者，天也。自外者，人也。學不際天人，不足以謂之學。……因物則性，性則神，神則明矣。……氣則養性，性則乘氣」⑮。有如心法，此處心學仍是儒家全面修養之學。儒家所謂心學，乃指十六字訣人心道心之學，統括格致誠正，修齊治平，與佛家之以心相印不同。故陳建（一四九七—一五六七）云，「聖賢之學，心學也。禪學陸學亦皆自謂心學也。殊不知心之名同而所以言心則異也」⑯。陳氏並禪學陸學爲一談，則不外門戶之見。至其謂「孔孟皆以義理言心，至禪學則以知覺言心」⑰，則指出二者言心之不同，而非謂儒家心學只學養心也。

顧炎武（一六一三—一六八二）日知錄有心學一條甚長，批評黃震（一二一三—一二八〇）黃氏日鈔之解尚書「人心惟危」章，謂「近世喜言心學，舍全章本旨而獨論人心道心。甚者單摭道心二字，而直謂心卽是道。蓋陷於禪學，而不自知其去堯舜禹授受天下之本旨遠矣。……世之學者，遂使此書十六字爲傳心之要，而禪學者借以爲據依矣」⑱。顧氏按曰，「心不待傳也。……聖賢之學，自一心而達之天下國家之用，無非至理之流行，明白洞達，人人所同，歷千載而無間者，何傳之有？俗說浸淫，雖賢者或不能不襲用其語，故僭書其所見如此。中庸章句引程子之言曰，『此篇乃孔門傳授心法』，亦是借用釋氏之言，不無可酌。……古有學道，不聞學心。古有好學，不聞好心。心學二字，六經孔孟所不道。……心學者，以心爲學也。以心爲學，是以心爲性也」⑲。顧氏不特反對解十六字訣爲傳心，並且根本反對「心學」一詞，實恐言之過甚。儒家並非不言傳心⑳，只與禪門不立文字，以心傳心之不同而已。

⑩ 語類，卷七十八，第一二二條（頁三一九九）。
⑪ 魯齋心法（近世漢籍叢刊本），頁一上，總頁二。
⑫ 同上，頁二上，總頁四。
⑬ 湛甘泉先生文集（萬曆八年庚辰，一五八〇，本），卷二十八，雜著，頁四十二下。
⑭ 同上，頁四十三下，四十四下。
⑮ 皇極經世書，卷八下，心學第十二，頁二十五上至二十七下。
⑯ 學蔀通辯（正誼堂全書本），卷十，終編上，頁二上。
⑰ 同上。
⑱ 黃氏日鈔（四庫全書珍本），卷五，讀尙書，頁二上至四下。
⑲ 日知錄（國學基本叢書本），卷十八，頁一〇九至一一〇。
⑳ 參看錢穆，朱子新學案（臺北，三民書局，一九七一），第二冊，頁一〇〇至一〇五。

（五三）「豁然貫通」

朱子之大學補傳，釋第五章格物致知之義，有云，「至於用力之久，而一旦豁然貫通焉，則衆物之表裏精粗，無不到，而吾心之全體大用，無不明矣」。歐西學者，每譯「豁然貫通」爲「忽然貫通」。愚每於研討會辯之，而學者大多不以爲然。其所以堅持其說，不肯放棄者，其故有二。一爲西方宗教覺心甚強，尤以神秘主義爲甚。西方傳統神秘主義之一大特點爲忽然躍進。於是以朱子之豁然貫通，亦如西方之神秘主義，忽然突破。一爲理雅各（James Legge）（一八一五—一八九七）譯「一旦豁然貫通」爲 he will suddenly find himself possessed of a wide and far-reaching penetration. 理雅各譯「豁然貫通」爲 wide and far-reaching penetration 最爲正確。其譯「一旦」爲 suddenly 是否可通，暫不置論。獨惜讀者誤會理雅各，以爲彼譯「豁然」爲 suddenly，遂以朱子之格物致知爲一忽然突破。其與朱子素來爲學循序漸進之主張，水火不容，在所不顧。宗教覺心之強，有如是者。

愚並不否認朱子思想之有神秘主義。朱子釋鬼神云，「忽然而來，忽然而往。方如此，又如彼。使人不可測知鬼神之妙用也」❶。此神秘也。又云，「合下是先有理後有氣耶？後有理先有氣耶？皆不可得而推究」❷。此亦神秘也。愚只謂朱子之神秘主義與西方之神秘主義不同，而此處「豁然貫通」不可以西方突進之說釋之耳。

各辭典釋「豁然」爲「開大」，「開明」，並無「忽然」之意。大學或問云，「是以君子之心，豁然大公」❸，亦是此義。斷無其心本私，而忽然大公之理。大學或問釋此語甚詳。引程子伊川（程頤，一〇三三—一一〇七）之言曰，「今日而格一物焉，明日又格一物焉。積習既多，然後脫然有貫通處耳」❹。又曰，「自一身之中以至萬物之理，理會得多，自當豁然有箇覺處」❺。又曰，「窮理者非謂必窮天下之理，又非謂止窮得一理便到。但積累多後，自當脫然有悟處」❻。朱子益之曰，「必其表裏精粗，無所不盡，而又益推其類以通之。至於一日脫然而貫通焉」❼。又云，「巨細相涵，動靜交養。初未嘗有內外精粗之擇。及其眞積力久，而豁然貫通焉，則亦有知其渾然一致，而果無內外精粗之可言矣」❽。又云，「從容潛玩，積久貫通。……待此一事，融釋脫落，然後循序漸進，而別窮一事，如此既久，積累之多，胸中自當有洒然處」❾。從上述諸語觀之，漸進之意甚明，結果爲廣大貫

---

❶ 語類，卷六十八，第十二條（頁二六八〇）。
❷ 同上，卷一，第十三條（頁四）。
❸ 大學或問，釋經文（近世漢籍叢刊本），頁十七下，總頁三十四。
❹ 遺書（四部備要二程全書本），卷十八，頁五下。
❺ 同上，卷十七，頁六上。
❻ 同上，卷二上，頁二十二下。
❼ 大學或問，釋第五章。頁二十下，總頁四十。
❽ 同上，頁二十一上，總頁四十一。
❾ 同上，頁二十四下，總頁四十七至四十八。

通，毫無疑義。

程朱均「豁然」「脫然」並用。「脫」，「解除」也，開除舊見之意。朱子復釋伊川脫然貫通之語曰，「學問卻有漸無急迫之理」⑩。又云，「如左腳進得一步，右腳又進一步。右腳進得一步，左腳又進。接續不已，自然貫通」⑪。上面謂「洒然處」，即洗除之意。西方學者又聯想及宗教之神秘思想，釋爲「解脫」，以是爲等於禪宗之解脫，更以禪宗頓悟之義。強釋朱子漸悟之教。可謂其宗教成見，牢不可破矣。

「一旦」云者，據各辭典只言「一朝」，「一日」，「某日」，「一度」耳。大漢和辭典並有「忽然」之義⑫。理雅各譯之爲 suddenly，未嘗不可。然朱子本人嘗云「一日脫然而貫通焉」⑬，加以其學問漸進之說，則應解補傳之「一旦」爲「一日」而非「忽然」也。一九八四年冬，中國思想史研討會在臺灣，新竹，清華大學舉行。中西學者雲集。日本中國哲學會長山井湧與東京大學法學部渡邊浩兩教授均在場。愚討論「一旦豁然貫通」譯法。渡邊教授回日後來函賜教略云，「山井教授示以朱子答邵叔義第一書，謂『此學亦當……循序漸進，然後可得。決非一旦慨然永歎，而躐等坐馳之所能至也』⑭。『漸進』與『一旦』顯然相對。恐『一旦豁然貫通』難免忽然之意」云云。愚意「漸進」應與「躐等坐馳」相對。此處「一旦」固可解作「忽然」，但亦可釋爲「一日」。朱子未嘗無「忽然」之說。語類云，「看文字且自用工夫。……久之自能自見。蓋蓄積多者，忽然爆開，便自然通」⑮。吾人可謂朱子並非絕對不談忽然貫通，惟其通常主張，則積累漸進也。要之，「豁然」「脫然」均非「忽然」。「一旦」可作「忽然」解，然以「一日」「一朝」爲正。況朱子本人用「一日」耶？

談及渡邊教授，又有可紀者。彼謂劉寶楠（一七九一—一八五五）之論語正義曾引日本儒學健將荻生徂徠（物茂卿，一六六六—一七二八）。愚奇之，請問其詳。來函承示劉氏述而篇第七，第二十六章「子釣而不綱」與子罕篇第九，第十二章「有美玉於斯」均引物茂卿。查劉氏所引者爲荻生徂徠之論語徵，略釋釣而不綱，所以爲敬，「有美玉」章之善賈乃賈人之善者⑯。此雖與朱子研究無關，然百餘年前中國儒學者採用日本儒學者之說，不可不謂爲富有興趣而極有意義之事也。

---

⑩ 語類，卷十八，第八條（頁六二七）。

⑪ 同上，第十二條（頁六二九）。

⑫ 漢和大辭典，卷一，頁四十一。

⑬ 同上註⑦。

⑭ 文集，卷五十五，頁二十八下。

⑮ 語類，卷十一，第七十七條（頁二九五）。

⑯ 論語正義，述而篇第七，第二十六章；子罕篇第九，第十二章。

（五四）「魔」

紹熙元年庚戌（一一九〇）朱子六十一歲，知福建漳州。四月到郡，翌年四月去郡歸。到任之初，除曉諭居民居喪持服遵禮外，即禁男女聚集僧廬爲傳經會與女道私設菴舍。其勸諭榜有「佛法魔宗」，「魔佛」，「魔敎」三詞。此「魔」字極是重要。如此字作「妖」字解，絕無問題。若作「摩」字解，則指摩尼敎。即謂朱子知有摩尼敎而且禁止之矣。此點不可不澄清之。

一九八四年九月有宋代敎育之研討會，假座美國東部匹林斯敦會議中心舉行。名爲宋代，實集中於朱子，蓋此會乃一九八二年國際朱熹會議敎育工作組之後身也。參與者國際專家二十餘人。席間哥倫比亞大學研究生朱榮貴君報告朱子各處外任之勸諭榜。彼譯「魔」爲「妖」，予贊助之。惟西方學者數人，極端反對，堅持「魔」爲魔敎，即喫菜事魔敎，亦即摩尼敎。其中Erik Zürcher爲中國佛敎史世界權威，對我國歷史上外來宗敎，甚爲熟識。彼謂南宋時代，摩尼敎福建猶存云。

查摩尼敎三世紀由摩尼(Mani)創立，故名 Manichaeism，爲伊朗古代宗敎之一。其敎義基於拜火敎之善惡二元論，而採集基督敎與佛敎等若干成份。約六七世紀傳入新疆，唐嗣聖十一年甲午（武則天延載元年，六九四）入長安。隨散播於長江流域。會昌五年乙丑（八四五）排佛以後，摩尼敎隨之而衰。然南宋時代，江西福建，猶有其跡。在華與佛敎道敎混合，又稱明教，魔教，吃菜事魔教。

吾人問題並非南宋福建是否有摩尼教，而是朱子曉諭榜中之「魔教」是否指摩尼教。其勸女道還俗榜云，「後世禮教不明，佛法魔宗，乘間竊發。唱爲邪說，惑亂人心。使人男大不婚，女長不嫁。謂之出家修道，妄希來生福報。……豈若年齒尚少，容貌未衰者，各歸本家，聽從尊長之命。公行媒娉，從便昏嫁，以復先王禮義之教，以遵人道性情之常？息魔佛之妖言，革淫亂之汚俗，豈不美哉」❶。其勸諭榜云，「不得傳習魔教。……不得停喪在家。……切不須齋僧供佛，廣設威儀。……不得以修道爲名，私創庵宇。……不得以禮佛傳經爲名，聚集男女，晝夜混雜。……不得以禳災祈福爲名，歛掠錢物，裝弄傀儡」❷。

此兩件公文最應注意者有二。一爲其對象純爲佛教，二爲其目的全在社會改良。觀其並未提及教義，可知絕非排教。所勸諭者乃修道不嫁之女子，勸其還俗。所禁止者乃私創菴舍，因女道住菴被人控訴與人通姦，又因以傳經爲名，男女晝夜混雜也。凡此與教條無關，其目標乃社會改良而已。兩文對象，全在佛教。禳災祈福，佛教道教均與其事，然上文引「佛法魔宗」一詞，若謂「魔宗」指魔教，亦即摩尼教，則何以道教不一並攻擊耶？且朱子之時，摩尼教雖或尙存於福建，然非盛行，以至私創菴舍。陳淳（一一五九—一二二三）敍述民間宗教最詳，然並未提及摩尼教也❸。以故「佛法魔宗」，「魔佛」，「魔教」三詞之「魔」

❶ 文集，卷一百，勸女道還俗榜，頁四上至五上。
❷ 同上，勸諭榜，頁六上至七上。
❸ 北溪字義，卷下，「鬼神」門。

字，只是妖邪魔鬼之意。「佛法魔宗」非指兩教，乃行文之排法耳。「魔佛」亦非指兩教，而指佛教爲邪惡害人。「魔教」亦然，非摩尼教之別名也。

或曰，沈繼祖誣朱子六大罪，謂其「剽張載（一〇二〇—一〇七七）程頤（一〇三三—一一〇七）之餘論，寓以喫菜事魔之妖術」❹，此處明指摩尼教，可知朱子與此教有實際關係矣。吾應之曰：繼祖奏疏，幾乎全數說謊（參看頁七六四「沈繼祖誣朱子六罪」條）。然沈氏旣舉其名，則必是得諸傳聞，可以見此教之存在。然亦只可證其存在，而不能證其與朱子有關，更不能證其漳州之禁，乃禁摩尼也。年譜云，「其俗尤崇尙釋氏之教，男女聚僧廬爲傳經會，女不嫁者私爲菴舍以居，悉禁之」❺，其專指佛教也明矣。

❹ 葉紹翁，四朝聞見錄（浦城遺書本），卷四，慶元黨，頁十下。
❺ 王懋竑，朱子年譜（叢書集成本），卷四上，頁一七一。

（五五）朱子用喻

用喻之多，不論是次數抑是種類，無有出乎朱子之右者。語類卷四十一答門人問顏淵問仁，首七條卽用五喻。朱子以克己「如紅爐上一點雪」，「如通溝渠壅塞，仁乃水流」，「如火烈，烈則莫我敢遏」，「如孤軍猝遇強敵，只得盡力舍死向前而已」，「如將火去救火相似。又似一件事，又似兩件事」❶。嘗召陳淳（一一五九—一二二三）晚入臥內，訓以下學而上達，如耕田須先下種子，穿錢索須先有錢，海水在灣在曲在洲在渚無非是水。一條而有三喻，恐是前無古、後無今者❷。一次只以喻爲答。問四端不言信如何？曰，「公潑了椀中飯，卻去椀背拾」❸。

用喻以語類對答爲最多。蓋談話之間，擧喻親切，每有畫龍點睛之效。品評人物亦常用之。謂「荀子空說（性）許多，使人看着如喫糙米飯相似」❹。東坡（蘇軾，一〇三七—一一〇一）「則雜以佛老。到急處便添入佛老相和澒瞞人，如裝鬼戲放煙火相似」❺。朱子「嘗說『陸

❶語類，四一，一六六一。本條因註甚多，只擧卷數與頁數如上。
❷同上，一一七，四五〇〇。
❸同上，五十三，二〇六〇。
❹同上，一三七，五二五六。
❺同上，五二六二至五二六三。

子靜（陸九淵，稱象山先生，一一三九—一一九三）楊敬仲（楊簡，一一四一—一二二六）自是十分好人，只似患淨潔病。又論說道理。恰似閩中販私鹽底。下面是私鹽，上面以鯗魚蓋之，使人不覺』。蓋謂其本是禪學，卻以吾儒說話遮掩」也❻。對莊子則有好評，謂「莊周是箇大秀才。……如說『易以道陰陽，春秋以道名分』❼等語，後來人如何下得？他直是似快刀利斧，劈截將去，字字有着落」❽。

語類用喻，凡千百次。所舉之喻，亦數百種。朱子不假思索，得心應手。所有當前事物，均可作喻，眞所謂「取之左右逢其原」❾。以物品言，則房屋家具有屋與戶❿，桌與椅⓫，盆桶與鍋⓬，磨與刀與秤⓭。特以無星之秤比禪學與陸學之空虛無實。又有錢與錢索⓮，衣服，草鞋，與扇⓯，以至硯與香爐⓰，皆用得其當。交通有路，有船，有輪⓱。食物有五穀，有粟，有梨，有橘子⓲。又有茶，有羹，有油，有薑⓳。加以珍饌皮殼⓴。動物則有狗，貓，獅子，與魚㉑。五光十色，無所不備。

以執事言，則飲食方面有飲食，煮物，與喫物㉒。分而有喫飯，喫饅，食菓，剝皮，食

❻ 同上，一二四，四七七〇。
❼ 莊子（四部叢刋本名南華眞經），卷十，秋水篇第三十三，頁二十五上下。
❽ 語類，一二五，四七九〇。
❾ 孟子，離婁篇第四下，第十四章。

⑩《語類》，屋：三十一，一二五七至一二六一，一二六七；三十二，一三一一；三十三，一三五九；四十一，一六五四；一一八，四五二五；一二六，四八二七。戶：十五，四七七；十八，六六六。

⑪同上，桌：二十一，七九一；九十五，三八四一；一一六，四四五七；一二六，四八四九。椅：九，二四八〇。

⑫同上，盤：一，十一。桶：二十七，一〇七九。鍋：一，十二。

⑬同上，磨：九十八，三九八四。刀：六，一九三；十五，四七五；二十八，一一六〇；五十三，二〇四〇；六十三，二四四六；一二五，四七九〇。枰：十六，五五五；十九，七〇二；一二六，四八三九。

⑭同上，二十七，一〇七四；一一七，四五〇一。

⑮同上，衣服：十九，七一五。草鞋：十五，四八七；扇：四十五，一八五〇；九十八，三九八六；一一五，四四一二。

⑯同上，十三，三五六；二十一，七八七。

⑰同上，路：四十二，一七二二。船：十二，三四八；三十四，一四〇六；四十五，一八二七。輪：二，二十六。

⑱同上，穀：二十八，一一四五。粟：十六，五二五。梨：六，一八二。橘：一一八，四五六一。

⑲同上，茶：十五，四六八。羹：二十四，九二九。油：二十八，一一五五；薑：一二一，四六六四。

⑳同上，一一二，四三五八；一二一，四七〇六。

㉑同上，三十一，一二七九；五十三，二〇五八；一三〇，五〇一〇。

㉒同上，飲：二十九，一一六七。煮：四十九，一九〇七。喫：二十四，九二〇；三十一，一二六三；一二一，四七〇九。

藜，食肉與食冷物㉓。有蒸餅與食飽㉔。又有飲茶，製酒，飲酒，與飲醉㉕。起居方面有行坐，行路，乘船，推車，騎馬，尋屋，看屋，入門㉖。又有入窠，穿井，過橋，上塔，與上樹㉗。工作方面則有掃地，耕田，車水，種麻，剗草，擊火，與蹈火㉘。手藝方面有寫字，繡花，雕龍，脫衣，揲蓍，射箭㉙。更有磨玉，鍛鍊，鍊丹，念咒，補鍋㉚，以至索繩，舉重，指掌，與使錢㉛，無所不有。對外方面爲做官，訴訟，與守衞㉜，繼以捉賊，逐虎，捉蛇㉝。士農工商，無所不包。日常生活，幾全面採用無遺。學者面面可以聯想，日日不忘。其教導之功，不可以尋常講解視之也，亦有出乎尋常之外，如通身黑，蟻鑽珠，無底簞之類㉞，然只三數而已。

以物爲喻之有特殊意義者則有水，鏡，光，寶珠，藥，米，木，與兩輪。以水爲喻，比任何事物多至十倍以上。驟觀之，似是沿襲孟子性善猶水之就下與明道（程顥，一〇三二－一〇八五）人性本善猶水性本清㉟之說。然朱子嘗評明道言性，謂其既「說水流而就下了，又說從

㉓ 同上，飯：十四，四五〇；十八，六八〇；十九，六九七；二十，七二八；一一七，四四九五；一二〇，四六二七。饅：三十二，一三一七；一一四，四四〇七。菓：十八，六六八；一一七，四四九四。皮：一二六，四八三八。藜：二十八，一一五三。肉：七十九，三三二四。冷：一二一，四六六四。

㉔ 同上，十五，四八六；十六，五二八；一二一，四六七八。

㉕ 同上，茶：一二三，四七三八。製：四十一，一六九一。飲：十四，四五〇；三十六，一五四四。醉：十四，四一七。

㉖同上，行：十六，五二〇。路：十四，四四〇；十五，四七一，四八七；十六，五七五；十八，六三一；五十二，一九六四；一一九，四六〇一。船：一一四，四三九五，四四〇二；一一六，四五二一；一一七，四四九九，四五一〇；一一八，四五五三；一二〇，四六二八。車：三十一，一二六三，一二六五。馬：九十四，三七七〇，三七七三；一一六，四四五二；一二一，四六九二。尋：一二一，四六八一。看：二十，七二八；二十八，一一五二。入：十九，六九〇。

㉗同上，窠：一二一，四六八四。井：一二一，四六七五。橋：十五，四八二。塔：十五，五〇一。樹：一二五，四七八九。

㉘同上，地：一一八，四五六一。田：十五，四八八；十九，六九一；一一五，四四二四；一一七，四五〇一。水：一二〇，四六三二。廝：十六，五三二。草：四十四，一七七五。擊：十七，六〇三；四十三，一七五一；一二〇，四六三三。蹈：十五，四九九。

㉙同上，字：三十六，一五四七；四十四，一八一一；五十三，二〇五六。花：一二一，四六八〇。龍：三十三，一三六九。衣：二十九，一二〇八。著：六十四，二五二八。射：一一三，四三七五；一一八，四五七四。

㉚同上，玉：一二一，四六九三。鍜：一二一，四六六九。丹：一一四，四四〇七。咒：一三〇，四九八四。鍋：一〇八，四二六七。

㉛同上，十八，六七七；五十二，一九六四；一二一，四六六八；五十九，二二一三。

㉜同上，一二六，四八五九；四十四，一七九八；一二六，四八七二。

㉝同上，賊：十五，四八二；三十五，一五〇八；四十二，一七一九；四十三，一七五一；四十四，一七七四，一七七七。虎：二十一，七八二。蛇：十五，四七五。

㉞同上，三十，一二五五；二十六，一〇五三；一二四，四七六四。

㉟孟子，告子篇第六上，第二章；遺書（四部備要二程全書本），卷一，頁七下。

清濁處去，與就下不相續」，故「比來比去，也終有病」㊱。朱子亦以水比性，然側重其向下者少㊲，側重其清㊳，靜㊴，與平㊵者多。以波瀾比私慾之攪動㊶，而以其濕潤比仁㊷。仁如水之靜，是體。流而爲愛，是用㊸。又如水在瓶爲忠，瀉出爲恕㊹。仁如水流，無有阻碍㊺，惟須有次序差等㊻。更必用加去塞之功㊼，如以水勝火也㊽。理與仁有一般性，如水之在洋海與魚腹，在沼在溪，在杯之大小方圓，無非是水㊾。分裝在各個椀中仍是水，如理之一本萬殊㊿。又特重源頭活水(51)。此一名句，固不限于文集膾炙人口觀書有感之詩也(52)。

以鏡比心，由莊子(53)經佛家而至伊川（程頤，一〇三三—一一〇七）(54)，實爲我國思想傳統之譬喻，皆重其空淨與抹去塵垢。如此用法，語類不下十次(55)，以釋其心與明德之觀念。然有兩種採用爲前所未見者。一爲以人心如鏡之自明(56)。一爲以鏡比過化存神，即謂先來照者既去，後來者可以照也(57)。此皆朱子別開生面之處。與鏡相近者爲光之明。此光乃日月之光(58)，火之光(59)，燒火之光(60)，燭之光(61)，燈之光(62)，與燈籠之光(63)。亦比禪宗之日光與燈光

㊱ 語類，九十五，三八五六至三八五七。
㊲ 同上，四，一一六；五十八，二一四五。
㊳ 同上，四，九十三；十三，三五九；十六，五三五；十八，六八三；五十九，二二一八；九十五，三八五〇至三八五一；一二六，四八三一。
㊴ 同上，五，一五一；十五，四九〇；三十二，一三一八；五十三，二〇四二，二〇六二；五十九，二二二〇。
㊵ 同上，六，一八八。
㊶ 同上。

42 同上，二十三，八七九；九十五，三九〇〇。
43 同上，六，一六二。
44 同上，二十七，一〇八二。
45 同上，十九，七〇四。
46 同上，二十，七四六。
47 同上，三十六，一五六〇；四十一，一七〇三；一一七，四五二二。
48 同上，五十九，二二四九。
49 同上，三，六十二；十九，六八九；二十，七五二；三十二，一三〇六；三十三，一三五九，一三六二，一三六五；五十七，二一二九；一一七，四五〇二；一二〇，四六三九。
50 同上，，二十七，一〇八五至一〇八六。
51 同上，一二〇，四六〇七。
52 文集，卷二，頁十下。
53 莊子，卷三，應帝王篇第七，頁三十六上。
54 遺書，卷十八，頁十六上。
55 語類，二，三十三；十一，三一〇；十四，四一七，四二六；十五，四七二；十六，五五二至五五四，五六四；十七，六〇五；十八，六八一；二十八，二五八。
56 同上，三十一，一二五二，一二六二；四十一，一七〇二。
57 同上，六十，二二八八。
58 同上，十二，三二〇，三二七；三十二，一三二五；三十三，一三六二；三十四，一四〇七。
59 同上，四，一二二；六，一八八；七，二一〇；十五，四六六，四六七。
60 同上，十二，三二八。
61 同上，十五，四八三。
62 同上，五，一三八；十五，四七四；二十，七七〇；二十三，八八七；一〇一，四一二五。
63 同上，六十四，二四九八。

爲多矣。

佛家以寶珠比佛與佛法，朱子則以寶珠比理。謂氣如水，可淸可濁，然不碍珠之爲珠[64]，珠貝如理欲，同埋沙礫，然自有別也[65]。聖人如柳下惠與聖人之言，均如寶珠，不爲物蔽也[66]。心與道，亦如寶藏，必須用力保持之[67]。朱子以道家本有寶藏而乃棄之，以取佛家之瓦礫云[68]。與寶珠相同者，朱子又有眞金之喻[69]。

藥之喻，上溯書經[70]。朱子引用其語[71]。然此喻採用之頻，必與其本人健康有密切之關係。朱子晚年多病，時常服藥。故以己之臂病[72]與煎藥服藥教人漸進，教人克己，教人專一，教人有恒，教人實踐[73]。且以藥比三綱[74]。到底藥之效用，在乎其人[75]。

此外以米喻仁與一本[76]，乃上乘伊川之「心如種」[77]。木與木之萌芽爲仁之由親親而愛物之最淸楚之比喻[78]。兩輪兩翼兩足，均爲朱子知行相顧，明誠並進，居敬窮理二者不可廢一之一貫思想之比例[79]。凡此皆理學之特殊象徵，經朱子而益明確者也。

若以專題論，則語類卷八至卷十三教人爲學用喻最多，計卷八有起屋，食菓，鍊丹，煮物，煎藥，喫飯，澡浴[80]。卷九有下雨，守戶，血戰，行路，學射，服藥，積財[81]。卷十有執法，捉賊，用兵，使帆，喫飯，學射，灌水，食菓，織錦，飲食，觀屋，與飲酒[82]。卷十

[64] 同上，四，一一七至一一八；十二，三二九；十七，六〇一。

[65] 同上，一一七，四四七七。

[66] 同上，三十四，一四〇三，一四〇五；四十八，一八九五。

67 同上，五十九，二三一八；一二二，四六六七，四六七四，四六七九，四六九九；一二六，四八二四。

68 同上，一二六，四八二〇。

69 同上，十六，五二三，五三五；三十四，一四二六；五十，一九九六；一一六，四四五一。

70 書經，商書，說命上，第八節。

71 語類，一一八，四五四一。

72 同上，一二一，四七一七。

73 同上，漸：八，二二〇；十，二五九；一一五，四四二六。克：九，二四〇；四十二，一七二一，一七二一。專：十九，七〇九。恒：十，二七四；三十五，一四九〇。踐：十一，一一八七。

74 同上，十五，四九三。

75 同上，二十，七七二；二十二，八三一；二十八，一一四二；五十九，二二三九。

76 同上，二十，七六三；一三〇，四六〇四。

77 遺書，卷十八，頁二上。

78 語類，十四，四一三；二十，七四七；二十五，九八〇；二十七，一〇八五；四十三，一七六二；五十三，二〇四五；五十五，二〇八七。

79 同上，九，二三七，二三八；十四，四四九；一一四，四三八九。

80 同上，八，二〇九，二一二，二三〇，二三二，二三三，二三八。

81 同上，九，二三八，二四〇，二四一，二四二，二四四，二四七，二五〇。

82 同上，十，二五九，二六〇，二六三，二六五，二六六，二六九，二七三，二七五。用兵又見十六，五二九；四十一，一六六一，一六七八；一一六，四四六九；一二一，四六七〇，四六七三，四六七六，四六八五。

一有拭桌，聽訟，灌田[83]。卷十二有日昇，種物，燒火，寶珠，入屋，漑田，去草，舡舟[84]。卷十三有登塔，行路，墨硯，清水，種子[85]。爲學方法之多，上智下愚，均可適用。

以上皆從語類立論。與之比較，文集與四書章句集註四書或問，用喻甚少。此等著述皆是說理或敍事，非如語類之對話，故無借重譬喻之必要。大學或問只第二章以疏瀹澡雪以去塵垢比日日新，第五章以伊川大軍之游騎太遠而無所歸[86]比格物而不察之於身，與第七章用成語「如鑑之空，如衡之平」以喻人心之應物而已。中庸或問亦只三喻，即第一章之伊川之明鏡止水[87]，以比心之未發，與第十六章程子之隔壁而聽[88]，以喻析鬼神與其德爲二物，則不能見鬼神之德之所以爲誠。又以木之有幹而後有枝葉以明體物之必先有物，如是而已。

文集卷二十四至二十九爲時事出處之書札，全無譬喻。續集卷一至卷十一與別集卷一至卷六之書札亦然。正集卷三十至六十四問答之書札用喻者極少。與象山與同甫（陳亮，一一四三—一一九四）辨學並不用喻，只述陸氏之床上加床[89]與陳氏之鍊鐵爲金[90]而已。此三十五卷問答書中，所舉之喻，只十二次。多用文言，且用成語如入鮑魚之肆[91]，冰炭不容[92]，掩耳盜鈴[93]，買櫝還珠[94]，兩次引用伊川之喻，即游騎無歸[95]與扶醉人[96]。一次用韓愈（七六八—八二四）同浴而譏裸裎[97]之喻[98]。其他一半爲其本人之喻。二者如致中如射中[99]與心猶鏡[100]爲傳

[83] 同上，十一，二八九，二九四，三〇九。
[84] 同上，十二，三二〇，三二六，三二八，三二九，三三四，三四一，三四八。
[85] 同上，十三，三五五，三五六，三五九，三七五。

㊇ 遺書，卷六，頁三下。

㊈ 同上，卷十八，十六上。

㊉ 出處待查。又見語類，一〇七，四二四〇。

(89) 文集，卷三十六，答陸子靜第四書，頁九上。象山之喻見象山全集（四部備要本），卷二，與朱元晦第二書，頁九上。

(90) 文集，卷三十六，答陳同甫第九書，頁二十七下。陳喻見陳亮集（北京，中華書局，一九七四），卷二十，與朱元晦秘書，頁二九〇。

(91) 文集，卷四十一，答程允夫第三書，頁十一上。成語來自說苑（四部叢刊本），卷十七，雜言，頁二十二上。

(92) 同上，頁十二上。又見語類，一二六，四八三一。成語見楚辭（文瑞樓影印本），七諫第十三，怨思，頁八上。

(93) 同上，卷四十四，答江德功第十書，頁四十五下。成語源自呂氏春秋（四部備要本），卷二十四，知言，頁四下。

(94) 同上，卷五十八，答宋澤之書，頁二十一。成語出自韓非子（四部叢刊本），卷十一，外儲說左上第三十二，頁二下。

(95) 同上註㊇。

(96) 文集，卷四十，答何叔京第十三書，頁二十七下。程語出遺書，卷十八，頁四下。

(97) 韓昌黎全集（四部備要本）卷十四，答張籍書，一上二十三下。

(98) 文集，卷五十四，答項平父第七書，頁八下。

(99) 同上，卷五十五，答李守約第八書，頁十一下。

(100) 同上，卷四十九，答王子合第十二書，頁九下。

統之喻。二者以陸學如弊帚[101]與仁者心之德有如水之潤，火之燥[102]，乃其哲學之要旨。一者如小兒迷藏之戲以比勉強而爲之實踐[103]。朱子嘗謂「譬喻無十分親切底」[104]。此語決不能爲朱子道也。

---

[101] 同上，卷五十五，答趙然道書，頁二十七下。

[102] 同上，卷六十，答曾擇之第二書，頁十八上。

[103] 同上，卷四十八，答呂子約第四十五書，頁二十五上。

[104] 語類，七十四，三〇一八。

（五六）朱子之圖解

北宋五子皆言易。周子（周敦頤，一〇一七—一〇七三）傳太極圖，又撰太極圖說以闡明之❶。此乃以說釋圖，而非以圖明義也。邵子（邵雍，一〇一一—一〇七七）爲象數之學，故其皇極經世書圖表甚多，幾佔全書四份之一。張子（張載，一〇二〇—一〇七七）講易，專重義理。其書不見有圖❷。二程（程顥，一〇三二—一〇八五，程頤，一〇三三—一一〇七）亦以義理解易。叔程子有易傳，惟不用圖。只葬說附圖與作主式有圖式耳❸。朱子則義理與象數兼顧，故亦用圖表。不特說易爲然。言仁言性言學，皆以圖釋之。禮制等圖，如深衣冠巾等圖❹，周之宗廟圖❺，古今廟制圖❻，與明堂圖❼，與絜矩之道圖❽，皆所以表明尺寸，置位，方向，非闡繹文義

---

❶ 周子全書，卷一。
❷ 參看張子全書。卷九至十一爲易說。
❸ 伊川文集（四部備要二程全書本），卷六，頁三下，六上下。
❹ 文集，卷六十八，深衣制度，頁七下至十上。
❺ 同上，卷六十九，禘祫議，頁三上至五上。
❻ 同上，卷十五，祧廟議狀，頁十九下至二十三下。
❼ 語類，卷八十七，第六十九條（頁三五五三）。
❽ 文集，卷四十四，答江德功第三書，頁四十下。

也。又有改正武陵舊圖，則於袁機仲之十二卦圖有所改正也❾。

語類有兩圖爲釋明易之進展者。門人問「易有太極，是生兩儀。兩儀生四象。四象生八卦」❿。朱子答曰，「易有太極，便是有箇陰陽出來。陰陽便是兩儀。儀，匹也。兩儀生四象，便是一箇陰又生出一箇陽，⚍是一象也。一箇陽又生一箇陰，⚎是一象也。一箇陰去生一箇陰，⚏是一象也。一箇陽又生一箇陽，⚌是一象也。此謂四象。四象生八卦，是這四箇象生四陰時，便成坎震坤兌。四象生四箇陽時，便成巽離艮乾四卦」。又爲下表以明之⓫：

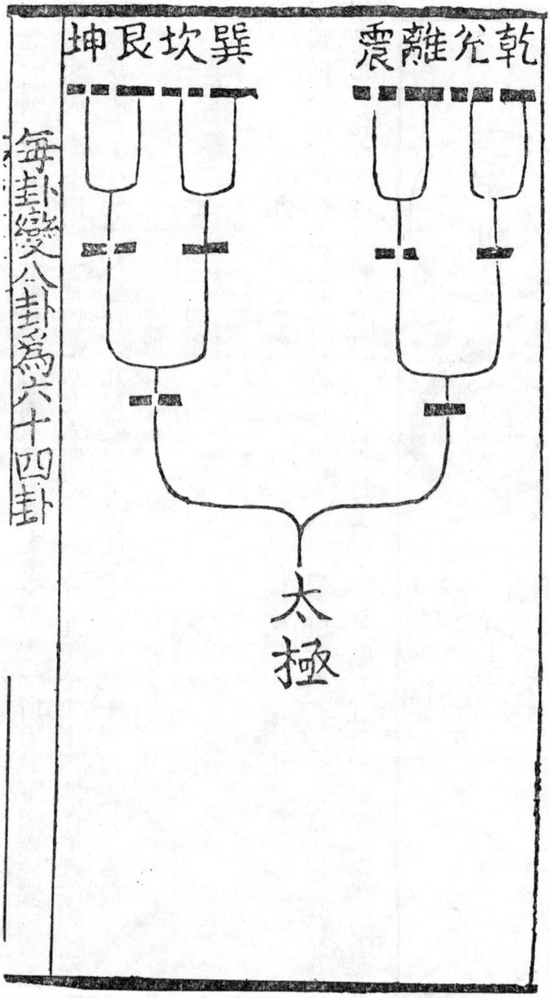

有此一圖，使朱子之答案更爲明顯，然於易之意義，實無所增。下圖亦屬此類。門人問揲著左右交錯。朱子曰，「且以七八九六明之。六七八九便是次序。然而七是陽，六壓他不得，便當挨上。七生八，八生九。九又須挨上。便是一低一昂」，爲表如下⑫：

手指畫	
六	**五指**
七	**四指**
八	**三指**
九	**二指**

下圖則不止表達意義，而增有新意。朱子云，「太極陰陽五行，只將元亨利貞看甚好。太極，是元亨利貞都在上面。陰陽，是利貞是陰，元亨是陽。五行，是元是木，亨是火，利

⑨ 同上，卷三十八，答袁機仲第七書，頁十六上下。
⑩ 易經，繫辭上傳，第十一章。
⑪ 語類，卷七十五，第八十五條（頁三〇六八至三〇六九）。
⑫ 同上，第五十一條（頁三〇五四至三〇五五）。
⑬ 同上，卷九十四，第六十一條（頁三七七六）。

是金，貞是水」。又爲圖如下⑬：

此圖所指，有出乎朱子所言之外者。朱子此處未嘗言無極而太極。利貞不只是陰而是陰陽交錯以後之陰。元亨不只是陽而是陰陽交錯以後之陽。朱子未嘗言土，而圖則土居中，即謂土寄旺於木火金水之中也。

朱子說仁用圖最多。陳敬之⑭說「孝弟爲仁之本」一章⑮，三四日不分明。朱子只令子細看，全未與說。數日後方作一圖示之。中寫「仁」字。外一重寫「孝弟」字。又外一重寫「仁民愛物」字。謂行此仁道，先自孝弟始。親親長長而後次第推去。非若兼愛之無分別也⑯。又論孝弟爲仁之本云，「孝弟不是仁，更把甚麼做仁？前日戲與趙子欽（趙彥肅）⑰說，須畫一箇圈子。就中更畫大小次第作圈。中間圈子寫一『性』字。自第二圈以不分界作四去，各寫『仁』『義』『禮』『智』四字。『仁』之下寫『惻隱』。『惻隱』下寫『事親』。『事親』下寫『仁民』。『仁民』下寫『愛物』。『義』下寫『羞惡』。『羞惡』下寫『從兄』。『從兄』下寫『尊賢』。『尊賢』下寫『貴德』⑱。於『禮』下寫『辭遜』。『辭遜』下寫『節文』。『智』下寫『是非』。『是非』下寫『辨別』⑲。」朱子對於此圖，未加解釋。

說仁之圖，最重要者爲語類之仁說圖。因其重要，另爲一條，見頁三七〇。

語類論性處甚多。在下性圖⑳，非爲某一對話而作，而實是一篇獨立短文。其文曰：

性善 性無不善

善 發而中節，無往不善

惡 惡不可謂從善中直下來，只是不能善則偏於一邊為惡語類卷十四十五討論大學經文。末附一圖，以「在止於至善」爲中心，爲解釋大學最詳晰而有系統之圖，其價值與仁說圖相等。圖見頁三六七「退溪不用朱子大學圖」條，予略論之。此處不必複述。

上面各圖，皆朱子所製。蓋與門人問答或與講友通訊，均已詳盡，再爲圖表以便一目了然。仁說圖則有所補充。下面東銘圖之問題與其他不同，特令門人爲之。張子曾撰兩銘，書於學堂雙牖，右爲訂頑，左爲砭愚，本爲正蒙乾稱篇第十七之一部。伊川（程頤）曰，「是起爭端」，改之曰東銘西銘㉑。朱子盛稱西銘，東銘則絕少言及。語類只一見，文集亦只一處提及而已。門人楊道夫問東銘。朱子答曰，「此正如今法書所謂『故失』兩字」。因令道夫㉒寫作圖子看㉓。道夫乃作下圖：

---

⑭ 參看拙著朱子門人（臺北，學生書局，一九八二），頁一二三。
⑮ 論語，學而篇第一，第二章。
⑯ 語類，卷二十，第七十七條（頁七四四至七四五）。
⑰ 參看朱子門人，頁二九二。
⑱ 原文爲「貴貴」，無義。今改「貴德」。
⑲ 語類，卷二十，第一二二條（頁七六四）。
⑳ 同上，卷五十五，第十條（頁二〇七八）。
㉑ 外書（二程全書本），卷十一，頁六下。
㉒ 參看朱子門人，頁二七二至二七三。
㉓ 語類，卷九十八，第一〇七條（頁四〇一六至四〇一七）。

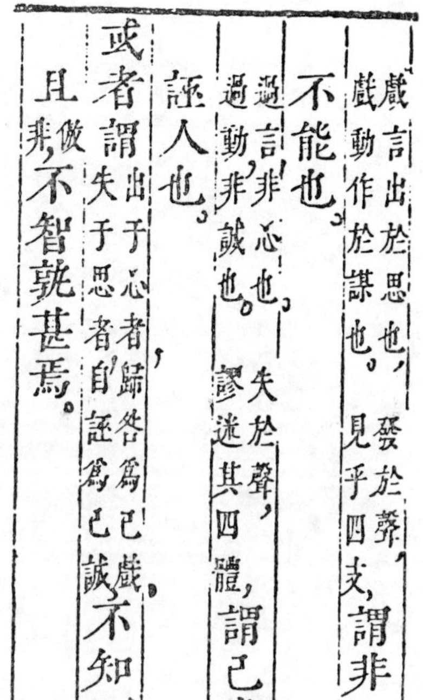
戲言出於思也，戲動作於謀也。發於聲，見乎四支，謂非己心，不明也。欲人無己疑，不能也。過言非心也，過動非誠也。失於聲，繆迷其四體，謂己當然，自誣也。欲他人己從，誣人也。或者謂出於心者，歸咎爲己戲。失於思者，自誣爲己誠。不知戒其出汝者，歸咎其不出汝者，長傲且遂非，不智孰甚焉。

「故失」者，謂法官故意失諸刑輕或重。朱子之意，以東銘側重心思，有失於下學工夫，遠不若西銘之下學上達也。答汪尚書（汪應辰，一一一八—一一七六）云，「東西銘雖同出於一時之作，然其詞義之所指，氣象之所及，淺深廣狹，迥然不同。是以程門專以西銘開示學者，而於東銘則未之嘗言。蓋學者誠於西銘之言，反復玩味，而有以自得之，則心廣理明，意味自別。若東銘則雖分別長傲遂非之失於毫釐之間，所以開警後學，亦不爲不切。然意味有窮，而於下學功夫，蓋猶有未盡者。又安得與西銘徹上徹下，一以貫之之旨，同日而語哉」㉔？道夫特以大字寫「不能」與「誣人」，正是「故失」之所在。而以「且」字置「長傲」「遂非」之間，乃所以警告學者差之毫釐，謬以千里之危。道夫誠得其師之旨矣。

㉔ 文集，卷三十，答汪尚書第七書，頁十二上下。

（五七）退溪不用朱子大學圖

語類卷十四十五專論大學。其末有大學圖，爲朱子所自製。全圖秩序井然，爲大學思想一有統系之機體結構。蓋朱子詮釋大學意義最純簡而明顯之圖式也。其圖如下：（見次頁）

韓國大儒李退溪（李滉，一五〇一—一五七〇）製聖學十圖❶，宣祖二年己巳（一五六九）上進宣祖。是時退溪六十八歲。已在經筵講解八次，以爲未足，故進此十圖。以人主之心爲萬幾所由，故特重敬，謂「持敬者又所以兼思學，貫動靜，合內外，一顯微之道也」❷。又謂「十圖以敬爲主」❸。退溪採周子敦頤（一〇一七—一〇七三）之太極圖而略引朱子太極圖解爲第一，以元儒程林隱（字子見）所作之西銘圖爲第二，以退溪自作之小學圖爲第三，以朝鮮儒者權近（一三五二—一四〇九）所作之大學圖爲第四，依朱子白鹿洞學規文本目自作一圖爲第五，以程林隱所作上圖而退溪增補中下二圖之心統性情圖爲第六，採用朱子之仁說圖爲第七，以程林隱所作之心學圖爲第八，採王柏魯齋（一一九七—一二七四）依朱子敬齋箴所作之圖爲第九，倣王魯齋之敬齋箴圖而作夙興夜寐箴圖爲第十。

❶ 圖載退溪先生文集（大東文化研究院，增補退溪全書，第一冊），卷七，進聖學十圖劄，頁四下至三十五上，總頁一九五至二一一。

❷ 同上，頁八上，總頁一九七。

❸ 同上，頁二十上，總頁二〇三。

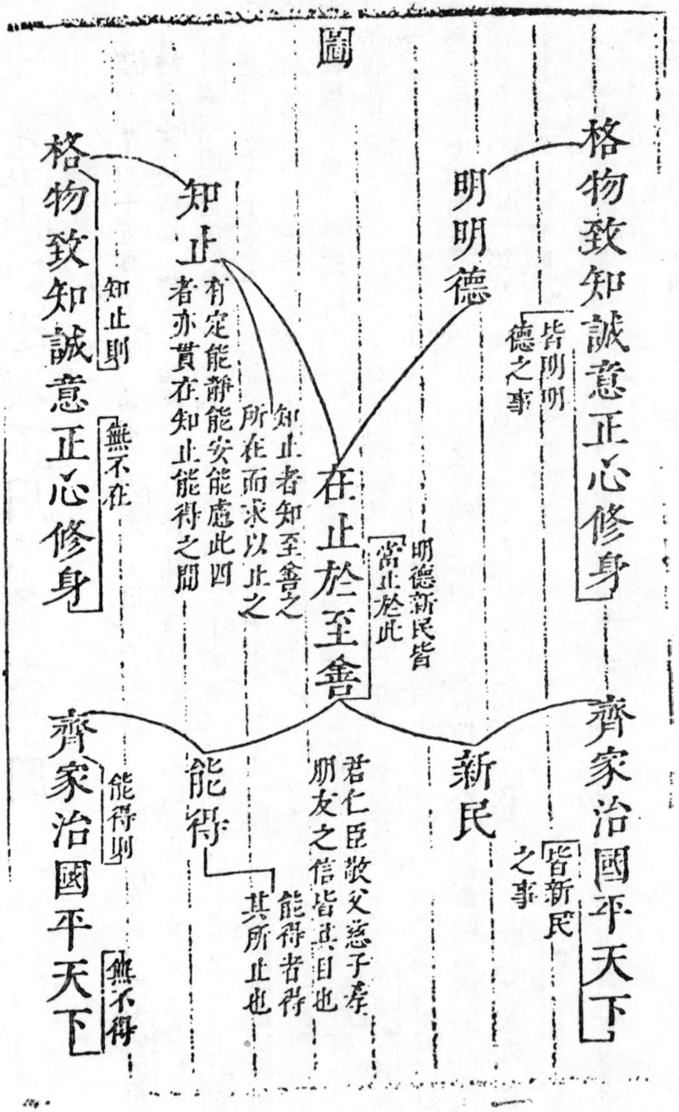
圖
格物致知誠意正心修身
皆明明德之事
齊家治國平天下
皆新民之事
明明德
新民
明德新民皆當止於此
在止於至善
君仁臣敬父慈子孝朋友之信皆其目也
知止者知至善之所在而求以止之
能得者得其所止也
知止
有定能靜能安能慮此四者亦貫在知止能得之間
能得
格物致知誠意正心修身
知止則無不在
齊家治國平天下
能得則無不得

其第四大學圖如下：

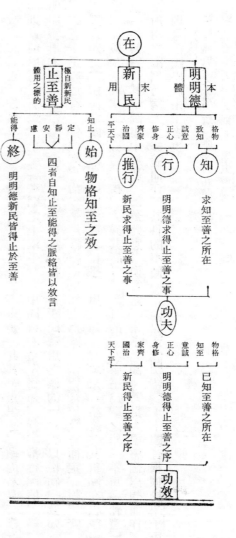

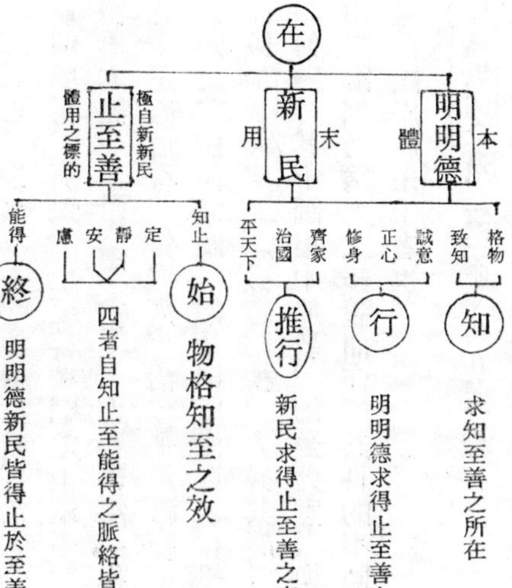

十圖要旨，不出朱子思想系統之範圍。退溪每圖說明甚詳，亦唯朱子是遵。而於大學竟不用朱子自製之圖而用權近所作，實不能不令人疑異。若謂退溪不知有此圖，亦難置信。退溪十圖說明中未提及朱子之大學圖，然退溪理學通論引用語類之詳之精，莫可倫比❹。於其詳考語類而發現朱子門人為其他門人錄所不載者九人，比任何門人錄為多❺，可以見之。故知退溪必知朱子之圖。而竟不採用，何耶？

一九八三年十月韓國退溪學研究院舉行退溪新儒學之國際會議於哈佛大學。其中三篇論文論及聖學十圖。一爲日本筑波大學教授高橋進之李退溪哲學之組織的構造，一爲國立臺灣師範大學教授戴璉璋之居敬窮理——退溪工夫論的省察，一爲 Kansas 州立 Wichita 大學 Michael C. Kalton 博士之退溪之聖學十圖。皆未言及朱子此圖。然愚嘗思之，則朱子之圖與退溪所用之圖，目的全然不同也。朱子志在闡釋大學，以圖表表明其大學章句與大學或問之所論。故全圖着重其思想全部之結構。故以「在止於至善」爲中心，而圖中以細字謂「明德新民皆當止於此」，謂「知止者，知至善之所在而求以止之」，謂「能得者，得其所止也」。兩邊以格、致、誠、正、修皆爲明明德之事，齊、治、平皆爲新民之事，而知止則格、致、誠、正、修無不在，能得則齊、治、平無不得焉。此其全重思想，顯而易見。權近之圖則以明明德、新民、止至善在圖之上端平行。中間自右至左爲知、行、推行、始、終。以明明德爲本體，新民爲末用，止至善爲「極自新新民體用之標的」。又以格物、致知爲知，誠意、正心爲行，修、齊、治、平爲推行，以知止爲始，能得爲終，而定、靜、安、慮，則在知止、能得之間。如是則所注重者在乎體用、知行、本末、始終。其重點在程序與方法，而與朱子大學圖之機體結構，大異其趣。退溪目的，在帝王爲聖之學。不重「什麼」而重「如何」。其十圖集中於敬，即是此意。換言之，朱子之圖，乃爲大學整個思想而作。退溪所用之圖，乃爲人主修養而作。其目的不同，故所採之圖亦異。十圖皆根據於朱子思想，則退溪誠忠於朱子者也。

④ 增補退溪全書，第三册，共九卷。

⑤ 拙著朱子門人（臺北，學生書局，一九八二），頁七十一，八十三，一一一，一四一，一六三，一九〇，二〇一，二一七，二二四。

(五八) 仁說圖

語類卷一〇五討論仁說，附以仁說圖❶如下：(見次頁)

關於仁說，予嘗寫一長篇，詳論朱子撰仁說之動機，仁說大意，仁說著作時期，「心之德」「愛之理」兩詞之來源與涵義，十餘年間與南軒(張栻，一一三三—一一八〇)等人之討論，與仁說之三更四改。關於仁說圖則指出上截說仁爲心之德，下截說愛之理，並批評以物我一體爲仁與以知覺爲仁兩說之非，並論之曰：

朱子語類仁說節下之仁說圖，料係仁說成後所作，用以表釋而亦為之補充者。其中用大字特顯者為仁，人，心，未發已發，性，愛，體用，公愛孝弟恕與知覺。其所以特標未發已發與體用者，或因仁說體用之言不顯。答張欽夫(張栻)書云，「前說之失，但不曾分得體用。……今已改正」❷，朱子仍嫌未足，故特於圖中以大字表之。孝弟與忠恕等字亦是以補古來聖賢教人汲汲為仁而仁說亦頗嫌意晦者。圖雖有「知覺乃智之事」，而於龜山(楊時，一〇五三—一一三五)以物我為一為仁之說，則不再提。只云「公則仁，

❶語類，卷一〇五，第四十三條(頁四一八五)。
❷文集，卷三十二，答張欽夫第四十二書，頁十七上。

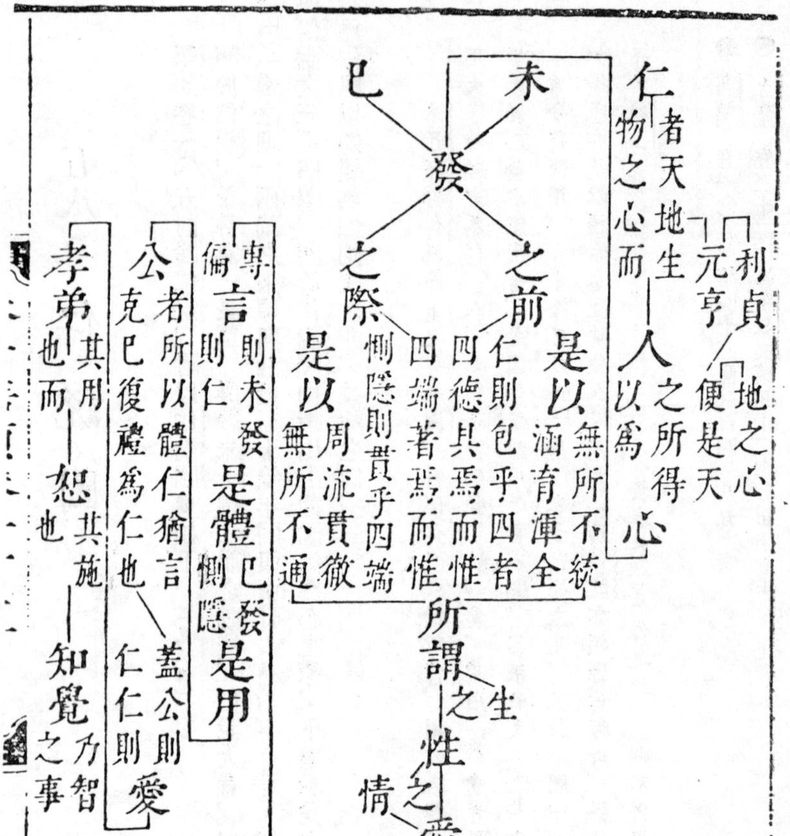
元亨利貞便是天地之心
仁者天地生物之心而人之所得以爲心
未發之前是以涵育渾全無所不統
四德具焉而惟仁則包乎四者
已發之際
四端著焉而惟惻隱則貫乎四端
是以周流貫徹無所不通
所謂生之性愛之理仁之體也
情之發愛之用也
專言則未發是體已發是用
偏言則仁是體惻隱是用
公者所以體仁猶言克己復禮爲仁也
蓋公則仁仁則愛
孝弟其用也而恕其施也
知覺乃智之事

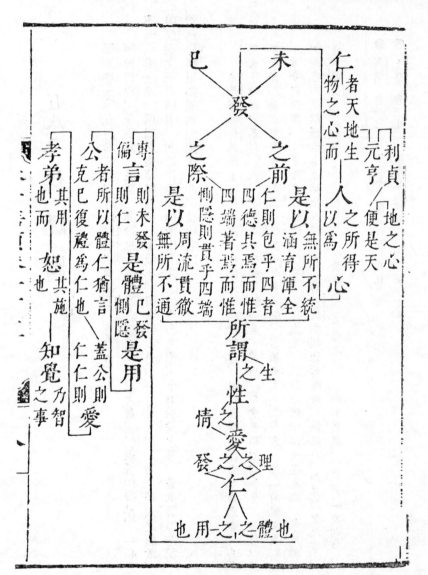

仁則愛」而繼以「孝弟其用，而恕其施也」。仁說不提公字，而此處公字兩見，明以公字替代物我一體之說。圖多實踐意。豈非受南軒影響耶❸？

今稍有所補充。語類討論仁說，只得三條。第一條謂「仁說只說得前一截好」。此是李閎祖(嘉定四年辛未，一二一一，進士)戊申(一一八八)以後所聞朱子之語。語類載閎祖兄弟袁州臨別請教❹。(江西)袁州在朱子紹熙五年甲寅(一一九四)赴長沙上任途中，則所聞朱子仁說之語必在此六年之間。仁說定稿於乾道七年辛卯(一一七一)，早在約二十年前。朱子思之，猶謂「只說得前一截好」。換言之，朱子實不滿意於後一截也。其後一半，乃專評以愛言仁，以物我一體言仁，與以知覺言仁諸說。以愛言仁，是漢儒之說，尤以韓愈(七六八—八二四)爲甚❺。楊龜山(楊時，一〇五三—一一三五)以與天地爲一體釋仁❻。謝上蔡(謝良佐，一〇五〇—約一一二〇)以知覺言仁❼。此處意謂仁說下半不如上半，並非晚年對於此三說有所變更。閎祖另錄一條，仍是批評萬物一體之說❽。其批評以愛與覺言仁，則陳淳(一一五九—一二二三)慶元五年己未(一一九九)所錄❾。可見朱子堅持心之德，愛之理之說，終身不變。愚意以其不滿意於後一截者，一因其批評他說，論調近於消極，二則太重理論，而缺乏爲仁之實踐也。

其餘兩條，一問「天地生物之心」，一問「行此心也」❿，皆於仁說無所發明。師生討論仁說如是之少，而所問又無關宏旨，絕非朱子晚年仁說影響沉寂，而是朱子與友生多人討論，歷十餘年，然後定稿。定稿之後，又陸續通訊討論。凡此皆門人所熟知，故少疑問也。

❸ 朱學論集（臺北，學生書局，一九八二），頁三十七至六十八。參看頁五十五，論仁說圖。
❹ 語類，卷一一四，第十條（頁四三九〇）。
❺ 韓昌黎全集（四部備要本），卷十一，原道，頁一上。
❻ 龜山文集（萬曆十八年庚寅，一五九〇，本），卷十一，頁一下；卷二十六，頁三上；龜山語錄（四部叢刊本），卷二，頁十下。
❼ 上蔡語錄（近世漢籍叢刊本），卷上，頁三下，頁十七上下，總頁四，三十三至三十四，四十三；卷中，頁一上，總頁四十三。
❽ 語類，卷六，第一〇七條（頁一八九）。
❾ 同上，第一一七條（頁一九一）。
❿ 同上，卷一〇五，第四十四，四十五條（頁四一八六）。

（五九）南軒仁說

張栻（號南軒，一一三三—一一八〇）嘗著仁說，載南軒先生文集。茲錄全文如下：

人之性，仁義禮智四德具焉。其愛之理，則仁也。宜之理，則義也。讓之理，則禮也。知之理，則智也。是四者，雖未形見，而其理固根於此，則體實具於此矣。性之中，只有是四者，萬善皆管乎是焉。而所謂愛之理者，是乃天地生物之心，而其所由生者也。故仁為四德之長，而又可以兼包焉。惟性之中有是四者，故其發見於情，則為惻隱羞惡是非辭讓之端，而所謂惻隱者，亦未嘗不貫通焉。此性情之所以為體用，而心之道則主乎性情者也。人惟己私蔽之，以失其性之理，而為不仁，甚至於為忮為忍。豈人之情也哉？其陷溺者深矣。是以為仁莫要乎克己。己私既克，則廓然大公，而其愛之理，素具於性者，無所蔽矣。愛之理無所蔽，則與天地萬物血脈貫通，而其用亦無不周矣。故指愛以名仁，則迷其體（程子所謂「愛是情，仁是性」❶，謂此）。而愛之理，則仁也。指公以為仁，則失其真。（程子所謂「仁道難名，惟公近之。不可便指公爲仁」❷，謂此）。而公者人之所以能仁也。夫靜而仁義禮智之體具，動而惻隱羞惡辭讓是非之端達。其名義位置，固不容相奪倫，然而惟仁者，為能推之而得其宜，是義之所存者也。惟仁者為能恭讓而有節，是禮之所存者也。惟仁者為能知覺而不昧，是智之所存者也。此可見其兼能而貫通者矣。是以孟子於仁，統言之曰，「仁，人心也」❸。亦猶存易乾坤四德，而總言「乾元」「坤元」也❹。然則學者其可不以求仁為要，而為仁其可不以克己為道乎❺？

此文嘗與朱子仁說相混。朱子文集仁說題下註云：「浙本誤以南軒先生仁說為先生仁說，而以先生仁說為序」❻。一九八二年七月在夏威夷舉行之國際朱熹會議，日本佐藤仁教授在其提供論文朱子の仁說中指出陳淳（一一五九—一二二三）謂「文公有仁說二篇……一篇誤在南軒文集中」。朱子門人熊節（慶元五年己未，一一九九，進士）編性理羣書句解，亦採錄此篇以為朱子自著❼。可知朱門亦有誤以南軒仁說為朱子所作者云云。愚亦以南軒仁說為非朱子所撰。嘗著論朱子之仁說，第九節專論南軒仁說，指出兩仁說相同之點甚多，惟克己，去私，知存，則南軒比朱子為詳而有力。最不同者，則朱子以心之德愛之理為仁之兩面，而南軒則只言愛之理而不言心之德。愚又根據朱子答伯恭（呂祖謙，稱東萊先生，一一三七—一一八一）書，指出

❶ 遺書（四部備要二程全書本），卷十八，頁一上。
❷ 同上，卷三，頁三下。
❸ 孟子，告子篇第六上，第十一章。
❹ 易經，乾卦，彖辭云，「乾，元亨利貞」。彖傳曰，「大哉乾元」。坤卦，彖辭曰，「至哉坤元」。
❺ 南軒先生文集，（近世漢籍叢刊本），卷十八，頁一上至三上，總頁五九一至五九五。
❻ 文集，卷六十七，頁二十上。
❼ 性理羣書句解（近世漢籍叢刊本），卷八，頁八上至十下，總頁三六七至三七二。

南軒仁說成於朱子伊洛淵源錄之後❽，而朱子仁說在淵源錄成書之前❾。故以朱子仁說在前，南軒仁說在後，並解釋何以在朱子仁說之後，另著仁說❿。今尚有一重要之點，不容忽略者，卽朱子仁說開始卽謂「天地以生物爲心」⓫，而南軒仁說則文內只云「天地生物之心」。此爲兩人爭論焦點之一。南軒嘗批評朱子天地以生物爲心之語云，「天地以生物爲心之語，平看雖不妨。然恐不若只云天地生物之心，人得之爲人之心似完全」⓬。此其仁說所以不言「天地以生物爲心」而言「天地生物之心」也。

國際朱熹會議以時間短迫，未及詳細討論佐藤教授所宣讀之朱子の仁說。拙著論朱子之仁說雖然一年以前發表，與會學者曾見之者，究屬少數，而朱學論集新在臺北出版，尙未寄到會所。年初劉述先博士之朱子哲學思想的發展與完成一書，已由臺北學生書局刊行。內有專章討論朱子仁說。惜以郵誤，亦未寄到會場。吾等三人俱於朱子仁說，相當努力。苟能從容切磋，陶養新知，則其樂也何似！惜時間無多。予亦因主理會務，絕無寧暇。目視良機之失，今日思之，猶嘆息不置也。

會後劉博士撰朱子的仁說，太極觀念，與道統問題的再省察——參加國際朱子會議歸來紀感，載於史學評論⓭。關於仁說，劉博士集中於朱子仁說之著作時期與南軒仁說兩點。劉先生堅持其朱子仁說定稿於乾道九年癸巳（一一七三），比愚以其定稿在乾道七年辛卯（一一七一）較後。劉先生在其新著內之朱子對於仁的理解與有關仁說的論辨章有詳細討論⓮。此問題牽涉太大，非另行爲文探索，恐難言盡其意。今只論關於南軒之仁說。

劉先生提出驚人之論，謂南軒仁說乃朱子所作，加上南軒之名，編入南軒文集以紀念亡友。劉先生云：

指出南軒文集全部由朱子編次。朱子把南軒文集中凡不合於他自己思路的書信文章，當作南軒少年時代不成熟的東西看待，全部加以刪削。是否有可能南軒撰仁說初稿受到朱子批評之後，一直未定稿。他死後朱子乃把自己與南軒共同商訂以後另寫的一篇仁說，編在南軒文集之中，當作南軒的作品而刻出。所以有的門人如陳淳、熊節還把這篇仁說認定為朱子的作品。就我的了解來說，要不是這樣的情形，在朱子的及門弟子就產生了這樣的混淆，根本是不可以想像的事。當然，佐藤先生大概由於語言表達能力的限制，根本沒有對我提出的問題給與任何答覆。陳（榮捷）先生代為答覆，乃謂陳淳當時不在朱子跟前，熊節的理解甚差，所以才會產生了這樣的混淆。但這樣的答覆對我來說，是不能滿足的。陳淳為朱子最得意的晚年弟子，「衛師甚力」（全祖望語）。他旣然斬釘截鐵地說朱子著有兩篇仁說，應有所據。大概朱子寫了另一篇仁說，接受了南軒的批

⑧此文先刊於哲學與文化，第八期（民國七十年，一九八一，六月），旋採入拙著朱學論集（臺北，學生書局，一九八二），頁二十七至六十八。關於以上各點，參看頁五十六。

⑨參看同上，頁四十。

⑩參看同上，頁五十七。

⑪程頤語。外書（二程全書本），卷三，頁一上。明沈桂明道全書以此爲程顥語。

⑫南軒先生文集，卷二十一，答朱元晦秘書第二十一書，頁五下，總頁六七四。

⑬史學評論，第五期（民國七十二年，一九八三，一月），頁一七三至一八八。

⑭朱子哲學思想的發展與完成（臺北，學生書局，一九八二），第四章。

評，把克己的觀念寫入文章之中，又採用了南軒的「天地萬物血脈貫通」一類的話頭。為了紀念亡友，就把這篇東西當作南軒的定見，編入南軒文集之內。這種情形，決不是不可以想象的⑮。

如此云云，誠是大膽假設。苟能找出證據，則不愧爲中國哲學史上一大發現。劉博士並不武斷。彼云，「我生平不擅考據。對於哲學思想一貫性的把握則略有一點心得。此處暫姑備一說，以待來賢校正」⑯。愚不敢以賢自待，加以校正。今只提出四點，以供研究。

(1) 熊節之性理羣書句解列司馬光（一〇一九—一〇八六）爲七賢之一。朱子於竹林精舍落成，行釋菜之禮於先聖先師，以司馬光等七賢從祀。熊氏繼承此意，可謂無後來門戶之見矣。然其書究爲訓課童蒙而設，故四庫全書總目提要謂其「淺近之甚，殊無可採」⑰。陳淳誠爲朱門高弟。其所著北溪字義，實足以代表朱子純正思想。然彼庚戌（紹熙元年，一一九〇）十一月乃師事朱子。距仁說之著已二十年。仁說討論，早已沉寂。當時著者多次易稿。各家著作，抄寫傳遞之間，名稱或有混亂。陳淳以其師有兩仁說，殊不足怪。陳淳答陳伯澡書有云，「文公有仁說二篇。莫須已曾見否？一篇誤在南軒文集中。一篇近方得溫陵⑱卓丈傳來」⑲。可知彼對於朱子仁說及其討論經過，素未詳悉。是則南軒仁說之不能出於朱子之手，陳淳無從而辨也。

(2) 陳淳發覺仁說兩篇並存之時間，與朱子文集編輯之時間，當相隔不遠。朱子文集爲朱子之子朱在（一一六九年生）等所編，與陳淳見仁說之時期相去不遠。彼等謂「浙本誤以南軒先生仁說爲先生仁說」。是則當時有人以南軒仁說爲朱子所作，亦有人以南軒仁說爲非朱子所作。編文集者不以南軒仁說出於朱子。彼等必代表多數而比較可靠。吾人生在數百年之後，苟任信其一，則非文集編者莫屬。

⑶ 若謂朱子既自著仁說，又以南軒本人之意替之另撰仁說，故此仁說特重南軒之克己。又接受南軒之批評，不用自己開章明義之「天地以生物爲心」，而用南軒認爲「似安全」之「天地生物之心」，更不用數十年所考慮週詳之「仁者，心之德，愛之理」，而只用「愛之理」以之紀念亡友。然則所謂紀念者何在？南軒討論仁說，已詳其與朱子來往書簡⑳。其克己之說，詳與朱子書㉑，克齋銘㉒，與主一齋銘㉓。朱子何必越俎代庖，徒作贅語？至於南軒本人何以又於朱子已著仁說之後，自著仁說，亦有可解。拙文論朱子之仁說嘗云，「蓋南軒認仁乃是天地之心所由生，但不認天地以生物爲心，故不言心之德。朱子仁說側重

⑮ 同上註⑬，頁一七九至一八〇。

⑯ 同上註⑬，頁一八一。

⑰ 四庫全書總目提要（上海，商務印書館，一九三三），子部，儒家類二，總頁一九一九。

⑱ 福建泉州。

⑲ 北溪大全集（四書全書珍本），卷二十六，答陳伯澡第五書，頁五下。

⑳ 南軒先生文集，卷二十，答朱元晦秘書第七書，頁七上下，總頁六五一至六五二；卷二十一，答朱元晦秘書第十九書，頁五下，拙著朱學論集，頁五十一至五十三，討論頗詳。

㉑ 同上，卷二十，答朱元晦秘書第十一書，頁十二上下。

㉒ 同上，卷三十六，頁一下至二上，總頁一〇五四至一〇五五。

㉓ 同上，頁六上下，總頁一〇六三至一〇六四。

理論。雖言學者應汲汲於求仁，究於求仁之方，未有暢言。南軒則並言仁者之能推以至存義，存禮，存智。尤重要者，南軒以爲仁莫要於克己，學者當以克己爲道。朱子仁說雖引論語克己一次，順及而已，非要義也。朱子謂南軒以其仁說不如克齋記㉔，卽謂朱子忽略克己爲仁之方，或亦爲其自作仁說之一因，以補朱子之不足耳。且當仁說討論熱烈之際，學者如林熙之，周叔瑾，楊仲思，「契丈」等，均著仁說㉕，各揚其說。南軒其中之一耳。

(4) 最重要者，乃此等間接手段，是否與朱子性格相符？朱子性素忠直，其感化士子者以此，其開罪權貴者亦以此。生平有如程子明道（程顥，一〇三二—一〇八五），最恨自私用智。今以另著仁說挿入南軒文集之內作爲南軒自作，可謂絕非自私，然不得不謂之用智也。此則朱子決不肯爲而亦南軒所決不肯受也。

㉔ 文集，卷七十七，頁十五上至十六上。

㉕ 朱學論集，頁三十九。

（六〇）玉山講義

紹熙五年甲寅（一一九四），朱子年六十五，任侍講。進講大學。因上疏開罪皇太后親屬手攬大權之韓侂冑（一二〇七年卒），閏十月御批罷職。在朝僅四十六日。謝辭遂行。歸福建途中，十一月十一至江西之玉山縣。葉公回校訂之朱子年譜（一四三一）云，「邑宰司馬迈請爲諸生講說。先生辭，不聽。乃就縣庠賓位，因學者所請問而發明道要。聞者興起。迈刻講義一篇，以傳於世。此乃先生晚年教人親切之訓，讀者其深味之」❶。戴銑（一五〇八年卒）朱子實紀（一五一三）內之年譜全同❷。王懋竑（一六六八—一七四一）朱子年譜引洪去蕪改訂本朱子年譜（一七〇〇）亦全同，惟「迈」作「邁」❸，玉山講義載文集❹。

年譜謂因學者所請問而發明道要，誠是事實。學者指程珙，字仲璧，號柳湖，江西鄱陽縣❺人。珙有兩問。一問論語多是說仁，孟子卻說仁義。意者夫子說元氣，孟子說陰陽。仁

❶葉公回校訂，朱子年譜（近世漢籍叢刊本），卷一，頁二十五上，總頁二二五。
❷戴銑，朱子實紀（近世漢籍叢刊本），卷四，頁十七上，總頁一九三。
❸王懋竑，朱子年譜（叢書集成本），卷四上，頁二一三。
❹文集，卷七十四，玉山講義，頁十八上至二十二上。
❺參看拙著朱子門人（臺北，學生書局，一九八二），程珙傳，頁二四四。

恐是體，義恐是用。朱子答以義卽在仁之中。以體用言，則二者相爲體用。若認得熟，看得透，則日用之間，無不是著工夫處。此處體用兼顧，明理實踐，乃朱子一生教育之典型。晚年經大變而益信。年譜謂爲晚年親切之訓，誠哉是言！仁之問題，雖是程珙提起，卽無程珙所問，朱子亦必着意於此。觀其所著仁說⑥，費十餘年之考慮，歷年與門人問答及與學者討論，實比太極理氣問題爲多可知矣⑦。程珙又問，「三代以前，只是說中說極。至孔門答問，說著便是仁，何也」？朱子之答，仍屢言實踐功夫。人性本善，然爲氣稟所蔽，故須去人欲，復天理，以反其初。尊德性與道問學交相滋益，互相發明。此亦其一生體用並行，誠明兩進之旨。並非專主道問學，亦並非因陸象山（陸九淵，一一三九—一一九三）尊德性之激刺而後言兩者並重也。

王懋竑以年譜「此乃先生晚年親切之訓，讀者宜深味之」之語，必是來自朱子門人李方子（號果齋，嘉定七年甲戌，一二一四，進士）久已失傳之朱子年譜。王氏云，「果齋李氏所云『晚年指示本體，令人深思而自得之』⑧，蓋指玉山講義，答陳器之林德久諸書而言。以今考之，皆發明性善之指，說出地頭名目，如韓子（韓愈，七六八—八二四）原性人之『所以爲性者五』，人之『所以爲情者七』之例⑨。非有『指示本體，令人深思而自得之』之意。陽明（王守仁，一四七二—一五二九）晚年定論⑩之作，朱門久自開之矣。朱子所云『不待七十子喪而大義已乖』者⑪，豈不信哉」⑫？答門人陳器之（陳埴）之問，乃因玉山講義而發，故文集題下有「問玉山講義」五字⑬。答書極言性是太極渾然之體。則朱子未嘗不指示本體，而李果齋並非無據。然側重本體乃器之之問，朱子因其問而答之，並不是反覆其玉山講義着重功夫之言。果齋何以乖其師之大義，懋竑並未指明。若謂果齋之言朱子指示本體，已開陽明晚年定論之先河，恐亦忽略朱子答陳器之之確言本體。與其以門戶之見，否認朱子有如陽明之力言本體，不如謂答陳書之言本體，絕非玉山講義之原意之爲愈也。答門人林德久（林至）書云，「昨在玉山學中與諸生說話，司馬宰令人錄來。當時無人劇論，說得不痛快。歸來偶與一朋友說，因其未喩，反復曉譬，卻說得詳盡。因並兩次而言，錄以報之。試取一觀，或有助於思索也」⑭。此朋友爲誰？此次所言爲何？均無可考。只知其必發明玉山講義而已。文集有答程珙書，乃答程珙正名之問，與玉山講義無關⑮。宋元學案以程珙在玉山偶然兩問，遂以爲「登文公之門」⑯，不亦太濫乎？正名之問，不似師生之語也⑰。

⑥ 文集，卷六十七，仁說，頁二十上至二十一下。
⑦ 參看拙著朱學論集（臺北，學生書局，一九八二），論朱子之仁說，頁三十七至六十八。
⑧ 王懋竑，朱子年譜，卷四下，頁二三九，引李果齋之朱子事實。
⑨ 韓昌黎全集（四部備要本），卷十一，原性，頁六上。
⑩ 傳習錄，卷下附錄。
⑪ 大學或問（近世漢籍叢刊本），頁二十四上，總頁四十七。
⑫ 王懋竑，朱子年譜，考異，卷四，頁三三五。
⑬ 文集，卷五十八，答陳器之第二書，頁二十一上至二十三上。
⑭ 同上，卷六十一，答林德久第二書，頁一下。
⑮ 同上，卷六十，答程珙書，頁七下。
⑯ 宋元學案（四部備要本），卷六十九，滄洲諸儒學案，頁十五下。
⑰ 同上註⑤。

玉山縣宰司馬之名，年譜或用迒，或用邁。文集旌忠愍節廟碑云，「而今玉山宰溫國司馬君迒」⑱。惟南軒文集題司馬文正公薦士編則云，「公之元孫邁出以相示」⑲。南軒（張栻，一一三三—一一八〇）親見其人，當然不誤。司馬邁，迒，宋史與宋元學案均無傳。玉山講義朱子只稱「縣大夫」。雖謂之爲「當代名家」，諒以其爲司馬溫國文正公（司馬光，一〇一九—一〇八六）之後而云然。實非著名，故諸書無記載。然邁之名，最早見於南軒文集。予疑編文集者以「邁」之減筆「迈」而誤爲「迒」，而葉譜戴譜沿之耳。且玉篇「迒」「防岡切，急行也」。「邁」則說文注，「遠行也」。左傳莊公八年「邁」字注，「勉也」。司馬溫公名光，其子名康，從子名亮，良，富。邁之祖父爲忠潔公，名朴⑳皆懿德之號。邁有勉力行遠之意，與世系命名相符。迒則急行，不免躁暴，非溫公家庭歷代命名之意也。

⑱ 文集，卷八十九，旌忠愍節廟碑，頁十九上。

⑲ 南軒先生文集（近世漢籍叢刊本），卷三十四，題司馬文正公薦士編，頁四上。

⑳ 參看文集，卷八十三，跋司馬忠潔公帖，頁十八上；宋元學案（四部備要本），卷八，忠潔公司馬朴傳，頁三十下。

（六一）孟子集註

日本太田錦城（一七六五—一八二五）疑問錄卷下「孟子注誤」條對朱子有如下之批評：

晦翁之書，疎漏極多。孟子序說❶引史記云，孟子「退而與萬章之徒，序詩書，述仲尼之意，作孟子七篇」❷。又引韓子（韓愈，七六八—八二四）云，「孟軻之書，非軻自著。軻既沒，其徒萬章公孫丑相與記軻所言焉耳」❸。晦翁斷之云，「愚按二說不同，史記近是」❹。可見以孟子之書為孟軻所自著。然滕文公首章「孟子道性善，言必稱堯舜」下注云，「門人不能悉記其辭，而撮其大意如此」。又第四章「決汝漢、排淮泗而注之江」下注云，「此謂四水皆入於江，記者之誤也」❺。然此可見以孟子之書為門人之作矣。一書之中前後矛盾如此，可謂疏漏。是故朱門如吳伯豐、董叔重輩，皆疑其說為支離，朱子文集答吳伯豐董叔重書見之。亦可笑矣。

❶ 指孟子集註之序說。
❷ 史記（四部叢刊本），卷七十四，孟子荀卿列傳，頁一下。
❸ 韓昌黎全集（四部備要本），卷十四，答張籍書，頁二十三上。

捷按：朱子並無矛盾。朱子明謂「退而與萬章之徒」序述與作，則非一人手筆，門人所記有誤，只可謂孟子嘗總其成，偶有不察。非朱子之矛盾也。查文集答董叔重（董銖，一一五二—一二一四）書共十通。第七書討論性命、九世、與性氣。第八書討論孟子受業子思之門，均與此處問題不同。惟第二書朱子答云，「孟子似已寫去矣。但所疑搜尋急迫之病，恐是用心太過。……今所改者，亦其詞有未瑩或重複處耳。大意只是如此也」⑥。是則叔重所疑者爲搜尋急迫而非支離，而朱子已謂其用心太過矣。文集答吳伯豐（吳必大）書共二十四通。第五書釋「決汝漢，排淮泗」沈存中之說，與支離問題無關。第十五書云，「孟子誤字，俟更點勘改定。近得正父（余正甫）書問告子上篇。……諸疑義略爲條析。心目俱昏，不能精審。有未安處，更反覆之爲佳」⑦。朱子於諸生，每鼓勵其疑問，而伯豐未嘗疑朱子爲支離也。伯豐來書云，「史記列傳以爲孟子之書，孟子自作。韓子曰，『軻之書非自著』。先生謂『二說不同，史記近是』。而滕文公首章注則曰，『門人不能盡記其詞』。又於第四章注曰，『記者之誤』。不知如何」⑧。朱子答之云，「前說是，後兩處失之。熟讀七篇，觀其筆勢，如鎔鑄而成，非綴緝所就也。論語便是記錄綴緝所爲，非一筆文字矣」⑨。捷以此處認錯過急。孟子論語，均是綴緝而成。可能如史記所云，孟子與門人共同述作，倘若由孟子主編，則偶誤有之，而支離則並無其事也。答吳伯豐另一書云，「今（伯豐）方看得一句大學，便已說向中庸上去，如此支離蔓衍，彼此迷暗，互相連累，非惟不曉大學，亦無功力別可到中庸矣」⑩。如此則支離之病，在吳伯豐，而不在朱子也。

❹ 孟子序說註。
❺ 只漢水注之江。
❻ 文集，卷五十一，答董叔重第三書，頁一下。
❼ 同上，卷五十二，答吳伯豐第十五書，頁十七下至十八上。
❽ 同上，答吳伯豐錄其所問，頁十九上。
❾ 同上。
❿ 同上，答吳伯豐第二書，頁一下。

(六二) 論近思錄

語類卷一〇五載朱子論近思錄共十二條，特重此編之性質與讀法。玆盡錄之如下：

(1) 脩身大法，小學(參看頁四一三「小學」條)備矣。義理精微，近思錄詳之。

(2) 近思錄好看。四子❶，六經❷之階梯。近思錄，四子之階梯。

(3) 近思錄逐篇綱目：一、道體。二、爲學大要。三、格物窮理。四、存養。五、改過遷善，克己復禮。六、齊家之道。七、出處進退辭受之義。八、治國平天下之道。九、制度。十、君子處事之方。十一、教學之道。十二、改過及人心疵病。十三、異端之學。十四、聖賢氣象(參看頁三九七「近思錄卷次與題目」條)。

(4) 近思錄大率所錄雜。逐卷不可以一事名。如第十卷亦不可以事君目之，以其有「人教小童」在一段❸。

(5) 近思錄一書，無不切人身，救人病者。

(6) 鄭言近思錄中語甚有切身處。曰，「聖賢說得語言平。如中庸、大學、論語、孟子，皆平易。近思錄，是近來人說話，便較切」。

捷按：朱子門人姓鄭者共十人。此處大概指鄭可學(字子上，一一五二－一二一二)。一因十人中以子上爲最著❹。二因此條爲葉賀孫辛亥(一一九一)以後所聞，而子上事朱子於漳州(一一九〇－一一九一)。三因朱子「嘗以刪定大學一編示諸生曰，『此書欲傳得其人，惟子上可託之』」❺。

(7) 或問近思錄。曰，「且熟看大學了，卽讀語孟。近思錄又難看」。

(8) 近思錄首卷難看。某所以與伯恭（呂祖謙，一一三七—一一八一）商量，敎他做數語以載於後，正謂此也。若只讀此，則道理孤單，如頓兵堅城之下。卻不如語孟，只是平鋪說去，可以游心（參看下面之㉙）。

(9) 看近思錄，若於第一卷未曉得，且從第二第三卷看起。久久後看第一卷，則漸曉得。

(10) 問蜚卿（童伯羽，一一四四—一一九〇後）近思錄看得如何？曰，「所疑甚多」。曰，「今猝乍看這文字，也是難。有時前面恁地說，後面又不是恁地。這裏說得如此，那裏又卻不如此。子細看來看去，卻自中間有箇路陌推尋。通得四五十條後，又卻只是一箇道理。伊川（程頤，一〇三三—一一〇七）云，『窮理豈是一日窮得盡？窮得多後，道理自通徹』❻。

(11) 因論近思錄曰，「不當編易傳❼所載」。問如何？曰，「公須自見」。意謂易傳已

---

❶ 卽四書，大學、論語、孟子、中庸。

❷ 詩、書、易、禮、樂、春秋。樂經早佚。宋儒以周禮代之。

❸ 最後一條。

❹ 參看拙著朱子門人（臺北，學生書局，一九八二），頁三四〇至三四一。

❺ 道南源委（正誼堂全書本），卷三，頁二十八上下。

❻ 遺書（四部備要二程全書本），卷十八，頁五下述意。

❼ 程頤之伊川易傳。

自成書。

⑿因說近思續錄，曰，「如今書已儘多了。更有卻看不辦」。

捷按：朱子講友劉淸之（字子澄，一一三九－一一九五）採集二程（程顥，一〇三二－一〇八五，與程頤）門人之語爲續近思錄。早已失傳。朱子云，「子澄編近思續錄。某勸他不必作。蓋接續二程意思不得」⑧。又致劉子澄書云，「近思續錄俟旦夕看畢奉報。第三錄亦佳。但如此編錄，得無勞心否？因看書所得，隨手抄錄不妨。若作意收拾，搜尋布置，即費心力，亦須且省節爲佳也」⑨。第三錄當另是一書，然近思續錄或亦有作意收拾，搜尋布置之病耳。

此外文集語類所載，尚有多起，明顯表達朱子對近思錄之編訂與評價，深具參考之價值。因並錄之：

⒀近思錄一書，皆是刪取諸先生精要之語，以示後學入德之門戶，而首卷又是示人以道體所在⑩。

⒁近思錄說得近世學問規模病痛親切。更能兼看亦佳也⑪。

⒂伊洛⑫文字亦多，恐難遍覽。只前此所稟近思錄乃其要領。只此一書，尚恐理會未徹，不在多看也⑬。

⒃近思錄本爲學者不能偏觀諸先生之書，故掇其要切者，使有入道之漸。若已看得浹洽通曉，自當推類旁通，以致其博⑭。

⒄「心生道也」⑮。此句是張思叔所記，疑有欠闕處。必是當時改作行文，所以失其文意」。伯豐（吳必大）云，「何故入在近思錄中」？曰，「如何敢不載？但只恐有闕文。此四字說不盡」⑯。

(18) 向編近思錄，說與伯恭此一段⑰（「益之初九」）非常有，不必入。伯恭云，「非常有則有時而有，豈不可書以爲戒」？及後思之，果然⑱。

(19) 欽夫（張栻，一一三三—一一八〇）寄得所刻近思錄來，卻欲添入說舉業數段，已寫付之⑲。

捷按：此或今之卷七，出處，第三十三「人多說」等三條。朱子既承張栻之勸議，添入說科舉數條，又欲採數條說科舉壞處，爲呂東萊（呂祖謙）所反對。答時子雲書云，「向編近思錄，欲入數段說科舉壞人心術處，而伯恭不肯」⑳。

⑧ 語類，卷一〇一，第二條（頁四〇六一）。
⑨ 文集，別集，卷三，與劉子澄書，頁十二下。
⑩ 同上，正集，卷六十一，答嚴時亨第二書，頁二十六上。
⑪ 同上，卷五十九，答竇文卿第一書，頁十二下。
⑫ 伊水洛陽，程顥與程頤講學之地。
⑬ 文集，卷二十六，與陳丞相別紙，頁三十二下。
⑭ 同上，卷六十四，答或人第十書，頁三十七上。
⑮ 遺書，卷二十一下，頁二上。採入近思錄，卷一，道體，第四十二「心生」條。
⑯ 語類，卷九十五，第九十四條（頁三八七四）。
⑰ 近思錄，卷十，政事，第十八「益之」條。
⑱ 語類，卷一二三，第十二條（頁四七四七）。
⑲ 文集，卷三十四，答呂伯恭第五十六書，頁四下。
⑳ 同上，卷五十四，答時子雲書，頁二十五下。

(20) 伯恭以凡事皆具，惟律不說。偶有此條（「介甫（王安石，一〇二一—一〇八六）言律是八分書」）㉑，遂謾載之㉒。

(21) 陳芝拜辭，先生贈以近思錄，曰，「公事母可檢『幹母之蠱』㉓看，便自見得那道理」。因言「易傳自是成書。伯恭都摭來作閫範。今亦載近思錄。某本不喜他如此。然細點檢來，段段皆是日用切近工夫，而不可闕者，於學者甚有益㉔。

捷按：此雖專指一條而言，而近思錄六百二十二條，竟有一百零六條出自伊川易傳，比所採任何他書爲多。朱子堅持易本爲卜筮之用，極力反對程子以義理釋易。今則以其語切於日用而多採。一方固爲其同輯近思錄講友呂氏之力勸，一方亦以易傳大有切近篤思之效用也。

(22) 「吾之心，卽天地之心。吾之理，卽萬物之理。一日之運，卽一歲之運」㉕。這幾句說得甚好。人也會解，只是未必實見得。向編近思錄，欲收此段。伯恭以爲怕人曉不得，錯誤了㉖。

(23) 問「一故神」㉗。曰，「橫渠（張載，一〇二〇—一〇七七）說得極好。須當子細看。但近思錄所載與本書不同。當時緣伯恭不肯全載，故後來不曾與他添得。『一故神』橫渠親注云，『兩在故不測』。只是這一物，周行乎事物之間。……『兩故化』注云，『推行乎一』凡天下之事，一不能化，惟兩而後能化。……此說得極精，須當與他子細看㉘。

(24) 康節（邵雍，一〇一一—一〇七七）煞有好說話近思錄不曾取入。近看文鑑編康節詩，不知怎生「天向一中分造化，人於心上起經綸」㉙底詩卻不編入㉚。

捷按：此乃黃義剛癸丑（一一九三）以後所聞，乃朱子六十四歲在編近思錄已有十八年以後之語。近思錄不採邵子之言，予嘗謂「其主要原因，不外朱子以邵子居儒學正統體系之外。所以然者，一方蓋以其少談仁義等儒家基本問題，而一方則因邵子理數之學，道家氣味太濃」㉛。今朱子婉惜文鑑不採邵子詩，豈晚年亦婉惜近思錄不採邵子之語耶？

(25)遺書晁氏客語卷中張思叔（張繹）記程先生（程頤）語云，「思欲格物，則固已近道」㉜。當收入近思錄㉝。

㉑近思錄，卷九，治法，第二十「介甫」條。

㉒語類，卷九十六，第六十六條（頁三九二九）。

㉓近思錄，卷六，家道，第三「幹母」條。

㉔語類，卷一一九，第二十一條（頁四五九二）。

㉕遺書，卷二上，頁一下，伊川語。原文「吾」作「一人」。

㉖語類，卷九十七，第二十二條（頁三九四四）。

㉗張子全書（四部備要本），卷十一，易說，頁十二下；卷三，正蒙，參兩篇第二，頁五上。載近思錄，卷一，道體，第四十九「一故」條。

㉘語類，卷九十八，第三十三條（頁三九九〇）。此處所言，指張子全書，卷二，正蒙，參兩篇第二，頁五上。

㉙伊川擊壤集（四部叢刊本），卷十五，觀易吟，頁一上。

㉚語類，卷一〇〇，第五十四條（頁四〇五七）。

㉛拙著朱學論集（臺北，學生書局，一九八二），頁一二六。

㉜程頤語，不見遺書，卷二十一上下張繹所錄，亦不見外書（二程全書本），卷十二，頁十七下，

(26)因舉東見錄中明道曰，「學者須先識仁。仁者渾然與物同體。義禮智信，皆仁也」云云[34]。極好，當添入近思錄中[35]。

捷按：以上兩條爲沈僩戊己（一一九八）以後所聞，則朱子六十九歲以後之語，正所謂晚年定論。中日註近思錄家中，只陳沆近思錄補註述之。

(27)凡學者所以求端用力，處己治人之要，與所以辨異端觀聖賢之大略，皆粗具其梗槩。以爲窮鄉晚進，有志於學，而無明師良友以先後之者，誠得此而玩心焉，亦足以得其門而入矣。如此然後求諸四方君子之全書，沈潛反復，優柔厭飫，以致其博而反諸約焉，則其宗廟之美，百官之富[36]，庶乎有以盡得之。若憚煩勞，安苟便，以爲取足於此而可，則非今日所以纂集此書之意也[37]。

(28)向時嫌其太高，去卻數段[38]，如太極明道論性之類者。今看得似不可無。……須更得老兄（伯恭）數字附於目錄之後，致丁寧之意爲佳[39]。

(29)或疑首卷陰陽變化性命之說，大抵非始學者之事。祖謙竊嘗與聞次緝之意。後出晚進，於義理之本原，雖未容驟語，苟茫然不識其梗槩，則亦何所底止？列之篇端，特使之知其名義，有所嚮望而已。至於餘卷所載，講學之方，日用躬行之實，具有科級。循是而進，自卑升高，自近及遠，庶幾不失纂集之旨。若乃厭卑近而騖高遠，躐等陵節，流於空虛，迄無所依據，則豈所謂近思者耶？覽者宜詳之[40]。

晁氏客語。

㉝ 語類，卷十八，第六十三條（頁六五一）。

㉞ 遺書，卷二上，頁三上。

㉟ 語類，卷九十五，第一二六條（頁三八八六至三八八七）。

㊱ 論語，子張篇第十九，第二十三章。

㊲ 朱子近思錄後序。

㊳ 此當指近思錄，卷一，道體，第一「無極」與第二十一「生之」等條。

㊴ 文集，卷三十三，答呂伯恭第四十一書，頁二十八上下。

㊵ 呂東萊近思錄後序。

（六三）近思錄卷次與題目

近思錄爲朱子與呂祖謙（稱東萊先生，一一三七—一一八一）所共輯，分十四卷。據朱子近思錄後序，蓋以見處己治人，辨異端，觀聖賢之梗槩（參看頁三九五「論近思錄」條之㉗）。故每卷亦只言其大綱，如卷二爲「爲學大要」，卷五爲「改過遷善克己復禮」是也（參看頁三八九「論近思錄」條之⑶）。據黃榦（一一五二—一二二一），致李公晦（李方子，嘉定七年甲戌，一二一四，進士）書，「近思舊本二先生所共編次之日，未嘗立爲門目。其初固有此意，而未嘗立此字。後來見金華❶朋友方撰出此門目。想是聞二先生之說，或是料想而爲之。今乃著爲門目，若二先生之所自立者，則氣象不佳，亦非舊書所有。不若削去而別爲數語，載此門目，使讀者知其如此，而不失此書之舊爲佳。試與眞丈（眞德秀，一一七八—一二三五）言之如何」❷？黃榦與李方子同爲朱門高第，深稔朱子意思。日本註家三宅尚齋（一六六二—一七四一）❸中村習齋（一七一九—一七九九）❹等，以朱子曾致書呂伯恭（東萊）謂「須得老兄數字附於目錄之後，致丁寧之意爲佳」❺，便案定近思錄本來決有題目，而不知所謂目錄或如黃榦所云之「其初固有此意」，或只指卷之號碼而已。

金華朋友所撰題目爲何，惜已無考。現存最古之卷目，乃葉采（壯年一二四八）所製，爲卷一道體，卷二爲學，卷三致知，卷四存養，卷五克己，卷六家道，卷七出處，卷八治體，卷九治法，卷十政事，卷十一教學，卷十二警戒，卷十三辨異端，卷十四觀聖賢❻。大體而言，並非大錯。如卷五朱子明言「改過，遷善，克己，復禮」，今只標「克己」，未得其全。惜日本註家多沿之。我國註家如張伯行（一六五二—一七二五）亦採用焉❼。實不若茅星來（一六七八—一七四八）❽，江永（一六八一—一七六二）❾，陳沆（一七八五—一八二六）❿之用朱子本人所說之爲愈也。

葉采之註解，在日本最爲通行，影響殊大。彼不特強加卷目，而於卷內亦強爲次序。如卷三以自首段至二十二段總論致知之方。二十三段至三十三段總論讀書之法。三十四段以後乃分論讀書之法，而以書之先後爲序。始於大學，繼以論孟詩書，然後繼之以中庸。以上言本卷之大概決序，未嘗不可。然如葉氏之僵硬分界，則中庸位於詩書與易之間，又有何解？葉采之牽強，乃引起日本註家之異常附會。山崎闇齋（一六一八—一六八二）與其徒三宅尚齋等

---

❶浙江金華縣。呂東萊爲金華人，講學於此。
❷勉齋集（四庫全書珍本），卷八，復李公晦第三書，頁十九上下。
❸三宅尚齋，近思錄筆記。
❹中村習齋，近思錄講說。
❺文集，卷三十三，答呂伯恭第四十一書，頁二十八下。
❻葉采，近思錄集解。
❼張伯行，近思錄集解。
❽茅星來，近思錄集註。
❾江永，近思錄集註。
❿陳沆，近思錄補註。

大學之三綱八目爲次序而以卷三至卷五爲修身，卷六爲齊家，卷八至十爲治國平天下。此序大體無誤，然三綱尚未比配，卷十三十四亦無所屬，而不能謂卷十二「改過及人心疵病」爲非修身也。三宅尚齋又謂每卷末句與次卷首句相連屬。山崎闇齋之另一門徒若林寬齋（一六七九—一七三二）⑪更謂近思錄首尾兩卷相應，合天人爲一體云。如是揣量牽合，恐朱呂亦意料所不及。我國註家，亦難免此等戲弄。周公恕（壯年一四二〇）⑫以卷十政事爲在任之事，卷十一教學爲致仕後之事。尹會一（一六九一—一七四八）則以卷十一教學在卷十政事之後，乃因學者不遇於時，故隱而教學云⑬。彼等可謂不審孔門教學之旨矣。

⑪ 若林寬齋，近思錄講義。

⑫ 周公恕，分類近思錄集解。

⑬ 尹會一，健餘先生文集（叢書集成本），卷九，擬近思錄題解，頁九十五。

（六四）近思錄概述補遺

近思錄爲朱子與呂東萊（呂祖謙，一一三七—一一八一）所共輯，採北宋周敦頤（一〇一七—一〇七三），程顥（一〇三二—一〇八五），程頤（一〇三三—一一〇七），張載（一〇二〇—一〇七七）四子之語，分十四卷，爲我國第一本哲學選輯之書，亦爲以後朱子語類，性理大全，朱子全書，與性理精義之模型。近思錄直接間接支配我國思想制度五百年，而影響韓國日本亦數百載。恐朱呂二儒所夢想不到。

言近思錄者，每單舉朱子之名，對於呂氏，固嫌忽略，然兩名並舉，亦未爲平。主謀，主旨，主編，皆屬朱子，顯然有主客之分。蓋近思錄之規模，亦卽朱子本人哲學之輪廓也。關於朱呂合作之經過，予曾有詳細之討論，爲論者所未道者。選語六百二十二條，詳爲統計。朱子何以不採邵雍（一〇一一—一〇七七）之言，加以解釋。選語來自四子所著二十七種。注家指明出處者甚少。有之亦只舉卷數而已。予乃逐條考其出處，爲首次之全盤釐清。各卷所引程子究是明道（程顥）抑伊川（程頤）之語，參考二程遺書，文集，語類等書，然後確定爲誰人之語，兄弟共同之語，抑無從而定之語，（參看頁三一四「程子曰」條）學者也曾分別二程之語，但以思想爲準。予全憑實據，不敢臆測也。以上各點，拙著朱子之近思錄，皆備言之❶。

❶ 拙著朱學論集（臺北，學生書局，一九八二），頁一二三至一八六。

除儒道經書以外，註釋近思錄者比任何一書爲多。拙著所錄而解題者計我國十八種，韓國八種，日本二十四種，西譯兩種。日本之筆記，講說，校註，與現代語譯將近百種尚不在內。近查北京圖書館藏有黃叔璥所編近思錄集註稿本十四卷，凡四册，與黃奭近思錄集說十四卷，爲清叢書樓抄本，共十二册。均未見。黃奭不詳，黃叔璥則康熙（一六六二—一七二二）進士。又有清人車鼎賁近思錄注析微，不知尚存否[2]。繼近思錄而後，數百年間，我國有續錄十九種，韓國三種。或選朱子之語，或選程門，朱門，以及宋明諸儒之語，皆依近思錄例，分十四卷。拙文悉予說明。拙文既刊，偶得有我國嚴鴻逵朱子文語纂編，康熙五十七年戊戌（一七一八序）。嚴氏未詳。彼從文集語類二書選取朱子文語二百五十八條，依近思錄例，分十四卷，卷目略同。以卷三致知爲最長，凡四百二十四條。卷六齊家最短，只二十九條。予所收乃日本安政二年（一八五六）源忠精序，云「傳自閩浙商舶」。中日學者從未提及，四庫全書總目提要不載。不知國內有存否？陳龍正（一五八五—一六四五）編程子詳本，專錄二程嘉言，依近思錄卷目分十四卷。韓國有韓夢麟編，續近思錄，朝鮮純祖十九年己卯（一八一九）序。十四卷，三册。又續近思錄一册，編者刊年不詳。均未見。恐韓國不止此數，恨未考耳。

一九六七年予爲哥倫比亞大學「文化紀錄名著」翻近思錄爲英文。前此曾在日本研究一年，早已留意於近思錄。有關之書，無不參考。無意之中，竟作近思錄註書兩種之發現。一爲陳沆之近思錄補註。陳沆（一七八五—一八二六），字太初，號秋舫，湖北蘄水人。嘉慶進士，官修撰。工詩，兼治宋儒心性之學。編近思錄補註十四卷。此註四庫全書總目提要不載，亦不見各叢書。談近思錄者從未有談及其名。恐國內早已佚矣。予偶在東京大學中國哲學研究室發見此書，急製顯微膠片以歸。檢其內容，則其所見並非卓越。考據遠不及茅星來（一六七八—一七四八）之近思錄集註，詮解亦不及張伯行（一六五二—一七二五）之近思錄集解。以言以朱解朱，更不如江永（一六八一—一七六二）之近思錄集註。然遠勝日本素來通行之葉采（壯年一二四八）近思錄集解多矣。所採以朱子爲多，然此外亦引理學家約五十人，又述葉采註，江永註，施璜（壯年一七〇五）五子近思錄發明，而獨張伯行不與焉。中韓日諸註家之引呂東萊者，中村習齋（一七一九—一七九九）（近思錄講說）而外，陳沆而已。此書雖非上乘，然久流海外，急應歸還原土也。

另一發見爲金子霜山（一七八九—一八六五）之近思錄提要。霜山並非著名。但其書屢被人引述。學者均信書已失傳矣。予某日偶至早稻田大學，圖書館管理人以數十年所藏之近思錄註寫本示予，乃金濟民之近思錄提要也。書十四卷，註六百餘條之大半，多引宋儒，有弘化三年丙午（一八四六）序。予初以金濟民爲韓國人。後經多方調查，乃知金濟民即金子霜山之中文名字，而作爲失傳之書，固健在也。予急以告圖書館管理人，皆大歡喜，直以寶物視之矣。

更一發見爲出人意外者。卷六第十三「問孀婦」條爲伊川「餓死事極小，失節事極大」之名句。張伯行竟刪去之，而替以伊川論兄弟之愛一段❸。伯行必以伊川寡婦寧餓死不宜再嫁之言爲不是，故更改原書。伯行爲淸代程朱之傑出信徒，而竟不解程子所言與朱子所取，不外舍生取義之意，不亦奇乎？（參看頁七八九「孀婦再嫁」條）。伯行此舉，從未經人指出。不知註家是否同情於張氏也。

❷ 據楊金鑫，朱熹與嶽麓書院（上海，華東師範大學出版社，一九八六），頁一四九。

❸ 「孀婦」見遺書（四部備要二程全書本），卷二十二下，頁三上；「兄弟之愛」見卷十八，頁四十五上。

予之譯近思錄，所有人名，地名，篇名，術語，均思加以解釋，生卒年亦欲考證，故備註達二三千。間或一註而考究經年者。卷三第五十四「問胡先生」條謂胡先生解九四作太子。註家只註胡先生爲胡瑗（九九三—一〇五九），治太學時程頤從學於此。惟胡氏之如此解易，是否口傳抑見之於書，註家並未明言。胡瑗著述，今只傳洪範口義與周易口義。如周易口義無此解，乃可謂之口傳。惟周易口義遍尋不可得。卒承日本內閣文庫製膠片寄來，則太子之說，即見諸第一卷頁九上也。

探索之難，不止一端。張載嘗作東銘西銘，書於其學堂之雙牖。凡治理學者，盡人皆知。然第二卷第八十九「橫渠」此條，註家從未說明書在牖之何處。今查遺書有云，「公掞（朱光庭，一〇三七—一〇九四）昨在洛有書室，兩旁各一牖。牖各三十六隔。一書『天道之要』，一書『仁義之道』」❹。朱光庭稍後於橫渠（張載），然不同居洛陽。且東銘一百一十二字，西銘二百五十三字。是否亦牖各三十六隔？又是否每格書數字？書在紙上抑書在明瓦？此凡均待註家之研究。

此外尚有數點未能解決者。第四卷第二十「伯淳」條謂「伯淳（程顥）昔在長安倉中閒坐，見長廊柱，以意數之」。我國註家側重釋意，故不釋「倉」字之意義爲何。日本註家或作倉促，即暫居之意。或作貯穀之處。貯藏所而有長廊，似難置信。然佐藤一齋（一七七二—一八五九）在其近思錄欄外書謂日本往日穀倉曾有客舍，故程顥有住倉庫之可能云云。按宋代有倉場，豈明道曾居倉場之客舍耶？抑長安之倉場，規模宏大，樓宇之間，有長廊柱耶？卷十第五十「先生」條有「客將」一詞。中井竹山（一七三〇—一八〇四）之近思錄標記以「客將」爲「客人將近」。此於文義欠解。日本註家多解作主持招待賓客之武官。茲查朱子有謂「客將次於太守，其權甚重。一州之兵，皆其將之。凡敎閱出入，皆主其事」❺。茅星來復考據云，「『客將』之『將』，去聲」，又云，「客將卽牙將。以其主客往來，故名」。朱子所言之客將或與此條之客將不同。星來考據甚精，則其所釋，定必有所本。然則「客將」以朱子與星來所言爲是。第三卷第十六「橫渠」條橫渠答門人范巽之（名育，壯年一〇八七）書言「孟子所論知性知天」之後，續謂「諸公所論，但守之不失，不爲異端所劫」云云。多數註家解「諸公」爲張子門人。然日本註有解作孔門諸儒，有解作古時聖賢，又有解作當時儒者。衆說紛紛，莫知誰是。核以文義，當指橫渠門人。然其他諸說，亦決無可能否？第四卷第十一「邢和叔」條爲「邢和叔言吾曹……」。若此爲邢和叔（名恕，壯年一一二七）之語，則近思錄只得此一條爲非北宋四子之語。邢恕爲二程門徒，後背其師。朱呂未必採其語而加入近思錄。日本諸家如貝原益軒（一六三〇—一七一四）（近思錄備考），中井竹山（近思錄說），佐藤一齋，澤田武岡（壯年一七二〇）（近思錄說略），東正純（一八三二—一八九一）（近思錄參考）❻，宇都宮遯庵（一六三四—一七一〇）（鼇頭近思錄），皆謂唐伯元（一五四〇—一五九八）所編之二程先生類語「邢和叔」之前有「與」字❼。卽謂爲明道告訴和叔之言。然遺書本文無「與」字❽，且二程先生類語乃明

❹ 同上，卷二上，頁十六下。
❺ 語類，卷八十三，第三十三條（頁三四七四）。
❻ 澤瀉先生全集（大正八年，一九一九，本），頁七五四。
❼ 二程先生類語（萬曆十三年，一五八五，本），卷八，頁二十六上。
❽ 遺書，卷一，頁八上。

本，後二程已數百年，未可盡信。衆註以爲邢氏複述其師明道之言，未知是否？

尙有一條可疑者。第十三卷第一「明道」條謂「楊氏爲我疑於義，墨氏兼愛疑於仁」。有不少版本「義」「仁」兩字互換。蓋此語採自遺書卷十三，原文確爲「楊氏爲我疑於仁，墨氏兼愛疑於義」也⑨。然以爲我爲似於仁，兼愛爲似於義，實不可解。故朱子孟子集註云，「蓋楊氏爲我疑於義，墨氏兼愛疑於仁」⑩。遺書卷十五程頤本人亦嘗謂「楊氏爲我亦是義，墨子兼愛則是仁」⑪。故知遺書卷十三原文之必爲版本之誤也。是以茅星來，施璜，江永，皆從近思錄。惟葉采則從遺書卷十三，「義」「仁」互換，而註云，「楊氏爲我，可謂自私而不仁矣，然而猶疑似於無欲之仁。墨氏兼愛，可謂泛濫而無義矣，然猶疑似於無私之義」。葉註旣在日本通行，故若干日本註家從之。如此解釋，可謂牽強之極。張伯行沿葉註，略引述之。但謂「一本作『爲我疑於義，兼愛疑於仁』，……語勢更順」。葉采之誤，已被韓儒金長生（一五四八—一六三一）（近思錄釋疑）指出。可惜不但若干日本註家從之，而淸儒張伯行亦從之。日本亦有若干註家不沿葉采者。宇都宮遯庵，中井竹山，簗田勝信（一六七二—一七四四）（近思錄集解便蒙詳說）皆謂二程全書之遺書卷十三作「爲我疑於義，兼愛疑於仁」云。彼等所見之版本或然。然現行遺書，則皆「義」「仁」互換也。予疑葉采所見之版本誤植。葉氏不審其誤，有等註家沿之，而若干近思錄板本反依葉註而改正爲誤。此是予主觀之說，未知然否。

近思錄引語頗多，所幸皆已尋出其源。卷一第三十二「冲漠」條，「冲漠無朕，萬象森然已具」之語，來自遺書，爲伊川語⑫。日本註家幾皆謂此爲佛語，然無一嘗指出其來源者。山崎闇齋（一六一八—一六八二）撰冲漠無朕說，列舉宋明儒與韓儒所有冲漠無朕之言⑬，並無出於佛經之說。日本學者醉心佛學，捕風捉影，凡儒家思想或言語有與佛家相似者，輒謂爲來自佛家。此其一端。卷三第四十九「伊川」條爲伊川易傳序。內有「體用一源，顯微無間」之語。貝原益軒（一六三〇—一七一四）謂此語出自華嚴經澄觀（七六〇—八三八）疏⑭。其他日註與大漢和辭典亦謂上語來自澄觀之疏。然據太田錦城（一七六五—一八二五），澄觀清涼大疏百卷，清涼語錄五卷，清涼玄義，皆無此語，惟尙直所編歸元直指引此語爲清涼語，而下語亦出於賢首大師法藏（六四三—七一二）云⑮。太田未指明出處，無從檢查。儒佛互相影響，借用文句。故唐荊川（名順之，一五〇七—一五六〇）曰，「儒者曰，『體用一源』。佛者曰，『體用一源』。儒者曰，『顯微無間』。佛者曰，『顯微無間』。孰從而辨之」⑯？

⑨ 同上，卷十三，頁一上。
⑩ 孟子集註，滕文公篇第三下，第九章。
⑪ 遺書，卷十五，頁二十一下。
⑫ 同上，頁八下。
⑬ 續山崎闇齋全集（昭和十二年，一九三七，本），卷下，頁七十八至八十六。
⑭ 大疑錄（明和三年丙戌，一七六六，本），卷下，頁四下。
⑮ 疑問錄（天保二年辛卯，一八三一，本），卷上，頁六下。
⑯ 唐荊川集（萬曆元年癸酉，一五七三，本），卷六，頁二下。

（六五）語類雜記

學者討論朱子，幾乎全靠語類。朱子全書所選之語，語類在先，文集次之。性理精義所選，幾全數來自語類，來自文集與其專著者甚少。宋元學案卷四十八九晦翁學案雖以專論數篇居首，然以下語錄仍先於文集。錢穆朱子新學案❶採用文集較多，然仍以語類爲主。錢穆歷舉十端，如朱子諸註改易之經過，諸註成後續創之新義，糾正二程（程顥，一〇三二—一〇八五；程頤，一〇三三—一一〇七）說經之誤等等，皆有賴於語類❷。王懋竑（一六六八—一七四一）朱子年譜多用著論書札，少用語類，與別種不同。語類與文集比較，則語類爲門人所錄，不免詮釋引申，有時兩錄不同。文集則出自朱子本人手筆。語類由乾道六年庚寅（一一七〇，朱子四十一歲）起錄，至朱子易簀前四日止。文集則由紹興二十三年癸酉（一一五三，朱子二十四歲）同安縣諭學者等❸公文至易簀前一日致黃直卿（黃榦，一一五二—一二二一）書❹，可謂之貫乎一生。然語類所記，大半是晚年定論，且分類排次，較易檢查。學者多所採用，並非無故。李性傳（嘉定，一二〇八—一二二四，進士）云，「愚謂語錄（卽語類）與四書（四書章句集註）異者，當以書爲正，而論難往復，書所未及者，當以語爲助。與詩（指詩集傳）易（指周易本義）諸書異者，在成書之前，亦當以書爲正，而在成書之後者，當以語爲是」❺。予敢謂語類與文集異者，當以文集爲正。語類與文集同者，當以年期之先爲是。

語類爲門人黎靖德（壯年一二六三）所編，刻於咸淳六年庚午（一二七〇）。黎氏取「三錄二類」數十家所錄，「遺者收之，誤者正之。考其異同而削其複者一千一百五十餘條」❻。胡適有朱子語類的歷史❼，考據極爲詳盡，至宜參考。語類分一百四十卷，共約一萬四千二百餘條。最長者爲卷十六，共二百五十三條，討論大學經文。最短者爲卷八十八，只有八條討論大戴禮記。書名既爲語類，故必以類編次。黃士毅云，「略爲義例以爲後先之次第。有太極然後有天地。有天地然後有人物。有人物然後有性命之名，而仁義禮智之理，則人物之所以爲性命者也。所謂學者，求得此理而已。故以太極天地爲始，乃及於人物性命之原，與夫古學之定序。次之以羣經，所以明此理者也。次之以孔孟周（周敦頤，一〇一七－一〇七三）程（程顥，程頤）朱子，所以傳此理者也。乃繼之以斥異端。異端所以蔽此理而斥之者，任道統之責也。然後及我朝歷代君臣法度人物議論，亦略具焉，此卽理之行於天地設位之後，而著於治亂興衰者也。凡不可以類分者，則雜次之而以作文終焉」❽。如此次序，並非系統分明。如卷一爲太極，而卷九十四爲周子書，討論太極更多。其他言仁言禮，皆須於論語與仁

❶ 朱子新學案，五册（臺北，三民書局，一九七一）。
❷ 朱子語類（臺北，正中書局，一九七〇年本）序。
❸ 文集，卷七十四，同安縣諭學者，頁一下。
❹ 同上，卷二十九，與黃直卿書，頁二十二下至二十三上。
❺ 朱子語類，序目，饒州刊朱子語續錄後序。
❻ 同上，目錄後，黎靖德景定四年癸亥（一二六三）識語。
❼ 載朱子語類（臺北，正中書局，一九七〇年本）書前。
❽ 語類，序目，黃士毅朱子語類後序。

有關各章檢查。故今日所需，莫若語類之名詞與概念索引，以補現行人名，地名，書名索引之所缺也。

語類由門人一百零一人記錄，其中不知何氏者四人，同錄者三人，故語類序目所列語錄姓氏有姓名者九十四人。皆用名，註附以字，並書明某年或某年以後所聞。最早者爲楊方（隆興元年癸未，一一六三，進士）庚寅（一一七〇）所聞。是年朱子四十一歲。學問大旨，經已成熟。最遲記至何年，爲誰所錄，均不得而知。蔡沈（一一六七—一二三〇）朱文公夢奠記謂朱子易簀前四日（三月初五）夜說西銘又言爲學之要⑨。語類卷九十八關於西銘三十餘條，無兼說爲學之要者。卷一〇七有丙辰後（一一九六）十餘條。最後之條爲胡泳戊午（一一九八）所聞，然尚有數人爲己未（一一九九）所聞者。故誰錄最後，無從斷定。每條之末，有記錄者之名。讀者參考語錄姓氏，便可得其年期。許多只云某年以後所聞，如廖德明所錄，跨二十餘年，則只憑此表，難定年期矣。

門人有同名，則條末有以分別之。如胡泳與湯泳，胡泳所錄用「胡泳」，湯泳所錄則只用「泳」⑩。編者並未說明，故學者亦有誤「泳」爲胡泳者⑪（參看五九〇頁「可惜死了告子」條）。記錄者稱他人則用字，自稱則用名，然亦有稱他人用名者，如劉淮與謝教⑫，則爲例外，或以其年幼也。然編者並無解說。語類所稱同名者甚多，有兩彥忠，兩謙之，兩一之，三光祖，三性之，三德之，四叔之。予撰朱子門人，曾竭棉力以釐清之⑬，然尚須繼續努力。依語類自稱用名，稱人用字之例，可以解決者多，然仍有須從語類內容分解者。所錄有同舍共錄，楊與立（紹熙四年癸丑，一一九三，進士）與劉黻，龔栗所錄同，均見記錄姓氏。吳壽昌與子浩同錄，最爲特色⑭。其單註「浩」者，指邵浩也。葉賀孫（葉味道，嘉定十三年庚辰，一二二〇，進士）所錄最多，凡九百八十餘條。一萬四千餘條之中最長者有二千四百餘字⑮，最短者只兩字⑯，其中問答最短者十六字⑰。以講題論，討論最長爲孟子不動心與知言以養浩然之氣，佔五十四頁⑱。佔全卷者爲「克己復禮爲仁」⑲。所錄有重者⑳，有兩人所錄或詳或略者㉑，或有異者㉒，

⑨ 蔡氏九儒書（同治七年戊辰，一八六八，本）卷六，蔡沈，朱文公夢奠記，頁五十九上。又見王懋竑，朱子年譜（叢書集成本），卷四下，頁二二七。西銘爲張載（一〇二〇—一〇七七）所著，載張子全書，卷一。

⑩ 語類，卷一二一，第十二條（頁四六七三）；卷一二四，第四十八條（頁四七七二）。

⑪ 錢穆，朱子新學案第三冊，頁三五六，誤。王懋竑，朱子年譜（叢書集成本），考異，頁三〇八，是。

⑫ 語類，卷一二〇，第九十九條（頁四六五二）；卷二十五，第一三五條（頁一〇二三）。

⑬ 朱子門人（臺北，學生書局，一九八二），頁六至七。

⑭ 語類，卷一〇七，第五十二條（頁四二五二）。

⑮ 同上，卷九十，第四十二條（頁三六四七至三六五四）。

⑯ 同上，卷十一，第一一〇條（頁三〇五）。

⑰ 同上，卷十四，第六十五條（頁四一六）。

⑱ 孟子，公孫丑篇第二上，第二章。語類，卷五十二，第二至第一五二條（頁一九五一至二〇〇五）

⑲ 論語，顏淵篇第十二，第一章。語類，卷四十一。

⑳ 語類，卷一一九，第二十二條（頁四五九二）重卷一一六，第四十一條（頁四四六四至四四六五）；卷一二一，第六十四條（頁四六九五）重卷一一八，第六十條（頁四五五八）。

㉑ 同上，卷一二四，第十六條（頁四七五八），第三十六條（頁四七六五）。

㉒ 同上，卷一二三，第十二條（頁四七四七）；卷一三四，第八十五條（頁五一六三）。

有詞異而實同者㉓，有異而矛盾者㉔。諸錄之中，胡適最贊陳淳（一一五九—一二二三）。胡先生云，「陳淳兩次的記錄最小心，最用功，最能表現朱子說話的神氣。是最可寶貴的史料」㉕。

語類以問答爲多。亦有只爲門人之語者㉖。通常門人有問，朱子答之。間亦以書問㉗，朱子或批答之㉘。有三人或五人討論而請敎於朱子者㉙。每命門人說書㉚，朱子最重學生發問。嘗問學者，「近來全無所問，是在此做甚工夫」㉛？（參看頁一一六「朱子之笑與怒」條）。凡有所感，則厲聲而言㉜，或疾言㉝，或良久且答㉞，或竟笑而不答㉟。答則因人而異，皆極親切。門人所問，以黃榦爲最特色。其所問歷舉論語集義論語集注朱子所舉諸說，悉舉其名，並述大意。語類釋論語諸章凡五說至九說㊱，似是記憶而來。果爾，則朱子之記憶力，誠是驚人，而黃榦亦頭腦淸醒。討論多在晚上舉行㊲（參看頁四六三「精舍生活情況」條），其時用燈籠取光㊳。間亦有客在座㊴。

上面所提及之語類人名，地名，書名索引，爲日本學者所編。原是草稿，尙待整理。臺北急不及待，竟爾印行，故錯誤百出。不過聊勝于無，亟宜改正而已㊵。日本學者曾進行譯語類爲日文。結果爲朱子語類。此爲語類鈔之日語譯，有標點，有註釋，可供參考㊶。

㉓ 同上，卷十六，第三十條（頁五一一）。

㉔ 同上，卷一三三，第十八條（頁五一二二）。

㉕ 同上註⑦。

㉖ 語類，卷八十七，第六條（頁三五三四）；卷一〇〇，第五十五條（頁四〇五七）。

㉗ 同上，卷三十四，第一一四條（頁一四一三）；卷七十三，第六十四條（頁二九五六）；卷一一七，第四十七條（頁四五一二）。

㉘ 同上，卷七十三，第六十四條（頁二九五六）。

㉙ 同上，卷二十，第一一三條（頁七六〇至七六一）；卷四十，第四十五條（頁一六五一）。

㉚ 同上，卷七十五，第十七條（頁三〇四三）。

㉛ 同上，卷九十七，第九條（頁三九三九）。

㉜ 同上，卷九十，第四十二條（頁三六四八）。

㉝ 同上，卷一二〇，第十五條（頁四六〇八）。

㉞ 同上，卷六十四，第二〇四條（頁二五四四）；卷七十一，第五十八條（頁二八五六），第九十八條（頁二八七一）；卷七十二，第四十八條（頁二九〇九）；卷七十四，第一五八條（頁三〇三二）；卷九十，第四十二條（頁三六五一）。

㉟ 同上，卷一〇〇，第十條（頁四〇四二）。

㊱ 同上，五說，卷三十一，第五十四條（頁一二七四）。六說，卷三十二，第五十條（頁一三〇七）；卷三十三，第十三條（頁一三三二）。七說，卷三十一，第四條（頁一二五〇）；卷三十二，第四十三條（頁一三〇四），第六十七條（頁一三一三），第九十一條（頁一三三四）；卷三十三，第四十七條（頁一三四四），第五十一條（頁一三四七）。八說，卷三十，第六十二條（頁一二四六）；卷三十一，第八十三條（頁一二八五；卷三十三，第十一條（頁一三三〇），第四十條（頁一三四〇），第九十條（頁一三六七）。九說，卷三十一，第四十四條（頁一二六七）；卷三十二，第四十條（頁一三〇二）。

㊲ 同上，卷六十四，第四十九條（頁二四九二），第九十一條（頁二五〇一）。

㊳ 同上，第六十二條（頁二四九七）。

㊴ 同上，卷五十二，第五十八條（頁一九六九）；卷九十，第二十九條（頁三六四〇）。

㊵ 朱子語類（臺北，正中書局，一九七〇年本），附索引。

㊶ 朱子學大系，第六卷，朱子語類（東京，明德出版社，一九七六）。

（六六）小學

易學啓蒙成於淳熙十三年丙午（一一八六）三月，孝經刊誤成於是年八月。朱子在此以前數年之間，必甚留意兒童教育，故有編小學之思。此事託其講友劉淸之（劉子澄，一一三九—一一九五）。朱子與之相交多年，答書言及資治通鑑綱目，二程遺書，與胡子知言❶，又曾勸其勿編近思續錄❷。而託之之由，則大概以劉氏曾編訓蒙新書與戒子通錄，工多手熟也❸。

根據文集，兩人函商，爲時頗長。淳熙十年癸卯（一一八三）朱子答書云，「小學書曾爲整頓否？幸早爲之，尋便見寄，幸幸。昨來奉報，只欲如此間所編者。今細思之，不若來教規模之善。但今所編，皆法制之語。若欲更添嘉言善行兩類，卽兩類之中，自須各兼取經史子集之言，其說乃備。但須約取，勿令太泛乃佳。文章尤不可泛。如離騷忠潔之志，固亦可尚。然只正經一篇，已自多了。此須更仔細抉擇。敍古蒙求亦太多，兼奧澀難讀，恐非啓蒙之具。卻是古樂府及杜子美（杜甫，七一二—七七〇）詩，意思好，可取者多。令其喜諷詠，易入心，最爲有益也。來喩又有避主張程氏（程頤，一〇三三—一一〇七）之嫌。程氏何待吾輩主張？然立言垂訓，事關久遠，亦豈當避此嫌耶？其詳雖已見於近思❹，然其一言半句，灼然親切，不可不使後學早聞而先入者，自不妨特見於此書也」❺。又一書云，「小學書非此比，幸早成之」❻。更一書云，「小學書卻與此殊科。只用數日功夫便可辦。幸早成之，便中遺寄也」❼。淳熙十二年乙巳（一一八五）七月九日書云，「小學見此修改，益以古今故事。移首篇於書尾，使初學開卷便有受用，而末卷益以周（周敦頤，一〇一七—一〇七三）程（程顥，一〇三二—一〇八五，與程頤）張（張載，一〇二〇—一〇七七）子教人大略及鄉約雜儀之類，別爲下篇。凡定著六篇。更數日方寫得成」❽。最後一書云，「小學能爲刊行亦佳，但須更爲稍加損益乃善」❾。如此往復商量，關於取材章次，均已就緒，可以刊印矣。諒必子澄刻成之後，未甚滿意，故另刊一帙。函告門人潘恭叔（潘友恭）云，「小學未成而爲子澄所刻。見此刊脩，旦夕可就。當送書市別刊成，當奉寄。此書甚有益也」❿。

書卒成於淳熙十四年丁未（一一八七）三月。凡內篇四，曰立教，曰明倫，曰敬身，曰稽古。外篇二，曰嘉言，曰善行。採集由上古至宋代三十二家，共三百八十五條。明人陳選（一四三〇—一四八七）爲小學集註。四庫全書總目提要謂「選註爲鄉塾訓課之計，隨文衍義，

---

❶ 文集，卷三十五，答劉子澄第五六兩書，頁十五下，十七下。
❷ 語類，卷一〇一，第二條（頁四〇六一）。
❸ 宋史，（北京，中華書局，一九七七），卷四三七，劉清之傳，頁一二九五七。
❹ 近思錄，卷六，家道，第十二「問第五倫」條。
❺ 文集，卷三十五，答劉子澄第七書，頁十七下至十八上。
❻ 同上，第九書，頁十九下。
❼ 同上，第十書，頁二十一下。
❽ 同上，第十二書，頁二十三下。
❾ 同上，第十四書，頁二十六下。
❿ 同上，卷五十，答潘恭叔書，頁十九下。

務取易解。其說頗爲淺近」⑪。清人張伯行（一六五二—一七二五）以「坊間刻本亡慮數十種，纂註標題，亦止爲試論剽竊之地，而鮮有尋繹其文義之微，與其敎人親切之意。……余故集諸家註釋善本而融會之」⑫，爲小學集解六卷。陳之集註志在闡明文句，張之集解志在提倡理學，目的固不同也。

予嘗譯「小學」爲elementary eduation（初等教育），有人提出異辭，謂陳選註有各條出處之書名，而原書有句語難解者多處，必非小童所用之書。且卷一序云，「述此篇，俾爲師者知所以敎，而弟子知所以學」，則此篇乃爲敎師所用無疑。又卷二序曰，「述此篇以訓蒙士」，則爲士人而設，非爲普通教育也。小學文字艱深或非初學所宜。然舊式教育初學用三字經。三字經歷舉朝代之名，又提春秋三傳等等。其困難深奧處，不下於小學。予五歲卽誦三字經。謂三字經非初等教育之書可乎？小學第一卷爲「立敎」，故朱子謂「俾爲師者知所以敎」，名正言順。卷二「以訓蒙士」，卽指初學。「士」非官名，言子弟耳。

傳統教育之是否有當，今且不問。新教育多面改良，舊式課本與敎授法，早已排去。小學不屬課程久矣。惟程端禮（一二七一—一三四五）編讀書分年日程，理學家奉爲金規玉律。自八歲未入學之前，讀性理字訓（參看頁四二一「性理字訓」條）。自八歲入學之後，卽讀小學正文。「隨日力性資，自一二百字漸增至六七百字。日永年長，可近千字乃已。每大段內必分作細段。每細段必看讀百徧，倍讀百徧，又通倍讀二、三十徧。……師授說平日已讀書，不必多。先說小學書畢，次大學，次論語。假如說小學書，先令每句通說朱子本註及熊氏（熊節）解及熊氏標題⑬已通，方令依傍所解字訓句意說正文。字求其訓註中無者，使簡韻會求之，不可杜撰以誤人。寧以俗說麤解卻不妨。既通說每句大義，又通說每段大義，卽令自反覆說通，面試通乃已」⑭。此項日程，今日已不適用，但清末仍然採用。光緒二十五年年已亥（一八九九），胡適（一八九一—一九六二）十一歲，背誦小學⑮。恐當時從事於此者，不止一人。

清儒李塨（一六五九—一七三三）之小學稽業序，謂朱子小學所載「天道性命，上達也。親迎朝覲，年及壯強者也。以至居相告老諸撫，皆非童幼事。且何分於大學焉」⑯？論者可以據此而謂小學非童蒙之書，不應以初等教育譯之。李塨之序又云，「或曰，『小學使之先知其理耳，奚必事之爲』？予懼起立曰，『子漫語乎！抑將以誤學術也。論語曰，「小子當灑掃應對進退」⑰。大戴禮曰，「八歲入小學，學小藝，履小節」⑱，未嘗言僅明理也』」⑲。李塨所言，其反對朱子小學，不外兩點。一爲小學有上達，一爲小學明理，其所稱天道性命，不知是何所指。小學開始卽引中庸首句「天命之謂性，率性之謂道，修道之謂教」。小學第一

⑪ 四庫全書總目提要（上海，商務印書館，一九三三），卷九十一，子部，儒家類二，總頁一九〇四。
⑫ 張伯行，小學集解（正誼堂全書本），原序，頁二上。
⑬ 朱子門人熊節（慶元五年己未，一一九九，進士）編性理羣書句解，熊剛大註，包括性理字訓。
⑭ 讀書分年日程（正誼堂全書本），卷一，頁一上至四上。
⑮ 胡頌平，胡適先生年譜簡編（臺北，大陸雜誌，一九七一），頁二。
⑯ 顏李遺書（畿輔叢書本）第十三册，小學稽業序，頁一 。
⑰ 論語，子張篇第十九，第十二章。
⑱ 大戴禮記（四部叢刊本），卷三，保傅第四十八，頁八下。
⑲ 同上註⑯。

章爲立教，故引此言。非言性命，乃言教也。三字經既爲訓蒙之書；其中「君則敬，臣則忠」，「上致君，下澤民」等語與朝覲居官無異。若依李塨此論據謂小學非訓童之書，則三字經亦非訓童之書矣。至於明理，則李氏只重小藝小節，朱子則小學目的在「以培其根，以達其枝」⑳，故題小學云，「古者小學教人以灑掃應對進退之節，愛親敬長隆師親友之道，皆所以爲修身齊家治國平天下之本，而必使其講而習之於幼稚之時」㉑。李塨反對理學，全重實用，與朱子事理兼顧，不相爲謀也。

朱子於小學大學之分，十分清楚。大學章句序云，「人生八歲，則自王公以下，至於庶人之子弟，皆入小學，而教之以灑掃應對之節，禮樂射御書數之文。及其十有五年，則自天子之元子衆子以至公卿大夫元士之適子，與凡庶民之俊秀，皆入大學，而教之以窮理正心脩己治人之道。此又學校之教，大小之節，所以分也」㉒。諭諸生云，「古之學者八歲而入小學，學六甲五方書計之事。十五而入大學，學先聖之禮樂焉」㉓。井田類說亦云，「八歲入小學，學六甲四方五行書計之事，始知室家長幼之節。十五入大學，學先王禮樂而知朝廷君臣之禮。其有秀異者，移於鄉學。鄉學之秀，移於國學」㉔。此乃據漢書食貨志㉕而言。可知大學小學之分，從古已然，朱子知之稔矣。

何人何年入小學大學，則朱子似不一致。上文皆謂八歲入小學，十五歲入大學。經筵講義亦然㉖。此是古制，白虎通言之矣。辟雍篇云，「古者所以年十五入太學何以爲？八歲毀齒，始有識知，入學學書計。七八十五陰陽備，故十五成童志明，入太學學經術」㉗。然語類云，「古者初年入小學，只是敎之以事如禮樂射御書數，及孝悌忠信之事。自十六七入大學，然後教之以理，如致知格物，及所以爲忠信孝悌者」㉘。年十六七與上面年十五似不相符。然大戴禮記謂「束髮而就大學」㉙。蓋指成年而言，非一成不變也。初年入小學亦是此意。何人入學，亦似矛盾。大學章句序謂自王公以下至於庶人之子弟，皆入小學，而自天子之元子衆子以至公卿大夫元士之適子與凡民之俊秀，皆入大學㉚。此乃據禮記之王制㉛。然經筵講義則只謂十有五歲而入大學。不言俊秀，似與古制相遺。然實際而言，卽在今日敎育普及之世，亦惟有俊秀者乃能進入高等學府，字面之差，無關重要也。朱子堅信古有小學之書，故題小學云，「今其書雖不可見，而雜出於傳記者亦多」㉜。其信小學失於秦火，亦猶其信大學格致之傳，「而今亡矣」。吾人不疑朱子之堅信，只疑古時確有是書，因尚未見

⑳ 文集，卷七十六，小學題辭，頁十九上。
㉑ 同上，題小學，頁十九下。
㉒ 文集，卷七十六，大學章句序，頁二十上。
㉓ 同上，卷七十四，諭諸生，頁二上。
㉔ 同上，卷六十八，井田類說，頁二十八下。
㉕ 漢書（四部叢刊本），卷二十四上，食貨志，頁四下。
㉖ 文集，卷十五，經筵講義，頁一上。
㉗ 白虎通（四部叢刊本），卷四，辟雍，頁十六下。
㉘ 語類，卷七，第一條（頁一九九）。
㉙ 同上註⑱。
㉚ 同上註㉒。
㉛ 禮記，王制篇，第四十節。

有絲毫證據也。

又有學者主張不應以小學爲朱子所編而主張編者乃劉子澄。彼引四庫全書總目提要「編類此書，實託子澄」之言㊳，以作論據。吾人不審朱子何年託子澄，所託何事。觀上引答劉子澄書數通，則小學之動機，項目，義例，皆屬朱子。所託者必是從經史子集搜集善言善行。子澄之貢獻滋大，無可否認。然謂出於子澄之手，則與事實大背而馳。語類載陳淳（一一五九—一二二三）錄門人問小學外篇實明倫篇何以無朋友一條。朱子答曰，「當時是衆編類來，偶無此爾」㉞。可知助手不止一人。故王懋竑（一六六八—一七四一）云，「據此則編類或不止子澄一人」㉟，其說最確。他如伊洛淵源錄與宋名臣言行錄莫不皆然，而不害書目專家之謂爲朱子所撰也。四庫全書總目提要題「宋朱子撰」，非誤也。且朱子答子澄書謂「此間所編」㊱，則非子澄一人所編明矣。朱子與呂祖謙（一一三七—一一八一）合輯近思錄，朱子後序明言合作。呂亦有後序，而諸家仍只稱朱子撰。今小學題辭與題小學皆爲朱子所著，不言合作，而子澄別無識語。尚可謂子澄一人所編耶？朱子與陳丞相（陳俊卿，一一一三—一一八六）書言「近又編小學一書」㊲，與大學中庸章句並提，顯指自編，非掠美也。總之，只云朱子，有虧於劉。只言子澄，有虧於朱。謂朱子編也好，謂朱劉合編亦好。讀者不以言害辭，不以辭害意可也。

㉜ 文集，卷七十六，題小學，頁十九下。

㉝ 同上註⑪。

㉞ 語類，卷一〇五，第二十條（頁四一七八）。陳選集註與張伯行集解均謂第三十四「包孝」條爲朋友條，太過勉強。恐欲爲朱子洗刷耳。

㉟ 朱子年譜（叢書集成本），考異，卷三，頁三一〇。

㊱ 同上註⑤。

㊲ 文集，卷二十六，與陳丞相別紙，頁三十二下。

（六七）性理字訓

陳淳（一一五九—一二二三）著北溪字義，又稱性理字義，論者目之爲朱子哲學之最善詞書（參看頁四三九「最篤實之門徒——陳淳」一條）。同門程端蒙（一一四三—一一九一）亦撰性理字訓一卷，大旨與性理字義相同。宋元學案錄其全文，並附錄朱子贊揚之語。朱子曰，「小學字訓甚佳。言語雖不多，卻是一部大爾雅」❶。朱子語見其答程氏書中❷，所謂小學，非指朱子所編之小學，只謂訓蒙之書耳。

性理字訓只得四百二十八字，皆四字句，不押韻。每三四句便結語「故謂之□」。以次釋命，性，心，情，才，志，仁，禮等二十餘字。朱子以之比爾雅，自是客氣。語類所載，附註所云「一部大爾雅」，但正文則有微辭。語類云，「因說正思（程端蒙）小學字訓。直卿（黃榦，一一五二—一二二一）云，『此等文章亦難做。如「中」只說得無倚之中，不曾說得無過不及之中』。曰，『便是。此等文字難做。如「仁」只說得偏言之仁，不曾說得包四者之仁』」❸。此書目的既在訓蒙，自不能與性理字義比併。故四庫全書總目提要於北溪字義條下附評語云，「書頗淺陋。故趙汸（一三一九—一三六九）答汪德懋性理字訓疑問書（原注：汸東山集誤作性理字義）稱其爲初學者設」❹。

宋儒程若庸（咸淳間，一二六五—一二七四，進士）著性理字訓講義，又增廣性理字訓若干條。朱楓林書性理字訓後曰，「晦庵門程正思字訓三十條，勿齋（程若庸）增廣之爲六門百八十三條。今增『善』字，補以蒙齋（程端蒙）之訓，凡百八十四條。德業盡性正心四條，訓有未妥。僭易數字，餘皆元文。程敬叔（程端禮，一二七一—一三四五）讀書日程，八歲未入小學，教之讀此書甚善（參看頁四一二「小學」條）但此書四字成言。其語既簡約，而題目多涉性命，其理又幽深。若非根據出處本義，而旁取世俗事物以開喻之，未見其有益也」❺。朱楓林之評，蓋亦兼及程若庸之增廣，因德業盡性正心四條及以下評其訓太極之字，皆不見性理字訓也。

❶宋元學案（四部備要本），卷六十九，滄洲諸儒學案，頁十三下至十四上。

❷文集，卷五十，答程正思第十八書，頁三十一下。

❸語類，卷一一七，第二條（頁四四七五）。程頤易傳（四部備要二程全書本），頁二下云，「四德（元亨利貞）之元，猶五常（仁義禮智信）之仁。偏言則一事，專言則包四者」。

❹四庫全書總目提要（上海，商務印書館，一九三三），子部，儒家類二，總頁一九一七。

❺宋元學案，卷八十三，雙峯學案，頁六下至七上。

（六八）朱子格言

朱子治家格言，頗爲流行。通常以爲朱子所作，因其冠以「朱子」兩字也。始作俑者諒爲陳弘謀（一六七九—一七五八）。彼編養正遺規，爲五種遺規之一。採用治家格言，題爲朱子治家格言，並下按語云，「其言質，愚智胥能通曉。其事邇，貴賤盡可遵行。故雖朱子文集所不載，以其鋟版流傳之旣久也，錄之」。弘謀蓋不知爲淸人朱用純，號柏廬（一六二七—一六九九）所作也。柏廬早弘謀只五十年。養正遺規序於乾隆四年己未（一七三九），距柏廬之死，只四十年。柏廬在生，必不肯用朱子名義。在此四十年間，盛傳爲朱子所撰，而弘謀沿之，亦屬可能。文內敎言，雖與傳統儒家治家之旨相合，但朱子敎人重在原則。小學敎以灑掃應對之後，誠如其白鹿洞書院揭示識語所云，「苟知其理之當然，而責其身以必然，則夫規矩禁防之具，豈待他人設之，而後有所持循哉」？故其揭示（載文集卷七十四），只摘錄經典格言十餘言，以爲爲學、修身、處事，接物之要。今依朱子此種精神，選其格言三十餘則。其中聯語四對，早已家家傳誦矣。

(1) 讀聖賢書，行仁義事。

(2) 存忠孝心，立修齊志。

(3) 孝悌忠信，禮義廉恥。

(4) 文章華國，詩禮傳家。

(5) 居敬窮理。

捷按：此為朱子所常言。牌坊書院等多用之。

(6) 居敬以立其本，窮理以致其知。

(7) 持敬以存其體，窮理以致其用。

(8) 明誠兩進，敬義偕立。

(9) 修身窮理，守正俟命。

(10) 博文以窮理，約禮以脩身。

---

❶ 參看頁七五〇「朱子之聯語」條之⑱。

❷ 同上。

❸ 同上之㉑。

❹ 同上頁七五一之㉕。

❺ 如文集，卷四十一，頁一下，答馮作肅第四書；語類，卷一一九，第二十二條（頁四五九二）與第四十條（頁四六〇一）。

❻ 勉齋集（四庫全書珍本），卷八，復李公晦第三書，頁十九上。

❼ 文集，卷五十九，答吳斗南第一書，頁二十下。

❽ 同上，卷一，白鹿洞賦，頁二下。

❾ 同上，卷三十八，答耿直之，頁三十上。

❿ 同上，卷三十九，，答范伯崇第二書，頁三十二上。

(11) 博之以文，以開其講學之端，約之以禮，以嚴其踐履之實。

(12) 孝弟忠信，持守誦習。

(13) 必使道心常爲一身之主，而人心每聽命焉。

捷按：王陽明（一四七二—一五二九）評朱子析心為二（傳習錄，卷上，第十「愛問道心」），陽明誤矣。朱子每等道心人心於天理人欲。非謂心有二，只心有正有不正耳。

(14) 玩心於義理之微，放意於塵垢之外。

(15) 隨處提撕，隨處收拾。隨時體究，隨事討論。

(16) 大開眼看覷，大開口說話。分明去取，直截剖判。

(17) 律己公廉，執事勤謹。晝夜孜孜，如臨淵谷。

(18) 事上以禮，接物以誠。臨民以寬，御吏以法。

(19) 當顯則顯，當默則默。涵養深淳，發必中節。

(20) 致中則欲其無少偏倚，而又能守之不失。致和則欲其無少差繆，而又能無適不然。

(21) 不東以西，不南以北。弗貳以二，弗參以三。

(22) 羣之以學校，聯之以師儒。開之以詩書，成之以禮樂。

(23) 半日靜坐，半日讀書。

捷案：此乃朱子訓門人一人之言，又只一次。顏元（一六三五—一七〇四）乃據而大罵朱子教人半日做和尚，半日做漢儒。錢穆教授謂其不善讀書（參看頁三〇八「半日靜坐，半日讀書」條）。今以廣義觀之，則有符居敬窮理之旨，故錄之。

(24) 寧煩毋略，寧下毋高，寧淺毋深，寧拙毋巧。

(25) 寧詳毋略，寧近毋遠，寧下毋高，寧拙毋巧。

捷按：胡適先生（一八九一—一九六二）留寓美國，羡慕者每請其留言紀念。胡先生喜寫此句。後臺北胡適紀念館印行明信片多張，亦有胡先生手書此語。

(26) 寧詳毋略，寧下毋高，寧拙毋巧，寧近毋遠。

捷按：以上三條，胡適謂為「朱子四句訣」（胡適手稿，第九集，頁八十一）。

⑪ 同上，卷六十二，答林退思第二書，頁十一下。

⑫ 同上，卷五十四，答王厚和第二書，頁十五上。又同前註。

⑬ 中庸章句序。

⑭ 文集，卷九十七，吏部朱公行狀，頁二十五上。

⑮ 同上，卷六十，答周仲南第二書，頁三下。

⑯ 同上，卷五十六，答葉正則第二書，頁七下。

⑰ 同上，卷六十四，答吳尉第三書，頁二十下。

⑱ 同上，卷三十九，答范伯崇第八書，頁四十四上。

⑲ 同上，卷三十九，答許順之第十四書，頁十七下。

⑳ 同上，卷五十五，答李守約第八書，頁十一下。

㉑ 同上，卷八十五，敬齋緘，頁六上。

㉒ 同上，卷七十九，瓊州學記，頁四下。

㉓ 語類，卷一一六，第五十五條（頁四四七四）。

㉔ 同上，第二十一條（頁四四五〇）。

(27) 或考之事爲之著，或察之念慮之微。或求之文字之中，或索之講論之際。

(28) 察之愈密，則其見之愈明。持之愈嚴，則其發之愈勇。

(29) 書不記，熟讀可記。義不精，細思可精。

(30) 熟讀沉思，反覆涵泳。銖積寸累，久自見功。

(31) 章句以綱之，訓詁以紀之，諷詠以昌之，涵濡以體之。

(32) 有疑卽思，不通方問。

(33) 寧與毋吝，寧介毋貪。

(34) 施而不望其報，祀而不祈其福。

(35) 災害之去，何待於禳？福祿之來，何待於禱？

此外朱子所云，可作格言者必多。文集卷八十五所載箴銘，皆格言也。

㉕ 文集卷三十，答汪尚書第三書，頁四下。
㉖ 語類卷十，第三十二條（頁二六一）。
㉗ 大學或問（近世漢籍叢刊本），頁二十上，總頁三十九。
㉘ 文集，卷三十六，答陳同甫第六書，頁二十下。
㉙ 同上，卷七十四，又諭學者，頁二十三上。
㉚ 同上，卷六十四，答江端伯，頁二十三下。
㉛ 同上，卷七十六，傳詩集序，頁四上。
㉜ 同上，卷五十五，答楊至之第一書，頁七上。
㉝ 論語或問（近世漢籍叢刊本），卷六，雍也，頁四下至五上，總頁二五八至二五九。
㉞ 文集，卷八十二，跋程宰登瀛閣記，頁十六下。
㉟ 同上，卷十二，己酉擬上封事，頁五上。

（六九）新道統

道統觀念，由來久矣。步步進展，至朱子而完成之。予嘗詳爲敍述❶，今更加詳，而特重朱子之貢獻。

孟子首倡傳授由堯舜經成湯文王而至孔子❷。韓愈（七六八—八二四），首倡孟子之死，不得其傳❸。伊川（程頤，一〇三三—一一〇七）首倡其兄明道（程顥，一〇三二—一〇八五）得不傳之學於遺經❹。朱子之時，道統之傳授由堯舜而至孔孟，而中絕，而二程復興，成爲一時之定論。故李元綱爲傳道正統圖如下：

堯舜禹湯文武周公孔子
　顏子
　曾子—子思—
　　—孟子—
　　　明道
　　　伊川❺

朱子對此傳統，大體贊同。語類載朱子云，「此道更前後聖賢，其說始備。自堯舜以下，若不生箇孔子，後人去何處討分曉？孔子後若無箇孟子，也未有分曉。孟子後數千載，乃始得程先生兄弟發明此理」❻。然此未見朱子道統觀之全貌。欲覩全豹，則須討論朱子之貢獻，與其如何予道統以新面目。

朱子之維新，共有五端。一爲首次用「道統」之名詞。中庸章句序云，「道統之傳，有自來矣」。或謂李元綱圖目，已先用之。然傳道正統雖有「道」「統」兩字，尚未連詞。有之自朱子始。或又謂紹興六年丙辰（一一三六）朱震（一〇七二—一一三八）言，「臣竊謂孔子之道傳曾子……子思……孟子。孟子以後無傳焉。至於本朝，……程顥程頤傳其道於千有餘年之後，……良佐（謝上蔡，一〇五〇—約一一二〇）之賢親傳道學，舉世莫及」❼。中庸章句序成於淳熙十六年己酉（一一八九），誠晚於朱震矣。然朱震只言道學，未言道統。有道統之觀念，而詞則未有也。

中庸章句序不特首用「道統」之詞，又於道統內容，以哲學思想充實之。從此而後，道統乃成爲一哲學範疇。此誠是破天荒之舉。縱是武斷，不害其爲新觀念也。序云，「蓋自上古聖神，繼天立極，而道統之傳，有自來矣。其見於經，則『允執厥中』❽者，堯之所以授舜也。『人心惟危，道心惟微。惟精惟一，允執厥中』❾者，舜之所以授禹也。……自是以

---

❶ 參看拙著朱學論集（臺北，學生書局，一九八二）頁十三至十八。
❷ 孟子，盡心篇第七下，第三十八章。
❸ 韓昌黎全集（四部備要本），卷十一，原道，頁四下。
❹ 伊川文集（四部備要二程全書本），卷七，明道先生行狀，頁六上下。
❺ 百川學海（一九二七年本），頁一〇〇一。
❻ 語類，卷九十三，第二條（頁三七三一）。
❼ 建炎以來繫年要錄（叢書集成本），卷一〇一，頁一六六〇至一六六一。
❽ 論語，堯曰篇第二十，第一章。
❾ 書經，虞書，大禹謨，第十五節。

來，聖聖相承，若成湯文武之爲君，皋陶伊傅周召之爲臣，旣皆以此而接夫道統之傳。若吾夫子，則雖不得其位，而所以繼往聖，開來學，其功反有賢於堯舜者。然當是時，見而知之者，惟顏氏曾氏之傳得其宗。及曾氏之再傳，而復得夫子之孫子思。……又再傳以得孟氏。……故程夫子兄弟出，得有所考，以續乎千載不傳之緖」。以道心人心之十六字訣釋道統，使有確定之哲學意義，實爲一極有價値之貢獻。然只舉其要旨，尙未備言。其徒黃榦（一一五二—一二二一）著聖賢道統傳授總敍說，則有詳細之解釋。彼以湯得統于禹爲禮義，文王得統于湯爲以禮制心，以義制事⑩，武王周公得統于文王爲敬以直內，義以方外⑪，孔子得統於周公爲論語之博文約禮⑫與克己復禮⑬，與大學之格致誠正修齊治平⑭。顏子承論語之敎，曾子得大學之義。至子思則先之以戒懼謹獨，次之以仁知仁勇，而終之以誠⑮。孟子得統于子思則爲求放心⑯，集義⑰，與擴充⑱，相爲次序⑲。其武斷程度，不下於朱子。然其哲學性，則不能否認。

因爲哲學之需求，於是在堯舜之上，更溯至伏羲。中庸章句序云，「蓋自上古聖神，繼天立極」。所謂上古聖神，乃是伏羲神農黃帝堯舜。此可於大學章句序見之。序曰，「此伏羲、神農、黃帝、堯、舜，所以繼天立極」。朱子之提出伏羲，似是異常側重，言之屢屢。語類云，「『天不生仲尼，萬古長如夜』。唐子西嘗於一郵亭梁間見此語。語季通（蔡元定，一一三五—一一九八）云，『天生伏羲、堯、舜、文王後，不生孔子亦不得。後又不生孟子亦不得。二千年後又不生二程亦不得』」⑳。又云，「先生（二程）之道，卽伏羲、堯、舜、禹、湯、文、武、周公、孔、孟之道」㉑。又云，「道統遠自羲軒，集厥大成」㉒。如是屢言伏羲，不一而足。其所以如是者，乃其道統之哲學性，不止基於書之十六字訣，而亦基於易之太極。「易有太極，是生兩儀。兩儀生四象。四象生八卦」㉓。相傳伏羲乃畫八卦者也㉔。故朱子曰：「河圖而出八卦畫，洛書呈而九疇敍」㉕。朱子因須釐清理與氣之關，不得不採用太極陰陽之說。又因二程不言太極，不能不取周

⑩同上，仲虺之誥，第八節。
⑪易經，坤卦，文言。
⑫論語，雍也篇第六，第二十七章；顏淵篇第十二，第十五章。
⑬同上，顏淵篇第十二，第一章。
⑭大學，經文。
⑮中庸，第一，二十，二十一至二十六，三十三章。
⑯孟子，告子篇第六上，第十一章。
⑰同上，公孫丑篇第二上，第二章。
⑱同上，第六章。
⑲勉齋集（四庫全書珍本），卷三，聖賢道統傳授總敍說，頁十七上至二十下。
⑳語類，卷九十三，第三條（頁三七三一）。
㉑文集，卷六十，答李誠之書，頁二十一上。
㉒同上，卷八十六，滄洲精舍告先聖文，頁十二上。
㉓易經，繫辭上傳，第十一章。
㉔同上，繫辭下傳，第二章。
㉕文集，卷七十八，江州重建濂溪先生書堂記，頁十二下。

子（周敦頤，一〇一七—一〇七三）之太極圖而表彰之，又註周子之太極圖說㉖。於是加周子於道統傳授之內，而謂「千有餘年，乃曰有繼。周程授受，萬理一原」㉗。朱子之意，並非否認明道得孟子不傳之學於遺經，而謂二程推明其理，則亦可與直接接受孟子之傳相通。朱子云，「蓋自周衰，孟軻氏沒而此道之傳不屬。……而先生（周子）出焉。不繇師傅，默契道體。建圖屬書，根極領要。當時見而知之，有程氏者，遂擴大而推明之」㉘。二程嘗從學與周子。朱子確信周子傳太極圖於二程。二程不言，蓋未得可以傳授之人耳。此爲理學史上一大公案，爭論未已。予曾詳論之，此處不必複述㉙。所注重者，乃孟子與二程之間，加上周子。此爲道統傳授最重要之改變。朱子既曰「先生（周子）道學淵懿，得傳于天。上繼孔顏，下啓程氏」㉚。又曰「兩程之緒，自我周翁」㉛。更云「及先生出，始發明之，以傳於程氏」㉜，復云「濂溪夫子之學，……又得河南二程先生以傳之」㉝。其所以如是堅持者，以非有太極陰陽之說，不足以成全其理氣學說也。故添入周子，上溯伏羲。其道統之貢獻，皆由其理學之貢獻而來，事非偶然也。

在道統上，除新用名詞，以哲學解，上溯伏羲，添加周子之外，尚有一項，爲朱子所不明言，而其門人學侶以及後人皆以爲必然之事者，即朱子本人承繼道統是也。大學章句序云，「河南程氏兩夫子出，而有以接乎孟氏之傳。……雖以熹之不敏，亦幸私淑而有聞焉」。此不但指大學教育而爲言，乃謂孔孟之傳也。晚年築竹林精舍於福建建陽之考亭。其告先聖文敍述羲軒孔顏曾思孟周程授受，萬理一原，與邵（邵雍，一〇一一—一〇七七）張（張載，一〇二〇—一〇七七）司馬（司馬光，一〇一九—一〇八六）異途同歸之後，即曰，「熹以凡陋，少蒙義方。中靡常師，晚逢有道」㉞。其以繼承道統自任，意甚明顯。無論如何，其門人皆堅信不移。

黃榦敍述聖賢道統傳授由堯舜以至孟子之後，繼曰，「及至周子，則以誠爲本，以欲爲戒㉟，此又周子繼孔孟不傳之緒者也。至二程子，則曰『涵養須用敬，進學則在致知』㊱……此二程得統於周子者也。先師文公之學，見之四書，而其要則尤以大學爲入道之序。……此又先師得其統於二程者也」㊲。其所撰朱文公祠記云，「堯舜禹湯文武周公生，而道始行。孔子孟子生，而道始明。孔子之道，周程張子繼之。周程張子之道，文公朱先生又繼之。此道統之傳，歷萬世而可考也」㊳。其所撰朱子行狀亦云，「竊聞道之正統，待人而後傳。……

㉖ 周子全書（萬有文庫本），卷一至二，頁五至三十二。

㉗ 同上註㉒。

㉘ 同上註㉕。

㉙ 參看朱學論集，頁十六。

㉚ 文集，卷八十六，奉安濂溪先生祠文，頁四下。

㉛ 同上，謁修道州三先生祠文，頁十一下。

㉜ 同上，卷七十八，隆興府學濂溪先生祠記，頁十九上。

㉝ 同上，卷七十九，徽州婺源縣學三先生祠記，頁三上。

㉞ 同上註㉒。

㉟ 通書，第一至第四章，第二十章。

㊱ 遺書（二程全書本），卷十八，頁五下。

㊲ 同上註⑲。

㊳ 勉齋集，卷十九，徽州朱文公祠記，頁十九上下。

由孔子以後，曾子子思繼其微，至孟子而始著。由孟子而後，周程張子繼其絕，至先生而始著」㊴，幾等朱子於孟子矣。同門陳淳（一一五九—一二二三）同一口氣。其言曰，「粵自羲皇作易，首闢渾淪。……堯舜禹湯文武，更相授受。……孔子……爲萬世師。……軻之後，失其傳。……於是濂溪先生與河南二程先生卓然以先知先覺之資，相繼而出。……朱文公卽其微言遺旨，益精明而瑩白之」㊵。朱子之直承道統，不特爲朱門共同之信仰。宋元明清，無異議也㊶。元儒以許衡（一二〇九—一二八一）上接程朱道統㊷。明儒薛瑄（一三八九—一四六四）謂「至宋二程朱子既有以接孟子之傳」㊸。胡居仁（一四三四—一四八四）亦曰，「周子發其端於前，遂擴而大之，朱子又集而全之，故吾道遂大明于宋焉」㊹。至淸代康熙命李光地（一六四二—一七一八）編修朱子全書與性理精義，亦謂「朱夫子集大成而結千百年絕傳之學」㊺。又謂「朱子得因四子之師承，上溯六經之聖訓」㊻。如是道統流傳，歷數百年而不衰。

㊴ 同上，卷三十六，朱子行狀，頁四十八上下。
㊵ 北溪大全集（四庫全書珍本），卷十五，師友淵源，頁二下至三下。
㊶ 張伯行，道統錄（正誼堂全書本），總論，頁四上至九下。
㊷ 許文正公遺書（一七九〇年本），總論，頁六上。
㊸ 薛敬軒集（正誼堂全書本），卷六，陵川縣廟學重修記，頁二十三下。
㊹ 胡敬齋集（正誼堂全書本，卷一，復江謙，頁十七下。
㊺ 朱子全書（康熙五十三年甲午，一七一四年本），御製序，頁六下。
㊻ 性理精義（四部備要本），表，頁一下。

（七〇）朱門傳授

宋史黃榦（一一五二—一二二一）傳謂「病革以深衣所著書授榦。手書與訣曰，『吾道之託在此，吾無憾矣』」❶。考亭淵源錄❷與宋元學案❸沿之。王懋竑（一六六八—一七四一）云，「至宋史言以深衣爲寄，考之一無所據。蓋暗用禪家衣鉢之說，其爲附會無疑」❹，王氏是也。諸本年譜與黃榦朱子行狀均無授衣之事。易簀時門人蔡沈（一一六七—一二三〇）與祝穆在場。所記亦未提及❺。與黃榦書乃易簀前一日所書，曰，「三月八日熹啓。……今想愈成倫理，凡百更宜加勉力。吾道之託在此者，吾無憾矣」❻。蔡沈與祝穆均目覩其手書。祝穆謂先作季子書與之訣別，然後作書與黃榦與范念德，託修禮書。並謂今年譜以黃范兩書在先，其

---

❶ 宋史（北京，中華書局，一九七七），卷四三〇，黃榦傳，頁一二七七八。

❷ 考亭淵源錄（近世漢籍叢刊本），卷六，黃榦傳，頁一下。

❸ 宋元學案（四部備要本），卷六十三，勉齋學案，頁二上。

❹ 王懋竑，朱子年譜（叢書集成本），考異，卷四，頁三四四。

❺ 蔡氏九儒書（同治七年，戊辰，一八六八本），卷六，蔡沈，朱文公夢奠記，頁五十八下至六十一上。祝穆，朱子易簀私議，載戴銑，朱子實紀（近世漢籍叢刊本）卷十，頁二十下至二十二上，總頁五一八至五二一。

❻ 文集，卷二十九，與黃直卿書，頁二十二下。

事失倫。查各年譜與行狀均不失倫，只十六世孫朱玉朱子文集大全類編（一七二一）內之年譜以黃范兩書在先。則朱玉年譜有上沿最初年譜之可能。

懋竑雖否認傳授深衣，然隱示朱子有傳授之意，而黃榦亦有此期望。此則不可辨。懋竑云，「又按朱子臨卒，與勉齋（黃榦）書有『吾道之託在此者，吾無憾』之語，然止以授學次第而言，其於孔門之顏曾，未知何如也。朱子晚年與人書，每言斯道之傳，不絕如線。而論程門諸公，未有可當衣鉢之傳，其微意亦可見矣。勉齋最後祭文言，『末年之付囑，將沒之丁甯，則戚戚然於微言之絕，大義之乖也。榦獨何人，而當此期望之厚耶』❼？今考此書，卻無此意。續集有與直卿書言，『古之禪宿，有慮其學之無傳，而至於感泣流涕者。不意今日乃親見此境界也』❽。其書在（慶元四年）戊午（一一九八）（五年）己未（一一九九）間。祭文蓋兼用此意。亦云期望之厚，而不敢謂已得其傳也。蓋古人之審愼如此」❾。觀上所云，王氏顯示朱子有微意而黃榦亦知所付囑。加以朱子「古之禪宿」之言與論程門衣鉢，朱子傳授之想，顯而易見。予疑王氏如是云云，恐亦暗用禪家衣鉢之說而附會之耳。

易簀前致黃榦書，誠如懋竑所言，「止以授學次第而言」。然書有「吾道之託在此」之語，則懋竑「其於孔門之顏曾，未知如何」之問，不爲無理。「最後祭文」，實指黃榦之辭晦菴先生墓文。王氏謂黃榦不敢謂已得其傳，卽謂冀得其傳也。王氏又謂與直卿書有禪宿慮學無傳，而黃榦祭文兼用此意，則恐有斷章取義之嫌。辭晦菴先生墓文寫在朱子逝世二十一年之後。其時黃榦已六十九歲，「數月以來，痰作於上，氣痞於下。恐一旦遂溘先朝露」，故遣其子輅告於墓下。文內四言「榦何人而在樞趨之列」？「榦何人而獲親道德之粹」？「榦何人而受此生成之賜」？「榦何人而當此期望之厚」❿？此乃回憶一生所得於朱子之涵淹卵育。故「咐囑」，「叮嚀」，「大義」，「微言」，「期望」，皆對黃榦之學問修養而言，無指為承受道統之意也。若謂傳授，則當早已言之，豈待朱子死後二十一載而後言之耶？黃榦祭晦庵朱先生文，有「奉疾革之貽書。……念屬託之至重，豈綿力之能勝」⑪之語，可解作「吾道之託」，亦可解作託修禮書。若要解作傳授，先決問題，則須朱子確有衣鉢之意也。

王氏謂朱子晚年每言斯道之傳，不絕如線。此語誠是。朱子致黃榦書嘗云，「又來學者亦未見卓然可恃以屬此道之傳者。今更有此間隔（指朝廷攻擊道學），益難收拾。不謂吾道之否，一至此也」⑫。又一書云，「遷居擾擾中亦有一二學者在此。雖不得子細討論，然大抵未有擔荷得者。此甚可慮」⑬。答余占之（余隅）亦云，「直卿已歸在此。今年往來亦有一二十人，相過講習。其間豈無曉會得意思者？然未見大段斷然可負荷此事者，甚可慮也」⑭。答友人趙彥肅（趙子欽，乾道，一一六五－一一七四，進士）亦云，「此間雖有士友數輩，然與之語，

⑦ 勉齋集（四庫全書珍本），卷三十九，辭晦庵先生墓文，頁二十三上至二十四下。
⑧ 文集，續集，卷一，答黃直卿第六十三書，頁十七上。
⑨ 同上註④。
⑩ 同上註⑦。
⑪ 勉齋集，卷三十九，祭晦庵朱先生文，頁六下。
⑫ 文集，續集，卷一，答黃直卿第二十五書，頁七上。
⑬ 同上，第三十二書，頁十上。
⑭ 同上，正集，卷五十，答余占之書，頁二十五下。

往往不能盡人意。一旦溘然，此事便無所寄，不得不為之慮耳」⑮。若已屬意黃榦，更何需想及他人？又有何可慮？此乃嘆道學中絕之危，而非謂無人可以傳授衣鉢也。禪宿無傳之嘆，亦當作如是觀。朱子只謂程子（程頤，一〇三三—一一〇七）秘而不示門人以太極圖，以未有能受之者耳⑯。其謂「二先生（程顥，一〇三二—一〇八五，與程頤）衣鉢似無傳之者」⑰，乃指程門諸公之差而非嘆其無傳也。根本上朱子對於禪門傳燈，不生興趣。朱子數次談及禪師，均與傳燈無關⑱。彼不信印度二十八祖能寫押韻詩⑲，亦不信達摩（約四六〇—五三四在華）死后隻履西歸與禪宗一葉五花之傳說⑳。雖盛稱許多禪師之偉大，但頗致疑于景德傳燈錄中許多祖師幾人能得堯舜文武孔子之成就㉑。既無景仰，決不至仿效之也。學者每言朱子完成道統，乃受佛教之影響，予嘗著論駁之矣㉒。

宋史又謂以所著書授榦。此必暗用佛教傳經傳說，或誤解託修禮書。年譜行狀與蔡沉所記，無此說也。

---

⑮ 同上，卷五十六，答趙子欽第七書，頁四上。

⑯ 同上，卷三十一，答張敬夫第十九書，頁九上。又語類，卷九十四，第一〇九（頁三七九〇）。

⑰ 語類，卷一〇一，第十二條（頁四〇六三）。

⑱ 同上，卷一二六，第一條（頁四八一七），第六十八條（四八四七），第一〇六條（頁四八六一）。

⑲ 同上，第一條（頁四八一七）。

⑳ 文集，別集，卷八，釋氏論下，頁三下。

㉑ 同上，正集，卷四十三，答李伯諫第一書，頁十一下至十二上。

㉒ 參看拙著朱學論集（臺北，學生書局，一九八二），朱子集新儒學之大成，頁十八。

（七一）最篤實之門徒—陳淳

四庫全書總目提要謂「淳於朱門弟子之中，最爲篤實」❶，此乃針對其人格而言。至其與朱子師生間之關係，其本人尋索根源，與其北溪字義，皆爲朱門之出色者。今以次略論之。

陳淳（一一五九—一二二三），字安卿，稱北溪先生。福建漳州龍溪縣人。宋史云，「少習舉子業。林宗臣（乾道，一一六五—一一七二，進士）見而奇之，且曰，『此非聖賢事業也』。因授以近思錄。淳退而讀之，遂盡棄其業焉」❷。時淳年二十有二。自後數年，遍取朱子所著書「吟哦諷誦。反諸身，驗諸心」❸。心焉嚮往。嘗欲從學朱門，然家貧空甚，無千里裹糧之資。且仰事二親，深虞不給，不得不事舉業。淳熙十六年己酉（一一八九），年三十一，以赴秋試歸，道經武夷山，欲趨朱子所居之五夫里。然亦以貧乏與親老而不克如願。翌年朱子知漳州。淳乃上書並錄舊日自警詩以爲贄。書長五六百言。除敍述其素願未償之外，並謂「先生道巍而德尊，義精而仁熟。……所謂主盟斯世，獨惟先生一人而已。……向者十年願見而不可得，今乃得親睹儀形於州閭之近，殆天之賜歟！既而又自疑曰：先生郡侯也，某郡之一

❶ 四庫全書總目提要（上海，商務印書館，一九三三），集部，別集類之四，總頁三三八〇。
❷ 宋史（北京，中華書局，一九七七），卷四三〇，陳淳傳，頁一二七八八。
❸ 北溪大全集（四庫全書珍本），卷五，初見晦庵先生書，頁二上。

賤佂也。……又遲者累月」❹。及至，翌日入郡齋師生卽作長時間之談話。朱子縷縷言曰，「凡看道理須要窮箇根源來處」❺。門人黃必昌曰，「先生朱門嫡嗣。一見之初，遂褒許與」❻。宋史又云，「熹數語人，以南來吾道喜得陳淳。門人有疑問不合者，則稱淳善問」❼。然好景不常。淳自述云，「某自罷省試歸，五月方抵家，而道塗跋涉之苦，得病未能見也。至十一月十八日冬至，始克拜席下，而村居食貧，又以訓童拘絆，不得日侍爐錘之側。明年（一一九一）先生忽以喪嫡子丐祠甚堅。……四月二十五日午時主管鴻慶宮。……二十九日方行。某送至同安縣東之沈井鋪而別，實五月二日也」❽

朱子退居建陽之考亭。淳以書卷請問，朱子以書批示之。問目與批答載北溪大全集者不下三卷。朱子嘗有書李唐咨云，「安卿書來，看得道理儘密。此間諸生，皆未有及之者。知昏期不遠，正爲德門之慶。區區南官，亦喜爲吾道得此人也」❾。淳自述云，「某自（紹熙二年）辛亥（一一九一）夏送別先生於沈井之後，以水菽之不給，歲歲爲訓童牽絆，未能一走建陽，再詣函丈。而先生屢以書來招。至乙（應作己）未冬始克與妻父同爲考亭之行。十一月中澣到先生之居。卽拜見於書樓下之閤內。甚覺體貌大減。曩日腳力已阻於步履，而精神聲音，則如故也。……越明年庚申（一二〇〇）正月五日拜別而歸。臨岐又以冬下再見爲囑。豈謂自此一別，方閱九十二日，而遽有幽明之判，反成終天之訣」❿。蓋三月初九，朱子卽長逝矣。妻父李唐咨，字堯卿，亦朱子門人。如是陳淳師事兩次，爲期七月有餘，實計不過二百一十七日。錄其所聞約六百條，無所不包。問答亦逾百。胡適（一八九一—一九六二）贊其所錄云，「陳淳兩次的記錄最小心，最用功，最能表現朱子說話的神氣，是最可寶貴的史料」⓫。

語類卷一一七訓淳三十四條，比任何門人爲多。句句親切。諸友問疾請退。朱子曰，「堯卿安卿且坐。相別十年，有甚大頭項工夫，大頭項疑難，可商量處」⓬？此條問答，長至一千五百字。某日，晚上再入臥內。此條記錄亦七八百字⓭。又一次召諸門人入臥內，首問，「安卿更有甚說話」？亦千餘字。某夜再召陳淳與李唐咨入臥內，曰，「公歸期不久，更有何較量」？此次談話最久⓮。朱子於淳，可謂另眼相看。陳淳錄云，「諸友入侍坐定，先生目淳申前說」⓯。又云，「諸友揖退，先生留淳獨語」⓰。行前餞席酒五行，中筵親酌一

❹ 同上，頁二下至三下。
❺ 參看語類，卷一一七，第二十四條（頁四四八八至四四九〇）。
❻ 北溪大全集，外集，祭文，頁四上。
❼ 同上註❷。
❽ 北溪大全集，卷十，郡齋錄後序，頁一上下。
❾ 同上，卷五，頁十四上。
❿ 同上，卷十，竹林精舍錄後序，頁三下至四上。
⓫ 朱子語類（臺北，正中書局，一九七〇本），卷首，朱子語類的歷史。
⓬ 語類，卷一一七，第四十二條（頁四四九六至四五〇〇）。
⓭ 同上，第四十三條（頁四五〇〇至四五〇三）。
⓮ 同上，第四十五條（頁四五〇七至四五一一）。
⓯ 同上，第四十八條（頁四五一五）。
⓰ 同上，第五十條（頁四五一六）。

杯。勸唐咨云，「相聚不過如此。退去反而求之」。次一杯與陳淳云，「安卿更須出來行一遭。村裏坐不覺壞了人」⑰。與門人交，未見有如是親密者。朱子沒後，陳淳與姚安道書曰，「某於經籍中師仰其道者十年，而親炙函丈者又十年。眞所謂身卽書，心卽理。凡昔聞其語者，今親見其人」⑱。可謂眞切無極矣。朱子沒，淳著侍講待制朱先生敍述，有云，「眞可以嗣周（周敦頤，一〇一七—一〇七三）程（程顥，一〇三二—一〇八五；程頤，一〇三三—一一〇七）之志而接孟子以承先聖者，惟吾先生一人」。論其著述與教人，「豐不餘一言，約不欠一字。……其見於著述，凡片文隻字，以往不過卽其身心之所素者而寫之爾。其見於講論，亦不過自大源中流出，如取物諸囊，直探而示之。叩者辭未竟而答之。已縷縷不待思慮，而從容以出。……雖抱病支離，必引至臥內力坐而共講」⑲。陳淳可謂深知其師者矣。

初次師侍，朱子屢屢訓淳窮究根原來處。再次師侍，則側重加以下學之功。此是朱子兩輪兩翼之教，缺一不可。朱子云，「凡看道理須要窮箇根源來處。如爲人父，如何便止於慈。爲人子，如何便止於孝⑳。……如論孝，須窮箇孝根源來處。……方見得確定，不可只道我操修踐履便了」㉑。「節節推上去，便自見原頭處」㉒。何謂原頭處？朱子曰，「天下萬物當然之則，便是理所以然底，便是源頭處。今所說固是如此。但聖人平日也不曾先說箇天理在那裏，方教人去做湊。只是說眼前事，教人平平恁地做工夫去，自然到那有見處」㉓。換言之，根源是天理，但天理非只從思量上理會而亦在功夫上體認。此是下學上達之功，兩輪並進。所以諄諄然訓淳者，只此簡單之原則而已。

陳淳謂「根源二字之訓，謂窮理須到根源處方確定。當時在郡齋亦未能曉到。別去後方卽其言而推詳之。有數段予去請質，卽已深契。師自書來印證，以爲看得甚精密」㉔。既有心得，便著孝根原，君臣夫婦兄弟朋友根原，與事物根原㉕。以「其根原之所自來，皆天之所以命於人，而人之所以受乎天。……子之身，又非子之身，父母之賜，而天所與也。……此仁人孝子所以……奉天命而不敢稽，恭天職而不敢惰」㉖也。君臣、夫婦、兄弟、朋友、事物，皆根原於天命之流行。如是「所謂根原來底意是以天理言之。看理至於知天始定。此亦不過下學中致知格物一節事，而所致所格者，要有歸著至到云耳」㉗。陳淳之重點，不只天理，而是日常生活中之天理。卽是天理之流行，亦卽是天之所以命於人。故北溪字義云，「其當然之則處是理，其所以當然之根原處是命」㉘。

⑰ 同上，第五十三條（頁四五二〇）。
⑱ 北溪大全集，卷三十一，與姚安道書，頁二下。
⑲ 同上，卷十七，侍講待制朱先生敍述，頁一下，二下，四下至五上。
⑳ 大學，第三章。
㉑ 語類，卷一一七，第二十四條（頁四四八八至四四八九）。
㉒ 同上，第四十五條（頁四五一一）。
㉓ 同上，（頁四五〇七）。
㉔ 北溪大全集，卷二十七，答陳伯澡第八書，頁十上下。
㉕ 同上，卷五，頁四下至十下。
㉖ 同上，頁五上，六上下。
㉗ 同上，卷二十二，答廖師子晦第一書，頁二下；又第二書，頁七上。
㉘ 北溪字義（惜陰軒叢書本），卷上，「意」門，第四十三節，頁二十一下。

北溪字義又名性理字義。此外如四書字義與經書字義，亦或用之。然不甚適當，因四書未言太極釋道，而五經亦只易言太極耳。又名北溪字義詳講，只謂解釋分明，非謂其詳細講解也。北溪字義分二十六門，二百三十三節。「才」字門只一節。「鬼神」門最長，共三十九節。二十六門之範疇名詞，無一是陳淳自創者。然朱子亦未嘗創造一哲學範疇。學者以北溪字義爲解釋理學名義最精采之書，又以其爲反映朱子哲學最眞之書。前者無可否認，後者則容有商量。

北溪字義以命爲首，此是其特色處。朱子語類，朱子全書，與性理精義均未以命字另爲一門。陳淳之所以如是重視命者，蓋以其尋覓源頭處，窮到理而天理流行，以至於天命也。此並非於朱子哲學有殊，蓋天命亦朱子之所重，只陳淳以之爲其思想之中心而已。大體而言，陳淳確是謹守師訓。命之重要思想，皆來自朱子（參看頁二四五「朱子言命」條）。關於性亦如是，只評佛氏性論較多，與不論枯木之性而已。理字只三節，然別節亦每言及。理氣先後，置而不言。論氣稟則人之形骸與天地相應，遠出乎朱子所言㉙。言太極又言皇極，爲朱子所少談者。朱子有皇極辨㉚，但語類甚少討論。陳淳或因當時學者多從孔安國（壯年前一三〇）之說而思有以正之，未可知也。仁字不特重述朱子主要思想而且分以理言，以心言，以事言。比較分析詳細㉛。評佛幾乎集中於其輪廻之說。而忽略佛經，以心觀心，與自私畏死等方面。蓋其所注意者，乃在愚民之信仰行爲。故鬼神一門最長。分鬼神本意，祭祀祀典，淫祀，與妖怪四項。所言淫祠妖怪，與朱子罕言之者大不相同。或因福建南部民間邪教盛行，以至殺人祭鬼。無怪朱子知漳州，首先卽禁聚僧廬爲傳經會也。有如四庫全書總目提要，所謂「堅守師傳，不失尺寸」者㉜。

以上所言，似謂陳淳絕無創見，是亦不然。上面以命爲首，分析理以三方面言，增設皇極一門，均是新義。其言理與道對，與性對，又與義對，亦較精密。其批評柳宗元（七七三—八一九）㉝與谷永㉞，皆爲朱子所未及。羅光謂其加以渾淪兩字以釋太極之本體㉟，似是過譽。然朱子雖嘗用「渾淪」㊱，究不若陳淳之屢屢言之也。賈豐臻謂陳淳「以心視爲一物」㊲，然北溪字義不見此說。楠本正繼討論陳淳精細入微，爲陳淳研究所罕見。亦因北溪字義在日本比較流通影響較大之故。日本儒家重視此書，故林羅山（一五八三—一六五七）從高麗本抄錄而著諺解以廣推行㊳。楠本謂天命造化之元亨利貞㊴，陳淳以理言，亦以氣言。元亨利

㉙ 同上，「命」門，第三節，頁二上；語類，卷四，第四十一條（頁一〇五）。
㉚ 文集，卷七十二，皇極辨，頁十一上至十四下。
㉛ 北溪字義，卷上，「仁義禮智信」門，第七十三節，頁二十三上。
㉜ 同上註❶。
㉝ 北溪字義，卷下，「太極」門，第一四九節，頁十一下。
㉞ 同上，「皇極」門，第一五三節，頁十二上。
㉟ 中國哲學思想史（臺北，學生書局，一九八〇），第三冊，頁六七一。
㊱ 如語類，卷九十四，第十六條（頁三七五八）。
㊲ 中國理學史（上海，商務印書館，一九三五），頁一九八。
㊳ 性理字義諺解。日本東京內閣文庫有手抄本五卷，又萬治二年，一六五九，印本八卷。序載林羅山文集，卷五十之首。
㊴ 易經，乾卦之四德。

貞爲四時萬物之初生、發達、成遂，斂藏。其思想之精密，更進一步云㊵，蒙培元分析陳淳之基本思想，以在天命與太極與天命兩方面，與朱子不同。在心之體用與知行兩方面，把朱子學說推進一步，且「似乎已經看到朱熹理氣論中的矛盾」云㊶。拙著仁說，曾謂陳淳以惻隱釋「愛之理」㊷，善釋其師之旨㊸。又引陳淳云，「心之德乃專言而其體也。愛之理乃偏言而其用也」㊹，亦與朱子略異㊺。

以上均於陳淳有讚美意。其他學者亦有毀之者。吳澄（一二四九—一三三三）曰，「況止於訓詁之精，講說之密，如北溪之陳，雙峯之饒（饒魯，壯年一二五六），則與彼記誦詞章之俗學，相去何能以寸哉」㊻？吳澄殆未見北溪字義，而徒見「字義」兩字，便以爲訓詁詞章也。王陽明（王守仁，一四七二—一五二九）採用之，以支持其朱子晚年定論之說㊼，蓋亦未考耳。山崎闇齋（一六一八—一六八二）則以北溪字義爲乏趣與淺薄㊽。鵞峯林恕謂其思想皆從朱子而來，然不免雜以私意云㊾。如是或毀或譽，均未審北溪字義之眞價值。價值云何？一者宋代理學最簡明之敍說分釋，二者爲朱子哲學之總述，三者乃陳淳人生目的之所託。北溪字義乃爲人生而作，非爲字義而作也。

㊵宋明時代儒學思想の研究（東京，廣池學園出版部，一九六二），頁二九三。參看北溪字義，卷上，第五節，頁四上。
㊶理學的演變（福州，福建人民出版社，一九八四），頁九五至九七，一〇一，一〇五。
㊷北溪字義，卷上，「仁義禮智信」門，第五十節，頁二十三下。
㊸朱學論集（臺北，學生書局，一九八二），頁四十七。
㊹北溪字義，卷上，「仁義禮智信」門，第七十三節，頁二十二上。
㊺朱學論集，頁四十八。
㊻吳文正集（四庫全書珍本），卷二十三，尊德性道問學齋記，頁二上。
㊼傳習錄附。
㊽山崎闇齋全書（東京，日本古典學會，一九三六），頁一六七。
㊾會津保科正之編，玉山講義附錄，寬文十二年，一六七二，序。

（七二）丁克抑丁堯？

朱子有門人丁復之，然不知是名堯抑是名克。黃榦祭丁復之不言堯亦不言克❶，朱子誌其墓云，「復之，名堯，從予數年，不幸早死」❷。朱子實紀❸，考亭淵源錄❹，道南源委❺，儒林宗派❻，均用丁堯。然李滉（號退溪，一五〇一—一五七〇）理學通錄❼與宋元學案補遺引福建通志作丁復之克❽，又引儒林宗派而改堯爲克❾。語類均無丁克丁堯記載，無從考定其爲丁克抑丁堯。然文集題棲賢磨崖有門人丁克❿，題疊石菴有丁復之⓫，記遊南康廬山，亦丁復之⓬。三者均在淳熙六年己亥（一一七九）。前者爲四月上休日，後二者爲重十日，同是一遊。故丁復之卽丁克。是則文集提丁堯復之者一處，丁克者一處，只云復之者兩處。四處必指一人，非指二人。黃榦（一一五二—一二二一）祭文內云往來七年。據墓誌復之淳熙十二年乙巳（一一八五）卒，而遊崖岩乃一一七九，相隔七八年。朱子又謂其從游數年，爲數皆合。故復之只是一人而非二人。「克」可誤爲「堯」，「堯」亦可誤爲「克」。然「克」較「堯」爲勝。蓋「克」與「復之」乃本論語「克己復禮爲仁」⓭，而「堯」與「復」無關也。故文集之「堯」必誤，而朱子實紀等書均沿其誤耳。韓國學者李退溪先用丁克，較學案補遺爲早，所見殊高⓮。

❶ 勉齋集（四庫全書珍本），卷三十九，祭丁復之文，頁二上至三上。
❷ 文集，卷九十四，頁二十七上。
❸ 朱子實紀（近世漢籍叢刊本），卷八，朱子門人，頁十四上，總頁四一九。
❹ 考亭淵源錄（近世漢籍叢刊本）卷二十，丁堯傳，頁五下，總頁八一八。
❺ 道南源委（正誼堂全書本），卷三，頁四十五下。
❻ 儒林宗派（四明叢書本），卷十，朱子門人，頁十六下。
❼ 宋季元明理學通錄（增補退溪全書，第三册），卷八，頁四十五上，總頁四七三。
❽ 宋元學案補遺（四明叢書本），卷六十九，滄州諸儒學案補遺，劉子寰傳附，頁一九四上。
❾ 同上，頁一七五上。
❿ 文集，別集，卷七，題棲賢磨崖，頁十上。
⓫ 同上，題疊石菴。
⓬ 文集，正集，卷八十四，記遊南康廬山，頁二十九下。
⓭ 論語，顏淵篇，第十二，第一章。
⓮ 此文大意已載拙著朱子門人（臺北，學生書局，一九八二），頁四九至五十。

（七三）楊楫果非門人乎？

楊楫（一一四二—一二一三），字通老，稱悅堂先生。福州長溪縣[1]人。累官司農寺簿，除國子博士，尋出湖南提刑江西運判。著奏議，悅堂文集。考亭淵源錄[2]，朱子實紀[3]，萬姓統譜[4]，道南源委[5]，儒林宗派[6]，宋元學案[7]，皆以爲朱子門人。田中謙二從語類鄭可學（一一五二—一二一二）之記載，考定楊楫與可學於淳熙十四年丁未（一一八七）至紹熙二年辛亥（一一九一）同事朱子，引楊楫本人跋文言其於慶元元年乙卯（一一九五）侍朱子於考亭精舍，並從語類沈僴呂燾兩人之記錄，考定其三人慶元四年戊午（一一九八）末至五年（一一九九）春爲同門[8]。惟王懋竑（一六六八—一七四一）與全祖望（號謝山，一七〇五—一七五五）皆持異議。全氏奉臨川帖子云，「若李參政道傳（慶元二年，一一九六，進士），楊澧使楫，俱以集中偶有過從，而遽爲著錄。……凡係朱子同時講學之人，行輩稍次，輒稱爲弟子。其意欲以夸其門牆之盛，而不知此諸儒所不受，亦朱子所不敢居也」[9]。全氏所云，未嘗無據。予嘗考諸書廣羅雜收，濫作弟子者達一百四十餘人[10]。然全氏楊楫非門人之說則誤。王梓材（一七九二—一八五一）評之曰，「據此則先生（楊楫）當非朱門弟子，或在講友之列。」然考黃勉齋（黃榦，一一五二—一二二一）記楊恭老敬義堂云，「吾與通老從遊於夫子之門二十年矣。通老長於吾十年，而首與之交相好也」[11]。王氏按曰，「則先生嘗受業於朱門矣。恭老，通老兄，名梓」[12]。

楊楫跋朱子楚辭集註云，「先生憂時之意，屢形於色。……乃獨爲楚辭解釋，其義何也？然先生終不言，楫輩亦不敢竊有請焉」。各年譜對於楊楫此言，謂「楫之言婉而深，故錄之」。王懋竑沿之，亦無異言，惟謂「楫爲門人，不見於文集語錄」⑬。蓋以文集語類未嘗明言其爲朱子門人也。王氏考據極爲精詳，此處則偶失檢。文集云，「精舍諸友講論，頗有緒。通老果如所論，甚慰人意。得渠如此，所助非細，非他人比也」⑭。如是云云，尚可以講友視之。又云，「通老到彼住得幾日，講論莫須更有進否？已勸渠莫便以所得者爲是，

① 今福建霞浦縣。
② 考亭淵源錄（近世漢籍叢刋本），卷十五，頁一上至二上，總頁六一五至六一七。
③ 朱子實紀（近世漢籍叢刋本），卷八，朱子門人，頁六上，總頁四〇三。
④ 萬姓統譜（萬曆七年己卯，一五七九，本），卷四，頁一上。
⑤ 道南源委（正誼堂全書本），卷二，頁三十下至三十一上。
⑥ 儒林宗派（四明叢書本），卷十，朱子門人，頁六下。
⑦ 宋元學案（四部備要本），卷六十九，滄洲諸儒學案，頁二十二下。
⑧ 田中謙二，朱門弟子師事年考（東方學報，第四十四期，一九七三），頁二六〇至二六一。
⑨ 全祖望，結琦亭集（明清史料彙編本），卷四十四，頁四上下。
⑩ 朱子門人（臺北，學生書局，一九八二），頁四。
⑪ 勉齋集（四庫全書珍本），卷十九，楊恭老敬義堂記，頁二上。
⑫ 同上註⑦，頁二十二上。
⑬ 王懋竑，朱子年譜（叢書集成本），考異，卷四，頁三四一。
⑭ 文集，續集，卷一，答黃直卿第六十五書，頁十七下。

且更鄉前更進一步。不知後來意思如何也」⑮。此處所云，似以門人視之矣。據語類所載，則其爲門人無疑。語類載其所問，凡十餘條，皆問論語等主題。卷一二八爲「訓門人」之八，乃雜訓諸門人者。與通老有關者三條。第一條對通老說讀書不在貪多。第二條通老問浩然之氣⑯朱子不答。久之，曰，「公若留此數日，只消把孟子去熟讀他。逐句自解一句。自家只排句讀逐將去，自見得分明，卻好來商量。若驀地問後，待與說將去也徒然」。第三條爲通老說事與理⑰。第二條分明是訓門人之語。其爲門人，可無疑矣。

⑮ 同上，第六十九書，頁十八下。
⑯ 孟子，公孫丑篇第二上，第二章。
⑰ 語類，卷一二〇，第七至九條（頁四六〇五至四六〇六）。

（七四）朱子門人補述

予嘗謂漢代經師學生數千人以後，學徒人數最多者以朱門爲首，遠勝號稱滿佈天下之王門。予之統計，得及門者四百六十七人，未及門而私淑者二十一人，一共四百八十八人。以前記錄朱子門人之書，計朱子實紀三百一十八人。考亭淵源錄三百七十九人。理學通錄四百一十一人。經義考一百三十九人。儒林宗派四百三十三人。宋元學案二百二十四人，宋元學案補遺增二百九十八人，一共五百二十二人。數目膨脹，無非濫採，思以誇大朱門而已❶。今查朱子第十六代孫朱玉（壯年一七二二）所編朱子文集大全類編卷三「及門姓氏」所列，凡四百四十二人，又比任何一書爲多矣。

予之數目比諸書爲大，豈亦濫收博攬，思以光大朱子之門牆耶？是又不然。諸書未查語類，予則詳爲參考。凡有問答請教者稱爲門人共得五十二人爲諸書所無者❷。韓國李退溪

❶ 拙著朱子門人（臺北，學生書局，一九八二），頁十至十一。

❷ 方毅父，王子充，王子周，王壬，王景仁，吳伯遊，吳知先，吳浩，李約之，李維申，李夢先，汪正甫，汪季良，辛適正，周季儼，周震亨，林子淵，季容甫，邵漢臣，李仲實，胡□，徐元震，徐孟寶，袁子節，馬節之，梁謙，陳子安，陳日善，陳仲卿，陳希眞，陳寅伯，陳華，陳敬之，陸伯振，陸濬，黃子功，黃景申，趙唯夫，劉居之，劉源，德先，蔣元進，蔣明之，蔣端夫，鄭大錫，鄧子禮，蕭景昭，蕭增光，謝教，戴智老，譚兄，蘇實。

（李滉，一五〇一——一五七〇）窮究語類，故只見於其理學通錄者有八人❸。宋元學案補遺廣爲參考姓譜、人物志等書與各地方志，是以只見於此書者達三十一人❹。比只見宋元學案八人❺幾成四倍。其餘只見於朱子實紀者二人❻。只見於田中謙二朱門弟子師事年考者一人❼，爲數甚少。

此四百餘人之中，有多人一同來學者，有集體來學者，有父子兄弟同事者，有三世受業者，有師事五六七次者，有從遊四五十年者，有童年師侍者，有比朱子年長者，有年老不能從遊乃遣子往學者，有老病不能卒業而遣子受學者，有乏資不能時見而聞鄉有從軔問者，有裹糧千里而來者，有無財不能進拜者，亦有大富大貴者，皆見拙作朱子門人❽。今則有所補充：有十年願見而卒達目的者❾，有棄科舉或官而從者❿，有徒步而來者⓫，有上書求見者⓬，有執弟子禮者⓭，有攜子同受業者⓮，有往返必至，至必留月餘者⓯，有不一二歲輒至，至必累月而後歸者⓰，有留事十年者⓱，有築廬爲居者⓲，有老友不以門人待之者⓳。五光十色，眞是前無古，後無今。

黃榦（一一五二——一二二一）朱子行狀云，「摳衣而來，遠自川蜀」⓴。卽謂滿佈南宋天下之意。據拙著統計，福建一百六十四人，浙江八十人，江西七十九人，湖南安徽各十五人，江蘇四川各七人，湖北五人，廣東四人，河南山西各一人。此只指里居可知者而言，則謂爲來自全國，亦不爲過。拙著又說明何以福建門徒最多與比較程門之散佈，更指出江西人之從事朱子，遠超乎福建人之從事象山（陸九淵，一一三九——一一九三）。予乃敢謂南宋思想，由江西

---

❸朱季繹，何巨源，李元翰，周樸，南鴻城，張以道，許進之，陳厚之。

④ 方伯起，石□，池從周，余□，余潔，吳恭之，李埜，李璠，周方，周亨仲，周伯熊，金朋說，胡杓，范士衡，唐總卿，郭津，陳邦衡，陳邦鑰，陶暘，楊友直，楊若海，葉震，詹介，詹淳，趙唐卿，趙師騫，趙善待，劉成道，劉思忠，蔣叔蒙，鄭申之。

⑤ 王洽，吳倫，李耆壽，李雄，章康，賀善，趙綸，蔡沆。

⑥ 傅君定，滕珙。

⑦ 李叔文。東方學報，第四十四期（一九七三），頁一四七至二一八；第四十八期（一九七五），頁二六一至三五七。

⑧ 朱子門人，頁十三至十四。

⑨ 陳淳，竇從周。

⑩ 金去僞，蔡沉，戴蒙。

⑪ 吳昶，林武。

⑫ 陳淳，陳易，龔蓋卿，童伯羽，黃士毅等。

⑬ 吳昶，傅伯壽，滕璘，與趙師端等三十人。

⑭ 吳壽昌。

⑮ 方壬。

⑯ 董銖。

⑰ 劉砥。

⑱ 童伯羽，武夷精舍諸生。

⑲ 蔡元定。

⑳ 黃榦，勉齋集（四庫全書珍本），卷三十六，朱子行狀，頁四十五上。

傾福建，而不由福建傾江西也㉑。

門人之中，甚至有三四人同名同字者。記錄門人名字籍貫之書，除宋元學案外，錯誤不堪。至有一人而有三處不同之籍貫者。人名則或析一人爲二，或混二人爲一。拙著均爲之逐一釐清㉒。拙著並討論朱子門人是否代表士大夫階級，有無傳經傳統，與道學嚴禁之中門人如何冒險擁護㉓。議論頗詳，此處無重述之必要。所宜增補者爲朱子與諸生之特殊關係。

師生關係，皆見於文集與語類，尤以語類爲然。語類問答以一萬數千計。最短之對話只十六字㉔。最長之師生問答爲二千四百六十一字㉕。次爲二千四百五十四字㉖，朱子之語最短者只得「句心」兩字㉗。語類由卷一一三至一二〇爲訓門人八卷。其中以訓陳淳（一一五九——一二二三）條數爲最多，遠在訓其他門人之上㉘。朱門傳統，亦即儒家傳統，爲學由博而約。故門人問答，雖以理學爲主，而經史子集，無所不談。然亦有少數稍爲專門者，如董銖之問禮，陳厚之之問心學，丘膺之問老子，范元裕之問古聖賢，周謨之問理性，林至之問理學，林子淵之問格物，皆縮小範圍，求精不求博。討論多在精舍，或一二人，或三數人，或多至十餘人。語類記載，不少有三門人共同請問者。如廖子晦（廖德明），李唐卿（疑是李唐咨），與陳安卿（陳淳）同問㉙顏子喟然之嘆㉚，諸生（周季儼，黃嵩老名景申，葉賀孫名味道）討論性氣請教㉛，與朱子令諸生品評漢唐四子㉜。苟能通檢語類，則所得必不止此數。朱子鼓勵門人發問，特重有疑。故每有門人意見不同者。如朱子以王安石（一〇二一——一〇八六）置回易庫，以求利息，與周禮泉府目的相背。潘時舉謂國家費用皆取於此豈得不取耶㉝？此其一例耳。方伯謨（方士繇，一一四八——一一九九）嘗勸朱子少著書。朱子曰，「在世間喫了飯後，全不做得些子事，無道理」。伯謨曰，「但發大綱」。朱子曰，「那箇毫釐不到，便有差錯。如何可但發大綱」[84]？劉炎錄云，「方伯謨以先生教人讀集註爲不然。蔡孫通丈（蔡元定，一一三五——一一九八）亦有此語，且謂四方從學之士，稍自負者，皆不得其門而入。去者亦多。某（劉炎）因從容侍坐，見先生舉似（說明）與學者云，『讀書須是自肯下工夫始得。某向得之甚難，故不敢輕說與人。至於不得已而爲注釋者，亦是博採諸先生及前輩之精微，寫出與人看，極是簡要，省了多少工夫。學者又自輕看了，依舊不得力』。……其爲學者之心，蓋甚切」

㉑ 朱子門人，頁十一至十三。
㉒ 同上，頁五至七。
㉓ 同上，頁十四至十八。
㉔ 語類，卷十四，第六十五條（頁四一六）。
㉕ 同上，卷九十，第四十二條（頁三六四七至三六五四），內連註五十四字。
㉖ 同上，卷七十二，第十九條（頁二八九一至二八九九）。
㉗ 同上，卷十一，第一一○條（頁三○五）。
㉘ 同上，卷一一七，第二十四至五十七條（頁四四八九至四五二一）。
㉙ 同上，卷四十，第四十五條（頁一六五一至一六五三）。
㉚ 論語，子罕篇第九，第十章。
㉛ 語類，卷五十三，第七十八條（頁二○五八至二○五九）。
㉜ 同上，卷一三七，第二十一條（頁五二三五至五二三六）。
㉝ 同上，卷一三○，第三條（頁四九○三至四九○四）。
㉞ 同上，卷一○五，第七條（頁四一七五）。

[35]。元定從遊最久。時常過從，互相敬愛。其所云不知是否。

朱子教人，因人而異。如門人皆問知止[36]。答徐寓則云「眞箇是知得到至善處」，答子升（錢木之）則謂「知止是知事物所當止之理」，答游子蒙（游開）則謂「知止如射者之於的」，答林子淵則云，「知與行工夫須着並到」，答廖德明則云，「譬如喫飯，只管喫去」[37]。問答雖是時間不同，而朱子熟識門人之個性與景況，則無可否認者也。廖德明禀辭，朱子告以戒謹不睹，恐懼不聞[38]，是切要工夫，並須專讀一書了，又讀一書[39]。余大雅臨別請教，告以「目下且須省閑事，就簡約上做工夫」[40]。又臨別請益[41]，告以「大要只在求放心」[42]。葉賀孫（嘉定十三年庚辰，一二二〇，進士）辭朱子同黃敬之（黃顯子）歸鄉赴舉，朱子曰，「仙里士人在外，孰不經營僞牒？一公獨逕還鄉試，殊強人意」[43]。楊道夫辭拜，朱子曰，「更硬着脊梁骨」[44]，居甫（徐寓）請歸作工夫，朱子曰，「即此處便是工夫」[45]。石洪慶將歸，朱子召入與語，曰，「今先須養其源」[46]。黃義剛將歸，朱子謂之曰，「只是就書上子細玩味，考究義理便是」[47]。襲蓋卿禀辭，且乞贈言，朱子曰，「歸日宜一面着實做工夫」[48]。曾祖道拜別，朱子曰，「歸去各做工夫。他時相見，卻好商量也」[49]。郭友仁拜辭，朱子曰，「公識性明，精力短。每日文字不可多看。又記性鈍，但用工不輟，自有長進矣」[50]。魏椿拜違，朱子囑之曰，「別後正好自做工夫」[51]。陳淳臨行拜別，朱子勸以「冬間更須出行一遭」[52]。楊方（隆興元年癸未，一一六三，進士）臨行請教，朱子曰，「持守可以自勉，惟窮理須講論，此尤當勉」[53]。陳芝拜辭，朱子贈以近思錄，云，「於學者甚有益」[54]。魏椿臨行請教，朱子語之云，「凡人所以立身行己，應事接物，莫大乎誠敬」[55]。黃士毅禀歸請教，曰，「只前數日說底便是。只要去做工夫」[56]。昌父（趙蕃，一一四三——一二二九）辭，請教，

35 同上，卷一二一，第七十六條（頁四七〇二）。

36 大學經文。

37 語類，卷十四，第一六六，一六三，一六一，一六九，一七二條（頁四四六至四五〇）。

38 中庸，第一章。

39 語類，卷一一三，第十二，十四條（頁四三六四至四三六五）。

40 同上，第三十一條（頁四三七七）。

41 同上，第三十八條（頁四三八二）。

42 孟子，告子篇第六上，第十一章。

43 語類，卷一一四，第二十七條（頁四三九八）。

44 同上，卷一一五，第十九條（頁四四二三）。

45 同上，第三十七條（頁四四三一）。

46 同上，第四十一條（頁四四三二）。

47 同上，卷一一六，第九條（頁四四四四）。

48 同上，第十七條（頁四四四八）。

49 同上，第三十七條（頁四四六二）。

50 同上，第五十六條（頁四四七一至四四七二）。

51 同上，卷一一七，第十八條（頁四四八二）。

52 同上，第五十四條（頁四五二一）。

53 同上，卷一一九，第五條（頁四五七七）。

54 同上，第二十一條（頁四五九二）。

55 同上，第三十四條（頁四五九八）。

朱子曰，「當從實處作工夫」57。元昭告歸，朱子語之曰，「除去粗便是」58。丘玉甫（丘珏）作別請益，朱子云，「得之於心而行之於身，方有得力。不可只做册子工夫」59。林叔和（林鼐，乾道八年，一一七二，進士）別去請教，朱子曰，「根本上欠工夫，無歸宿處。……凡讀書須虛心」60。如是人各不同，非關係密切，必無可能。

門徒四百餘人，自然有少數令朱子失望者。楊方往來幾五十年，然每每意見相左，可謂爲最不得意之門生61。餘如包約，胡大時，徐昭然，陳永奇亦與朱子和而不同62。此是意中之事。然大底親密敬重，如以女妻黃榦（一一五二——一二二一），語門人李唐咨以女妻陳思謙，勸呂煥回家娶親（參看頁七八一「朱子之於婦女」條），晚再召陳淳入臥內講學，爲吳壽昌寫醉墨63，如此之類，皆足以見師生感情，固不限於講論之間也。諸生與書院之關係與門人之季集，因有特殊意義，別立(75)(80)兩條。

56 同上，第三十九條（頁四六〇〇）。
57 同上，卷一二〇，第三十條（頁四六一八）。
58 同上，第七十三條（頁四六四一）。
59 同上，第八十二條（頁四六四五）。
60 同上，第八十五條（頁四六四六）。
61 朱子門人，頁二六八。
62 同上，頁六十九，一六七，一七八，二四二。
63 同上，頁二六一，二一八，一〇五，二三〇，一〇〇。

(七五) 門人季集

黃榦(一一五二——一二二一)嘗撰其同門周謨(字舜弼,一一四一——一二〇二)墓誌銘云,「先生(朱子)歿,學徒解散,獨康廬(江西南康之廬山)間有李敬子燔(紹熙元年庚戌,一一九〇,進士),余國秀宋傑,蔡元思念誠,胡伯量泳兄弟,帥其徒數十人,惟先生書是讀。每季集,迭主之。至期集主者之家,往復問難。君(周謨)之子嘩述其父之行,拜且泣曰,『自先生(朱子)守南康,吾鄉之士始知學。自吾父入閩,士始不遠千里從學。吾鄉之爲季集,亦吾父發之』。斯文之不至湮沒,非舜弼之力歟」❶?

季集之會,大概此爲首創。今人常有同樣組織,或討論,或會食,而不知朱子門人之先例也。

❶ 勉齋集(四庫全書珍本),卷三十八,周舜弼墓誌銘,頁二十下。

（七六）精舍生活情況

朱子先後建造三精舍，卽乾道六年庚寅（一一七〇）春在福建建陽寒泉塢其母墓側所築之寒泉精舍，淳熙十年癸卯（一一八三）四月在武夷山所築之武夷精舍，與紹熙五年甲寅（一一九四）十二月在建陽考亭所築之竹林精舍是也。寒泉不常至，武夷比較多往，考亭則長住。以時間言，武夷精舍爲時最長。蓋由淳熙十年至築室於考亭（一一九二），前後十年。其間淳熙十六年己酉（一一八九）出任漳州，紹熙元年四月到郡。則武夷講學爲期七年，仍比竹林之五年三個月爲多。學生人數，則以竹林爲最。吾人不知各精舍學徒之多寡。語類所載，多是庚戌（一一九〇）以後所聞，則是竹林精舍之記錄也。且傑出門徒，如輔廣陳淳（一一五九——一二二三）輩，皆是竹林精舍諸生。竹林爲最著名，蓋有由也。

寒泉精舍之結構，已無可考。卽遺址亦難尋覓。但同年在建陽蘆山之顚雲谷所造晦菴，只是草堂❶。是則寒泉精舍，必甚簡單。答蔡季通（蔡元定，一一三五——一一九八）云，「寒泉精舍，才到卽賓客滿座」❷。可知某時此精舍相當熱鬧。答方伯謨（方士繇，一一四八——一一九九）云，「月初至寒泉，叔京（何鎬，一一二八——一一七五）約來相聚旬日。不知能約諸同志者同爲此會否。但恐不欲令諸生又廢業耳」❸。相聚旬日，其盛況可知。不欲諸生廢業，則必有學生多人，又有常課矣。淳熙二年乙未（一一七五）「東萊呂伯恭（呂祖謙，一一三七——一一八一）來自東陽❹，過予寒泉精舍，留止旬日」❺，共輯近思錄。恐非學徒停課不可矣。近思錄爲新儒學一重要經典，精舍因此而有名。若論門人之盛，聲譽之隆，則終不若武夷與竹林。然吾人所知，亦甚寥寥。武夷因有武夷精舍雜詠並序，吾人藉知仁智堂左室爲朱子棲息之居，右室以延賓友。別爲兩屋，一以居學者，一以居道流❻。吾人亦知學者雲集。若干學者在武夷溪水九曲沿地築室。若竹林精舍，則只知其於紹熙五年甲寅（一一九四）十一月返考亭。生徒日衆，乃於所居之東築精舍而已。關於武夷與竹林建造之經過與現時狀況，予嘗爲文報導（參看頁一九五「朱子遺跡訪問記」之⑶與頁四七八與頁四八一「朱子與書院」之㈠㈢）。至於精舍之生活情形，則學者尚未暇及也。今從文集語類搜索，所得不多，或亦可喚起學者之興趣歟。

朱子紹熙二年辛亥（一一九一）四月離漳州，五月歸建陽，寓同繇橋。答吳必大云，「已買得人舊屋，明年可移。目今且架一小書樓，更旬日可畢工也」❼。旋以齋舍迫狹，遷在佛頂菴中與學者相聚❽。三年壬子（一一九二）始築室於建陽之考亭。至五年甲寅（一一九四）乃築竹

❶文集，卷七十八，雲谷記，頁二上。
❷同上，續集，卷二，答蔡季通第六書，頁二下；重第九十三書，頁二十一上。
❸同上，正集，卷四十四，答方伯謨第七書，頁二十一下。
❹今浙江，金華縣。
❺文集，卷八十一，書近思錄後，頁六上。
❻同上，卷九，武夷精舍雜詠並序，頁三上。
❼同上，卷五十二，答吳伯豐第八書，頁十下。
❽同上，卷三十九，答許順之第八書，頁十三上。
❾同上，卷八十三，跋李參仲仁狀，頁二十五下。

林精舍。其所居有清邃閣❾。據陳淳，慶元五年己未（一一九九）多與其妻父李唐咨「同爲考亭之行。十一月中澣到先生之居，卽拜見於書樓下之閤內。甚覺體貌大減。曩日腳力，已阻於步履，而精神聲音，則如故也。晚過竹林精舍止宿」❿。吾人從此可知朱子必居樓下，因腳力不足，不便登樓也。又可知精舍爲另一房屋。曾祖道慶元三年丁巳（一一九七）三月見朱子於考亭。問其初從何人講學與所得於陸象山（陸九淵，一一三九——一一九三）如何後，曰，「可便遷入精舍」⓫。「季通被罪（一一九六）臺譴及先生。先生飯罷，樓下起西序行數回，卽中位打坐。賀孫（葉味道，嘉定十三年庚辰，一二二〇，進士）退歸精舍告諸友」⓬。朱子病篤（一二〇〇）。精舍諸生來問疾。「先生起坐曰，『誤諸生遠來。然道理只是恁地。但大家倡率做些堅苦工夫。須牢固著腳力，方有進步處』」⓭。凡此皆實證精舍爲學子所居，且距離不太近也。學者有無另自築廬，如童伯羽（一一四四——一一九〇後）在雲谷自有其廬⓮，則不得而知。

此外有靜香堂，不知在何處⓯。又有書院。某次語門人郭友仁，並以手指書院曰，「如此屋相似，只中間潔淨，四邊也未在」⓰。此條爲友仁戊午（一一九八）所聞，則爲竹林精舍之事無疑。又王過甲寅（一一九四）以後所錄有云，「先生每日早起，子弟在書院皆先着衫到影堂前擊板，俟先生出。既啓門，先生陞堂，率子弟以次列拜炷香，又拜而退。子弟一人，詣土地之祠炷香而拜。隨侍登閣，拜先聖像，方坐書院，受早揖。飲湯少坐。或有請問而去。月朔影堂薦酒果，望日則薦茶。有時物，薦新而後食」⓱。此書院可能自爲一間，亦可能在某間之內。及檢蔡沈（一一六七——一二三〇）朱文公夢奠記，乃知書院與朱子之居同爲一所也。夢奠記云，「慶元（六年）庚申（一二〇〇）三月初二日丁巳，先生簡附葉味道來約沈下考亭。當晚，卽與味道至先生侍下。是夜先生看沈書集傳說數十條，及時事甚悉。精舍諸生皆在，四更方退。只沈宿樓下書院」⑱。大抵諸生之宿舍名精舍，而此精舍與書院又合稱精舍。「精舍」與「書院」兩名常可互換，以此故也。

精舍無堂長。竹林精舍成，朱子遺書黃榦（一一五二——一二二一），謂「他時便可請直卿（黃榦）代即講席」⑲。黃榦亦云，「先生歸自講筵，日與諸生論學於竹林精舍，命叔重（董銖，一一五二——一二一四）長其事，然後即先生而折衷焉」⑳。叔重非堂長，而乃主席之類。精舍似無一定課程，但隨時問答之外，亦有輪講。語類載「包顯道（包揚）領生徒十四人來。四日皆無課程。先生令（黃）義剛問顯道所以來故。於是次日皆依精舍規矩，說論語」。學徒七

⑩北溪大全集（四庫全書珍本），卷十，竹林精舍錄後序，頁三下。

⑪語類，卷一一六，第三十三條（頁四四六〇）。

⑫同上，卷一〇七，第二十二條（頁四二四四）。

⑬蔡氏九儒書（同治七年戊辰，一八六八，本），卷六，蔡沈，朱文公夢奠記，頁五十八上。又見王懋竑，朱子年譜（叢書集成本），卷四下，頁二二八。

⑭考亭淵源錄（近世漢籍叢刊本），卷十四，童伯羽傳，頁九上，總頁五八七。

⑮語類，卷一一八，第八十九條（頁四五七二）。

⑯同上，卷一一六，第五十條（頁四四七〇）。

⑰同上，卷一〇七，第五十四條（頁四二五二）。

⑱同上註⑬。頁五十八下，王譜，頁二二七。

⑲宋史（北京，中華書局，一九七七），卷四三〇，黃榦傳，頁一二七七八。

⑳勉齋集（四庫全書珍本），卷三十八，董縣尉墓誌銘，頁十七下。

人，各說論語一章，朱子加以評論㉑。問答討論，皆在晚上舉行。語類記錄每云「某夜」㉒「昨夜」㉓。夢奠記云，「初三日戊午，先生在樓下，……是夜說書數十條。初四日己未，先生在樓下……是夜說書至太極圖。初五日庚申，先生在樓下……是夜說西銘」㉔。講後自然有問答，皆在晚上。語類云，「每夜諸生會集」㉕。但亦有云「早晚亦且講論如常」㉖，則早上亦講學矣。有輪講，已如上述㉗。有挑講，即挑選講者㉘。在座亦間有客人㉙。朱子氣疾作，諸生連日皆無問難。一夕遣介召入臥內，諸生亦無所請。朱子怒曰，「諸公恁地閑坐時，是怎生地。恁地便歸去強，不消得恁地遠來」㉚。朱子對諸生期望甚殷，激發甚力，亦深慮斯道之難傳也（參看頁四三六「朱門傳授」條）。嘗謂「山間有一二學者相從，但其間絕難得好資質者。近得一人，似可喜，亦甚醇厚，將來亦可望也」㉛。某晚諸生舉畢，則曰，「今晚五人，看得都無甚走作」㉜。慶元黨禍以後，憂慮更甚。故云，「今年往來亦有一二十人，相過講習。其間豈無曉會得意思者？然未見大段斷然可負荷此事者，甚可慮也」㉝。

諸生或侍坐㉞，或侍食㉟，或問疾㊱。諸生問疾，朱子必正冠坐揖㊲。門人如有不敬，如侍座而困睡㊳，集會而說閑話㊴，與相揖而縮手入袖㊵，朱子必責之。每召入臥內㊶。有時親下精舍，大會學者㊷。學者之來，依禮納贄㊸，或以書㊹，或以詩㊺。其辭也，則因各

㉑ 語類，卷一一九，第七條（頁四五七八至四五八二）。
㉒ 同上，第二十五條（頁四五九四）。
㉓ 同上，第二十六條（頁四五九五）。
㉔ 同上註⑬。頁五十八下至五十九上；王譜，頁二二七。
㉕ 語類，卷一二一，第一〇一條（頁四七一三）。

㉖文集，卷六十，答潘子善第四書，頁二十七上。
㉗見上註㉑。又語類，卷一二〇，第五十五條（頁四六三四）。
㉘語類，卷一一八，第九十一條（頁四五七四）。
㉙同上。又卷一二一，第八十七條（頁四七〇七）。
㉚同上，第一〇六條（頁四七一六）。
㉛文集，卷三十九，答許順之第八書，頁十三上。
㉜語類，卷三十五，第一一八條（頁一四九八）。
㉝文集，卷五十，答余占之第四書，頁二十五下。
㉞語類，卷一一七，第四十九條（頁四五一五）；卷一二一，第一〇二條（頁四七一四）。
㉟同上，卷一一四，第三條（頁四三八五）。
㊱同上註⑬。
㊲語類，卷一〇七，第五十七條（頁四二五三）。
㊳同上註㉞下半，
㊴同上註㉕。
㊵語類，卷一二一，第一〇三條（頁四七一五）。
㊶見上註㉙。又卷一一七，第四十三，四，五條（頁四五〇〇至四五〇七）。
㊷同上，卷一一九，第八條（頁四五八三）。
㊸同上，卷一一三，第三十條（頁四三七六）。
㊹同上，卷一一六，第十五條（頁四四四七）；卷一一八，第十二條（頁四五二八）；卷一一九，第十六條（頁四五八九），第三十六條（頁四五九九）。
㊺同上，卷一一七，第二十四條（頁四四八八）。

人之所需而訓導之，或且贈書[46]，餞別[47]。至於各精舍學者多少，無從而定。予嘗以省為單位統計之（參看頁四五四「朱子門人補述」條）。田中謙二著朱門弟子師事年考，考定誰來若干次，留居時期之長短，與誰同時，甚為精審[48]。但未以精舍分析之。其見於文集語類者，則雲谷有「留十餘日，朋友來集，隨分有少講論」[49]。寒泉則有「攜二子過寒泉，招季通來相聚。更有一二朋友來相聚，初不廢講議」[50]，「伯謙（李宗思，隆興元年癸未，一一六三，進士）前日過此，季通亦來會，相與討論儒佛之異」[51]，「月初至寒泉，叔京約來相聚旬日」[52]。武夷有「亦幸有一二朋友在此，不廢講論」[53]，與「此間書院近方結裏。江浙間有朋友在彼相聚」[54]。考亭講學熱鬧，然亦有「此間幾絕講之時」[55]。竹林精舍更旺，然自朱子落職罷祠（一一九六）以後，不少門人畏禍而避，情勢大變。故「精舍朋友，往來不常」[56]，「去多來少」[57]。「此間朋友亦有十餘人，頗有講論之益，然亦皆不能久留也」[58]。「所幸猶有一二朋友，早晚講論，少足為慰耳」[59]。「精舍亦有數人相聚」[60]。「精舍有朋友十數人講學，頗有趣」[61]。「今年絕無朋友相過。近日方有至者。只一二輩，猶未有害。若多則恐生事矣」[62]。「今年往來亦有一二十人，相過講習」[63]。「精舍春間有朋友數人，近多散去，僅存一二」[64]。所幸來者皆有威武不屈之精神。故慶元三年（一一九七）季通謫道州[65]，州縣捕之甚急。朱子與從游數百人，餞別蕭寺中[66]。及朱子死，會葬者幾千人[67]。

[46] 同上，卷一一九，第二十一條（頁四五九二）。

[47] 同上，卷一一七，第五十三條（頁四五二〇）。

[48] 東方學報，第四十四期（一九七三），頁一四七至二一八；第四十八期（一九七五），頁二六一至三〇二。

㊾文集，卷四十四，與方伯謨第十書，頁二十三上。
㊿同上，卷三十九，答范伯崇第九書，頁四十四下。
51同上，第十書，頁四十五上。
52同上註㉛。
53文集，卷五十，答程正思第十書，頁二十八上。
54同上，第十八書，頁三十一下。
55同上，卷三十九，答許順之第十一書，頁十五上。
56同上，卷五十九，答陳才卿第十書，頁三十二上。
57同上，卷六十，答潘子善第四書，頁二十七上。
58同上，第十一書，頁四十下。
59同上，卷六十一，答林德久第十書，頁十二上。
60同上，卷五十九，答輔漢卿第五書，頁二十六上。
61同上，第七書，頁二十六下。
62同上，卷五十，答余占之第三書，頁二十五上。
63同上，第四書，頁二十五下。
64同上，卷六十，答潘子善第五書，頁二十七下。
65今湖南，道縣。
66宋史，卷四三四，蔡元定傳，頁一二八七五。
67各朱子年譜均同。

（七七）滄洲精舍諭學者正誤

文集滄洲精舍諭學者有云，「兀然端坐，終日以讀之者七八年。方其始也，入其中而惶然，以博觀於其外而駭然以驚」❶。此乃蘇洵（一〇〇九—一〇六六）致歐陽修（一〇〇七—一〇七二）自述其爲學過程之語也❷。語類卷十一略述之，惟不明言用功若干年❸。卷一二一則全述致歐陽書此一段，而謂「終日以讀者十八年」❹。今查老蘇原書爲「七八年」，則知此「十八年」爲誤。文集之「入其中而惶然以博觀於其外而駭然以驚」，亦有誤處。若以「以博」爲讀，則「惶然以博」無解。若以「以博觀於其外而駭然以驚」爲句，則上「以」字亦不通。查蘇氏原文無此「以」字，故知文集之上「以」字爲衍，而「惶然」爲讀，可無問題矣。各本文集相沿而誤，皆待改正。（參看頁一〇七「朱子之記憶力」條）。

❶ 文集，卷七十四，頁二十二上。
❷ 嘉祐集（四部備要本），卷十一，上歐陽內翰第一書，頁三上下。
❸ 語類，卷十一，第十六條（頁一八二）。
❹ 同上，卷一二一，第六條（頁四六六四）。

(七八) 滄洲精舍辨

宋元學案卷六十九題滄洲諸儒學案,蓋謂朱子講學,門人集於滄洲精舍也。然滄洲精舍原名竹林精舍。朱子于紹熙五年甲寅(一一九四)以上疏忤權貴韓侂胄,罷侍講職。十一月歸福建建陽之考亭。以門人雲集,乃建竹林精舍于考亭所居之旁。王懋竑朱子年譜引舊年譜云,「後精舍改名滄洲」❶。王氏所引年譜,指李默改訂本(嘉靖三十一年壬子,一五五二)與洪去蕪改訂本(康熙三十九年庚辰,一七〇〇)。兩本或沿朱子弟子李方子最初之朱子年譜而來。較李本洪本爲早者有戴銑朱子實紀內之年譜(正德元年丙寅,一五〇六),又有更早之葉公回校訂年譜(宣德六年辛亥,一四三一)。皆只謂後改名滄洲精舍。以後文獻,皆從年譜。如建陽縣志「考亭書院」條下云:「竹林精舍,旋更名滄洲」❷。又附熊勿軒重修考亭書院記云,「初名竹林精舍,後更滄洲」。因此發生三大問題:一爲何由改名?二爲何時改名?三爲何人改名?

(1) 何由改名?

❶ 朱子年譜,(叢書集成本)卷四上,頁二一四,紹熙五年(一一九四),十二月。

❷ 建陽縣志(上海,新明書局,一九二九),卷八,頁五十五上。

朱子實紀卷七「考亭書院」條下云「(紹熙)五年，以四方來學者衆，築室于所居之東以處，扁曰竹林精舍。後因舍前有洲環繞，更名滄洲精舍」❸。是滄洲指其地形也。惟辭海已集「滄洲」條下云：「謂水隈之地。常用以稱隱者之居。南史・袁粲傳，『嘗作五言詩，言「訪跡雖中宇，循寄乃滄洲」，蓋其志也』。按宋朱熹罷官授徒時，卜居建陽之考亭。其地本名龍舌洲，熹爲更名滄洲，並築滄洲精舍，自稱滄洲病叟，更號遯翁，蓋亦隱遯之意也」。據此則改名非因地形而乃朱子以示隱遯之意。用形示意兩說，未嘗不可相通。且朱子自稱病叟與遯翁，其退隱之意，似是顯然。查慶元元年(一一九五)朱子以姦邪蔽主，草封事逾萬言。諸生恐賈禍，請以卜筮決之。得遯之家人。朱子默然退，取奏稿焚之，更號遯翁。五月遂以疾乞致仕，辭海所敍。似先更名滄洲，隨築精舍，顯與年譜先築竹林精舍，後改名滄洲精舍不符。至謂因隱遯而名滄洲精舍，則不外臆說。此點可以改名時間明言之。

(2) 何時改名？

諸書所謂後者，未知何年。查黃榦董縣尉墓誌銘云，「慶元初先生自講筵歸，日與諸生論學于竹林精舍，命叔重長其事」❹。董尉叔重即董銖(一一五二—一二一四)也。慶元初可指元年(一一九五)，亦可指二年(一一九六)。朱子語類有董銖丙辰(一一九六)以後所聞三四百條。此當然是竹林精舍所聞。是則一一九六年尚名竹林精舍也。黃榦朱子行狀叙朱子被排，有曰，「先生日與諸生講學竹林精舍。有勸以謝遣生徒者，笑而不答」❺。此慶元二年(一一九六）事也。是又可見是時仍名竹林精舍。若云以示退隱之意，何不于一一九五年卜卦更號遯翁或致仕後卽改滄洲耶？又查陳淳竹林精舍錄後序云，「某自辛亥（一一九一）夏送別先生于沈井之後，以水菽之不給，歲歲為訓童牽絆，未能一走建陽，再謁函丈，而先生屢以書來召，至乙（應作己）未（一一九九）始克與妻父（朱子門人李唐咨）同為考亭之行。十一月中澣到先生之居，卽拜見于書樓之閣內。甚覺體貌大減。曩日脚力已阻于步履，而精神聲音，則如故也。晚過竹林精舍止宿。與宜春胡叔器（安之）、臨川黃毅然（義剛）會」❻。觀此可知竹林精舍成立五年之後，仍未改名矣。又陳淳門人陳沂敍述其師事實云，「己未冬再謁于考亭。文公時已寢疾。延至臥內。……故竹林所聞，無非直截痛切」❼。北溪字義第二十三門「經權」下「論語」條有註云，「先生（陳淳）所編文公竹林精舍語錄」。查所錄二卷，一為一一九〇，一為一一九九。又可知一一九九尙名竹林。除非竹林滄洲兩名並用，則最早朱子逝世前四個月內乃更滄洲耳。因陳淳正月五日拜辭，而朱子三月（有閏二月）初九長逝也。然此期間朱子經已寢疾，何暇改名？

如上所述，則慶元六年（一二〇〇）之初，尙名竹林精舍。無怪朱子傑出之門人黃榦與陳

❸ 朱子實紀（近世漢籍叢刊本）卷七，頁五上（總頁三七七）。
❹ 勉齋集（四庫全書珍本），卷三十八，頁十七下。
❺ 同上，卷三十六，頁三十七下至三十八上。
❻ 北溪大全集（四庫全書珍本），卷十，頁三下。
❼ 同上，別集，敍述，頁十一下。

淳，均只提竹林而不提滄洲矣。或謂朱子文集有「蒼顏已是十年前」詩，題「慶元庚申（一二〇〇）二月八日滄洲病叟朱熹仲晦父」⑧。然則此一月之內，便改精舍之名耶？滄洲病叟之名，文集只此一見。疑當時朱子題名，並非因精舍經已改名，而乃以環繞有洲，且亦病篤，故稱滄洲病叟。亦猶以前自稱雲谷老人，同是以山水秀麗爲號耳。故可謂朱子生前，精舍並未改名。改名乃朱子沒後之事。至何年何月，則無可考。朱子生前旣未改名，則朱子因隱遯而改名之說，不攻自破矣。且辭海云，「自稱滄洲病叟，更號遯翁」，似是滄洲病叟在遯翁之先，更是顛倒事實。

(3) 何人改名？

文集與語類均無竹林精舍之名。語類但云精舍⑨。文集則三言滄洲精舍。一爲滄洲精舍釋菜儀⑩，二爲滄洲精舍告先聖文⑪，三爲滄洲精舍諭學者⑫。此三文之內不提滄洲，只編文集者題目上採用而已。實皆指竹林精舍也。年譜「竹林精舍落成」條下，皆言「精舍落成，率諸生行釋菜之禮于先聖先師，以告成事」。此卽文集所題滄洲精舍告先聖文，實則應爲「竹林精舍告先聖文」也。王竑懋年譜此處備舉滄洲精舍告先聖文⑬，尚未改正爲竹林精舍也。文集之編，在朱子死後數十年。編者以滄洲代竹林，是否精舍經已改名，故沿用之，抑以朱子自用滄洲病叟，故改用滄洲，或滄洲經已通行，比竹林爲盛，故採用之，則皆無從判定。所可斷者，決非朱子本人所改是也。若謂朱子死後門人所改，不特無據，亦無理由。意者朱子沒後，精舍冷淡。同時朱子畫像之詩，人人傳誦，滄洲病叟之名以顯。後人遂以滄洲名其精舍，而竹林之名，且湮沒矣。建陽縣志記考亭書院「旁爲兩廡，爲竹林滄洲兩精舍」⑭。兩精舍之名並重。惟所附明彭時紀，一則曰，「當其時，四方來學者衆，乃于所居之後，別建滄洲精舍爲講授之所」⑮。再則曰，「廡前有道源堂甚廣。…改爲滄洲寒泉兩精舍」⑯。已不提原爲竹林精舍矣。又梁章鉅編楹聯叢話卷一，不依年譜，謂「朱子於紹熙五年，築竹林精舍，後改名滄洲精舍」，而只謂「朱子於紹熙五年，築滄洲精舍」⑰。是竹林之名，竟被淘汰矣。考竹林之名，原爲佛語。印度迦蘭陀（Karanda）長者歸佛後，以竹林奉佛，梵名Venūvana，晉時譯爲竹林精舍。「精舍」一詞，出自管子內業篇，謂「定在心

⑧ 文集正集卷九，頁十四下。
⑨ 語類，卷一一六，第三十三條（頁四四六一）；卷一一九，第七條（頁四五七八）；第八條（頁四五八三）。
⑩ 文集，卷六十九，頁二十八上。
⑪ 同上，卷八十六，頁十二上。
⑫ 同上，卷七十四，頁二十二上。
⑬ 朱子年譜，同上註⑪。
⑭ 建陽縣志，頁五十四下。
⑮ 同上，頁五十八下。
⑯ 同上，頁六十一下。
⑰ 楹聯叢話（國學基本叢書本）卷一，頁二。

中…可以爲精舍⑱。東漢包咸（紀元前六－六五）立精舍講授⑲。以後儒、釋、道均築精舍，而佛家尤多。沿用既久，幾成佛語。加以竹林，則佛味太濃，非避之不可矣。

〔本文原刊華學月刊，第一四〇期（民國七十二年，一九八三，八月），頁一五二。今略有增補〕。

⑱ 管子（四部叢刊本），卷十六，頁二上。

⑲ 後漢書（四部叢刊本），卷六十九下，包咸傳，頁二下。

（七九）朱子與書院

萬先法譯

本論文意欲對朱子與書院所從事的關係如何，作一探討。但在討論以前，精舍與書院的關係，必須先予釐清。

(一) 精舍之原始義

「精舍」一詞，源於管子，在管子書中，有謂「定在心目……可爲精舍矣」❶。從一開始，「精」字意謂精純，而非意謂驚奇（wonder）或精質（essential）。管子一書，傳統言之，認爲屬於管仲，但大半學者都相信朱子的說法，即管子書雜，想只是戰國時人收拾❷。後漢書記載，包咸習論語，主精舍講授❸。許多其他儒者，在這時亦各有其精舍❹。這

❶管子（四部叢刊本），卷十六，內業第四十九，頁二上。
❷語類，卷一三六，第四，五條（頁五二二一）。
❸後漢書（四部叢刊），卷六十九，包咸傳，頁二下。
❹同上，卷八十三，姜肱傳〔譯者：有謂「肱博通五經……，乃就精舍，求見徵君」〕；卷九十七，劉淑傳〔「遂隱居，立精舍講授諸生常數百人」〕；檀敷傳。以下譯者所增，皆用〔 〕。

一名詞的原始義，意謂儒者講習之所。但是不久道家亦用此名詞，作爲他們養生修行的所在。孫策（一七五—二〇〇）傳記載着，時有道士，立精舍，燒香，讀道書[5]。在第四世紀，佛家用此名詞以譯 vihara，這是指佛家潛居的地方[6]。當陸象山（一一三九—一一九三）門人（譯按指彭興宗、世昌）於一一八七年邀請象山講學，結一廬以相延，象山亦喜其山林之勝，自爲精舍。象山寄書其門人（譯按指楊敬仲）有謂「精舍二字，語出後漢書包咸傳，（其初意為）儒者講習之地，甚爲無歉」[7]。此正顯示原爲儒家之名稱，爲道佛所借用，而在第十二世紀，與儒家用途，並不相同。

㈡ 朱子所建第一所寒泉精舍與第二所武夷精舍

但是，朱子於一一七〇年在福建建陽縣，距城十二公里，築舍於其母墓側，稱爲寒泉精舍。此即呂祖謙（一一三七—一一八一）於一一七五年來訪朱子留止之所。兩儒合纂第一部新儒家論文集的近思錄一書[8]。一一五四年至一一五六年間，朱子時年二十五歲至二十七歲，主簿福建同安時，引發不少學子。他的第一個門人或係許升順之，那時許才十三齡[9]。但其他諸生，從遊者亦衆[10]。一一七〇年以來，朱子深以覓一處所，以供來遊諸門人歇居之需要。吾人得知有不少門人來寒泉精舍從朱子遊的記載[11]。語錄最早的記載是在一一七三年癸巳[12]。當我在一九八三年意欲訪問精舍，建陽人士告我，甚至不能測定精舍方位之所在。

一一八三年，朱子建立武夷精舍福建北部風景幽美之武夷山。此地頓形忙碌，學者與門人聞風盛集[13]。當王阮嘗謁張栻（一一三三—一一八〇）請益，栻謂「當今道在武夷，子盍往求

⑤吳志（四部叢刊），卷一，孫策傳，頁四下至五上，註釋。

⑥如鳩摩羅什（三四四—四一三）所譯大智度論。參看說郛（金陵叢書本），卷二十，頁七下至八上，有關佛儒道三家使用精舍的情況。

⑦象山全集（四部備要本），卷二，與朱元晦第一書，頁五下，及卷三十六，年譜，頁十五下。

⑧陳榮捷譯，近思錄（紐約，哥倫比亞大學出版部，一九六七），頁一。

⑨關於許順之，參看宋元學案補遺（四明叢書本），卷六十九，滄洲諸儒學案補遺，頁一〇二至一〇三上，〔載許存齋升，朱子曰，「與生相從于今六七年」〕，以及陳榮捷著，朱子門人（臺北，學生書局，一九八二），頁二〇〇至二〇一。

⑩文集，卷八十七，祭許順之文，頁十四下，〔我官同安，諸生相從遊者多矣」〕。

⑪朱子門人，頁八十四，〔何叔京死，朱子祭之曰，「兄未病時，過我精舍，講道論心，窮日繼夜。……若兄之賢，實我所畏」。又銘墓碣曰，「予獲從之游相好也。今年冬，過予于寒泉精舍，留止浹旬」〕；頁九十三〔吳袒，字叔夏。「僞學禁作，弟子多更改他師，而先生徒步走寒泉精舍，就正所學」〕。

⑫語類，篇首，朱子語錄姓氏，頁六十九至七十五。

⑬參考朱子門人，頁六十二〔王阮，「當今道在武夷。……阮見朱熹于考亭，熹與語，大悅之」〕；頁八十一〔江默，「丁外艱歸，詣武夷，從朱子講學」〕；頁一四二〔周謨，「既而文公歸武夷，去南康且千里。謨仍往就學」〕；頁一四九〔林武，「朱子講道武夷，先生徒步從之」〕；頁一五三〔林得遇，「裹糧至武夷，參拜文公」〕；頁一九〇〔張宗說，「朱子忤韓侂胄罷歸，先生率僚友送至武夷，會於精舍」〕；頁三二〇〔劉爚，「爚從熹武夷山，講學讀書」〕；頁三二七〔潘柄，「兄弟承父命，俱往事朱子於武夷」〕；頁三五六〔載蒙，「棄官從朱子武夷」〕。

之」⓮？自武夷已成爲學術中心以來，關於武夷精舍，便有了完整的描述。武夷風景引人，朱子往來於山間達四十年之久。朱子生平，詠武夷風景詩最多⓯。其精舍位於大隱屏峯下兩麓相挹之中，在武夷河九曲之第五曲，地廣數畝⓰。爲屋三間。主要者爲仁智堂，朱子自稱堂主⓱。正廳左齋爲朱子之起居室，右齋爲客廳。在山之右麓與石門後進，爲學子之羣居。向南前進，以居道流。有亭臺，有岩石。鑿以石座，可供八、九人坐以飲茶自娛。許多學生築舍於河旁。進入精舍山區，非魚艇不濟。朱子深信山中有仙靈。又謂「除是人間別有天」⓲。朱子曾發現傳統中聖皇伏羲神像，並擬裝置於精舍。依照中土傳統，伏羲畫八卦，爲中國形而上學的基礎⓳。

朱子詠武夷精舍詩中，曾有一首，稱「山水爲留行，勿勞具雞黍」。其時朱子在精舍數里外山中，差主管沖佑觀，一閒職，無實責，無官舍，但儘有講授與撰寫的時間。收入微薄。因之，精舍非常簡陋，用當地之木竹爲之。一次胡紘（隆興元年癸未，一一六三，進士）來訪，因朱子未饗以雞與酒，深覺難堪。及一一九六年，紘爲監察御史，朝廷詆朱子道學爲僞學，紘奏劾朱子六大罪，導使朱子解職侍講並從此結束了宦途⓴。

精舍何時改名書院今已難知。就書院言，迭經滄桑，不少地復建與擴充。一四四八年書院毀於兵燹，朱子第八代後裔，就其地重建，名之爲朱文公廟。在一九六〇年，文化大革命以前，此精舍及文公廟內部，均係一七一七年重建，以及在朱子像兩廂門人的木牌位，俱依然無恙。但我在一九八三年訪問時，僅精舍相隔五米半兩牆之一部份以及其木窗，尚能保持其原始形態。其旁文廟，已重建作爲會堂，現則用作療養院。武夷管理當局說，他們將對精舍空地重建，並儘量恢復宋代舊觀。在山中再向前行，但尙在步行可及之距離，有一石拱門，用以紀念叔圭精舍，據說在一一一五年爲江贄所建，贄字叔圭。贄致仕後，建此精舍隱居。叔圭精舍之得名，或爲贄歿後用作紀念，良以江贄在生前，或從未想及擬以己名名之者。

㈢朱子所建第三所竹林精舍

朱子所建第三所精舍，爲在距武夷山南八十公里福建建陽的竹林精舍。在一一九二年，朱子從崇安縣五夫里遷至建陽考亭。因朱子每讚考亭風景之勝。朱子之父韋齋（朱松，一〇九七

⑭同上，頁六十二。又宋史（北京，中華書局，一九七七），卷三九五，王阮傳，頁一二〇五三。

⑮文集，卷一，宿武夷觀妙堂二首，頁八上；過武夷作，頁十四上；卷三，次韻傅丈武夷道中五絕句，頁二下至三上；卷四，游武夷以相期拾瑤草分韻賦詩得瑤字，頁九下；卷六，武夷七詠，頁二十三上下；卷九，武夷精舍雜詠並序，頁三下至六上。

⑯一畝爲一英畝六分之一。

⑰參看三十頁「朱子自稱」條。

⑱文集，卷九，武夷櫂歌十首，頁五上，六上。

⑲同上，別集，卷六，與黃商伯書，頁十九下。

⑳葉紹翁，四朝聞見錄，（浦城遺書本）卷四，胡紘李沐，頁十六上下。

一一四三）嘗以考亭溪山清邃，可以遷居。朱子特建一小屋，稱爲考亭書堂，以示懷念其親。迨至一一九四年，學者益衆，朱子乃於其宅之東，建竹林精舍。所有年譜均顯示，在一一九四年所建之竹林精舍，後又更名滄州精舍㉑。在戴銑（一五〇八年卒）朱子實紀中，他特別解說此新名之採用，乃由於其地四週環水。但一般傳統，是說新名意謂隱者之居。朱子在一一九五年侍講解職以及退休至建陽以後，自稱遯翁。沒有人能特予指出此名何時所改。我曾爲文辯論此一傳統。我發現朱子在一二〇〇年去世前數月，從未有人用過滄洲之名，而常用竹林之名。假若朱子果改稱滄洲，當他在一一九五年自稱遯翁之時，就會改名滄洲。我也發現一直到朱子歿後，滄洲之名才出現，而且因朱子已用遯翁，大家乃開始用滄洲之名以符合「遯翁」的涵義，尤其是因爲朱子已經自稱滄洲病叟。但朱子用其名，僅一月卽去世。當其病重之際，他不會耗其精力去改變精舍的名稱。因之，我的結論是，因爲朱子已採用遯翁之名，以意謂退隱，以及滄洲病叟以意謂滄浪之側一老夫，大家乃在其去世之後，始用這滄洲之名名其精舍。卒至滄洲反較竹林有名㉒。或者朱子後學，以竹林原爲佛教中所普遍沿用，其名過於佛教化，因而改稱，亦有可能。吾人必須指陳，例如在朱子實紀的年譜中，於一一九五年所用考亭精舍一名，其意非指另一精舍，而是在考亭的竹林精舍。

在這三所精舍中，以竹林精舍最爲重要，這因爲朱子的許多有名弟子都在此處從遊於朱門，而且許多語錄都是在竹林記載出來。一二二五年建陽縣宰建祠以供祭朱子。一二四四年欽命將精舍改稱考亭書院。多少世紀以來，書院壞而復修，修而復壞，甚者書院座落亦有變動。一九八三年，我訪問建陽，其縣府文化委員會有人陪侍。學院面積二百公尺長，五十公尺寬。學院原有三層樓的孔廟一所。朱子祠屹立其側。朱子石像，伴以三位及門弟子黃榦

（一一五二—一二二〇），蔡元定（一一三五—一一九八），與劉爚（一一四四—一二一六）以及一位私淑弟子眞德秀（一一七八—一二三五）的木位。廟中有許多頗具書法的石牌。不過，所有建築物俱荒毀已久。迨至一九六四年，實際上已無一存。在石拱門之傍，僅有一牆的基石，於今尚存。此地現爲一菜園。四週開始卽已成稻田。

「考亭書院」四大字，爲理宗（一二二五—一二六四）皇帝所寫，橫刻於拱門門額。扁額右爲一五三一年四月，左爲重建此拱門官員之姓名與職位。扁額上端，刻有四字爲康熙（一六六二—一七二二）所題。這些題款，都出現於拱門兩旁。當我造訪其地，拱門屹立臨近河邊，進路爲水所淹。由於上游建造一所抽水站。水平增高。文化委員會，經過一條河道，將拱門移往山邊。該委員會爲整個院址，已有一幅修復計畫的藍圖，意欲盡量修復舊觀。

在那個時代，以一人之力，建築三所精舍，應該是不尋常的。吾人可否這樣說，朱子是不是有意地想從佛道兩家手中，奪回這種體制，因而確切指明這是儒家的傳統？這是一種頗具興趣的想法。更有趣地，吾人還記得陸象山在一一八七年，必須用「精舍」之名以正名，說明是儒家故物。

或者尚可諍辯，精舍一詞，在朱子時代以前，早經儒者採用。在早吾人曾說及一一一五年，叔圭精舍卽已建立。在朱子第十六代後裔朱玉所輯的年譜中，朱子父卒於環溪精舍。在這兩個例證下，我深信精舍名稱後來乃採用。有如我曾經說過，叔圭不會想到用已名以名精

㉑ 例如王懋竑，朱子年譜（叢書集成本），卷四下，頁二一四。

㉒ 滄洲精舍辨（華學月刊，第一〇四期，一九八三，八月），頁一至二。

舍，其他年譜中，都說朱父韋齋卒於寓舍。

(四) 精舍與書院之關係及其演變

精舍與書院兩者間的關係如何？書院初義為一場所，用作保存與編纂書籍，而精舍則是隱居之所。漸漸地演變，兩者同為講習之地。由於這種共同功能，精舍亦稱書院。雖然朱子的精舍不稱為書院，但精舍亦指稱書院㉓。一個最顯明的例證，便是在一一九四年一所新書院開院的釋菜之禮。在文集中指為精舍者，而在語類則稱書院㉔。朱子本人亦嘗稱書院為精舍㉕。作者們亦嘗視精舍如書院㉖。但是，吾人已指出，這兩個機構，是迥然不同的。精舍最早為儒家所用，後來又為道佛兩家沿用。但當儒家用精舍混同書院時，佛道兩家則從未用書院來混同他們的精舍㉗。我敢於再有一言，在朱子時，書院可私可公，但精舍則純為私人。不僅如此，書院有正式組織，有院主，有捐贈等等。至若精舍，則單純地與某一學者相關連。在這種例證下，當精舍指謂有如書院時，其意謂正廳為藏書之所，正式講授與討論，亦都在正廳舉行。我深信竹林精舍，其情形正是這樣。蔡沈（一一六七—一二三〇）在夢奠記詳細描述朱子將不起的最後日的活動時。他說這些活動，都在樓下書院㉘。朱子每日早起，子弟在書院陞堂，列拜柱香，這裏所指書院，或者即指這個正廳㉙。

朱子很簡明地說明精舍轉變到書院的情況。他說精舍原為學者羣居講習之所。其後為政者乃或就而褒表之，乃變為書院，有如嶽麓、白鹿之類是也。慶曆熙寧之盛，學校之宮，遂徧天下，而前日處士之廬無所用。則其舊迹之蕪廢，亦其勢然也㉚。白鹿洞情況尤差。

㈤ 朱子重建白鹿洞書院

白鹿洞書院，在北宋時爲負有盛名的書院之一，但至南宋時亦隨同其他書院，湮沒無聞。朱子在一一七八年差南康軍㉛。到任次年，卽優先復建白鹿洞書院。據朱子請求復建白

㉓ 文集，卷三十五，與劉子澄第十二書，頁二十三下，（「武夷結茅雖就，然亦若此。覺得卻是朋友，直來相訪。只就書院中寢食，無外面閑人相擾也」）；卷五十，答程正思第十八書，頁三十一下（「此間書院方結裹，江浙間有朋友在彼相聚」）。

㉔ 同上，卷八十六，滄洲精舍告先聖文，頁十二上；語類，卷九十，第三十條（頁三六四一）（「新書院告成，明日欲祀先聖先師，古有釋菜之禮」）。

㉕ 同上，卷八十三，書邵康節誡子孫眞蹟後，頁十五上（譯按：有謂「熹嘗從故友劉子澄得其摹本刻石廬山白鹿精舍」）。

㉖ 例如盛朗西，中國書院制度（上海，中華書局，一九三四），頁四十（所引臨蒸，槐陰，寒泉，樓氏，橫城等精舍俱是）。

㉗ 陳元暉，中國古代書院制度（上海，上海教育出版社，一九八一），頁九至十二。

㉘ 蔡氏九儒書，（同治七年，一八六八本），卷六，蔡沈，朱文公夢奠記，頁十九下。又見王懋竑，朱子年譜，卷四上，頁二二七。

㉙ 語類，卷一〇七，第五十四條（頁四二五二）。

㉚ 文集，卷七十九，衡州石鼓書院記，頁二十一下。

㉛ 郡治在今江西，星子縣。

鹿洞書狀，白鹿洞在廬山距南康城約十餘里㉜。此地乃唐朝李渤退隱之地㉝。在南唐時，曾建立一所書院，用以紀念李渤。此是一所官學，土地爲捐獻。有宋初期，學員尚有數百人。但隨着官學的成立，這所書院，已告消失。甚至亦不知座落所在。經過尋找，勉能略知其地。城之東南隅，山景最爲幽美。此地約共有百所的佛寺道觀，但此僅有的儒家精舍，已不復存在。朱子謂長民之吏，不得不任其責，加以修立㉞。抑有言者，李渤有一白鹿而且約在八二六年，他是郡守。此地名爲洞，並不是因爲是個實有的洞穴，而是因爲這廣大面積，環繞皆山，因而視之有似洞穴。

朱子一一七九年四月，差主管南康。到任一月，乃命學吏訪其遺址㉟。尋訪之初，劉清之（字子澄，一一三九—一一九五），既裒集故實來寄，復得樵者指告，因而尋得其地㊱。這便是星子縣㊲。四面山水，風景清邃㊳。在五老峯東二十里㊴。朱子立卽奏狀申修白鹿洞書院㊵。星子令王仲傑及楊大法敎授董其事㊶。王仲傑實爲之主，以朱子僅提及王仲傑之名，並欲附其名於呂祖謙所撰之白鹿洞書院記㊷。始議時，只欲就其故基，度爲小屋二十餘間，但節縮經營，僅建五間，卽已了畢㊸。此種重建計畫，肇始於淳熙六年十月（一一七九），訖功於次年三月㊹。白鹿洞已畢功，行釋菜禮並開講㊺。朱子荅書蔡元定有謂書堂高敞，遠勝武夷，亦多容得人㊻。

朱子卽首先奏請皇帝頒賜書院勅額。朝廷遲遲未復。朱子乃於一一八一年續請頒賜。很顯明地朝廷對書院重建之議，頗爲冷淡。據朱子所知，朝廷以爲此地既有府學縣學，無須耗資於重建學院計畫㊼。但朱子重建書院之個人理由，將在以下申釋。朱子捐地四百八十七

㉜ 一里爲一英哩三分之一。此地距郡城十五里。參看文集，卷七，白鹿洞書院，頁十一下（經得白鹿洞之遺址於「城東北十五里」）；卷八十六，白鹿洞成告先聖文，頁三下。

㉝ 此係李渤。不要與唐大詩人李白（七〇一—七六九）相混。

㉞ 文集，卷二十，申修白鹿洞書院狀，頁八下至九上。其詳更見卷九十九，白鹿洞牒，頁四下至五上。

㉟ 同上，卷九十九，白鹿洞牒，頁四下至五上；卷十六，繳納南康任滿合奏稟事件狀，頁十七下。

㊱ 同上，卷一，白鹿洞賦，頁二上附註。

㊲ 同上，卷十六，繳納南康軍任滿合奏稟事件狀，頁十七下。

㊳ 同上，書卷九十九，白鹿洞牒，頁五上。

㊴ 白鹿書院志（一六二二年本）卷一，頁三上。

㊵ 文集，卷二十，申修白鹿洞書院狀，頁八下至九上。

㊶ 呂祖謙，東萊集（續金華叢書本）卷六，白鹿洞書院記，頁四上。又王懋竑，朱子年譜，頁八十一。

㊷ 文集，卷四，與呂伯恭第七九書，頁十九上。

㊸ 同上，卷十六，貼黃四，頁十八上。卷二十六，與丞相別紙，頁十一上。

㊹ 王懋竑，朱子年譜，卷二上，頁八十一。

㊺ 文集別集，卷六十，與黃商伯言，頁十四下。

㊻ 同上，續集，卷二，與蔡元定第八十九書，頁二十上。

㊼ 同上卷九，洞學榜，頁二上；同前註㊲頁十一下，十八下；正集，卷十三，延和奏劄七，頁九十上下。

畝，俾書院以固其基㊽，尤關心書院之需多買田地㊾。朱子請丞相舉先朝之故事，脩洞主之廢官。其祿賜，略比於祠官㊿，俾得讀書講道於其間，有以遂平生之懷。朱子南康任滿，迄未獲派是項任命。旋又有他命。不過，朱子在他白鹿洞賦中，自稱洞主(51)。朱子於一一八〇年九月，舉薦楊日新充白鹿洞院堂長，實主其事(52)。

(六) 書院的多種功能

在北宋早期，書院執行講授，保存書册，與祭祀先聖先賢的三種功能。不過，朱子所希求於白鹿洞的功能，更為廣泛。我們簡略地討論如下：

(1) 講授：吾人不知在朱子時，書院有諸生若干？開創時僅欲養其生徒一二十人(53)，但是吾人仍不知究有諸生若干，實際入學。不過吾人確知朱子門人，至少有十六人與之遊。其中有盛名的門人如李燔，胡泳，曹彥約（一一五七－一二二八），與蔡念誠(54)。朱子有一創新計畫，即今歲科場解發，赴省待補之士，二十有八，齊來書院。此時正值白鹿諸生，假期各已散歸。並可給館致食以俟。朱子又坦誠誠示諸士，士之講學修身，以待上之選擇者，豈止於記誦綴緝無根之語。書院山林閴寂，正學者潛思進學之所(55)。前代有無提供此種諸生給館進修計畫，殊屬可疑。

(2)「學規」：朱子以為為學之意，莫非使諸生講明義理，以修其身，然後推以及人。為達致此一目的，朱子輯成揭示，揭之楣間。揭示通常稱為「學規」。但吾人須了解，這些學規並不意謂強迫性的敎條，而只是道德的箴言。揭示全文如下：

㊽ 白鹿書院志，卷十六，頁一上。

㊾ 文集，別集，卷六，與諸友書札。頁十八下〔與黃商伯，「前書奉叩白鹿買田事，如何幸早示報」〕。頁二十一下〔與葉永卿等四人，「白鹿田已就緒甚善，又聞今侯能枉駕臨之，尤幸……聞永卿諸公亦嘗入山觀書，遐想山林之勝，它處眞未易得，令人悵然興懷也」〕。頁二十二上〔「白鹿買田，聞已就緒」〕。續集，卷二，頁十九上〔與蔡季通，「白鹿春卿必能言曲折，田已撥得」〕。

㊿ 同上，卷二十六，與丞相劄子，十二上〔「祿賜略比於祠官」〕。又卷七，尋白鹿洞故址，頁四下。〔「尋白鹿洞故址，愛其幽邃就復興建」〕。註謂「時已疏上尚書，乞洞主矣」〕。

51 同上，卷一，白鹿洞賦，頁一下。〔朱子有謂「白鹿洞賦者，洞主晦翁之所作也」〕。

52 同上，別集，卷九，南康軍請洞學堂長帖，頁一下。

53 同上，正集，卷十六，貼黃，頁十八上。

54 朱子門人〔余潔，「廬山志引云：朱子門人又有曹彥約：余潔伯秀……其所居並近鹿洞」〕，頁八十八。〔呂炎，「白鹿洞志，呂炎，字德明，呂燾字德昭，兄弟五人，同遊文公文門，而炎與燾知名」〕，頁一〇二。〔周亨仲，「……從朱子講學於白鹿洞」〕，頁一三六。〔林用中（擇之），「白鹿洞志，林擇之從文公遊最久」〕，頁一四六。〔胡泳，「白鹿洞志載先生稱桐柏先生，桐柏「桐源」字形相類，未知孰是」〕，頁一六九。〔曹彥約，「初事朱子於白鹿書院」〕，頁一九五。〔曹彥純，「亦學於朱子之門」「朱文公守南康，兄弟（彥約、彥純）親炙之為白鹿洞書院諸生」，頁一九六。熊兆，「所居近白鹿洞……安義人，受學於朱子」〕。頁二八八。〔劉賁「廬山志謂其居近鹿洞，可為朱門之證」〕，頁三一四。〔蔡念誠（元思）「文公守南康時，講學於白鹿洞。先生從之游，元思事文公最久」〕，頁三三四。

55 文集，別集，卷九，招舉人入白鹿咨目，頁三下至四上。

父子有親，君臣有義，夫婦有別，長幼有序，朋友有信。（孟子，滕文公篇第三上，第四章）

右爲五教之目。

博學之，審問之，謹思之，明辯之，篤行之。（中庸，第二十章。「謹」原作「愼」。避孝宗諱改）。

右爲學之序。

言忠信，行篤敬。（論語，衞靈公篇第十五，第五章）。懲忿窒慾，遷善改過。（易經，第四十一，損卦；第四十二，益卦）。

右修身之要。

正其誼不謀其利，明其道不計其功。（漢書五十六董仲舒傳）

右處事之要。

己所不欲，勿施於人。（論語，衞靈公篇第十五，第二十三章）。行有不得，反求諸己。（孟子，離婁篇第四上，第四章）。

右接物之要[56]。

在白鹿洞書院於一一八〇年三月告成之後，此「學規」即予揭示。朱子爲跋說明此爲教人爲學之大端。朱子又謂，近世於學有規。依朱子意，此種制度，其待學者，亦已淺矣。朱子所望於諸生，在能相與講明遵守，而責之於身。最堪玩味者，即在所有引述古代儒家經籍之外，有一條引自董仲舒（前一七六—前一〇四），而董仲舒則從未被視爲儒家道統之嫡傳。無疑地，朱子極力重視動機論。

雖則「學規」所概括的，僅是一些引語，但在朱子前後，還沒有像這樣一種標題似地，能對儒家倫理道德，如此地簡明扼要。此實爲一種合乎理則的文獻。學規始於五倫，繼述爲學之序，爲學要義，如何修身，如何處事與接物。

朱子門人程端蒙（一一四三—一一九一）與董銖（一一五二—一二一四）在一一八七年合撰學則，特別講求衣冠必整，凡坐必直之道。自表面觀之，這樣嚴謹的學則與朱子「學規」的精神相違。但是這類學則，並非行之於書院，乃施之於小學。朱子在跋其學則中，有謂「程端蒙與其友生董銖共爲此書，將以教其鄉人子弟，而作新之，蓋有古人小學之遺意」。饒魯（壯年一二五六）於一二五八年，合輯此種學則與朱子「學規」而竝揭之，並爲之跋，有謂一則舉其學問之宏綱大目，而使人之知所用力。一則定爲羣居日用之常儀，而使人有所持循，即大小學之遺法㊼。自此以後，「學規」學則，相與並提。

朱子「學規」的影響，不能誇大。許多書院包括嶽麓書院在內，都自訂其模式。大家都激起一長系列相似的「學規」。最著名者，莫如明代大儒胡居仁（一四三四—一四八四）的規訓與東林學派顧憲成（一五五〇—一六一二）的東林會約。胡居仁列舉六大基本原則：正趨向以立其志，主誠敬以抒其心，博窮事理以盡致知之方，審察幾微以爲應事之要，克治力行以盡成己之道，與推己及物以廣成物之功。而且引述古聖先賢的語錄，以充實其每一論點㊽。顧憲成

㊻ 同上，卷七十四，白鹿書院揭示，頁十六下至十七下。
㊼ 這些學規，可參考學規類編（見張伯行編，正誼堂全書）卷一所載以及朱子與饒魯所題序跋。
㊽ 欲參考這一系列的學規，可看上列學規類編，卷一至卷三，以及白鹿書院志，卷六至八。

仿朱子的「學規」，於會約前，列朱子「學規」。顧謂他不過發揮「學規」之說，而不敢妄為增益。他列舉「四要」（知本，立志，尊經，審幾）「二惑」，「九益」，與「九損」，周詳懇到[59]。一般認為朱子「學規」，在中國歷史上，影響頗大[60]。此種學規，不僅在書院中，整合了倫理道德的導向，也同樣影響於官學。大漢和辭典曾舉出八部書，與朱子「學規」有關。此八部書俱是日本有名的新儒家所撰，包含日本傑出的新儒家山崎闇齋（一六一八—一六八二）與佐藤一齋（一七七二—一八五九）。這正可量度「學規」在日本的影響[61]。

有謂朱子「學規」，乃受佛門清規的影響，尤其是淮海（七二〇—八一四）之百丈清規[62]。我殊不以為然。百丈清規在朱子時，早已大半散佚。隨後重編。其中有八篇，多為宗門詩偈，並討論佛寺組織，繁瑣禮儀等等。假若朱子以之為模式，則其「學規」必變得非常繁瑣。我深信朱子亦不需要這一種模式。要言之，朱子在各方面都有他自己的創意。若說朱子需要一種模式，那他會之於心的一種，無寧是呂大鈞（一〇三〇—一〇八二）的鄉約。鄉約列有四大類，「德業相勸」，「過失相規」，「禮俗相交」，與「患難相恤」[63]。朱子於鄉約頗多感發並加以增損[64]。

(3) 課程：在書院中所授何課？所用何書？吾人並無資料。吾人僅知孟子與管子為日課[65]，雖則是後於朱子之時。在文集卷七十四，在白鹿洞書堂策問與白鹿洞書院學規兩者間所保存的文獻，都顯示其重點多在語孟。除強調讀書之要外，對語孟這些經典，都有專篇。（譯按此即孟子綱領與論語課會說）。與朱子在一一五三至一一五六年任縣主簿時，同安縣學中課授與問答相較，顯而易見地，以前側重者為所有儒家經典，而現在則僅側重選授幾種。朱子在一一九〇年輯纂大學，論語，孟子，以及中庸為四子書。在以後的數百年，四書支配了中國人的思想。吾人可否設想，在白鹿洞書院所授的課程，乃是從一般儒家經典，演進到四子書的一個過渡時期呢？

(4) 講學：朱子當官事有暇，偶亦親自主講外，他在一一八一年二月邀請陸象山講學於白鹿洞書院。象山偕其門人來訪，請朱子書其呂祖謙爲其兄所撰之墓誌銘。象山應朱子之請，選講論語里仁篇第十六「君子喻於義，小人喻於利」一章。聽者淚下，朱子復以子靜（陸象山）講義刻於石[66]。

59 東林會約，載于顧端文公遺書（一八七七年本），頁四下至十七上。

60 盛朗西中國書院制度，頁五十六（有謂「白鹿洞學規，所說尤爲諸儒所取法」），以及陳元暉等，中國古代書院制度，頁三十七—三十八。

61 大漢和辭典，卷八，頁四〇。

62 盛朗西，前書，頁二十一；陳元暉等，前書，頁一三八至一三九。百丈清規載于大正新脩大藏經，頁二〇二五。

63 鄉約全文載于宋元學案，卷三十一，呂范諸儒學案。

64 文集，卷七十四，增損呂氏鄉約，頁二十三上—二十九下。

65 同上，卷八十一，跋白鹿洞所藏漢書，頁二十四上，（有謂「尙藏其手抄孟子，管子書，是洞中日課也」）。

66 關於講義，參看象山全集，卷二十三，頁一上至二上；關於朱子序跋，參看文集，卷八十一，頁二十五上（有跋金谿陸主簿白鹿洞書堂講義後。跋中有謂「熹率寮友諸生與俱至于白鹿書堂，請得一言，以警學者。子靜旣不鄙而惠許之……蓋聽者莫不悚然動心焉……復請子靜筆之於簡而受藏之」）。

有的想到象山此講，實開明代會講之先聲[67]。我則以爲象山主講，最多只能視爲後來主講進展到講學會場之一雛型範例。會講之會場，備有筵席等等，是很高等地組織，而且常常進展到討論時，不只一位主講者。朱子開放白鹿洞書院之門，以延請一位與他學旨相反的主講者。這種激烈轉變，必然地導致明代講學辯論之風。多少世紀以來，在白鹿洞書院，講學有名之士，不勝其紀。若干成員爲朱子門人。

(5) 供祭：當白鹿洞書院在一一八〇年三月建成，朱子率諸生恭脩釋菜之禮，以見於先聖孔子，並配以孔子高弟顏子與孟子[68]。一一八一年，朱子在南康解職。繼任爲錢聞詩。朱子需要立一孔廟，而不須像設。朱子主張在供祭時，於其地立一牌位卽可。錢子不以爲然。朱子則謂，若必須像設，只塑孔子坐於地下則可，以免孔子有匍匐就食之譏。此亦適朱子在別處所見之例。但對朱子言，實猶有所憾，因錢子又不謂然，仍塑一立像。後來朱子撰跪坐拜說一篇，文中追敍順從錢子之議，但以其事之本末，揭之廟門之左[69]。在一一九二年，語類中力謂塑像高高在上，甚無義理[70]。一一九五年時，朱子致書友人（譯按曾致虛），猶追敍其事，爲之悵然[71]。

朱子並沒有在學校中，開始行祭孔之禮。不過，他在重建書院落成之日，祭告先聖，而且在他的精舍，供奉孔子，開始他的日課。他強調供奉之在教育上的重要。漸漸地，祭孔之在書院中，也具有引人入勝的地位。紀念北宋新儒家，尤其是周敦頤（一〇一七—一〇七三），程顥（一〇三二—一〇八五），程頤（一〇三三—一一〇七）以及朱子本人的特別祭壇與祠堂，都已建立。最後若干紀念朱子的祠，變爲書院，而若干書院則又變成朱子的祠。許多書院，自然也有其鄉賢的祠或是屬於他新儒家自已學派的祠。但大體言之，書院中的祠，都是專爲紀念朱子學派的新儒家的。換言之，書院的供祭，都非常密切地關聯著朱子傳統的新儒學。

(6) 藏書：當白鹿洞書院開創之初，未有藏書。朱子致書各官員，請其捐獻。亦有少數復書捐贈數册⑫。朱子亦自捐漢書四十四通。此乃朱子為劉子和作傳，其子以先人所藏漢書為謝⑬。又奏乞朝廷頒賜太上皇帝御書石經版本九經註疏及語孟⑭。但是即在他離開南康任所，書仍未到。在一一八一年的奏劄，再向朝廷請求，終從其請⑮。除搜集書册外，朱子亦

---

⑰ 陳元暉，前書，頁一四一至一四五。

⑱ 文集，卷六，白鹿洞成告先聖文，頁三下至四上。

⑲ 同上，卷六十八，跪坐拜說，頁一上至二下。

⑳ 語類，卷三，第七十四條，頁八十三。

⑪ 文集，卷四十六，答曾致虛第二十書，頁七下，〔如謂「……但今已成，恐毀之又似非禮，此更在尊意斟酌報之也」〕。

⑫ 同上，別集，卷六，與黃商伯書，頁十五上。〔有謂「白鹿洞成，未有藏書，欲干兩漕，求江西諸郡文字，已有劄子懇之，及前此亦嘗求之陸倉矣。度諸公必見許。然已見有數册」〕。

⑬ 同上註65。

⑭ 宋代九經：易經，書經，詩經，春秋，左傳，禮記，周禮，孝經，論，孟。

⑮ 文集，卷十六，奏為乞賜白鹿洞書院敕額及國子監九經註疏，頁十一下。貼黃，頁十八下，〔「印版本九經疏、論語、孟子等書，給賜本洞奉守看讀」〕；卷十三，延和奏劄七，頁十九上，〔「乞以太上皇帝御書石經，並版本九經注疏，給賜本洞，今亦未蒙施行，而朝野喧傳相與譏笑，以為怪事。臣誠恐懼，不敢不盡其說」〕。卷九十，曹立之墓表，頁七下，〔「所請白鹿洞書院賜額，有旨施行」〕。

飭人將邵雍（一〇一一—一〇七七），程頤與其他諸儒著作，刻之於石[76]。最堪玩味者，在十七世紀初期，書院藏書中，並沒有朱子指導其門人所輯之小學一書，與他與呂祖謙合纂之近思錄[77]。

為使書院重建的本末，傳之後代，朱子商之呂祖謙，為之記並刻之於石。朱子對此事異常鄭重。他與呂祖謙對初稿一段一段地反復討論[78]。最後記文定本，朱子以二本分寄二友人[79]（譯按其中一人為梁文叔），並請隸書入石，（譯按係請黃子厚）[80]。定本較原稿甚短[81]。呂記中撮要有三點：儒家須迎頭趕上釋老，重振儒家聲勢，加強學制與提倡聖學。正如呂記中所指陳，釋老之宮圮於寇戎者，斧斤之聲相聞，各復其初，獨書院委於榛莽。朱子更為具體。據朱子按考，廬山老佛之祠，蓋以百數。至於學校，合軍與縣，僅有三所[82]。今佛老之宮，徧滿天下，大郡至踰千計。小邑亦或不下數十。至於學校，則一郡一縣，僅一置焉[83]。這顯示儒者之學，已受厄於異端。

呂記中亦慨嘆由於王安石（一〇二一—一〇八六）之反對，未能採納程明道（程顥）學制之建白。顥建白朝廷一種教養考察賓興之法。其法為凡有經義明達、德業充滿者，自縣州郡舉升於太學，朝廷任官，亦以此賢能為依據。不幸王安石當政，實行新法。兩程兄弟雖激烈反對，但安石仍求急功近利，認明道之議不切事情，其議遂格。馴至其結果，在策試與在學校方面，文章章句之學盛行[84]。程氏兄弟與朱子以此種文章詞句之學，實為俗學，不足以盡聖人之教。在朱子，亦如兩程兄弟，學在學聖人。其學旨，朱子在白鹿洞賦中，有兩詩句頗足以撮其要義，「明誠其兩進，抑敬義其偕立」[85]。明誠的觀念，源於中庸第二十一章。但到了張載（一〇二〇—一〇七七）益能發揮其旨，並把明誠與德性與知識的關聯予以平列。在張載正蒙第六章誠明篇中，張謂人若能變化此導致人欲之氣質，即可復其原爲天所賦予之天理。此種變化，僅能得之於德性之知，而毫不萌於見聞之知[86]。

敬義之說，當然是語孟中的敎義。不過，以敬義並列地闡釋，實是程氏兄弟特殊的貢獻

[76] 同書，卷八十一，書康節誡子孫文，頁二十一上；跋伊川與方道輔帖，頁二十二上；卷八十二，書伊川先生與方道輔帖後，頁十八下；卷八十三，書邵康節誡子孫眞蹟後，頁十五上；別集，卷七，跋所刻和靖帖，頁十上，跋所刻包孝肅詩，頁十下。

[77] 白鹿書院志，卷十五，頁三上至八上。小學由朱子所主使，其門人纂輯成書。

[78] 文集，卷三，與呂東萊第八十書論白鹿書院記，頁二十一上至二十三上。

[79] 同上，別集，卷六，與黃商伯，頁十五下，（有謂「白鹿洞記，納去一本。又一本寄梁文叔」）。

[80] 同上，正集，卷三十四，與呂伯恭第八一書，頁二十三上（朱子有「屬黃子厚隸書到即入石矣」等語）。

[81] 東萊集，卷六，頁四十二。

[82] 文集，卷十六，貼黃四，頁十八上。

[83] 同上，卷十三，延和奏劄七，頁二十上。

[84] 同上註[78]。

[85] 文集卷一，白鹿洞賦，頁二下。

[86] 本章誠明篇，英譯可參看陳榮捷，中國哲學資料書（普林斯頓大學出版部，一九六三），頁五〇七至五一四。

87。這些儒家基本教義，爲官學所忽視，而官學只著意於文章之學。有如呂記中所強調，書院重建，乃在重振關洛之緒言，重窺張程之門庭。書院之復，豈苟云哉88。此誠朱子與呂祖謙反復討論時之論點。書院重建，並非有意取代官學系統，亦非改變教育導向。但在朝之士或將視書院之設，縱不構成威脅，實乃一種挑戰，則可以預見。此即可解釋朝廷之所以厭於以及持久地延緩頒賜扁額與書籍之故。

當朱子罷歸，諸生相餞於白鹿89。朱子極關懷書院前途。他致書白鹿長貳，以書院經雨隳損，想已加葺治，以及聞又得宣城書籍，俱以爲慰。並垂詢諸生今幾人90。朱子復致書友人楊伯起，憶敍白鹿舊遊，恍然夢寐91。在朱子離後，其門人在講堂之西，立祠供奉。但由於朱子之請，其祠遂廢。朱子歿後乃立祠以祭，並以祀其他新儒家92。

書院前途，得力於朱子兩位門人李燔（一一九〇進士）與張洽（一一六一—一二三七）相繼爲白鹿洞書院堂長。黃榦、陳宓（一二二六年卒）講學於其間93。其後傑出新儒家如胡居仁以及陽明（王守仁，一四七二—一五二九）高弟蔡宗兗，亦繼長白鹿洞。王陽明曾捐地，其高弟鄒守益（一四九一—一五六二）並爲周敦頤、朱子、陸象山，與王陽明諸儒作傳，以教書院諸生94。許多卓越的新儒家與書院之關係，幾不可分。不過陳獻章（陳白沙，一四二八—一五〇〇）在五十四歲，邀請爲書院堂長時，卻拒受其請。白沙寧願留粵95。

(七) 廬山及武夷與朱子的兩項傳奇

書院不僅與諸儒，幾不可分。在廬山還有一個代代相傳信仰方面的傳說。一般廬山居民也多認同於書院。居民相信朱子終生居在山中，具有超人力量。沒後葬於山中。依照傳說，一個狐狸精假冒一年輕婦人，來與朱子同居，並服侍他。此一婦人，帶來價值連城的珍珠，勸說朱子飲吞，然後便可變成朱子大智慧的源泉。後來，另一青蛙精，亦同樣冒作年輕婦人，也來與朱子同居。某天，兩婦人勃谿相爭，次日俱消失。在書院的一座老舊的橋下，發

87 遺書（四部備要二程全書本），卷五，頁二下（「敬義夾持」）。卷十八，頁十九上，（「敬只是涵養一事……須當集義」）。此一理念導源于易經，坤卦文言（「君子敬以直內，義以方外，敬義立而德不孤」）。

88 東萊集，卷六，頁四下，及文集，卷二十四，頁二十一上至二十二下。

89 語類，卷一〇六，第七條（頁四一九六）。

90 文集，卷五十二，答白鹿長貳，頁四十六上。

91 同上，別集，卷六，與楊伯起，頁二十下。

92 白鹿書院志，卷二，頁四上下。

93 同上，卷五，頁七上至九上。（譯按：〔可參考陳榮捷教授大著朱子門人，李燔，頁一二九，「九江（江西）郡守，請爲白鹿書院堂長。學者雲集，講學之盛，他郡無與此」。張洽，頁一九二，「時袁甫提爲江東刑獄；再以白鹿書院廢弛，招洽爲長。洽曰「嘻，是先師之職也。其可辭」？。陳宓，頁二一六，「與諸生講論白鹿洞書院」〕。

94 同上，卷五，頁十下至二十三上；卷六，頁十七上。

95 同上，卷五，頁十七下。

現死去一狐一蛙。朱子在書院的林下，葬之以禮[96]。

在武夷山，我遇著類似的傳奇。依照這個傳奇，一年輕婦人名麗娘，來到朱子的書室，並與之同居。不多時，一對擺渡烏老頭夫婦警示朱子，此一年輕婦人，係一狐狸精，是來偷竊朱子所承繼的玉碗。當朱子似不信其說，此一對老夫婦乃以秘密竊竊私告。於是朱子夜夜提防。此年輕婦人緊隨朱子。但最後入睡，二支碧綠玉筷，從她鼻孔伸出放光，最後墜地，形成狐狸形影。當她醒來，她承認是一個狐狸精，在此山中修鍊，已有一千年。她說，此一對擺渡烏老頭夫婦，爲她所訓練，實是兩隻烏龜精。她接著說，沒有這筷子，她必須離開此地。她頓時消失。朱子懊傷之餘，在窗前執筆紀其事。但此筆飛馳如矢。當此一對老夫婦被射中，立現原形，原是一對烏龜。某一天，當朱子散步於花間，他發現一個死狐狸死於其中。朱子也敬重地予以埋葬。此一對龜，被罰成爲崖石，迄今仍躺於武夷河八曲河岸，狀若石龜[97]。此成爲廬山傳奇之來源，因爲武夷山曾是許多神話的淵藪。

廬山居民至今是否仍然相信此一傳統，誠不可知。不過它確是一個白鹿洞書院傳統持續傳之久遠的一部份。更具體的傳統，是其場地與建築。當我在一九八三年八月往訪這書院，我發現其情況非常之好，維護得也很好。這在幾百年以來，歷經無窮的毀壞與重建之後，是很難得的。在大門口，有一公告欄，附有書院佈置圖。由午乾門進入。有六個石柱，柱上有三幅扁額，頗有藝術模樣，但無題碑。午乾門約四公尺半高，九公尺寬。在明代建立。由大門進去，我們在兩傍可發現有荷花池，荷花盛開。據說爲朱子所種植。大約再距四公尺遠，是禮聖門，上刻「白鹿書院」四大字。此門雙層屋頂，看來像一座建築物，不像僅僅是一走道。右爲御書閣，曾用作守藏宋代一皇帝所頒贈的九經，但現在則用作其他用途。再往禮聖門前進，約四公尺，可到達禮聖殿，一般稱爲孔廟。在清代曾重建三次，而在一九六〇年以來，全毀於文化大革命。在我往訪之前一年重建。殿中未藏有聖像 但有吳道子（七九二年卒）所畫的石刻像。禮聖殿右側爲明倫堂，一四三六年建立。維護完好，雖然進門口兩石柱上朱子的對聯，有一個錯字。在堂後，在另一建築之下，有一路基，路基下有一小洞，內有一個白鹿，四足站立。據說是明代雕刻。在禮聖殿左側的公園內，有許多書法的石碑。有些都被文化大革命破壞。此後，公家建造了三座牆，來放置一百三十多個石碑，大半爲明清選品，其中有鄒守益的書法石碑。更有意義的，是朱子的白鹿洞賦，陸象山的「君子喻於義」講章，以及二賢的「書院學則」，程端蒙與董銖二賢合撰的「學則」，很完整地刻在一個石碑上。公園中有紅褐色的丹桂花，據說亦爲朱子所種植。這是個疑問，但是可能的。「風泉雲壑」四個大字的眞跡，刻在懸崖上。還有二個一樣大小的兩個字（約十八平方吋），「枕流」，在溪流之中。吾人誠不可知，假若朱子有無眞的枕於崖石之上。但他一定會跟許多友人共享

(八) 朱子重建嶽麓書院

96 Carl F. Kupfer 所著 Sacred Places in China 一書，本故事見於白鹿洞書院一章中。我對任教于紐約州立大學伯罕頓分校 (Binghamton) John Chaffee 教授提供我是項傳說資料，深致謝意。

97 關於整個故事，可參看武夷山民間傳說（福建人民出版社，一九八一），朱熹和麗娘，頁二十八至二十九。

此崖，此溪，與此許多亭閣之樂。

朱子所重建的第二所書院，就是同負盛名的嶽麓書院。一一六七年，朱子訪張栻於長沙，那時張栻正在長沙講學。朱子曾從其師李侗（一〇九三—一一六三）受學。其說爲默坐澄心而後察識。朱子不滿其說。朱子聞張栻受學於其師胡宏（一一〇六—一一六一）。宏之說，則爲先察識後涵養。朱子欲往與張栻討論其說。所以在一一六七年八月，朱子往長沙，門人二人侍行。據其中一人范念德說，兩先生論中庸要義三日夜，而不能合[98]。中庸之義，爲喜怒哀樂之未發謂之中，發而皆中節謂之和[99]。朱子及門人留長沙再閱月，與南軒（張栻）偕登衡嶽。旅遊中唱酬詩達一百四十九首，十一月廿三日與敬夫（張栻）別[100]。王懋竑（一六六八—一七四一）謂朱子與張南軒講論，於文集語錄，皆無所考[101]。但據嶽麓誌，兩人論中庸要義有一月[102]。嶽麓書院通訊也說，朱子講學於其間，並親書「忠孝廉恥」四個大字刻於石，至今仍藏存書院。朱子也爲書院場地的若干巷道與亭閣，或題名或題額[103]。雖說朱子在書院有無講學，並無記載，仍可以十分合理地推測，朱子是會在那裏講學的。

在一一九三年，那是二十六年後，朱子除知潭州荆湖安撫使，據點長沙。朱子次年五月到任。朱子發覺書院未獲完善修理，立卽計劃重建。到任兩月，他開始革新重建書院。他從三方面着手。第一，增員額並別置額外學生十員。日供米飯與廩給，並請醴陵黎貴臣貢士充講書職事[104]，國子助教鄭一之[105]同行措置[106]。朱子揭示白鹿洞書院學規，作爲培養嶽麓諸生的德行的準程[107]。

第二，朱子重建嶽麓書院。依據最早現有一四三一年的年譜，朱子擬在爽塏之地重建書院[108]。朱子在與蔡元定書中，討論嶽麓座落事甚詳，告知元定前次畫圖，乃廷老所定；彥忠反對，較喜另一座落，合在凮雩右手，僧寺菜畦之中；他屬廷老更畫圖；又恐代者乃一毀道學之人，將敗其事⑩⑨。朱子離任以後，書院是否重建，這沒有記載。但吾人確知此項修復工作，已經開始⑪⓪。王懋竑沒有看過最早的年譜，是以反對較後各年譜的同樣記載。他力辯朱

⑨⑧王懋竑，朱子年譜，卷一下，頁二十九。
⑨⑨中庸，第一章。
⑩⓪王懋竑，朱子年譜，卷一下，頁二十九。幷見，南軒先生文集，卷十五，南嶽唱酬序。
⑩①同上，頁二五七。
⑩②嶽麓志，頁四。
⑩③嶽麓書院通訊，一九八二，第一期，頁三。
⑩④黎爲朱子門人。關於黎貴臣，參看宋元學案，卷六十九，（「黎貴臣，醴陵人。從朱子受業，講明道學，士類多宗之」）。又朱子門人，頁三四八。醴陵爲湖南省之一縣。
⑩⑤一之字仲履，湘潭人，始受業於張栻，後從朱子遊。可參看朱子門人，頁三四一，又參看嶽麓書院通訊，一九八二，第一期，頁二十七。
⑩⑥文集，卷一〇〇，潭州委敎授措置嶽麓書院牒，頁十三。
⑩⑦嶽麓書院通訊，一九八二，第一期，頁二十五。
⑩⑧葉公回，朱子年譜，繫於一一九四年。戴銑，朱子實紀，卷七，亦繫於一一九四年。
⑩⑨文集，卷四十四，與蔡元定（季通）第七書，頁八下至九上。廷老是饒幹的號。朱子門人，長沙縣宰。關於饒幹，參看宋元學案，卷六十九，頁二十八上。彥忠是陳士直的號，亦是朱子門人。關於陳士直，參看宋元學案補遺，卷六十九，頁二〇三下，（有謂「文公弟子」）。
⑪⓪文集，卷二十九，與王樞使（謙仲）劄子，頁十二上，（「長沙版築，不容中輟」）。

子至潭，牒委教授與黎鄭兩君同行措置，而絕未有改建之議。李洪兩譜俱言改建於爽塏之地，未詳所據[111]。不過朱子書牒，僅關切到別立員額，並不需討論重建事。至若書院最後的座落需要再設計，那都不排除這個重建計劃最後的採納與執行。總之，在王懋竑提出反對之前與後，書院之重建，已無問題地被學者所接受的。

在湘江西岸的湘西精舍，王懋竑亦提出置疑。朱子致書友人劉智夫，謂「渠（廷老）爲作湘西精舍已成」[112]。朱子又致書其繼任王謙仲樞使，請其「得賜一言，俾遂其役」[113]。最後復謂「湘西扁牓，饒宰寄示」[114]。懋竑力辯謂嶽麓乃朝廷勅額，卽改建不容別爲之名，又不容別有扁榜。豈嶽麓未改建而饒宰別爲作湘西精舍乎，凡此皆不可信[115]。設若懋竑看過嶽麓志，則可以釋疑，因其明謂湘西精舍築於河旁也[116]。予疑精舍乃書院宿舍之類。

第三，朱子曾講學於嶽麓書院，而且吸引學者多人。根據最早現存的年譜，學者由鄰郡集來長沙者至衆。朱子雖郡事甚勞，夜與諸生講論，隨問而答，懇惻至到，聞者感動[117]。據嶽麓書院通訊，書院中有諸生千人。書院池中水涸，難供馬匹[118]。若說這是一種誇大，但在郡學與書院裏，都有朱子講學的記載。在語類裏，有這樣的記載。甲寅八月三日，是晚集聚于先生之長沙郡齋，聽講請教者七十餘人。講論重點，集中於讀書之須涵泳。朱子堅以讀書須要涵泳，須要浹洽[119]。雖說講習地點，是在朱子的郡齋，但若說僅郡學學員參加，這實在不合情理。卽使不是很多，若干參加的人，必定是書院諸生。這也有朱子在書院講學的記載。有一次，先生（譯按指朱子）至嶽麓書院，抽簽字，請兩士人講大學語意。兩人講解，皆不分明。先生遽止之，並諭諸生曰，「前人建書院，相與講學，非止爲科舉」。朱子悃然地云，「某自到官，甚欲與諸公相與講明，但由於書院與郡齋一江之隔，又多不暇，不能如願常來」。朱子又云，「明日煩教授諸職事，共商量嶽麓書院一規程，將來參定，發下兩學，共講磨此事」。於是朱子繼續講到大學首句「明明德」[120]。朱子心目中的規程或者就是朱子最後爲長沙嶽麓書院所採用的白鹿洞書院的「學規」。根據所有年譜，朱子留長沙三月。雖治郡甚勞，但夜則和諸生講論。

(九) 嶽麓書院的景況

湘西精舍，今已無從查尋。但嶽麓書院則是非常完好狀態。卓越的新儒家如張栻與吳澄

---

111 王懋竑，朱子年譜，考異，卷四，頁三二六。

112 文集，別集，卷二，與劉智夫書，頁八上。

113 同上註110。

114 文集，續集，卷七，答王樞使，頁四下。

115 王懋竑，頁三二六。

116 嶽麓志，頁三上。

117 葉公回，朱子年譜繫於紹熙五年甲寅（一一九四）。在戴銑，朱子實紀，與王懋竑，朱子年譜，頁一九一，俱有同樣記載。

118 嶽麓書院通訊，一九八二，第一期，頁二十六。

119 語類，卷一一六，第十五條（頁四四四七）。

120 同上，卷一〇六，第四十二條（頁四二二〇）。

（一二四九—一三三三）都曾撰寫過這書院的光榮往事。數百年以來，這書院有毀，有重建，也有擴充。許多建物，毀於文化大革命時期，但在明清兩代建築物，還是完善地維護與修復。重建工作，較之任何其他教育機構，做得非常有力，也獲致很大的成效。在本世紀，書院作過許多學校的用途，在一九二四年，此書院變爲湖南大學的第一院。一九八二年中共宣稱長沙爲一個文化歷史的城市，書院也是一個重要的文化遺跡。當我一九八三年往訪書院，導引我的，有嶽麓書院研究所的所長，幾個研究員以及湖南社會科學院的成員。我們進正門以前，來到赫曦臺。朱子在一一六七年爲之取名。這臺原在嶽麓山巔，書院背後一個關鍵的位置，可以觀日。這座臺，日就湮沒。一七八九年，院長在現址建一亭，一八二一年，此亭仍取名爲赫曦臺，以懷念朱子。在我訪問以前，剛好改造與油漆。接待我的人告我，他們之所以特別關切於此亭，因爲此亭正象徵朱子在書院歷史中的崇高地位。牆上有「福」「壽」兩個大字。據說出自道士手筆，用掃帚與黃泥土所寫。甚至有人相信此道士已獲長生。這兩個字，現是黑色，顯然在近來是修整過了。

亭右約一里，有一池。當朱子講學時，池裏水都爲馬所吸盡。其間有一小亭屹立。亭右約三里，另有一池，其中尚有一亭。此亭爲書院院長在一七八九年所建。

距赫曦臺向前走約一里，有一正門，建於一八六八年。此門約二十四呎高，並有二個方形石柱與十二層的臺階。門頂有一石額，上寫「嶽麓書院」，金色，在一九八〇年，由明刻複製。據說是眞宗皇帝（九九八—一〇二二）所書。在石柱上有一對聯，作者及寫者俱已不知。在一九八〇年攝製木刻。在正門與講堂大廳之間，通常有一個二門。此門在一九三〇年代，毀於抗日戰爭中。在一九八四年上期，經已重建。

向正門前進，約二里，便是講堂，此爲書院中心。在十八世紀初重建，一八六八年再予翻造。連同庭院與邊房，面積佔九十平方公呎。這是一個很大的單位。正廳的牆壁，紛列着木扁額，木對聯，與石碑，而且還有更多的石碑，藏於特別的房間。其中最重要而著名的，便是朱子所寫「忠孝廉節」四個大字。每個石碑高二一三厘米，寬一四一厘米。每個字高一六九厘米，寬一二三厘米。無疑地，這是朱子所留給吾人最大的書法。這些石碑，在一八二七年，爲院長所裝置。因爲這些石碑，這個堂稱爲忠孝廉恥堂。最有興趣的，有四塊石碑，刻有朱子在一一六七年爲張栻餞別的詩。全碑散失於對日戰爭，其中有二塊，近已發現。雖則有一碑已經殘破，兩傍字跡，尙灼然可見。也有若干模仿朱子「學規」的「學則」石碑。

在正門與大講堂之間的左右側，朝南北向，約有三十個書齋。這些書齋，都是對日戰爭之後重建的，現用作辦公室與課室。建設委員會的計劃，擬重建五十二個房間，有如宋代一樣。大堂的右側，原有八景，使得這個地區最爲幽美。這八景毀於對日抗戰，地區待修復。左側有孔廟，戰後重建。進入孔廟場所之大門亦然。這場地上的石階、石獅、石牆等等，都是自清代以來的遺物。建設委員會的人告我，這整個孔廟的場地，不久將予重建與改造，並用作文化交流的活動。

向前半里，我們到達了一個爲戰爭所毀的以前的一座大樓。又約半里之遙，是以前保藏御賜書籍的御書閣，也同樣毀於兵。現在這座御書閣已成爲現代化的辦公大樓。現正計劃用宋代樣式並用原名，以重建此御書閣。在此地區內，許多明代建築，曾用來祭祀周敦頤、二程兄弟、朱子、張栻以及書院中的若干領導人物。這些建築，都情況良好，用來作辦公室與宿舍。總之，比起所有的教育機構，嶽麓書院是保存最完善，恢復最好，風景最美而且最充滿活力的[121]。

(十) 朱子與書院的廣泛關係

朱子除了重建這兩所著名的書院之外，據說他在建陽創立了同文書院，距竹林精舍約西南六十公里。傳統上是他藏書之所。我在建陽有人對我說，連那書院的座落，已不再知曉。我相信朱子或者爲着特殊原因，藏書於其地，但這個地方變成一個書院，一定是朱子歿後，在某一個時間，用以紀念他的。事實上，這裏有證據證明書院重建，是在朱子卒後數十年[122]。也有人宣稱，當朱子爲同安主簿時，曾在金門燕南山中建燕南書院，此島爲同安所轄屬[123]。這似乎不像是眞事，那時朱子僅二十餘歲，甚至在他未設一精舍之前，他卽建立這麼一所書院。事實上，假若他訪問外島，就大有可疑。確實地，沒有一個朱子的門人，是來自外島。

這並不是意謂朱子與書院之關係，僅限於寒泉、武夷、竹林、湘西，諸精舍以及白鹿洞與嶽麓書院。朱子至少在六所其他書院講學過[124]。他爲三所書院作記，以及爲另一所書院作詩並附序[125]。他在某一書院也停留過一段相當長的時間[126]。朱子至少爲九所書院寫過扁額。這九所，完全不同於前面剛提及的[127]。除了重複不計外，朱子個人與二十四所書院有關，其中包含三所精舍。若干種類，是相跨的。例如，朱子在這些書院講學，他也爲這些書院題扁額。還有許多其他書院的關係，未見記載或者隱沒在地方志裏。許多廟宇都建立起來來祭祀他。還有許多祠堂的建立，是爲了紀念他的來訪。後來這些大多數的祠堂，都變成書院。戴銑在一五〇六年所寫的朱子實紀，他列舉書院達二十八所⑫⑧。王先謙（一八四二—一九一七）這位湖南大儒在一八八八年所寫的一篇文章，僅湖南一處，他列舉書院十所。除了一所以外，所有書院都在一種或他種方式之下，與朱子有關⑫⑨。至少朱子有八位門人，建立書

⑫① 有關嶽麓書院的歷史，修復計劃與實際工作，傳記與碑額的文題，以及若干圖片，可參看嶽麓書院通訊。

⑫② 建陽縣志（一九二九年本），卷六，頁三十六上，（有熊禾（壯年一二七〇）所撰同文書院的上樑文）一文。我國傳統，造房屋第一件事，便是在屋頂中間上樑。

⑫③ 郭堯齡，朱熹與金門（福建，金門縣文獻委員會，一九七九），頁六。

⑫④ 朱子門人，（如王漢之與麗澤書院），頁六十五。（余思齊之與銀峯書院），頁八十五。（潘友恭之與月林書院），頁三二六。王先謙，湖南全省掌故備考，卷十三，頁三下。楊金鑫，宋代之湖南書院初稿（未刊），頁三，頁七。

⑫⑤ 朱子門人，頁一八三，祝禹圭條，（有謂「朱子徽州休寧縣廳新安道院記……」）。文集，卷七十九，衡州石鼓書院記，頁二十一上至二十二上。卷八十一，跋張敬夫所書城南書院詩，頁二。王先謙，前揭書，卷十三，頁七上。

⑫⑥ 朱子門人，頁二〇五，郭浩條，（「……金華徵獻略載郭氏石洞書院，稱朱子以僞學之禁，遊處甚久……」）。

⑫⑦ 朱玉，朱子文集大全類編（一七二二年本），第八册，卷二十二，頁一上至二下。

⑫⑧ 朱子實紀，第七章。

⑫⑨ 王先謙，前揭書，卷十三。

院，其中尚有門人之父與門人之孫先後承建者[130]。又至少有七人充任堂長[131]。還有至少有六人在書院中講授，其中尚有一位門人有隨遊者數百人[132]。還有至少三人，很有名地在推行白鹿洞的學規[133]。朱子及其門人，在推行書院制度上，在宋代較之任何其他學團，更爲積極與活躍，那是毫無疑問的。

尚有一種書院活動，雖和朱子無直接關係，但必須敍及的，那就是書院的印書。直至今日，書院版，仍被認版本中的善本。我讀朱子書，爲之驚訝不已，朱子竟從事於印書事業，尚沒有作者在任何處提過此事。我作了許多研究以後，或者這是第一次討論朱子印務之文章。我的結論是，朱子印書原因，一部份是由於家貧迫而去尋找許多副收入。另一部份，則是爲了推動新儒家的學說，欲道之行，因而印刷新儒家的書籍[134]。朱子旣印小學一書，作爲武夷精舍之書[135]。我們可確切地說，朱子在那時有名的出版中心的建陽，積極地從事於印書，和竹林精舍定有密切的關係。我們也可以假設，他的印書事業，到後來激發了書院的努力，去出版新儒家的著作。

(十) 朱子書院運動對中國學術及歷史的可能貢獻

所有這些事實，展現在我們之前，我們或者會發出幾個有趣的問題，而且作出一般性的結論。假若朱子及其門人之於書院，沒有做出任何事情，會不會大批佛家制度，最後會取代中國的學校，因而中國變成一個佛教國家，有如日本呢？甚至假若官學卽能夠阻止了佛教的狂潮，爲了科擧的目的，官學是否會終成爲文章之學呢？又甚至假若新儒學在官學中佔有一席地位，那會不會是程朱學派的種種變相呢？那將是王安石的新法抑或是呂祖謙的歷史學派呢？若說歷史學派或會來作主宰，決不是離奇。猶憶我幼時，在鄉學裏，受讀呂祖謙的東萊

130 朱子門人，〔如林學蒙之被聘道南書院堂長〕，頁一五六。〔陳宓之創延平書院〕，頁二一六。〔趙師端之創文公書院〕，頁二九七。〔趙善待之從文公游，其孫壽建鄭山書院，以奉文公〕，頁三〇〇。〔輔廣（稱傳貽先生）之歸，築傳貽書院教授〕，頁三〇三。〔潘友恭之父潘時，建月林書院〕，頁三二六。〔鍾震之從朱子受業，建主一書院講道，鄉士夫咸宗之〕，頁三五五。嶽麓書院通訊，一九八二，第一期，頁二七。王先謙，前揭書，卷十三，頁八下。楊金鑫，前揭又，頁三。

131 朱子門人〔如朱子有詩簡白鹿山長吳兄唐卿及諸耆舊〕，頁九十六。〔九江（江西）郡守請李燔爲白鹿書院堂長〕，頁一二九。〔陳宓始作道南書院，聘林學蒙爲堂長〕，頁一五六。〔黃義勇從文公武夷精舍，爲白鹿洞堂長〕，頁二六〇。〔眞德秀守郡，議創書院，延蔡和爲堂長，會易鎭不果〕，頁三三五。〔王埜建建安書院，請蔡模任席長〕，頁三三六。〔鄧邦老爲道南書院堂長〕，頁三四五。

132 同上，〔胡安之「受業朱晦庵。郡守程公許葺南軒書院，聘先生主講席」〕，頁一六八。〔陳埴久從文公遊，……江淮明道書院主講席，四方學者從遊數百人〕，頁二一九。〔熹作竹林精舍成，遺榦書有「他時便可請直卿（榦號）代卽講席」之語〕，頁二六一。潘友恭及其父時事，同註130。

133 同上，〔如陳宓創延平書院，依白鹿洞規〕，頁二一六。〔如葉武子爲教授時，以白鹿洞「學規」爲準程〕，頁二七九。〔如劉爚遷國子司業，請以白鹿洞規，頒示太學〕，頁三二〇。

134 陳榮捷，朱學論集（臺北，學生書局，一九八二），頁二二〇至二二二，「朱子之印務」一節。

135 文集，續集，卷二，答蔡季通第一二五書，頁二十五下。

博議。這就顯出呂祖謙在一般教育裏，是如何具有影響力。簡言之，假若朱子遠遠孤離於書院，那是否仍然會有程朱學派的新儒學呢？沒有程朱學派新儒學，中國變好變壞不可知，但確定地它將是不同的面貌。

學者們經常提示，程朱新儒學之在中國歷史上盛行，以及變成正統，是由於朝廷提倡，使得朱子的四書集註與其他新儒家著作，在一三一三年，成爲科舉策試的官方基礎。也使得在一四一五年欽命編纂性理大全，在一七一五年，又欽命編纂性理精義。確實地，政府的影響，是巨大的。但我們實不可思議，假若沒有私家書院的運動，性理大全與性理精義二書，是否可以出現？帝王們所關切的，或是利用新儒學，以維持其權威，但是沒有私家書院，則程朱新儒學，將怎樣開始着手呢？我在他處曾提出，朱子在決定新儒學的方向，釐清理與氣之間的關係，發展太極的觀念，提昇仁的概念，建立道統以及纂輯論語、大學、孟子與中庸爲四書[136]諸方面，都是集新儒學之大成。我於此將補充地說，精舍與書院，都是朱子用來實現新儒學的工具[137]。

〔本文原以英文在一九八四宋代教育討論會宣讀，採入該會論文集。中譯發表於史學評論第九期（民國七十四年，一九八五，元月），頁一至三十二〕。

[136] 陳榮捷，朱熹集新儒學之大成，英文本原載 Francoise Aubin 主編之 Etudes Song-Sung Studies 第一輯第一期，一九七三年，頁五九至九〇，萬先法中譯，見朱學論集，頁一至三十五。

[137] 關於精舍與書院關係的演進，以及朱子在推進私人講學的傳統所扮演的角色，有一篇敏銳的討論，參看李弘祺英文本，朱熹、書院與私人講學的傳統。（漢學研究第二卷，第一期，一九八四）。頁三〇一至三三九。

（八〇）諸生與書院

書院創始於唐而盛於北宋。惟至南宋朱子之時，已頹廢零落。朱子重建白鹿洞書院與嶽麓書院（參看頁四七七「朱子與書院」條），書院制度，於焉再生。然書院復興，並非朱子一人之功，其門人與有力焉。

白鹿復作之初，門人卽已參加。朱子白鹿洞賦云，「夫既啓余以堂壇，友又訂余以册書」。下註云，「尋訪之初，得樵者指告其處。客楊方子直，遂贊興作之謀。既而劉清之子澄，亦褒集故實來寄」❶。楊方（隆興元年癸未，一一六三，進士）確爲門人。劉清之（一一三九—一一九五）實是講友，而亦有其爲門人者❷。門人贊助，必有踰於此者。

吾人不知門人之從學於白鹿洞者若干。據志記所載，則有李燔、胡泳、曹彥約、周謨、余潔、李暉、劉貢、熊兆、周方、周亨仲、蔡念誠、曹建、曹彥純、呂炎等兄弟三人共十六人

❶文集，卷一，白鹿洞賦，頁二上。

❷拙著朱子門人（臺北，學生書局，一九八二），頁二六七，三一一。

❸同上，頁八八，一〇二，一三五，一三六，一四二，一四六，一六九，一九四，一九五，一九六，二八八，三一四；三三四；宋元學案（四部備要本），卷六十九，滄州諸儒學案，蔡念誠傳，頁三十一上。

❸。彭方受業於此，亦有可能❹。另李呂晚見朱子於廬山，爲講學友，其子孫四人從學朱子❺。朱子致黃榦（一一五二—一二二一）書云，「李敬子（李燔，紹熙元年庚戌，一一九〇，進士）與一胡君同來，見在書院」❻。胡君卽胡泳也❼。宋元學案補遺謂曹彥約以下六人，所居皆近白鹿洞❽。宋元學案補遺引魏了翁（一一七八—一二三七）之曹昌谷（曹彥約，一一五七—一二二八）墓誌銘云，「朱文公守南康，兄弟親炙之，爲白鹿洞書院諸生」❾。彥約之兄，卽彥純，則居近白鹿者實七人也。

朱子淳熙八年辛丑（一一八一）閏三月南康任滿去郡，故其自六年十月復建書院，只主持白鹿洞書院一年有半而已。在書院期間，有門人一人前來講學。據白鹿洞志，林擇之（林用中）從文公遊最久。晦翁守南康時，擇之來講學洞中❿。其後黃榦、陳宓（一二二六卒）包定，均講學於此⓫。黃榦講乾坤二卦。白鹿洞書院講義除陸象山（陸九淵，一一三九—一一九三）膾炙人口，「君子喻於義，小人喻於利」⓬之外，以黃榦講乾坤爲最著名。其言曰，「乾言德業，坤言敬義。雖若不同，而實相爲經緯也。欲進乾之德，必本之以坤之敬。欲修乾之業，必制以坤之義。非敬則內不直，德何由而進？非義則外不方，業何由而修」⓭。宋史云，「入廬山訪其友李燔。陳宓相與盤旋玉淵三峽間，俛仰其師舊跡。講乾坤二卦於白鹿書院，南北之士皆來集」⓮。聲望之隆，吸引南北之士，歷史上不多見也。白鹿以外，門人講學於書院者有胡安之之於南軒書院，陳埴之於明道書院，與黃榦之於安慶府書院⓯。據考亭淵源錄，陳埴主明道書院講席，「四方學者，從游數百人」⓰。

其任堂長者，則所知共有七人。其中三人長白鹿洞。宋史云，「熹沒，學禁嚴。燔率同門往會葬，視封窆不少怵。及詔訪遺逸，九江守以燔薦，召赴都堂審察，辭。再召，再辭。郡守請爲白鹿書院堂長。學者雲集。講學之盛，他郡無與比」⑰。據考亭淵源錄，黃義勇「從文公游而卒業於黃榦之門。陳宓知南康軍，辟爲白鹿書院堂長」⑱。宋史張洽（一一六一—一二三七）傳云，「時袁甫提爲江東刑獄。甫以白鹿洞書院廢弛，招洽爲長。洽曰，『嘻！是先師之職也，其可辭』？至則選好學之士，日與講說」⑲。其他有林學蒙爲道南書院堂長，蔡

④朱子門人，頁二三三。
⑤同上，頁一一六。
⑥文集，續集，卷一，致黃直卿第五十二書，頁十四下。
⑦田中謙二，朱門弟子師事年考（東方學報，第四十四期，一九七三），頁一六二。
⑧宋元學案補遺（四明叢書本），卷六十九，滄洲諸儒學案補遺，余潔傳，頁二一一上引廬山志。
⑨同上，曹彥純傳，頁三十二上。
⑩同上，林用中傳，頁一五四下引。
⑪白鹿書院志（天啓二年，一六二二，本），卷五，頁七上至九上；朱子門人，頁六十八。
⑫論語，里仁篇第四，第十六章。
⑬勉齋集（四庫全書珍本），卷一，南康白鹿書院，頁二十三上下。
⑭宋史（北京，中華書局，一九七七），卷四三〇，黃榦傳，頁一二七八二。
⑮朱子門人，頁一六八，二一九，二六一。
⑯考亭淵源錄（近世漢籍叢刊本），卷十二，陳埴傳，頁四下，總頁四九二。
⑰宋史，卷四三〇，李燔傳，頁一二七八三。
⑱考亭淵源錄，卷十一，黃義勇傳，頁十九下，總頁四七八。
⑲宋史，卷四三〇，張洽傳，頁一二七八七。

念誠爲延平書院堂長，蔡模爲建安書院堂長，鄧邦老爲道南書院堂長⑳。白鹿洞書院堂長，未爲朱門專利，然聲勢之雄，可爲朱門生色。

更能光大朱門者乃門人之建立書院。宋史謂陳宓「創延平書院」㉑，宋元學案沿之㉒，考亭淵源錄林學蒙傳謂「陳宓始作道南書院於延平㉓，聘爲堂長」㉔。是則「延平書院」，與道南書院，一院而兩名耳。宋元學案輔廣（壯年一一九四）傳又云，廣「奉祠而歸，歸築傳貽書院教授，學者稱爲傳貽先生」㉕。宋元學案補遺引汪佑（一八二七—一八六〇）紫陽書院建遷源流記云，「趙師端，字知道，（浙江）黃巖人。朱子自閩歸徽，……先生兄弟咸師事焉。朱子沒，先生爲徽郡守，始創文公書院於郡學，勉齋（黃榦）記之」㉖。黃榦徽州朱文公祠堂記云，「太守趙君師端至，視其祠褊且狹，不足以稱邦人思慕之意，改刱於講堂之北。且屬榦記之」㉗。此堂成於嘉定七年甲戌（一二一四）。黃榦所記者乃其祠而非其書院。意者趙守改刱朱子祠於郡學講堂之北，而於郡學別處創建文公書院，大有可能。宋元學案補遺鍾震傳引姓譜云，「鍾震，（湖南）湘潭人。從朱晦庵受業。建主一書院講道，鄉士夫宗知之」㉘。此姓譜即明人凌迪知（嘉靖三十五年丙辰，一五五六，進士）所編之萬姓統譜，所載想必有據㉙。此外尚有黎貴臣創辦醴陵縣金龜山下之昭文書院，吳雄建立平江縣風棲鄉之陽坪書院，劉清之創建寧遠縣之九嶷山書院，與私淑門人魏了翁（一一七八—一二三七）在靖州北所立之鶴山書院。皆在湖南㉚。又有門人潘友恭之父潘畤建月林書院，趙善待（一一二八—一一八八）之孫建鄭山書院㉛。一共十處，可謂成一強大之書院運動。門人所築書院，大者必有朱子祠。朱子所編近思錄小學等，亦必捧誦。以朱子在白鹿洞書院之揭示爲學規，更不待言。陳宓創書院於延平，即仿白鹿洞規爲校規。葉武子（嘉定七年甲戌，一二一四，進士）爲教授時，以白鹿洞學規爲準則。劉爚（一一四四—一二一六）請以白鹿洞規，頒示太學㉜。以後白鹿洞揭示成爲歷代學規之標準，發生非常之影響，諸生之力也。

⑳ 朱子門人，頁一五六，三三五，三三六，三四五。
㉑ 宋史，卷四〇八，陳宓傳，頁一二三一二。
㉒ 宋元學案，卷六十九，陳宓傳，頁十三上。
㉓ 今福建南平縣。
㉔ 考亭淵源錄，卷十三，林學蒙傳，頁十七下，總頁五六二。
㉕ 宋元學案，卷六十四，潛庵學案，頁一下。
㉖ 宋元學案補遺，卷六十九，趙師端傳，頁一六九上下。
㉗ 勉齋集，卷十九，頁二十一上。
㉘ 宋元學案補遺，卷六十九，鍾震傳，頁一七三下。
㉙ 萬姓統譜（萬曆七年己卯，一五七九，本），卷二，頁七上。
㉚ 楊金鑫，岳麓書院和朱熹（岳麓書院通訊，一九八二，第一期），頁二十七；又其湖南宋代書院概況（未刊），頁三至五。
㉛ 朱子門人，頁三二六，三〇〇，並參考頁一五六，二一六，二九七，三〇二，三五五。
㉜ 同上，頁二一六，二七九，三二〇。

(八一) 民國前一年之白鹿洞書院

民國前一年(一九一一)美國人 Carl F. Kupfer 等數人游廬山白鹿洞三日。歸後有如下之報導：

傳說謂朱子畢生住此書院，死後亦葬於此。又謂其來洞時，有狐狸精托身少女與之同居。此精帶來寶珠，使朱子呑之，是爲朱子智慧之泉源。不久又有蛙精亦托身少女來與同居。其後兩女吵鬧，互洩其秘。翌日二精失踪。狐與蛙死屍現於書院入門之橋之下。乃葬於書院叢林。禮成後立石爲記。此橋於是名爲二精之橋。

書院正中有孔廟。內正座爲孔子像。幢已破爛，壇亦已爲烏鴉所居。兩邊爲亞聖孟子像與孔門十五弟子像。廟頂四異獸，二者向南，二者向北。孔廟前有一小室，內設偶像。隔澗有一文章之神(疑是文昌)，面對書院，傳聞凡在此小室攻讀者必考試成名。是以學者爭入此室，至於紛鬧。乃置偶像，以後學者不得再進云。洞前小室亦有孔子像。

書院已無堂長，無教授，亦無人掌管。樓宇十數間，均已荒蕪。有全部間隔拆去用作燒柴者。屋蓋亦有陷落。房間均生野草。木製神位不少，然大多傾倒廢爛。明倫堂甚大，且頗堅固。惟全室空洞。牆間無一掛軸。只有石刻「孝弟忠信禮義廉恥」八大字。堂之後門內邊書朱子白鹿洞書院揭示全文。各處牆上刻銘與扁額尚多。最可紀者爲「與天地參」之一額。

（以上材料載 Kupfer 所撰之 Sacred Places in China（中國聖地）（Cincinatti: Western Methodist Book Co., 1911）頁七十至八十一。Binghamton 州立紐約大學史學教授 John Chaffee 複印該文一份提供。謹此道謝。玆譯其意如右。英譯揭示頗算準確。玆省原文。

二精傳說，自是南康無知居民之迷信。朱子知南康郡只兩年又一月。廬山白鹿洞離郡都八公里。朱子雖常至，然非常住也。死於福建建陽縣，葬在建陽唐石里之大林谷。此傳說疑來自福建武夷山。朱子建武夷精舍（淳熙十年，一一八三）較其復建白鹿洞書院（淳熙六年己亥，一一七九）爲晚。然朱子早已游止武夷，居留此間時間較長，且福建又是神話蓬勃之地。武夷狐精蛙精神話，與此神話酷似。故疑此神話傳自福建。（參看頁一七一「白鹿洞狐狸精」與頁一七三「朱熹與麗娘」條）

(八一) 朱子與張南軒

(1) 兩賢之關係

張栻（一一三三—一一八〇），字敬夫，又稱欽夫，自號南軒。朱子之莫逆交也。兩人首次相會，是在隆興元年癸未（一一六三）冬季。是年有旨召赴行在（杭州）。十一月六日奏事垂拱殿。據語類，「上初召魏公❶。先召南軒來。某亦赴召至行在，語南軒云……」❷。是年朱子三十四歲，南軒三十一歲。翌年魏公沒，「九月廿日至豫章❸及魏公之舟而哭之。……自豫章送之豐城❹。舟中與欽夫得三日之款」❺。三年後（一一六七），攜門人范念德訪南軒於潭州（長沙），九月八日抵達❻。留長沙兩月，十一月六日與南軒暨門人林擇之（名用中）游南嶽衡山。十三日登山。中間胡實與范念德來會。十六日下山。十九日離南嶽。二十三日至櫧州❼。次日話別。由十日至十六日朱張與林三人唱詠凡一百四十九首，輯爲南嶽唱酬集❽。南軒當時講學長沙嶽麓書院。或云彼官於衡湘間，未知是否。

南軒之於朱子，的是切磋琢磨之益友。書札規勸者屢屢。不止對朱子稟氣而言。他如辭受、社倉、刊書、酒氣，均有所規諫。南軒與東萊（呂祖謙，一一三七—一一八一）有同情之感，均謂朱子猶有傷急不容耐處❾。嘗致書云，「又慮元晦學行爲人所尊敬。眼前多出己下。平時只是箴規他人。是他人不是，覺己是處多。他人亦憚元晦辨論之勁，排闢之嚴。縱有所疑，不敢以請。深恐誤言多而拂論少。萬有一於所偏處，不加省察，則異日流弊，恐不可免。念世間相知，孰踰於元晦。切磋之義，其敢後於他人」❿？又一書云，「觀所與廣仲（胡實）書，析理固是精明，亦可謂極力救拔之矣。然言語未免有少和平處。謂當循前人樣轍，言約而意該。於緊要處下鍼。若聽者肯思量，當自有入處。不然，我雖愈極力，彼恐愈不近也」⓫。答胡廣仲之書，不知何指。文集存答胡廣仲六書，或指討論涵養致知所疑有七之第五

❶ 張浚（一〇九六－一一六四），張栻之父。
❷ 語類，卷一〇三，第五十條（頁四一四六）。
❸ 江西，南昌。
❹ 南昌之西南。
❺ 文集，續集，卷五，答羅參議書，頁十一下。
❻ 同上，正集，卷二十四，與曹晉叔書，頁十四下。
❼ 卽湖南株州市，或作儲州。
❽ 南軒有南嶽唱酬序，載南軒先生文集（近世漢籍叢刊本），卷十五，頁一上至三下，總頁五〇五至五一〇。四庫全書總目提要（上海，商務印書館，一九三三），集部，總集類二，頁四，總頁四一四八，謂五十七題皆三人同賦，不當云一百四十九云。
❾ 南軒先生文集，卷二十二，答朱元晦秘書第四十三書，頁十上，總頁七〇九。
❿ 同上，卷二十，第十一書，頁十一上下，總頁六五九至六六〇
⓫ 同上，第十書，頁八下，總頁六五四。

書，或已不存。六書並無剛厲之氣。然傷急不容耐之病，朱子亦自知其然[12]。南軒之書續云，「兩日從共甫（劉珙，一一二二—一一七八）詳問日用間事，使人歎服者固多。但以鄙意觀之，其間有於氣稟偏處，似未能盡變於舊。……願以平常時以爲細故者，作大病醫療。異時相見，當觀變化氣質之功」[13]。朱子有與劉共父書，討論「姪」應否改爲「猶子」，有謂共父自主張太過，自處太重[14]。南軒云，「讀所與共甫書，辭似逆詐億不信，而少含弘感悟之意，殆有怒髮衝冠之象」，故「卻望兄平心易氣，以審其是非焉」[15]。

朱子出處甚嚴，辭者再三。南軒「向來有疑於兄辭受之間」。與東萊均勸其一出，承當朝廷美意[16]。乾道四年戊子（一一六八），建寧大饑。朱子與耆老建立社倉於五夫里。是爲地方救濟之新紀元，於我國歷史上有特殊之意義。南軒聞之，去書曰，「聞兄在鄉里因歲之歉，請於官得米而儲之。春散秋償。所取之息，不過以備耗失而已。一鄉之人賴焉。此固未害也。然或者妄有散青苗之譏。兄聞之作，而曰王介甫（王安石，一〇二一—一〇八六）所行獨有散青苗一事是耳。奮然欲作社倉記以述此意。某以爲此則過矣。夫介甫竊周官泉府[17]之說，強貸而規取其利，逆天下之公理。……其與元晦今日社會之意，義利相異者，固亦曉然」[18]。南軒所聞，恐是傳言之誤。朱子五夫里社倉記（一一七四），明謂「常平義倉……皆藏於州縣。……深山長谷，力穡遠輸之民，則雖饑餓瀕死，而不能及也。又其爲法太密，使吏之避事畏法者，視民之殍而不肯發」[19]。何利何害，朱子固已了然，固不特義利之分而已也。十一年後（一一八五）東萊門人潘景憲白其父出穀以設金華社倉。朱子爲之記曰，「凡世俗之所以病乎此者，不過以王氏之青苗爲說耳。……則青苗者其立法之本意，固未爲不善也。但其給之也以金而不以穀，其處之也以縣而不以鄉，其職之也以官吏而不以鄉人士君子，其行之以聚斂亟疾之意而不以慘怛忠利之心。是以王氏能以行於一邑而不能以行於天下」⑳。此記似因南軒來書而作，然南軒非不知朱子者也，朱子亦非不知南軒者也。傳聞之誤耳。

又一傳聞之誤，乃朱子酒酣氣張，悲歌慷慨之報導㉑。酒興而歌，事誠有之，然非如謠傳之甚耳（參看頁一三〇「朱子之酒興」條）。朱子因窮而刊書出售，卻是事實。南軒以爲未安，然亦無別法也（參看頁一二七「朱子之印務」條）。

凡此箴規，均出於至誠，朱子亦以至誠接受。嘗以書告南軒云，「近日一種向外走作，心悅之而不能自已者，皆準止酒例戒而絕之，似覺省事。……常苦求之太過，措詞煩猥。近

---

⑫ 文集，卷三十一，答張敬夫第二十七書，頁十五下。

⑬ 同上註⑪。

⑭ 文集，卷三十七，與劉共父第一書，頁十四上。

⑮ 南軒先生文集，卷二十一，答朱元晦秘書第十五書，頁二下至三上，總頁六六八至六六九。「逆詐」出論語憲問篇第十四，第三十三章。「怒髮」出史記（四部叢刊本），卷八十一，藺相如傳，頁一下。

⑯ 同上，卷二十，第二書，頁二上，總頁六四一，卷二十一，第二十五書，頁八上，總頁六七九。

⑰ 周禮，地官司徒，泉府。

⑱ 南軒先生文集，卷二十，第十一書，頁九下，總頁六五六。

⑲ 文集，卷七十七，建寧府崇安縣五夫社倉記，頁二十四下至二十五上。

⑳ 同上，卷七十九，婺州金華縣社倉記，頁十六下。

㉑ 南軒先生文集，卷二十一，第十一書，頁十一上，總頁六五九。

日乃覺其非」㉒。南軒死後有書寄東萊云，「今日請祠，便是奉行敬夫遺戒第一義」㉓。及東萊死，則告劉子澄（劉清之，一一三九—一一九五）曰，「前時猶得敬夫伯恭（呂東萊）時惠規益，得以警省。二友云亡，耳中絕不聞此等語。……今乃深有望於吾子澄」㉔。嘗有書敬夫，謂「大率觀書，但當虛心平氣，以徐觀義理之所在」㉕。此乃以自勉，亦所以勉南軒也。

規勸以外，書札往復關及私事，刊書，友朋過往者亦有之，然以之比較東萊，少而又少。蓋長沙比金華較遠，而浙江又爲首都所在，士人往來者多。然南軒亦講及其止酒決意㉖，建築書樓㉗，與其謝遣生徒㉘之事，而於其子肺病㉙，朱子與伯恭之喪偶㉚，尤致意焉。文集所載朱子書札，幾全是學術討論。只顧及或疑學徒日衆，非中都官守所宜。朱子則不以爲慮㉛，並勸其時祭應用俗禮而已㉜。語類則有數事可紀者。朱子書閣上只扁南軒所書「藏書」二字㉝。南軒廢俗節之祭。朱子問其「於端午能不食粽乎？重陽能不飲茱萸酒乎？不祭而自享，於汝安乎」㉞？南軒曾謂朱子之命官多祿少。朱子云，「平日辭官文字甚多㉟。南軒自魏公有事後在家。凡出入人事之類，必以兩轎同其弟出入㊱。凡此均是以見兩者之親密處。

(2) 論南軒

南軒既是朱子之知己，則其對於其友有贊有評，是意中事。玆從文集與語類觀朱子對於南軒之評價。語類所載，多是南軒死後朱子答門人之問。可謂之蓋棺定論矣。

朱子謂南軒文字極易成。嘗見其就腿上起草，頃刻便就㊲。勸其改一文，則曰，「改亦

只如是。不解更好了」㊳。故其文字「不甚改。改後往往反不好」㊴。然在朱子商議之下，

㉒ 文集，卷三十一，答張敬夫第二十七書，頁十四下至十五上。
㉓ 同上，卷三十四，答呂伯恭第八十四書，頁二十八下。
㉔ 同上，卷三十五，答劉子澄第七書，頁十七上。
㉕ 同上，卷三十一，答張敬夫第二十書，頁九下。
㉖ 南軒先生文集，卷二十一，答朱元晦秘書第二十書，頁四下，總頁六七二。
㉗ 同上，第二十四書，頁八上，總頁六七九。
㉘ 同上，第三十一書，頁十二上，總頁六八八。
㉙ 同上，卷二十三，第五十三書，頁八上，總頁七二八。
㉚ 同上，第五十六書，頁十二上，總頁七三五；卷二十四，第七十一書，頁十一上，總頁七五七。
㉛ 文集，卷三十一，答張敬夫第十五書，頁四下。
㉜ 同上，卷三十，答張欽父第八書，頁二十七下。
㉝ 語類，卷一〇七，第六十一條（頁四二五四）。
㉞ 同上，卷九十，第一三二條（頁三六八四）。
㉟ 同上，卷一〇七，第七十條（頁四二五七）。
㊱ 同上，卷一〇三，第五十條（頁四一四九）。
㊲ 同上，卷一四〇，第五十四條（頁五三五〇）。
㊳ 同上，第九十四條（頁五三五八）。
㊴ 同上，卷一三九，第五十條（頁五三一三）。

其論語說則已改許多。孟子說則不曾商量[40]。因其聰明過人，決斷太快，故看文字甚疎，以麻衣易爲眞道者之書[41]。又以「端莊」二字題僞書東坡（蘇軾，一〇三七—一一〇一）之字[42]。又因其太聰敏，講理太快，說過便了[43]。更不問人曉會與否。是以其門人之敏悟者，理會其說。其資質不逮者，則無着摸[44]。朱子云，「敬夫爲人明快。每與學者說話，一切傾倒說出。此非不可。但學者未到這裏，見他如此說，便不復致思，亦甚害事」[45]。且因其聰明，每看道理不子細。如說心之昭昭爲已發，亦是太過。蓋昭昭乃心之體。心有指體而言，亦有指用而言，不可便以昭昭爲已發也[46]。又如說無極而太極，言莫之爲而爲之，則是說差道理，以初見爲定論。蓋太極只言極至，無所作爲也[47]。故朱子謂「其說有太快處」[48]。又謂「敬夫議論，出得太早，多有差舛」[49]。其未發之云，乃初年議論。後覺其誤，卽已改之。獨惜舊說已傳，學者或未之察耳[50]。朱子謂「南軒見處高，如架屋相似。大間架已就，只中間少裝折」[51]，謂其少日常工夫也。嘗有書敬夫，可算是總評。其言曰，「竊覸所存，大抵莊重。沉密氣象，有所未足。以故所發多暴露而少含蓄。此殆涵養本原之功未至而然。以此處事，故恐視聽之不能審，而思慮之不能詳也。近年見所爲文，多無節奏條理。又多語學者以所未到之理，此皆是病」[52]。

朱子又以南軒與象山（陸九淵，一一三九—一一九三）相比，謂「子靜（象山）卻雜些禪，又有術數。或說或不說。南軒卻平直恁地說，卻逢人便說」[53]。以張呂相提並論更多。「金溪（象山）學問眞正是禪。欽夫伯恭緣不曾看佛書，所以看他不破。只某便識得他」[54]。又謂二者皆令學者專讀程頤（一〇三三—一一〇七）易傳，往往皆無所得[55]。兩者比較，則「欽夫見識極高，卻不耐事。伯恭學耐事，卻有病」[56]。又云，「南軒伯恭之學皆疎略。南軒疎略，從高處

去。伯恭疎略，從卑處去」57。雖是如許批評，然卒謂「伯恭敬夫二人，使至今不死，大段

40 同上，卷一〇三，第四十五條（頁四一四三）。
41 同上，卷一二五，第六十二條（頁四八一一）。
42 同上，卷一四〇，第九十五條（頁五三五九）。
43 同上，卷四十四，第九十七條（頁一八一一）。
44 同上，卷一〇三，第三十五條（頁四一四〇）。
45 同上，第三十六條（頁四一四一）。
46 同上，卷六十二，第一三三條（頁二四〇一）。
47 同上，卷九十四，第十八條（頁三七六二）。
48 文集，卷三十八，答詹體仁書，頁三十八下。
49 語類，卷九十五，第三十九條（頁三八五一）。
50 文集，卷五十六，答方賓王第五書，頁十五上。
51 語類，卷九十三，第六十條（頁三七四四）。
52 文集，卷二十五，答張敬夫第一書，頁二下。
53 語類，卷一二四，第五十四條（頁四七七七）。
54 同上，第二十五條（頁四七六二）。
55 文集，卷五十，答鄭仲禮第一書，頁二十三下。
56 語類，卷一〇三，第三十三條（頁四一四〇）。
57 同上。

光明」(58)。

以上多點批判，均是小怨。大段光明，纔是大德。於本人則謂「敬夫愛予甚篤」(59)。於敬夫則謂「欽夫之學，所以超脫自在，見得分明，不爲言句所桎梏。只爲合下入處親切。今日說話，雖未能絕無滲漏，終是本領。是當非吾輩所及」(60)。與諸生說，則曰，「南軒見義勇爲。他便是沒安排週遮。要做便做。人說道他勇，便是勇。這便是不可及」，說罷嘆息數聲(61)。此是葉賀孫（葉味道，嘉定十三年庚辰，一二二〇，進士）辛亥（一一九一）以後所聞。蓋南軒已去世十餘年矣。

南軒死，訃至罷宴哭之。爲祭文者二。其一兩嘆曰，「嗚呼，敬夫遽棄予而死也」(62)？其一曰，「兄之明……我之愚。……兄喬木……我衡茅。……兄高明……我狷狹。……我嘗謂兄……兄亦謂我……」(63)。屢言爾我，可若生前對話，情義綢繆。朱子祭文未有如是之動人者。數月後致書伯恭云，「欽夫之逝，忽忽半載。每一念之，未嘗不酸噎。同志書來，亦無不相弔者，益使人慨嘆。蓋不唯吾道之衰，於當世亦大利害也」(64)。既而爲之象贊，謂「擴仁義之端，至於可以彌六合。謹善利之判，至於可以析秋毫」(65)。此非可以應酬文章視之也。五六年後，更撰神道碑。南軒之弟杓移書朱子曰，「知吾兄者多矣。然最其深者莫如子」。於是朱子銘其碑曰，「蓋公爲人坦蕩明白，表裏洞然。詣理既精，信道又篤。其樂於聞過而勇於徙義，則又奮厲明決，無毫髮滯吝意。……公之敎人，必使之先有以察乎義利之間，而後明理居敬以造其極。其剖析開明，傾倒切至，必竭兩端而後已」(66)。友朋之中，朱子爲之撰兩祭文，撰贊撰碑銘者，南軒一人而已。

(3) 朱子與南軒思想之同異

朱子又祭張敬夫殿撰文曰，「惟我之與兄，胳志同而心契。或面講而未窮，又書傳而不置。蓋有我之所是，而兄以爲非。亦有兄之所然，而我之所議。又有始所共鄉，而終悟其偏。亦有蚤所同擠，而晚得其味。蓋繳紛往反者幾十餘年，末乃同歸而一致」67。繳紛往反，皆備於文集。所然所議，則詳於語類。語類所言，多關四書文句。諸生有疑方問，故異超於同。文集所論，乃在基本概念，繳紛而卒也同歸。以下舉其異同之處。總而觀之，足以窺見兩者之始異終同。南軒論語解不取胡寅（字明仲，一〇九八—一一五六）說。朱子不以爲然，

58 同上，卷三十一，第六十六條（頁一二七九）。
59 文集，卷二十四，與曹晉叔書，頁十四下。
60 同上，卷四十，答何叔京第十一書，頁二十四上。
61 語類，卷一〇八，第四十四條（頁四二七一至四二七二）。
62 文集，卷八十七，祭張敬夫殿撰文，頁八下。
63 同上，又祭張敬夫殿撰文，頁九下。
64 同上，卷三十四，答呂伯恭第八十三書，頁二十五上。
65 同上，卷八十五，張敬夫畫像贊，頁十上。
66 同上，卷八十九，右文殿修撰張公神道碑，頁八下。
67 同上註63。

曰，「若是說得是者豈可廢」[68]？「三年無改於父之道」[69]，南軒作可以改而可以未改耳。朱子與之說，若如此說，則雖終身不改可也[70]。「子不語怪力亂神」[71]，南軒以爲無，朱子以爲有，特不語耳[72]。南軒解「天下歸仁」[73]爲無一物之不體。朱子初與之同。後以文義不然，改作克己復禮，則事事皆仁，故曰天下歸仁[74]。南軒解「無適」「無莫」[75]爲「適」是有所必，而「莫」是無所主。朱子則謂無所定亦無所不定爾[76]。孔子謂犂牛之子亦可用[77]，南軒作孔子教仲弓用人。以朱子觀之，南軒牽合，只要回互，不欲說仲弓之父不肖耳[78]。南軒以顏回之不改其樂[79]與孔子之樂在其中[80]不同。朱子則謂只在深淺之間而已[81]。南軒分「觀過」「知仁」[82]爲二說，朱子以爲未甚安帖[83]，南軒以曾子三省其身[84]爲曾子之所以爲仁。在朱子則學者莫非爲仁，不必專指此事[85]。南軒解「仁者能好人」[86]爲仁者爲能克己。朱子以克己乃仁[87]。南軒解「不逆詐」，「不億不信」[88]以先覺人情者是能爲賢。朱子不以爲然。蓋知人之詐與不信，謂之先覺，但不先億度其詐與不信也[89]。南軒以「知者利仁」[90]爲有所爲而爲。朱子謂只順道理而已，不待安排也[91]。南軒誤認孟子勿忘勿助長[92]之意，遂作不當忘，不當助長。不知所謂勿忘勿助者，非立此做的防檢，而乃俱無此而皆天理之流行

[68] 語類，卷十九，第六十七條（頁七〇五）。

[69] 論語，學而篇第一，第十一章。

[70] 語類，卷二十二，第二十九條（頁八二五）；第三十條（頁八二七）。

[71] 論語，述而篇第七，第二十章。

[72] 語類，卷八十三，第九十九條（頁三四三八）。

73 論語，顏淵篇第十二，第一章。
74 語類，卷四十一，第九十條（頁一七〇二）。
75 論語，里仁篇第四，第十章。
76 語類，卷二十六，第九十七條（頁一〇六六）；卷一一三，第三十二條（頁四三七八）。
77 論語，雍也篇第六，第四章。
78 語類，卷三十一，第七條（頁一二五一）。
79 論語，雍也篇第六，第九章。
80 同上，述而篇第七，第十五章。
81 語類，卷三十一，第六十五條（頁一二七八）。
82 論語，里仁篇第四，第七章。
83 文集，卷三十一，答張敬夫第十六書，頁五下。
84 論語，學而篇第一，第四章。
85 文集，卷三十一，第二十一書，頁十下。
86 論語，里仁篇第四，第三章。
87 文集，卷三十一，與張敬夫論癸巳論語說，頁二十四下。
88 論語，憲問篇第十四，第三十三章。
89 語類，卷四十四，第七十六條（頁一八〇二）。
90 論語，里仁篇第四，第二章。
91 語類，卷二十六，第九條（頁一〇三二）。
92 孟子，公孫丑篇第二上，第二章。

耳93。南軒重視「知皆擴而充之」94之知，朱子謂文勢未有此意。「知」字帶「廣充」而言也95。南軒說「故者以利爲本」96以「故」爲本然。朱子曰，「如是則善外別有本然」。在朱子，「故」是已然之迹97。

以上均是對南軒之論語解與孟子解而言。不同之處，當然不止此數。此乃要點而已。其他經書，亦有異議 中庸云鳶飛魚躍98。南軒只說能躍之意，故與上文不貫99。南軒說易，謂只依孔子繫辭說便了。朱子則以繫辭乃所明卦爻之義，故必亦看卦爻而後能理會繫辭之意100。南軒堅守五峯（胡宏，一一〇六—一一六二）之說，以喜怒哀樂之中101，言衆人之常性，而以「寂然不動」102言聖人之道心。朱子則以「寂然不動」，衆人皆有是心。至「感而遂通」103，惟聖人能之104。「原始反終，故知死生之說」105，兩者所解亦異106。南軒謂周子（周敦頤，一〇一七—一〇七三）太極圖說「無極之眞，二（氣）五（行）之精」107，不可混說，而「無極之眞」，應屬上句。朱子報書曰，「若如此則無極之眞，自爲一物，不與二五相合，而二五之凝，化生萬物，又無與乎太極也」108。朱子編程氏遺書改若干字。南軒以爲有不必改者，亦有不當改者109。南軒以冠禮難行。朱子則以爲易110。朱子以南軒說東漢誅宦官事，只是翻謄好看。其實不曾說着當時事體111。

解經之異雖多，惟關於中心問題者甚少。以下則從重要思想，看兩者之意見相背者爲何。南軒以文章中有性與天道。朱子評之曰，「他太聰敏，便說過了」112。南軒說仁與智都

93 語類，卷六十三，第七十五條（頁二四三七）。

94 孟子，公孫丑篇第二上，第六章。

95 語類，卷五十三，第六十三條（頁二〇五一）。

96 孟子，離婁篇第四下，第二十六章。

97 語類，卷五十七，第五十九條（頁二一四五）。

98 中庸，第十二章。

99 語類，卷六十三，第八十條（頁二四三九）。

100 同上，卷六十七，第七十三條（頁二六四六）。參看卷七十二，第八十條（頁二九一七）；卷七十，第一三三條（頁二八〇九）；卷六十，第七條（頁二五七八）；南軒先生文集，卷二十三，答朱元晦秘書第四十四書，頁二下，總頁七一六。

101 中庸，第一章。

102 易經，繫辭上傳，第十章。

103 同上。

104 語類，卷九十五，第二條（頁三八三三至三八三四）。

105 易經，繫辭上傳，第四章。

106 語類，卷九十四，第一〇六條（頁三七八九）。

107 周子全書（國學基本叢書本），卷一，太極圖說，頁十四。

108 文集，卷三十一，答張敬夫第十二書，頁二下至三上。

109 同上，卷三十，與張欽夫論程集改字，頁二十三上；南軒先生文集，卷二十一，答朱元晦秘書第十五書，頁二上，總頁六六七。

110 語類，卷八十九，第三條（頁三六〇三）。

111 同上，卷一三五，第六十九條（頁五一八六）。

112 同上，卷四十四，第九十七條（頁一八一一）。

無分別，朱子以之爲病[113]。門人問：明道（程顥，一〇三二—一〇八五）論生之謂性，既云性善，又謂「惡亦不可不謂之性」[114]。卻言氣質之性，與上文不相接。朱子答曰，「不是言氣稟之性。正如水爲泥沙所混，不成不喚做水」。門人曰，「適所問乃南軒之論」。朱子曰，「敬夫議論出得太早，多有差舛」[115]。南軒謂心體昭昭爲已發，朱子不以爲然，已如上述[116]。南軒之發，是心體無時而不發。及其既發，則當事而存之而爲之宰。朱子曰，「心豈待發而爲之宰」[117]？南軒以心無時不虛。既識此心，則用無不利。朱子以爲失之太快，流於異學。心固無時不虛，而人欲已私，汩浸久矣[118]。南軒謂動中見靜，方識此心。朱子則謂復[119]是靜中見動，乃見天地之心。南軒卻倒說了[120]。南軒言聖人雖教人以仁，而未嘗不本性命以發之。朱子則謂如此是以仁爲未足，而又假性命之云以助之也[121]。南軒以克己在乎致知格物[122]。朱子則以克己爲勝己之私，而謂南軒「恐只是一時信筆寫將去，殊欠商量」[123]。南軒不信鬼神，而朱子以鬼神爲造化之迹[124]。

從上所述，可見異處無數。惟其有異，故門人疑問，而書札往復，有討論之必要。恐相同之點而不見於記載者，爲數更大，此自然之理也。然亦有記載其相同者。南軒解子路子貢問管仲，疑其未仁非仁[125]，故舉其功以告之。朱子曰，「此說卻當」[126]。南軒謂漢後當以蜀漢年號繼之。朱子贊同[127]。南軒言胡明仲（胡寅，一〇九八—一一五六）有三大功。朱子謂南軒見得好[128]，南軒以孔子之出處爲「守身之常法，體道之大權」。又云，「欲往者愛物之仁，終不往者，知人之智」。朱子謂其說得分明[129]。問南軒鬼神一言以蔽之，曰誠而已。此語如何？朱子曰，「誠是實然之理，鬼神亦是實理」[130]。或曰，忠恕「南軒解此云，聖人全乎此天之道也」。朱子曰，「此亦說得好」[131]。此外尚有朱子加以補充而實相同者。南軒言孔明（諸葛亮，一八一—二三四）其體

113 文集，卷三十一，答張敬夫第十七書，頁六上。
114 遺書（四部備要二程全書本），卷一，頁七下。
115 語類，卷九十五，第三十九條（頁三八五一）。
116 見上註46。參看語類，卷九十七，第一二二條（頁三九八〇）；卷六十二，第一三三條（頁二四〇一）。
117 文集，卷三十，答張欽夫第二書，頁十八上下。
118 語類，卷一〇〇，第四十六條（頁四〇五四）。
119 易經，第二十四卦。
120 語類，卷一〇三，第四十三條（頁四一四二）。
121 文集，卷三十，答張欽夫第九書，頁二十八下。
122 南軒先生文集，卷三十六，克齋銘，頁二上，總頁一〇五五。
123 語類，卷四十一，第十七條（頁一六六五）。
124 同上，卷三，第十九條（頁五十八）。
125 論語，憲問篇第十四，第十七，十八章。
126 語類，卷四十四，第五十四條（頁一七九三）。
127 同上，卷一〇五，第五十五條（頁四一九〇）。
128 同上，卷一〇一，第一四四條（頁四一〇三）。
129 同上，卷四十七，第二十三條（頁一八八一）。
130 同上，卷六十三，第一三〇條（頁二四六二）。
131 同上，卷二十七，第八十三條（頁一一一四）。

正大，問學未至。朱子以之爲本不知學，全是駁雜，然卻有儒者氣象[132]。朱子云，南軒嘗謂太極所以明動靜之蘊，蓋得之矣」[133]。門人問南軒云太極之體至靜，朱子以爲不是[134]，而其本人亦謂「靜卽太極之體，動卽太極之用」[135]，蓋以門人以南軒只言體而不言用耳。南軒謂爲己者，無所爲而然也。朱子曰，「此其語意之深切，蓋有前賢所未發者。學者以是而自省焉，則有以察於義利之間，而無一毫釐之差矣」[136]。南軒以太極圖說之中正仁義[137]皆有動靜。朱子初以爲剩語。然細思之，「蓋此四字便是元亨利貞[138]四字。元亨利貞，一通一復，豈得爲無動靜乎」[139]？答友人書云，「欽夫未發之論，誠若分別太深。然其所謂無者，非謂本無此理，但謂物欲交引，無復澄靜之時耳」[140]。南軒云敬字通貫動靜而以靜爲本。朱子雖主實踐，然亦謂閑時靜坐些小也不妨[141]。南軒云，「行之至則知益明，知既明則行益至」。朱子以爲是，但謂工夫當並進[142]。如是有同有異，此必然之勢。

欲知兩者之小異而大同，亦卽始異而終同，莫善於窺探其討論握要之處。此處有三。中和之參究，知言疑義之附議，與仁說之討論是也。

甲　中和之參究

朱子從延平（李侗，一〇九三—一一六三）得默坐澄心之敎，觀未發以前氣象。惟於心未安。南軒獨得五峯之傳，爲湖湘學派領袖，主先在已發處察識然後存養。朱子特不遠千里而訪之，以求究竟。據年譜，范念德謂「二先生論中庸之義，三日夜而不能合」。王懋竑（一六六八—一七四一）以「此語絕無所據」[143]。然念德當時在場，非道聽塗說也。考最古之朱子年譜，爲葉公回所校訂（一四三一），訪長沙條下稱「往復而深相契者，太極之旨也」。但又述念德之言。王懋竑未見葉本而根據洪去蕪改訂本（一七〇〇），亦謂「洪本所云深契太極之旨，此以贈行詩與答詩臆度之耳」[144]。王氏主意在強調二者心爲已發，性爲未發之意見相同，此誠是矣。然中庸未發之中與已發之和，何以致之？應先察識抑先涵養？則三日討論，未能歸一也。在長沙亦論仁。語類云，「問先生舊與南軒反復論仁，後來畢竟合否？曰，『亦有一二處未合。敬夫說本胡氏。胡氏之說，惟敬夫獨得之。其餘門人皆不曉，但云當守師之說。向

---

132 同上，卷一三六，第六條（頁五一九二）。
133 文集，卷四十五，答吳德夫書，頁十一上
134 語類，卷九十四，第四十三條（頁三七七一）。
135 同上，第二十九條（頁三七六六）。
136 大學或問（近世漢籍叢刊本），頁九上下，總頁十七至十八。參看語類，卷十七，第四十五條（頁六一六）。
137 周子全書，卷二，太極圖說，頁二十三。
138 易經，乾卦之四德。
139 文集，卷三十一，答張敬夫第十六書，頁五下至六上。
140 同上，卷四十二，答胡廣仲第一書，頁一上。
141 語類，卷二十六，第六十三條（頁一〇五四）。
142 同上，卷一〇三，第三十九條（頁四一四一）；卷九，第五條（頁二三五至二三六）。
143 朱子年譜（叢書集成本），考異，卷一，頁二五八。
144 同上，頁二五七。

來往長沙，正與敬夫辯此』」[145]。至主張如何，則已不可考矣。

朱子在長沙有書致曹晉叔云，「熹此月八日抵長沙，今半月矣。荷敬夫愛予甚篤。相與講明其所未聞。日有問學之益。至幸至幸。敬夫學問愈高。所見卓然。議論出人意表。近讀其（論）語說，不覺胸中洒然，誠可嘆服。嶽麓學者漸多。其間亦有氣質醇粹，志趣確實者。只是未知方向。往往騁空言而遠實理。告語之責，敬夫不可辭也」[146]。此可為南軒講學嶽麓書院之一證。隨後又答石子重（石𡼖，紹興十五年乙丑，一一四五，進士）云，「熹自去秋之中走長沙，閱月而後至。留兩月而後歸。在道繚繞，又五十餘日。還家幸老人康健，諸況粗適。他無足言。欽夫見處，卓然不可及。從游之久，反復開益為多。但其天姿明敏。從初不歷階級而得之。故今日語人，亦多失之太高。湘中學子從之游者，遂一例學為虛談。其流弊亦將有害。比來頗覺此病矣。別後當有以捄之。然從游之士，亦自絕難得朴實頭理會者。可見此道之難明也。胡氏子弟及他門人，亦有語此者。然皆無實得。拈槌竪拂，幾如說禪矣。與文定（胡安國，一〇七四——一一三八）合下門庭，大段相反，更無商量處。惟欽夫見得表裏通徹。舊來習見微有所偏。今此相見，盡覺釋去，儘好商量也」[147]。可謂贊美南軒之至。

朱子歸後曾與南軒四書，所謂中和舊說四書，討論中庸「喜怒哀樂之未發，謂之中。發而皆中節，謂之和」[148]之問題。此四書王懋竑定在訪長沙之前，卽乾道二年丙戌（一一六六），朱子三十七歲[149]。錢穆則定在乾道四年[150]。錢氏理由似較充足。第一書云，「蓋有渾然全體應物而不窮者，是乃天命流行，生生不已之機。雖一日之間，萬起萬滅。而其寂然之本體，則未嘗不寂然也。所謂未發，如是而已。……良心萌蘖，亦未嘗不因事而發見。學者於是致察而操存之，則庶乎可以貫乎大本達道之全體而復其初矣」[151]。此書顯示朱子略受湖南影響，漸離延平之默坐求中而趨於湖湘學派之因事省察矣。然究非朱子所尋之答案，故日後自注云，「此書非是」。第二書曰，「茲辱誨喻，乃知尚有認爲兩物之蔽。……自今觀之，只一念間已具此體用。發者方往，而未發者方來，了無間斷隔截處」[152]。張書不存，大抵以朱子分未發已發爲兩截。故朱子強調體用一源。如是更近於胡五峯之心性如一矣。及後思之，益爲不安。故自注云，「此書所論尤乖戾」。第三書曰，「而今而後，乃知浩浩大化之中，一家自有一箇安宅。正是自家安身立命，主宰知覺處。所以立大本行達道之樞要，所謂『體用一源，顯微無間』[153]者，乃在於此。而前此方往方來之說，正是手忙足亂，無着身處」[154]。此書比前書前進一步。蓋方往方來，乃隨逐氣化。而今始有主宰也。第四書云，「蓋通天下只是一箇天機活物，流行發用，無間容息。據其已發者而指其未發者，則已發者人心，

---

145 語類，卷一〇三，第四十一條（頁四一四二）。
146 文集，卷二十四，與曹晉叔書，頁十四下至十五上。
147 同上，卷四十二，答石子重第五書，頁二十二下至二十三上。
148 中庸，第一章。
149 朱子年譜，卷一上，頁二十三至二十五。
150 朱子新學案（臺北，三民書局，一九七一），第二册，頁一三四，一四〇，一六〇。
151 文集，卷三十，與張欽夫第三書，頁十九上下。
152 同上，第四書，頁二十上。
153 程頤，易傳序。
154 文集，卷三十二，答張敬夫第三十三書，頁四上下。

而凡未發者皆其性也。……卽夫日用之間，渾然全體。如川流之不息，天運之不窮耳。此所以體用精粗，動靜本末，洞然無一毫之間，而鳶飛魚躍，觸處朗然也。存者存此而已，養者養此而已。……從前是做多少安排，沒頓着處。今覺得如水到船浮，解維正柂，而沿洄上下，惟意所適矣」[155]。今心爲主宰，純粹自然。存養之功，乃從容自得。

南軒對此四書之反應，除尚有兩物之蔽外，已無可考。南軒文集則有兩書簡單商量。一書云，「中字之說甚密。但在中之義作中外之中未安。……若只說作在裏面底道理，然則已發之後，中何嘗不在裏面乎」[156]？另一書云，「中者性之體，和者性之用，恐未安。中也者，所以狀性之體段，而不可便曰中者性之體。若曰性之體中而其用則和，斯可矣」[157]。

彼此交換意見，當然互有影響。然亦有堅持己見者。朱子答程允夫（程洵）書云，「去冬走湖湘，講論之益不少。然此事須是自做工夫，於日用間行住坐臥處，方自有見處。然後從此操存，以至於極，方爲己物爾。敬夫所見，超詣卓然，非所可及」[158]。言下似有批評湘湖學者向內省察之意。答林擇之曰，「近得南軒書，諸說皆相然諾。但先察識後涵養之論，執之尚堅。未發已發，條理亦甚明。蓋乍易舊說，猶待就所安耳」[159]。又一書云，「近看南軒文字，大抵皆無前面一截工夫也。大抵心體通有無，該動靜。故工夫亦通有無，該動靜，方無透漏。若必待其發而後察，察而後存，則工夫之所不至多矣。惟涵養於未發之前，則其發處自然中節者多，不中節者少。體察之際，亦甚明審，易爲着力。與異時無本可據之說，大不同矣」[160]。擇之在長沙必曾參加此等問題之討論，故朱子告之如此。

數年之後，朱子四十歲，有與湖南諸公論中和第一書，曰，「思慮未萌，事物未至之時，爲喜怒哀樂之未發。當此之時，卽是此心寂然不動之體，而天命之性當體具焉。以其無過不及，不偏不倚，故謂之中。及其感而遂通天下之故，則喜怒哀樂之性發焉，而心之用可見。以其無不中節，無所乖戾，故謂之和。……然未發之前，不可尋覓。已覺之後，不容安排。但平日莊敬涵養之功至，……無不中節矣。……故程子（程頤）……以敬爲言。……曰，『涵養須是敬，進學則在致知』[161]」。此書[162]將前四書優點，加以敬字爲言，而組成有統系之中和論。於是涵養察識，用敬致知，遂爲朱子之兩輪兩翼，三十年絲毫不變。此書雖仍是早年未定之論，然敬義夾持之人生哲學，已於此完成矣。因此有千餘言之長書與南軒申明涵養察識，同時並進之旨。「未發之前是敬也，固已主乎存養之實。已發之際是敬也，又常行於省察之間」。又指出仁字。「蓋主於身而無動靜語默之間者，心也。仁則心之道，而敬則心之貞也。此徹上徹下之道，聖學之本統。明乎此，則性情之德，中和之妙，可一言而盡

155 同上，第三十四書，頁五上下。

156 南軒先生文集，卷二十，答朱元晦秘書第五書，頁四上下，總頁六四五至六四六。

157 同上，第六書，頁五下，總頁六四八。

158 文集，卷四十一，答程允夫第五書，頁十七上下。

159 同上，卷四十三，答林擇之第三書，頁十八上。

160 同上，第二十二書，頁三十下。

161 遺書，卷十八，頁五下。

162 文集，卷六十四，頁二十八下至二十九上。卷六十七，頁十上；之「已發未發記」文句相同，是其初稿。予已將此書譯英，載拙著 *A Source Book in Chinese Philosophy* (Princeton, N. J.: Princeton University Press, 1963)，頁六〇〇至六〇二。

矣。……又如所謂學者先須察識端倪之發，然後可加存養之功，則熹於此不能無疑。蓋發處固當察識。但人自有未發時。此處便合存養。豈可必待發而後察，察而後存耶？且從初不曾存養，便欲隨事察識，竊恐浩浩茫茫，無下手處」。於是結語云，「一動一靜，互爲其根。敬義夾持，不容間斷」[163]。

乾道八年壬辰（一一七二），朱子撰中和舊說序，敍述參究中和之經過。其言曰，「余蚤從延平李先生學，受中庸之書，求喜怒哀樂未發之旨。未達而先生沒。余竊自悼其不敏，若窮人之無歸。聞張欽夫得衡山胡氏學，則往從而問焉。欽夫告予以所聞，余亦未之見省也。退而沉思，殆忘寢食。一日喟然嘆曰，人自嬰兒以至老死，雖語默動靜之不同，然其大體莫非已發，特其未發者爲未嘗發爾。……乾道（五年）己丑（一一六九）之春，爲友人蔡季通（蔡元定，一一三五—一一九八）言之。問辨之際，予忽自疑。……則復取程氏書虛心平氣而徐讀之。未及數行，凍解氷釋。……亟以書報欽夫及嘗同爲此論者。惟欽夫復書深以爲然。其餘則或信或疑，或至於今累年而未定也」[164]。此指上面與湖南諸公書。欽夫深以爲然，獨仍主先察識而後存養耳。論者或謂南軒常隨朱子腳跟轉，恐是過言。

乙　知言疑義之附議

南軒學於五峯，獨得其傳。五峯著知言。朱子撰胡子知言疑義，逐段反駁，與呂祖謙與南軒討論[165]。知言曰，「心也者，知天地宰萬物以成性者也」。此是朱子所謂「知言疑義大端有八」中之「心以用盡」[166]，恐胡氏混心性爲一。故欲改其「以成性」爲「統性情」。南軒云，「『統』字亦恐未安。欲作『而主性情』，如何」？此說朱子未即接納。知言曰，「好惡性也。小人好惡以己，君子好惡以道」。朱子評之曰，「此章卽性無善惡之意。若果如此，則性但有好惡而無善惡之則矣」。南軒以「好惡性也，此一語無害。……今欲作好惡性也，天理之公也。君子循其性者也，小人則以人欲亂之而失其則矣」。朱子駁之曰，「直謂之性則不可。蓋好惡，物也。好善而惡惡，物之則也。……今欲語性，乃舉物而遺則，恐未得爲無害也」。知言曰，「人之爲道，至大也，至善也」。朱子疑之曰，「若性果無善惡，則何以能若是耶」？南軒釋其誤會頗詳，謂「專善而無惡者，性也。而其動則爲情。……於是而有惡焉。是豈性之本哉？其曰『惡亦不可不謂之性』[167]者，蓋言其流如此，而性之本然者亦未嘗不在也」。朱子指出明道此語乃說氣稟之性而非性之本然。其下數處，南軒或同意朱子，或謂知言本語應删去，無甚重要。通篇南軒較東萊議論爲多。據語類，南軒堅持其師「性善云者，歎美之辭，不與惡對」[168]之說[169]。

[163] 同上，卷三十二，答張欽夫第四十七書，頁二十五下至下二十六上。「互爲其根」，引周子太極圖說。「夾持」引遺書，卷五，頁二下。

[164] 同上，卷七十五，頁二十二下至二十三下。

[165] 同上，卷七十三，頁四十上至四十七下。疑義所述五峯之語，皆不復出胡子知言六卷。東萊南軒所言，亦不見其兩人文集。

[166] 語類，卷一〇一，第一五四條（頁四一〇四）。

[167] 遺書，卷一，頁七下，明道論性。

[168] 文集，卷七十三，胡子知言疑義，頁四十四上。

[169] 語類，卷一〇三，第四十二條（頁四一四二）。

丙　仁說之討論

朱子祭南軒文「繳紛往反者幾十年」之語，雖是泛說，然或針對仁說[170]之討論而言。朱子與友輩商量仁說時期最長，而與南軒錯商最多。今朱子文集所存討論仁說之書四通，南軒文集所存二通。朱子釋仁爲「心之德，愛之理」[171]。南軒論語解釋「孝弟也者，其爲仁之本歟」[172]爲「孝弟而始，爲仁之道，生而不窮」。朱子評之曰，「此章仁字正指愛之理而言」[173]。日本學者山崎美成（一七九六—一八五六）據龍龕手鑑解仁，謂「心之德，愛之理」原爲佛語[174]。經山口察常指出其誤。然山口又謂「愛之理」來自南軒。以其論語解云，「原人之性，其愛之理，乃仁也」[175]。山口蓋未審論語解成於乾道九年癸巳（一一七三）。其時仁說已定稿矣[176]。

朱張往來六書討論仁說，甚爲詳盡。致欽夫第一書逐句解答[177]。南軒原書不存，朱子引之。朱子仁說首謂「天地以生物爲心」。南軒以此語爲未安。朱子堅辨天地只以生物爲事。此語未有病也。其後南軒復書云，「天地以生物爲心之語，平看雖不妨。然恐不若只云天地生物之心，人得之爲人之心似完全」[178]。仁說未之改也。南軒以「不忍之心可以包四者乎」？朱子則以不忍之心包四端猶仁之可以包四德也」。其後南軒云，「不忍之心雖可以包四者。然據文勢對乾元坤元言，恐須只統言之則曰仁而可也」[179]。南軒以「仁者則其體無不善」。朱子以此爲「不知其爲善之長」。南軒以「對義禮智而言，其發見則爲不忍之心」。朱子以此爲未安，蓋仁義禮智「根於心，而未發所謂理也」。南軒以「仁之爲道，無一物之不體」。朱子以此爲「不知仁之所以無所不體」。南軒以「程子之所訶，正謂以愛名仁者」。此乃評仁說「程子之所訶，以愛之發而名仁者也」之語。朱子答之曰，「程子曰，『仁，性也。愛，情也。豈可便以愛爲仁』？此正謂不可認情爲性耳。非謂仁之性不發於愛之情，而愛之仁不本於仁之性也」。南軒以元之義不專於生。朱子則以此語恐有大病。蓋元爲義理根源也。南軒有書復云，「前日所謂元之義不專主於生物者，疑只云生物，說生生之義不盡。今詳所謂生物者，亦無不盡矣」(180)。南軒以仁者無所不愛，但有差等。朱子以差等乃義之事。「仁義雖不相離，然其用則各有所主而不可亂也」。

---

(170) 文集，卷六十七，頁二十上至二十一下。

(171) 論語集註，學而篇第一，第二章；孟子集註，梁惠王篇第一上，第一章。

(172) 論語，學而篇第一，第二章。

(173) 文集，卷三十一，與張敬夫論癸巳論語說，頁二十一下。

(174) 詳拙著朱學論集（臺北，學生書局，一九八二），論朱子之仁說，頁四十二至四十八。

(175) 同上。南軒註論語，顏淵篇第十二，第二十二章。參看山口察常，仁の研究（東京，岩波書店，一九三六），頁三七〇至三七三。

(176) 詳朱學論集，頁四十三。

(177) 文集，卷三十二，答張敬夫論仁說，頁十六上至十八下。

(178) 南軒先生文集，卷二十一，答朱元晦秘書第二十一書，頁五下，總頁六七四。

(179) 同上，卷二十，第九書，頁七下。

(180) 同上。

第二論仁之書[181]乃朱子復南軒接朱子第一書後所來之書[182]。南軒之書以公爲仁之體。公天下而無物我之私，故愛無不溥。朱子則謂「仁乃性之德而愛之本。……若以公天下而無物我之私便爲仁體，則恐所謂公者，漠然無情，但如虛空木石」。第三書專論知覺爲仁[183]。南軒曾有書說知覺爲仁。此書不存。朱子覆之云，「仁本吾心之德，又將誰使知而覺之耶？……然此亦只是智之發用處。但惟仁者爲能兼之。故謂仁者必有知覺則可，謂心有知覺謂之仁則不可」。第四書與第二書意同，卽謂公與物我一體皆非仁體[184]。

以上辨論，南軒每爲朱子所折服。辨論結果，仁說亦有所更改。今以答南軒書與仁說比較，可知經南軒詰難而改正者。不忍之心可包四者之語已不見仁說。仁說亦無討論孟子仁無不愛之文，必是因南軒之批評而删。然於天地生物之心一點，則始終堅持。朱子自謂「仁說只說前一截好」[185]。諒因下截評物我一體與知覺爲仁兩說未曾釋明其所以非仁之故。朱子爲仁說圖[186]，特標未發已發與體用，且「公」字兩見。或亦與南軒討論之效也（參看頁三七一「仁說圖」）。

南軒亦作仁說[187]（參看頁三七五「南軒仁說」條），曾與朱子仁說相混。朱子仁說題下附註云，「浙本誤以南軒先生仁說爲先生仁說，而以先生仁說爲序」。實則人各一篇。兩者仁說大意相同。惟克己，去蔽，知存，則南軒仁說比朱子仁說爲詳而有力。朱子以心之德愛之理爲仁之兩面，南軒則只言愛之理而不言心之德。朱子有答欽夫仁說書[188]，對南軒仁說初稿，多所批評。予曾論之頗詳，玆不復述矣[189]（參看頁三七五「南軒仁說」條）。南軒又類聚聖賢言仁處，而以程子等人之意釋之，名曰洙泗言仁。此書已佚，只存其序。朱子於南軒此舉，極不贊同，蓋謂聖人不言仁處亦有用，而將使學者欲速好徑，而陷於不仁也[190]。然兩者均以仁爲道德之高峯，教人汲汲求仁。此其兩者末乃同歸而一致歟。

181 文集，卷三十二，又論仁說，頁十九上下。
182 南軒先生文集，卷二十一，答朱元晦秘書第二十一書，頁五下至六上，總頁六七四至六七五。
183 文集，卷三十二，又論仁說，頁二十上下。
184 同上，又論仁說，頁二十一上下。朱學論集，頁五十一至五十四，討論四書較詳。
185 語類，卷一〇五，第四十二條（頁四一八二）。
186 同上，第四十三條（頁四一八五）。
187 南軒先生文集，卷十八，頁一上至二上，總頁五九一至五九二。
188 文集，卷三十二，答欽夫仁說，頁二十三下至二十四下。
189 朱學論集，頁五十七至五十八。
190 文集，卷三十一，答張敬夫第十八書，頁七下；語類，卷一〇三，第四十八條（頁四一四二）；卷一一八，第四十七條（頁四五五二）。

(八三) 南軒算命

陳繼儒（一五五八—一六三九）太平清話有關朱子與張栻一軼事，其文如下：

張南軒（張栻，一一三三—一一八〇）知星命，乃判朱晦庵「官多祿少」四字。晦翁點首云，「老漢生平辭官文字甚多」❶。

此軼事實本諸語類，而加以點綴，以成趣話。語類云，「先生說南軒論熹命云，『官多祿少』四字。因云，『平日辭官文字甚多』」❷。兩者比較，可知陳繼儒所錄，其誤有四：

(1) 南軒知星命。此點無據。南軒先生文集與宋史本傳，均不言其知星命。南軒曾勸朱子勿信陰陽家言（參看頁一〇二「朱子之世俗信仰」條）。決不至其本人反爲算命。南軒只因朱子命運大概而言，朱子亦並未指南軒爲星命專家也。

(2) 朱子從來未嘗自稱「老漢」（參看頁三十「朱子自稱」條）。

(3) 乾道三年丁亥（一一六七）朱子訪南軒於潭州（長沙），同登衡山遊詠。前此紹興二十九年己卯（一一五九）八月召赴行在，以疾辭。隆興元年（一一六三）三月復召，又辭。有旨趣行，十月至行在。十一月六日奏事垂拱殿。十二日除武學博士，拜命待次遂歸。乾道元年乙酉（一一六五）春，省劄趣就職。四月至行在。以執政主和不合，辭，請祠以歸。以上辭職三次，均在潭州會面以前，此後以至淳熙七年庚子（一一八〇）南軒之死，朱子雖辭多次，但兩人未再會面，無對話點首之可能。三次不能謂爲多次也。

(4)「因云」乃因說及南軒「官多祿少」四字而對諸生所說之語。此乃老年回憶，故謂「甚多」。非潭州相聚時之對話也。

陳繼儒清話之目的一以表示二賢之相知，一以表示朱子去就之嚴謹，雖有乖史實，亦無傷也。

---

❶ 太平清話（寶顏堂秘笈本），卷一，頁八上。

❷ 語類，卷一〇七，第七十條（頁四二五七）。

（八四）呂東萊訪朱子於寒泉精舍

淳熙二年乙未（一一七五），呂東萊（呂祖謙，字伯恭，一一三七—一一八一）訪朱子於寒泉精舍，共輯近思錄，同赴江西信州鵝湖寺與象山（陸九淵，一一三九—一一九三）兄弟相會。近思錄爲理學主要典籍，亦爲以後性理大全，朱子全書，性理精義等書之模型。鵝湖之會又爲我國學術史上最著名之聚會。故呂氏此行，意義甚大（參看頁四〇〇「近思錄概述補遺」條與頁五六四「鵝湖之會」條）。

朱子五月五日撰近思錄後序云，「淳熙乙未（一一七五）之夏，東萊呂伯恭來自東陽❶，過予寒泉精舍，留止旬日」。兩者相與讀北宋四子之書，摘取六百二十二條，成近思錄。「旬日」通常釋爲十日。近思錄選材甚精，互議極詳，斷非十日間所能了事。究竟此處「旬日」是指旬旬日日，或是行文之便，又或指留止寒泉精舍，僅得十日，不可不考。

考東萊太史文集年譜淳熙二年紀東萊「四月二十一如武夷訪朱編修元晦，潘叔昌（潘景愈）從，留月餘。觀關洛❷書，輯近思錄。朱編修送於信州鵝湖。陸子壽（名九齡，一一三二—一一八〇）子靜（象山）劉子澄（名清之，一一三九—一一九五）及江浙諸友皆會，留止旬日。歸至三衢❸，又留旬日乃歸。有入閩錄」❹。由此可知東萊從武夷山入閩，同觀四子之書。入閩錄云，「三月廿一早發，四月初一至五夫里訪朱元晦，館於書室」❺。由此又可知入閩後由武夷山至朱子所居之五夫里。大抵編輯近思錄之工作，必起於五夫里。隨後乃到建陽縣之寒泉精舍，「留止旬日」。然年譜謂四月二十一日如武夷，而入閩錄則謂三月二十一早發，顯是衝突。入閩錄福建之行爲東萊本人日記，當然可信。浙江東陽郡金華縣離福建建陽約二百五十公里。至少需時八九日。必無四月二十一日動程，而能於五月五日完成近思錄之理。故知年譜四月二十一日之期必誤而福建之行三月二十一日之期爲可信也。福建之行自四月六日至七月末無記載。但四月來訪，當無問題。呂東萊答邢邦用書云，「某自春末爲建寧之行」❻是也。王懋竑（一六六八—一七〇一）朱子年譜亦云，「夏四月，東萊呂公伯恭來訪，近思錄成」。其考異云，「李洪本俱作夏五月，今改正。按文集書近思錄後云，『乙未夏，訪予於寒泉精舍，留止旬日』，而末署云，『五月五日』，則來訪在四月明矣」❼。

寒泉精舍留止之後經武夷山入江西以赴鵝湖，此是順路。武夷六曲響聲巖現存石刻，有朱子手書朱仲晦呂伯恭等九人姓名，署五月二十一日（參看頁七〇八「朱子墨蹟」之石刻），此是重要資料，爲從來討論東萊訪閩所未注意者。如游武夷後往鵝湖，五月末抵步，則與朱子答王子合書相合。書云，「前月末送伯恭至鵝湖。陸子壽兄弟來會。講討之間，深覺有益。此月

❶ 今浙江金華縣。
❷ 關指張載（一〇二〇—一〇七七）。洛指二程（程顥，一〇三二—一〇八五，與程頤，一〇三三—一一〇七）。
❸ 衢州，今浙江衢縣。
❹ 東萊呂太史文集（續金華叢書本），附錄，卷一，年譜。
❺ 同上，卷十五，入閩錄。
❻ 東萊呂太史文集，別集，卷十，與邢邦用第一書，頁二十二下。
❼ 朱子年譜（叢書集成本），卷二上，頁五十七；考異，卷二，頁二七五。

(六月)八日方分手而歸也」❽。

自呂氏四月一日到武夷至五月下旬遊武夷後離福建，爲期月餘兩月。故呂集年譜云「留月餘」❾，答邢邦用書云，「與朱元晦相聚四十餘日，復同出至鵝湖」❿，而朱子答呂伯恭書亦云，「昨承枉過，得兩月之款」⓫。東萊與陳同甫(名亮，一一四三—一一九四)書，稱「某留建寧凡兩月餘，復同朱元晦至鵝湖與二陸及劉子澄諸公相聚切磋，甚覺有益」⓬，則指武夷，五夫，與寒泉整個而言，蓋武夷五夫同屬崇安縣寒泉屬建陽縣，而兩縣同屬建寧府也。至象山全集所云，「按呂成公(呂東萊)譜乙未四月訪朱文公於信之鵝湖寺。陸子靜(象山)，子壽，劉子澄，及江浙諸友皆會，留止旬日」⓭，則省去入閩一段，其爲疏漏無疑。

總上所論，則東萊三月二十一日由金華動程，四月初一至武夷。先到五夫里，同輯近思錄。隨赴建陽之寒泉精舍，完成近思。五月五日朱子撰後序之後，二十一日前後游武夷山，順道赴鵝湖，月底抵步。至於月底何日到寺，則無可考，只知六月八日分手而已。以討論極不投機而言，又無吟詠紀興，不似有若何留戀之意。留止鵝湖，恐未必有十足旬日。故以五月末日方抵鵝湖，較爲近實。誠如是，則鵝湖之會，只七八日而已。

❽ 文集卷四十九，答王子合第一書，頁一上。
❾ 同上註❹。
❿ 同上註❻。
⓫ 文集，卷三十三，答呂伯恭第四十書，頁二十七下。
⓬ 東萊呂太史文集，別集，卷十，與陳同甫第九書，頁六上。
⓭ 象山全集(四部備要本)，卷三十六，年譜，頁九上。

（八五）朱子與呂東萊

呂祖謙（一一三七—一一八一），字伯恭，婺州人❶。以其先祖漢時封東萊侯於萊州府❷，故學者稱東萊先生。歷代名門望族。其祖本中（一〇八四—一一四五）稱東萊先生，故又稱大東萊以別於祖謙之小東萊。呂家不特屢世顯宦，官至尙書與經筵說書，又有中原文獻之傳。宋元學案有呂氏四學案❸，凡七世十有七人。祖謙之學，本之家庭。長而從林之奇（一一一二—一一七六），汪應辰（一一一八—一一七六），胡憲（一〇八六—一一六二）游。其興趣精神，則是呂氏傳統。究心文獻，潛心歷史，不排異學，富有妥協之氣。特重禮樂農兵，經世致用，故帶功利色彩。然能避浙江功利派陳傅良（一一三七—一二〇三）與陳亮（一一四三—一一九四）之偏而得其所長，遂爲浙江史學開山之祖。學者雲集，某時近三百人❹。晚年會友之地曰麗澤書院，在金華城中❺。據朱子，「伯恭說少時性氣粗暴。嫌飲食不如意，便打破家事（食器）。後因

❶ 今浙江，金華縣。
❷ 今山東，掖縣。
❸ 卷二十三，榮陽學案；卷三十一，范呂諸儒學案；卷三十六，紫微學案；卷五十一，東萊學案。
❹ 東萊呂太史文集（續金華叢書本），別集，卷九，與劉子澄書，頁八上。
❺ 宋史（北京，中華書局，一九七七），卷四三四，呂祖謙傳，頁一二八七四。

久病，只將一册論語早晚閑看。忽然覺得意思一時平了，遂終身無暴怒」❻。朱子云，「『躬自厚而薄責於人，則遠怨矣』❼。呂丈舊時性極褊急。因病中讀論語，於此有省。後遂如此好」❽。朱子又謂其「不會說話，更不可曉。只通寒暄也聽不得。自是他聲音難曉」❾。張南軒（張栻，一一三三—一一八〇）亦謂其衣冠不整，舉止草草❿。朱子又謂其「病中讀書，漏刻不去手」⓫。

朱子，東萊，與南軒三人爲莫逆之交。每以張呂二人相提並論（參看頁五二一「朱子與張南軒」條）。朱呂初次會面，約在紹興二十六年丙子（一一五六）。當時東萊之父赴福州任職，東萊隨行。同時朱子任同安主簿，以事至福州。故致伯恭第一書云，「三山（福州）之別，闊焉累年」⓬。二十年後（一一七五）同敍於朱子之寒泉精舍，共輯近思錄。隨乃同出江西信州與陸象山（陸九淵，一一三九—一一九三）兄弟作歷史上有名鵝湖寺之會。翌年三月朱子如婺源⓭省先人之墓，路經衢州⓮，約東萊自金華來衢左右爲「野次之款」，卒相敍數日⓯。兩人書札往來甚密。文集存答呂伯恭書一百零四通⓰，比任何人爲多。東萊呂太史文集存與朱侍講書六十七通⓱，超乎與別人之書總數之半。

兩人書札往復，自然以學術討論爲多。然私事如請祠，出處，刊書，友朋狀況之類者亦屬不少。鵝湖之會，朱陸不歡而散。與會者自是不能忘懷。故朱呂書札屢屢言及陸氏兄弟。在朱子總以子靜（象山）自信太過，恐難改易⓲。在呂則每言陸氏兄弟之優點。蓋志在調停也⓳。

從書札中，又可見朱子長男之教育，兩人家屬之關心，二者之互相勸規，與事功之合作。朱子長子名塾。紹興二十三年癸酉（一一五三）生。到二十一歲，朱子以其「懶惰之甚，讀書絕不成倫理」⓴，且塾「在家汨於俗務，不得專意。又父子之間，不欲晝夜督責，及無

朋友聞見」㉑，乃遣之至金華受學於東萊。東萊欣然承當。安排食宿於其徒潘景憲（字叔度，

⑥ 文集，卷五十四，答路德章第四書，頁二十二上。
⑦ 論語，衞靈公篇第五，第十四章。
⑧ 語類，卷一二二，第八條（頁四七二〇）。
⑨ 同上，卷九十五，第一七七條（頁三九〇五）。
⑩ 南軒先生文集（近世漢籍叢刊本），卷二十五，寄呂伯恭第二書，頁四上，總頁七六五。
⑪ 文集，卷八十二，題伯恭所抹荆公目錄，頁二上。
⑫ 同上，卷三十三，答呂伯恭第一書，頁一上。
⑬ 今江西，婺源縣。
⑭ 今浙江，衢縣。
⑮ 文集，卷三十三，答呂伯恭第四十五，四十八書，頁三十一上，三十三下。
⑯ 同上，卷二十五，三通；卷三十三至三十五，一百通；續集，卷五，一通。
⑰ 東萊呂太史文集，別集，卷七至卷八。
⑱ 文集，卷三十四，答呂伯恭第五十六書，頁四下；第七十七書，頁十七上；第八十一書，頁二十三下；第八十二書，頁二十六上；第九十書，頁三十二上；第九十二書，頁三十三上；第九十三書，頁三十四上。
⑲ 東萊呂太史文集，別集，卷八，與朱侍講第二十二書，頁一下；第五十四書，頁十一下；第五十五書，頁十二下；第六十二書，頁十五上。
⑳ 文集，卷三十三，答呂伯恭第十八書，頁十二上。
㉑ 文集，續集，卷八，與長子受之，頁七上。

一〇七四—一一三〇）之家。三四年後，潘氏以長女妻之。塾赴金華時，朱子以書教其逐日劄記，取錄歸來。並不得怠慢，不得自擅出入與人往還，不得戲笑喧嘩，不得飲酒。到金華時如何拜謁東萊，一言一動，均詳爲指導㉒。數年之間，懇請東萊嚴加鞭策之書札，凡七八通㉓。東萊亦加管束。「每日到某處則與叔度兄弟偕來。不許過他齋舍。雖到某處，亦不許獨來。蓋城市間不得不如此過防」㉔。在此痛加鞭勒之下，程文功課，不無進步。至淳熙七年庚子（一一八〇）乃絜婦兒歸五夫里預備應試。在此六年期間，丁母憂還家一次，應鄉試兩次。此爲第三次鄉試，亦卒之落第。

朱子對於其本人與東萊之家屬非常關心。塾之婚事，屢與東萊函商㉕。欲爲次男埜納婦，亦以告東萊㉖。叔母之喪，致書東萊申其憂悴㉗。淳熙三年丙申（一一七六）其令人劉氏卒，致呂函謂「悲悼不可爲懷」。又云，「悲悼酸楚不能自堪」㉘。對東萊喪偶，既先屢次問病，及其既逝，則驚愕之餘，勸東萊「約情就禮」，「尊體未盡平復，深宜節抑」㉙。東萊之父去世，朱子以貧窶之甚，不能致一奠之禮，倍加悲痛㉚。東萊幼弟之喪，亦致哀悼㉛。東萊對令人劉氏卜地，深致意焉㉜。彼此親密之情，於此可見。

兩者如是至交，故互相忠告。朱子謂「伯恭不鄙下問。不敢不盡愚」㉝。於是示以涵養進學之要與矯正氣質之偏，而東萊以爲「深中膏肓之疾，朝夕玩省不敢忘」㉞。同時東萊亦告朱子謂其「激揚振厲，頗乏廣大溫潤氣象」㉟。實在兩者均有所偏。故朱子謂東萊曰，「大抵伯恭天資溫厚，故其論平恕委曲之意，而熹之質失之暴悍，故凡所論，皆有奮發直前之氣。竊以天理揆之，二者恐皆非中道。但熹之發，足以自撓而傷物，尤爲可惡。而伯恭似亦不可專以所偏爲至當也」㊱。朱子聞東萊訃後數日賦詩有云，「念我素心人」㊲。兩賢誠心

㉒ 同上，頁六上至八下。

㉓ 同上，卷三十三，答呂伯恭第二十書，頁十三下；第二十二書，頁十四下；第二十三書，頁十五上；第二十七書，頁十八上；第三十九書，頁二十六下；第四十二書，頁三十上；卷三十四，第六十七書，頁十上；第七十六書，頁十六下。

㉔ 東萊呂太史文集，別集，卷七，與朱侍講第二十書，頁十六下至十七上。

㉕ 文集，卷三十三，答呂伯恭第三十八書，頁二十六上；卷三十四，第五十書，頁一上；第五十一書，頁一下。

㉖ 同上，卷三十三，第三十八書，頁二十六上。

㉗ 同上，第十五書，頁十下。

㉘ 同上，卷三十四，第五十二書，頁二上；第五十三書，頁二下。

㉙ 同上，卷三十四，第六十九書，頁十一下；第七十書，頁十三下；卷三十三，第九書，頁八上；卷三十四，第七十六書，頁十六上。

㉚ 同上，卷三十三，第十三，十四書，頁十上。

㉛ 同上，第三十九書，頁二十六上。

㉜ 東萊呂太史文集，別集，卷八，與朱侍講第三十三書，頁五下；第三十五書，頁六上。

㉝ 文集，卷三十一，答張欽夫第十二書，頁三上。

㉞ 東萊呂太史文集，別集，卷七，與朱侍講第三書，頁七上；第七書，頁十下；卷八，第三十七書，頁六下。

㉟ 同上，卷七，第二書，頁六下。

㊱ 文集，卷三十三，答呂伯恭第七書，頁六下。

㊲ 同上，卷八，讀子厚步月詩，頁一下。

交也。

事功之合作者有近思錄，白鹿洞書院，與社倉三項。均朱子一生奇偉事業，影響中國歷史社會極大，而東萊與有力焉。朱呂共輯之近思錄為我國第一本哲學選集，成為以後理學典型（參看頁三八八「論近思錄」等三條）。白鹿洞書院亦是歷代書院之模範。朱子特請東萊為記，並致書詳細逐段討論，以顯出白鹿之歷史與教育意義㊳。乾道七年辛卯（一一七一）朱子創立社倉於五夫里，為我國民辦救濟事業之一里程碑。東萊見之，嘆為「周官委積之法，隋唐義廩之制」，將歸與金華士友經營之。然不久東萊去世，事遂不果。其徒潘景憲白其父出家穀以成金華社倉㊴。社倉之制遂由閩而擴大至浙，不可謂非東萊之功也。

私人方面，兩者誠是情投意合。學術方面，則在在不相為謀。朱子以書經難讀，呂氏則以無有不可解者。數年後乃承認之㊵。朱子謂東萊說詩太巧，過於纖細拘迫，看不破小序㊶。然其常棣㊷詩章謂聖人之言大小高下皆宜而左右前後不相悖，則說得極好㊸。且其分詩之經傳，極有可取㊹。東萊愛與學者說左傳。朱子嘗戒之曰，「語孟六經許多道理不說，恰限說這個。縱那上有些零碎道理，濟得甚事」㊺？又答書云，「向見所與諸生論說左氏之書，極為詳博。然遺詞命意，亦頗傷巧矣」㊻。東萊以知言勝於正蒙，朱子則以正蒙規模大，知言小。後出者巧耳㊼。東萊與南軒皆令學者專讀伊川（程頤，一〇三三－一一〇七）易傳，往往皆無所得。且學者無疑，不自長意。蓋卦畫經文可疑。必但觀其理，乃有切於日用工夫也㊽。朱子極力排斥蘇氏父子（蘇洵，一〇〇九－一〇六六；長子軾，一〇三七－一一〇一；次子轍，一〇三九－一一一二）。蘇軾著易解，朱子以為是「釋老之說」。蘇轍著老子解，朱子謂為「合吾儒於老子以為未足，又並釋氏而彌縫之」㊾。東萊以其道非楊墨也，不必深與之辨㊿，朱子復擯斥之，與東萊書謂「伯恭尚欲左右之，豈其未之思耶」[51]？又與張敬夫云，「渠又爲留意科舉文學之久，出入蘇氏父子波瀾新巧之外，更求新巧，壞了心路，遂一向不以蘇學爲非，左遮右攔，陽擠陰助，此尤使人不滿意」[52]。南軒爲之調停，爲書於朱子曰，「伯恭近來儘好

㊳ 同上，卷三十四，與東萊論白鹿洞書院，頁二十一上至二十三上。

㊴ 同上，卷七十九，婺州金華縣社倉記，頁十五下至十七上。

㊵ 語類，卷七十九，第十八，十九條（頁三二五〇）；第一四〇條（頁三二七〇）；文集，卷八十三，題呂伯恭書說，頁七下。

㊶ 語類，卷八十一，第一〇六條（三三六四）；卷一二二，第九條（頁四七二〇）。

㊷ 詩經，第一六四篇，小雅，鹿鳴之什，常棣。

㊸ 語類，卷八十一，第九十七條（頁三三六一）。

㊹ 同上，卷八十，第一〇〇條（頁三三二六）。

㊺ 同上，卷一二二，第七十五條（頁四六九九至四七〇〇）。參看卷八十三，第二十二條（頁三四〇七）。

㊻ 文集，卷三十三，答呂伯恭第六書，頁六上。

㊼ 語類，卷一〇一，第一五三條（頁四一〇四）。

㊽ 同上，卷六十七，第二十一條（頁二六二六）；文集，卷五十，答鄭仲禮第一書，頁二十三下。

㊾ 文集，卷七十二，蘇氏易解，頁二十二下；蘇黃門老子解，頁二十三下。

㊿ 東萊呂太史文集，別集，卷七，與朱侍講第三書，頁七下。

[51] 文集，卷三十三，答呂伯恭第五書，頁五上。

[52] 同上，卷三十一，與張敬夫第十三書，頁四上。

說話。於蘇氏父子亦甚知其非。向來見渠亦非助蘇氏。但習熟元祐（一〇八六—一〇九三）間一等長厚之論，未肯誦言排之耳」[53]

妥協調和，乃呂氏家學之本色。故東萊於儒釋之辨，不甚痛說[54]。朱子謂其「生怕說異端俗學之非。護蘇氏尤甚。以爲爭校是非，不如斂藏持養」[55]。東萊對於朱子專意外攘，「若立敵較勝負者，頗似未弘」[56]。朱子則「疑於伯恭詞氣之間，恐其未免有陰主釋氏之意。但其德性深厚，能不發之於口耳」[57]，此是兩者性格不同，朱子所謂皆非中道者也。

根本上兩人之出發點不同，故所見殊異。朱子重心性義理，呂氏少談。朱子以經爲本，而東萊以史爲先[58]。朱子特重論語，東萊則不教人讀[59]。朱子主爲學乃能變化氣質，東萊主變化氣質乃可言學[60]。從朱子立場，「東萊博學多識則有之矣，守約恐未也。……其弊盡在於巧」[61]。又曰，「伯恭失之多，子靜（象山）失之寡」[62]。又云，「呂太巧杜撰，陸喜同己使氣」[63]。至其向博雜用功，留意科舉，講論鶻突，問答曲折，其餘事也[64]。

論者或以兩人意見如是之背馳，品性又如是之相反，思想決無交流之可能。是則又不然。兩者同輯近思錄，前已言之。彼此意見多有不同，然卒能異途同歸。愚於其互商之勤，嘗詳論之（參看頁四〇〇「近思錄概述補遺」條）。此處不必複述。朱子兩篇重要文章，均與東萊南軒書札往還，各抒己見。一爲胡子知言疑義[65]，一爲仁說[66]。朱子皆考慮多年，采集衆說而成。朱子有書東萊云，「區區之論，所以每不同於左右者，前後雖多。要其歸宿，只此毫釐之間。講而通之，將必有日矣」[67]。

通必有日，蓋朱呂同是道學碩儒。所異者小，所同者大。故雖性格與觀點並不一致，而不害其合作與互相尊敬。宋史不以東萊入道學傳而以之入儒林傳，此乃門戶之見，決非朱子之所許。朱子嘗論東萊之立說云，「兼總衆說，巨細不遺。挈領提綱，首尾貫該，既是以息夫同異之爭，而其述作之體，雖融會通徹，渾然若出於一家之言，而一字之訓，一事之義，亦未

53 南軒先生文集，卷二十二，答朱元晦第三十五書，頁三下，總頁六九六。

54 文集，卷二十五，與呂伯恭書，頁十五上。

55 同上，卷三十九，答范伯崇第十一書，頁四十五下；卷三十三，答呂伯恭第四書，頁三上。

56 東萊呂太史文集，別集，卷七，與朱侍講第二書，頁六下；第六書，頁九上。

57 文集，卷四十七，答呂子約第十九書，頁二十二上。

58 語類，卷一二二，第十條（四七二〇），第十四條（四七二一），第十五條（頁四七二二）；文集，卷三十三，答呂伯恭第四十七書，頁三十三上。

59 語類，卷一二二，第六，七條（頁四七二〇至四七二一）。

60 同上，第五條（頁四七一九）。

61 同上，第二條（頁四七一九），第十九條（頁四七二五）。

62 同上，第四條（頁四七一九）。

63 同上，第三條（頁四七一九）。

64 文集，卷三十一，與張敬夫第十三書，頁三下，四上；別集，卷六，與林擇之第十五書，頁十上。

65 文集，卷七十三，頁四十下至四十七下。

66 同上，卷三十三，答呂伯恭第八書，頁七下；第十八書，頁十二上；第二十四書，頁十五上；第二十七書，頁十八上；第三十書，頁二十下；東萊呂太史文集，別集，卷七，與朱侍講第十五書，頁十四下；第十七書，頁十五下；第十九書，頁十七上。

67 文集，卷三十三，答呂伯恭第十二書，頁九下。

嘗不謹其說之所自。及其斷以己意，雖或超然出於前人意慮之表，而謙讓退託，未嘗敢有輕議前人之心也」[68]。故朱子謂其「溫柔敦厚」[69]，「忠厚惻怛」[70]。東萊死，為位而哭，又遣奠於其家。其祭文首曰，「天降割於斯文，何其酷耶？往歲已奪吾敬夫（南軒），今者伯恭胡為又至於不淑耶？道學將誰使之振，君德將誰使之復，後生將誰使之誨，斯民將誰使之福耶？經說將誰使之絕，事記將誰使之續耶？若我之愚，則病將孰為之箴，而過將誰為之督耶？然則伯恭之亡，曷為而不使我失聲而驚呼，號天而慟哭耶」[71]？朱子祭文墓銘過百，祭張敬夫文之外，未有若是之動人者。繼又曰，「蓋其德宇寬洪，識量閎廓。既海納而川停，豈澄清而撓濁？矧涵濡於先訓，紹文獻於厥家。又隆師而親友，極探討之幽遐。所以稟之既厚，而養之深，取之既博，而成之粹。宜所立之甚高，亦無求而不備。故其講學於家，則時雨之化。進位於朝，則鴻羽之儀」[72]。此非通靠恭維之語，而乃衷曲之言。門人潘叔度曾為東萊畫像。朱子贊曰，「推其有，足以尊主而芘民。出其餘，足以範俗而垂世」[73]。朱子尊之敬之，蓋有由矣。

---

[68] 同上，卷七十六，呂氏家塾讀詩記後序，頁六下。
[69] 同上。
[70] 文集，續集，卷五，答呂東萊書，頁一下。
[71] 同上，正集，卷八十七，祭呂伯恭著作文，頁十二下。
[72] 同上，頁十二上。
[73] 同上，卷八十五，呂伯恭畫像贊，頁十上。

（八六）鵝湖之會

淳熙二年乙未（一一七五）朱子與陸象山（陸九淵，一一三九—一一九三）兄弟呂東萊（呂祖謙，一一三七—一一八一）等會於江西鉛山之鵝湖寺，爲我國歷史上有名之會。論者且謂此爲朱陸二派尊德性道問學❶相背而馳門戶之分之始。此是言過其實，然會談不歡而散，則爲衆所知。

關於此會日期，予曾於朱陸鵝湖之會補述❷論文中言之頗詳。論文發表以後，陸續得有新資料。雖於根本結論無改變之必要，然於內容則可使之較爲充實也。

關於地點，予借重程兆熊教授鵝湖寺之詳細描述。歷史上文獻所紀，甚爲簡單。程教授則親歷其境，所記甚詳，大足以補歷史文獻之不逮，故其報導甚可寶貴。然其敍說乃四十年前之情況。現目如何，則有待於此地區之開放。今者各地古蹟，以次重建。予極望未作古之前，能一覩新鵝湖寺也。

關於參加人員，從來敍述，不出朱子、象山、東萊、象山之兄子壽（陸九齡，一一三二—一一八〇）、劉子澄（劉清之，一一三九—一一九五）、趙景明、趙景昭七人。予考得尚有三人，即象山門人朱桴、朱泰卿、鄒斌是也。此外程教授指出家居鵝湖者數人，可能參加，而予確定其有與鵝湖

---

❶ 中庸，第二十七章。

❷ 鵝湖之會補述，載拙著朱學論集（臺北，學生書局，一九八二），頁二三三至二四九。

稍有關係而可決其不曾與會者六人❸。今查文集答周南仲（周南）謂「往歲湖寺雖嘗獲一面，而病冗不能款扣餘論」❹。答杜叔高（杜游）云，「往歲尋訪於湖寺，且以佳篇爲贈。讀之知所志之不凡。然恨去國忽忽，未得從容謦欬所懷也」❺。周南杜游事蹟不詳。此湖寺必非鵝湖，蓋答周南云病冗，答杜游云去國。去國乃在紹熙五年甲寅（一一九四），後鵝湖之會幾二十年也。頃接張立文教授函，指出潘叔昌從東萊訪朱，而朱呂赴鵝湖途中，游覽武夷。今武夷六曲有摩崖石刻，朱子題東萊叔昌等九人之名（參看頁七一〇「朱子墨蹟」之石刻之(50)），叔昌斷無不參加鵝湖之會之理。張教授是也，故參加者應增多一名。至張教授謂游武夷其他七人亦參加，則乏證據。惟張教授引象山全集卷八與張春卿書明言景明爲景昭之弟，則予所謂「不知籍貫趙景明」，當改爲開封人也。

關於討論題目，予除象山全集所載辨論九卦之序❻之外，考定其在會談到簡易與支離，東萊解經，子壽新篇，曹立之（曹建，一一四七—一一八三），與「簡易」之辨❼。現在尚無增補。

關於日期，則有所修正。吾人所知，只是東萊訪朱子於寒泉精舍，「留止旬日」，同編近思錄。朱子於淳熙二年乙未五月五日撰書近思錄後❽。又朱子答門人王子合（王遇，一一四二—一二一一）云，「前月末送伯恭（東萊）至鵝湖。陸子壽兄弟來會。講論之間，深覺有益。此月（六月）八日方分手而歸也」❾，如是而已。在此三十餘日之間，在鵝湖究竟有若干日，論者未爲結論。予謂「建陽至鉛山約一百公里，行程需兩三日」❿。建陽即寒泉之所在，實離鉛山一百三十公里，行程需五六日也。予亦謂「故鵝湖之會，多者十餘日，少者五六日」⓫。此結論仍可保持。其說如下：

予考定東萊四月初一到武夷，先到五夫里，然後同朱子赴寒泉精舍（參看頁五五一「呂東萊訪朱子於寒泉精舍」條）。五月五日近思錄完成之後，在赴鵝湖之前，同友人順道游武夷山。今武夷山六曲響聲巖有石刻朱子墨跡，云「何叔京，朱仲晦，連嵩卿，蔡季通，徐守臣，呂伯恭，潘叔昌，范伯崇，張元善。淳熙（二年）乙未（一一七五）五月二十一日，晦翁」。此是重要材料，因從此確知書近思錄後十六日游六曲也。至何日離寒泉，在武夷漫遊若干時日，尚未知悉。寒泉離武夷約五十公里，需時最少兩日，故最遲五月十九日離寒泉。然朱子謂「留止旬日」。通常旬日以十日計。近思錄必需多日方能輯成，則必五月五日撰書近思錄後數日之間，同發武夷，而在武夷留戀旬日也。

由武夷至鉛山約八十公里。以每日行二十公里計，則沿途四日。故最早五月二十五到鉛山，然亦可待至五月之末，因答王子合書云，「前月末送伯恭至鵝湖」也。所謂月末，可指

❸同上，頁二三九至二四一。
❹文集，答周南仲第一書，頁二下。
❺同上，答杜叔高第一書，頁六上。
❻象山全集（四部備要本），卷三十六，年譜，頁九上。
❼同上註❷，頁二四一至二四四。
❽文集，卷八十一，書近思錄後，頁六上下。
❾同上，卷四十九，答王子合第一書，頁一上。
❿朱學論集，頁二三六。
⓫同上，頁二三七。

月之最後一日，亦可指五月二十五六。若作五月二十五，則會期爲十日有餘。若作五月三十一日，則會期六七日而已。故相會最長爲十一二日而可能短至五六日也。何叔京名鎬（一一二八—一一七五），與東萊，皆朱子講友。徐守臣與張元善未詳。潘叔昌乃潘景愈（隆興元年癸未，一一六三，進士）之字，餘亦不詳。連嵩卿（名佚）、蔡季通（名元定，一一三五—一一九八）、范伯崇（名念德），皆朱子門人。

宋元學案補遺（四明叢書本），卷四十九，晦庵學案補遺下，頁一五五五下，引岳麓問答云，「陸象山道過長沙，朱子以禮請書院講書」。岳麓問答必與白鹿洞書院相混。蓋朱子帥長沙時，象山已死矣。

(八七) 鵝湖與白鹿

朱子與象山（陸九淵，一一三九—一一九三）相會不過兩次 一爲淳熙二年乙未（一一七五）鵝湖寺❶之會，一爲八年辛丑（一一八一）南康❷之會。總共只十餘日。兩者比較，饒有意味。足以表示兩人關係之有所轉變也。

⑴鵝湖之會，乃呂祖謙（呂東萊，一一三七—一一八一）所安排。呂氏訪朱子於建陽寒泉精舍，同編近思錄。歸途經江西信州，乃謀此會。而南康之會，則象山自動，專訪朱子。

⑵鵝湖之會，象山年譜謂「伯恭（呂東萊）蓋慮陸與朱議論猶有異同，欲會歸於一，而定其所適從」❸。此是誇張之詞，乃門戶之見後之觀點。朱陸兩人只欲相識。雖言論間象山直指本心，以朱子爲支離，而朱子則屢屢以陸子意見過強，自信太甚，於性卽理抑心卽理，格物抑格心等等學術宏旨，固未討論及也。然相見目的，乃是學問上事。南康之訪，則爲請朱子書其兄子壽（一一三二—一一八〇）之墓誌銘。此銘爲東萊所撰。可謂前會爲公 後會爲私。

⑶鵝湖之會，朱子並未攜帶門人。陸氏則除其兄外，另有門人若干。蓋信州雖離建陽

❶在江西信州鉛山縣東北十五里。

❷故治今江西星子縣。

❸象山全集（四部備要本），卷三十六，年譜，頁九下。

路遠，而陸氏故鄉金溪屬撫州，即在信州鄰近也。據朱子跋象山白鹿洞講義云，「淳熙辛丑春二月，陸子靜（陸象山）來自金谿。其徒朱克家、陸麟之、周清叟、熊鑒、路謙亨、胥訓實從。十日丁亥，熹率僚友諸生，與俱至於白鹿洞書堂」❹。宋元學案補遺（四明叢書本），卷四十九，晦庵學案補遺下，頁一五五下。引岳麓問答云，「陸象山道過長沙，朱子以禮請書院講書」。岳麓問答必與白鹿洞書院相混，蓋朱子師長沙時（一一九四），象山已死矣。朱子學生人數多寡，不得而知，然與鵝湖只一面門生，大相懸殊矣。

(4) 最重要者爲象山以君子小人喻義利章❺發論。朱子只「請得一言以警學者」。象山「辭避再三，不得所請，取論語中一章，陳平昔之所感，以應嘉命，亦幸有以敬之。子曰，『君子喻於義，小人喻於利』。此章以義利判君子小人，辭旨曉白」❻。此顯是象山自選之題。義利問題，當然是儒家基本爭點之一。以此爲題，亦至適當。然於此義利之辨，朱陸並無二致。陸子講義云，「志乎義，則所習必在於義。所習在義，斯喻於義矣。志乎利，則所習必在於利。所習在利，斯喻於利矣。故學者之志不可不辨也。……誠能深思是身不可使之爲小人之歸，其於利欲之習，怛然爲之痛心疾首，專志乎義而日勉焉，博學審問謹❼思明辨而篤行之❽，……其得不謂之君子乎」❾？其後朱子嘗云，「大凡爲學，且須分箇內外。這便是生死路頭。今人只一言一動，一步一趨，便有個爲義爲利在裏。從這邊便是爲義，從那裏便是爲利。向內便是入聖賢之域，向外便是趨愚不肖之途。這裏只在人劄定脚做將去，無可商量。若是已認得這個了，裏面煞有工夫，卻好商量也」。顧謂道夫曰，「曾見陸子靜義利之說否」？曰，「未也」。曰，「這是他來南康，某請他說書。他卻說這義利分明，是說得好。如云今人只讀書，便是爲利。如取解後，又要得官，得官後，又要改官，自少至老，自頂至踵，無非爲利。說得來痛快，至有流涕者」⑩。此爲楊道夫己酉（一一八九）以後所聞。事隔八九年，印象仍鮮明如此。吾人可謂鵝湖之重點在兩儒之異，白鹿之重點在兩儒之同。亦可謂由鵝湖而白鹿洞，兩者漸趨於同。當然朱陸意見仍未歸一。語類載符舜功（名敍）問陸子靜君子喩於義口義。朱子曰，「子靜只是拗。伊川（程頤，一〇三三—一一〇七）云，『惟其深喩，是以篤好』⑪。子靜必要云好後方喩。看來人之於義利，喩而好者多。若全不曉，又安能好？然好之則喩矣。畢竟伊川說占得多」⑫。又云「子靜說話，多反伊川。如君子喩於義，小人喩於利，解云，惟其深喩，是以篤好。渠卻云好而後喩。此語亦無害，終不如伊川」⑬。然此是知行先後問題，非君子小人義利之辨也。

④ 文集，卷八十一，跋金谿陸主簿白鹿洞書堂講義後，頁二十五上。
⑤ 論語，里仁篇第四，第十六章。
⑥ 象山全集，卷二十三，白鹿洞書院講義，頁一上至二上。
⑦ 中庸原文爲「愼」。因避孝宗諱改「謹」。
⑧ 中庸，第二十章。
⑨ 同上註⑥。
⑩ 語類，卷一一九，第十七條（頁四五九〇）。
⑪ 粹言（四部備要二程全書本），卷二，頁三十四上。
⑫ 語類，卷一二四，第八條（頁四七五五）。
⑬ 同上，卷七十八，第二二三條（頁三二〇三）。
⑭ 文集，卷三十四，答呂伯恭，第九十三書，頁三十四下。

南康會後數月，朱子致呂伯恭（呂東萊）書曰，「子靜舊日（指鵝湖之日）規模終在。其爲學之病，多說如此卽只是意見，如此卽只是議論」⑭。此亦是學術態度問題而非義利之辨也。至於象山博學審問謹思明辨篤行之語，竟與朱子同一口氣，究非象山年譜所載鵝湖之會一方直指本心，一方支離之別也。

(5) 鵝湖之會，不歡而散。南康之會則朱子請象山筆其講義於簡而受藏之⑮。據象山年譜，且謂以講義刻之於石⑯，永留紀念。兩人感情，前後相去遠矣。現白鹿洞書院存有二賢洞教石碑，刻象山白鹿洞講義與朱子白鹿洞賦。惜二賢未及見耳。

⑮ 同上註④。

⑯ 象山全集，卷三十六，年譜，頁十下。

（八八）論象山之性格

語類卷一二四題「陸氏」，凡六十八條。以五十八條論象山（陸九淵，字子靜，一一三九—一一九三），以其餘論其門人。十分之九爲批評言論，指象山爲禪。文集書札更甚。朱子之攻象山，實比象山之攻朱子爲多。然朱子之抨擊象山，純在學術方面。吾人對於其批判象山之性格，當作兩面觀。一是關於學術之立場與態度，一是與學術無關之氣質。必須如是分別清楚，乃能了解其學術上絕不相容，而私情方面則互相敬慕也（參看頁五八一「朱陸關係之私情方面」條）。玆輯文集與語類談論象山性格之語，以年歲爲先後，或可以窺見朱子感情之如何演變也。

(1) 淳熙三年丙申（一一七六）。答張敬夫（張栻，自號南軒，一一三三—一一八〇）書云，「子壽（陸九齡，一一三二—一一八〇）兄弟氣象甚好。其病卻是盡廢講學而專務踐履。卻於踐履之中，要人提撕省察，悟得本心。此爲病之大者。要其操持謹質，表裏不二，實有以過人者。惜乎其自信太過，規模窄狹。不復取人之善。將流於異學而不自知耳」❶。此爲朱子首次談論象山之學術與品格，乃在鵝湖之會後之一年。鵝湖不甚投機，故有此言（參看頁五六四「鵝湖之會」條）。

❶ 文集，卷三十一，答張敬夫第二十七書，頁十五下至十六上。

⑵ 淳熙六年己亥（一一七九）。答呂伯恭（呂祖謙，稱東萊先生，一一三七—一一八一）書云，「（子靜）不肯飜然說破今是昨非之意。依舊遮前掩後，巧爲詞說。只此氣象，卻似不佳耳」❷。

⑶ 淳熙七年庚子（一一八〇）。又答伯恭書云，「渠兄弟今日豈易得？但子靜似猶有些舊來意思。聞其門人說子壽言其雖已轉步，而未曾移身。然其勢久之亦必自轉。回思鵝湖講論時，是甚氣勢？今何止什去七八耶」❸？

⑷ 答林擇之（林用中）云，「陸子壽兄弟近日議論，卻向講學上理會。其門人有相訪者，氣象皆好，但其間亦有舊病」❹。

⑸ 與吳茂實（吳英）書曰，「陸子壽兄弟近日議論與前大不同，卻方要理會講學」❺。

⑹ 萬人傑庚子（一一八〇）以後所錄云，「陸子靜看得二程（程顥，一〇三二—一〇八五；程頤，一〇三三—一一〇七）低，此恐子靜看其說未透耳。譬如一塊精金，卻道不足金。非金之不好，蓋是不識金也」❻。

⑺ 淳熙八年辛丑（一一八一）。答呂伯恭書云，「子靜到此數日，所作子壽埋銘，已見之。敍述發明，此極有功。卒章微婉，尤見用意深處。歎服歎服。子靜近日講論，比舊亦不同。但終有未盡合處。幸其卻好商量，亦彼此有益也」❼。

⑻ 又答伯恭云，「子靜舊日規模終在。其論爲學之病，多說如此卽只是意見，如此卽只是議論，如此卽只是定本。……子靜之病，恐未必是看人不看理。自是渠合下有些禪底意思，又是主張太過，須說我不是禪，而諸生錯會了。故其流至此」❽。語類載甘節癸丑（一一九三）以後所聞，朱子謂「某向與子靜說話，子靜以爲意見。某曰，『邪意見不可有，正意

見不可無』。子靜說此是閑議論。某曰，『閑議論不可議論。合議論則不可不議論』」❾。此記錄是在十餘年之後，朱子印像尚未銷除，可知其異常之深矣。

(9) 與劉子澄（劉清之，一一三九—一一九五）書云，「子靜一味是禪，卻無許多功利術數。目下收斂得學者身心，不爲無力。然其下稍無所據依，恐亦未免害事也」❿。

(10) 淳熙十年癸卯，潘柄癸卯（一一八三）以後所聞云，「或問東萊象山之學。曰，『伯恭失之多，子靜失之寡』」⓫。

(11) 淳熙十一年甲辰（一一八四）。答胡季隨（名大時）書云，「元善（詹體仁，一一四三—一二〇六）書說與子靜相見甚歎。不知其說如何。大抵欲速好徑，是今日學者大病」⓬。此書無年

---

❷ 同上，卷三十四，答呂伯恭第七十七書，頁十七下。
❸ 同上，第八十三書，頁二十六上下。
❹ 同上，卷四十三，答林擇之第四十六書，頁三十一下。
❺ 同上，卷四十四，與吳茂實第一書，頁三十下。
❻ 語類，卷八十，第八十八條（頁三三二一）。
❼ 文集，卷三十四，答呂伯恭第九十二書，頁三十三上。
❽ 同上，第九十三書，頁三十四上下。
❾ 語類，卷一二四，第二十一條（頁四七五九）。
❿ 文集，卷三十五，與劉子澄第十一書，頁二十二上。
⓫ 語類，卷一二二，第四條（頁四七一九）。
⓬ 文集，卷五十三，答胡季隨第九書，頁二十二上。

月日。然此書言南軒集誤字已爲檢勘⑬。南軒集甲辰（一一八四）序，故此書繫於甲辰。

⑿與詹帥（詹體仁）書云，「高敎授⑭能留意學校，甚善。渠嘗從陸子靜學，有意爲己，必能開道其人也」⑮。此書上文言欽夫（南軒）文集久刻未成⑯，約在甲辰。

⒀淳熙十二年乙巳（一一八五）。與劉子澄書曰，「子靜寄得對語⑰來，語意圓轉，渾浩無凝滯處，亦是渠所得效驗，但不免些禪底意思。昨答書戲之云，『這些子恐是葱嶺帶來』。（參看頁五八一「朱陸關係之私情方面」條）。渠定不伏。然實是如此，諱不得也」⑱。

⒁淳熙十五年戊申（一一八八）。答趙子欽（名彥肅，乾道初進士）書云，「子靜後來得書，愈甚於前。大抵其學於心地工夫，不爲無所見。但使欲恃此陵跨古今，更不下窮理細密功夫，卒並與其所得者而失之。人欲橫流，不自知覺，而高談大論，以爲天理盡在是也，則其所謂心地工夫者，又安在哉」⑲？

⒂黃㽦（一一四七－一二一二）戊申所聞云，「陸氏會說。其精神亦能感發人。一時被他聳動，亦便清明。只是虛，更無底簟。『思而不學則殆』⑳，正謂無底簟，便危殆也」㉑。

⒃陳文蔚（一一五四－一二三九）戊申以後所聞云，「因說陸子靜，謂江南未有人如他八子着腳」㉒，言其立腳穩固也。

⒄李閎祖（嘉定四年辛未，一二一一，進士）戊申以後所聞云，「子靜應無所住而生其心」㉓。此是佛說㉔，言思慮自然，心無所繫也。

⒅淳熙十六年己酉（一一八九）。答陸子靜云，「然凡辨論者亦須平心和氣，子細消詳。反復商量，務求實是，乃有歸著。如不能然，而但於匆遽急迫之中，肆支蔓躁率之詞，以逞

其忿懟不平之氣，則恐反不若或者之言，安靜和平，寬洪悠久，猶有君子長者之遺意也。……今以麤淺之心，挾忿懟之氣，不肯暫置其是已非彼之私，而欲評義理之得失，則雖有判然如黑白之易見者，猶恐未免於誤。況其差有在於毫釐之間者，又將誰使折其衷而能不謬也哉？……子美尊兄自是天資質實重厚。當時看得此理有未盡處，不能子細推究，便立議論。因而自信太過，遂不可回。見雖有病，意實無他。老兄卻是先立一說，務要突過有若子貢以上。……一例吹毛求疵，須要討不是處。正使說得十分無病，此意卻先不好了。況其言之粗

⑬ 同上，第八書，頁二十一下。
⑭ 未詳。
⑮ 文集，卷二十七，與詹帥第三書，頁十八上。
⑯ 同上，頁十七上。
⑰ 輪對五劄，載象山全集（四部備要本），卷十八，刪定官輪對劄子，頁一上至三下。
⑱ 文集，卷三十五，與劉子澄第九書，頁二十四下。
⑲ 同上，卷五十六，答趙子欽第四書，頁二下至三上。
⑳ 論語，爲政篇第二，第十五章。
㉑ 語類，卷一二四，第三十三條（頁四七六四）。
㉒ 同上，第六條（頁四七五四）。
㉓ 同上，第四十條（頁四七六九）。
㉔ 金剛經，第十品。

率，又不能無病乎」㉕？此書乃答子靜來書劇辨太極無極，措詞強硬，朱子書札從未有如是者。

⒆ 答邵叔義書云，「子靜書來，殊無義理。每爲閉匿，不敢廣以示人。不謂渠乃自暴揚如此。……所與左右書，渠亦錄來，想甚得意。大率渠有文字多，即傳播四出，唯恐人不知。此其常態，亦不足深怪」㉖。

⒇ 象山年譜所錄云，「有學者因無極之辯，貽書詆先生（象山）者。晦庵復其書云，『南渡以來，八字着脚，理會着實工夫者，惟某與陸子靜二人而已。某實敬其爲人。老兄未可以輕議之也』」㉗。

㉑ 黃道夫（黃樵仲，淳熙十年癸卯，一一八三，進士）己酉以後所聞云，「伯恭門徒氣宇厭厭，四分五裂，各自爲說。久之必至銷歇。子靜則不然。精神緊峭，其說分明。能變化人，使人旦異而晡不同。其流害未艾也」㉘。

㉒ 紹熙二年辛亥（一一九一）。葉賀孫（字味道，嘉定十三年庚辰，一二二〇，進士），辛亥以後所聞一則云，「子靜雖占姦不說，然他見得成個物事，說話間便自然有個痕跡可見。只是人理會他底不得，故見不得。然亦易見。子靜只是人未從，他便不說。及鈎致得來，便直是說，方始與你理會」㉙。

㉓ 又一則云，「潘恭叔（潘友恭）說象山說得如此，待應事都應不是。曰，『可知是他所學所說，盡是杜撰，卻不依見成格法也。應事也只是杜撰。如何得合道理』？」㉚

㉔ 又一則云，「某也難說他（子靜）有多多少少，某都不敢說他。只是因諸公問，不得不說。他是向一邊去，拗不轉了。又不信人言語。又怎奈何他」㉛？

(25)紹熙四年癸丑（一一九三）。答詹元善書云，「子靜旅櫬經由，聞甚周旋之。此殊可傷。見其平日大拍頭，胡叫喚，豈謂遽至此哉？然其說頗行於江湖間。損賢者之志而益愚者之過。不知此禍又何時而已耳」㉜。

(26)潘植癸丑（一一九三）所聞云，「陸子靜說告子也高。也是他尚不及告子。告子將心硬制得不動。陸遇事未必皆能不動」㉝。

(27)黃義剛癸丑以後所聞一則云，「如陸子靜天資甚麼高明，卻是不道中庸。後其學便誤人。某嘗說子靜說道理有個黑腰子。其初說得瀾翻，極是好聽。少間到那緊處時，又卻藏了不說，又別尋一個頭緒，瀾翻起來。所以人都捉他那緊處不着」㉞。

㉕文集，卷三十六，答陸子靜第六書，頁十一上至十五下。
㉖同上，卷五十五，答邵叔義第四書，頁二十九下。
㉗象山全集，卷三十六，年譜，頁二十一上。
㉘語類，卷一二二，第三十九條（頁四七三一）。
㉙同上，卷一二三，第二條（頁四七三九）。
㉚同上，卷一二四，第三十二條（頁四七六四）。
㉛同上，第五十七條（頁四七八〇）。
㉜文集，卷四十六，答詹元善第三書，頁十八上。
㉝語類，卷一二四，第十四條（頁四七五七至四七五八）。
㉞同上，卷六十四，第一四一條（頁二五二〇）。

(28)又一則云，「陸子靜，分明是禪，但卻成一個行戶，尚有個據處」㉟。

(29)又一則云，「叔器（胡安之）問象山師承。曰，『他們天姿也高，不知師誰。然也不問師傳。學者多是就氣稟上做，便解偏了』」㊱。

(30)紹熙五年甲寅（一一九四）。王過甲寅所聞云，「先生嘗說陸子靜楊敬仲（楊簡，一一四一—一二二六）自是十分好人，只似患淨潔病底。又論說道理，恰似閩中販私鹽底。下面是私鹽，上面以鯗魚蓋之，使人不覺。蓋謂其本是禪學，卻以吾儒說話遮掩」㊲。

(31)輔廣甲寅以後所聞云，「子靜說話常是兩頭明，中間暗。……是他那不說破處。他所以不說破，便是禪」㊳。

(32)慶元四年戊午（一一九八）。沈僴戊午以後所聞云，「近世所見會說話，說得響，令人感動者，無如陸子靜」㊴。

(33)慶元五年己未（一一九九）。呂燾己未所聞云，「王介甫（王安石，一〇二一—一〇八六）陸子靜，卻只是橫說」㊵。

(34)楊若海錄，不知何時。「性質（原注陸子美），精神（原注子靜）」㊶。

(35)廖德明（乾道五年己丑，一一六九，進士）錄云，「陸子靜楊敬仲有為己工夫。若肯窮理，當甚有可觀。惜其不改也」㊷。此為德明癸巳（一一七三）以後所聞。德明由癸巳至己未，師事朱子六次。不知此是何時所聞。以其兼說象山門人，故錄之最後。

㉟同上，卷一二三，第二十二條（頁四七五〇）。
㊱同上，卷一二四，第七條（頁四七五四）。
㊲同上，第四十六條（頁四七七〇）。
㊳同上，卷一〇四，第三十八條（頁四一六五）。
㊴同上，卷九十五，第一七七條（頁三九〇五）。
㊵同上，卷一三九，第十七條（頁五三〇三）。
㊶同上，卷一二四，第一條（頁四七五三）。
㊷同上，第五十八條（頁四七八一）。

（八九） 朱陸關係之私情方面

朱陸關係，論之者多矣。中日學者文章，汗牛充棟。大多注重學術異同，以其意見如冰炭之不相容，互見奮激。於是兩人之私情方面，彼此尊敬，每多忽略。予嘗考其通訊，幾無年無之❶。其兩人之心情友誼，並不因意見不同而或減也。玆列其關於私事之記載，以年期爲序。斯學者可以覩兩人交情之全貌，與其始終之感想爲何也。

(1) 乾道九年癸巳（一一七三）。呂東萊（名祖謙，一一三七—一一八一）致朱子書云，「撫州士人陸九齡子壽（一一三二—一一八〇），篤實孝友，兄弟皆有立。舊所學稍偏。近過此相聚累日，亦甚有問道四方之意」❷，蓋謂與其弟子靜（陸象山，一一三九—一一九三）欲與朱子結識也。

(2) 淳熙元年甲午（一一七四）。答呂子約（呂祖儉，一一九六年卒）書云，「近聞陸子靜言論風旨之一二，全是禪學，但變其名號耳。競相祖習，恐誤後生。恨不識之，不得深扣其說，因獻所疑也」❸。

(3) 淳熙二年乙未（一一七五）。東萊爲之安排，朱陸呂等相會於江西，信州，鵝湖寺。是爲歷史上有名之鵝湖之會。予嘗撰朱陸鵝湖之會補述，指明此會乃在相敘結識，而非學術上之對壘也❹。別後致書象山云，「所恨忽忽別去，彼此之懷，若皆有未既者，然警切之誨，佩服不敢忘也」❺。

(4) 淳熙四年丁酉（一一七七）。答葉味道（嘉定十三年庚辰，一二二〇，進士）書曰，「頃年陸子壽兄弟親喪，亦來問此。時以旣祔復主告之，而子靜固以爲不然，直欲於卒哭而祔之後，徹其几筵。子壽疑而復問，因又告之。……子靜終不謂然，而子壽遂服。以書來謝，至有負荊請罪之語」❻。

(5) 淳熙七年庚子（一一八〇）。答呂伯恭（東萊）書云，「子壽兄弟得書。子靜於秋涼來遊廬阜，但恐此時已換卻主人耳」❼。是時朱子知江西南康軍。郡治離廬山十餘里。朱子任期將滿，故云。

(6) 又答伯恭云，「二陸後來未再得信。救荒方急，未暇遣人問之。子靜欲來遊山。聞此中火色如此，又未知能來否耳」❽。

(7) 又答伯恭云，「子壽兄弟久不得書。子靜欲來。想以旱故，未必能動，旦夕或遣人

---

❶ 參看拙著，朱學論集（臺北，學生書局，一九八二），朱陸通訊詳述，頁二五一至二六九。
❷ 東萊呂太史文集（續金華叢書本），別集，卷八，與朱侍講第二十二書，頁一下。
❸ 文集，卷四十七，答呂子約第十七書，頁二十下至二十一上。
❹ 朱學論集，朱陸鵝湖之會補述，頁二三三至二四九。
❺ 象山全集（四部備要本），卷三十六，年譜，頁九下。此書不見朱子文集。
❻ 文集，卷五十八，答葉味道第二書，頁二十五上。第一書，頁二十三上，意同。負荊請罪出史記（四部叢刊本），卷八十一，頁六上。
❼ 同上，卷三十四，答呂伯恭第八十三書，頁二十六上。
❽ 同上，第八十四書，頁二十八上。
❾ 同上，第八十五書，頁二十九下。

候之也」❾。

(8) 答傅子淵書（名夢泉）云，「荆州（張栻，一一三三—一一八〇）云亡，忽忽歲晚。比又得青田敎授陸兄（子壽）之訃。吾道不幸乃至於此。每一念之，痛恨無窮。想平生師資之義，尤不能爲懷也」❿。

(9) 又答呂伯恭書云，「子靜書云，已求銘（子壽墓誌銘）於門下，屬熹書之，此不敢辭。但渠作得行狀⓫，殊不滿人意。恐須別爲抒思，始足有發明也」⓬。

(10) 淳熙八年辛丑（一一八一）。跋子靜白鹿洞書院講義云，「淳熙辛丑春二月，陸兄子靜來自金陵。其徒朱克家、陸麟之、周清叟、熊鑑、路謙亨、胥訓實從。十日丁亥，熹率寮友諸生，與俱至於白鹿書堂，請得一言，以警學者。……蓋聽者莫不竦然動心焉。熹猶懼其久而或忘之也，復請子靜筆之于簡而受藏之」⓭。朱子年譜「二月，陸子靜來訪」條下云，「子靜來訪，請書其兄敎授墓誌銘。先生率僚友諸生，與俱至白鹿洞書院，請升講席。子靜以君子小人喻義利章⓮發論」⓯。象山年譜云，「時元晦爲南康守，與先生泛舟樂曰，『自有宇宙以來，已有此溪山，還有此佳客否』？乃請先生登白鹿洞書院講席。先生講『君子喻於義，小人喻於利』一章。……乃復請先生書其說。先生書講義。尋以講義刻於石。……當時說得來痛快，至有流涕者。元晦深感動。天氣微冷而汗出揮扇」⓰。二月而攜扇，可疑。

(11) 淳熙十年癸卯（一一八三）。朱子有書子靜，略云，「比約諸葛誠之（諸葛千能，淳熙進士）在齋中相聚，極有益。浙中士人賢者皆歸席下。比來所得爲多，幸甚」。再書云，「歸來臂痛。病中絕學捐書，卻覺得身心收管，似有少進處。向來汎濫，眞是不濟事。恨未得款曲承敎，盡布此懷也」⓱。

(12)子靜與漕使尤延之（名袤）書略云，「朱元晦在南康已得太嚴之聲。元晦之政，亦誠有病，然恐不能泛然以嚴病之。使罰當其罪，刑故無小，遽可以嚴而非之乎。……元晦浙東救旱之政，比者屢得浙中親舊書及道途所傳，頗知梗概，浙人殊賴。自劾一節，尤為適宜」⑱。

(13)淳熙十一年甲辰（一一八四）。有書子靜略云，「不知輪對班在何時？果得一見明主，就緊要處下得數句為佳。其餘屑屑，不足言也」⑲。

(14)「時有言奏劄差異者。元晦索之，先生納去一本」⑳。朱子貽書云，「奏篇垂寄，得聞至論，慰沃良深。其規模宏大，而源流深遠，豈腐儒鄙生所能窺測？不知對揚之際，上於何語有領會？……但向上一路，未曾撥轉處，未免使人疑著，恐是蔥嶺帶來耳」㉑。此書

⑩同上，卷五十四，答傅子淵第一書，頁十六上。
⑪象山全集，卷二十七，全州教授陸先生行狀，頁一上至四下。
⑫文集，卷三十四，答呂伯恭第九十書，頁三十二上。
⑬同上，卷八十一，跋金谿陸主簿白鹿洞書堂講義後，頁二十五上。
⑭論語，里仁篇第四，第十六章。
⑮王懋竑，朱子年譜（叢書集成本），卷二下，頁九十六。
⑯象山全集，卷三十六，年譜，頁十下。
⑰同上，頁十一下。二書不見朱子文集。
⑱同上，頁十二上。
⑲同上，頁十二下。
⑳同上，頁十三上。

又見象山全集，但刪去蔥嶺一句，以其暗示禪宗之度嶺而來也㉒。

⒂淳熙十三年丙午（一一八六），答諸葛誠之云，「子靜平日所以自任，正欲身率學者一於天理，而不以一毫人欲雜於其間。恐決不至如賢者之所疑也」㉓。朱子撰曹立之（名建，一一四七—一一八三）墓表，謂立之始學於陸氏兄弟，繼而就學於張栻。子靜門人憤激。誠之蓋疑子靜亦感不平也。此書又載象山全集㉔，

⒃淳熙十四年丁未（一一八七）。與朱子書云，「朝廷以旱暵之故，復屈長者以使節。倘肯俯就，江西之民，一何幸也？冬初許氏子來，始得五月八日書，且聞令小娘竟不起，諒惟傷悼。前月來又得五月二日書開慰之劇。某不肖禍釁之深，仲兄子儀中夏一疾不起。前月末甫得襄事。七月末喪一幼穉三歲，乃擬為先教授兄後者。比又喪一姪孫女。姪壻張輔之抱病累月，亦以先兄襄事之後長往。痛哉！禍故重仍，未有甚於此者。觸緒悲摧，殆所不堪。某舊有血疾。二三年寖劇。近又轉而成痔，良以為苦。數日方少瘳矣」㉕。

⒄又一書云，「外臺之除，豈所以處耆德，殆新政起賢之兆耳。……竊料辭免之章，必未俞允。願尊兄勉致醫藥，俯慰輿情。縱筋力未強，但力疾臥護，則精神折衝者，亦不細矣」㉖。

⒅與王謙仲（王藺時）書云，「元晦聞已起行入奏事，江西可謂德星聚也」㉗。

⒆淳熙十五年戊申（一一八八）。與朱子書云，「聞已赴闕奏事。何日對敭？伏想大攄素蘊，為明主忠言，動悟淵衷，以幸天下。恨未得卽聞緒餘，沃此傾渴。外間傳聞留中講讀，未知信否？誠得如此，豈勝慶幸？鄉人彭世昌得一山，在信之西境，距敝廬兩舍而近，實龍虎山之宗。巨陵特起，㕍然如象，名曰象山。……彭子結一廬以相延。某亦自為精舍於

其側。春間攜一姪二息讀書其上。又得勝處爲方丈以居」㉘。以下爲太極之辨。

⑳朱子復書曰，「今夏在（江西）玉山便中得書。時以入都，旋復還舍，疾病多故，又苦無便，不能卽報。然懷想德義，與夫象山泉石之勝，未嘗不西望太息也。……今者又蒙收召……已遣人申堂懇免矣」㉙。以下答辨太極。

㉑又與朱子書云，「奉十一月八日書，備承作止之詳，慰浣良劇。比閱邸報，竊知召命不容辭免。莫須更一出否？吾人進退，自有大義。豈直避嫌畏譏而已哉」㉚？以下續辨太極。

㉒紹熙三年壬子（一一九二）。朱子貽子靜書云，「昔時歸來（福建）建陽，失於計度，作一小屋，期年不成。勞苦百端，欲罷不可」㉛。

㉑文集，卷三十六，寄陸子靜第一書，頁六上。
㉒象山全集，卷三十六，年譜，頁十三下。
㉓文集，卷五十四，答諸葛誠之第一書，頁四下。
㉔象山全集，卷三十六，年譜，頁二十下。
㉕同上，卷十三，與朱元晦第一書，頁七上下。
㉖同上，第二書，頁七下。
㉗同上，卷九，與王謙仲第一書，頁一上。
㉘同上，卷二，與朱元晦第一書，頁五上。
㉙文集，卷三十六，答陸子靜第五書，頁七下。
㉚象山全集，卷二，與朱元晦第二書，頁七下。
㉛同上，卷三十六，年譜，頁二十三下。此書不見朱子文集。

(23)　問：陸子靜家有百餘人喫飯。朱子答曰，「近得他書，已自別架屋。便也是許多人，無頓着處。……陸子靜始初理會，家法亦齊整。諸父自做一處喫飯，諸母自做一處喫飯，諸子自做一處，諸婦自做一處，諸孫自做一處，孫婦自做一處，卑幼自做一處」㉜。此爲葉賀孫辛亥（一一九一）以後所聞。

(24)　紹熙四年癸丑（一一九三）。答趙然道（名師雍，淳熙十四年丁未，一一八七，進士）云，「荆門（指象山）之訃，聞之慘怛。故舊凋落，自爲可傷，不計平日議論之同異也」㉝。

(25)　慶元元年乙卯（一一九五）。湯泳錄云，「象山死，先生率門人往寺中哭之。既罷，良久，曰，『可惜死了告子』㉞。此爲湯泳（非胡泳）乙卯（一一九五）所聞。隔象山之死（一一九三）㉟，已兩年矣（參看頁五九一「可惜死了告子」條）。

㉜　語類，卷九十，第六十四條（頁三六六三至三六六四）。
㉝　文集，卷五十五，答趙然道書，頁二十七下。
㉞　語類，卷一二四，第四十八條（頁四七七二）。
㉟　象山卒於紹熙三年壬子十二月十四日，爲陽曆一一九三年一月十日。

（九〇）陸子晚年定論？

黃彰健先生著象山思想臨終同于朱子，載大陸雜誌，第六十九卷（一九八四年七月），第一期，頁三十二至四十二，考定孫應時（一一五四—一二〇六）與朱子來往書信二十一通，與孫氏與陸象山（陸九淵，一一三九—一一九三）往來書信三通之年月。考據精確，大有補王懋竑（一六六八—一七四一）朱子年譜之不逮。誠爲研究朱子所不可少之寶貴材料。此文之主旨在乎訂定來往書札之時期，故幾全部討論此點。故以孫應時與朱子及陸象山往來書信繫年爲副題。只據孫氏燭湖集所載上朱子一書中有云，「荊門陸先生遂止此，可痛。聞其啓手足，告學子，惟先生之教是從，惜其前此自任之稍過也」（頁三十八），遂以象山思想臨終同於朱子爲題，未免言之過急。

黃先生引象山紹熙三年壬子（一一九二）九日覆孫應時書中「迷于異說」（頁四十二）之言，下按語云，「這一封信責備孫氏『迷於異說』，當指孫氏治學，尊信朱子之教」。又云，「這一封信去象山之死，不過數月。故上引孫氏上朱子信，言及象山『啓手足，告學子，惟朱子之教是從』。很可能是象山在臨終時，才改變其觀點」。續云，「孫應時爲象山及朱子弟子，上引諸書信可證。黃宗羲（一六一〇—一六九五）宋元學案卷七七說：孫『問學于朱陸之間而所師則陸』❶。陳榮捷先生朱子門人一書（第一七七—應作六一—頁）亦以黃說爲然❷。蓋皆未

❶ 宋元學案（四部備要本），卷七十七，槐堂諸儒學案，頁六上。

見燭湖集此一珍貴資料」(頁四十二)。

黃先生此處實下兩個判語。一爲孫氏乃象山及朱子弟子，而以黃宗羲「所師則陸」爲誤。一爲象山臨終，改變其觀點。關于孫氏之爲朱陸門人，宋元學案與朱子門人均與黃先生之說無異。至于孫氏所師，爲朱抑陸，愚未考燭湖集，無從斷定。但從其與朱陸往來書札觀之，則黃宗羲「所師則陸」之語爲當。孫陸往來書信(頁四十一至四十三)不見有學術之討論，故吾人不知孫氏思想是否同于象山。在孫氏與朱子來往信中，則兩人意見衝突。于朱子中庸章句，太極解義，謂「其間誠有疑者」(頁三十三)，可知孫氏有疑。孫氏又謂「中庸章句中哀公問政一篇。……又頗疑大學所定。……然此乃先生數十年精思熟講，然後出之，豈可輕議？顧心之所懷，不敢不吐」(頁三十六)。朱子主張小序非孔門之舊，而安國(壯年前一三〇)序亦非西漢文學(頁三十七)❸，而孫氏則謂「昨蒙教以孔安國書序非西漢文章，未知信然。但于書小序，猶未敢疑其非孔氏之舊耳」(頁三十七)。朱子以易爲卜筮之書，孫氏則似棄卜筮而談義理(頁三十七)。凡此針鋒相對，所師非朱明矣。

象山臨終改變其觀點一節，鄙意不敢贊同。其故有三。一者孫應時只間接聽聞其啓手足時告門人惟朱子之教是從，並非親聞其說，不無傳聞失實之可能。二者楊簡(一一四一—一二二六)所撰象山先生行狀絕無此說❹。象山年譜，記象山臨終亦無此語❺。三者象山苟有此言，則朱門必欣然相告。惟查朱子語類卷一百二十四之陸氏，其中黃義剛、甘節、曾祖道、輔廣、湯泳、沈僩、孫自修、錢木之、黃過等人所錄，皆在象山逝世之後，而竟無象山教門人以朱子之教是從之痕跡。第四十八條(頁四七七二)載象山死，朱子率門人往寺中哭之。既罷良久，曰，「可惜死了告子」(參看頁五九一「可惜死了告子」條)。第十四條(頁四七五七)討論陸象山不着言語，其學正似告子。如象山思想臨終同于朱子，則此處不應以告子視之矣。燭湖集材料誠可寶貴，但所引書札，恐尚無象山臨終轉向朱子之有力證據耳。

❷臺北，學生書局，民國七十一年（一九八二）。
❸語類，卷七十八，第二十五等條（頁三一五三至三一五六）。
❹象山全集（四部備要本），卷三十三，頁二下至七下。
❺同上，卷三十六，頁二十四下。

（九一）「可惜死了告子」

語類載「象山（陸九淵，一一三九—一一九三）死，先生率門人往寺中哭之。既罷，良久，曰，『可惜死了告子』」。本注云，「此說得之文卿」❶。

第一問題須待解決者，何以朱子比象山于告子？查朱子之論象山，謂其同于告子者，共有四點。一爲不知有氣禀之雜。語類云，「看子靜（象山）書只見他許多粗暴底意思可畏。其徒都是這樣。才說得幾句，便無大無小，無父無兄，只我胸中流出底是天理，全不着得些工夫。看來這錯處只在不知有氣禀之性。……孟子不說到氣一截，所以說萬千與告子幾箇，然終不得他分曉❷。告子以後，如荀揚（揚雄，前五三—一八）之徒，皆是把氣做性說了」❸。二爲不教人讀書。語類載楊至問，「陸氏之學，不甚教人讀書看文字。與告子相似否」？朱子答云，「便是」❹。三爲義外之說。朱子答項平父（名安世，嘉定元年戊辰，一二〇八，卒）書云，「告子乃不知此，而以義爲外，則其不動心也，直彊制之而頑然不動耳，非有此氣（浩然之氣）而自然不動也。故〔孟子〕又曰，『我故曰，告子未嘗知義，以其外之也』❺。然告子之病，蓋不知心之慊處，即是義之所安，其不慊處，即是不合於義，故直以義爲外而不求。今人因孟子之言，卻有見得此意，而識義之在內者。然又不知心之慊與不慊，亦有待講學省察，而後能察其精微者，故於學聚問辨❻之所得，皆指爲外而以爲非義之所在，遂一切棄置而不爲。此與告子之言，雖若小異，然其實則百步五十步❼之間耳」❽。此處未明指象山。

與文集答項平父書八通。第一、二、三書皆提象山。第四書「若謂堯舜以來，所謂兢兢業業，便只是讀書程課」之言，無疑是指淳熙二年乙未（一一七五）朱陸江西鵝湖寺之會時象山欲問朱子堯舜之前，何書可讀❾？故知此處闢告子義外之說，亦所以闢象山義外之說也。語類則明白言之。朱子云，「今陸氏只是要自渠心裏見得底，方謂之內。若別人說底，一句也不是。才自別人說出，便指爲義外。如此乃是告子之說」。朱子又云，「嘗與金溪（指象山）辨義外之說。某謂事之合如此者，雖是在外，然於吾心以爲合如此而行，便是內也。且如人有性質魯鈍，或一時見不到，因他人說出來，見得爲是，從而行之，亦內也。金溪以謂此乃告子之見，直須自得於己者方是。若以他人之說爲義而行之，是求之於外也，遂於事當如此處亦不如此。不知此乃告子之見耳」❿。

❶ 語類，卷一二四，第四十八條（頁四七七二）。
❷ 孟子，告子篇第六上，第一至第六章。
❸ 語類，卷一二四，第三十八條（頁四七六八至四七六九）。
❹ 同上，卷五十二，第二十八條（頁一九六〇）。
❺ 孟子，公孫丑篇第二上，第二章。
❻ 易經，乾卦，文言，「君子學以聚之，問以辨之」。
❼ 孟子，梁惠王篇第一上，第三章，「以五十步笑百步」。
❽ 文集，卷五十四，答項平父第六書，頁八上下。
❾ 象山全集（四部備要本），卷三十六，頁九下。
❿ 語類，卷一二四，第三十七條（頁四七六六至四七六七）。

第四點集中於告子「不得於言，勿求于心」之說⓫。朱子云，「『不得於言，勿求于心』，是心與言不相干。……此告子說也。告子只去守箇心得定，都不管外面事。外面是亦得，不是亦得。孟子之意，是心有所失，則見於言，如肝病見于目相似。陸子靜說告子亦有好處。今人非不但不識孟子，亦不識告子。只去言語上討不着，陸子靜卻說告子只靠外面，更不去管內面。以某看，告子只是守着內面，更不管外面」⓬。楊至問告子謂「不得於言，勿求於心」。朱子答云，「告子於此不達，則不復反求其理於心。嘗見陸子靜說這一段，大段稱告子所見高。告子固是高，亦是陸子之學與告子相似，故主張他。然陸氏之學，更鶻突似告子」⓭。潘植所錄云，「至之（楊至之字）問告子『不得於言，勿求于心』。先生云，『陸子靜不着言語，其學正似告子，故常諱這些字』。至之云，『陸嘗云，「人不惟不知孟子高處，也不知告子高處」』。先生語陸云，『試說看』。陸只鶻突說過』。先生因語諸生云，『陸子靜說告子也高，也是他尚不及告子。告子將心硬制得不動。陸遇事未必皆能不動』」⓮。

第三第四兩點，實是相爲表裏。蓋不求義外與不得于言勿求於心，同是告子不動心之法。由朱子觀之，告子與陸子均無孟子浩然之氣不動而只有強制之不動，而在象山，或且不能不動耳。

如上所述，朱子之嘆「可惜死了告子」，必指告子與陸子之不動心之法而言，而非指其論性不論氣與不敎人讀書而言。蓋前二者只偶爾言之，而後二者則屢屢言之也。此是學術問題，朱子只謂陸子至死，尙不相投耳。

朱子之純從學術立場而絕對坦白之態度，又可於呂祖儉（字子約，一一九六年卒）之死朱子所言見之。祖儉爲祖謙弟，與朱子講學甚密。文集有致子約書兩卷（四十七八），凡四十八通，又別集卷一一通。朱子通訊除張栻（一一三三—一一八〇）、呂祖謙（一一三七—一一八一）外，無有出其右者。然兩人思想，總不融合。朱子嘗云，「可憐子約一生辛苦讀書，只是竟與之說不合」⑮。子約死，朱子曰，「子約竟賫着許多鶻突道理去矣」⑯。

從來談「可惜死了告子」者，絕未提朱子子約懷道理去之語，因而不審朱子對于象山之死，純從學術立場。反而以爲於象山之死，不特無哀悼之意，且從而譏之。顯然非仁人君子之所爲。于是王懋竑之朱子年譜與象山全集均不記載。或謂陸象山死，朱子並無祭文，似是侮慢。然朱子率門人往寺中哭之，豈亦假裝門面耶？語類原註謂「此說得之文卿（竇從周）」。王懋竑謂「此事不見于從周錄，恐傳聞之誤。閑闢錄云，『哭之者故舊之私情，譏之者斯文之公議』」。此語固然。然謂其學同于告子而辨之則可，謂可惜死了告子，則語太輕，必非朱子語矣」⑰。錢穆亦謂「語非記錄者所親聞，可信否不可知」⑱。王錢二氏，似以朱子此言爲

⑪ 孟子，公孫丑篇第二上，第二章。
⑫ 語類，卷五十二，第二十七條（頁一九五九）。
⑬ 同上，第二十八條（頁一九五九至一九六〇）。
⑭ 同上，卷一二四，第十四條（頁四七五七至四七五八）。
⑮ 同上，卷一二三，第三十三條（頁四七二九）。
⑯ 同上，第三十七條（頁四七三一）。
⑰ 朱子年譜（叢書集成本），考異，卷三，頁三〇九。
⑱ 朱子新學案（臺北，三民書局，一九七一），第三冊，頁三五六。

不善，欲爲之洗刷。竇從周淳熙十三年丙午（一一八六）始事朱子，其時年已五十⑲。朱子率門人哭象山之死，從周諒必在場。王懋竑謂此事不見於從周錄，此則誠然，然不能因此便謂無其事也。從周錄丙午以後所聞三十餘條，皆是關于理論爲學之問答。此條不在此範圍之內，則其不錄，亦至自然。從周年長老大，收放心，慕顏子克己氣象⑳，當非輕信塗說，胡言亂語之人。此條爲湯泳乙卯（一一九五）所聞，離象山之死已兩三載。傳聞失實，未嘗不可能。然從周親與其事之可能性，比傳聞失實爲大。今加以祖儉死後朱子同樣之言，則所謂「可惜死了告子」，當不容致疑矣。吾人苟否認死了告子之語，則亦否認其哭陸子，可乎？朱子與象山辨，詞至劇烈，毫不妥協。卒之各尊所聞，無望必同。然兩人交情，未嘗因此而稍淡。兩人喪幼稺，均以相告㉑。其謂死了告子，並非意存侮慢，只是直言其事而已。朱子剛直則有之。死而猶譏，則斷無其事。朱子一生，何嘗譏某一人？（參看頁六六四，「贈胡籍溪詩」條）。

此條之下有註「泳」一字，依語類例，爲泳所記。錢穆先生謂「此條胡泳所載，王白田（王懋竑，一六六八—一七四一）年譜考異謂是湯泳㉒，恐誤」㉓。拙著朱子之宗教實踐從之㉔，續查語類記錄者有泳，又有胡泳，如卷一一二第十二條（頁四六七三）是也。胡泳所錄爲戊午（一一九八）所聞。泳是湯泳。爲乙卯（一一九五）所聞。王懋竑不誤，誤者錢氏也。拙著朱子之宗教實踐，亟應改正。

⑲ 參看宋元學案（四部備要本），卷六十九，滄洲諸儒學案，頁十六上；拙著朱子門人（臺北，學生書局，一九八二），頁三六〇至三六一。
⑳ 語類，卷一一四，第三十六條（頁四四〇四）。
㉑ 象山全集，卷十三，與朱元晦，頁七上。
㉒ 朱子年譜，考異，卷三，頁三〇八。
㉓ 朱子新學案，第三册，頁三五六。
㉔ 拙著朱學論集（臺北，學生書局，一九八二），頁一九五。

（九一）陽明有得於朱子

朱王對峙，爲學者所常言。朱子主性卽理，陽明（王守仁，一四七二—一五二九）則主心卽理。朱子之大學分章，先物格而後意誠。陽明則主復古本，先誠意而後格物。且格物者，格心之謂也。凡此在在對抗，不能不謂之爲學敵。學者分理學心學，彼此抗衡，未嘗不可。然數百年來門戶之見，愈來愈甚，以爲水火不相容，如陳建（一四九七—一五六七）之學蔀通辯，實是太過。朱王之異，無可否認，然不過是兄弟鬩於牆而已。錢穆謂「守仁之說，始終未能擺脫盡朱熹的牢籠」❶，非無故也。予嘗撰從朱子晚年定論看陽明之於朱子，備述歷代對於晚年定論之反動，陽明與陸象山（陸九淵，一一三九—一一九三）之關係，陽明之尊重明道（程顥，一〇三二—一〇八五），與陽明之力求與朱子歸一❷。今於歸一方面，略有補充。分三點言之：㈠陽明之敬仰朱子。㈡傳習錄之依據朱子。㈢劉宗周（一五七八—一六四五）之朱王印合觀。

(1) 陽明之敬仰朱子。弘治元年戊申（一四八八）七月親迎夫人諸氏於洪都❸。翌年十二月歸餘姚❹，經廣信❺，見婁諒（一四二二—一四九一）。婁諒語以宋儒格物之說，亦卽朱子格物之說。年二十一（一四九二），從其父於北京，徧求朱子遺書讀之。朱子謂卽物而窮其理。乃與錢友向亭前竹樹考索。錢三日成疾，陽明亦七日以勞思致病❻。十四年辛酉（一五〇一）審錄江北，遇異人謂周濂溪（周敦頤，一〇一七—一〇七三）程明道是儒家兩箇好秀才。儒之方向漸定。十八年乙丑（一五〇五）與湛甘泉（湛若水，一四六六—一五六〇）定交，並開始授徒，以倡明聖學爲事。及至貴州龍場中夜大悟格物致知不待外求之旨，乃疑朱子所定大學章句，非聖門本旨。於朱子之說有所衝突，恒疚於心。

格物格心，未嘗不可以調和。惟朱子晚年定論，似與朱子挑戰，且暗示朱子晚年乃轉歸陽明之說，謂朱子「知其晚歲固已大悟舊說之非，痛悔極艾，至以爲自誑誑人之罪，不可勝贖。世之所傳集註或問之類，乃其中年未定之說，自咎以爲舊本之誤，思改正而未及」❼。此論出後，卽引起強烈反應，弄成一巨大風波，鼓動一百五十餘年。最先駁論者爲羅欽順（一四六五—一五四七）❽，而以陳建爲最烈❾。彼等指出陽明所摘三十四書之中，多在集註或問

❶朱子新學案（臺北，三民書局，一九七一），第一册，提綱，頁二一〇至二一一。

❷載書目季刊，第十五卷，第三期（一九八一，十二月），頁十五至三十四。採入拙著王陽明傳習錄詳註集評（臺北，學生書局，一九八三），頁四三七至四七三。

❸今江西南昌。

❹今浙江紹興之東。

❺今江西上饒縣。

❻傳習錄下，第三一九「先生曰衆人」條。王文成公全書（四部備要本），卷三，頁五十一上。以下簡稱全書。

❼傳習錄卷末附朱子晚年定論序。

❽困知記（嘉靖七年戊子，一五二八，本），附錄，卷五，與王陽明書，頁一上至七上。予文內以顧璘（字東橋，一四七六—一五四五）爲首先批評定論者，經 Irene Bloom 博士指正。

❾學蔀通辯（正誼堂全書本），提綱，頁一上；卷一，頁三上，七下；卷二，頁三下，四上，五下；卷三，頁十五下。

成書以前。故陽明晚年之說，根本不能成立。其實統計可決定爲早年中年之書者五，決爲晚年者十，似爲晚年者八，無史實可據者十一。是則陽明所謂晚年，未嘗無據。陽明之最大缺點，乃在其斷章取義。從一千六百餘書札中，挑取三十餘札數行，以符合己意。以方法論，自是大錯。然其動機，則非如陳建等之所云援朱入陸，陽儒陰禪。此不外陳建等之主觀而已。陽明並非倒朱扶陸，只爲象山鳴冤。彼之所云，「大意在委曲調停」⑩，非虛語也。

陽明最大動機，在乎歸一。答甘泉云，「自是而吾黨之學歸一矣。此某之幸，後學之幸也」⑪。又自云，「予既自幸其說之不繆於朱子，又喜朱子之先得我心之同然」⑫。施邦曜（一五八五—一六四四）評此語曰，「先生與朱子是一是二，兩言可見」⑬。朱王兩人思想，有同有異，大抵對於朱子得自伊川（程頤，一〇三三—一一〇七）格物之說，不能會同，而於朱子得自明道心性之學，則謂先得我心之所同。故晚年定論於朱子涵育薰陶之說，嘗以爲喜⑭。自辨與朱子時有不同，則曰，「吾之心與晦菴之心未嘗異也」⑮。又曰，「就如朱子亦尊信程子。至其不得於心處，亦何嘗苟從」⑯？總之常以朱子爲模範。於是其思想之部份，不能越出宋學之範圍。其謂「僕於晦菴亦有罔極之恩」⑰，又曰，「平生於朱子之說如神明蓍龜」⑱，皆由衷之言也。

(2) 傳習錄之依據朱子。傳習錄首條卽批評朱子改大學「在親民」爲「作新民」⑲之不是。傳習錄引朱子共二十次。然凡所引，幾乎針針相對。如朱子中庸章句序謂道心爲主而人心聽命，陽明則謂「天理人欲不兩立，安有天理爲主，人欲又從而聽命者」⑳？又如朱子大學補傳謂「卽物而窮其理」。陽明則謂此析心理爲二㉑。兩者似相對壘，難以融合。然傳習錄重要之點有三。一爲至善是心之本體。二爲獨知乃良知。三爲心外無理。三者皆借重朱子之言，以爲解釋。言心之本體㉒，則引朱子「盡乎天理之極而無一毫人欲之私」㉓以闡明之。致良知爲陽明突破學說，吾人不能謂其來自朱子。然其解良知謂「人雖不知而已所獨知

⑩傳習錄，卷中，第一七六條，答羅整菴少宰書。全書，卷二，頁六十三下。
⑪全書，卷四，答甘泉，頁四十一上下。
⑫同上註⑦。
⑬陽明先生集要（光緒三十二年丙午，一九〇六，本），理學集，卷四，頁九十一上下。
⑭全書，卷六，答南元善第二書，頁十八下。
⑮傳習錄，卷上，第九十八「朋友觀書」條。全書，卷一，頁四十五上。
⑯同上，第六「愛曰昨聞」條。全書，卷一，頁八上下。
⑰全書，卷二十一，答徐成之第二書，頁十五下。
⑱同上註⑩。
⑲改「親」爲「新」，乃依程伊川改正大學。參看程氏經說（四部備要二程全書本），卷五，頁三上。
⑳傳習錄，卷上，第十「愛問道心」條。全書，卷一，頁十一下。
㉑同上，卷中，第一三五條，答顧東橋書。全書，卷二，頁八下至九上。其他反對朱子之論，詳王陽明傳習錄詳註集評，頁四五五至四五六。
㉒同上，卷上，第二「愛問知止」條。全書，卷一，頁三上。
㉓大學章句，註經文。

者，此正是吾心良知處」㉔，乃引朱子「人所不知而己所獨知」㉕之言，不能不承認其釋良知爲有得於朱子矣。朱子註大學經文「明明德」云，「明德者，人之所得乎天，而虛靈不昧，以具衆理而應萬事者也。但爲氣稟所拘，人欲所蔽，則有時而昏。然其本體之明，則未嘗息者。故學者當因其所發而遂明之，以復其初也」。陽明亦曰，「明德者，天命之性，靈昭不昧，而萬理之從出也。……於凡事物之感，莫不有自然之明焉。是其靈昭之在人心，亘萬古而無不同，無或昧者也。是故謂之明德。其或蔽焉，物欲也。明之者，去其物欲之蔽，以全其本體之明焉耳」㉖。與朱子之言，如同一鼻息出氣。陽明學說誠是自家苦思得來，然其借助於朱子，則無可否認矣。

(3) 劉宗周之朱王印合觀。劉宗周摘錄陽明書札雜著與傳習錄爲陽明傳信錄三卷，每條加以按語，甚爲精切，爲研究王學所不可缺。惜知傳信錄者，尚少其人也。陽明云，「志道懇切，固是誠意，然急迫求之，則反爲私己」㉗。劉氏按之曰，「此語自是印過程朱」㉘。陽明云，「博學審問愼思明辨篤行，皆所以明善而爲誠身之功也」㉙。劉氏曰，「先生既言格致卽中庸明善之功，不離學問思辨行，則與朱子之說何異」㉚？陽明云，「君子之所謂敬畏者，非有所恐懼憂患之謂也。……惟恐其昭明靈覺者，或有所昏昧放逸，流於非僻邪妄，而失其本體之正耳」㉛。宗周評之曰，「最足發明宋儒主敎之說」㉜。陽明云，「謹獨卽是致良知」㉝。劉氏評之曰，「千聖同符」㉞。其評朱子晚年定論序，則曰，「先生自供供人處，俱確鑿無疑。朱子聞道，畢竟在晚年」㉟，而於傳習錄引朱子天理人欲之言㊱，則曰，「天理人欲四字，是朱王相印合處。奚必晚年定論」㊲？於陽明評朱子人心聽命之語，則按之曰，「先生說人道只是一心，極是。然細看來，依舊只是程朱之見」㊳。又評傳習錄徐愛（一五一八年卒）

所記語錄云，『先生語錄，其言去人欲存天理者不一而足。又曰，『至善是心之本體，然未嘗離事物』㊴。又曰，『卽盡乎天理之極處』㊵，則先生心宗教法，居然只是宋儒衣鉢，但先

㉔ 傳習錄，卷下，第三一八「先生曰先儒」條。全書，卷三，頁五十上。

㉕ 大學章句，誠意章第六。

㉖ 全書，卷七，親民堂記，頁三十七下至三十八上。

㉗ 同上，卷四，答徐成之第二書，頁二下。

㉘ 劉子全書遺編（道光三十年庚戌，一八五〇，刻本，光緒二十五年己亥，一八九九，重修），卷十一，陽明傳信錄一，頁一下。明儒學案（四部備要本），卷十，頁五上刪此評語。

㉙ 全書，卷四，答王天宇第二書，頁三十上。

㉚ 劉子全書遺編，卷十一，傳信錄一，頁四下。明儒學案，卷十，頁六上。

㉛ 全書，卷五，答舒國用，頁十七上下。

㉜ 劉子全書遺編，卷十一，傳信錄一，頁九下。明儒學案，卷十，頁八下。

㉝ 全書，卷五，與黃勉之第二書，頁二十三下至二十四上。

㉞ 劉子全書遺編，卷十一，傳信錄一，頁十上。明儒學案，卷十，頁九下，刪此評語。

㉟ 全書，卷十二，傳信錄二，頁十四下。明儒學案，卷十，無此序。

㊱ 同上註㉓。

㊲ 劉子全書遺編，卷十三，傳信錄三，頁一上。明儒學案，卷十，頁十二下。

㊳ 同上，頁四下。

㊴ 傳習錄，卷上，第二「愛問知止」條。全書，卷一，頁三上。

㊵ 同上。

生提得頭腦淸楚耳」㊶。陽明解「中」字爲無所偏倚㊷。劉氏評之曰，「此卽朱子至靜之中無少偏倚之說」㊸。陽明曰，「文公格物之說，只是少頭腦。如所謂『察之於念慮之微』，此一句不該與『求之文字之中，驗之於事爲之著，索之講論之際』㊹，混作一例看，是無輕重也」㊺。劉氏之反應，乃謂「文公功臣」㊻。此言極妙，蓋謂陽明非反朱，只進一步耳。陽明答讀書之問，謂「終日與聖賢印對，是個純乎天理之心。任他讀書，亦只是調攝此心而已。何累之有」㊼？宗周評之曰，「又舉天理二字，如此方是眞讀書，亦便是眞格物處。朱先生以讀書爲格物窮理之要，與先生語不無差別」㊽。宗周評陽明語，強調其拈出天理二字處，不下十餘次。天理爲陽明學說一重心，自無問題。然此處暗示朱子敎人讀書，非體貼天理，則宗周非文公之功臣也。

黃宗羲（一六一〇—一六九五）明儒學案卷十爲姚江學案。所錄語錄，卽陽明傳信錄卷一二。所錄傳習錄，卽陽明傳信錄卷三。俱略有刪。除少數外，並錄宗周按語。但未說明此是劉氏評話，以致日本學者註傳習錄，幾皆誤以爲黃宗羲評語。卽如大儒佐藤一齋（一七七二—一八五九）、東正純（一八三二—一八九一）與最近註釋者中田勝，皆有此誤㊾。此非彼等之過，而乃宗羲之疏忽也。宗周思想，大體沿襲陽明，又擁護其朱子晚年定論之議，而竟以朱王印合如此，吾人益知陽明之有得於朱子爲不少矣。

㊶ 劉子全書遺編，卷十三，傳信錄三，頁五上。明儒學案，卷十，頁十四上。

㊷ 傳習錄，卷上，第七十六「澄問喜怒」條。全書，卷一，頁三十八下。

㊸ 劉子全書遺編，卷十三，傳信錄三，頁八下。明儒學案，卷十，頁十五下，刪此評語。

㊹ 大學或問（近世漢籍叢刊本），頁二十上，總頁三十九。

㊺ 傳習錄，卷下，第二三四「文公格物」條。全書，卷三，頁十五上。

㊻ 劉子全書遺編，卷十三，傳信錄三，頁二十一下。明儒學案，卷十，頁十九下，刪此四字。

㊼ 傳習錄，卷下，第二四一「問讀書」條。全書，卷三，頁十八上。

㊽ 劉子全書遺編，卷十三，傳信錄三，頁二十二上。明儒學案，卷十，頁十九下。

㊾ 拙著王陽明傳習錄詳註集評頁三十七，一三〇，一五五，二一〇，二八八，三〇二，三〇三，三〇四，三〇七，三〇九，三二七，三三一，三四一，三四二，三五五，三六二，三八〇謂註家誤以為黃宗羲語，蓋指佐藤一齋（傳習錄欄外書），吉村秋陽（一七九七—一八六六）（王學提綱），東正純（一八三二—一八九一）（傳習錄參考），東敬治（傳習錄講義），杉原夷山（王陽明），山田準（傳習錄），中田勝（王陽明），安岡正篤（傳習錄諸註集成）。其中以吉村秋陽與東正純為尤甚，而東正純之子東敬治沿之。

（九三）朱子與道士

朱子與道士來往，文集所載，凡十數人。生平交游，必不止此數。就以記載而論，亦比以前之周敦頤（一〇一七—一〇七三），張載（一〇二〇—一〇七七），程顥（一〇三二—一〇八五）、程頤（一〇三三—一一〇七）兩兄弟，同時之陸象山（陸九淵，一一三九—一一九三）及以後之王陽明（王守仁，一四七二—一五二九）爲多。然周子得太極圖於穆伯長，伯長之傳，出於道士陳摶（約九〇六—九八九）。陽明合巹之日與道士徹夜談養生。朱子則絕未聞與道人討論道家空寂之旨或養生之術。十歲時有道人授以符印。父兄知之，取而焚之❶。不知此事有無影響朱子以後對於道士之態度。

交游方式，以吟詠題跋爲最多。曾題福建武夷山冲佑觀羽人高文舉之武夷圖與跋宋初道士陳景元詩❷。此是文字興趣，未見有何朋友之情。其贈陳道人，云，「非君有道氣，孤絕詎能堪」？題清暉堂曰，「珍重忘言子，高唱絕塵紛」。清江道士周君抱琴來訪，因功衰不克聽。贈之序云，「視其貌，接其言，知其所志深於是者」❸。皆有仰羡之意。其交情頗深者爲李道士。送李道士歸玉笥，云「爲我中間留一榻」；在武夷山冲佑觀之歲寒軒與諸羽客同飲賦詩❹；皆見交情之厚。一維那上人贈黃金丹，重聽遂愈，朱子以詩謝之❺；道人爲施鍼術，足病輕安，亦爲詩以酬❻，

朱子游覽，每宿道菴。游江西廬山，宿棲賢院，淨退菴，廣福菴，景德觀，與密菴❼。

亦曾宿休菴與詣水公菴❽。武夷山舊有鐵笛亭，廢久。一日與客及道士數人尋其故址。適有笛聲發於林外，因復作亭，以識其處❾。

文集不見有與道人論學之書。答甘道士，只云「不如且學靜坐閑讀舊書，滌去世俗塵垢之心，始爲眞有所歸宿耳」。答陳道士亦云，「詩篇法籙聲名利養，一切外慕，盡當屛去，乃爲有下手處。又不知眞能辨此否爾」❿，此是以道家思想，還諸道人。

❶ 語類，卷三，第八十條（頁八十七）。

❷ 文集，卷七十六，頁二十七上下，武夷圖序；卷八十一，跋南上人詩，頁二十四下；卷八十三，跋道士陳景元詩，頁二十四上下。

❸ 同上，卷六，宿休菴贈陳道人，頁二十二下；卷七，頁一上，寄雲谷瑞泉菴主；卷一，頁十二上，贈仰上人；頁十二下，寄題清暉堂；卷七十六，贈周道士序，頁十四下。

❹ 同上。別集，卷七，送李道士歸玉笥三首，頁二下；正集，卷九，用公濟韻，頁四下。

❺ 同上，別集，卷七，與一維那，頁一上。上人爲僧人之尊稱，然亦可用以稱上德之人。一似是姓，故以道士待之。

❻ 同上，正集，卷九，贈鍼足陳道人，頁十下。參看頁六六八「逸詩」條。

❼ 同上，卷七，棲賢院三峽橋，西澗清淨退菴，頁十二下；山北紀行，頁十六上；卷八十四，遊密菴記，頁三十上。

❽ 同上，卷六，宿休菴贈陳道人，頁二十二下；卷二，詣水公菴雨作，頁三下。

❾ 同上，卷九，晚對亭，頁四上。

❿ 同上，卷六十三，答甘道士，答陳道士，頁九下。

淳熙十年癸卯（一一八三）朱子築武夷精舍，有仁智堂，觀善齋，與寒栖館。此館「以居道流，取道書眞誥中語命之曰寒棲之館」⑪，武夷寺觀不少。此館或爲道人往來之方便，或爲道人中之好學者參加精舍討論，均未可知。僧人道士均稱道人，或道流即指道人，而僧人素食，故另設一館，亦可能。朱子門人四百六十餘人之中，有記載其爲道士者只吳雄一人。雄字伯英，岳州平江縣人。宋元學案補遺引姓譜云，「年二十，客臨安（杭州），因蔡西山元定（一一三五—一一九八）見朱文公于考亭（福建建陽），遂受業。……博學貫通，尤有志於當世星緯，占候，孫吳兵法，咸詣其妙」。又于李儒用傳下引一統志云，「朱子帥長沙，與道人吳雄同受業於門」⑫。語類吳伯英問答十餘處，訓門人者四條⑬。四條朱子教居敬與讀書，絕不關道家思想。朱子排斥佛道至嚴，然此處全無痕跡。其餘除一條問伊川論經權外，皆涉論語。若全靠語類，則不知吳雄爲道人，只一統志云然。語類問答，尚有許多只知姓名而不詳履歷，而諸書以爲門人者。有無如吳雄其人？有之，爲數若干？皆不可考矣。武夷精舍既作別室以居道流，其中有從學者，殊不爲怪也。（參看頁六三三「朱子與僧人」條）。

⑪ 同上，卷九，武夷精舍雜詠序，頁三上。

⑫ 宋元學案補遺（四明叢書本），卷六十九，滄洲諸儒學案補遺，吳先生雄，頁一七六；李練溪先生儒用，頁一九九。參看拙著朱子門人（臺北，學生書局，一九八二），頁九十九，吳雄傳。

⑬ 語類，卷一二〇，第四十三至四十六條（頁四六二七至四六二八）。參看中正書局本人名索引。

（九四）儒道之比較

文集與語類之比較儒家與道家，爲數不少，而且哲學、修養、認識各方面，均有論及。惟是皆簡短問答，或順帶而言。除養生主說❶外，並無專文爲有統系之討論如釋氏論者❷。所有比較，幾乎皆儒勝於道。朱子誠有取于老子（參看頁六一五「解老」條與頁六二四「老子亦有所見」條），但非從比較而言。以下所列，未及評論。僅備資料，以候學者之研究耳。

(1) 虛實。「儒釋之分，只爭虛實而已。如老氏亦謂『恍兮惚兮，其中有物。窈兮冥兮，其中有精』❸。所謂物精亦是虛。吾道雖有『寂然不動』❹，然其中粲然者存，事事有」❺。

(2) 儒道之道。「以道爲高遠玄妙而不可學邪？則道之得名，正以人生日用當然之理，

❶文集，卷六十七，養生主說頁二十三下至二十四下。
❷同上，別集，卷八，釋氏論上下，頁一上至四上。
❸老子，第二十一章。
❹易經，繫辭上傳，第十章。
❺語類，卷一二四，第三十五條（頁四七六五）。

猶四海九州一日千萬人當行之路爾。非若老佛之所謂道者，空虛寂滅，而無與於人也」❻。

(3) 有無。「問，『橫渠（張載，一〇二〇—一〇七七）云，「言有無，諸子之陋也」❼』。曰，『無者無物，卻有此理。有此理則有矣。老氏乃云「物生於有，有生於無」❽。有生於無，和理也無。便錯了』」❾。

(4) 無朕有理。「是這箇事，便只是這一箇道理。精粗一貫，元無兩樣。今人只見前面一段事，無形無兆，將謂是空蕩蕩。卻不知道『沖漠無朕，萬象森然已具』❿。如釋氏便只是說空，老氏便只是說無」⓫。

(5) 有無一二。「熹詳老氏之言有無，以有無爲二。周子（周敦頤，一〇一七—一〇七三）之言有無，以有無爲一。正如南北水火之相反」⓬。

(6) 玄與實。問，「無聲無臭」⓭與老子所謂「玄之又玄」⓮，莊子所謂「冥冥」「默默」⓯之意，如何分別？先生不答。良久曰，「此自分明，可子細看。……且如孔子說『天何言哉？四時行焉，百物生焉』⓰。……聖人說得如是實」⓱。

(7) 一與萬。「萬理雖只是一理，學者且要去萬理中，千頭百緒卻理會，四面湊合來，自見得是一理。……聖賢之學，非老氏之比。老氏說通於一，萬事畢。其他都不說。少間又和那一都要無了方好」⓲。

(8) 隱顯。「乾坤無時而毀，則易無時而息爾。恐非如所引終篇之意，乃類於老氏『復歸於無物』⓳之云也。若夫中庸之終所謂『無聲無臭』，乃本於『上天之載』而言。則聲臭雖無，而上天之載自顯。……然嘗竊聞之，聖人之學，所以異乎老釋之徒者，以其精粗隱顯體用渾然，莫非大中至正之矩，而無偏倚過不及之差」⓴。

(9) 體用。「聖人所以爲聖人，只是動靜不失其時。時止則止，時行則行。……」。因舉老子語，「豫兮若冬涉川，猶兮若畏四鄰。儼若客，渙若冰將釋」㉑。……「有體而無用」㉒。

⑥ 文集，卷三十八，答周益公第三書，頁二十六下至二十七上。
⑦ 張子全書（四部備要本），卷三，正蒙，大易篇第十四，頁十一下。
⑧ 老子，第四十章。
⑨ 語類，卷九十八，第一二四條（頁四〇二二）。
⑩ 遺書（四部備要二程全書本），卷十五，頁八上。
⑪ 語類，卷九十五，第七十七條（頁三八六八至三八六九）。
⑫ 文集，卷三十六，答陸子靜第六書，頁十一下至十二上。
⑬ 中庸，第三十三章，引詩經，第二三五篇，大雅，文王之什，文王。
⑭ 老子，第一章。
⑮ 莊子（四部叢刊名南華眞經），卷四，在宥篇第十一，頁三十五上。
⑯ 論語，陽貨篇第十七，第十九章。
⑰ 語類，卷六十四，第一一〇一條（頁二五四三至二五四四）。
⑱ 同上，卷一一七，第四十二條（頁四四九八至四五〇〇）。
⑲ 老子，第十四章。
⑳ 文集，卷三十八，答江元適第一書，頁三十五上下。
㉑ 老子，第十五章。
㉒ 語類，卷一二〇，第一一一條（頁四六五六至四六五七）。

(10) 二與三。「數只有二，只有易是。老氏言三，亦是二。共生三，三其子也。『三生萬物』㉓，則自此無窮矣」㉔。

(11) 一與兩。「有是理卽有是氣。氣則無不兩者。故易曰，『太極生兩儀』㉕。而老子乃謂道先生一而後一乃生二㉖，則其察理亦不精矣」㉗。

(12) 格物。「必卽是物以求之。知求其理矣，而不至夫物之極，則物之理有未窮，而吾之知亦未盡。故必至其極而後已。此所謂格物而至於物，則物理盡者也。……老佛之學，欲致其知而不知格物所以致其知，故所知不免乎蔽陷離窮之失而不足爲知」㉘。

(13) 復之動靜。問，「『復以動見天地之心』㉙。而主靜觀復者又何謂」？曰，「復固是動，主靜是所以養其動。……今日所積底，便爲明日之動。明日所積底，便爲後日之動，只管恁地去。觀復是老氏語，儒家不說。老氏愛說動靜。『萬物並作，吾以觀其復』㉚。謂萬物有歸根時，吾只觀他復處」㉛。

(14) 精與氣。問「孟子平旦之氣㉜甚微小，如何會養得完全」？說，「……日間只管進，夜間只管添。添來添去，這氣便盛……」。因舉老子言「治人事天莫若嗇。夫惟嗇，是謂早復。早復謂之重積德。重積德則無不克」㉝，「大意也與孟子意相似。但他是就養精神處說，其意自別。平旦之氣，便是旦晝做工夫底樣子。日用間只要此心在這裏」㉞。

(15) 心與迹。「他（釋氏）都不管天地四方，只是理會一箇心。如老氏亦只是要存得一箇神氣。伊川（程頤，一〇三三－一一〇七）云，『只就迹上斷便了』㉟。不知他如此要何用」㊱？

(16) 抱一與求放心。「先生問衆人曰，『釋氏言牧牛，老氏言抱一㊲，孟子言求放心㊳，皆一般，何緣不同』？節（甘節）就問曰，『莫是無這理』？曰，『無理煞害事』」㊴。

⑰ 四勿與屏外。「伊川說只是非禮勿視聽言動㊵。今人又說得深。少間恐便走作如釋

㉓ 老子，第四十二章。
㉔ 語類，卷六十五，第三十七條（頁二五五八）。
㉕ 易經，繫辭上傳，第十一章。
㉖ 老子，第四十二章。
㉗ 文集，卷三十七，答程可久第三書，頁三十二上。
㉘ 同上，卷四十四，答江德功第二書，頁三十七上至三十八上。
㉙ 遺書，卷十八，頁十五上。
㉚ 老子，第十六章。
㉛ 語類，卷七十一，第五十五條（頁二八五五）。
㉜ 孟子，告子篇第六上，第八章。
㉝ 老子，第五十九章。
㉞ 語類，卷五十九，第七十一條（頁二二一二至二二一三）。
㉟ 遺書，卷十五，頁十上。
㊱ 語類，卷一二六，第十七條（頁四八二七）。
㊲ 老子，第十章。
㊳ 孟子，告子篇第六上，第十一章。
㊴ 語類，卷一二六，第三十八條（頁四八三二）。
㊵ 指程頤，伊川文集（二程全書本），卷四，四箴，頁四上下。四箴爲論語，顏淵篇第十二，第一章之非禮勿視聽言動。

老氏之說，屏去外物也」㊶。

(18) 敬簡。（居敬而行簡）㊷。「徒務行簡，老子是也。乃所以爲不簡」㊸。

(19) 無爲。「老子所謂無爲，便是全不事事。聖人所謂無爲者，未嘗不爲。依舊是恭己正南面㊹而已矣」㊺。

(20) 動靜。「大抵老釋說於靜而欲無天下之動，是猶常寐不覺而棄有用於無用，聖賢固弗爲也」㊻。

(21) 人不知。「『人不知而不慍』㊼。學固非欲人知，亦非有意欲人不知。是以人知之不加喜，不知不加慍。此聖門所發義理之正也。老氏『知我者希，則我貴矣』㊽。此異端自私之見，與聖門氣象廻然不同」㊾。

(22) 報德。「『以德報怨』㊿，本老氏語。以德報怨，於怨者厚矣，而無物可以報德，則於德者不亦薄乎？……老氏之言死定了。孔子之言（以直報怨，以德報德）[51]意思活，移來移去都得」[52]。

(23) 名聲。「老莊之學，不論義理之當否，而但欲依阿於其間，以爲全身避患之計。……蓋聖賢之道，但教人以力於爲善之實。初不教人以求名，亦不教人以逃名也」[53]。

(24) 禮法。「老莊之徒，絕滅禮法。……如孔子說禮，『與其奢也，寧儉。與其不遜也，寧固』[54]，傳說得好」[55]。

(25) 並稱。「愚謂以孔子老聃並稱聖人，可乎」[56]？

(26) 微似。「伯夷微似老子」[57]。

(27) 說事。「易自是不惹著事，只懸空說一種道理。不似他書，便各著事上說。所以後來道家取之與老子爲類。便是老子說話，也不就事上說」58。

41 語類，卷七十三，第五十八條（頁二九五三）。

42 論語，雍也篇第六，第一章。

43 語類，卷三十，第十七條（頁一二二六）。

44 論語，衞靈公篇第十五，第四章。

45 語類，卷二十三，第二十條（頁八六八）。

46 文集，卷五十四，答徐彥章第四書，頁三十五上下。

47 論語，學而篇第一，第一章。

48 老子，第七十章。

49 文集，卷七十，記上蔡論語疑義，頁十九下。

50 老子，第六十三章。

51 論語，憲問篇第十四，第三十六章。

52 語類，卷四十四，第八十三條（頁一八〇五至一八〇六）。

53 文集，卷六十七，養生主說，頁二十三下至二十四上。

54 論語，八佾篇第三，第四章，泰伯篇第八，第三十五章。

55 語類，卷四十，第五十七條（頁一七三〇）。

56 文集，卷七十二，蘇黃門老子解，頁二十六上。

57 語類，卷一〇一，第九十條（頁四〇九一）。

58 同上，卷六十七，第七十四條（頁二六四六）。

(九五) 解老

老子第五十章首云生死十有三，末云虎無所措其爪，遂使歷代註家妄作附會，大弄神秘，而老子本意，竟爾埋沒。其全文云：

> 出生入死。生之徒十有三。死之徒十有三。人之生，動之死地，亦十有三。夫何故？以其生生之厚。蓋聞善攝生者，陸行不遇兕虎，入軍不被甲兵。兕無所投其角，虎無所措其爪，兵無所容其刃。夫何故？以其無死地。

歷代註解者由韓非子以至近人，多方穿鑿，強爲臆說。韓非子以四肢九竅爲十三，始作俑者❶。以後河上公（前二世紀）解作九竅四關，王弼（二二六—二四九）解作十分之三，紛紛其說，以至釋爲十惡三業，七情六欲，五行生死者。韓非子謂「兕虎有域，動靜有時。避其域，省其時，則免兕虎之害」，猶是合理。但河上公竟謂「神明營護之，此物不敢害」，已入迷信之境矣。其後符咒之習，益爲荒誕。註者並非忽略生生之厚，在於善爲攝生，惟其重點，在彼而不在此耳。朱子之論，則完全注重此點。

朱子答丘子服云，「出生入死章，諸家說皆不愜人意，恐未必得老子本指。今只自『夫何故』以下看，則語意自分明。蓋言人所以自生而趨死者，以其生生之厚耳。聲色臭味，居處奉養，權勢利欲，皆所以生之者。惟於此太厚，所以物得而害之。善攝生者，遠離此累，則無此地矣。此卻只是目前日用事，便可受持。他既難明，似亦不必深究也」❷。此段話有兩特色。一爲置難明如十有三於不論。兕虎不傷，亦易迷信，故亦不宜留意。二爲生生中庸之道。註家多以生生之厚爲病，而救之之方，在乎絕欲。文子云，「五色亂目，使目不明。五音亂耳，使耳不聰。五味亂口，使口生創。趣舍滑心，使行飛揚。故嗜欲使人氣淫，好憎使人精勞。不疾去之，則志氣日耗。夫人所以不能終其天年者，以其生生之厚。夫唯無以生爲者，卽所以得長生」❸。文子不言十有三，但仍以老解老。老子第十二章謂「五色令人目盲」。第七十五章謂「夫唯無以生爲者，是賢於貴生」。文子直引其義。朱子則以儒家中庸之道釋之。聲耳臭味，苟不「太厚」而得其中，乃所以養生之道也。

丘子服名膺，朱子門人❹。文集書札討論老子者甚少，而答丘子服書則討論老子三章，最爲特色。一書解釋老子第十三章「寵辱若驚，貴大患若身」極詳。繼謂「老子言道之眞以治身，又言『身與名孰親』❺，而其言『外其身』『後其身』者❻，其實乃所以先而存之也。

❶ 韓非子（四部叢刊本），卷六，解老第二十，頁八上。
❷ 文集，卷四十五，答丘子服第三書，頁八上。
❸ 文子（四部備要本），卷上，頁十六上。
❹ 拙著朱子門人（臺北，學生書局，一九八二），頁六十七至六十八。
❺ 老子，第四十四章。
❻ 同上，第七章。

其愛身也至矣。此其學之傳，所以流而爲楊氏之爲我也。蘇子由（蘇轍，一〇三九—一一一二）乃以忘身爲言❼，是乃佛家夢幻泡影之遺意，而非老氏之本眞矣」❽。

又一書云，「老子苟留念載營魄之義，說者皆失本意。前日因此偶思揚子（揚雄，前五三—一八）說『月未望則載魄於西』❾，與此字義頗相似。檢看諸家，亦無一人說得是。嘗草定數語以辯之，未暇錄去。俟到此日可看也」❿。惜所草之語已佚，故其說未詳爲憾耳。朱子曾註參同契。苟亦註老子，必然別開生面。請以其論「谷神不死」爲證。

語類云，「問『谷神不死』⓫。曰，『谷之虛也，聲達焉能響應之，乃神化之自然也。「是謂玄牝」⓬，玄，妙也。牝是有所受而能生物者也。至妙之理，有生生之意焉。程子所取之說』」⓭。謂程子生生之意，來自老子，的是驚人之論。生生爲理學一根本觀念，又是一新思想，而竟謂其源於老子，豈非靜寂無爲之道家，反爲鳶飛魚躍理學之源泉乎？程子指伊川（程頤，一〇三三—一一〇七）。嘗言「老氏谷神不死一章最佳」⓮。朱子述之⓯。今謂「程子所取」，若解「取」爲讚美之詞，則誠是矣。若解作採用，則恐過言。程子生生之旨，出自易經「生生之謂易」⓰與「天地之大德曰生」⓱，故伊川云，「心譬如穀種。生之性，便是仁也」⓲。然程子對於天地之何以能生生，始終未有說明。此則有待於朱子。朱子云，因其空虛，有所受而能生。天地之所以能生生不窮，正如谷之空虛之受而能生之連續不已也。生生之由，竟由朱子於老子得之。關於朱子之採用「谷神不死」，予在朱子評老子與論其與「生生」觀念之關係一文⓳曾詳細討論之。此處只述其大要而已。

❼ 蘇轍，老子注。

❽ 文集，卷四十五，答丘子服第二書，頁八上。

❾ 揚雄，法言（四部備要本），卷八，五百第八，頁五上。

❿ 文集，續集，卷七，答丘子服第二書，頁一下至二上。

⓫ 老子，第六章。

⓬ 同上。

⓭ 語類，卷一二五，第三十一條（頁四七九九）。

⓮ 遺書（四部備要二程全書本），卷三，頁四下。

⓯ 語類，卷九十七，第九十五條（頁三九六八）。

⓰ 易經，繫辭上傳，第五章。

⓱ 同上，繫辭下傳，第一章。

⓲ 遺書，卷十八，頁二上。

⓳ 拙著朱學論集（臺北，學生書局，一九八二），頁九十九至一〇二。參看下頁「評老子」條，註❶。

（九六）評老子

理學家以佛道兩宗爲異端，猛力攻擊。至朱子尤甚，比前人而過之。其編近思錄，另以一章爲異端，歷舉北宋理學大家之言，排斥佛老。語類有老氏釋氏兩卷。幾乎只是批評。予嘗撰朱子評老子與論其與「生生」觀念之關係，大部份論朱子之評老子，指出其要點何在與其過於前人之處❶。今撮其大要，以便讀者。

朱子之擯斥老子，其特具苦心處，可於其編近思錄見之。錄凡六百二十二條。邵子（邵雍，一〇一一—一〇七七）之語只一見❷。此乃程顥（一〇三二—一〇八五）引邵子之言，非直接採自邵子之語也。近思錄之所以不採邵子者，無他，以其象數之學道家氣味太濃而已。伊川（程頤，一〇三三—一一〇七）顏子所好何學論❸，朱子刪去「故曰性其情」與「情其性」兩句。前句出王弼（二二六—二四九）周易乾卦註。朱子大概以其爲道家所影響之性善情惡之思想。又改原文「明諸心，知所養」爲「明諸心，知所往」。顯以養爲道家之靜而以儒家之動易之。

朱子從哲學倫理兩面批評老子。哲學方面，觝排其道之觀念與其道與德之分離。老子云，「有生於無」❹。理學家於此皆大反對。張載（一〇二〇—一〇七七）云，「大易不言有無。有無，諸子之陋也」❺。朱子繼之曰，「易不言有無。老子言有生於無，便不是」❻。更釋張子之言曰，「無者無物，卻有此理。有此理則有矣。老氏乃云『（天地萬物）生於有，有生於無』，和理也無，便錯了」❼。

朱子亦非以老子為主絕對之無者。問釋氏之無與老氏之無何以異？朱子答曰，「老氏依舊有，如所謂『無，欲觀其妙。有，欲觀其竅』❽是也。其釋氏則以天地為幻妄，以四大（地水火風）為假合，則是全無也」❾。

❶ 拙著朱學論集（臺北，學生書局，一九八二），頁九十九至一二〇。本文原以"Chu Hsi's Appraisal of Lao Tzu"為題，在一九七三年七月巴黎國際東方學者會議宣讀。大意登載該會年報。全文旋登 *Philosophy East and West*（東西哲學），第二十五卷，第二期（一九七五年四月），頁一三一至一四四。清華學報催稿甚急，乃增訂自譯，改用今題，登該學報第十一卷，第一第二期合刊（一九七五年十二月），頁八十九至一〇四。未及告萬先法先生。萬先生亦未見告，譯原文為朱子對老子學之評價，登中華文化復興月刊，第十一卷，第五期（民國六十六年，一九七七，五月），頁四十三至四十六。

❷ 近思錄，卷五，克己篇，第十五「堯夫」條。

❸ 同上，卷二，為學篇，第三「或問」條。原文載伊川文集（四部備要二程全書本），卷四，頁一上。

❹ 老子，第四十章。

❺ 張子全書「（四部備要本），卷三，正蒙，大易篇第十四，頁十一上。

❻ 語類，卷一二五，第四十四條（頁四八〇三）。

❼ 同上，卷九十八，第一二四條（頁四〇二二）。

❽ 老子，第一章。

❾ 語類，卷一二六，第十二條（頁四八二六）。

老子哲學以道爲無，屬形上。德爲有，屬形下。如此分爲上截下截，乃朱子所絕對不容。朱子云，「老子說『失道而後德』⑩。他都不識，分做兩箇物事，便將道做一箇空物底物事看。吾儒說只是一箇物事。以其古今共是這一箇，不着人身上說，謂之道。德卽是全得此道於己。他說『失道而後德，失德而後仁，失仁而後義』。若離了仁義，便是無道理了。又更如何是道」⑪？換言之，儒家體用一源，道家則分而爲二。其實老子道德之分，並非如朱子所說之全然兩截。「有無相生」⑫。「孔德之容，惟道是從」⑬。「道生之，德蓄之」⑭。固無間也。

德之方面，朱子之抨擊，更不留餘地。老子云，「將欲奪之，必固與之」⑮。又曰，「非以明民，將以愚之」⑯。程頤評之曰，「老氏之學，更挾權詐。若言與之乃意在取之，張之乃意在翕之。又大意在愚其民而自智。然則秦之愚黔首，其術蓋亦出於此」⑰。朱子沿襲程子，特別向老子此處下手。語類卷一二五議論此點特多。朱子以老子「只欲得退步占姦，不要與事物接。如『治人事天莫若嗇』⑱，迫之而後動，不得已而後起，皆是這樣意思。故爲其學者，多流於術數，如申韓之徒皆是也」⑲。由此更進一步，謂老子不肯做，只是占便宜。「老子是箇占便宜，不肯擔當做事的人。自守在裏，看你外面天翻地覆都不管」⑳。老子之載魂抱一，專氣致柔㉑，不外「只是收藏不放散」㉒。老子貪生，其意多在保全其身㉓。

朱子又以老子權詐之訓，不特產出法家之申韓，而又實現於漢之張良（字子房，前一八九年卒）。彼云，「老子之學，只要退步柔伏，不與你爭。……讓你在高處，他只要在卑下處，全不與你爭。……只是他放出無狀來，便不可當。如曰『以正治國，以奇用兵，以無事取天下』㉔，便是用此道。如子房之術，全是如此。嶢關之戰，啗秦將以利，與之連和了，即回兵殺之㉕。……漢家始終治天下，全是得此術」㉖。

⑩老子，第三十八章。
⑪語類，卷十三，第六十二條（頁三六八）。
⑫老子，第二章。
⑬同上，第二十一章。
⑭同上，第五十一章。
⑮同上，第三十六章。
⑯同上，第六十五章。
⑰遺書（二程全書本），卷十五，頁七下。又見粹言（二程全書本），卷二，頁十一下。
⑱老子，第五十九章。
⑲語類，卷一二五，第三十七條（頁四八〇二）。
⑳同上，卷一三七，第九條（頁五二二二至五二二三）。
㉑老子，第十章。
㉒語類，卷八十七，第一六〇條（頁三五八五）。
㉓同上，卷一二六，第十三條（頁四三二六）。
㉔老子，第五十七章。
㉕事見史記，卷五十五。留侯世家第二十五。
㉖語類，卷一二六，第三十六條（頁四八〇一）。

朱子非難張良，是意中事。但其比邵雍於張良，則實出人意表。彼以康節（邵子）之學，「似老子。只是自要尋箇寬閑快活處，人皆害他不得。後來張子房亦是如此」㉗。又以「康節本是要出來有爲底人，然又不肯深犯手做。凡事直待可做處方試爲之。纔覺難，便抴身退。正張子房之流」㉘。邵子少言仁義，固爲朱子所不喜。然其安貧躬耕，絕非子房貪權謀利之流。倫比而論，實是太過。

程子評老，只謂其權詐。今朱子進而比張良於老子，又比邵子於張良，更以老子爲自私，爲不肯做，皆遠出乎程子之上。大概程子居洛陽，佛教爲盛。閩南則道教興隆，故朱子之反應不同。朱子之攻老子，誠然過激，然亦有取於老子者，當於頁六一五「解老」條詳之。

㉗ 同上，卷一〇〇，第十一條（頁四〇四二）。
㉘ 同上，第十二條（頁四〇四四）。

(九七) 老子亦有所見

語類載，「程先生(程頤，一〇三三—一一〇七)謂『莊生形容道體之語❶，儘有好處。老氏「谷神不死」一章❷最佳』❸。莊子云，『嗜慾深者天機淺』❹，此言最善。……『君子不以人廢言』❺。言有可取，安得而不取之』❻？朱子排斥道家甚烈。然有可取處，直喜用之。谷神一章，對朱子生生之觀念，有直接之貢獻(參看頁六一五「解老」條)，爲其樂意採用老子之顯著者。然而除此之外，老子書之朱子許爲可取者，並不多見。其儒道比較，總以儒爲優，道爲劣(參看頁六〇七「儒道之比較」條)。今查語類數則，略述於左：

(1)「仁是箇溫和柔軟的物事。如老子說『柔弱者生之徒，堅強者死之徒』❼，見得自

❶莊子(四部叢刊本名南華眞經)，卷一，齊物論第二，頁三十五下。
❷老子，第六章。
❸遺書(四部備要二程全書本)，卷三，頁四下。
❹莊子，卷三，大宗師第六，頁三下。
❺論語，衞靈公篇第十五，第二十二章。
❻語類，卷九十七，第九十五條(頁三九六八)。
❼老子，第七十六章。

是。看石頭上如何種物事出」❽？朱子蓋言仁者心之德，柔故能生也。

(2) 說命，曰，「這箇物事，卽是氣，便有許多道理在裏。人物之生，都是先有這箇物事，便是天當初分付底。既有這物事，方始具是形以生，便有皮包裹在裏。……而今儒者只是理會這箇，要得順性命之理。佛老也只是理會這箇物事。老氏便要常把住這氣，不肯與他散，便會『長生久視』❾。長生久視，也未見得。只是做得到，也便未會死」❿。道家養氣之思想與方法，遠勝於儒。宜乎朱子許之。

(3) 問，「莊子云，『文惠君聞（庖丁）解牛得養生』⓫。如何可以養生」？曰，「只是順他道理去，不假思慮，不去傷着他，便可以養生」。又曰，「不見全牛，只是見得，骨骼自開」。問，「莊子此意如何」？曰，「也是他見得箇道理如此」。……又問，「老子云，『三十輻共一轂。有之以爲利，無之以爲用』⓬。亦是此意否」？曰，「某也政謂與此一般。便也是他看得到這裏」⓭。「這裏」只是道理。苟見道理，則凡牛皆空，凡幅皆虛。儒家最怕空虛，今則由空到實。語類此段問答，本是關於解經。若解得經之道理，則無需傳矣。

(4) 「天下事最大而不可輕者，無過於兵刑。臨陳時是胡亂，錯殺了幾人？所以老子云，『夫佳兵者，不祥之器，聖人不得已而用之』⓮。獄訟面前分曉事易看。其情僞難通，或旁無佐證，各執兩說，繫人性命處，須喫緊思量，猶恐有誤也」⓯。由用兵而說至用刑，理無二致（參看頁七七四「朱子之執法」條）。反對刑兵，則道家比儒家較爲激烈。

(5) 「文中子（王通，五八四—六一七）其間有見處，也卽是老氏」⓰。朱子未嘗明言文中子之見地何在，惟謂「卽是老氏」，則老氏有見處也。此是間接贊揚老子。

(6)「老子謂『以道莅天下者，其鬼不神』⑰。若是王道修明，則此等不正之氣，都銷滅了⑱。引用老子之語以申明王道之行，亦是間接贊揚老子。然語類所見，只此六則而已。比較莊子，不及其半（參看下頁「朱子贊揚莊子」條）。
⑧語類，卷六，第八十七條（頁一八五）。
⑨老子，第五十九章。
⑩語類，卷十六，第十三條（頁五〇六至五〇七）。
⑪莊子，卷二，養生主第三，頁四下。
⑫老子，第十一章。
⑬語類，卷一〇三，第四十七條（頁四一四五至四一四六）。
⑭老子，第三十一章。
⑮語類，卷一一〇，第三十一條（頁四三一五）。
⑯同上，卷一三七，第四十四條（頁五二四七）。
⑰老子，第六十章。
⑱語類，卷三，第八十三條（頁八十八）。

（九八）朱子贊揚莊子

儒家指釋道爲異端，極力攻擊。朱子爲尤甚。其好友東萊（呂祖謙，一一三七—一一八一）嘗有書謂其「專意外攘，而內修工夫或少」❶，而朱子之抨擊，未嘗稍減也。道家以老子莊子爲代表。故老莊每每並提。文集以老莊之談爲「荒誕」❷，謂「老莊之學，不論義理之當否，而但欲依阿於其間，以爲全身避患之計」❸。又以老莊之說爲無實❹，爲「偏說」❺。如此之類，不知凡幾。反觀語錄，則甚少老莊並提。當然卷一二五老氏有老莊一節，然只三條。又老莊列子一節，亦只三條。他處老莊並舉者，並不多見❻，與文集在在並言老莊者迥然不同。此文集與語類一大不同處。

另一不同之處，則對於老子攻擊，不遺餘力（參看頁六一九「評老子」條），而對於莊子，只評其不肯做事。語類云，「老子猶要做事在，莊子都不要做了」❼。又云，「要之，他病我雖理會得，只是不做」❽。此外多多恭維，因其「理會得」也。

文集除老莊並舉而評批之之外，單提莊子者二十餘處，只言事實或莊子文字，並無贊美之辭，而語類則贊揚多次。此亦文集與語類一大差異之點。細考其故，則文集書札往來，大體而言，志在衞道，故合老莊而攻之。語類專講道理。莊子旣「理會得」，故採其言。朱子云，「『君子不以人廢言』❾。言有可取，安得而不取之」❿？語類引莊子達二三十次。其中只用以說明儒家思想者，不及半數，如「中有定止，則自然光明。莊子所謂『泰宇定而天光發』⑪是也」⑫。大半討論莊子特殊思想而有可取者。朱子云，「莊子云，『各有儀則之謂性』⑬。此謂各有儀則，如『有物有則』⑭，比之諸家差善」⑮。朱子所謂諸家特指董仲

① 東萊呂太史文集（續金華叢書本），卷七，與朱侍講第六書，頁九上。
② 文集，卷四十六，答詹元善第二書，頁十六下。
③ 同上，卷六十七，養生主說，頁二十三下。
④ 同上，卷三十八，答江元適第一書，頁三十五上。
⑤ 同上，卷四十四，答方伯謨第二書，頁十八上。
⑥ 所見者有語類，卷四十，第十七條（頁一六三七）；卷一二五，第五十四條（頁四八〇七）；卷一二六，第一，二條（頁四八一七至四八一八），第二十二條（頁四八二八），第二十三條（頁四八二九）。
⑦ 語類，卷一二五，第十八條（頁四七九〇）。
⑧ 同上，第五十四條（頁四八〇七）。
⑨ 論語，衞靈公篇第十五，第二十二章。
⑩ 語類，卷九十七，第九十五條（頁三九六八）。
⑪ 莊子（四部叢刊本名南華眞經）卷八，庚桑楚篇第二十三，頁九下。
⑫ 語類，卷七十三，第五十條（頁二九四四）。
⑬ 莊子，卷五，天地篇第十二，頁九上。
⑭ 詩經，第二六〇篇，大雅，蕩之什，烝民；孟子，告子篇第六上，第六章。
⑮ 語類，卷一二五，第五十一條（頁四八〇六）。

舒（前一七六—前一〇四），因其謂「質樸之謂性，性非教化不成」⑯。「性本自成。於教化下一成字，極害理」⑰也。又引明道（程顥，一〇三二—一〇八五）稱莊子「有大底意思」⑱與「莊生形容道體儘有好處」⑲之言⑳，蓋亦以莊子有見於道體也。

引用莊子之語，不止一次，而許其有當者有四。一爲莊子「易以道陰陽，春秋以道名分」之言㉑。朱子謂「莊子分明說『易以道陰陽』。要看易，須當恁地看事物，都是那陰陽做出來」㉒。又謂莊子「若見不分曉，焉敢如此道」㉓？又謂「如說『易以道陰陽，春秋以道名分』等語，後來人如何下得？他直是似快刀利斧，劈截將去，字字有着落」㉔。可謂贊美之至。二爲莊子所云「語道非其序，則非道也」㉕。朱子兩述之，曰，「自說得好」㉖。三爲莊子一段話云，「孰主張是？孰維綱是？孰居無事推而行是？意者其有機緘而不得已耶？意者其運轉而不能自止耶？雲者爲雨乎？雨者爲雲乎？孰隆施是？孰居无事滛樂而勸是」㉗。朱子謂此十數句「他也見得這道理」㉘。他日又引之而謂之曰，「莊子這數語甚好。是他見得，方說到此」㉙。此三段話成一統系。蓋有太極陰陽然後有天地人物。陰陽有秩序，有主宰。此主宰乃天地生物之心，然非如一玉皇大帝，高高在上。極言之，理而已。朱子談話之間，決非懷此系統在心。吾人只謂朱子之思想有條有緒耳。

意義最大者爲引語之四。莊子云，「庖丁爲文惠公解（割）牛，手之所觸，肩之所倚，足之所履，膝之所踦（擧）。砉（骨肉相離之聲）然嚮然，奏刀騞然（刀發出之聲），莫不中音。……始臣之解牛之時，所見无非牛者。三年之後，未嘗見全牛也。……今臣之刃十九年矣。所解數千牛矣。……恢恢乎其於遊刃，必有餘地矣」㉚。師生問答之間，朱子引此六次，借以說明理之得名，理之會通，徐徐觀衆理，隨次漸進，養生之術，無適而不見仁見義。舉凡理之觀念，爲學之方，與修養之道，皆可於庖丁解牛而得。朱子云，「理之得名以此。目所見無全牛，熟」㉛。又云，「如庖丁解牛，於族（交錯聚結）處卻批（擊）大郤（隙），導大窾（空）。此是於其筋骨叢聚之所，得其可通之理。故十九年而刃若新發於硎（磨石）。且如事

⑯ 春秋繁露（四部叢刊本），卷十，實性第三十六，頁八下，述意。原文云，「性者，天質之樸也。善者，王教之化也」。
⑰ 同上註⑮。
⑱ 遺書（四部備要二程全書本），卷七，頁二上。
⑲ 同上，卷三，頁四下。
⑳ 語類，卷四十，第十六條（頁一六三六）。
㉑ 莊子，卷十，天下篇第三十三，頁二十五下。
㉒ 語類，卷七十四，第一〇六條（頁三〇一四）。
㉓ 同上，卷一二五，第五十四條（頁四八〇七）。
㉔ 同上，第十九條（頁四七九〇）。
㉕ 莊子，卷五，天道篇第十三，頁二十七下。
㉖ 語類，卷八十四，第八條（頁三四五九）。參看下註㊴。
㉗ 莊子，卷五，天運篇第十四，頁三十五下。
㉘ 語類，卷六十八，第十一條（頁二六七九）。
㉙ 同上，卷一二五，第五十四條（頁四八〇七）。
㉚ 莊子，卷二，養生主篇第三，頁二下至四上。
㉛ 語類，卷一二五，第五十條（頁四八〇五至四八〇六）。

理間若不於會處理會，卻只見得一偏，便如何行得通」㉜？爲學之法，亦可以庖丁爲模範。「大抵看聖賢語言，須徐徐俟之。待其可疑而後疑之。如庖丁解牛。他只尋罅隙處游刃以往，而衆理自解，芒刃亦不鈍」㉝。蓋「學者初看文字，只見得箇渾崙物事。久久看作三兩片，以至於十數片，方是長進，如庖丁解牛，目無全牛是也」㉞。門人問，「莊子云聞解牛得養生。如何可以養生」？曰，「只是順他道理去，不假思慮，不去傷着他，便可以養生」。又曰，「不見全牛，只是見得骨骼自開」。問，「莊子此意如何」？曰，「也是他見得箇道理如此」。問，「他本是絕滅道理，如何有所見」？曰，「他也是就他道理中見得如此」。因嘆曰，「天下道理，各見得恁地。剖析開去，多少快活。若只鶻突在裏，是自欺而已」㉟。最重要者，庖丁手足所觸，莫不中肯，左右逢源。「爲人君便自撞着個仁道理。爲人臣便自撞着箇敬道理。爲人子便自撞着箇孝道理。爲人父便自撞着箇慈道理。與國人交便自撞着箇信道理。無適而不然」㊱。朱子排斥道家雖堅，畢竟儒道有可通處，而通之途徑，乃莊子而非老子也。朱子有驚人之論，謂莊子源自孔門。其言曰，「莊子不知他何所傳授。卻自見道體。蓋自孟子之後，荀卿諸公皆不能及。如說『語道而非其序，非道也』㊲。此等議論甚好。度亦須承受得孔門之徒，源流有自。後來佛氏之敎，有說得好處，皆出於莊子。但其知不至，無細密工夫。少間都說得流了。所謂賢者過之㊳也」㊴。卒之歸於中庸之道，正是儒家本色。以其排異端之努力，而恭維莊子若此，實是出人意外。

㉜ 同上，卷七十五，第十條（頁三〇四二）。

㉝ 同上，卷二十，第五十五條（頁七三五至七三六）。

㉞ 同上，卷十，第十五條（頁二五七）。

㉟ 同上，卷一〇三，第四十七條（頁四一四五至四一四六）。

㊱ 同上，卷五十七，第二十四條（頁二一三三）。

㊲ 同上註㉕。

㊳ 中庸，第四章。

㊴ 語類卷十六，第二五四條（頁五九〇至五九一）。

（九九）朱子與僧人

朱子與僧人的往來，與道士相等。文集所載，皆關于唱和與餽贈。而借用佛寺，則比道菴爲多。此必佛寺地點優勝，規模宏大之故。生平所過佛寺之尙知其名者約有二十，實際必然數倍。或住宿，或吟詩，或觀賞碑帖，或置酒，或刻石，或集會。集會之最著名者，無疑爲江西信州之鵝湖寺。淳熙二年乙未（一一七五），朱子偕呂東萊（呂祖謙，一一三七—一一八一）至鵝湖。陸象山兄弟來會。是乃歷史上有名之朱陸之會❶（參看頁五六三「鵝湖之會」條）。乾道三年丁亥（一一六七），朱子與張栻（自號南軒，一一三三—一一八〇）等共游衡山，留宿吟詩于方廣寺、福嚴寺、上封寺，並餞於雲峯寺❷。淳熙八年辛丑（一一八〇）江西南康任滿，去郡東歸，與諸友門人游廬山。任內曾至折桂院、楞伽院、萬杉寺、歸宗寺、石乳寺、落星寺等，均詠詩留念❸。山北紀行宿羅漢寺、歸宗寺，至天池院、東林寺、與西林寺。在東林寺題名屬寺僧刻石❹。在雲谷則宿于雲際寺❺。在建陽則跋米元章帖于西山景福僧舍❻。此外又宿于山寺、囊山寺、與靈山寺❼，題山石佛院❽，置酒于白雲寺❾，同僚小集于梵天寺與佛頂菴❿。

此外或院或菴，其果爲佛舍抑是道廬，則尙待考。在此等處必與僧徒接觸，然皆是偶會，別無關係之可言。

其社交有紀錄者，曾寄雲谷瑞泉菴主云，「多謝空門侶，能同物外情」⓫。贈仰上人云，「上人歸別嶺，心迹但如斯」⑫。此只是文字應酬而已。石林胡僧，只云「頃亦見之」⑬。其感情頗深者爲東峯道人溥公，屢有往來⑭。益公道人，亦交游頗密，屢有通訊。朱子稱爲「益公」、「益老」。多年再會，益公見候於亭⑮，會稽僧志南明老卽志南上人，亦卽

① 王懋竑，朱子年譜（叢書集成本），卷二上，頁五十九至六十一。
② 文集，卷五，宿方廣次敬夫韻，頁五上；福嚴寺回望嶽市，頁六上，贈上封諸老，頁七上；卷七十七，南嶽游山後記，頁十一上。
③ 同上，卷七，題折桂院、楞伽院、萬杉寺、歸宗寺、石乳寺、落星寺，頁十二上至十四下；別集，卷七，題落星寺，頁九上。
④ 同上，卷七，山北紀行，頁十六上下。
⑤ 同上，卷六，次許順之言別韻，頁十八下。
⑥ 同上，卷八十二，跋米元章帖，頁六下。
⑦ 同上，卷一，宿山寺聞蟬作，頁九上；卷二，題囊山寺，頁三上；梵天觀雨，頁五上。
⑧ 同上，卷二，題山石佛院，頁三上。
⑨ 同上，卷九，白雲寺送儲伯升，頁八上。
⑩ 同上，卷二，步東橋玩月，頁四下；卷三十九，答許順之第八書，頁十三上。
⑪ 同上，卷七，寄雲谷瑞泉菴主，頁一上。
⑫ 同上，卷一，贈仰上人，頁十二下。
⑬ 同上，卷六十四，答鞏仲至第十八書，頁十五上。
⑭ 同上，卷八，奉酬東峯道人溥公，頁六下。
⑮ 同上，次顯菴益老韻，頁六下；卷十，次益老二首，頁七至八上。

南上人，曾陪遊盧山。除吟詠外，又曾寄贈黃精笋乾紫菜多品。朱子以安樂茶與碑刻及為詩稱謝⑯。盧山之游，道人宗慧宗歸不至⑰。

其交換思想者，並不多見。詩贈益公道人云，「道術多歧自短長，儻有新見還告我」⑱，似乎道終不同。曾過一雪峯一僧見之云，「法堂上一木毬，纔施主來做功德，便會熱」。朱子應之曰，「和尚得恁不脫灑，只要戀着這木毬。要熱做甚」⑲？某日山寺逢僧。僧與談命。朱子為詩曰，「此地相逢亦偶然，漫將牛斗話生緣。時行時止非人力，莫問流年秖問天」⑳。朱子亦信命，然命乃天命之謂性之天命，而非算命家之命也。亦是偶然。惟會稽僧志南明老，則與之同游盧山㉑。對福建泉州醫僧，則不禁羨慕。朱子云，「泉州醫僧妙智大師，後來都不切脈。只見其人，便知得他有甚病。又後來雖不見其人，只教人來說，因其說便自知得。此如他心通相似。蓋其精誠篤至，所以能知」㉒。

以感情論，最可紀者一為西林可師，一為鼓山嗣公。朱子題西林可師達觀軒云，「紹興三十年庚辰（一一六〇）冬，予來謁隴西先生（李侗，一〇九三—一一六三），退而寓於西林院惟可師之舍，以朝夕往來受教焉。閱數月而後去。可師始嘗為一室於其居之左軒，……名之曰達觀軒。……予嘗戲為之詩，以示可師，既去而遂忘之。（三十二年）壬午（一一六二）春復拜先生於建安，而從以來，又舍於此者幾月，師不予厭也。且欲予書其本末，置壁間。……顧師請之勤勤，不得辭，於是手書授之……」㉓。朱子年方三十有餘，與法師必甚相得。二三十年後，偕門徒數人與僧端友游福州鼓山湧泉寺謁主持嗣公（直菴和尚），不遇，題辭以記其事，石刻尚存（參看頁七〇七「朱子墨蹟」石刻之(29)），以上兩宗，均是感情之表現。此外據地方志，圓悟禪師，號肯庵，建安人，居五夫里開善院。有朱子像贊，載崇安縣志。禪師示寂之日，朱子哭之以詩㉔。此說果如可信，則是感情之至厚者。此說蓋據枯崖漫錄。枯崖漫錄又謂肯庵圓悟禪師「居武夷山餘十年。……嘗授儒學於晦庵朱文公」㉕。碧巖錄著者圓悟克勤禪師（一〇六三—一一三五）示寂于紹興五年。朱子之游武夷，圓悟克勤已沒久矣。而久須本文雄竟混兩圓悟而爲一，謂朱子六歲學於圓悟克勤之末年，可謂不審過甚矣㉖。

朱子少年曾留意佛道，與僧道講論，是意中事。然道人未知有誰與語。佛僧則至少二三

⑯ 同上，卷八十一，跋南上人詩，頁二十四下至二十五上；別集，卷五，志南上人，頁十下至十一上

⑰ 同上，卷八十四，游密菴記，頁三十上。

⑱ 同上，卷十，次益老韻，頁八上。

⑲ 語類，卷三，第八十條（頁八十七）。

⑳ 文集，卷十，山寺僧談命，頁三下。

㉑ 同上，卷七，山北紀行，頁十六上。

㉒ 語類，卷四十四，第一一六條（頁一八一七）。

㉓ 文集，卷二，再題，頁十一上下。

㉔ 崇安縣志（清雍正，一七二三—一七三五，刋本），卷八，釋。參看崇安縣新志（民國三十年，一九四一，本），卷二十，宗教，釋教，頁五下，總頁五二〇。又建安縣志（康熙五十二年，一七一三，本），卷七，釋教，頁四十三上。

㉕ 枯崖漫錄，（續藏經，第一輯，第二編乙，第二十一套），卷中，頁八十一下。

㉖ 久須本文雄，宋代儒學の禪思想研究（名古屋，進學書店，一九八〇），頁三三三至三三四。

人對於朱子思想發生影響。一為大慧(宗杲，一〇八九—一一六三)。尤焴，大慧普覺禪師語錄序謂朱子赴試時行篋有大慧語錄一册㉗。朱子對於大慧語錄，甚為熟悉(參看頁六四〇「大慧禪師」條)。謂此書不生影響，實無理由。

另一僧為五夫里之僧。朱子自云，「某年十五六時，亦曾留心於此。一日在病翁(劉子翬，稱屏山先生，一一〇一—一一四七)所會一僧，與之語。其僧只相應和了說。也不說是不是。卻與劉說，某也理會得箇昭昭靈靈的禪，劉後來說與某，某遂疑此僧更有要妙處在，遂去扣問他。見他說得也煞好。及去赴試時，便用他意思去胡說。是時文字不似而今細密，由人粗說。試官為某說動了，遂得舉」。原注云，「時年十九」㉘。此僧可能為不知名之僧，或即是大慧，或云開善道謙。大慧與道謙可能先後會朱子於病翁處。惟大慧之會，問題尚多，當詳「大慧禪師」條。無論如何，與道謙會，則為不磨之事實。

朱子之師李延平(李侗)嘗致羅博文(一一一六—一一六八)書云，「渠(朱子)初從謙開善處下工夫來，故皆就裏面體認。今既論難，見儒者路脈，極能指其差誤之處」㉙。論者均謂李侗教其棄釋歸儒，為朱子一生思想路線一大轉變。李侗書既云「下工夫」，又云「體認」，則朱子對於道謙之禪，印象必深。延平致博文書，戴銑(一五〇八年卒)之朱子實紀系於紹興二十三年癸酉(一一五三)，朱子二十四歲。王懋竑(一六六八—一七四一)之朱子年譜亦引之，惟系於紹興三十年庚辰(一一六〇)，朱子三十一歲。開善道謙禪師為大慧禪師之弟子。據雲臥紀談，彼「後歸建陽，結茅於仙洲山。聞其風者悅而歸之。如……朱提刑元晦以書牘問道，時至山中」云㉚。又據崇安縣新志，道謙和尚，姓游，五夫里人。結自信庵於仙洲山㉛、其名不見文集。語類只提一次。朱子述其語云，「道謙言大藏經中言禪子病脾時，只坐禪六七日，減食，便安」㉜。此不足以顯示其受有若何影響，然李侗之言，決然可信也。

朱子除江南西路提點刑獄公事，乃在淳熙九年壬寅（一一八二）。稱朱提刑，只用日後官銜，而非謂是時參謁法師也。友枝龍太郎教授以朱子十五六歲時受謙開善之教，而其教乃動的看話頭之教㉝。佐藤仁教授亦持此說㉞。此說頗近情理，蓋朱子十五六歲時，道謙方三十餘歲，或即在五夫里開善寺說教，故稱開道謙。或先住開善寺然後結庵於仙洲山，亦未可定。仙洲山與五夫里相隔一嶺㉟，故朱子有詩云「玆山屢遊盤」㊱。又詠之曰，「聞鄉饒奇山，仙洲故稱傑。巍然一峯高，復與血山絕」㊲。道謙所築之寺名密菴。文集有游密菴詩六

㉗ 序載卍大藏經，第三十一套，第四册，大慧普覺禪師語錄，卷一，總頁三四八。
㉘ 語類，卷一〇四，第三十八條（頁四一六六）。
㉙ 李延平集（正誼堂全書本），卷一，頁五上。
㉚ 雲臥紀談（續藏經，第一輯，第二編乙，第二十一套），卷下，頁十八上。
㉛ 崇安縣新志，卷二十，宗教，釋教，頁五上，七下，總頁五一九，五二四。
㉜ 語類，卷一二六，第一〇九條（頁四八六三）。
㉝ 友枝龍太郎，朱子の思想形成（改訂版）（東京，春秋社，一九七九），頁四十五，四十七。
㉞ 佐藤仁，朱子（東京，集英社，一九八五），頁五十七。
㉟ 佛法金湯編（續藏經，第一輯，第二編乙，第二十一套），卷十五，頁四八四，「朱熹」條。
㊱ 文集，卷六，游密菴，頁六上。
㊲ 同上，游密菴分韻得絕字，頁五上。

首[38]，游記一篇[39]。游密菴在淳熙八年辛丑（一一八一），築亭山間。其愛此山之深之厚，可以見之。大概距離不遠，畢生常至。且於密菴內事，額外關心。嘗與呂祖謙（字伯恭，一一三七—一一八一）告以「密菴主僧從穆近已死。其徒法舟見權管幹。……但此菴所入亦薄，非復謙老之時矣」[40]。又一書告以「淨昇者益無禮。……或別遣一僧來追收靜昇之帖」[41]，如此長期留意菴事，則道謙在菴時，常往請教，亦至自然。惟文集無與道謙書。佛法金湯編載朱子致道謙書云，「向蒙妙喜（大慧）開示，應是。從前記持文字，心識計校，不得置絲毫許在胸中。但以狗子話[42]，時時提撕。願受一語，驚所不逮」[43]。雲臥紀談載道謙答書，曰，「十二時中，有事時，隨事應變。無事時，便回頭，向這一念子上提撕，狗子還有佛性也無？趙州云，無。將這話頭，只管提撕。不要思量，不要穿鑿，不要生知見，不要強承當。如合眼趒黃河。莫問趒得過趒不過。盡十二分氣力，打一趒。若眞箇趒得，這一趒便百了千當也。若趒未過，但管趒。莫論得失，莫顧危亡。勇猛向前，更休擬議。若遲疑動念，便沒交涉也」[44]，朱子書文集無之。雲臥紀談成於淳熙末年（一一八九），佛法金湯編則爲明僧岱宗心泰（一三二七—一四一五）所著，兩書未知可靠否。吾人只能相信道謙必有鼓動朱子禪學之興趣。然此只是暫時性質，而又是概觀而非禪宗任何一派之教義也。朱子知漳州，禁女道聚僧廬傳經，詳見頁七八一「朱子之於婦女」條。

㊳ 同上，頁五下至六上，卷八，頁三下。

㊴ 同上，卷八十四，游密菴記，頁三十上。

㊵ 同上，卷三十三，答呂伯恭，第十七書，頁十二上。

㊶ 同上，卷三十四，答呂伯恭第五十八書，頁五上下。

㊷ 五灯會元（續藏經，第一輯，第二編乙，第十一套），卷四，頁六十六上，載趙州從諗禪師（七七八—八九七），因僧問，狗子還有佛性也無？趙州曰，「無」。此爲著名公案，蓋謂狗亦有佛性，但不應以有無論也。

㊸ 佛法金湯編，卷十五，頁四八四二，「朱熹」條。

㊹ 雲臥紀談，卷下，頁十八上。

（一〇〇）大慧禪師

紹興十三年癸亥（一一四三）朱子年十四，丁父憂。承遺囑奉母由福建建州遷居崇安之五夫里，禀學於劉子翬（一一〇一—一一四七）、劉勉之（一〇九一—一一四九）、胡憲（一〇八六—一一六二）三先生。武夷山有水簾洞。相傳劉屏山（劉子翬）曾講學於此。學者遂有謂朱子從屏山學於武夷。屏山在五夫里。子翬宅在屏山之下，潭溪之上。故學者稱子翬爲屏山先生。朱子從學於此數年，非武夷也。據朱子自述，「某年十五六，亦曾留心於此（禪）。一日在病翁（劉子翬）所會一僧，與之語。其僧只相應和了說，也不說是不是。卻與劉說。某也理會得箇昭昭靈靈底禪。劉後說與某。某遂疑此僧更有要妙處在，遂去扣問他。見他說得也煞好。及去赴試時，便用他意思去胡說。是時文字不似而今細密，由人麤說。試官爲某說動了，遂得舉」❶。是年朱子十九歲。

會僧之事，不見最早葉公回所校之朱子年譜（一四三一），惟戴銑（一五〇八年卒）朱子實紀（一五一三）之年譜載之。王懋竑（一六六八—一七四一）朱子年譜亦不紀錄其事。日本傳說朱子赴試時，屏山知其留心舉業。及搜其行篋，則只有大慧語錄一册云。此說蓋據大慧普覺禪師語錄尤焴之序。序謂朱文公少年一樂讀時文。因聽一尊宿說解直指本心。遂悟昭昭靈靈一著。十八歲請舉。時從劉屏山。屏山意其必留心舉業，暨披其篋，只大慧語錄一帙爾。次年登科」。大慧語錄載大正新修大藏經第四十七册，編號一九九八，惟無尤焴序。常盤大定（一八七〇—一九四五）之支那に於ける佛教と儒教道教敍屏山搜見大慧語錄事，謂爲「揷語」，而不提尤焴之序❷。惟安岡正篤引之❸，惟不指明此序載在何處。其實此序載卍大藏經，第三十一套，第四册，大慧普覺禪師語錄，卷一之首，頁三四八也。所會之尊宿是否大慧，亟宜考證。大慧，名宗杲，又號妙喜（一〇八九—一一六三），爲臨濟義玄禪師（八六七年卒）之法嗣。張浚（一〇九六—一一六四）大慧普覺禪師塔銘云，「隆興元年癸未（一一六三）八月十日大慧禪師宗杲，示寂於（杭州）徑山明月堂。皇帝聞之嗟惜。詔以明月堂爲妙喜菴，賜諡普覺，塔曰寶光。……師諱宗杲，（安徽）宣州寧國人，姓奚氏。年十七爲浮圖。不欲居鄉里，從經論師。卽出行四方。……學者雲集。復避亂走湖南，轉江右（江西）入閩，築菴長樂洋嶼。時從之者纔五十有三人。未五十日，得法者十三輩。……浚造朝，遂以臨安（杭州）徑山延之。道法之盛冠於一時，……凡二千餘衆。所交皆俊艾。當時名卿如侍郎張公子韶（張九成，一〇九二—一一五九）爲莫逆友，而師亦竟以此遇禍。蓋當軸者恐其議己惡之也。毀衣焚牒，屛居衡州。凡十年徙梅州❹。梅州瘴癘寂寞之地，其徒裹糧從之。……又五年，太上皇帝特恩放還。明年復僧服。……又二年移徑山。……師壽七十有五」❺。

張銘不指明年月。根據大慧年譜，則彼于紹興四年甲寅（一一三四）三月至福建長樂。七

❶ 語類，卷一〇四，第三十八條（頁四一六六）。
❷ 東京，東洋文庫，一九三〇，頁三七九。
❸ 朱子學大系，第一卷，朱子學入門（東京，明德出版社，一九七四），頁四十一。
❹ 今廣東，梅縣。
❺ 大慧普覺禪師語錄，大正新修大藏經，第四十七册，頁八三六至八三七。

年丁巳（一一三七）丞相張浚延至徑山。十一年辛酉（一一四一）張九成登山說法。秦檜（一〇九一—一一五五）秉國，議者謂張譏朝廷，因及大慧，命貶衡陽。七月至貶所。二十年（一一五〇）命移梅州。二十六年丙子（一一五六）離梅返浙。二十八年戊寅（一一五八）遷住徑山❻。佛祖歷代通紀大致相同，只誤遲一年徙梅，誤早一年北歸耳❼。

根據張銘年期，友枝龍太郎以朱子在病翁處會大慧爲不可能，蓋朱子子十五六（一一四四—一一四五），大慧方在貶謫中也。在友枝教授之意，或者大慧北歸（一一五五）途中，經泉州同安與朱子會，蓋此時朱子任同安主簿也。十五六歲所會之僧，決非大慧而乃是道謙云❽（參看頁六三三「朱子與僧人」條）。後說疑是，惟同安之會決不可能，因據年譜，大慧赴梅與北歸，乃取陸路，由梅州北上，經福建西邊之汀州❾而入江西返浙，不由水路而經泉州也。

語類有一段記載，爲大慧與劉子翬相會之鐵證，無可否認者。語類載朱子回憶云，「昔日病翁見妙喜，於其面前要逞自家話。渠於開善（寺）❿升座。卻云彥沖（劉子翬）修行卻不會禪，寶學（劉子羽，子翬之兄，一〇九三—一一四二）會禪卻不修行。所謂張三有錢不會使，李四會使又無錢。皆是亂說」⓫，此可證子翬會大慧於五夫里。蓋開善寺在五夫里也。又必是子翬一一四七年沒世以前之事。大概大慧居閩南數年，必曾到五夫里。其時子羽兄弟三四十歲，大慧大可以禪語警戒之。吾人不知病翁反應如何，然印像必深，故多年以後以告朱子。及朱子回憶，則已視禪爲異端，而謂亂說耳。

朱子尙有一回憶，足證其本人與大慧相會者。朱子云，「如杲老說不可說不可思之類，他說到那險處時，又卻不說破，卻又將那虛處說起來。如某說克己，便是說外障。如他說，是說裏障。他所以嫌某時。只緣是某捉着他緊處。別人不曉禪，便被他謾。某卻曉得禪，所以被某看破了」⑫。此爲黃義剛癸丑（一一九三）以後所聞。雖是數十年後之回憶，然兩人相會，絕無可疑。問題是在於時間。同安之會，已無可能。若謂大慧由閩南至五夫里，不特其時朱子只七八歲，且尚未遷居五夫也。

愚意大慧既在五夫里開善寺升座，朱子又親與對話，則有一可能之時間，乃在大慧屏居衡陽之時。早年在長樂設菴，從之者數十人。道謙亦是其中之一。道謙五夫里人，後築密菴于仙洲山，離五夫里只隔一嶺。此外福建各處尚有法嗣；主持寺菴，亦未可知。假定病翁沒世以前一兩年，紹興十五年乙丑（一一四五）左右大慧到福建訪道謙與其門徒。其時朱子方十六歲，與其在病翁處會一僧之時相合。十七年丁卯（一一四七）十八歲赴建州鄉試。其行篋有大慧語錄一卷，亦至自然。此說最大困難，乃在其貶謫之時，不會遠游。年譜紹興十二年壬成（一一四二）云，「自到衡陽，一向謝絕賓客。四方書問，一切闊略」。年譜亦無由衡陽訪

---

⑥ 大慧普覺禪師年譜（中華大藏經，第二輯），總頁一七〇七至一七一五。

⑦ 大正新修大藏經，第四十九册，頁六八七，六九〇。

⑧ 朱子の思想形成（改訂版）（東京，春秋社，一九七九），頁四十四至四十五。

⑨ 故治在今福建長汀縣。

⑩ 據福建通志（一九二二年本），卷三十四，頁一下，崇安縣，五夫里有開善寺。語類原文「開善」誤作「開喜」。錢穆朱子新學案（臺北，三民書局，一九七一），第三册，頁十一，改爲「渠於妙喜升座」，欠解。

⑪ 語類，卷一二六，第八十五條（頁四八五六）。

⑫ 同上，卷四十一，第五十九條（頁一六八七）。

聞之記載。故由衡陽訪五夫里之碍說難成立。唯一可能是在同安期間在潮州或梅州相會。朱子曾遊潮州，文集有據（參看頁六七四「廣東揭陽發現軼文」條）。朱子仕同安爲紹興二十三年癸酉（一一五三）至二十六年丙子（一一五六）。大慧貶梅州爲紹興二十年庚午（一一五〇）至二十六年丙子（一一五六），時間相同，潮梅二州比鄰。在潮或在梅相會，實意中事。其時已見延平（李侗，一〇九三—一一六三），喻以孔孟之教。故與大慧會談中言克己，以對佛家之觀心也。

朱子之讀大慧語錄，可無疑義。朱子答許生云，「夫讀書不求文義，玩索都無意見，此正近年釋氏所謂看話頭者。世俗書有所謂大慧語錄者，其說甚詳。試取一觀，則其來歷見矣」⑬。朱子著張無垢中庸解，謂其逃儒入釋，其釋之師語之曰，「左右既得欛柄入手，開導之際當改頭換面，隨宜說法，使殊塗同歸，則世出世間，兩無遺恨矣。然此語亦不可俗輩知，將謂實有恁麼事也」⑭。無垢佛名，卽張九成，師事大慧，卽朱子所謂其釋之師也。朱子注云，「見大慧禪師與張侍郎（張無垢）書。今不見於語錄中。蓋其徒諱之也」⑮。可見朱子曾細讀大慧語錄，記憶清楚，且曾比較前後版本也。

大慧著作以外，朱子又熟稔其交游。謂「杲老嘗說少時見張天覺（張商英，一〇四三—一一二二）」⑯。謂「張無垢參杲老，汪玉山（汪應辰，字聖錫，一一一八—一一七六）被他引去，後來亦好佛」⑰。又謂「杲老所喜，皆是麤踈底人，如張子韶、唐立夫（唐文若）諸公是也。汪聖錫呂居仁（呂本中，一〇八四—一一四五）輩，稍謹愿，痛被他薄賤。……汪丈嘗謂某云，『杲老禪學實自有好處』。某問之曰，『侍郎曾究見其好處否』？又卻云不曾」⑱。汪端明（汪藻，一〇七九—一一五四）亦曾從杲老問禪⑲。杲老則「爲張無盡（張商英）所知」⑳。朱子對於從游，不只認識，且能品評，可謂知大慧之深矣。

杲老逸事，朱子亦知一二。朱子以俗言佛燈恐是腐葉飛蟲之光。因言「妙喜在某處見光，令人撲之，得一小蟲，如蛇樣而甚細，僅如布線大」㉑。又「記得杲老初謫衡陽，有以詩送之者，曰，『逢人深閉口，無事學梳頭』。此語有味，可發一笑，然亦不得只作笑會也」㉒。此語有味，蓋諷大慧之逞自家語，有如和尚梳頭也。至于大慧之教，亦有兩則可紀者。朱子云，「昔日了老（陳瓘，號了翁，一〇五七—一一二二）專教人坐禪，杲老以為不然，著正邪論排之。其後杲在天童（寺），了老乃一向師尊禮拜。杲遂與之同。及死為之作銘」。問渠既要清靜寂滅，如何不坐禪？朱子答曰，「渠又要得有悟。杲舊甚喜子韶。及南歸，貽書責之，以為與前日不同。今其小師錄杲文字，去正邪論。與子韶書亦節卻」㉓。問，「圭峯

---

⑬ 文集，卷六十，答許生書，頁五上。
⑭ 同上，卷七十二，頁二十七上。又見卷六十三，答孫敬甫第四書，頁二十下至二十一上。
⑮ 同上。
⑯ 同上，卷五十，答程正思第二十書，頁三十二上。
⑰ 語類，卷一二六，第一一七條（頁四八六七）。
⑱ 同上，卷一二四，第二十五條（頁四七六二）。
⑲ 同上，卷一三二，第五十二條（頁五〇九五）。
⑳ 同上，卷一三〇，第一三四條（頁五〇一二）。
㉑ 同上，卷一二六，第一〇八條（頁四八六二）。
㉒ 文集，續集，卷六，與張孟遠書，頁六上。
㉓ 語類，卷一二六，第八十條（頁四八五三）。

(宗密，七八〇—八四一)云，『作有義事，是省悟心。作無義事，是狂亂心。……此義非仁義之義，乃理義之義』。甚好笑」。朱子答曰，「他指仁義爲恩愛之義，故如此說。他雖說義理，何嘗夢見？其後杲老亦非之，云『理義之義，便是仁義之義。如何把虛空打做兩截』」㉔？朱子不贊成坐禪，但杲老謂理義之義，卽仁義之義，則必贊同也。常盤大定謂朱子之理義與仁義合一之理論，乃爲大慧所啓發，則未免神經過敏㉕。從上大慧之著作、交游、逸事與思想各角度觀之，朱子之于大慧，可謂知之深矣。

㉔ 同上，第八十三條(頁四八五五)。
㉕ 支那に於ける佛教と儒教道教，頁三七九。

（一〇二）朱子與佛經

本條所論，不在朱子之評佛而在佛經。蓋欲知其批評是否正當，必先審其所用材料是否充足。予嘗討論朱子對於佛法之評價，指出其比其他理學家之評佛較為廣泛，因彼不止從一二方面着手而是全面攻擊，尤側重佛家之以心觀心，而混心性為一❶。今之問題則為：⑴朱子所舉之佛經為何？⑵曾否讀過抑只是耳聞？⑶其了解之程度為何？查語類所舉有四十二章經、大般若經、華嚴經、法華經、楞嚴經、圓覺經、金剛經、光明經、心經、維摩經、肇論、華嚴大旨、華嚴合論、景德傳燈錄十四種，並有概述之「佛經」、「佛書」、「佛經疏」、「藏經」、「釋氏教典」、「禪家語錄」等等❷，種數雖少，亦足以代表華嚴，天臺，淨土，三論，唯識，禪宗諸派。文集則只提及四十二章經、法華、金剛、光明、楞嚴、

❶ *A Source Book in Chinese Philosophy* (Princeton, N. J.: Princeton University Press, 1963), p. 653.

❷ 語類，卷一二六，第三條（頁四八一九）；卷一二五，第七十一條（頁四八一三）；卷一〇一，第七十七條（頁四〇八二）；卷一二六，第一〇六條（頁四八六二）；卷一一六，第五十條（頁四四七〇）；卷九十一，第十一條（頁三六九五）。關於各個佛經，參看一九七〇年臺北正中書局本朱子語類書名索引。

圓覺，與傳燈錄。語類不言大慧語錄而文集則提及三次❸。文集往來書札，評佛者多，但提及佛經者甚少。此是文集與語類一大不同處。然於朱子之了解佛經，恐無特殊意義也。（參看頁六五六「朱子所引之佛語」條）。

佛典浩繁，任何人不能盡讀。吾人敢信朱子所讀，必比其他理學家爲多。朱子所引佛語甚多。雖過半是當時流行之禪宗公案，或是傳聞所得，然其中多起必是從書本而來。故朱子所讀佛典，決然不少。且亦有可證其確曾過目者。朱子云，「楞嚴經第二卷首段所載，非惟一歲有變，月亦有之。非惟月有變，日亦有之。非惟日有變，時亦有之。但人不知耳。此說亦是」❹。又云，「楞嚴經前後只是說咒。中間皆是增入。蓋中國好佛者覺其陋而加之耳」❺。增入之說，姑且未論。但朱子審讀楞嚴，可以見之。其於華嚴合論，則謂「第十三衙卷，佛說本言盡去世間萬事。其後黠者出，卻言實際埋地，不染一塵。萬事門中，不捨一法」❻。亦如楞嚴經，舉其卷數。又曰，「試將法華經看，便見其誕。開口便說恒河沙數，幾萬幾千幾刼，更無近底年代」❼。非曾讀本經，必不能作如是語。朱子「嘗見佛經說崑崙山頂有阿耨大池，水流四面」❽，又論唐人幞頭云，「嘗見禪家語錄載（後）唐莊宗（九二三—九二五）問一僧云，『朕收中原得一寶，未有人酬價』。僧曰，『略借陛下寶看』。莊宗以手展幞頭兩腳示之」❾。可知讀時印象甚深，尚可記憶也。評心經云，「他蓋欲於色見空耳。大抵只是要鶻突人。如云實際中不立一法，又云不捨一法之類皆然」❿。評圓覺經亦云，「只有前兩三卷好。後面便只是無說」⓫。二者均不能只靠傳聞。必須曾讀此書，方能下此評語也。

評語亦毀亦譽，從理學立場觀之，可算公平。四十二章經「所言甚鄙俚」⓬，「然其說卻自平實」⑬。「楞嚴經只是強立一兩箇意義。只管疊將去，數節之後，全無意味。若圓覺經本初亦能幾何，只鄙俚甚處，便是其餘增益附會者爾」⑭。但「楞嚴經做得極好」⑮。此兩經均有可取之處，但非以爲吾儒當取之以資己學耳⑯。至華嚴合論則「其言極鄙陋無稽。不知陳了翁（陳瓘，一〇五七—一一二二）一生理會這箇，是有甚麼好處，也不會厭。可惜極好的

③ 文集，卷六十，答許生書，頁五上；卷六十三，答孫敬甫第四書，頁二十一上；卷七十二，張無垢中庸解，頁二十七上。關於各個佛經，參看東京大學朱子研究會編朱子文集固有名詞索引。
④ 語類，卷七十一，第三十四條（頁二八四六）。
⑤ 同上，卷一二六，第六十八條（頁四八四七）。
⑥ 同上，第七十二條（頁四八四八）參看頁六六一「朱子所引之佛語」之(49)。
⑦ 同上，第一二八條（頁四八七〇）。
⑧ 同上，卷二，第七十四條（頁四十四）。
⑨ 同上，卷九十一，第十一條（頁三六九五至三六九六）。
⑩ 同上，卷一二六，第七十一條（頁四八四八）。
⑪ 同上，第七十六條（頁四八五一）。
⑫ 同上，第六條（頁四八二三）。
⑬ 同上，第七條（頁四八二三）。
⑭ 同上，第六條（頁四八二二）。
⑮ 同上，第六十九條（頁四八四七）。
⑯ 文集，卷三十，答汪尚書第二書，頁四上。

秀才，只恁地被他引去了」⑰。謂了翁之於華嚴大旨，則毀譽參半。問，「華嚴大旨，不知了翁諸人何爲好之篤」？朱子答曰，「只是見不透，故覺得那箇好。以今觀之，也是好，也是動得人」⑱。

朱子品評佛經，可分兩面。一爲義理之批評，一爲佛典之考據。從儒家觀點，佛教當然只是邪說。朱子云，「欽夫（張栻，一一三三—一一八〇）伯恭（呂祖謙，一一三七—一一八一）緣不曾看佛書，所以看他不破。只某便識得他。試將楞嚴圓覺之類，一觀亦可粗見大意。釋氏之學，大抵謂若識得透，應千罪惡卽都無了。然則此一種學，在世上乃亂臣賊子之三窟耳」⑲。如是解釋，未免太過簡單。佛家並非不重修行，只與儒家之方內修行不同耳。又如謂「不知傳燈錄中許多祖師，幾人做得堯舜禹稷？幾人做得文武周孔？須有徵驗處」⑳。所謂徵驗，乃儒家修齊治平之徵驗，與佛家證道之目的迥然不同。傳燈錄中禪師之大德者，當不少人也。謂金剛經「大意只在須菩提」㉑，卻是正解。須菩提爲佛之十大弟子中最能解空之人，唱無說以顯道。儒家最怕空無。然一色一香，無非中道，則空無亦未嘗如儒家所了解之極端也。朱子云，「某經云，『到末劫人皆小。先爲火所燒成劫灰，又爲風所吹，又爲水所淹，又成沫。地自生五穀。天上人自飛下來喫，復成世界』。他不識陰陽，便恁地亂道」㉒。此爲鄭可學（一一五二—一二一二）辛亥（一一九一）所聞。以儒家陰陽升降之理視之，佛說當然荒謬。又謂「楞嚴經後面說大劫之後，世上人都死了，無復人類。卻生一般禾穀，長一尺餘。天上有仙人下來喫。見好後只管來喫。喫得身重，遂上去不得。世間方又有人種。此說固可笑」㉓，此乃黃義剛癸丑（一一九三）以後所聞。義剛師事朱子至慶元五年己未（一一九九），故此條可能遲至此時方錄，相隔可學所錄八九年。予疑朱子誤記此爲楞嚴之說。楞嚴描寫輪廻狀況，謂草木爲人，人死還成十方草樹，但無言及世人都死，卻生一般禾穀。卷八所稱飛行仙，遊行仙，空行仙等，只是說明尚未離欲界，未能超度輪廻耳。儒家不信輪廻，視爲荒誕不經，是意中事。朱子云，「今世所傳肇論，云出於肇法師（僧肇，三八四—四一四），有四不遷之說。『日月歷天而不周，江河競注而不流。野馬飄鼓而不動，山嶽偃仆而常靜』。此四句只是一義，只是動中有靜之意㉔。肇論四篇，此四句出自第一篇物不遷論。極言動靜不異，法無去來，必求靜於諸動，必卽動而求靜。朱子所謂只是一義，得其旨矣。肇師云，古應有今，今應有古，不往不來，不化故不遷。因因而果，因不昔滅。果不俱因，因不來今，則朱子或以爲玄談。然于其動靜如一之說，則欣然接受也。

至於佛典之考據，則朱子堅持一說云，「佛教初入中國，只是脩行說話，如四十二章經是也」㉕。又云，「初來只有四十二章經。至晉宋間乃談義，皆是剽竊老莊，取列子爲多。

---

⑰語類，卷一二六，第七十四條（頁四八四九）。
⑱同上，第七十五條（頁四八五〇）。
⑲同上，卷一二四，第二十五條（頁四七六二）。
⑳文集，卷四十三，答李伯諫第一書，頁十一下。
㉑語類，卷一二六，第七十四條（頁四八四九）。
㉒同上，第七十條（頁四八四八）。
㉓同上，卷九十四，第七十條（頁三七七九至三七八〇）。
㉔同上，卷一二六，第五條（頁四八二一）。
㉕同上，第一一四條（頁四八六四）。

其後達磨（約四六〇—五三四在華）來又說禪」㉖。更釋之曰，「初間只有四十二章經，無恁地多。到東晉便有談議。如今之講師，做一篇議總說之。到後來談議厭了，達磨便入來，只靜坐。於中有稍受用處」㉗。朱子以爲由齋戒變爲義學，乃慧遠法師（三三四—四一七）與支道林（支遁，三一四—三六六）之所爲。彼等只是盜襲莊子之說㉘。故謂「晉宋以前，遠法師之類，所談只是莊列」㉙。又謂「直至晉宋間，其教漸盛。然當時文字，亦只是將老莊之說來鋪張。如遠師諸論，皆成片盡是老莊意思。直至梁普通間，達磨入來，然後一切被他掃蕩，不立文字，直指人心」㉚。故謂「釋氏只四十二章經是古書，餘皆中國文人潤色成之。維摩經亦南北（朝）時作」㉛。關於維摩經，朱子不敢武斷，彼云，「維摩詰經舊聞李伯紀之子說是南北時一貴人如蕭子良之徒撰。渠云載在正史，然檢不見」㉜。其所云楊大年曾刪改傳燈錄，則是事實。彼云，「傳燈錄極陋。蓋眞宗時（九九八—一〇二二）一僧做，上之眞宗。眞宗令楊大年刪過，故出楊大年名。便是楊大年也曉不得」㉝。楊大年即楊億（九七四—一〇二〇）。著者乃東吳僧道原。眞宗令楊等刊削裁定。楊億序明言道原撰，且贊其「冥心禪悅，索隱空宗」。則出楊大年名，或當時利用其翰林學士之聲勢，未可知也。若謂「楞嚴所謂『自聞』㉞，即莊子之意㉟，而圓覺所謂『四大各離，今者妄身當在何處』㊱？即列子所謂『精神入其門，骨骸反其根，我尚何存』㊲者也」㊳，則全是附會。又謂「如佛經本自遠方外國來，故語言差異。有許多差異字，人都理會不得。他便撰許多符呪，千般萬樣，教人理會」㊴，可謂誤解符呪之甚矣。

朱子之誤解，誠是可惜。此是當時一般情形，朱子只反映理學家之全部而已。其多讀佛書，張栻、呂祖謙、陸象山（陸九淵，一一三九—一一九三）、陳亮（一一四三—一一九四），皆莫之及

也。朱子不至如王安石（一〇二一—一〇八六）之甚，解「揭帝揭帝」爲揭其所以爲帝者而示之

㉖同上，第一二六條（頁四八六九）。
㉗同上，第三條（頁四八一九）。
㉘同上，第五條（頁四八二一）。
㉙同上，第一二八條（頁四八七〇）。
㉚同上，第七條（頁四八二四）。參看卷一三七，第十六條（頁五二二三）。
㉛同上，第二十一條（頁四八二八）。
㉜同上，第七十八條（頁四八五二）。
㉝同上，第七十九條（頁四八五二）。
㉞楞嚴經，卷三，「如見聞體，本無自性。……是故當知耳入虛妄，本非因緣，無自然性」。載大正新修大藏經，第十九册。
㉟莊子（四部備要本名南華眞經），卷四，駢拇篇第八，頁十上，「吾所謂聰者，非謂其聞彼也，自聞而已矣」。
㊱圓覺經，卷一，頁九一四。載大正新修大藏經，第十七册，頁九一三至九二二。四大卽地水風火。髮毛等歸地，咏涕等歸水，煖氣歸火，動轉歸風。
㊲列子（四部叢刊本名冲虛至德眞經），卷一，天瑞篇第一，頁四上。
㊳文集，別集，卷八，釋氏論下，頁三上。
㊴語類，卷一二五，第二十六條（頁四七九三）。

也。王氏固不審「揭帝」爲梵文之 gatē，乃「往」之義，即成正覺之意也㊵。試問今日之反共學者，曾有幾人細讀馬克思、列寧、毛澤東之著作，而對於唯物主義有相當之認識耶？

㊵同上，卷一三〇，第十七條（頁四九六九）。

(一〇二) 朱子所引之佛語

朱子所引之佛語，當與朱子所提之佛經同看(參看頁六四七「朱子與佛經」條)。兩處佛家經典，爲數相近，然相同者少。且所提經名而直引其文句者並不多。引其文句而提及書名者亦少。兩者並看，更足以見朱子讀書之多，聽聞之廣也。

本條所錄六十一則。只見於文集者十五則。只見於語類者四十三則。並見兩書者三則(1)，(9)，(14)。其屢見者只計一次。比較而言，朱子所用佛語，多於二程(程顥，一〇三二—一〇八五；程頤，一〇三三—一一〇七)數倍，然尚不及好用禪語之王陽明(王守仁，一四七二—一五二九)。蓋傳習錄已用約四十次矣❶。陽明曾用禪家方術，如「將汝己私來，替汝克」❷。此卽菩提達磨(約四六〇—五三四在華)名言之借用。一僧來參達磨云，「我心未定，請師安心」。達磨云，「將心來，與汝安」❸。朱子則絕未用此種智術。若以文集與語類所用佛語相比，則文集幾限於書札。他如公文、雜著、誌銘等等，可謂之全然不見佛語。語類引用佛詞之範圍較廣，然討論天命、性情、格物、四書、五經等處，亦絕無而僅有。

❶ 參看拙著王陽明與禪(臺北，學生書局，一九八四)，頁七十五。
❷ 傳習錄上，第一二二「蕭惠」條。
❸ 景德傳燈錄(四部叢刊本)，卷三，第二十八祖菩提達摩，頁七上。

引語甚少指明書名。佛典浩大，若欲尋出來源，苦如海底撈針。今只得其半，已費盡許多時光矣。另一困難，乃是難定是否佛語。有或作佛語而實非佛語者。如「腔子」是也。朱子曰，「腔子猶言軀殼耳。只是俗語，非禪語也」❹。有只用佛詞而非引佛語者，如「正覺」「能仁」是也❺。學者以「清虛一大」爲張子（張載，一〇二〇—一〇七七）所言。張子誠有此論❻，但無此語。二程謂其教人，「說一箇清虛一大」❼。故論者遂以此語歸張子。其實此乃僧肇（三八四—四一四）之言❽。理學家知此爲佛語否，亦未可定。語類載朱子謂二程譏張子說清虛一大，而非謂其引此佛語❾。故今不以佛語視之。「體用一源，顯微無間」，乃伊川（程頤）易傳序之語。文集語類引用多次❿，傳習錄日本註家皆謂出自清涼大師澄觀（約七六〇—八三八）之華嚴經註，然莫能詳其出處⓫。十一世紀以後，儒者佛者均常用之，故唐順之（一五〇七—一五六〇）曰，「儒者曰體用一源，佛者曰體用一源。儒者曰顯微無間，佛者曰顯微無間。孰從而辨之」⓬？朱子又引伊川「冲漠無朕」之語⓭。日本學者亦謂來自佛家，但並未指出其來源。山崎闇齋（一六一八—一六八二）嘗羅列中日理學家引斯言者，未謂其爲佛語也⓮。

文集語類所引佛家之言，以禪語爲多。目的全在批評，並非借重以闡明儒家思想也。

(1)「主人翁，常惺惺」。（下語見文集，卷十五，經筵講義，頁十五上，朱子述謝良佐，一〇五〇—約一一二〇，所云。全語見語類，卷十二，第十五條，頁三一八）瑞巖禪師（約八五〇—約九一〇）語，載續藏經，第一輯，第二編乙，第十一函，五燈會元，卷七，頁一二〇下，與無門關第十二則。大正新修大藏經，第四十七冊，明覺禪師語錄，卷三，頁六九〇引之。

(2)「石火電光底消息」。（文集，卷三十，與張欽夫第二書，頁十八下）。五燈會元，卷七，頁一二七上，曰，「此事如擊石火，似閃電光」。

(3)「惟明一心，心生萬法」。（文集，卷三十，答張欽夫第九書，頁二十九上。）朱子曰：「釋氏雖自謂性明一心，然實不識心體。雖云心生萬法，而實心外有法」。或是概述佛家教義。

(4)「空無一法，萬理畢具」。（同上，卷三十一，答張敬夫第十一書，頁二上。）或亦是概而言之。

(5)「大心衆生」。（同上，卷三十二，答張敬夫第三十二書，頁三上。）述佛家語。

(6)「諸人知處，良遂摠知。良遂知處，諸人不知」。（同上，卷三十八，答袁機仲第九書，頁十七下。）述佛家語。

(7)「釋氏之師，有問其徒者曰，『汝何處人』？對曰，『幽州』。曰，『汝思彼否』？

---

❹文集，卷五十八，答鄧衞老第一書，頁三十三下。

❺同上，卷四十三，答李伯諫第一書，頁九上。

❻張子全書（四部備要本），卷二，正蒙，太和篇第一，頁二上，頁三下；神化篇第四，頁十三上。

❼遺書（四部備要二程全書本），卷二上，頁六上。

❽寶藏論，大正新脩大藏經，第四十五册，頁一四五。

❾文集，卷四十二，答胡彥仲第二書，頁三下。

❿如文集，卷三十，答汪尚書第七書，頁十二下與語類，卷六十七，第三十六條（頁二六三一）。

⓫參看拙作王陽明傳習錄詳註集評（臺北，學生書局，一九八三），頁二一九。

⓬中庸輯略序。

⓭遺書，卷十五，頁八上。文集，卷四十八，答呂子約第四書，頁十七上；語類，卷九十五，第八十條（頁三八六九）等處引之。

⓮續山崎闇齋全書（昭和十二年，一九三七，本），卷下，頁七十八至八十六。

曰，『常思』。曰，『何思』？曰，『思其山川城邑人物車馬之盛耳』。師曰，『汝試反思，思底還有許多事否』」？(同上，卷四十二，答胡廣仲第三書，頁四上)。

(8)「事理俱無礙」。(同上，卷四十三，答吳公濟書，頁十五上。)泛言華嚴宗第三種法界。

(9)「一棒一條痕，一摑一掌血」。(同上，卷四十五，答楊子直第四書，頁十四上。又語類，卷十，第二十四條，頁二五九。)語出大慧普說，卷二。上語亦見碧巖錄，第七十八則註。

(10)「理須頓悟，不假漸修」。(文集，卷四十五，答廖子晦第一書，頁十五下。)謂爲「釋氏……之云」，然似泛言釋氏之教。

(11)「無位眞人」。(同上，卷四十五，答廖子晦第十八書，頁四十二下)。無位眞人指不屬於佛衆行位之赤裸裸眞人。參看下(33)則。

(12)「儱侗眞如，顢頇佛性」。(同上，卷四十七，答呂子約第二十五書，頁二十七上)。死心新和尚語，見續藏經，第一輯，第二編，第二十三套，續古尊宿語要，卷一，頁四三一下。「顢頇佛性，儱侗眞如」，泐潭湛堂準禪師語，見同上，第二編乙，第十套，嘉泰普燈錄，卷二十六，頁一八四上。祖庭事苑云雲門文偃禪師(壯年九四九)之語，惟不見景德傳燈錄，卷十九，雲門語錄。「儱侗」云不得要領，「顢頇」無知之義。「顢頇儱侗」見碧巖錄，第二十五則唱評。「顢頇」見第三十九則頌。

(13)「應觀法界性，一切唯心造」。(文集，卷四十九，答王子合第九書，頁六下)。

(14)「神通妙用，運水搬柴」。(同上，卷五十九，答陳衞道第一書，頁二十七下。又語類，卷六十二，第七十二條，頁二三七八。)語出景德傳燈錄，卷八，龐蘊居士傳，頁十八上。

(15)「六用不行，本性自見」。(文集，卷五十九，答陳衞道第二書，頁二十八下)。

(16)「恍然神悟」。(同上，卷七十，記疑，頁二十四上)。

(17)「子不見貓之捕鼠乎？四足据地，首尾一直。目睛不瞬，心無他念。唯其不動，動則鼠無所逃矣」。(同上，卷七十一，偶讀謾記，頁六下。) 黃龍祖心禪師 (壯年一〇六〇) 答其弟子寶峯善清禪師始學時云，「子見貓兒捕鼠乎？目睛不瞬，四足踞地。諸根順向，首尾一直。擬無不中。子能如是，心無異緣，六根自靜。默然而究，萬無一失也」。語見五燈會元，卷十七，頁三三五上。載續藏經，一輯，貳編乙，十一函，頁三三五。又聯燈會要，卷十五，寶峯善清禪師章，載續藏經，一輯，貳編乙，九函，頁三三九。

(18)「四大各離，今者妄身當在何處」？(文集，別集，卷八，釋氏論下，頁三上。) 語出大正新脩大藏經，第十七册，圓覺經，頁九一四。

(19)「假使鐵輪頂上旋，定慧圓明終不失」。(語類，卷七，第五十九條，頁二一九)。

(20)「截取老僧頭去」。(語類，同上，第九十條，頁二七五。) 從諗禪師趙州和尚，七七八—八九七，語。

(21)「一僧與人讀碑云，『賢讀著總是字，某讀著總是禪』」。(語類，卷十一，第八十三條，頁二九七)。

(22)「佛爲一大事因緣，出現於世」。(語類，卷十三，第六十條，三六五。) 語出妙法蓮華經，方便品第二。

(23)「有十二因緣，只是一心之發」。(語類，卷十六，第一〇八條，頁五四〇)。

(24)「潙山禪師云，『某參禪幾年了，至今不曾斷得這流注想』」。(語類，同上。) 查不見景德傳燈錄，卷九，潙山靈祐禪師語錄。

(25)「一月普現一切水，一切水月一月攝」。(語類，卷十八，第二十九條，頁六四〇。)語出永嘉證道歌，大正新脩大藏經，第四十八册，頁三九六。又見景德傳燈錄，卷三十，頁三十下。

(26)「三家村也有叢林」(語類，卷二十二，第一〇三條，頁八五一)。

(27)「如標月指。月雖不在指上，亦欲隨指見月」。(語類，卷三十三，第八十三條，頁一三六〇)。

(28)「昔有人問話於一僧。僧指面前花示之，曰，『是甚麼?』其人云，『花也』。僧云，『吾無隱乎爾』」。(語類，同上，頁一三六一)。引語來自論語，述而篇第七，第二十三章。

(29)「放下屠刀，立地成佛」。(語類，卷四十二，第三十條，頁一七二二)。禪家雜語。

(30)「事則不無，擬心則差」。(語類，卷五十二，第一八〇條，頁二〇一三)。

(31)「治生產業，皆與實相不相違背」(語類，同上，第一九二條，頁二〇一八)。雲門文偃禪師(八六四—九四九)之語，載五燈會元，卷十五，頁二八〇下，載續藏經，第一輯，第二編乙，第十一函。

(32)「世間萬事不如常，又不驚人又久長」。(語類，卷六十二，第十四條，頁二三五一)。

(33)「赤肉團上，有一無位眞人，在汝等諸人面門上出入」。(語類，同上，頁二三七七。)是爲慧照禪師(八六七年卒)語，見大正新脩大藏經，第四十七册，臨濟慧照禪師語錄，頁四九六。參看上(11)則。

(34)「青青綠竹，莫匪眞如。粲粲黃花，無非般若」。(語類，卷六十三，第七十二條，頁二四三六)。

(35)「佛事門中，不遺一法」。(語類，同上，第八十三條，頁二四四二)。參看下(49)則。

(36)「遍觀法界性」四句。(語類，卷一〇一，第五十三條，頁四〇七六至四〇七七)。參看下第(67)則。

(37)「寸鐵可殺人」。(語類，卷一一五，第一條，頁四四一一。參看卷八，第六十二條，頁二一一九)。

(38)「我已發菩提心，行何行而作佛」？(語類，卷一一八，第十五條，頁四五二九)。

(39)「只怕不成佛，不怕成佛後不會說話」。(語類，卷一一九，第二十條，頁四五九二)。

(40)「喫古山飯，阿古山矢。只是看得一頭白水」。(語類，卷一二一，第二十五條，頁四六七九)
古山和尚自言。

(41)「十二時中，除了着衣喫飯，是別用心」？(語類，同上，第六十條，頁四六九四)。

(42)「乾屎橛」。(語類，卷一二四，第二十五條，頁四七六一)。慧照禪師答某僧無位眞人是什麼之問。參看大正新脩大藏經，第四十七册，臨濟慧照禪師語錄，語錄頁四九六。

(43)「無所住以生其心」。(語類，同上第四十條，頁四七六九)。語出金剛經，第十品。

(44)「光明寂照，無所不通。不動道場，徧周沙界」。(語類，卷一二五，第四條，頁四七八六。)
瞿曇之語。

(45)「不管夜行，投明要到」。(語類同上，第十七條，頁四七八九)。

(46)「如人上樹，口銜樹枝，手足懸空，卻要答話」。(語類，同上)。

(47)「塵既不緣，根無所著。反流全一，六用不行」。(語類，卷一二六，第七條，頁四八二三)。

(48)「色卽是空，空卽是色」。(語類，同上，第十一條，頁四八二六)。語出心經。

(49)「實際埋地，不受一塵。萬行叢中，不捨一法」。(語類，同上，第四十二條，頁四八三三)。
語出景德傳燈錄。卷九，靈祐禪師(七七一—八五三)。語錄，頁三上。

(50)「有物先天地，無形本寂寥。能爲萬象主，不逐四時凋」。(語類，同上，第四十三條；

頁四八三四）。

(51)「撲地非他物，縱橫不是塵。山河及大地，全露法王身」。（語類，同上）。

(52)「若人識得心，大地無寸土」。（語類，同上）。

(53)「麻三斤」。（語類，同上，頁四八三五）。碧巖錄第十二則洞山宗慧禪師答如何是佛之問。

(54)「不落窠臼，不墮理路」。（語類，同上）。

(55)「某國王問某尊者曰，『如何是佛』？曰，『見性爲佛』。曰，『如何是性』？曰，『作用是性』。……黠者云，『當來尊者答國王時，國王何不問尊者云：未作用時，性在甚處』」？（語類，同上，第五十八條，頁四八四一）。菩提達磨答南天竺國王之問，見景德傳燈錄卷三，頁四下。

(56)「在眼曰見，在耳曰聞。在鼻齅香，在口談論。在手執捉，在足運奔」。（語類，同上，第六十條，頁四八四二）。菩提達磨語，見景德傳燈錄，卷三，頁五上。

(57)「徧現俱該法界，收攝在一微塵。識者知是佛性，不識喚作精魂」。（語類，同上）。菩提達磨語，見景德傳燈錄，卷三，頁五上。

(58)「直指人心，見性成佛」。（語類，同上）。碧巖錄第一則評唱述菩提達磨之悟性論。

(59)「光明寂照徧河沙，凡聖含靈共我家」。（語類，同上）。張拙詩。

(60)「柏樹子」。（語類，同上，第八十條，頁四八五三）趙州和尚從諗禪師答如何是祖師西來之問，見無門關第三十七則。

(61)「張三有錢不會使，李四會使又無錢」。（語類，同上，第八十五條，頁四八五六）參看頁六四一「大慧禪師」條。

（一〇三）贈胡籍溪詩

葉公回所校朱子年譜（一四三一），紹興二十九年己卯（一一五九）有如下之記載：

是歲籍溪胡公（胡憲，一〇八六—一一六二）❶由司直（彈劾官）改正字（校讎），將就職，先生（朱子）送行有詩曰，「執我仇仇（傲）詎（何）我知？謾（廣泛）將行止驗天機。猿驚（文集作「悲」）鶴怨（猿鶴指君子）渾閑事（文集作「因何事」），只恐先生袖手歸」❷。其後又寄詩曰，「先生去上芸香閣（焚香草闢蟲藏書之地），閣老❸新峩（高）豸角冠（高官之冠）。留取幽人（指朱子）臥空谷，一川風月要人（我）看。甕牖（貧戶以瓶口爲窗）前領翠（遠山青綠）作屏（文集一作「列畫屏」），晚來相對靜儀刑（法式）。浮雲一任閑舒卷，萬古青山只么（如此）青」❹。詳味此詩，則先生任道自重之意，亦可略見。五峯胡宏（一一〇六—一一六一）

❶胡憲，字原仲，世稱籍溪先生，朱子幼年三師之一，而師籍溪最久。參看頁四十一「劉屏山命字元晦祝詞」條。

❷此詩載文集，卷二，頁八下。

❸指劉珙，字共父，劉子羽（一〇九三—一一四二）之子。新任察官，稱閣老。參看同上條。

❹詩載文集，卷八十一，頁二下。

❺曰，「此詩有體而無用」。因別賡（續）之曰，「幽人偏愛青山好，為是青山青不老，山中雲出雨乾坤（宇宙），洗過一番山更好」❻。似為籍溪解嘲。以其皆是歲事，足以互相發明，故附是焉❼

其後載銑（一五〇八年卒）朱子實紀之年譜❽，李默改訂之朱子年譜（一五五二），洪去蕪改訂之朱子年譜（一七〇〇）❾，與王懋竑（一六六八—一七四一）之朱子年譜❿均刻之。只朱子實紀改「先生」爲「朱子」，王懋竑改正「由司直改正字」爲「以正字召」，謂召爲秘書省正字也。王氏又補錄送行詩第一首云，「祖餞衣冠滿道周，此行誰與話端由？心知不作功名計，祇爲蒼生未敢休」⓫。王氏並按曰，「是時籍溪家居。召爲大理司直，未行，改秘書省正字。籍溪年已七十餘矣，耳又重聽。門人子弟皆疑其行。朱子四詩皆有諷焉。但不知年譜亦復何意。豈以爲朱子不赴召之證耶？五峯詩見朱子題跋中。爲籍溪解嘲，於朱子年譜亦無當。且籍溪赴召在（紹興三十年）庚辰（一一六〇），載是歲亦誤。今刪去。以其兩本俱載，或元本有之，故附之於此」⓬。「刪去」者，不載正譜而載考異也。

以上五譜所載既同，則王氏所謂「元本有之」，甚有可能。元本指朱子門人李方子（嘉定七年甲戌，一二一四，進士）所編而久已失傳之紫陽年譜。諸譜以朱子寄籍溪兩詩，乃因文集編者所用寄籍胡丈及劉恭父二首之命題而誤。又以紹興二十九年己卯（一一五九）詔赴行在⓭，臺諫以朱子好名爲詞沮之。朱子遂以疾辭。年譜以朱子辭與籍溪之應召有關，故系詩於此年。因而誤之又誤。查朱子跋胡五峯詩，先錄五峯之詩而隨論之曰：

右衡山胡子詩也。初，紹興（三十年）庚辰（一一六〇），熹臥病山間，親友仕於朝者以書見招。熹戲以兩詩代書報之曰（此處錄「先生」「甕牖」兩詩）。或傳以語胡子。子謂其學者張欽夫（張栻，一一三三—一一八〇）曰，「吾未識此人。然觀此詩知其庶幾能有進矣。特其言有體而無用。故吾為是詩以箴警之，庶其聞之而有發也」。明年胡子卒。又四年熹始見欽夫而後獲聞之。恨不及見胡子而卒請其目也。因敍其本末而書之於策，以無忘胡子之意云⑭。

由此跋可知兩詩並非寄籍溪劉珙而乃寄在京親友。又知籍溪應召在紹興庚辰而非紹興己

⑤胡宏，字仁仲，稱五峯先生，胡安國文定（一〇七四—一一三八）之子，張栻之師。傳湘湖學派之學。參看宋元學案，卷四十二。

⑥詩見文集，卷八十一，頁三下。體用詳下。

⑦葉公回校訂，朱子年譜（近世漢籍叢刋本），卷中，頁十二上，總頁七十七。

⑧朱子實紀（近世漢籍叢刋本），卷二，頁八下至九上，總頁九十至九十一。

⑨據王懋竑，朱子年譜（叢書集成本），考異，卷一，頁二四八。

⑩同上，頁二四八至二四九。

⑪同上註②。

⑫同上註⑨，頁二四九。

⑬臨時國都之臨安，即今杭州。

⑭文集，卷八十一，頁二下至三上。

卯。朱子詩本註有云，「時籍溪先生除正字，赴館供職」，又云「劉共父自秘書丞除察官」。年譜以詩系庚辰，不特年期錯誤，而且以是年朱子辭赴行在與籍溪之赴職有關，以致皆以朱子之詩爲嘲諷其師。卽王懋竑已知年期之誤而仍系於是年，而謂「四詩皆有諷焉」。

五譜皆以朱子之詩爲諷。此爲莫大寃枉，吾人應亟暴之。朱子自云，「紹興庚辰冬，予來謁隴西先生(李侗，一〇九三—一一六三)，退而寓於西林院惟可師之舍，以朝夕往來受教焉。閱數月而後去」⑮。朱子自福建同安主簿任滿歸，以親老食貧，乞差廟監。彌樂其道，其於仕進泊如也。歸自同安，不遠數百里徒步往延平見李先生。此爲第三次請教於李侗。換言之，朱子此年求道之心，甚爲急切。對於籍溪年老而不留鄉弘道。故心知其非作功名計，而結果亦必空手而歸而已。此乃朱子之直言，並非嘲諷。朱子撰籍溪行狀云，「以先生爲大理司直，未行。改秘書省正字。人謂先生必不復起，而先生一辭卽受。雖門人弟子，莫不疑之」⑯。此是正言，無諷意也。朱子以當時爲非行道之時，而籍溪年老，應守道講學。卽五峯之所謂體。但五峯以籍溪之出爲用，未爲不是。況雲雨乾坤，可使青山更青耶？五峯並非爲籍溪解嘲，只謂與朱子觀點不同而已。(參看頁五九一，「可惜死了告子」條)

⑮ 同上，卷二，題西林可師達觀軒，頁十一上。

⑯ 同上，卷九十七，籍溪先生胡公行狀，頁十六上。

（一〇四）逸詩

朱子遺詩九百餘篇，載文集卷一至十。其已遺失者不知多少。玆得九篇，並不全。皆爲文集所無者，第四至七，未必可信。

(1) 語類載「羣趨浴沂水，遙集舞雩風」。下註云，「同安日試『風乎舞雩詩』」❶。此一詩也（參看頁七五五「朱子之聯語」之(31)）。

(2) 「卻是燕姬解迎敵，不教行到殺胡林」。語類云，「阿骨打❷破遼國，勇鋭無敵。及既下遼，席卷其子女而北，肆意蠱惑。乃未至其國而死。因笑謂趙（趙蕃，字昌父，一一四三—一二二九）曰，「頃年於呂季克（呂勝己）處見一畫卷，畫虜酋與一胡女並轡而語。季克苦求詩，某勉爲之賦。末兩句云，「卻是……」，正用『阿骨打事也』❸」。

(3) 「白鶴高飛不逐羣，稽康琴酒飽昭文。此身未有栖歸處，天下人間一片雲」。此又一詩也。（參看頁七一九「朱子墨蹟」條木刻之(12)）。

(4) 「少年易老學難成，一寸光陰不可輕。未覺池塘春草夢，階前梧葉已秋聲」。題「偶

❶ 語類，卷一四〇，第六十一條（頁五三五一）。
❷ 政和元年（一一一一）女眞阿骨打自稱都勃極烈。五年，稱帝，國號金。
❸ 語類，卷一三五，第四條（頁五一七八）。

成」。據佐藤仁教授，日本盛傳此詩，以爲是朱子所作。佐藤教授又舉朱文公勸學文。文曰，「勿謂今日不學而有來日，勿謂今年不學而有來年。日月逝矣，歲不我延。嗚呼老矣！是誰之愆」❹？以兩者與朱子勸學之意相同。然兩者文集均不載，是否朱子所撰，問題尚多云云❺。勸學文文字淺俗，決非朱子之作，偶成意亦太顯，不類朱子之詩。因錄之以待考。

(5)「此日觀風海上馳，慇懃父老遠追隨。野饒稻黍輸王賦，地接扶桑擁帝基。雲樹葱龍神女室，岡巒連抱聖侯祠。黃昏更上靈山望，四際天光蘸碧漪」。據解智孚濟廟記此爲朱子游金門次牧馬王祠詩。未知眞否（參看頁七九六「朱子與金門」條）。

(6)葱湯麥飯兩相宜，葱補丹田麥療饑。莫謂此中滋味薄，前村還有未炊時。堅瓠集云，「朱晦庵訪婿蔡沈不遇，其女出葱湯麥飯留之，意謂簡褻不安。晦翁題詩」云云❻。此詩不見文集。

(7)丁傳靖宋人軼事彙編有一則云，「朱文公有足疾，嘗有道人爲施鍼術，施覺輕安。公大喜，厚謝之，且贈以詩云，『幾載相扶藉瘦筇，一針還覺有奇功。出門放杖兒童笑，不是從前勃窣翁』。道人得詩竟去。未幾足疾大作，甚於未針時。亟令尋逐道人，已莫知所往。公歎息曰，『某無意罪之，但欲追索其詩，恐復持誤他人耳』。是夜夢神云，『一念動天矣』。足疾旋瘳」❼。文集載此詩，題云，「晦翁足疾，得程道人鍼之而愈，戲贈此詩」。詩之詞句稍有不同❽。朱子自謂「出門放步」，今言「出門放杖」，似云未愈。顯是未考文集，全憑傳誦記憶以附會之。

(8)「梯雲石磴羊腸繞，轉壑飛流白玉斜。一段輕烟春澹薄，數聲鷄犬野人家」。湖南師大學報，一九八五年，第六期，頁一一四載楊金鑫教授朱熹的一首佚詩短文，全文如下：

近日翻閱湖南地方志，偶然發現朱熹的一首佚詩——洞木山村舍。詩曰：（云云）。光緒湖南通志卷二八五，藝文四十，金石二十六，介紹宋洞木山村舍詩碑云，「辰州府志瀘溪雜識，明崇禎初，浦市民間甃土地祠，掘地得碑，有洞木山村舍詩一首，為考亭朱文公所題。按公未嘗至辰，不知由何得此詩？嘉定湖南通志按，『此詩大全集未見。桐木山為辰州府城之主山，今隸沅陵，而浦市居沅陵瀘溪兩界之地。故此刻辰州府志瀘溪雜識載之。惟縣志「桐」字作「洞」，未知孰是』」。這首詩，描寫了洞木山的自然美景，抒發了作者閑逸淡泊的心境，反映了山上村舍人家的昇平氣象和安定殷實的生活。對研究朱熹的思想，尤其是美學思想，頗有一定的價值。

(9) 南昌縣志卷八載朱子詠隆岡書院四景詩四首，謂朱子爲江西南昌縣岡上鄉黃岡書院而作。楊金鑫教授以爲實是朱子詠（浙江紹興）會稽山之作。故首句宋代名賢題咏作「卜築稽山」爲是云❾。詩如下：

---

❹ 載元人黃堅，古文眞寶（萬曆十一年癸未，一五八三，本），前編，卷一，頁四上。

❺ 朱子（東京，集英社，一九八五），頁六至七。

❻ 褚人穫，堅瓠集（清代筆記叢刊本），三集，卷三，頁十下。

❼ 丁傳靖，宋人軼事彙編（臺北，商務印書館，一九六六），卷十七，八六四引，不詳出處。

❽ 文集，卷九，頁十下。

❾ 楊金鑫，「關于朱熹一組書院詩的考辨」，載江西師範大學學報，一九八七，第一期，頁二十至二十二。

卜築隆岡遠市朝　箇中風景總堪描　山雲帶雨來茅屋　澗水浮花出石橋
綠遍沙汀牛腹飽　青歸麥隴鳥聲嬌　東鄰西舍渾相似　半是漁人半是樵
簾卷薰風半掩扉　王侯車馬往來稀　綠楊門巷鶯鶯語　青草池塘燕燕飛
掃石圍棋消白晝　解衣沽酒醉斜暉　山園莫道多寥落　梅子初黃杏子肥
水繞荒村竹繞墻　儼然風景似柴桑　車繅白雪絲盈軸　鐮刈黃雲稻滿場
几樹斜暉楓葉赤　一籬疏雨菊花黃　東鄰畫鼓西郊笛　黃慶豐年樂有常
土築低墻草結庵　尋常愛客伴清談　地爐有火湯初沸　有被無寒夢亦酣
風卷翠松鳴遠笛　雲飄疏竹響春蠶　閉門不管榮枯事　坐傍梅花讀二南⑩

(10)「一別人間萬事空，焚香論茗悵相逢。不須更話三生石，紫翠參天十二峯」。此詩不見文集，惟崇安縣志與崇安縣新志載之，均謂圓悟禪師示寂，朱子以此詩哭之（參看頁六三二「朱子與僧人」條）。圓悟禪師號肯庵，與碧巖錄著者圓悟克勤禪師（一〇六三—一一三五）不同。

(11)「臥聞急雨到芭蕉」。語類曰，「舉南軒（張栻，一一三三—一一八〇）詩云，『臥聽急雨打芭蕉』。先生曰，『此句不響。不若作『臥聞……』』⑪」。

(12)許衡（一二〇九—一二八一）將沒，唱朱子所撰歌（參看頁一三七「朱子之歌」條）。

(13)(14)過許由山詩與春夏秋冬詩（參看頁八一二）。

⑩詩經，國風，周南召南二十餘首。

⑪語類，卷一四〇，第五十四條（頁五三五〇）。

（一〇五）三字文

三字經以一千餘字，歷舉我國文化義理歷史典籍，實一小型百科全書。由明初以至清末，凡兒童之入私塾者，必先讀此書。予五歲入學。經數日塾師敎端坐執筆後，卽開始記誦數句。此書深入民間，影響甚大。其刻售册數，必跨四書而上之。惟學者對此兒童課本，未甚注意。討論文章，少而又少。一九八〇年邱漢生有陳淳的理學思想，附帶說及陳淳之啓蒙初誦，指出其形式內容，都像三字經❶。予一九八一年翻陳淳（一一五九—一二二三）之北溪字義爲英文，曾參考而引用邱氏此文。一九八三年又有劉子健之比三字經更早的南宋啓蒙書。一九八五年劉氏更有英文長篇討論此題。考究淵博，內容充實，此兩文實爲研究三字經難得之專篇。劉敎授研究三字經有年。兩文主張三字經非宋末元初之王應麟（一二二三—一二九六）所編，亦未必是宋末元初粵人區適子所編。又謂啓蒙初誦充分表現宋代士大夫階層，而三字經不限於士大夫而也能適用於平民家庭❷。此兩點今且不論。不過劉博士有一觀察，誠是精敏者。彼云，「南宋時代的若干思想家、理學家、文人逐漸開始注意普及敎育，可能已經有人

❶ 中國哲學，第三輯（一九八〇），頁一三四至一三五。

❷ 文史，第二十一輯（一九八三），頁一三四："The Classical Chinese primer: its three-character style and authorship", *Journal of the American Oriental society*, vol. 105 no 2 (1985), p. 194.

編寫過一些通俗讀物，爲三字經的前驅。我的這個想法，十餘年來，沒有找到證據。最近無意中發現了！這便是載於陳淳北溪大全集卷一六頁六至八的訓蒙初誦」❸。三字經之編者曾否參考陳淳之啓蒙初誦，劉教授未曾確定。予疑編者或並不知此啓蒙之存在。蓋陳淳之北溪字義（參看頁四三九「最篤實之門徒—陳淳」條），雖受理學家之贊揚，惟其啓蒙則未經有人提及。且陳淳一生困處福建，訓童謀食。其聲譽與交游，並不算廣。然而事實具在。啓蒙初誦確在三字經之先。故謂前者爲後者之前驅，亦未嘗不可。

由此帶起一問題，卽是陳淳有無先驅？陳淳自云，「予得子，今三歲。近略學語。將以敎之而無其書。因集易詩書禮語孟孝經中明白切要四字句，協之以韻，名曰訓童雅言，凡七十八章，一千二百四十八字。又以其初未能長語也，則以三字先之，名曰啓蒙初誦，凡一十九章，二百二十八字」❹。四字句之前例，由詩經以至宋人銘贊，汗牛充棟。三字句之前例，則有大學之「湯之盤銘曰：苟日新，日日新，又日新」❺。後漢書有數童謠，皆三字句，如獻帝初年京師童謠曰，「千里草，何青青！十日卜，不得生」。後漢書云，「案：『千里草』爲『董』，『十日卜』爲『卓』。凡列字之體，皆從上起，左右離合。無有從下發端者也。今二字如此者，天意若曰，『卓自下摩上，以臣陵君也』」。青青者，暴盛之貌也。不得生者，亦旋破亡」❻。董卓果於初平三年壬申（一九二）被誅。然陳淳由四字文而改三字文，非必沿襲前人。假如必需先例，則可取諸其師朱子也。

朱子有三字句。其窗銘云，「言思毖，動思躓，過思棄。端爾躬，正爾容，一爾衷」❼。魏國公府犀爵銘云，「天水公，屹堂堂。舉兕爵，孰敢當？惟魏公，一心膂。受藏之，永終古。後之人，奉其盈。如不克，視熹銘」❽。最重要而與本文有關者，則爲其女巳埋銘。文曰，「朱氏女，生癸巳（一一七三）。因以名，叔其字。父晦翁，母劉氏。生四年，呱失恃。十有五，適笄珥。趙聘入，奄然逝。哀汝生，婉而慧。雖未學，得翁意。臨絕言，孝友悌。從母藏，亦其志。父汝銘，母汝視。汝有知，尚無畏。宋淳熙（十四年），歲丁未（一一八七）。月終辜（十一月），壬寅識」⑨。此文三字爲句，押韻。文詞淺近，意思顯明。與上兩銘比較，不可同日而語。且款識年月亦三字押韻，恐無前例。其女雖非幼稺，究尚未學。故此文乃爲初學而設之文也。是以其用意與陳淳之撰初誦，目標正同。朱子嘗編小學（參看頁四一二「小學」條）。與易學啓蒙，又嘗思編有如小學之書，專爲靑年女子之用（參看頁七八二「朱子之於婦女」條）朱子普及敎育之視線，比陳淳爲廣，此點可以無疑。吾人不敢謂朱子爲陳淳啓蒙之前驅，更不敢謂朱子爲三字經之先例。只謂朱子有此爲幼年而撰之三字淺近文體而已。

③ 同上。
④ 北溪大全集（四庫全書珍本），卷十六，頁六下。初誦載頁六下至七上，雅言載七下至十二下。
⑤ 大學，傳之二章。
⑥ 後漢書（四部叢刊本），卷十三，五行志，頁二十三上下。
⑦ 文集，卷八十五，頁四下。
⑧ 同上，頁五上。
⑨ 同上，卷九十三，頁一上。

（一〇六）　廣東揭陽發現朱子軼文

友人楊慶堃教授惠寄人民日報一九八五年十月十日侯月祥君報導一則，全文如下：

宋代著名哲學家、教育家朱熹八百年前的一篇軼文恩相堂序，最近在廣東揭陽縣京崗被發現。

去年底，揭陽縣博物館開始編寫揭陽縣志、文物誌。博物館工作人員孫淑彥打聽到京崗有一位退休教師孫炳志珍藏有朱熹恩相堂序抄件的消息後，便多次到京崗尋訪。今年初，孫淑彥幾經週折找到了孫先生。原來，京崗一帶是當年孫氏的後裔，世代傳誦朱熹序文。序文共四百一十八字，為朱熹文集和現存幾種揭陽縣志所未載。中國宋史研究會副會長、暨南大學宋史研究室主任陳樂素教授認為，這確是朱熹的一篇軼文。他說，全文介紹了京崗景色，以及朱熹在揭陽的感受，和朋友梁克、孫氏等人之間的感情，用詞簡練意深，描述生動形象，手法虛實得體，是研究朱熹和宋代文化南遷的一件寶貴資料。

恩相堂記如果能證實為朱子所作，則其意義至大，蓋此不特足以證明軼文重現，而於朱子曾遊廣東，又多一證據也。予查揭陽、京崗、梁克、恩相堂等名，均不見文集語類，頗生疑惑。適香港中文大學王煜博士現在哈佛大學訪問學者抽暇來哥倫比亞大學，同赴理學討論會。因以告之。王教授歸後抄寄朱子詩數篇。銷寇詩云，「年來揭陽郡，牢落海陰墟。雲嶠無幽子，潢池有跖徒。單車亦已稅，蔓草不須鉏。比屋絃歌裏，功高化鱷圖」❶。山丹詩云，「昔游嶺海間，幾見蠻卉拆。素英溥夕露，朱蕊爛晴日。歸來今幾年，晤對祇寒碧。因君賦山丹，悅復見顏色」❷。銷寇詩非親歷其境，不能描寫如是淸楚。「昔游嶺海」，直是明證矣。「揭陽」此處一見。索引誤作「揭陶」❸，予亦誤焉。

朱子曾到揭陽，可無疑義。至因何而往，曾到潮州內外何處，逗遛時間若干，皆尚待考。文集語類均提及潮州羅浮數處，然不是次詠，卽是論韓愈（七六八—八二四）或蘇軾（一〇三七—一一〇一）之爲人。皆無曾到其地之痕跡。恩相堂記未見，不知其中有無線索可尋。現在所可討論者，乃朱子何時往揭陽之問題。其可能有三。一爲同安主簿與候代時期（紹興二十三年癸酉，一一五三，至二十七年丁丑，一一五七），一爲漳州時期（紹熙元年庚戌，一一九〇，至二年辛亥，一一九一），一爲建陽時期（紹熙五年甲寅，一一九四，至慶元六年庚申，一二〇〇）。三者之中漳州與建陽期間皆不可能。朱子在漳州只十個月，政事甚忙，何暇遠游？朱子有廣東門人四人❹。其中郭叔雲與

❶ 文集，卷二，頁十七上。
❷ 同上。
❸ 東京大學朱子研究會編，朱子文集固有名詞索引（東京，東豐書店，一九八〇），頁六五一。
❹ 拙著朱子門人（臺北，學生書局，一九八二），頁十一。

鄭南升均潮州潮陽縣人，或以郭爲揭陽人❺。宋元學案補遺鄭南升傳中謂「紹興中朱子倡道東南，與郭叔雲同往從之」❻。「紹興」應作「紹熙」，蓋紹興中朱子只十餘歲，紹熙中則朱子六十餘歲，正是建陽時期。補遺言「往從之」而不言在潮州就地從學，則所往者，往建陽也。且鄭南升曾錄語類癸丑（一一九三）所聞百餘條❼，癸丑適爲紹熙之中。其時朱子在建陽，離潮州頗遠。鄭郭兩人前往建陽從學，且爲時在一年以上❽。語類有訓南升四則，謂「文振（南升字）近看得文字較細。須用常提掇起得惺惺，不要昏晦」。又云，「看文字須以鄭文振爲法。理會便說出，待某看甚處未是。理會未得，便問」❾，皆非一時偶會之言。可知朱子在建陽時期之中，未到揭陽。且朱子凡到南康潭州，學者雲集，而未聞潮州有此盛況也。

至於同安時期，朱子名聲未振。不特不見學者蜂集，詩詠應酬亦少。文集載銷寇山丹等次韻潮州詩六首，前有挽籍溪胡先生三首，後有丁丑（一一五七）冬後五年再和東坡惠州梅花詩❿。籍溪卽胡憲，卒於紹興三十二年壬年（一一六二）。丁丑後五年亦爲一一六二。文集置銷寇山丹等詩於此時期，雖不能確證朱子同安期內前往揭陽，亦可作旁證也。且潮州有朱子墨蹟（參看頁六八九「朱玉所錄」之⒇）亦一旁證。朱子紹興二十六年丙子（一一五六）七月秩滿，冬奉檄走旁郡。翌年春返同安乃歸。在此數月之間，折道往揭陽一行，亦常事耳。抑予又有一說，敢提出商榷者，卽在嶺海與大慧相遇是也。此節詳頁六四一「大慧禪師」條。茲不贅。

一九八七年初冬本書排稿校對後，予卽赴厦門參加朱子學國際學術會議，杭州大學洪波教授獻文，題爲朱熹軼文四篇散論，末附四篇軼文，並加注釋。一爲與詹體仁書，二爲過許由山詩，均爲洪教授在浙江淳安縣瀛山書院講學時從遂安縣志所發現。與詹體仁書約三百字，述朱子困窮境況與修改大學格物章註情形。過許由山詩云：「許由山下過，川水映明珠。洗耳懷高潔，抛笻墩上娛。」三爲三瑞堂記，四爲百琴樓歌。二者均爲淳安縣編纂者從康塘洪氏宗譜卷十一中發現。前者七百餘字，末署淳熙甲午（一一七四）新安朱熹記。後者四百餘字，末署新安朱熹題咏。歌詞七十一句，二、三、五、七言不等。此外洪教授又在朱熹在淳安書院講學及其軼文寶墨考之中提及朱熹爲詹儀之及其夫人所寫祭文，亦爲文集所不載，不過是否眞蹟，還有待鑒定云。又謂朱熹再次訪康塘，爲堂題扁額曰三瑞，並爲撰聯，「三瑞呈祥龍變化，百琴協韻鳳來儀」。又高令印，朱熹事迹考，頁一〇九，載題金榜山與金榜山記兩軼文，亦宜參考。

⑤同上，頁二〇四，三四三。

⑥宋元學案補遺（四明叢書本），卷六十九，滄洲諸儒學案補遺，頁一六八上。

⑦朱子門人，頁三四三。

⑧參看田中謙二，朱門弟子師事年考（東方學報，第四十四期，一九七三，頁二〇八。）

⑨語類，卷一一八，第五十四，五十五條（四五五五至四五五六）。

⑩文集，卷二，頁十六下，十八下。

（一〇七）朱子創遊錄文體？

韓國魚叔權（壯年一五二五—一五四七）稗京雜記云，「古人以文敍事謂之記。至宋朱晦庵始有遊衡嶽錄。本朝佔畢齋有頭流紀行錄，李青坡陸有遊智異山錄，蔡懶齋壽俞潘溪好仁皆有遊松都錄，南秋江孝溫有遊金剛山錄，金濯纓馹孫續頭遊錄，鐵城李胄有金骨山錄，遂爲文章之一體」❶。查文集有南嶽遊山後記，乃紀其與張南軒（張栻）等乾道三年丙辰（一一六七）衡山之游❷。其山北紀行之詩十二章附註，則紀淳熙八年辛丑（一一八一）廬山之游❸。兩處皆記而非錄。魚叔權似謂敍事爲記，紀游爲錄，而朱子首創游錄之文體，然朱子不謂錄也。若謂其記乃紀游而非敍事，故游記卽是游錄，則元祐元年丙寅（一〇八六）張禮與友人游長安城南，訪唐代都邑舊地，著游城南記，早在朱子百年以前，釋法顯（五七六—六五二）之佛國記，更無論矣。朱子創新殊多，然謂其創立游錄文體，恐朱子不敢當也。豈南嶽游山後記在韓國別刊爲遊衡嶽錄，遂爲韓國游錄之一體耶？

❶ 稗官雜記（京城，朝鮮古書刊行會，一九〇九），頁五一六。
❷ 文集，卷七十七，頁十一上至十二上。
❸ 同上，卷七，頁十六上至十七上。

（一〇八）紹熙州縣釋奠儀圖

哥倫比亞大學學生示予以四庫全書珍本紹熙州縣釋奠儀圖，並問是否朱子所撰。予急查四庫全書總目提要，謂「紹熙州縣釋奠儀圖一卷，宋朱子撰」。然後據朱子年譜，謂紹興二十五年己亥（一一五五），朱子官福建同安主簿，「取周禮。儀禮，唐開元禮，紹興祀令，更相參考，畫成禮儀器用衣服等圖，訓釋辨明，纖微必備」，以此爲釋奠禮之初稿。旋續引年譜，謂「淳熙六年己亥（一一七九），差知江西南康軍，奏請頒降禮書，又請增修禮書，事未施行。紹熙元年庚戌（一一九〇），改知福建漳州，復列上釋奠儀數事。且移書禮官，乃得頗爲討究」。以此爲釋奠禮之再修。繼又引年譜云，「紹熙五年甲寅（一一九四），除知潭州。……始復取往年所被敕命，……力疾鉤校。刪剔猥雜，定爲四條，以附州案，俾移學官」，以爲最後之定稿，「即此本也」❶。提要所引年譜，即王懋竑（一六六八—一七四一）朱子年譜所引洪去蕪改訂康熙三十九年庚辰（一七〇〇）重刻之朱子年譜❷。較洪本早近三百年宣德六年辛亥（一四三一）葉公回校之朱子年譜較詳。紹興二十五年乙亥（一一五五）同安條「纖悉畢備」下續云，「因舉行之。一，時日。二，齋戒。三，陳設。四，肴饌。五，行事。六，祝文」。較葉本後八十餘年而較早於洪本一百八十餘年，戴銑（一五〇八年卒）所編朱子實紀

❶四庫全書總目提要（上海，商務印書館，一九三三），史部，政書類二，總頁一七一六。

(一五一三)內之年譜，同條下則續云，「執事學生，得以日夕觀覽，臨事無舛」。此語洪本亦載。葉戴兩本，均爲王懋竑與提要著者所未見。

諸本年譜或詳或略，大半皆據朱子書釋奠申明指揮後。其敍校定釋奠本末曰，「淳熙(六年)己亥初(一一七九)，守南康。嘗一言之朝廷，爲取政和新儀，鏤版頒下。而其本書自多牴牾，復以告焉，則莫之省矣。紹熙(元年)庚戌(一一九〇)，復自臨漳列上釋奠數事。且移書禮官督趣，乃得頗爲討究。則淳熙所鏤之版，已不復存。百計索之，然後得諸老吏之家。又以議論不一，越再歲乃能定議，條奏得諸施行。而主其事者適徙他官，因格不下。又再歲而熹守長沙，則前博士詹體仁(一一四三—一二〇六)還爲少卿，始復取往年所被敕命，下之本郡。然吏文重複繁冗，幾不可讀。且曰屬有大典禮，未遑徧下諸州也。既而熹亦召還奏事，行有日矣。又適病目，不能省文書。顧念玆事得請之難，而今所下書乃如此，……於是力疾躬爲鈎校，刪剔猥雜，定爲數條，以附州案。俾移學官及屬縣。且關帥司，並下巡內諸州，僅畢而行。……明年長沙郡文學邵囦乃以書來曰，『以公之拳拳於此也，謹已鋟木，而廣其傳矣』」❸。

從上所引觀之，則紹熙州縣釋奠儀圖是否成書，實一疑問。朱子躬爲鈎校，邵囦鋟木，似是專書印行。提要以爲初稿，再修，定稿，成爲一卷。周予同著朱熹，羅列朱子著作。史部政書類有此一卷❹。周氏蓋從提要，而提要以爲朱子所撰一卷，乃所以尊朱子耳。

專書無定義。文集內仁說❺，玉山講義❻等均嘗刊爲專書。然愚竊謂釋奠儀圖以政文視之爲宜。其理由如下：

(1) 據朱子書後自述與各年譜記載，釋奠儀圖之參考禮書，訓釋明辨，皆爲政事施設，

「俾執事諸生，朝夕觀覽，臨事無舛」，「以附州案，俾移學宮及屬縣」。與深衣制度❼，禘祫議❽等相同。此兩文尚屬議論範圍。釋奠儀圖則爲州縣法式。其目的在實施，與朱子之修禮書，闡明道義，訂定禮法，大異其趣。故應以政文視之，而不以專著待之也。

(2) 朱子官同安時，撰民臣禮議，建議當時上下所共承用之政和五禮，舉而正之，並「取自州縣官民所應用者，參以近制，別加纂錄，號曰紹興纂次政和民臣禮略，鋟板模印，而頒行之州縣」❾。若釋奠儀圖既已成書，此文何不提及？大可爲民臣禮議之一部也。淳熙七年庚子（一一八〇）乞頒降禮書狀與乞增修禮書狀❿，亦均不提釋奠儀圖。

(3) 朱子書釋奠申明指揮後成於慶元元年乙卯（一一九五），追述往事極詳。如釋奠儀圖既已成書，似應提及。歷敘南康，漳州，長沙之所刪改，均爲說明之訓釋，不若提要所云之易稿。即在長沙，亦止定爲數條，非如提要之所謂定稿也。書後全文集中施行。邵囦鋟木以廣其傳，亦施行之助而已。

❷ 王懋竑，朱子年譜（叢書集成本），卷一上，頁十一；卷四上，頁一七九，一九五。
❸ 文集，卷八十三，書釋奠申明指揮後，頁十九下至二十上。
❹ 朱熹（上海，商務印書館，一九三一），頁一〇二。
❺ 文集，卷六十七，仁說，頁二十上至二十一下。
❻ 同上，卷七十四，玉山講義，頁十八上至二十上。
❼ 同上，卷六十八，深衣制度，頁五下至十下。
❽ 同上，卷六十九，禘祫議，頁一上至九上。
❾ 同上，民臣禮議，頁十五下至十七上。

(4)周予同政書類所引朱子四家禮範，二十家古今家祭禮，與祭禮均佚，惟此三書之書目仍見宋史，藝文志，直齋書錄解題，文獻通考，或文集答書⑰。何以釋奠儀圖並未經人提及？其非成書，亦可知矣。

根據以上所論，則紹熙州縣釋奠儀圖不是專著，應以政文視之。

---

⑯ 同上，卷二十，頁二十八下至三十一下。

⑰ 周予同，朱熹，頁一〇二至一〇三。

（一〇九）朱子墨蹟

予非書畫家，更非收藏家。惟對於朱子墨蹟，甚有興趣。每知有所藏，必以先覩爲快。然個人見聞有限。調查亦非個人之力所能爲。玆僅就所知，爲表如下，作爲一部份之報告。希望有心人增之補之。苟中韓日學者能聯合作一全面之調查，影印成書，則手舞足蹈者，非止予一人已也。

㈠ 見於諸書記載者

朱子題跋，以千百數。文集卷八十一至八十四，已二三百題，別集又二十題。此處不錄，只錄其題跋以外之敍述而已。其中刻石刻木者，則歸入下面㈣㈤石刻木刻之部。

(1) 再題西林可師達觀軒。「紹興（三十年）庚辰（一一六〇）冬，予來謁隴西先生（李侗，一〇九三—一一六三），退而寓於西林院唯可師之舍。……予嘗戲爲之詩，以示可師。既去而遂忘之。（三十二年）壬午（一一六二）春復拜先生於建安，而從以來，又舍於此者幾月。師不予厭也，且欲予書其本末置壁間，……師請之勤勤不得辭，於是手書授之」❶。

❶ 文集，卷二，再題，頁十一上下。

(2) 張公集句坐右銘（參看頁七二七「朱子不肯揮毫」條之(9)）。

(3) 書武侯草廬語遺張以道。「張以道將之荆襄❷，寫以送之。慶元（五年）己未（一一九九）十一月十九日晦翁」❸。武侯指諸葛亮（一八一—二三四）。以道朱子門人，名里不詳。

(4) 題所書古柏行。「右杜子美（杜甫，七一二—七七〇）古柏行。朱仲晦爲王之才書」❹。王之才名仲傑。時爲（江西）南康軍星子縣尉。

(5) 「漳州守求新『貢院』二字，已爲書去」❺。

(6) 朱子藏書閣壁上題云，「於穆元聖，繼天測靈。開此謨訓，惠我光明。靖言保之，匪金厥籯。含英咀實，百世其承」❻。

(7) 語類卷十一「學者」條，凡二百七十七字，曰，「學者觀書，先須讀得正文，記得註解，成誦精熟。……一一認得，如自己做出來底一般。……子細理會。……自此讀書，益加詳細云」。注云，「此一段係先生親書示書堂學者」❼。

(8) 門人吳壽昌，字大年，福建邵武人。初謁佛者疎山，喜談禪。後攜其子浩就學於朱子。語類記載云，「先生問壽昌，『子見疎山，有何所得』？對曰，『那箇且拈歸一壁去』。曰，『是會了拈歸一壁？是不會了拈歸一壁』？壽昌欲對云，『總在裏許』。然當時不曾敢應。會先生爲壽昌題手中扇云，『長憶江南三月裏，鷓鴣啼處百花香』。執筆視壽昌曰，『會麼？會也不會』？壽昌對曰，『總在裏許』」❽。

(9) 壽昌因先生酒酣興逸，遂請醉墨。先生爲作大字韶國師頌一首，又作小字杜牧之（杜牧，八〇三—八五二）九日詩一首，又作大字淵明（陶潛，三六五—四二七）歸田園居一首。有舉子亦承便請之。先生曰，『公既習舉業，何事於此』？請之不已，亦爲作淵明阻風於規林第二首。且云，『但能參得此一詩透，則公今日所謂舉業，與夫他日所謂功名富貴者，皆不必經心可也』」❾。

⑽ 朱子親筆於張栻（南軒，一一三三—一一八〇）所撰武侯傳後云，「陸務觀（陸游，一一二五—一二一〇）說漢中之民，當春月男女行哭，首戴白楮幣，上諸葛公（武侯諸葛亮）墓。其哭皆甚哀云」❿。

⑾ 朱子書所居之桃符云，「愛君希道泰，憂國願年豐」。書竹林精舍桃符云，「道迷前聖統，朋誤遠方來」。註云，「先是趙昌父（門人名蕃）書曰，『教存君子樂，朋自遠方來』，故嗣歲先生自易之以此」⓫（參看頁七四九「朱子之聯語」條之⑵⑶）。

⑿ 朱子初欲林湜（字正甫，一一三二—一二〇二）以程迥（號沙隨，隆興元年，一一六三，進士）行實

---

❷ 今湖北襄陽。
❸ 文集，別集，卷七，書武侯草廬語遺張以道，頁十下。
❹ 同上，題所書古柏行，頁十下。
❺ 語類，卷一〇七，第六十一條（頁四二五四）。
❻ 同上，第六十二條（頁四二五五）。
❼ 同上，卷十一，第一〇六條（頁三〇四）。
❽ 同上，卷一一八，第八十七條（頁四五六六）。
❾ 同上，卷一〇七，第六十八條（頁四二五六）。
❿ 同上，卷一三八，第五十七條（頁五二七五）。
⓫ 同上，卷一〇七，第六十條（頁四二五四）。

來，爲作墓碑。久之不對。沙隨曾爲江西饒川德興縣丞。會立祠於縣學，朱子乃爲書「沙隨先生之祠」六字⑫。

(13)「醉經」，「敬義」。明宋端儀（一四四七—一五〇一）考亭淵源錄記童伯羽云，「童伯羽，字蜚卿。……詣（福建）雲谷師事朱文公。公常造其廬，爲扁其樓，曰『醉經』，曰『敬義』⑬。

(14)門人方大壯，字履之，福建莆田人，自號履齋。宋元學案云，「朱子爲書其額」⑭。

(15)手書家禮自序。清瞿鏞（壯年一八〇〇）鐵琴銅劍樓書目有宋本纂圖集注文公家禮十卷。前有朱子自序一篇，朱子手書。

(16)「考亭」。袁枚（一七一六—一七九七）隨園隨筆云，「文公家譜有鄰人葬父，求題其亭。公書『考亭』二字與之」。王懋竑（一六六八—一七四一）朱子年譜紹熙三年（一一九二）引洪去蕪改訂朱子年譜（一七〇〇），謂朱子之父愛考亭（在福建建陽）溪山清邃，嘗欲卜居。朱子是歲乃築室於此，以成父志云。袁枚謂此傳說爲訛，謂「二字與公無涉」⑮。袁氏大概未讀朱子遷居告家廟文⑯。此文明謂「乃眷此鄉，亦皇考所嘗愛賞而欲卜居之地」。

(17)奏劄。行狀云，「奏劄凡七，其一二皆自書，以防宣洩。又以南康⑰所上封事（一一八〇），繕寫成册，用袋重封，於閤門投進」⑱。

(18)「思齊」。葉紹翁（約一一七五—一二三〇）四朝聞見錄云，「乙卯歲（一一九五）（浙江）麗水吳君棣入（福建）武夷，授四書每日爲課。文公多所與可。大書『思齊』二字以厲之。吳因以自名其齋云」⑲。

(19)「書樓」。南軒求寫「書樓」二字⑳，又「求書樓大字」㉑。朱子必樂從之。

(20)少年翰墨。葉公回校訂朱子年譜（一四三一）紹興二十年庚午（一一五〇）朱子歸故鄉婺源㉒省墓。「婺源丈人俞仲猷嘗得先生少年翰墨，以示其友董潁，相與嘆賞。潁有詩云，『共嘆韋齋（朱松），老有子筆扛鼎』」。據說朱子嘗敍董潁文集㉓，惟此序不見文集。

(21)端州友石臺記（參看頁七三七「諸家評朱子之書法」條之(6)）。

(22)歸去來辭（參看同上之(5)）。

(23)武侯制表十六字（參看頁七四三）

⑫ 同上，第六十五條（頁四二五六）。

⑬ 考亭淵源錄（近世漢籍叢刊本），卷十四，頁九上，總頁五八七。

⑭ 宋元學案（四部備要本），卷六十九，滄洲諸儒學案，頁二十六上。

⑮ 隨園隨筆，辨訛類，考亭之訛條。

⑯ 文集，卷八十六，遷居告家廟文，頁十五上。

⑰ 故治今江西星子縣。

⑱ 勉齋集（四庫全書珍本），卷三十六，朱子行狀，頁十三上。

⑲ 四朝聞見錄（浦城遺書本），卷四，慶元黨，頁十七下。

⑳ 南軒先生文集（近世漢籍叢刊本），卷二十一，答朱元晦秘書第二十四書，頁八上，總頁六七九。

㉑ 同上，卷二十二，第三十二書，頁二上，總頁六九三。

㉒ 原屬徽州，今屬江西。

㉓ 宋元學案補遺（四明叢書本）卷二十五，龜山學案補遺，頁九十上。

(二) 朱玉所錄

朱玉編朱子文集大全類編（康熙六十一年，一七二二，原刊）一百一十卷，分八冊。其第八冊第二十一卷載墨蹟數頁。此書甚少見，故照錄其墨蹟全部于下。

文公所題墨蹟，隨處皆有。間或後人託名摹倣，眞贋難辨。玆以鐫之巖石見聞所及，並家乘中所載者，謹錄左方：

二字匾

(1) 泮宮（建陽縣學）　(2) 毘澗（考亭資化寺山麓）

(3) 容膝（為考亭陳氏題）　(4) 歲寒（為麻沙祝伯和題）

(5) 覽翠（崇安營嶺文定書院）　(6) 敬義（為甌寧門人童伯羽題）

(7) 錦工（浦城大石渡口）　(8) 聞讀（福清）

(9) 西齋（為古田門人余隅題）　(10) 瞻仰（同安書院）

(11) 復軒（漳州署）　(12) 風雩（盧山雙劍峯下）

(13) 釣臺　(14) 枕流（俱白鹿洞）（參看下面頁七一二「石刻」之(63)）。

(15) 悅齋　(16) 濯纓

(17) 逸志　(18) 水月（俱西安縣）

(19) 溪山（龍泉葉味道祖祠）　(20) 拙窩（潮州金山文惠堂）

三字匾

(21)建陽縣（縣門）
(22)清邃閣
(23)汲古井（俱考亭）
(24)起賢山（雲谷）
(25)百丈山（本山石壁上）
(26)黃楊山（菴門）
(27)木竹居
(28)六經堂（五夫潭溪）
(29)會仙橋（五夫里）
(30)平川橋（崇安縣溪南）
(31)風泉亭（為吳楫題白水山下）
(32)醉經堂（為甌寧童氏題）
(33)讀書處（長樂）
(34)倉霞亭（福清靈石寺）
(35)經史閣（同安學）
(36)君子亭（漳州治）
(37)九區亭（漳州內署）
(38)廓然亭（晉江九日山）
(39)思古堂（九日山寺）
(40)黃公亭（玉山黃袞祠）
(41)雲風堂（餘干東山書院）
(42)鼎山堂（仙居桐江書院）
(43)小樊川（臺州）
(44)擘翠亭（為臺州杜煒杜知仁兄弟題）
(45)明倫堂（吉安府各府州縣倣）
(46)直節堂（南康治）
(47)王喬洞（盧山石門）
(48)自潔亭
(49)貫道橋（俱白鹿洞）

四字匾

(50) 溪山深邃
(51) 溪山第一（參看頁七〇五「石刻」之(21)）
(52) 滄洲晚築
(53) 滄洲精舍
(54) 文明氣象
(55) 源頭活水
(56) 天光雲影
(57) 鳶飛魚躍（參看頁七〇三「石刻」之(11)）
(58) 景星慶雲
(59) 寒竹風松
(60) 靜觀物我
(61) 與造物遊（以上具考亭）
(62) 芹溪小隱（為洛田茁子壽題）
(63) 屏山書院（五夫）（參看頁七二一「木刻」之(17)）
(64) 南溪樟隱（麻沙祝氏居）
(65) 光風霽月（福州府學）
(66) 耕雲釣月（福州）
(67) 石室清隱（福州石橋下文公祠內小泉池石上）
(68) 天風海濤（鼓山屴崱峯）（參看頁七〇七「石刻」之(30)）
(69) 螺峰書院
(70) 浣溪書院（俱古田縣西）
(71) 藍田書院（為古田余仁椿題）
(72) 小山叢竹（九日山）（參看頁七〇三「石刻」之(13)）
(73) 上帝臨汝（江西）
(74) 石室書屋（為星子縣陳氏題）
(75) 白鹿洞館（洞門）
(76) 風泉雲壑（參看頁七一一「石刻」之(62)）
(77) 文行忠信（俱白鹿洞）
(78) 清淨退菴（南康西澗）
(79) 萬溪草堂（為淳安方氏題）
(80) 蘇魏公祠
(81) 趙忠肅公祠（俱同安）

碑

(82) 宋高士二徐先生之墓（臺州臨海高士徐中行子庭筠文公行部拜墓下特表之）

(83) 宋東萊先生呂伯恭之墓（金華武義）

(84) 蔡國博墓（建陽黃華山）

(85) 嗚呼有宋蔡季通父之墓（建陽縣崇泰里）

(三) 現存眞蹟

(1) 會之知郡朝議賢表。草書，凡三十二行，每行字數不一。總共五六百字。紙兩幅。第一幅縱三三・三公分，橫四七・八公分。第二幅縱三三・三公分，橫四七・二公分。首云「八月七日熹頓首啓」。款署「熹再拜啓。會之知郡朝議賢表」。臺北，國立故宮博物院藏。朱子翰墨❶朱子尺牘墨蹟❷，宋朱熹吳說墨蹟❸，均影印。

(2) 呈提舉中大契丈劄子。行書，凡十行，每行字數不一。總共七十三字。紙本縱二八・四公分，橫三六・四公分。首云「喜昨蒙賜書」。款署「宣教郎直秘閣提舉兩浙東路常平茶鹽公事朱熹劄子」。臺北，國立故宮博物院藏。淳熙八年辛酉（一一八一），八月朱子除提舉兩浙東路常平茶鹽公事，即日單車就道。十二月六日視事於西興。九年壬寅（一一八二）九月去任歸。是則劄子是年六月也。採入宋人法書册，宋朱熹吳說墨蹟，與朱子翰墨。

(3) 致教授學士尺牘。行書，凡十七行，每行字數不一，合共二百餘字。紙本縱三三・

---

❶ 朱子翰墨（臺北，中國書法學會，一九七五）。

❷ 朱子尺牘墨蹟（北平，故宮博物院古物館，一九三〇）。

❸ 宋朱熹吳說墨蹟（故宮法書第十四輯）（臺北，國立故宮博物院，一九七〇）。

九公分，橫四九・八公分。首云「正月卅日」。款署「熹頓首再拜」。臺北，國立故宮博物院藏。採入宋賢書翰册，墨緣彙觀，朱子尺牘墨蹟，宋朱熹吳說墨蹟，與朱子翰墨。

(4) 致彥脩少府尺牘。行書，凡十七行，每行字數不一。總共一百六十四字。紙本縱二七・三公分，橫五五・〇公分。首云「熹頓首」。款署「熹再拜上問彥脩少府足下」。上鈐「熹」字印。臺北，國立故宮博物院藏。石刻現存北京北海公園白塔山西麓之閱古樓。三希堂石渠寶笈法帖，宋元寶翰册，宋朱熹吳說墨蹟，閱古樓和三希堂法帖❹，均有影印，惟後者只印六行。

(5) □君承務尺牘。行書，凡十四行，每行字數不一。總共一百三十二字。紙本縱三二・六公分，橫四六・八公分。首云「六月五日」。款署「熹再拜□君承務」。缺二字。一字半廢。臺北，國立故宮博物院藏。宋元墨寶册，朱子尺牘墨蹟，故宮書畫錄卷三，宋朱熹吳說墨蹟均影印。

(6) 致程允夫書。行草。凡十二行，共約二百字。首云「七月六日」。落款「熹頓首允夫糾椽賢弟」。遼寧省博物館藏。程氏名洵，朱子之表弟也。宋朱熹書翰文稿與朱子翰墨，均有影印。

(7) 熹僭易尺牘。凡六行，六十二字。首云，「熹僭易拜問德門」。落欵「熹再拜上問」。未審何處所藏。宋元法書影印。一九八三年八月十二曾在北京天壇公園祈年殿西側慶雲堂碑帖門市部一見，不予複印。

(8) 致劉光祖書札。紙本，縱三四・五公分，橫一〇五・五公分。凡三十三行，共約四百六七十字，俱行草書。落欵「熹頓首再拜上記」，又「熹再拜上問」。不知藏在何處。

(9) 上時宰二札卷。紙本，行草書。縱三三・八與三三・三厘米，橫六八・二與二八・五厘米。北京故宮博物院藏。卞永譽，式古堂書畫彙考；陸心源，穰梨館過眼錄；顧文彬，過雲樓書畫記著錄。

(10) 生涯帖。紙本，行草書。縱三二・三厘米，橫四一厘米。北京故宮博物院藏。「生涯未得究竟，……右謹具呈十月廿日朝奉大夫朱熹劄子」共一百三十五字。無著錄。有「宋犖」，「江恂」等印共五方。

(11) 所居帖。紙本，行書。縱三七・二厘米，橫五二・七厘米。北京故宮博物院藏。「熹頓首再拜上覆。熹所居深僻，……熹頓首再拜上覆」共百餘字。其中十五字已不可認識。無著錄。有「費念慈」，「仁孝世家」等印五方。

(12) 季夏帖。紙本。縱三三・八厘米，橫二九・五厘米。二百餘字。北京故宮博物院藏。首云「熹竊以季夏極暑，恭維知郡朝議丈」，下欵「六月□日新安朱熹劄子」。無著錄。有「敬齋」印一方。

(13) 大桂帖。紙本。縱三三・四厘米，橫五七・三厘米。北京故宮博物院藏。「八月十五日，……熹再拜上啓會之知郡朝議賢表」共二百餘字。無著錄。有「吳楨」等印三方（參看上錄真蹟之(1)）。

(14) 中外帖。首云「熹僭易再拜上問」。落欵同上。共四十二字。

---

④ 閱古樓和三希堂法帖（北京，人民美術出版社，一九八二）。

⑤ 書道全集（東京，平凡社，一九五五），卷十六；佐藤仁，朱子（東京，集英社，一九八五），頁二十四至二十五。

(15)與南老帖。首云「五月十三日」。
(16)秘閣修撰劄子。草書，十五行，另欵。
(17)頓首上覆札。草書，十五行。以上兩卷均爲東京國立博物館所藏。平凡社書道全集與佐藤仁所著朱子均影印之❺。
(18)論語集註子罕篇子在川上章殘稿。
(19)論語集註子罕篇吾未見好德章殘稿。以上兩卷論語集注殘稿❻。書道全集，與後藤俊瑞所著朱子❼均有影印。後藤謂爲長尾雨山所藏。
(20)論語集註子罕篇出則事公卿章殘稿。書道全集影印。不知何人所藏。
(21)論語集註顏淵篇仲弓問仁章草稿。北京大學圖書館藏。論語集注殘稿，書道全集均有影印。
(22)論語集註顏淵篇司馬牛問仁章草稿。論語集註殘稿，書道全集，與佐藤仁所撰朱子均影印之。佐藤教授來函謂不知眞蹟現在何處。
(23)論語集註顏淵篇司馬牛問君子章殘稿。論語集註殘稿影印。不知眞蹟現在何處。
(24)大學或問傳五六章殘稿。遼寧省博物館藏。文徵明（一四七〇——一五五九）跋誤以爲中庸或問，誠意章稿。而論者每從之。米公遷謂大學傳之五章或問近是。實五六兩章也。行草。凡四十八行，一千一百字由「我者是亦似矣」始，至「後此皆然。今不」終。宋朱熹書翰文稿❽與朱子翰墨先後影印。
(25)易繫辭傳。予一九七九年七月二日游大同華嚴寺。其時寺尙未開放，仍在修葺中。然特准予入內參觀。門外有刻石一塊，高約一百公分，寬約六十公分。朱子書繫辭說卦。下欸「朱熹書蔡元定刻」。查朱子與蔡元定（一一三五——一一九八）未嘗涉足大同。此石必是由江南移置此處。導游者謂市上書帖商店必有拓本。及至該店，見拓本滿置四面。店主亦謂必有此拓本。然遍查多時，竟無所獲。幸田玉淑博士有拓本，攝照片惠賜一份，以時欣賞。

一九八四年予訪臺北國立故宮博物院。昌彼得先生以新收朱子易經繫辭傳眞蹟示予。謂原册流佚日本。臺北林宗毅先生以重價購買捐贈。筆力雄健，誠爲精品。有乾隆御覽之章與羅振玉（一八六六——一九四〇）等十五人之印。書繫辭上傳第十一章，下傳第一章，與說卦第三章。分十四幅，除首尾兩幅外，每幅四行八字，其詞如下：

易有太極是生
兩儀生四：象：生八：卦：
生吉：凶生大業古者
伏羲氏之王天下也
仰則觀象於天俯則
觀法於地觀鳥獸之

---

❻ 論語集註殘稿，即四書集註殘稿（上海，商務印書館，一九一八影印），據學粹，第六卷，第四期（民國五十三年，一九六四，六月），楊家駱，四子書廣徵擬目二篇，頁十一。

❼ 後藤俊瑞，朱子（東京，日本評論社，一九四三）。

❽ 宋朱熹書翰文稿（北京，文物出版社，一九六一）。

文與地之宜於是始
作八卦以通神明之
德以類萬物之情天
地定位山澤通氣雷
風相薄水火不相射
八卦相錯數往者順
知來者逆是故易逆
數也朱熹書。

大同石刻詞句相同，惟分十四行，每行八字，末行多「者」「順」之間空一字位而末行爲「也朱熹書蔡元定刻」。書法略遜紙本。然筆力雄厚而非有意求工。卽是仿筆，亦不愧登朱子之堂也。

查常德府志引「舊志」云，「宋乾道間（一一六五——一一七三）文公書孔子易繫辭說卦三節。凡八碑，在府學明倫堂東壁，依堂壁逆行。正統三年戊午（一四三八），歷年二百五十，舊刻漫滅。知府周鼎重刻，刊正順行。教授廬陵劉慶有跋」。又云，「按書眞行相間，每行八字，共十四行」。與大同石刻全同。又引錢大昕（一七二八——一八〇四）跋云，「右朱文公書「易有太極」一段，蔡元定刻。在常德府學。明正德乙亥（一五一五）。吉水鄧璞爲嘉定縣儒學敎諭，復摹勒於吾邑之尊經閣。下令移置明倫堂西南。向刻手不精，遜原本遠甚。海隅士大夫，罕見文公書。得重刻本，猶珍而秘之。予在都門琉璃廠書市得此本。蓋猶常德元刻。筆法險勁，精采四射，殊可喜也」⑨。此跋引自錢氏之金石文跋尾⑩，則是拓本而非眞蹟。然「精采四射」，則頗像眞跡也。豈大同石刻爲重刻歟？

乾道三年丁亥（一一六七）八月，朱子訪南軒（張栻，一一三三—一一八〇）於潭州（長沙），十一月同登南嶽衡山。易繫必是在潭所書。惟蔡元定並未陪行。或是日後所刻。元定與朱子往來甚密。此卷爲朱子所書之最精者，刻之於石，勢所必然。至於原卷落在何處，則府志與錢氏均無報導。偶閱後藤俊瑞所著朱子，見其挿圖有「易有太極」「朱熹書」七字，與乾隆方印之一角，並識「岩崎家藏」。猛憶其筆勢與臺北故宮博物院新獲者相同。急複印一紙寄昌彼得先生，並告以岩崎爲日本貴族，所藏必精。旋得復書，謂「確卽同一幅」。

北京大學圖書館藏有拓本。分四幅，高四點五尺，寬一點八尺。詞句與大同石刻相同。首三幅分四行。每行八字，卽「易有……仰則」，「觀象……德以」，「類萬……順知」，「來者……定刻」。並云拓於湖南武陵。武陵卽常德。不知此本與錢大昕所得果相同否，予複印臺北國立故宮博物院所藏紙本眞蹟首六字，托北京大學湯一介教授比對北京大學圖書館所藏拓本。據湯教授云，「是同樣的，但北大所藏字跡不如您寄來的清楚」。據江兆申考據，此册清乾隆時入宮，道光年間賜給恭忠親王奕訢。民國二年轉買與羅振玉。江先生比對日本正德四年（一七一四）細井知愼刻本與虞世南（五五八—六三八）等書法。認定故宮所藏，的

⑨ 常德府志（嘉慶十八年癸酉，一八一三，本），卷二十，藝文考金石，頁三下至四上。

⑩ 金石文跋尾（潛研室全書，光緒十年甲申，一八八四，本），卷十六，朱文公書，頁十二下。

是眞蹟⓫。查民國二年羅氏在日本複製出版。以後眞蹟轉入岩崎之手。今乃言歸，誠可喜也。

㉖ 周易繫辭本義手稿卷。紙本，行草書。縱二五・三厘米，橫一五一厘米。北京故宮博物院藏。由繫辭上傳第三章「小疵也」始，至第九章「凡三百有六十，當期之日」終。缺第六，第七兩章。手稿之註與周易本義之註略有出入。本義之註較長。想手稿乃未定稿也。顧文彬過雲樓書畫記著錄。有李東陽，何子貞，費念慈題跋。本幅有費念慈等印八方，跋紙及隔水印十九方，引首連簽印八方。

㉗ 題江嗣宗宿涵暉谷書院題詠摺本。行書。落欵「慶元（元年）乙卯（一一九五）四月二十日朱熹題」，共五十四字，分三行，高約二十一公分，寬約五公分。中央研究院歷史語言研究所藏。

㉘ 城南唱和詩卷。紙本，行草書。縱三一・五厘米，橫二七五・五厘米。北京故宮博物院藏。明，文嘉鈐山堂書畫記；孫承澤，庚子消夏記；清，卞永譽，式古堂書畫彙考；民國，故宮博物院編，法書選集第一集著錄。朱子於乾道三年丁亥，一一六七，八月，訪張栻於長沙，遍游城南二十景，並和張栻所作二十詠。是年朱子三十八歲。此卷書寫年代，可能較晚。

㉙ 任公帖題跋。紙本，行草書。縱三一・九厘米，橫四三・五厘米。落欵署「淳熙戊申六月十六日新安朱熹書」。連欵共一百零四字。無著錄，亦無印記。

㉚「渾金璞玉　其人品晦翁」。分兩行，字大約十公分。臺北某翁藏。

㉛「抱古光之訓，仰古人之風」。「朱文公眞跡。乾隆辛丑（一七八一）余之漢上（漢水之濱）留節署一月有奇。家兄秋帆以千金得朱公徑丈眞楷六十字，散碎無序。因摭集五十六字爲座右銘。餘十字余以趙松雪（趙孟頫，一二五四－一三二二）眞書千字文易之。適成楹帖一聯。

攜歸里居，懸之中堂，朝夕相對，儼若親範在前，肅然起敬。不僅梁棟生色，當爲永世珍寶。（江蘇）太倉畢瀧謹識」。又欵，「歲在重光協洽（辛未）孟夏既望，昆陵（山東昆山之陵？）楊杍重裝于十硏山齋」。「眞跡」字下一大方印。「識」「齋」兩字下各有兩小方印。楹聯約五呎高，十吋濶。臺北國立故宮博物院藏。

㉜ 集楷書五言聯。林均壽寄藏臺北國立故宮博物院。原蘭千山館藏。

㉝ 王羲之「鵞」字跋。廬山博物館藏。跋文見頁七三八「朱子評論書法」條之㊸。落欵爲「己卯春二月十有八日朱熹跋」。查是年爲一一五九，朱子三十歲。召赴行在（杭州），會言路有托奔競以沮之者，以故不就。恐是年未嘗至廬山。跋或是後人假託也。此跋不見文集。

以下只存刻本，拓本，或影印，加〇符。

〇⑴ 富貴有餘樂詞二首刻帖。寶賢堂集古法帖，卷十一。北京，故宮博物院藏。

〇⑵ 春雲七絕刻帖。古寶賢堂法書，卷四。北京，故宮博物院藏。

〇⑶ 德門慶聚帖刻帖。停雲館帖，卷七。北京，故宮博物院藏。

〇⑷ 兒壻每蒙存問帖刻帖。契蘭堂帖，卷六。北京，故宮博物院藏。

〇⑸ 往來傳聞劄子刻帖。寫經堂帖，卷八。北京，故宮博物院藏。

〇⑹ 墨蹟雙鈎。民國紀元丁魯得朱子書雙鈎完全者「神」，「中」「心」等十六字。因付石工縮影印行。每頁兩面各一字，縱約十五公分，橫約十三公分。線裝單行本九頁。無書題，亦無出版時地。

㊐ 江兆申，「朱晦庵書易繫辭載故宮文物月刊，第四卷，第三期（一九八六年，六月），頁六十四至七十三。

○(7) 白鶴詩。(參看頁七一九「木刻」之⑿)

○(8) 「鳶飛月窟地，魚躍海中天」。此聯刊于朱子與金門(參看頁七九六「朱子與金門」條)。友人贈拓本。行書。每字縱約二十六公分，橫約十八公分。上聯右上角有橢圓形鑑賞紅印，縱約六公分。下聯左角有紅色篆書「朱熹」「晦庵」兩方印，均四・三公分平方。筆勢並非雄健。想是摹仿。篆印更可疑，朱子從未用也(參看頁七五四「朱子之聯語」條之(27))。

○(重) 易繫辭傳拓本，見頁六九六「眞蹟」之(25)。

○(重) 劉子羽神道碑拓本，見頁七〇八「石刻」之(38)。

○(重) 黃公神道碑拓本，見頁七〇八「石刻」之(37)。

(四) 石刻

(1) 「同民安」。此橫額刻在福建同安縣之高大石坊。「朱熹在任同主簿時(紹興二十三年癸酉，一一五三，至二十六年丙子，一一五六)，城東里許與晉安交界，兩縣人經常械鬪。於是朱熹書題『同民安』刻石樹之其間，以調和其矛盾」❶。

(2) 「中流砥柱」。同安縣城東溪西溪相會之間，大石上刻此四字，隸書，每字丁方三公寸。此石與橋之間有石，上刻「逝者如斯」，每字丁方二十五公分，亦隸書。不知是否從武夷山「逝者如斯」仿寫而來。然兩處之字體不同。惟「中流砥柱」則與武夷「逝者如斯」筆勢相近(參看下面之(49))。

(3) 「瞻亭」。同安市外大輪山梵天寺內有石刻「瞻亭」楷書。每字丁方二十六公分。

左有「新安朱熹」，右有「安成劉裳立」。

所勒❷。(4)「蒼翠岑」。大輪山有羅漢峯，尊者巖，蒼翠岑諸勝。「蒼翠岑」三字乃朱子遊後

(5)「青疇碧野」。九龍山在同安城東二里處。山下青疇碧野，一望怡然。朱子因勒

「青疇碧野」於山畔石上❸。

(6)「九日山」。九日山在福建泉州南安縣城西二里許。邑人以重九登高於此，故名。

或云有道人自戴雲山來此，九日乃到，因名。朱子年二十七，第三次載酒遊山，曾題「九日

山」三字勒石。後三十年作第四次遊時，且曾賦詩懷古❹。

(7)「不老亭」。南安城西北二里處有蓮花峯，亦名不老峯。上有不老亭。朱子因勒此

三字於亭右巨石上❺。

(8)「石井留香」。朱子往來於同安晉江兩邑講學，故時常途過泉州東南之安海市。

❶ 高令印，朱熹遺跡研究（中國哲學，第十輯，一九八三），頁三〇七。

❷ 陳香，朱熹留閩游跡（暢流，第四十二期，一九七〇），頁二十一。

❸ 同上。

❹ 同上，頁二十一至二十二。寄題九日山廓然亭詩載文集，卷八，頁七下。

❺ 同上，頁二十二。

❻ 同上，頁二十一。

❼ 高令印，對朱熹事迹資料考察的收穫（哲學研究，一九八四，一月號），頁七十三。

❽ 同上註❷，頁二十二。

「並嘗一再小住，謂其地鍾靈德秀，意欲卜居。於西市側（今金墩鄉）鳩工鑿井求泉。遇石塞其下，不得通。遂書「石井留香」四字，令匠人勒石上。工竣泉忽湧，清冽如鏡。至今居民正午俯瞰井底，字跡尚清淅可辨」❻。

(9)「泉南佛國」。此四大字刻在泉州安海之山石上❼。

(10)「沁人心脾」。清源山在鯉城（即晉江，泉州府城）東北八里。上起三峯。中峯有玉龍井，水甘冽清香。朱子題「沁人心脾」四字，橫勒於石❽。

(11)「鳶飛魚躍」。清源山左峯有「賜恩巖，雕觀音石像於巖端。有石刻『鳶飛魚躍』，即爲朱子手筆」❾。「鳶飛魚躍」原爲木扁。疑是拓刻於此（參看頁七一八「木刻」之(1)）。南平縣志云，「鳶飛魚躍匾在塘源李子坑。……後失其匾。今流傳有石刻四字」❿，或即指此。

(12)「陶石」。清源山右峯西下爲勢至巖。環巖左右皆潭，名曰濯衣。潭畔勒「陶石」兩巨字，爲朱子所題⓫。

(13)「小山叢竹」。泉州晉江城　大城隍廟後之歐陽四門祠，曾爲撰聯（參看頁七五四「朱子之聯語」之(29)）。「據父老相傳，謂朱文公熹爲同安主簿時，每抵郡城，必登小山（指歐陽小山）稱其山川之美，爲郡治龍首之脈，徘徊數月而後去。後則建亭山上，親題『小山叢築』於亭中」⓬。「叢築」想是「叢竹」之誤。據高令印教授，「在泉州，現在有朱熹手書『小山叢竹』巨大石刻橫額。『小山叢竹』朱熹手書中的珍品，得到專家們的贊賞。字刻於坊門之楣。字大零點三米。『晦翁』二字小行書。今在原晉江小山叢竹書院遺址」。高教授又引晉江縣志，卷四，學校云，「小山叢竹書院在府城隍廟旁。……宋文公種竹，建亭，講學其中。匾為朱子手書，鐫於石。厥后庭墜，匾石為人盜沒。嘉靖間（一五二二—一五六六），通判陳公堯典重構斯亭。……復匾，集文公墨迹，得四字。……康熙四十年（一七〇一），通判徐公之霖揭俸重建，窮詰石額還歸故物」⑬。石扁重現，堪與「鳶飛魚躍」媲美（參看頁六九一「朱玉所錄」之(72)）。

(14) 詩經豳風。晉江小山叢竹書院遺址尚有朱子手書詩經豳風石刻。行書，三十三行，行十餘字，共三百餘字。慶元三年丁巳（一一九七）元旦書。高教授引清許煒鈞云，「晦翁豳風墨迹，余家累世寶藏。乾隆（四十九年）甲辰（一七八四），官於泉。適郡中賢大夫士謀修小山叢竹書院，蓋文公過化處也。余因出此上石，以公士林云」⑭。

⑨ 同上。
⑩ 南平縣志（民國十七年，一九二八，本），卷四，名勝，頁二十四上。
⑪ 同上註②，頁二十三。
⑫ 同上，引不二堂修募疏。
⑬ 同上註①，頁三〇八。
⑭ 同上。
⑮ 同上註②。
⑯ 同上，頁二十四。
⑰ 同上。
⑱ 同上。

(15)「仙苑」。大字，高一米九，寮三米九。北京大學圖書館藏有拓本，拓自晉江，石刻大概仍存。

(16)「海上視師」。泉州南安縣石井鄉江口有五石，狀似奔馬。朱子數過其處，壯其勢，特勒「海上視師」四大字於巒畔石上⑮。

(17)「浮橋」。晉江惠安孔道中的若干津梁，因朱子經常往還跋涉，遂曾留下不少題泐。石筍橋之右側，勒「浮橋」二字於石柱⑯。

(18)「長虹臥波」。蘇埭橋東畔，橫泐此四大字於巨石上⑰。

(19)「潮聲琴韻」。此碑在洛陽橋之中亭⑱。

(20)「途臨紫氣」。紫芝山在漳州府城西北隅，又名望高山。朱子曾於山畔勒「途臨紫氣」四大字於石⑲。

(21)「溪山第一」。刻在漳州城東三十里雲洞巖之峭壁⑳。一說云在廣濟巖㉑（參看頁六九一「朱玉所錄」之(51)）。

(22)「石室清隱」。此刻在另一洞口㉒。

(23)「與造物游」。刻於漳州城東二十里之白雲巖㉓。

(24)「日月每從肩上過，江山常在掌中看」。白雲巖石柱聯㉔（參看頁七五四「朱子之聯語」之(28)）。

(25)「八閩嶽祖」。亦在白雲巖㉕。

(26)「淳熙（十年）癸卯（一一八三）仲冬，朱仲晦登」。此石刻在福建莆田縣蒼林東坡小石上㉖。

(27)「蟠桃塢」。高五米，寬二米二。北京大學圖書館藏有拓本，拓自福建福清縣。料此石尙存。

(28)「趙子直，朱仲晦，淳熙（十年）癸卯（一一八三）仲冬丙子同登」。石刻在福州烏石山㉗。

⑲同上。

⑳同上註①，頁三〇九。

㉑同上註⑦，頁七十二。崇安縣志（清雍正，一七二三—一七三五，刋本），卷十九，古蹟云，四字石刻「在西北福星橋上，今失」。可知此額不一。是否朱子所書異時，抑是重刻。若是重鐫，孰爲原刻，皆尙待考。此外古田尙有一匾，疑是木刻（參看頁七一九「木刻」之⑽）。

㉒同上註①，頁三〇九。

㉓同上。

㉔同上。

㉕同上註⑦，頁七十二。

㉖據高令印，朱熹在福建墨跡考釋（宋明理學討論會論文集，浙江人民出版社，一九八三），頁三六七。

㉗同上註⑦，頁七十一。

㉘同上註㉖，頁三六九。

㉙據崇安縣志，卷八，釋。參看崇安縣新志（民國三十年，一九四一，本），卷三十，宗教，釋教，頁五上，總頁五一九。

(29) 福州鼓山紀游。福州鼓山湧泉寺山道左壁上刻有朱子題辭。辭曰，「淳熙（十四年）丁未（一一八七）晦翁來謁鼓山嗣公。游靈源，遂登水雲亭。有懷四川子直侍郎。同遊者清漳王子合、郡人陳膚仲、潘謙之、黃子方、僧端友」。楷書五行。石約高三米，濶約一米。字分五行，行書。其爲朱子手書無疑。子直爲趙汝愚之字。嗣公卽直菴和尚，名元嗣。當時湧泉寺主持。黃子方，名琮，閩縣知事㉘。王子合，名遇。陳膚仲，名孔碩。潘謙之，名柄。皆朱子門人。嗣公嘗師事胡文定公（胡安國，一〇七四——一一三八）。父肅與文公友善。後棄儒就釋㉙。

(30) 「天風海濤」。據高令印考證，紹熙二年辛亥（一一九一）九月　日趙子直游鼓山湧泉寺，賦詩刻石于涌泉寺石門之左，朱子取其詩「天風直送海濤來」中四字書之。北京大學圖書館藏有拓本，高六尺，寬一尺九（參看頁六九一「朱玉所錄」之(68)）。

(31) 「壽」。此一大字高約三米六，濶約二米四。刻于福州鼓山雲，源洞水坑之旁。字正楷，傳爲朱子所書。未知是否。北京大學圖書館藏有拓本，高四尺六，寬二尺七。

(32) 鼓山「書畫像自警」。從朱子懷子直石刻沿山道到水雲亭。亭甚小，僅藏十人。後人傳此爲朱子讀書處。內有石刻朱子全身像。兩旁爲正楷朱子「書畫像自警」贊。恐不可靠。朱子自警詩載文集卷八十五（參看頁八十四「朱子畫像」條之(6)）。

(33) 建甌書畫像自警。此塊石像爲近年發掘，最爲完好，爲朱子半身像。高一點二米，寬零點八米（參看頁八十一「朱子畫像」條之(1)）。

(34) 「藍田書院」。高教授引古田縣志云，「藍田書院在杉洋北門外。朱晦翁書『藍田書院』四字勒石。……相傳韓侂胄（一二〇七卒）迹僞學時（一一九六），晦翁常潛居於此」㉚

（參看頁七二二「木刻」之(24)）。

(35)「引月」。古田縣志續云，「其右數武有一池，名引月池，晦翁書「引月」二字。

(36)春夏秋冬四詩。據高令印教授，慶元黨禁時（一一九六），朱子避居福建泰寧縣城南恂如之居。於壁上書其所撰春夏秋冬詩四首。後刻四碑。現藏泰寧縣文化館。每首二十字，行書，以避時禁，故不署名。惟與贈南軒詩碑(65)相對照，確係朱熹手書眞迹無疑」㉛。

(37)黃公神道碑。黃中美，字文昭，福建邵武人。曾任福建信德府錄事。紹興二年壬子（一一三二）卒。淳熙十五年戊申（一一八八），朱子爲撰並書神道碑。高令印教授云，「此碑現存。碑高三米，寬一點二米。碑質係青色磨刀石。碑文二千多字。落款題『宣教郎徽猷閣侍制江南西路提點刑獄公事朱熹撰並書，處士方士繇篆額』。此碑文與載于朱文公文集卷八十九的朝儀大夫致仕贈光祿大夫黃公神道碑的文字略有出入。碑文字體端正凝厚，剛健有力。實爲朱體眞迹」㉜。北京故宮博物院藏有拓本。北京大學圖書館亦有拓本，拓於邵武縣銅青山下，高五尺七，寬三尺三。

(38)少傅劉公神道碑。少傅指劉子羽（一〇九三—一一四二）乃朱子教師劉子翬（一一〇一—一一四七）之兄。朱子之父病革，以家事屬子羽。子羽爲築室於崇安五夫里所居之旁。時朱子年十四，遂奉母由尤溪遷此而居焉。子羽死後三十二年（一一七八），朱子應子羽兩子之請，撰並書此神道碑。此碑全文三千三百五十餘字，爲碑文之最長者。文字與文集卷八十八所載稍有

㉚ 同上註㉖，頁三七〇。古田縣志不知是何版本。
㉛ 同上註⑦，頁七十五。
㉜ 同上，頁七十四。

出入。楷書間有行書。落款爲「朱熹撰並書，張栻篆額」。篆額七行，每行三字。碑高三米七，寬一米半。文化革命時期碑面左上方損傷若干字。碑質爲青色磨刀石。碑沿鄉人間用以磨刀，然大部完好。原置在五夫里東北約半公里之蜈蚣山下蟹坑，有亭保護。文化革命初亭被廢，碑乃倒埋於草叢中。一九八二年崇安文物保管處移至武夷宮對面之中山堂後牆。破壞部份均已修補。故字跡清晰，兩旁花紋亦玲瓏可觀。左旁爲乾隆年間（一七三六—一七九五）「洞天紀府」碑，右爲萬曆年間（一五七三—一六一九）遊武夷山歌碑。北京故宮博物院藏有拓本，北京大學圖書館亦藏有拓本，高六尺四，寬三尺一。

(39) 十七首詩。劉子翬宅十七首詩，在崇安縣五夫里㉝。

(40) 學田記。在崇安縣明倫堂㉞。

(41) 崇安縣學二公祠記。亦在崇安縣，明倫堂。額篆書碑，八分書㉟。

(42) 九曲櫂歌。高令印教授云，「據傳，朱熹描繪九曲的九首櫂歌的手書分別刻於九曲溪流傍的石崖上。清人陳啓仁在閩中金石略考卷四中說，『武夷舊志稱，晦翁櫂歌分刻九曲溪傍。嘗尋得其四。惟六曲爲眞迹無疑。若四曲，七曲，八曲，字蓋不類，鐫刻如新。疑爲後人所補』。朱熹六曲櫂歌手書摩崖石刻在「六曲」石刻二大字之傍，四行七字，其詩曰，『六曲蒼屏遶碧灣，茅茨終日掩柴關。客來倚櫂巖花落，猿鳥不驚春意閒』㊱。櫂歌載文集卷九。

(43) 「靈巖」。正書，武夷山二曲之摩崖石刻。

(44) 「小九曲」。刻在五曲之試劍石上。

(45) 「道南理窟」。四大字刻在武夷山武夷精舍西南五曲高山。

(46)「茶社」。刻於五曲之茶洞。

(47)「六曲」。石刻二大字。

(48)「晞眞館」。正書在六曲。

(49)「逝者如斯」。石刻在六曲響聲巖（参看頁七〇〇「石刻」之(2)）。

(50)六曲響聲巖紀遊摩崖石刻。「何叔京、朱仲晦、連嵩卿、蔡季通、徐文臣、呂伯共、潘叔昌、范伯崇、張元善。淳熙（二年）乙未（一一七五）五月二十一日，晦翁」。是年呂祖謙（伯恭，一一三七—一一八一）訪朱子於建陽寒泉精舍，同編近思錄，五月五日朱子序。旋經武夷山赴江西信州鉛山鵝湖寺與陸象山（名九淵，一一三九—一一九三）等相會。是爲歷史上有名朱陸鵝湖之會。何叔京，名鎬。蔡季通，名元定。呂名祖謙。潘名景愈。范名念德。連，徐，張名均不詳。

(51)六曲響聲巖紀遊摩崖石刻。「淳熙（五年）戊戌（一一七八）八月乙未劉彥集、嶽卿、

㉝崇安縣新志，卷三，地理，金石，頁十下，總頁九十。

㉞同上。

㉟同上。

㊱同上註❶。六曲詩又載同上註㉝。

㊲同上註❹，頁三〇六。

㊳同上。

㊴同上註❼。

純叟，廖子晦，朱仲晦來」。朱子親筆無疑。劉彥集名甫。劉嶽卿名不詳。劉純叟名堯夫。廖子晦名德明。

(52) 武夷山水濂洞紀游石刻。「劉嶽卿，紀叔招，胡希聖，朱仲晦，梁文叔，吳茂實，蔡季通、馮作肅、陳君謨、饒廷老、任伯起來游。淳熙（八年）辛丑（一一八一）七月二十三日。仲晦書」。劉居水簾洞。梁名琢，吳名英，馮名允中，任名希夷，均門人。饒名幹。紀，胡，陳，名不詳。

(53) 「百世如見」。正書刻於水濂洞（參看頁七二二「木刻」之(18)）。

(54) 「天心明月」。正書在武夷山樓閣巖㊲。

(55) 「方竹叢生」。亦在樓閣巖㊳。

(56) 「靜心養氣」㊴。

(57) 滄洲歌。朱子書，刻於福建建陽之考亭㊵。不知尚存否。

(58) 建陽書畫像自警。石刻朱子全身像，近年於建陽出土。高約一米一十五公分，寬四十九公分。上方刻朱子書畫像自警詩，並題「紹興五年甲寅（一一九四）孟春良日，熹對鏡寫眞題以自警」。再上爲「徽國朱文公遺像」。此石現藏建陽文化館。對鏡寫眞，未必可靠（參看頁八十二「朱子畫像」條之(2)）。

(59) 「汲古」。刻在考亭書院內汲古井之闌㊶。書院已廢，惟井石尚在，未可必也。

(60) 「戰龍松」。字石刻在建陽縣崇泰里雲谷山崖㊷。

(61) 「南澗」。亦在雲谷山崖㊸。

(62) 「風泉雲壑」。江西廬山白鹿洞書院外有水澗石巖。山水間之對對亭下石崖刻此行書四大字。朱子所書無疑（參看頁六九一「朱玉所錄」之(76)）。

(63)「枕流」。刻於水澗大石上。每字約四平方寸，亦行書。朱子所書，亦無可疑（參看頁六八九「朱玉所錄」之(14)）。

(64)「忠孝廉節」。此四大字，行書，字高一六九厘米，寬一二三厘米。爲朱子乾道三年丁亥（一一六七）訪張南軒（名栻，字敬夫，一一三三—一一八〇）於湖南潭州，講學於嶽麓書院時所書。明代嵌於書院尊經閣。現存石碑爲道光七年丁亥（一八二七）院長歐陽厚均刊立。碑四大塊，高二一三厘米，寬一四一厘米。碑面稍有風化，惟字迹完好。每碑有泐石者姓名。現存長沙湖南大學中心，亦即書院中心之講堂。嵌左右壁，故又名忠孝廉節堂。詳見湖南大學嶽麓書院通訊，一九八二年第二期，頁三十九與四十二至四十三。四字圖見第一期，頁三。講堂現狀與重修計劃圖見頁十五。北京大學圖書館藏有拓本，高五尺二，寬四尺二。南平縣志云，「忠孝廉節」四字，大逾數尺，在文公祠壁，板刻存」㊹。不審是否拓本之刻。

(65) 贈南軒詩碑。嶽麓書院通訊云「詩碑原有四塊，每塊長一六一厘米，寬四四・五厘

㊵ 建陽縣志（民國十八年，一九二九，本），卷九，金石，頁三十二下。
㊶ 同上，頁三十二上。
㊷ 同上。
㊸ 同上。
㊹ 南平縣志，卷四，名勝，頁二十四上。
㊺ 嶽麓通訊，一九八二年，第三期，頁五十九。
㊻ 同上，第二期，頁十一與二十二。

米。朱熹手書碑文一二四字，另有篆體說明七十一字。戰時碑毀。最近清出殘碑二塊，（其中一塊已斷裂），字迹仍較完整清晰。省博物館尚存原碑拓本」。又載，說明七十一字：「此卷墨迹余得之粵中。曾屬樂生炳元以端石摹刻之。玆來湘水，重鈎勒石，置之嶽麓書院，當與北海遺碑並傳不朽。光緒癸子九月，吳大澂（一八三五—一九〇二）識」㊺。癸子必誤，光緒無此年也。篆體說明，乃吳大澂所書。通訊並載碑文全部。兩五言詩載文集，卷五，題二詩奉酬敬夫贈言並以爲別。

(66)「極高明亭」。院長歐陽厚均於道光年間（一八二一—一八五〇）立石。碑現臥於極高明亭遺址之旁㊻（參看頁七二四「木刻」之(33)）。

(67)「道中庸亭」。亦道光年間重建。現存嶽麓書院。

(68)致彥脩少府尺牘。眞蹟見頁六九三「現存眞蹟」之(4)。石刻現存北京北海公園白塔山西麓之閱古樓。

(69)「道卿台」。在長沙府城外嶽麓山寺。以下九項，皆承長沙師範大學楊金鑫教授指示，根據王先謙（一八四二—一九一七）撰湖南全省掌故備考㊼。意料現尚保全（參看頁七二四「木刻」之(32)）。

(70)「清泉」。二大字刻於湖南湘陰縣東三十里石壁上。淳熙四年丁酉（一一七七）題㊽。

(71)張南軒神道碑。在湖南寧鄉縣僞山南。碑久仆於塗。邑令蔣公植之㊾。

(72)「敬以直內，義以方外」。行書。在湖南衡州府學。㊿

(73)「上帝臨你，毋貳你心」。八大字碑，在湖南衡陽縣學內[51]。

(74)上蔡先生語錄。在湖南清泉縣（今衡陽）石鼓書院內。乾隆間（一七三六—一七九五）重修[52]。

(75) 周子拙賦。行書。在湖南衡山縣[53]。周子指周敦頤（一〇一七—一〇七三）。

(76) 周濂溪像贊。在湖南零陵縣。贊詞載文集，卷八十五。考周子遺像在濂溪書院。乃南宋時通判方疇自九江府從先生諸孫得之。前郡守魏紹重刻奉祀[54]。

(77) 出師表。在湖南常德府學內[55]。

(78) 敬簡堂。在學院署后。以下七項，皆據楊金鑫教授新著[56]。不知現狀如何。

---

[47] 湖南全省掌故備考（光緒十四年戊子，一八八八，刋，續編，二十年甲午，一八九四，刋），卷十六，金石，頁二十九上。

[48] 同上，續編，卷一，金石，頁十五下。

[49] 同上，頁十六上。

[50] 同上，頁十七下。

[51] 同上。

[52] 同上。

[53] 同上。

[54] 同上，卷二，金石，頁四上。

[55] 同上，頁二十八下。

[56] 朱熹與嶽麓書院（上海，華東師範大學出版社，一九八六），頁一二六至一三〇。

[57] 同上註[47]。又見常德府志，卷二十，藝文考，金石，頁三下。

[58] 佐藤仁，朱子（東京，集英社，一九八五），頁三十二至三十四。

(79) 忠節祠碑。在長沙府北門內。朱子帥潭時建。

(80) 石鼓書院碑。在衡陽石鼓山。明成化九年（一四九三）重刻。

(81) 朱子碑石。在醴陵縣學宮。乾隆二十六年辛已（一七六一）立鐫。

(82) 濂溪祠碑。明嘉濂二十二年癸卯（一五四三）重刻，在寶慶府學。

(83) 希濂堂。宋建。在寶慶府治西。

(84) 洞木山村舍詩碑。詳見頁六六八「逸詩」之(8)。

(85) 「脫去凡近」等語。以下四項，拓本均藏北京大學圖書館，今以石刻尚存視之。此本高五尺，寬二尺八，拓自浙江鄞縣（今奉化）。

(86) 邵堯夫四絕句。拓本高四尺二，寬一尺一，拓自江蘇江寧縣。堯夫為邵雍（一〇一一—一〇七七）之字。

(87) 「勿求人知」四句。高四尺一，寬一尺三，拓自河南登封縣。

(88) 太極圖說。高五尺二，寬二尺一，拓自河南道州。

(89) 易繫辭傳。石刻在山西大同華嚴寺。詳頁六九五「現存眞蹟」之(25)。不知是否原在湖南常德，後移大同[57]。

(90) 「文山秀氣」。佐藤仁教授新著朱子，印此橫額石刻，下署「晦翁」，並云每字四十公分丁方。來函謂彼藏有拓本，但不知石刻所在[58]。

(91) 「孝弟忠信，禮義廉恥」。福建協和大學福建文化一九三七年，第四卷，第二十四期映印，題「朱文公聯語石刻」（參看頁七五二「朱子之聯語」之(21)）。

(92) 題王氏雙闕詩。以下三拓本均藏北京大學圖書館。未詳拓自何處。然石刻或尚保存。此本高八寸，寬一尺四寸。

(93)「容膝」。高四尺，寬二尺五寸。

(94) 七絕詩。高一尺二寸，寬二尺三寸。

已佚石刻，不知凡幾。今就所知者，略述於下，並加○符：

○(95)「大同」。聞說同安大理山石刻朱子墨蹟甚多，現均不存。梅山朱子祠左，原有朱子所書「大同」兩字，現亦湮沒。

○(96)「大輪山」。同安市外大輪山牌坊有「大輪山」三字。壬戌年重修。有五公分方印云「新安朱熹」。原爲石刻已佚。現乃摹仿云。

○(97) 漳州芝山山麓芝山書院，遺址尚存。昔日有朱子撰並書石柱聯一對，詞曰，「五百年逃墨歸儒，跨開元（七一八—七四一）之頂上。十二峯送青山排闥，自天寶（七四二—七五五）以飛來」[59]（參看頁七五二「朱子之聯語」之(16)）。

○(98) 學記碑。南軒致書云，「學記得兩石，甚堅潤且厚。見磨治刻字。當點檢仔細。日俟額字之來耳，所要碑刻文字，寄去數具別紙」[60]。學記爲禮記之一篇，是則好友所求，不只學記一碑也。朱子斷無不寫之理，而石已無存矣。

○(99) 陸子壽墓誌銘。陸子靜（陸象山）之兄子壽（陸九齡，一一三二—一一八〇）淳熙七年庚子（一一八〇）卒。子靜於八年訪朱子，請書呂祖謙爲其兄所撰之墓誌銘。朱子云，「近得子靜書，云已求銘於門下，屬熹書之。此不敢辭」[61]。及子靜親訪，朱子書之而子靜攜之歸，並刻之石，自不待言。惜碑已佚矣。

○(100)陳李墓碑。陳同甫（名亮，一一四三—一一九四）一子一壻，同來求銘文。朱子是時例不作此。寫「有宋龍川先生陳君同甫之墓」十二字與之。徽州婺源李參仲於朱子爲鄉舊。其子亦來求墓銘，亦書「有宋鍾山先生李公之墓」與之62。

○(101)陶公刻石。「栗里在今南康軍治西北五十里。谷中有巨石。相傳是陶公（陶潛，三六五—四二七）醉眠處。予嘗往遊而悲之，爲作歸去來館於其側。……地之主人……請大書刻石上。予既去郡，請益堅。乃書遺之」。署「淳熙（八年）辛丑（一一八一）秋七月壬午」63。

○(102)包孝肅公詩碑。白鹿洞書院山長吳唐卿（名不詳）以包孝肅公（包拯，九九九—一〇六二）布衣時所撰詩告朱子。翁敬書之，俾刻於白鹿洞」64。

○(103)送竇君詩。淳熙八年辛丑（一一八一）朱子門人滕璘（字德粹，號溪齋）爲鄞縣尉。尉廳無壁記。德粹乃請朱子書范文正（范仲淹，九八九—一〇五二）送竇君詩而刻諸石。八月朱子遂書而記其後65。

59 同上註1，頁三〇九。
60 南軒先生文集（近世漢籍叢刊本），卷二十三，答朱元晦秘書第五十三書，頁十上，總頁七三一。
61 文集，卷三十四，答呂伯恭第九十書，頁三十二上。
62 語類，卷一〇七，第六十七條（頁四二五六）。
63 文集，卷八十一，跋顏公栗里詩，頁二十五下。
64 同上，別集，卷七，跋所刻包孝肅詩，頁十下。
65 同上，正集，卷八十二，跋范文正公送竇君詩，頁九上下。

(五)木刻

凡非明言石匾者，均作木匾。

(1)「鳶飛魚躍」。此匾原懸於朱子往南平（延平）見其師李侗時所住之塘源李子坑西林院，早已遺佚。近年在建陽發現。予於一九八三年八月到建陽探訪朱子遺跡。建陽文化館徐貫行先生以車載木匾來所居招待所見示，因文化館正在修理，不便前往也。匾額縱約三十公分，橫約一米，厚約七公分。四大字行書（參看頁七〇三「石刻」之(11)與頁六九一「朱玉所錄」之(57)）。

(2)「志向高明」。此爲「鳶飛魚躍」木匾之後面，均題「晦翁」。現藏福建建陽文化館。

(3)「繼往開來」。予一九八三年八月曾至福建崇安縣五夫里。朱子居此數十年，遺跡不少。街上牌坊有木匾刻此四字。傳爲朱子所書。

(4)「靜我神」。在福建武夷山慧苑寺❶。

(5)「普現殿」。匾現懸泉州安海龍山寺大殿中❷。

(6)「勇猛精進」。匾現存安海草庵寺❸。

(7)「正氣」。是匾現藏泉州開元寺。高令印教授以爲是朱子官同安時所書，並云，「字徑近一米。……字勢雄強，沉厚濶大，表現出朱熹當年反對和議，堅決抗戰的精神」❹。

(8)「事業興邦，閩海賢才開氣運；文章華國，溫陵甲第破天荒」。泉州晉江木聯（參看頁七五二「朱子之「聯語」之(29)。

(9)「忠孝廉節」。四大字原是石刻，存湖南長沙嶽麓書院（參看頁七一二「石刻」之(64)）。南平文公祠有板匾，或是拓本之刻❺。

(10)「溪山第一」。在福州古田縣。古田縣志云，「溪山書院，朱晦翁書其匾曰溪山第一」❻。（參看頁七〇五「石刻」之(21)）。

(11)「文昌閣」。古田縣志云，「螺峯書院在九都螺坑。……今廢爲田，存朱晦翁書『文昌閣』三字」❼。

(12)「白鶴高飛不逐羣，嵇康琴酒鮑昭文。此身未有栖歸處，天下人間一片雲」。九州大

❶高令印，對朱熹事迹資料考察的新收穫（哲學研究，一九八四，三月號），頁七十三。

❷高令印，朱熹遺跡研究（中國哲學，第十輯，一九八三），頁三〇八。

❸同上。

❹高令印，朱熹在福建墨蹟考釋（宋明理學討論會論文集，浙江人民出版社，一九八三），頁三七一。

❺南平縣志（民國十七年，一九二八，本），卷四，名勝，頁二十四上。（一九七六年影印乾隆十六年辛未，一七五一，本），卷四，學校，頁四十七上。

❻古田縣志。

❼同上，頁四十八上。以上三項，乃一七五一年本所記。不知現狀如何。

學教授岡田武彦博士贈予以拓本，長二呎十英吋，高十七吋半。下署「晦菴朱熹」。楠本正繼（一八八九—一九六三）以爲揷圖，居其所著宋明時代儒學思想の研究揷圖之首。下附說明，謂據楠本碩水，此爲朱子逸詩。此拓乃彼從某家所藏影印而非楠本碩水（一八三二—一九一六）所拓。並謂左側印章與後人細字跋文字蹟模糊，難以認識云❽。楠本碩水爲日本幕府維新之大儒。其書朱子墨刻後云，「右横幅，本邦所刻也。按大田南畝一話一言曰，『淺草鳥越伊勢屋源右衞門多藏古書畫』。一日往觀，有朱子眞蹟横幅，曰『白鶴』云云，與此本不異。然則此幅就伊勢屋所藏而影刻，不容疑也。今不見於文集。蓋亦後集之一也歟？然世之所傳朱子詩文，不見文集者，往往有焉。編文集時，尙有遺漏耶？抑出於後人僞託耶？恨後集之不傳於世也。註曰，「程篁墩（程敏政，一四六六年進士）曰，『文公舊有前後續別四集行世，而後集亡矣』」❾。楠本正繼乃楠本碩水之曾孫，而岡田武彦，則楠本正繼之高弟也。文集無嵇康（二二三—二六七）鮑昭（四〇五—四六六）之名。此詩殆爲朱子所撰，則此處唯一提其名也。筆勢雄健，誠是精品。

(13)「讀聖賢書，立修齊志。存忠孝心，行仁義事」。楠本碩水書朱子墨刻後共舉四刻。此爲第二木刻。楠本云，「晦翁右大字四幅，浪華懷德書院所刻也。余嘗與竝河復一中井修治一再相見。因請搨十數幅，以貽同志。亦朱書之佳者。復一則天民曾孫，爲書院講主。修治則竹山孫而院主也」❿（參看頁七五二「朱子之聯語」之(18)）。

(14)(15)「仰之彌高，鑽之彌堅。瞻之在前，忽焉在後」⓫。「志於道，據於德，依於仁，游於藝」⓬。此爲第三、四刻。楠本云，「右大字二幅，未詳其所由來，蓋邦刻也。前四句道體，後四句爲學。學問之道備矣。余觀朱子墨刻多矣，而雄健雅妙，未有出於此右者。學者尤宜珍藏」⑬。第四刻三浦國雄所著朱子有影印⑭。

○⒃「朱熹」廣州友人告予謂離廣州東郊二十公里羅崗玉喦書院，懸有木匾書「朱熹」二字，縱四十五公分，橫五十公分。書院爲鍾玉喦所建，後人以其號名書院云。此匾未見，不知是否朱子遊嶺海時所書（參看頁六七五「廣東揭陽發現朱子軼文」條）。

朱子墨蹟之石刻木刻，必然尚有許多，爲作者見聞所未及。其已佚者亦然。今舉所知者於後，上加○符：

○⒄「屏山書院」。據五夫里沿革，淳熙二年乙未（一一七五）劉氏建屏山書院。門人懸匾曰「屏山書院」四字，門人朱熹書。朱子父將沒，囑其從學於劉子翬（字彥沖，自稱病翁，一一

⑧宋明時代儒學思想の研究（東京，廣池學園出版部，一九六二）。
⑨碩水先生遺書（大正七年，一九一八，刊），第六章，頁三十下至三十二上。
⑩同上，頁三十二上。
⑪論語，子罕篇第九，第十章。
⑫同上，述而篇第七，第六章。
⑬同上註⑨，頁三十二下。
⑭三浦國雄，朱子（東京，講論社，一九七九），頁一九四。

〇—一一四七）等三人。朱子年十四，遂居五夫里。里之潭溪彼岸有紗帽山。劉氏因山似屏，故自號屏山，學者稱屏山先生。匾早已不存（参看頁六九一「朱玉所錄」之(63)）。

○(18)「百世如見」。石刻仍存，惟懸額已佚。武夷山水濂洞康熙四十八年己丑（一七〇九）石刻云，「屏山諸賢居武夷水濂洞講學，卒即潤建祠以游門人。朱文公親題匾額『百世如見』四字，現懸祠中。春秋祀典，後裔執事，歷今六百餘年」⑮（参看頁七一一「石刻」之(53)）。

○(19)「此地古稱佛國　滿街都是聖人」。泉州開元寺木聯已佚（参看頁七五四「朱子之聯語」之(26)）。

○(20)「蔡端明獻壽儀」。文集曰，「蔡忠惠公書蹟遍天下，而此帖獨未布。今歲南來（漳州）始得見於其來孫誼之家。……遂請其眞摹而刻之。……然又偶得善工，且屬諸生黃榦（一一五二—一二二一）臨視唯謹。知書者亦以爲不失其用筆之微意云」⑯。紹熙元年庚戌（一一九〇）跋。

○(21)「道脈心傳」。南平縣志云，「朱子題字『道脈心傳』。匾在峽陽蘆岑菴。……今失」⑰。

○(22)「浣溪書院」。古田縣志云，「朱晦翁書匾，今廢」⑱。

○(23)「螺峯書院」。古田縣志云，「黃榦……以僞學之禁，寓九都族人家。……文公書其讀書處曰螺峯書院」⑲。據上(11)云已廢，則此匾已不存矣。

○(24)「蘭田書院」。古田縣志云，「在杉洋。朱晦庵書匾。……今廢」⑳（参看頁七〇七「石刻」之(34)）。

○(25)「興賢齋」。又云，「在縣東三十五都龍津境。朱晦翁書匾。……今廢」㉑。

○(26)「西齋」。又云，「在杉洋鎭之西。……晦庵書匾今廢」㉒。

○(27)「明倫堂」。建陽縣志載文廟重建，明倫堂揭朱子所書三字於楣。今文廟已廢，額已不存矣㉓。（參看頁六九〇「朱玉所錄」之(45)。）

○(28)「弘大平粹」。張栻（一一三三—一一八〇）死。朱子答呂伯恭（呂祖謙，一一三七—一一八一）書云，「弘大平粹四字，謹書坐隅，以爲終身之念」㉔。

○(29)「白鹿洞」。文集云，「三大字本就桌上寫成，既摹卽拭去。今無復可得。既已刻成，煩且打一本寄來」㉕。

---

⑮ 據福建論壇，一九八二年，第二期，頁七十。
⑯ 文集，卷八十二，跋蔡端明獻壽儀，頁二十四下至二十五上。
⑰ 南平縣志，卷四，名勝，頁十八下。
⑱ 古田縣志，卷四，學校，頁四十八上。
⑲ 同上，卷七，寓賢，頁一下至二上。
⑳ 同上，卷四，學校，頁四十八下。
㉑ 同上，頁四十九上。
㉒ 同上。
㉓ 建陽縣志（民國十八年，一九二九，本），卷六，學校，頁八下。
㉔ 文集，卷二十四，答呂伯恭第八十九書，頁三十下。
㉕ 同上，卷五十二，答白鹿長貳，頁四十六上。
㉖ 嶽麓書院通訊，一九八二年，第一期，頁二。

○(30)「鹿豕與游，物我相忘之地；泉峯交映，知仁獨得之天」。現懸廬山白鹿洞書院明倫堂木聯誤「豕」爲「逐」，故知朱子所書原聯早已不存（參看頁七五六「朱子之聯語」之(35)）。

○(31)「赫曦台」。楊愼初岳麓書院的源流與前景云，「隨後（一一六七）朱熹自閩專程來訪，與張栻講學。……他還爲麓山風景古迹取名題額。由此出現赫曦台、道鄉台、和道中庸、極高明、翠微諸亭等史迹」㉖。楊金鑫岳麓書院和朱熹云，「越三年（一一六七年）八月朱熹聞張栻得衡山五峯胡氏（胡宏，一一〇六－一一六一）之學，自閩來潭（長沙）訪栻。……留止二月，講學城南岳麓書院，論中庸之義，三晝夜而不能合。手書「忠孝廉節」四字及道鄉台等題額。彌月創赫曦台於山頂」㉗。原赫曦台早廢。乾隆間（一七三六－一七九五）復建，但非原址。今亭尚存，現加修飾。惟額已非朱子之舊矣。

○(32)「道鄉台」。石刻意尚保全。木匾則已早佚矣（參看頁七一三「石刻」之(69)）。

○(33)「極高明亭」。石刻王先謙湖南全省掌故備考（一八八八）已不著錄，可知其時已失。然今已發現。惟木匾尚無踪跡（參看頁七一三「石刻」之(66)）。

○(34)「道中庸亭」。木匾與亭早已湮沒。

○(35)「翠微亭」。早佚。

○(36)「橫渠康節帖」。文集云，「右橫渠先生（張載，一〇二〇－一〇七七）帖康節先生（邵雍，一〇一一－一〇七七）詩，楊文靖（楊時，一〇五三－一一三五），陳忠肅（陳瓘，一〇五七－一一二二）二公跋語。故皆藏楊氏，而屏山劉氏（劉子翬，一一〇一－一一四七）得之。熹因借本摹刻以傳學者」㉘。時爲紹熙四年癸丑（一一九三）。

○(37)康節墨蹟。文集云，「得子澄（劉清之，一一三九—一一九五）書云，書府有康節先生墨蹟，甚奇。輒欲就請摹刻，以垂學者。並謂一兩月可了，卽專人還納也」㉙。果摹刻否不可知，然大可假定也。

○(38)武侯制表中語。王懋竑（一六六八—一七四一）朱子年譜淳熙六年己亥（一一七九）作臥龍菴祀諸葛武侯（諸葛亮，一八一—二三四）下引洪去蕪改訂朱子年譜（一七〇〇）云：「繪諸葛武侯像於堂中。書武侯制中語，『洪毅忠壯，忘身憂國。鞠躬盡力，死而後已』一十六字於楣間。後又越數百步，面龍潭作亭」。葉公回校（一四三一）朱子年譜與戴銑著朱子實紀（一五〇六），均早洪去蕪本二三百年。建臥龍事則繫於淳熙七年庚子（一一八〇），又謂書十六字於亭之楣間。沒論誰是，楣早已不存。

○(39)「存齋」。「予吏同安……，得許生升之（字順之，福建泉州同安縣人）之爲人而敬愛之。比予之辭吏也，請與俱歸，以共卒其滿業焉。……一日，生請於予曰，『……吾親……築……室……而居焉。……敢請所以名之』。……因念……孟氏所謂存其心者㉚。於是以存名其齋。……因書以授之，俾歸刻焉。紹興二十八年戊寅（一一五八）九月……」㉛。

○(40)「敬恕」。福建莆陽陳師中，名守，朱子門人。朱子題其書室曰「敬恕」，且爲之銘㉜。

㉗ 同上，頁二十三至二十四。

㉘ 文集，卷八十三，書橫渠康節帖後，頁八上。

㉙ 同上，別集，卷四，致向伯元第一書，頁七上。

㉚ 孟子，盡心篇第七上，第一章。

㉛ 文集，卷七十七，存齋記，頁六上下。

㉜ 同上，卷八十五，敬恕齋銘，頁三上。

(一一〇)朱子不肯揮毫

朱子甚喜揮毫。大字小字，行書楷書，均樂意爲之。然亦有不肯執筆者。文集語類，查有數起。錄之如下：

(1)朱子書閣上只扁南軒(張栻，一一三三—一一八〇)「藏書」二字。鎭江一富兄託過熹求書其家齋額，不許，因云，「人家何用立牌榜？且看熹家何曾有之」❶？

(2)門人吳振，字子奇，(浙江)鄞縣人。淳熙十四年(一一八七)進士。一一九一以後師事朱子于建陽。某日登朱子藏書閣，見壁上有銘。請朱子書之，刻置社倉書樓之上。朱子曰，「只是以此記書厨名。待爲别做」❷。

(3)朱子因人求墓銘，曰，「吁嗟！身後名於我如浮煙。人既死了，又要這物事做甚」？或曰，「先生語此，豈非有爲而言」？曰，「也是。既死去了，待他說是說非，有甚干涉」？又曰，「所可書者，以其有可爲後世法。今人只是虛美其親。若有大功大業，則天下之人，都知得了。又何以此爲？且人爲善，亦自是本分事。又何必須要恁地寫出」❸？朱子寫墓銘

❶ 語類，卷一〇七，第六十一條(頁四二五四)。
❷ 同上，第六十二條(頁四二五五)。
❸ 同上，第六十四條(頁四二五五)。

多矣。莫非自相矛盾？然其所書者，皆可爲後世法，而非徒務虛美其親也。

(4)語類又載（江西）信州一士人爲其先人求墓牌。朱子不許。請之不已，又卻之。臨別送出，舉指云，「贈公務實二字」❹。

(5)語類又載陳一之求朱子書「涵養須用敬，進學則在致知」❺字，以爲觀省之益。曰，「持敬不用判公憑」。終不肯寫❻。

(6)符國瑞嘗請書墓額。朱子復之曰，「所需墓額，偶苦臂痛不能寫。然仁人孝子所以顯其親者，正亦不在此也」❼。符國瑞名里不詳。考亭淵源錄與儒林宗派均錄爲弟子，然乏證據。朱子復書云，「辱書具道爲學之志，又見令叔爲言曲析，甚善。既有此志，且當勉力。未可便肆虛談，厭本求末」❽。書稱令叔，則非門徒可知。其叔不知是否符叙抑符初。果爾，則國瑞建昌❾人也。虛談厭末，卽指江西陸象山（一一三九—一一九三）派學風。以此而無意寫字，未可知也。

(7)門人傅定，字敬子，（浙江）義烏縣人。黨禁起，學者懼禍，更事他師，惟傅定仍從朱子講學不輟。朱子答傅敬子書，謂「所欲大字及二卦說，尤是兒戲。若眞實功夫，何用此等裝飾耶」❿？朱子訓傅定語其讀書須是心虛一而靜⓫。蓋欲其下眞工夫而不外求也。

(8)與趙師雍書，亦同一口氣。師雍字然道，宋宗室燕王之後，（浙江）臺州黃岩縣人。游于朱子陸象山之門。有書致朱子謂棄一官如棄涕唾。又謂恨不及見二先生論辨有所底止。朱子復書云，「何始慮之不審，而乃爲此傲睨之詞耶？……老拙之學雖極淺近，……豈今垂老而肯以其千金易人之弊帚者哉？……所喻寫孟子字多不暇。三大字適冗亦未及作。然此亦何能有助于學，而徒使老者勞于揮染耶」⓬？朱子不免生氣，然陸子之徒，多自信自傲，朱子當不欲殉其情以長其傲也。考亭淵源錄以師雍爲朱子叛徒，無非門戶之見。朱子之不允揮毫，斷非因其同依陸氏也。

(9) 答陳同甫（陳亮，一一四三—一一九四）書云，「大字甚荷不鄙。但尋常不欲爲寺觀寫文字，不欲破例。此亦拘儒常態，想又發一笑也。寄來紙卻爲寫張公（張嵲，字巨山，壯年一一四六）集句坐右銘去，或恐萬一有助於積累涵養，睟面盎背之功耳」⑬。

④ 同上，第六十四條（頁四二五五）。
⑤ 程頤（一〇三三—一一〇八）語，見遺書（四部備要二程全書本），卷十八，頁五下。
⑥ 語類，卷十二，第一二七條（頁三四三）。
⑦ 文集，卷五十五，復符國瑞書，頁二十二上。
⑧ 同上。
⑨ 今江西永修縣。
⑩ 文集，卷六十二，答傅敬子書，頁二十上。
⑪ 語類，卷一二〇，第十七條（頁四六〇六）。
⑫ 文集，卷五十五，答趙然道書，頁二十七下至二十八上。
⑬ 同上，卷三十六，答陳同甫第六書，頁二十一下。

（一一二）朱子評論書法

「朱子語類」卷一三九至一四〇論文凡二三百條。以論文論詩爲多，論書絕少。今並文集所選，錄之于下：

(1) 書字銘。「明道先生（程顥，一〇三二—一〇八五）曰，『某書字時甚敬。非是要字好。只此是學』❶。握管濡毫，伸紙行墨。一在其中，點點畫畫。放意則荒，取姸則惑。必有事焉❷，神明厥德」❸。

(2) 「筆力到則字皆好（註：不曰有筆力）如胷中別樣，卽『動容周旋中禮』❹」❺。

(3) 「寫字不要好時卻好」❻。

(4) 問，「何謂書窮八法」？曰，「只一點一畫，皆有法度。人言『永』字體具八法」❼。

(5) 「尤延之（尤袤，一一二七—一一九四）論古人筆法來處，如周太史奠世係，眞使人無間言」❽。

(6) 「先生喜韓（韓愈，七六八—八二四）文宴喜亭記及韓弘碑」。注云，「碑老年筆」❾。

(7) 朱子評向薌林（向子諲，一〇八六—一一五三）家藏邵康節（邵雍，一〇一一—一〇七七）親寫陶（陶潛，三六五—四二七）詩一册云，「某細看亦不是康節親筆。疑熙（寧）（元）豐（一〇六八—一〇八五）以後人寫，蓋贗本也。蓋康節之死，在熙寧二三年（一〇六九—一〇七〇）間，而詩中避畜諱，則當是熙寧以後書。然筆畫嫩弱，非老人筆也」⑩。

(8)「字被蘇（蘇軾，一〇三七—一一〇一）黃（黃庭堅，一〇四五—一一〇五）胡亂寫壞了。近見蔡君謨（蔡襄，一〇一二—一〇六七）一帖。字字有法度，如端人正士，方是字」⑪。

(9)「論書因及東坡（蘇軾）少壯老字之異。注云，『南康⑫有人有一卷如此』。因說南軒（張栻，一一三三—一一八〇）喜字，然不甚能辨。注云，『因有一僞書東坡字，不好。南軒以「端莊」題之』。因論麄衣易不難辨。南軒以快之故。注云，『嘗勸其改一文。曰，「改亦

---

❶ 遺書（四部備要二程全書本），卷三，頁二上。
❷ 孟子，公孫丑篇第二上，第二章。
❸ 文集，卷八十五，書字銘，頁四上。
❹ 孟子，盡心篇第七下，第三十三章。
❺ 語類，卷一四〇，第一〇〇條（頁五三五九）。
❻ 同上，第一〇一條（頁五三五九）。
❼ 同上，第一〇二條（頁五三六〇）。
❽ 文集，卷八十二，跋，頁二下。
❾ 語類，卷一三九，第三十一條（頁五三〇八）。
❿ 同上，卷一四〇，第七條（頁五三四〇）。
⓫ 同上，第九十四條（頁五三五八）。
⓬ 故治今江西星子縣。

只如是。不解更好了」』」⑬。

⑽「子瞻（蘇軾）單勾把筆。錢穆父（錢勰，一〇三四—一〇九七）見之，曰，『尚未能把筆邪』？」⑭。

⑾「山谷（黃庭堅）不甚理會得字，故所論皆虛。米老（米芾，一〇五一—一一〇七）理會得，故所論皆實」⑮。

⑿「魯直（黃庭堅）論字學，只好于印册子上看。若看碑本，恐自未能如其所言」⑯。

⒀「字法在黑內。黃魯直論得玄甚。然其字卻且如此」⑰。

⒁「南海諸蕃書，煞有好者。字畫遒勁。……古人篆籒，筆墨雖多，然無一筆可減。今字如此簡約，然亦不可多添一筆。便是世變自然如此」⑱。

⒂「鄒德久（鄒柄，壯年一一二六）楷書大學，今人寫得如此，亦是難得。只如黃魯直書，自謂人所莫及。自今觀之，亦是有好處。但自家既是寫得如此好，何不教他方正？須要得恁欹斜則甚。又他也非不知端楷爲是，但自要如此寫。亦非不知做人誠實端慤爲是，但自要恁地放縱」。……問，「張于湖（張孝祥，一一三二—一一六九）字，何故人皆重之」？曰，「也是好。但是不把持，愛放縱。本朝如蔡忠惠（蔡襄）以前，皆有典則。及至米元章（米芾）黃直魯諸人出來，便不肯恁地」⑲。

⒃贈筆工蔡藻：（福建）建安蔡藻以筆名家。其用羊毫者尤勁健。予是以悅之。藻若去此而游於都市，蓋將與曹忠輩爭先云」⑳。

⒄跋張巨山帖：「近世之爲詞章字畫者，爭出新奇，以投世俗之耳目。求其蕭散澹然絕塵，如張公（張嵲）者，殆絕無而僅有也。……」㉑。

(18) 奉題李彥中所藏俞侯墨戲：「不是胸中飽丘壑，誰能筆下吐雲煙？故應祇有王摩詰（王維，六九九－七五九），解寫離騷極目天」㉒。

(19) 題荊公帖：「先君子自少好學荊公（王安石，一〇二一－一〇八六）書。家藏遺墨數紙，其僞作者，率能辨之。……今觀此帖，筆勢翩翩，大抵與家藏者不異。恨不使先君見之」㉓。

(20) 又題荊公帖：「……今觀此卷，乃知其爲臨寫本也」㉔。

(21) 題力命帖：力命表舊惟見近世刻本。今乃得見貞觀（六二七－六四九）所刻，深以自

⑬ 語類，卷一四〇，第九十五條（頁五三五九）。
⑭ 同上，第九十六條（頁五三五九）。
⑮ 同上，第九十七條（頁五三五九）。
⑯ 同上，第九十八條（頁五三五九）。
⑰ 同上，第九十九條（頁五三五九）。
⑱ 同上，第一〇二條（頁五三五九至五三六〇）。
⑲ 同上，第一〇三條（頁五三六〇）。
⑳ 文集，卷七十六，贈筆工蔡藻，頁三十二下。
㉑ 同上，卷八十一，跋張巨山帖，頁二十四上。
㉒ 同上，卷九，奉題李彥中所藏俞侯墨戲，頁九下。
㉓ 同上，卷八十二，題荊公帖，頁三上。
㉔ 同上。

幸。然字小目昏，殆不能窺其妙處，又愧其見之晚也。他日見右方諸公，當請問焉。又未知其所見與予果如何耳」㉕。

(22)題法書：「予舊嘗好法書。然引筆行墨，輒不能有毫髮象似，因遂懶廢。今觀此帖，益令人不復有餘念。今人不及古人，豈獨此一事？推是以往，庶乎其能自彊矣」㉖。

(23)題曹操帖：「余少時曾學此表。時劉共父（劉珙，一一二二—一一七八）方學顏（顏眞卿，七〇九—七八五）書鹿脯帖。余以字畫古今誚之。共父謂予，『我所學者唐之忠臣，公所學者漢之篡賊耳』。時予默然亡以應。今觀此謂天道禍淫，不終厥命㉗者，益有感於共父之言云」㉘。

(24)跋朱喻二公法帖：「書莫盛於唐，然人各以其所長自見，而漢唐之楷法遂廢。入本朝來，名勝相傳，亦不過以唐人爲法。至於黃（黃庭堅）米（米芾）而欹傾側媚，狂怪怒張之勢極矣。近歲朱鴻臚（朱敦儒，約一〇八〇—約一一七五）喻工部（喻樗，建炎三年己酉，一一二九，進士）者出，乃能超然遠覽，追迹元常（鍾繇，一五一—二三〇）於千載之上，斯已奇矣。故嘗集其墨刻，以爲此卷，而尤以樂顏書相鶴經爲絕倫。不知鑒賞之士以爲如何也」㉙。

(25)跋米元章帖：「米老（米芾）書如天馬脫銜，追風逐電。雖不可範以馳驅之節，要自不妨痛快。……」㉚。

(26)「跋黃山谷帖：「此朱希眞（朱敦儒）書也。……希眞書自不凡，老筆尤放逸。此雖其少作，蓋亦可藏也」㉛。

(27)跋王荆公進鄴侯遺事奏藁：「先君子少喜學荆公書。每訪其蹟，晚得此藁。……而獨愛其紙尾三行，語氣凌厲，筆勢低昂，尚有以見其跨越古今，斡旋宇宙之意。……」㉜。

(28) 跋蔡神與絕筆：「友生蔡君季通（蔡元定，一一三五－一一九八），一日奉書一卷以示熹，而泣拜且言曰，『此先人絕筆之書也。……』。其字畫壯偉，意氣閒暇。……」㉝。神與名發，生卒年不詳。

(29) 跋邵康節檢束二大字：「康節先生自言大筆快意，而其書蹟謹嚴如此。豈所謂『從心所欲，而自不踰距』㉞者耶」㉟。

(30) 跋十七帖：「……此本馬莊甫（名子嚴）所摹刻也。玩其筆意，從容衍裕，而氣象超然。不與法縛，不求法脫。眞所謂一一從自己胷襟流出者。竊意書家者流，雖知其美，而未

㉕ 同上，題力命帖，頁三上下。
㉖ 同上，題法書，頁四上。
㉗ 書經，商書，湯誥第三節至第九節云，「天道福善禍淫，……尙克時忱，乃亦有終」。
㉘ 文集，卷八十二，題曹操帖，頁四上。曹操（一五五－五〇〇）篡漢，故云。
㉙ 同上，跋朱喻二公法帖，頁五上下。
㉚ 同上，跋米元章帖，頁六下。
㉛ 同上，跋黃山谷帖，頁二十三上。
㉜ 同上，卷八十三，跋王荆公進鄴侯遺事奏藁，頁三下。
㉝ 同上，跋蔡神與絕筆，頁六上下。
㉞ 論語，爲政篇第二，第四章。
㉟ 文集，卷八十三，跋邵康節檢束二大字，頁二十三上。

必知其所以美也。……」㊱。

(31) 跋杜祁公與歐陽文忠帖：「杜公（杜衍，九七八—一〇五七）以草書名家，而其楷法清勁，亦自可愛。諦玩心畫，如見其人」㊲。歐陽文忠卽歐陽修（一〇〇七—一〇七二）。

(32) 跋東方朔畫贊：「平生所見東方生（前一五四—前九三）畫贊，未有如此本之精神者。筆意大槩與賀捷表曹娥碑相似。不知何人所刻？石在何處？是可寶也」㊳。

(33) 跋韓魏公與歐陽文忠公帖：「張敬夫（張栻）嘗言平生所見王荊公書，皆如大忙中寫。不知公安得有如許忙事。此雖戲言，然實切中其病。今觀此卷 因省平日得見韓公（韓琦，一〇〇八—一〇七五）書蹟，雖與親戚卑幼，亦皆端嚴謹重，略與此同。未嘗一筆作行草勢。蓋其胷中安靜詳密，雍容和豫，故無頃刻忙時，亦無纖芥忙意。與荊公之躁擾急迫，正相反也。……」㊴。

(34) 跋朱希眞所書道德經：「巖壑老人（朱敦儒）小楷，道德經二篇，精妙醇古。近世楷法如陳碧虛（陳景元，一一〇〇後卒）之相鶴，黃長睿（黃伯思，一〇七九—一一一八）之黃庭，皆所不及。……」㊵。

(35) 跋張安國帖：「安國（張孝祥，一一三二—一一六九）天資敏妙。文章政事，皆過人遠甚。其作字多得古人用筆意。使其老壽，更加學力，當益奇偉。……」㊶。

(36) 跋山谷宜州帖：「山谷宜州書最爲老筆，自不當以工拙論。但追想一時忠賢流落爲可歎耳」㊷。

(37) 跋蔡端明帖：「蔡公（蔡襄）書備衆體。此卷評書一紙，獨有歐（歐陽詢，五五七—六四一）虞（虞世南，五五八—六三八）筆意，甚可愛也」㊸。

(38) 跋東坡帖：東坡筆力雄健，不能居人後。故其臨帖，物色牝牡，不復可以形似校量，而其英風逸韻，高視古人，未知其孰爲後先也。……」㊹。

(39) 跋曾南豐帖：「余年二十許時，便喜讀南豐先生（曾鞏，一〇一九—一〇八三）之文，而竊竊慕效之。竟以才力淺短，不能遂其所願。今五十年乃得見其遺墨。簡嚴靜重，蓋亦如其爲文也」㊺。

(40) 跋徐騎省所篆項王亭賦後：「騎省（徐鉉，九一七—九九二）自言晚乃得請匾法。今觀此卷，縱橫放逸，無毫髮姿媚意態。其爲老筆亡疑。……」㊻。

㊱ 同上，卷八十四，跋十七帖，頁七下。
㊲ 同上，跋杜祁公與歐陽文忠帖，頁八下。
㊳ 同上，跋東方朔畫贊，頁八下。
㊴ 同上，跋韓魏公與歐陽文忠公帖，頁十一上。
㊵ 同上，跋朱希眞所書道德經，頁十一下。
㊶ 同上，跋張安國帖，頁十五上。
㊷ 同上，跋山谷宜州帖，頁十五下。
㊸ 同上，跋蔡端明帖，頁十五下。
㊹ 同上，跋東坡帖，頁十六上。
㊺ 同上，跋曾南豐帖，頁十六上。
㊻ 同上，跋徐騎省所篆項王亭賦後，頁二十七下。

(41) 朱子祭其外兄程允夫（程洵），有「又視其字畫謹好，詞氣安閑」贊語㊼。

(42) 紹興五年甲寅（一一九四）朱子安撫湖南，復興嶽麓書院。學子雲集，乃臨江建湘西精舍，得樞使王謙仲（王藺）書扁牓，故答王樞使云，「湘西扁牓，饒宰（饒幹，字廷老，淳熙，一一七四—一一八九，進士）寄示，得以仰觀。非惟健筆縱橫，勢若飛動，而心畫之正，結體之全，足使觀者魄動神竦，甚大惠也。……」㊽。

(43) 王羲之（三二一—三七九）「鶩」字。廬山博物館藏有王羲之「鶩」字大字。四邊贊跋甚多。上端爲蘇軾朱熹等人之題跋。朱子跋云，「落霞深浦，遊霧縈空。金砂銀礫，蚌質珠胎。驚蛇入草，飛鳥出林。意隨筆先，翰逸神飛。衆衆之妙，此幅盡得矣。己卯（一一五九）春二月十有八日朱熹跋」。此跋不見文集卷八十一至八十四題跋。卷八十二題右軍帖則評其「隨事行藏，……右軍（王羲之）未必能踐斯言也」㊾。不知此跋是否可靠。

(44) 南軒文集卷二十三，頁十一下云，「前時來書中諭及狄梁公（狄仁傑，六〇七—七〇〇）書法，甚善。使梁公親聞之，亦當爲法，愛惡無所辭。此義烏可不立也」㊿？此義如何，則不可考。

㊼ 同上，卷八十七，祭程允夫文，頁二十下。

㊽ 同上，續集，卷七，答王樞使，頁四下。

㊾ 同上，正集，卷八十二，題右軍帖，頁四下。

㊿ 南軒先生文集（近世漢籍叢刊本），卷二十一，答朱元晦秘書第五十五書，頁十一下，總頁七三四。

（一二）諸家評朱子之書法

(1) 陶宗儀（壯年一三七〇）曰，「朱子繼續道統，優入聖域，而於翰墨，亦加之功。善行草，尤善大字。下筆卽沉著典雅。雖片紙隻字，人爭珍秘之」❶。

(2) 宋濂（一三一〇—一三八一）曰，「文公書，韻度潤逸」❷。

(3) 王世貞（一五二六—一五九〇）曰，「觀晦翁書，筆勢迅疾。曾無意于求工，而無一不合書家矩矱。豈所謂動容周旋中禮❸者耶」❹？

(4) 明詹景鳳曰，「嘗見朱子尺牘數紙，蓋法魯公爭坐書。卽行邊添注，亦復宛然。意致蒼鬱，沉深古雅。有骨有筋有韻。而不以書名，固以學掩之」❺。魯公指顏眞卿（七〇九—七八五）。

(5) 正統八年癸亥（一四四三）潮州府海陽縣儒學教諭三山晏寧，題晦庵翰墨卷後云，

❶ 民國六十四年（一九七五）洪陸東，董開章，與李業合編之朱子翰墨簡介引。
❷ 同上。
❸ 孟子，盡心篇第七下，第三十三章。
❹ 同上註❶。
❺ 同上註❶。

「右晦菴翰墨文卷，乃有宋沈著舜卿出雜色倭紙，奉邀朱文公走書晉彭澤令陶淵明（陶潛，三六五—四二七）歸去來辭。……曩昔晦菴然舜卿之請，不他銘記書，而是特筆者，當喝疾之作楚，景慕淵明之淸致，遂有乘興捉筆，不覺終篇之詎。……顧其筆勢遒勁，天機逸發。如枯籐朽木，雲舒霧斂。當爲公平生所書第一帖。且自謂余嘗病紙大滑筆浮而字畫不能工，是卽大易謙光之微意」❻。

(6) 宋朱熹書翰文稿云，「朱熹平時自謂性不善書。實際上，他對於書法還是下過很深工夫的。他的字從漢魏入手，追摹鍾繇（一五一—二三〇）。容臺集說，『朱晦翁自榜額外不多見。端州友石臺記近鍾太傅（鍾繇）法，亦復有分隸意』。此外他還臨寫過曹操（一五五—二二〇）的書法。但朱氏並不以追摹古人爲滿足，而要求做到『不與法縛，不求法脫，……一一從自己胸襟流出者』❼。故其『筆勢迅疾。雖無意於求工，但其點畫波磔，又無一不合書家矩矱』」❽。

(7) 錢大昕（一七二八—一八〇四）評朱子書繫辭傳云，「筆法險勁，精采四射，殊可喜也」❾。

(8) 董穎有詩贊朱子筆法（參看頁六八八之⒇）。❿。

❻ 載宋朱熹吳說墨蹟（臺北，國立故宮博物院，一九七〇，故宮法書第十輯），頁四上至六上。

❼ 文集，卷八十四，跋十七帖，頁七下。

❽ 同上註⓫。

❾ 宋朱熹書翰文稿（北京，北京文物出版社，一九六一），卷末楊仁愷——附記。

❿ 金石文跋尾，（潛研室全書，光緒十年甲申，一八八四，本），卷十六，朱文公書，頁十二下。

（一一三）畫人朱熹

相傳朱子曾對鏡寫眞，遺跡至今猶存。此事可信與否，當另立論（參看頁八十「朱子畫像」條）。然朱子之畫像，則有文集記載可查。朱子曾撰畫贊多篇。今先考其是否畫其所贊之像。五夫里劉氏宗譜有朱子所撰像贊三篇，不見文集（參看頁二〇一「五夫里」條）。只云撰，則像非朱子所繪可知。文集有六先生畫像贊，張敬夫畫象贊，呂伯恭畫象贊，陳明仲畫象贊，與程正思畫象贊❶。呂像明言爲潘叔度（潘景憲，隆興元年癸未，一一六三，進士）所畫，其他只云朱子爲之贊而不云畫並贊，則非朱子所畫矣。然文集此等象贊之後卽載書畫象自警。諸家謂此爲六十一歲對鏡自像。此而可信，則所贊之象，除呂像外，亦朱子所繪矣。

文集隨着有聚星亭畫屏贊，贊云，「考亭陳氏，故有離榭，名以聚星。蓋取續陽秋語。中更廢壞，近始作新。適邇敝廬，因得相其役事。旣又爲之本原事迹，畫著屛上，並爲之贊，以視來者云」。其事迹爲何？筆勢爲何？今皆不可考。然朱子重點在史實，可斷言也。陳氏指漢之陳實，字仲弓（一〇四一一八七）。「聚星」則檀道鸞續晉陽秋「陳仲弓……時德星聚」之語❷。朱子對漢代與陳實事實，非常謹愼。曾致書友人鞏仲至（鞏豐，淳熙十一年甲辰，一一八四，進士）數通，往復商量。函云，「彼中亦有畫手能以意作古人事跡否？此間門前衆人作一小亭，舊名聚星。今欲於照壁上畫陳太丘（陳實）見荀朗陵事，而無可屬筆者，甚以

❶ 文集，卷八十五，頁九上至十一上。

❷ 同上，卷六十四，答鞏仲至第十九書，頁十六上。

爲撓。今錄其事之本文去，幸試爲尋訪能畫者，令作一草卷寄及爲幸。但以兩幅紙爲之，此間却自可添展也」❸。既云此間無可屬筆，又云可以添展，則添展者必是朱子本人。換言之，朱子參加此事，不但考據史實，找尋畫手，而亦可以添筆爲之潤色也。

後函又云，「聚星閣此亦已令草草爲之。市工俗筆，殊不能起人意。亦嘗輒爲之贊。今謾錄去，幸勿示人也」❹。如是則畫者爲市工，而朱子或未爲之添展矣。又一書云，「所畫陳荀聚星事，若作兩段，卽前段當畫太丘乘牛車在塗，而元方等侍行。……凡此未能自決。不知盛意如何。更望相度，及與畫者商量，取令穩當乃佳耳」❺。其後一書續云，「聚星圖此間已令人畫。今詳所寄，大概不甚相遠。但此間者車中堂上有兩太丘，心頗疑之」❻。可知圖稿有所寄與此間兩本，惟俱未滿意。

慶元六年庚申（一二〇〇）正月二十四日，朱子撰贈畫者張黃二生。此卽朱子逝世前四十日。其言曰，「鄉人新作聚星亭，欲畫荀陳遺事於屏間，而窮鄉僻陋，無從得本。友人周元興（名明作）吳和中（名雉）共稱張黃二生之能，因俾爲之。果能考究車服制度，想像人物風采。觀者皆嘆其工」❼。周元興吳和中皆朱子門人，稱之爲友。朱子署「贈張彥悅黃某」，則稱二生。可知張黃必非門人而是鄉學學生也。道南源委記吳雉「從朱子游。……公考究車服制度，時稱博雅」❽，蓋未考朱子贈張黃二生之文耳。

如上所述，朱子只能潤色。然下列三事，則可能證實朱子確曾畫像。

朱子致方士繇（字伯謨，一一四八——一一九九）書云，「近作得六先生畫象贊，謾錄去。煩呈令舅一觀，求其未當處。旦夕畫成，當並以拜浼，早得刊定爲幸耳」❾。既云「旦夕畫成」，則朱子自畫可知。

淳熙六年己亥（一一七九）朱子在江西廬山築臥龍菴，「既又緣名潭之義，畫漢丞相諸葛公（名亮，一八一—二三四）之象，寘之堂中，而故友張敬夫（張栻，一一三三—一一八〇）嘗爲賦詩，以紀其事」⑩。張氏詩題云，「南康朱使君始築第，繪諸葛武侯像於其中」。詩有云，「於焉儼繪事，長風超蕭瑟」⑪。此事載葉公回改訂朱子年譜（一四三〇）與戴銑朱子實紀（一五一三）之年譜，系於淳熙七年庚子（一一八〇）。兩譜云，「畫諸葛武侯像於堂中，復書武侯制表中語，『洪毅忠壯，忘身憂國。鞠躬盡力，死而後已』一十六字於亭之楣間」。王懋竑（一六六八—一七四一）朱子年譜考異已改正爲淳熙六年己亥（一一七九）矣。

紹熙三年壬子（一一九二）跋尹和靜（尹焞，一〇七一—一一四二）帖云，「河南尹君來自（江西）臨川，出示其大父和靜先生遺像及手書，歐陽文忠公（名修，一〇〇七—一〇七二）所作三志。仰瞻伏讀，不勝敬歎。既模其像以藏於家，尹君又俾記於誌文之後」⑫。

③ 同上，答翟仲至第十七書，頁十三下。
④ 同上，答翟仲至第十八書，頁十五上。
⑤ 同上，答翟仲至第十九書，頁十六上。
⑥ 同上，答翟仲至第二十書，頁十六下。
⑦ 同上，卷七十六，贈畫者張黃二生，頁三十二上。
⑧ 道南源委（正誼堂全書本），卷四，吳雉傳，頁三下。
⑨ 文集，卷四十四，答方伯謨第七書，頁二十一下。
⑩ 同上，卷七十九，臥龍菴記，頁一下。
⑪ 南軒先生文集（近世漢籍叢刊本），卷三，頁十二下至十三上，總頁一九四至一九五。

⑫文集，卷八十三，跋尹和靖帖，頁五上。

畫六君子武侯像與模尹和靖像，有明證矣，而門人黃榦（一一五二—一二二一）朱子行狀又謂「文詞字畫，騷人才士，疲精竭神，常病其難。至先生未嘗用意，而亦皆動中規繩，可爲世法」⑬。似指朱子所畫，不止一體，水準均高。門人李方子（嘉定七年甲戌，一二一四，進士）亦云，「外至文章字畫，亦皆高絕一世。蓋其包涵停蓄，溥博淵泉，故其出之者自若其無窮也」⑭，則言其神韻之至，爲一時之冠。獨惜遺蹟今已無存，大概明末尚有。陳繼儒（一五五八—一六三九）以「朱紫陽畫，深得吳道子（七九二年卒）筆法」⑮。陳氏必曾親見朱子作品，而非塗說之聞也。朱子跋吳道子畫，以「吳筆之妙，冠絕古今。蓋所謂不思不勉，而從容中道者，玆其所以爲畫聖與」⑯！陳繼儒謂朱筆有道子風，而黃榦亦謂其未嘗用意而動焉中矩，則其特點，乃在其不勉而中也。

朱子亦曾品評吳道子筆法。語類一條云，「祕書省畫得唐五王及黃番，綽明皇之類，恐是吳道子畫。李某跋之，有云『畫當如蓴菜』。某初曉不得。不知它如何說得數句恁地好。後乃知他是李伯時外甥。蓋畫須如蓴菜樣滑方好。須是箇圓滑時方妙」⑰。

以上朱子品評與品評朱子，均在筆法。至於畫意，則朱子似乎偏重理性。其論王維（六九九—七五九）云，「雪裏芭蕉，他是會畫雪。只是雪中無芭蕉。他自不合畫了芭蕉。人卻道他會畫芭蕉，不知他是誤畫了芭蕉」⑱。朱子不知曾見沈括（一〇三一—一〇九五）夢溪筆談否。沈括云，「予家所藏摩詰（王維）畫袁卧安雪圖，有雪中芭蕉。此乃得心應手，意到便成。故造理入神，迴得天意。此難可與俗人論也」⑲。「得心應手」，與「從容中道」同義。不過朱重道義，沈重藝術，觀點不同，無聖俗之異也。評蘇東坡（蘇軾，一〇三七—一一〇一）畫，亦從畫意着眼。題東坡枯木怪石云，「蘇公此紙，出於一時滑稽詼笑之餘，初不經意。而其傲風霆閱古今之氣，猶足以想見其人也」⑳。但題另幅怪石則云，「東坡老人英秀後凋之操，堅確不移之姿，竹君石友，庶幾似之。百世之下，觀此畫者，尙可想見也」㉑。又跋米元章（米芾，一〇五一—一一〇七）下蜀江山圖云，「當是此老胸中丘壑。最殊勝處，時一吐出，以寄眞賞耳」㉒。

朱子亦尙表情。如其跋唐人暮雨牧牛圖云，「雖不識畫，而知此畫之爲眞牛也。彼其前者，卻顧而徐行，後者驤首而騰赴。目光炯然。眞若相語以雨，而相速以歸者。覽者未必知也」㉓。

---

⑬ 勉齋集，（四庫全書珍本），卷三十六，頁四十五下。
⑭ 李方子，朱子事實。戴銑，朱子實紀（近代漢籍叢刊本），卷十，頁十八上，總頁五一三。
⑮ 太平清話（寶顏堂祕笈本），卷三，頁五下。
⑯ 文集，卷八十四，跋吳道子畫，頁九上。
⑰ 語類，卷一三八，第八十九條（頁五二八〇）。
⑱ 同上，第九十條（頁五二八一）。
⑲ 夢溪筆談（四部叢刊本），卷十七，書畫，頁二上。
⑳ 文集，卷八十四，跋張以道家藏東坡枯木怪石，頁二十下。
㉑ 同上，跋東光澤家藏東坡竹石，頁二十二下。
㉒ 同上，卷八十四，跋米元章下蜀江山圖，頁十五下。
㉓ 同上，卷八十三，跋唐人暮雨牧牛圖，頁五下。

朱子嘗藏陸探微（五世紀）畫，舉以贈外孫。與黃榦書云，「輅孫（黃榦之子）不知記得外翁否？渠愛壁間獅子。今畫一本與之。可背起與看，勿令揉壞卻也。此是陸探微畫，東坡集中有贊。願他似此獅子，奮迅哮吼，令百獸腦裂也」㉔。輅尚稚年，勉以壯志，亦至自然。然嘗致書鞏仲至嘆「閩中人不好事，畫筆幾絕」㉕，又謂「名畫想多有之。性甚愛此而無由多見。他時經由，得盡攜以見顧，使獲與寓目焉，千萬幸也」㉖。又嘗嘆「古人繪事，未必有今人花巧」㉗。其意猶論語之「繪事後素」㉘。故其註云，「考工記曰，『繪畫之事，後素功』。謂先以粉地爲質，而後施五采。猶人有美質，然後可加文飾」㉙。彼云，「論語愈看愈見滋味。……一般人看畫，只見得是畫一般。識底人看，便見得他精神妙處」㉚。所謂精神妙處，仍舊是理，仍舊是文以載道。

㉔ 同上，續集，卷一，答黃直卿第四十書，頁十二上。
㉕ 同上，正集，卷六十四，答鞏仲至第二十書，頁十六下至十七上。
㉖ 同上，答鞏仲至第十七書，頁十三下。
㉗ 語類，卷二十五，第四十八條（頁九八七）。
㉘ 論語，八佾篇第三，第八章。
㉙ 論語集註，註上章。
㉚ 語類，卷十九，第四十四條（頁六九九）。

（一一四）朱子嗜金石兩則

朱子收藏金石不少，題跋亦多。今錄兩則，以見其對於金石之興趣與貢獻。家藏石刻序云，「予少好古。金石文字，家貧不能有其書。獨取歐陽子（歐陽修，一〇〇七—一〇七二）所集錄（集古錄），觀其序跋辨證之辭以爲樂。遇適意時，恍然若手摩挲其金石，而目了其文字也。既而又悵然，自恨身貧賤，居處屏遠，弗能盡致所欲得如公之爲者，或寢食不怡竟日。……得故先君子時所藏與熹後所增益者，凡數十種。雖不多，要皆奇古可玩。悉加標飾，因其刻石大小施橫帕，懸之壁間。坐對循行臥起，恒不去目前。不待披篋篋卷舒把玩而後爲適也」❶。此爲紹興二十六年丙子（一一五六）朱子二十七歲時所撰。以後收藏多少，不得而知。然必數倍於此也。又題歐公眞蹟云，「集錄金石，於古初無。蓋自歐陽文忠公始」❷。

高令印教授云，「朱熹在（福建）同安任職期間，經常到泉州。朱熹胸襟開闊，拋棄官吏和文人陋俗，能與當地下層人士接近，教授其從事金石鐫刻，培養工藝人材，促進了泉州木刻書版事業的發展。據考查，泉州歷代書版刻工俱出於近郊深門的田庵等村，其祖傳的刻藝

❶ 文集，卷七十五，家藏石刻序，頁二上下。

❷ 同上，卷八十二，題歐公金石錄序眞蹟，頁二上。

是朱熹傳給的。吳堃在泉州的木版鐫刻和書坊中說：

> 田庵這村落，為洪姓聚族而居。據其故老所述，他們的祖先自宋代卽從安徽省遷泉。他們全族從事於刻版技術，認為與朱熹來泉講學有關。我們訪問過田庵幾位老藝人。俱說他們的一世祖洪榮山，從朱熹學習金石鐫刻。初以鐫刻私章，逐漸發展到木刻乃至書版。……田庵洪氏向朱熹學刻金石成為專業刻版。據田庵舊俗，每當舊曆二月十五日，家家戶戶必須張辦筵席，奉其上刻「祖師朱文公」木牌，輪流祭祀。這一禮節，足證他們刻版藝術是出自朱熹的傳授❸。

高教授指出，朱子撰家藏石刻序，卽在其同安任滿之時，故早年已對金石刻版有濃厚之興趣與深入之研究也❹。

捷按：葉夢得（一〇七七—一一四八）云，「今天下印書，以杭州爲上，蜀本次之，福建爲下」❺。葉比朱子早半世紀。可知朱子之時，福建已是印刷中心。惟其質欠佳。朱子留心版本，經營印務（參看頁一二七，「朱子之印務」條）。諒必對於雕刻，多所指示。刻工感激，奉爲祖師。朱子影響之大，誠足驚人。

❸泉州文史資料，第七輯（一九六二，九月），頁七十五。

❹高令印，朱熹在福建墨迹考釋（論中國哲學史——宋明理學討論會論文集，浙江人民出版社，一九八三），頁三六四至三六五。

❺石林燕語（四庫全書珍本），卷八，頁六上。

（一一五）朱子之聯語

梁章鉅（一七七五—一八四九）楹聯叢話自序云，「楹聯之興，肇於五代之桃符。孟蜀（九三四—九六三）『新年納餘慶，嘉節號長春』十字，其最古也。至推而用之楹柱，蓋自宋人始，而見於載籍者寥寥。然如蘇文忠（蘇軾，一〇三七—一一〇一）、眞文忠（眞德秀，一一七八—一二三五）及朱文公撰語，尚有存者，則大賢無不措意於此矣」❶。茲以朱子聯語留存不少，遠播南北以至日本，乃廣爲搜索，羅列于下。

最先搜輯者爲朱玉（壯年一七二二）。玉爲朱子十六代孫，住福建建陽，卽朱子最後九年所居之地。竹林精舍在焉。玉編朱子文集大全類編一百一十卷，分八册，康熙六十一年壬寅（一七二二）刊。第八册卷二十一，聯，輯錄朱子撰聯二十二則。茲增入號碼，照錄如左。並於數處略加按語：

(1) **佩韋遵考訓，晦木謹師傳。**

梁章鉅楹聯叢話，卷一云，「朱子之父韋齋先生，嘗自謂卞急害道。因取古人佩韋之義爲號。又朱子受業於劉屏山先生。先生有字元晦祝詞云，『交（應作友）朋尙焉，請祝以字，字以元晦，表名之義。本晦於根，春榮華敷。人晦於身，神明內腴』。

---

❶ 楹聯叢話（國學基本叢書本），自序頁一。

此朱子聯語所由出也」。梁氏並謂朱子感於羣小之攻僞學，無意出山，故爲佩韋晦木之思。然此聯只云遵循考訓師傳而已。朱子以「元」爲易經乾卦之元爲元亨利貞之長，不敢當，自稱仲晦。別人尊稱爲元晦，而自稱則仲晦也。韋齋名松（一〇九七—一一四三）。屏山卽劉子翬，字彥沖，世稱屏山先生（一一〇一—一一四七）。居福建崇安縣五夫里。朱子奉父遺命，稟學於屏山（參看頁三十「朱子自稱」條與頁四十一「劉屛山命字元晦祝詞」條）。

(2) 道迷傳聖統，朋誤遠方來。

(3) 愛君希道泰，憂國願年豐。三聯俱竹林精舍。語類云，「先生書所居之桃符云，『愛君……』」。竹林精舍桃符云，『道迷……』下注云，「先是趙昌父（趙蕃，一一四三—一二二九，朱子門人）書曰，「敎存君子樂，朋自遠方來」。故嗣歲先生自易之以此❷。三浦國雄謂「朋誤」之語，乃朱子臨終再用此詞，向門人謝罪❸。然此聯想，大可不必。蔡沈（一一六七—一二三〇）夢奠記記朱子臨終狀況甚詳，無謝罪之記載。但云死前一夕，精舍諸生來問疾。朱子起坐曰，「誤諸生遠來。然道理只是恁地。但大家倡率做些堅苦工夫，須牢固着腳力，方有進步處」❹。三浦以字句相同，旣云與此聯有關，又云謝罪，恐過言耳。

(4) 兩漢帝王冑，三劉文獻家。

(5) 八閩上郡先賢地，千古忠良宰相家。二聯五夫劉氏。

(6) 面山臨水地，積善讀書家。

(7) 瑞日祥雲彌宇宙，春風和氣滿乾坤。

(8) 水雲長日神仙府，禾黍豐年富貴家。三聯俱贈人。

丁傳靖（一八七〇—一九三〇）編宋人軼事彙編引長溪瑣語云，「慶元間（一一九六）朱熹以僞學之禁，避地至長溪❺，相其地山川迴合，臨危不危，臨險不險。遂主於武曲朱氏，託宗人之分，爲題『文章華國，詩禮傳家』一聯於門。又爲一農家書『水雲……』。皆有石刻。後爲一州守取去。當宋元之季，及嘉靖末倭亂，他縣殘破，州獨完。朱之言驗矣」❻。

(9) 縱游湖上襟懷豁，坐對花間笑語喧。

(10) 數枝老幹凌霄漢，一脉清流接泮池。二聯寓豐城龍光書院，爲賴潦淨題。

(11) 一竅有泉通地脈，四時無雨滴天漿。廣信南岩寺文公讀書處。

(12) 神光不昧，萬古徽猷。入此門來，莫存知解。泉州梵天寺法堂門。

(13) 師師僚庶，居安宅而立正位。濟濟多士，由義路而入禮門。建寧府學明倫堂（參看第(15)聯按語）

(14) 十八科解元，勳業文章天地老。五百年故址，壺蘭山水古今新。贈莆田顧氏。

---

❷ 語類，卷一〇七，第六十條（頁四二五四）。

❸ 朱子（東京，講談社，一九七九），頁二五八。

❹ 蔡氏九儒書（同治七年戊辰，一八六八，本），卷六，朱文公夢奠記，頁五十九上。王懋竑、朱子年譜（叢書集成本），卷四之下，頁二二八亦載之。

❺ 故治在今福建東部霞浦縣南三十里。

❻ 宋人軼事彙編（臺北，商務印書館，一九六六），頁八六二。

(15) 學成君子，如龍虎之爲變，而麟鳳之爲祥。德在生民，如雷霆之爲威，而雨露之爲澤。松溪明倫堂。

王壯爲嘗論朱子建寧府學明倫堂十一字聯⒀與松溪縣學明倫堂十六字聯，謂「五七言以外的長聯，似乎也是始于此公」。又云，「朱子的聯文，可說又有了很大的發展。一爲這兩付明倫堂的長聯所示，他們是用文句組成。平仄聲調，不是詩篇而是賦體或駢文的斷片。其形式風格，又是另外的一種」。王氏續云，「研究朱子所撰的聯文，不能證明其有張設在室內的性質。而這副長聯，則可斷其必施于明倫堂柱。不過舊式的大堂建築，內部也有長柱罷了」❼。

(16) 五百年逃墨歸儒，跨開元之頂上。十二峯送青排闥，自天寶以飛來。文公知漳州日，建書舍于天寶鎭山開元寺後頂題此。

(17) 東牆倒，西牆倒，窺見室家之好。前巷深，後巷深，不聞車馬之音。爲漳州一士子題。

(18) 讀聖賢書，行仁義事。存忠孝心，立修齊志。（參看頁七一八「朱子墨蹟」木刻之⒀）。

(19) 克己復禮，清心寡慾。居敬行簡，夙興夜寐。

(20) 道通天地，氣象雲雷。

(21) 孝悌忠信，禮義廉恥。

此聯有石刻，下款「朱熹」。映印載福建協和大學福建文化研究會所編之福建文化❽。下題「朱文公聯語石刻」（參看頁七一五「石刻」之(91)）。

(22) 鳥識玄機，銜得春來花上弄。魚穿地脈，抱將月向水邊香。

黃得時春聯溯源與楹聯類別，據胡君復古今聯語彙選初集第三册「刹宇」云，「鳥識玄機」之聯，乃朱子知漳州時題開元寺云。又謂普通以廟禮對聯始于明，而此聯乃題開元寺。可見已始于宋云云❾。胡氏不知何據。此處朱玉不言題開元寺，而「十二峯」之聯⒃則明言題開元寺後頂之書舍。恐胡氏兩聯相混，而寺又與書舍混。梁章鉅楹聯叢話云，「廟中楹聯，宋元時絕無傳句，大約起于明代」❿，較爲可信。且聯語乃生意最可觀之意，與佛家淨寂，殊不類也。

梁氏卷一採錄上列⑴至⑶⑻⑾⒀⒂至⒅與㉒十一聯。云自朱子全集卷後摘錄而來。實指朱子文集大全類編也。此外又錄一聯：

㉓ **日月兩輪天地眼，詩書萬卷聖賢心。**

並云，「此類尚多。安得有心人爲之一一搜輯乎」？此則捷思有以効一毫之力也。

以下所抄，出處不一，然以語類爲最多：

㉔ **大學戶庭，中庸閫奧。**

㉕ **文章華國，詩禮傳家。**

❼ 王氏之文題爲談對聯，登於臺北五月一日之中央日報。因是剪紙，忘年期。惟報上云是年爲鄭成功復臺三〇九週年，則當是一九七〇年也。

❽ 福建文化，一九三七年，第四卷，第二十四期。

❾ 中華文化復興月刊（一九七七）第十卷，第一期，頁十一。

❿ 楹聯叢話，頁二十七。

捷按：據古田縣志，慶元黨禁時（一一九六），朱子寓古田，往來於三十九都徐廖二大姓，嘗書上列兩聯贈之云⓫。參看上(8)「水雲」聯。

(26) **此地古稱佛國，滿街都是聖人。**

厦門大學哲學系高令印教授撰朱熹在福建遺跡考釋一文云，「現在，泉州安海的山石上遺存有（朱熹手書）「南泉佛國」四個大字。這塊磨崖石刻的思想，反映在朱熹在泉州時手書的一副對聯中。這副朱熹墨蹟對聯題于泉州開元寺門口。可惜這後來失傳了。現在有一音法師補書木刻匾兩塊，錄之如下：『此地古稱佛國，滿街都是聖人。寺門舊有此聯，朱文公撰。久失，爲補書之。戊寅（一九三八）春沙門一音書，佛弟子葉藎眼重刻』⓬。「滿街人都是聖人」爲王陽明傳習錄名句⓭。儒家傳統，人皆可以爲堯舜。爲聖是可能性。王門則以爲是現實性，蓋其主旨乃人人皆有良知也。豈朱子此處已是陽明之先河耶？（參看頁七二二「木刻」之(19)）。

(27) **鳶飛月窟地，魚躍海中天。**（參看頁七〇一「木刻」之(8)）

(28) **日月每從肩上過，江山常在眼中看。**

漳州城只存城東三十里白雲寺柱聯（據高令印一九八二年六月二十日來函，頁十二）（參看頁七〇五「石刻」之(24)）。

(29) **事業興邦，閩海賢才開氣運，文章華國，溫陵甲第破天荒。**

木聯題泉州晉江城北大城隍廟後，歐陽四門祠之不二堂。朱子爲同安主簿時重修之⓮。

(30) **千尋瀑布如飛練，一簇人煙似畫圖。**

此聯刻於山上石柱，在泉州永春縣城西二十六里陳巖山。朱子任同安時，嘗遨遊整日⑮。

(31) **羣趨浴沂水，遙集舞雩風。**

語類註云，「同安日試『風乎舞雩』詩」⑯，則是朱子少年在同安考試之詩句也。

(32) **乾坤歸獨御，日月要重光。**

朱子云，嘗作孝宗挽辭，得此一聯⑰。

(33) **良非子，亡是公。**

語類云，「道家說仙人尸解，極怪異。將死時用一劍一圓藥，安于睡處。少間劍化自己，藥又化作什麼物。自家卻自去別處，去其劍。亦有名謂之良非子。良非之義，猶言本非我也。『良非子』好對『亡是公』」⑱。

⑪ 古田縣志（乾隆十六年辛未，一七五一，本），卷七，寓賢，頁一下。
⑫ 朱熹在福建墨蹟考釋（宋明理學討論會論文集，浙江人民出版社，一九八三），頁三七三。
⑬ 傳習錄，卷下，第三一三「先生鍛鍊」條。
⑭ 據陳香，朱熹留閩遊跡（暢流，第四十二期，一九七〇），頁二十三。
⑮ 同上，頁二十四。
⑯ 語類，卷一四〇，第六十一條（頁五三五一）錄此聯。「舞雩」出論語，先進篇第十一，第二十五章。
⑰ 語類，卷一二七，第七十一條（頁九〇四）。
⑱ 同上，卷一二五，末條（頁四八一五）。

(34) **龍衰新天子，羊裘老故人。**

語類註「意味」二字⑲。

(35) **鹿豕與游，物我相忘之地。泉峯交映，知仁獨得之天。**

此聯傳爲朱子所撰，刻于白鹿洞書院明倫堂入門兩柱。柱之聯誤「豕」字爲「逐」字，可知決非朱子所書。察其意氣，則爲朱子所撰，亦有可能。參看下面(50)。

朱子亦嘗對對，查有如下一次：

(36) **沙邊月趨潮囘，木末風隨葉下。**

語類云，「有僧月夜看海潮得句云，『沙邊月趨潮回』。而無對。因看風飄木葉，乃云，『木末風隨葉下』。雖對不過，亦且如此」⑳。

朱子又出語命人作對，有如下聯：

(37) **一行朔雁，避風雨以南來。萬古陽鳥，破烟雲而東出。**

梁章鉅浪蹟叢談云，「陳北山先生子韡，年十一。氣度英偉。朱晦翁過往北山。韡侍側。晦翁命囑對曰，『一行朔雁，避風雨以南來』。韡應聲曰，『萬古陽鳥，破烟雲而東出』。晦翁大奇之，謂此子氣象不凡，異日名位不小量也。後爲龍圖閣學士」㉑。北山名孔碩，字膚仲，朱子門人，稱北山先生。福州信官縣（今閩信縣）人，淳熙二年乙未（一一七五）進士。

又有集朱子詩句爲聯語者，有如下聯：

(38) **好鳥枝頭亦朋友，落花水面皆文章。**

見上引黃得時(22)頁十六，黃氏又云，「上面是詩辭中對語。不但對仗工整，而且含意高潔而清麗，最適合作爲對聯懸掛」。黃君謂此兩句來自朱子「四時讀書樂」。此是錯誤，見下(39)。然詩最重對仗，朱子人人傳誦之鵝湖寺和陸子壽，有「偶扶藜杖出寒谷，又枉籃輿度遠岑。舊學商量加邃密，新知培養轉深沉」之句。一詩八句之中，可作兩對。文學史上此例不勝枚舉。

普通以爲朱子所作而實不然者，尚有兩聯：

(39) **（讀書志在聖賢，爲官心存君國）**。

梁章鉅、楹聯叢話云，「程月川中丞含章（一七六二—一八三二）每莅一任，必自書大字，墨搨一聯，懸掛廳事。嘗書『讀書……』十二字，款云『敬書朱紫陽夫子家訓語』按此是我朝（清）崐山朱柏廬先生用純（一六二七—一六九九）所撰居家格言。自『黎明卽起』，至『庶乎近焉』，凡五百一十字。此其末段結語。通篇皆切實。而此二句，尤爲賅括，允堪懸作座右銘。今人誤以此篇爲朱子所作，中丞亦未加深考耳。中丞又嘗書『好鳥……』兩語(38)，爲書室楹聯。旁亦注云，『書朱紫陽夫子句』。不知此乃南宋翁森所作『四時讀書樂』詩，並非朱子。中丞亦沿訛而不知也」㉒。

⑲ 同上，卷一四〇，第六十條（頁五三五一）。
⑳ 同上，第六十五條（頁五三五二）。
㉑ 梁章鉅，浪蹟叢談（臺北，廣文書局，一九六九影印），卷七，巧對補錄，頁一上，總頁一四三。
㉒ 楹聯叢話，頁一一六至一一七。

(40)（爲善最樂，讀書便佳）。

臺北中央日報記者徐德順撰春聯的起源及意義云，「宋代時，理學大師朱熹在書房掛了一副『爲善最樂，讀書便佳』。春聯開始從大門走向內室了」㉓。此兩格言，至爲普通。謂爲朱子春聯無據。且春聯始于明，朱子尚非其時也。

朱子對于聯語，興趣甚濃。師生談話之間，每每及此。語類所見不少，摘錄于下：

(41)（馬蹄踏破青青草，龍爪拏開黯黯雲）。

此是朱子述汪玉山童穉時，喻玉泉出上截令之對，而玉山應口對之㉔。汪玉山名應辰（一一一八—一一七六）。喻玉泉未詳。

(42)（晚歲離騷，徑招魂于西域。平生精爽，或見夢于故人）。

或言某人之死，人有夢見之者，甚恐，遂辭位而去。朱子曰，「唐令狐綯（壯年八五三）亦嘗夢見李德裕（七八七—八四九）。明日語人曰，『衞公精爽可畏』。頃時劉丞相莘老死于貶所。後來得昭雪復官。其子斯立有啓謝時宰。一聯云，『晚歲……』世傳以爲佳」㉕。

(43)（虎在山而藜藿不採，威令風行。金鑄鼎而魑魅不逢，姦邪滅影）。

(44)（智者反之，若去國念田園之樂。衆人自棄，如病狂昧宮室之安）。

語類載顯道（包揚，字顯道，朱子門人）云，「李德遠侍郎在建昌作解元，做本強則精神折衝賦，其中一聯云，『虎在……』。試官大喜之。乃是全用汪玉谿相黃潛善麻制中語。後來士人經禮部訟之。時樊茂實爲侍郎，乃云，『此一對當初汪內翰用時，卻未甚好。今被李解元用此賦中，見得工』。訟者遂無語而退。德遠緣此見知于樊」。先生（朱子）因舉舊有人作仁人之安宅㉖賦一聯云，「智者……」㉗。

(45)（出幽谷而遷喬木，朕姑示於寬恩。以鳲鶚（鴟鴞）而笑鳳凰，爾無沉於迷識）。

朱子答蔡季通云，「近得林黃中（林栗，紹興十二年壬戌，一一四二，進士）書，大罵康節（邵雍，一〇一一—一〇七七）數學橫渠（張載，一〇二〇—一〇七七）西銘。袁機仲（袁樞，一一三一—一二〇五）亦來攻邵氏甚急，可笑。嘗記共甫（劉珙，一一二二—一一七八）說，往時有亡大夫，坐乞毀通鑑板被責，發來復官。詞臣草其制，有一聯云，『出幽谷……』。此輩會亦可並按也。一笑」㉘。

(46)（一噴一醒然，再接再礪乃）。

(47)（爭觀雲填道，助叫波翻海）。

此是聯句，爲詩之一體。然此處可以對聯視之。朱子評前聯兩句爲工，後兩聯句爲豪，曰，「心動便是懼。韓文鬭鷄聯句云，『一噴……』謂雖困了，一以水噴之，便醒。一噴一醒，卽所謂懼也。此是孟郊（七五一—八一四）語也。說得好」。又曰，

㉓年月日未審。
㉔語類，卷一二八，第一〇八條（頁五二八六）。
㉕同上，卷一三八，第一〇五條（頁五二八五）。
㉖孟子，離婁篇第一上，第十章。
㉗語類，卷一三九，末條（頁五三三八）。
㉘文集，卷四十四，答蔡季通第五書，頁七下。

「『爭觀……』。此乃退之（韓愈，七六八—八二四）之豪。『一噴……』。此是東野（孟郊）之工」。㉙

(48)（君子知微，知彰，知柔，知剛。小人不恥，不仁，不畏，不義。）

門人林學履（字安卿）問伊川解知微，知彰，知柔，知剛云，「知微則知彰，知柔則知剛」㉚，如何？朱子曰，「只作四截看較潤。言君子無所不知」。良久，笑云，「向時有箇人出此語，令楊大年對。楊應聲云，『小人……』。無如此恰好」㉛。

(49)（利，義）。

以上諸聯，均與理學無關。此一字聯最短而爲理學要旨。想朱子討論此聯，必別有一般滋味。彼云三山黃明涉（名登），爲人樸實公介。嘗爲某處宰。初上任凡邑人來見者，都問能打對否。因問天對甚？日對甚？陽對甚？對者云地、月、陰，並無問題。及問「利對甚」？云「對害」。乃大聲云，「這便不是了。……須知道利乃對義，才明得義利，便自無乖爭之事。自後只得如此分別，不要更到訟庭」。朱子續云，「後來在任果有政聲。此事雖近于迂闊，然卻甚好。今不可多見矣。其桃符云，『奉勸邑人依本分，莫將閑事到公庭』。言雖質，意亦好」㉜。畢竟理學家文以載道，楹聯也不離義理。

朱子談論聯語，皆在談話之間，故皆出于語類而不見諸文集。文集詩賦書文，對仗甚多，可以爲聯。如「明誠兩進，敬義偕立」㉝，「有疑卽思，不通方問」㉞等，皆可書之以掛楹柱。其討論對偶者，只見下面一處。且是賦詞而非對聯，只可以聯語看而已。其跋免解張克明啓云：「行藏勳業，銷倚樓看鏡之懷。窮兗崎嶇，增尋壑經丘之趣」。此老子心事也。此公方欲求試南宮而輒以自與，何哉？然予亦濡滯于此而未得遂其懷也。三復其言，爲之太息」㉟。

(50) **泉飛白石堪爲酒，竈傍青山不賣柴。**

此書校對時，得楊金鑫教授新著，朱熹與嶽麓書院（上海，華東師範大學出版社，一九八六）。據頁一〇五云，相傳朱子題江西玉山縣北山下酒店此聯云。

(51) **三瑞呈祥龍變化，百琴協韻鳳來儀**（參看頁六七八）。

㉙ 語類卷一四〇，第二十六條（頁五三四五）。評孟郊語又見卷三十四，第八十九條（頁一四〇四）鬭鷄聯句，載韓昌黎全集（四部備要本），卷八，頁八下至十上。

㉚ 伊川易傳（四部備要二程全書本）卷二，豫卦，頁六上。

㉛ 語類，卷七十四，第一五六條（頁三〇三二）。

㉜ 同上，卷一三二，第四十七條（頁五〇九四）。

㉝ 文集，卷一，白鹿洞賦，頁二下。

㉞ 同上，卷五十五，答楊至之第一書，頁七上。

㉟ 同上，卷八十一，跋免解張克明啓，頁二十三上。

（一一六）胡紘訪朱子於武夷

宋史胡紘傳謂胡紘（隆興元年癸未，一一六三，進士）未達時嘗訪朱熹於建安❶。宋史必誤。朱子未嘗設教於建安也。查葉紹翁（約一一七五—一二三〇）四朝聞見錄有云，胡紘。「嘗迂道謁考亭先生（朱子）於武夷精舍」❷。武夷山在福建崇安縣西北三十里。淳熙十年癸卯（一一八三）四月朱子建武夷精舍於山之五曲大隱屏下，講學授徒。淳熙十五年戊申（一一八八）赴行在（杭州）奏事延和殿。胡紘必在此時期之內來訪。葉紹翁爲南宋人，所聞比宋史爲可信。聞見錄續云，「先生待學子惟脫粟飯，至茄熟則用薑醯浸三四枚共食。胡之至，考亭先生遇禮不能殊。胡不悅，退而語人曰，『此非人情。隻鷄樽酒，山中未爲乏也』」。宋史云，「遂亡去。及是（爲監察御史），劾（宰相）趙汝愚（一一四〇—一一九六），且詆其引用朱熹爲僞學罪首。汝愚遂謫永州（湖南）」❸。又草疏詆朱子六罪。將上，會遷職，乃以疏交沈繼祖。沈以追論程頤得官，乘機謀大富貴。乃以疏奏，乞褫職落祠（參看頁七六四「沈繼祖誣朱子六罪」條）。朱子以此去國（一一九四）。

朱子一生貧寒，自奉甚儉。黃榦朱子行狀謂其「衣取蔽體，食取充腹」❹。朱子有書致劉清之（一一三九—一一九五）云，「既又留連竟日，告語不倦。雖疏食菜羹，相與共之，略無厭怠之色」❺。劉爲主簿學士，與朱子至交。可見以蔬菜待友，乃朱子之所常。其所得趣，乃在武夷山水。有武夷精舍雜詠云，「故人肯相尋，共寄一茅宇。山水爲留行，無勞具雞黍」❻。此難與俗人言也。

語類提胡紘之名，只有一次。陳枅所錄云，「一日獨侍坐。先生忽顰蹙云，『趙丞相謫命，似出胡紘』。問，『胡紘不知曾識他否』？曰，『舊亦識之。此人頗記得文字。莆陽（福建莆田縣）之政亦好。但見朋友，多說其狠愎』」❼。語類並未指明陳枅何年所錄。然此是汝愚被貶事之後，朱子已去國，或且經已落職罷祠（一一九六）。對於胡紘亦贊亦評，毫無怨語。

❶宋史（北京，中華書局，一九七七），卷三九四，胡紘傳，頁一二〇三二。建安現爲福建建甌縣。
❷四朝聞見錄（浦城遺書本），卷四，胡紘李沐，頁十六上。
❸同上註❶。
❹勉齋集（四庫全書珍本），卷三十六，朱子行狀，頁四十二上。
❺文集，卷三十五，答劉子澄第一書，頁十二上。
❻同上，卷九，止宿寮，頁四上。
❼語類，卷一三二，第八十六條（頁五一〇五）。

（一一七）沈繼祖誣朱子六罪

黃榦朱子行狀云，「沈繼祖爲監察御史，上章誣詆，落職罷祠」❶。宋史朱熹傳曰，「沈繼祖爲監察御史，誣熹十罪，詔落職罷祠」❷。又于胡紘傳云，「獨紘（隆興元年癸未，一一六三，進士）草疏將上，會改太常少卿，不果。沈繼祖以追論程頤得爲察官，紘遂以稿受之。繼祖論熹，皆紘筆也」❸。王懋竑（一六六八—一七四一）朱子年譜更詳。慶元二年下云，「先是臺臣擊僞學，既榜朝堂。未幾，張貴模指論太極圖說之非。省闈聞之，知舉葉倪劉等，奏論文弊。復言僞學之魁，以匹夫竊人主之柄，鼓動天下。故文風未能丕變。乞將語錄之類，並行除毀。是科取士，稍涉義理者，悉見黜落。六經語孟大學中庸之書，爲世大禁。士子避時所忌，文氣日卑。臺諫洶洶，爭欲以先生爲奇貨。門人楊道夫聞鄉曲射利者，多撰造事跡，以投合言者之意，亟以書告。先生報曰，『死生禍福，久已置之度外，不煩過慮』❹。久之，姦人相顧不敢發，獨胡紘草疏將上。會遷去不果。沈繼祖以追論伊川，得爲察官。紘以藁授之。繼祖銳於進取，謂立可致富貴，遂奏乞褫職罷祠。從之」❺。

王氏年譜乃述洪去蕪朱子年譜（一七〇〇）。葉公回朱子年譜（一四三一）與戴銑（一五〇八年卒）夷子實紀（一五〇六）內之年譜，均早於洪本二三百年，王氏未見。然三本年譜所載全同，只戴本備言葉翥，倪思，劉德秀之名而已。三本所據舊本不一，而毫無差異，則同溯於最早朱子門人李方子所撰之年譜，大有可能（參看頁六十二「朱子年譜」條）。然則沈繼祖之奏請落職罷祠，歷數百年而絕無異議。

沈繼祖疏，最早見於稍後於朱子南宋人葉紹翁（約一一七五—一二三〇）之四朝聞見錄。此疏讀之者少，亟應錄其全文，庶可覩其眞相：

> 慶元三年丁巳（一一九二），春二月癸丑，省劄。臣竊見朝奉大夫秘閣修撰提擧鴻慶宮朱熹，資本回邪，加以忮忍。初事豪俠，務為武斷。自知聖世此術難售，尋變所習。剽張載程頤之餘論，寓以喫菜事魔之妖術，以簧鼓後進。張浮駕誕，私立品題。收召四方無行義之徒，以益其黨伍。相與餐麤食淡，衣褒帶博。或會徒於廣信鵝湖之寺❻，或呈身於長沙敬簡之堂❼。潛形匿影，如鬼如魅。士大夫之沽名嗜利，覬其為助者，又從而譽之薦之。根株既固，肘腋既成，遂以匹夫竊人主之柄，而用之於私室。飛書走疏，所至響答。小者得利，大者得名。不惟其徒咸遂所欲，而熹亦富貴矣。臣竊謂熹有大罪者六，而他惡又不與焉。人子之於親，當極甘旨之奉。熹也不天，惟母存焉。建寧米白，甲於閩中，而熹不以此供其母，乃日糴倉米以食之。其母不堪食，每以語人。嘗赴鄉鄰之招，歸謂熹曰，「彼亦人家也，有此好飯」。聞者憐之。昔茅容殺雞食母，而與客疏

❶ 勉齋集（四庫全書珍本），卷三十六，朱子行狀，頁三十七上。
❷ 宋史（北京，中華書局，一九七七），卷四二九，朱熹傳，頁一二七六七。
❸ 同上，卷三九四，胡紘傳，頁一二〇三二。
❹ 此書已佚。今文集，卷五十八，存答楊仲思書四，頁二下至三下。
❺ 王懋竑，朱子年譜（叢書集成本），卷四下，頁二一八。

飯❽。今熹欲餐麤釣名，而不恤其母之不堪。無乃太戾乎？熹之不孝其親，大罪一也。熹於孝宗之朝，屢被召命，偃蹇不行。及監司郡守，或有招致，則趣駕以往。說者謂召命不至，蓋将辭小而要大。命駕趣行，蓋圖朝至而夕饋。其鄉有士人連其姓者，貽書痛責之。熹無以對。其後除郎，則又不肯入部供職，託足疾以要君。此見於侍郎林栗之章。熹之不敬於君，大罪二也。孝宗大行，舉國之論。禮合從葬於會稽❾。熹乃以私意，倡為異論。首入奏劄，乞召江西福建草澤，別圖改卜。其意蓋欲藉此以官其素所厚善之妖人蔡元定，附會趙汝愚改卜他處之說。不顧祖宗之典禮，不恤國家之利害。向非陛下聖明，朝論堅決，幾誤大事。熹之不忠於國，大罪三也。昨者汝愚秉政，謀為不軌。欲藉熹虛名，以招致奸黨。倚腹心羽翼，驟升經筵，躐取次對。熹既用，法從恩例封贈其父母，奏薦其子弟，換易其章服矣。乃忽上章，佯為辭免。豈有以職名而受恩數，而却辭職名？玩侮朝廷，莫此為甚。此而可忍，孰不可忍？熹之大罪四也。汝愚既死，朝野交慶。熹乃率其徒百餘人哭之於野。熹雖懷卵翼之私恩，盍顧朝廷之大義？而乃猶為死黨，不畏人言。至和儲用❿之詩，有「除是人間別有天」之句。人間豈容別有天耶？其言意何止怨望而已？熹之大罪五也。熹既信妖人蔡元定之邪說，謂建陽縣學風水，有侯王之地。熹欲得之。儲用逢迎其意，以縣學不可為私家之有。於是以護國寺為縣學，以為熹異日可得之地。遂於農月，伐山鑿石，曹牽伍拽，取捷為路。所過騷動，破壞田畝。運而致之於縣下方，且移夫子於釋迦之殿。設機造械，用大木巨纜，絞縛聖像，撼搖通衢罽市之內，而手足墮壞，觀者驚歎。邑人以夫子為萬世仁義禮樂之宗主，忽遭對移之罰，而又重以折肱傷股之患，其為害於風教大矣。熹之大罪六也。以至欲報汝愚援引之恩，則為其子崇憲執柯。娶劉珙之女，而奄有其身後巨萬之財。又誘引尼姑二人以為寵妾。每之官則與之偕行。謂其能修身可乎？冢婦不夫而自孕，諸子盜牛而宰殺。謂其能齊家可乎？知南康軍⑪則妄配數人而復與之改正。帥長沙則匿藏赦書而斷徒刑者甚多。守漳州⑫則搜古書而妄行經界。千里騷動，莫不被害。而浙東提舉⑬，而多發朝廷賑濟錢糧，盡與其徒，而不及百姓。謂其能治民可乎？又如據范染祖業之山，以廣其居，而反加罪於其身。發掘崇安⑭弓手父母之墳，以葬其母，而不恤其暴露。謂之恕以及人可乎？男女婚嫁，必擇富民，以利其奩聘之多。開門授徒，必引富室子弟。以責其束修之厚。四方餽賂，鼎來踵至。一歲之間，動以萬計。謂之廉以律己可乎？夫廉也，恕也，修身也，齊家也，治民也，皆熹平日竊取中庸大學之說，以欺惑斯世者也。今其言如彼，其行乃如此。豈不為大姦大憝也耶？昔少正卯言偽而辯，行僻而堅，夫子相魯七日而誅之⑮。夫子聖人之不得位者也，猶能亟去之如是。而況陛下居德政之位，操可殺之勢，而熹有浮於少正卯之罪，其可不亟誅之乎？臣愚欲望聖慈，特賜睿斷。將朱熹褫職罷祠，以為欺君罔世之徒，污行盜名者之戒。仍將儲用鐫官，永不得與親民差遣。其蔡元定乞行下建寧府追送別州編管。庶幾姦人知懼，王道復明。天下學者，自此以孔孟為師，而憸人小夫，不敢假託憑藉，橫行於清明之時，誠非小補⑯。

關於此疏，有數點須說明者。一爲疏之年月。疏首云「慶元三年丁巳春二月癸丑」。四

⑥淳熙二年（一一七五），朱子與陸象山兄弟會於江西信州之鵝湖寺。

朝聞見錄有原注云，「蔡本作二年十月」。據年譜慶元二年丙辰（一一九六）冬十二月落職罷祠。若沈繼祖三年二月方奏，則反在落職罷祠之後，而奏內「將朱熹褫職罷祠」之語爲不通矣。朱子落職罷官祠謝表明謂二年十二月⑰，則各年譜是也。二者本疏明數朱子六罪，宋史作爲十罪⑱。故王懋竑云，「疏語大罪有六，與宋史十罪不合，而續通鑑漫採入之。閩本年譜，乃據續通鑑以改」⑲。所指閩本不知何本。朱子十六世孫朱玉所編朱子文集大全類編（一七二二）第一册之年譜「褫職罷祠」條下亦作十罪。此亦閩本。則諸閩本均誤作十罪矣。然宋史謂爲十罪，或亦有故。蓋沈疏六罪之外，尚舉不廉，不恕，不修身，不齊家，不治國之五項惡行，共爲十一。宋史或只用其十之整數，或以廉恕合計，總數爲十，亦未可知。三者選人余嚞上疏乞斬朱子⑳。王懋竑年譜備註云，「沈繼祖余嚞兩疏，皆不知所據。竊疑爲陽明後人依倣撰造以詆朱子者。近人無識，輕以附諸年譜中。愚陋至此，亦可憐也」㉑。王氏考識極爲精詳，惜未見四朝聞見錄沈繼祖疏，而以門戶之見，歸咎王門。不知王門攻擊朱子思想，不遺餘力，而於其人格，則無任敬仰，斷不至淪爲如斯之下流也。

依倣撰造，全在繼祖。疏謂「會徒於廣信鵝湖之寺」。此指淳熙二年乙未（一一七五）呂東萊（呂祖謙，一一三七—一一八一）安排與陸象山（陸九淵，一一三九—一一九三）在江西鵝湖寺之會。卽據象山全集一面之辭，參加者七人之中，無一人是朱子之徒㉒。劉子澄（劉清之，一一三九—一一九五），亦同調耳。愚又考訂此外尚有三人，皆象山門下㉓。是以謂象山聚徒則可，謂朱聚徒則不可。疏謂「除是人間別有天」，乃儲用之詩，而不知此乃朱子武夷櫂歌十首最後之句，與儲用無涉也㉔。疏謂「娶劉珙之女，而奄有其身後巨萬之財」。朱子所娶，乃劉勉之（一〇九一—一一四九）之女而非劉珙之女。劉珙爲子羽（一〇九三—一一四二）之子，家素富庶。

勉之少富，亦未嘗以巨萬給其女也。據朱子劉勉之墓表，其祖仕至尚書郎中，祖父爲朝請郎。卽建陽近郊蕭屯別野結草爲堂。墓表云，「少時家富而無子，謀盡以貲產歸女氏。旣謝不納，又擇其宗屬之賢者，舉而畀之。……親舊羈貧，收恤扶助」㉕。由此可知勉之原是富厚，然勉之非珙也。疏謂「帥長沙則匿藏赦書，而斷徒刑者甚多」。據長沙縣志，所藏於袖者非登極大赦之詔令，而乃趙汝愚丞相私人之簡札㉖。繼祖之虛造，顯而易見。疏謂「發掘崇安弓手父母之墳，以葬其母」。朱子葬母在離福建建陽考亭七八十里之崇泰里後山天湖之陽，名寒泉塢，離崇安甚遠。疏謂「男女婚嫁，必擇富民」，而壻黃榦（一一五二—一二二一）貧寒至甚。疏謂「開門授徒，必引富室子弟」，然據愚統計，則門人四百六十七人中，只一百三十三人曾有官職，佔百分之二十八。富室子弟誠有之，惟不及全數之半耳㉗。疏謂「四

---

⑦ 紹熙五年（一一九四）朱子帥長沙。
⑧ 事見後漢書（四部叢刊本），卷九十八，茅容傳，頁二上。
⑨ 山在浙江之東與安徽之西。
⑩ 儲用，字行之。福建建陽縣令。
⑪ 淳熙六年（一一七九）朱子知江西南康軍。
⑫ 紹熙元年（一一九〇）朱子知福建漳州。
⑬ 淳熙八年（一一八一）朱子除提舉兩浙東路常平茶鹽公事。浙東管浙江七州。
⑭ 福建北部崇安縣。朱子之家五夫里屬之。
⑮ 參看孔子家語（四部叢刊本），卷一，相魯第一，頁五上。
⑯ 四朝聞見錄（浦城遺書本），卷四，慶元黨，頁十下至十三下。

方餽賂，……動以萬計」，然朱子取舍極嚴，其貧乏人所共知。屢次請祠，以求微祿。乾道九年癸巳（一一七三）有旨差管江西臺州崇道觀，聖旨卽曰，「朱熹安貧守道，廉退可嘉」㉘。則政府亦早已公認朱子之貧矣㉙。疏謂「絞縛聖像……折肱傷股」。朱子答門人潘時舉云，「近日改移新學，復爲僧坊塑象摧毀，要脅斷折，令人痛心。彼聖賢者尤不免遭此厄會，況如吾輩，何足道哉」㉚？繼祖顚倒是非，顯而易見。

胡紘與沈繼祖之動機，誠如楊道夫所云，「鄉曲射利者，多撰造事跡，以投合言者之意」。宋史紀事本末道學崇黜述其經過有云，「胡紘……爲監察御史，乃銳然以擊熹自任。物色無所得，經年醞釀，章疏乃成。會改太常少卿，不果。……紘以疏草授之繼祖，謂可立致富貴」㉛。此疏動機如此，而虛構又如彼，故歷來談落職罷祠者，均不採用，棄如敝屣。但近年大陸學者首次引用。雖對疏中所稱，謂爲穿鑿附會，言過其實，然引朱子落秘閣修撰依前官謝表，謂其承認「私故人之財，而納其尼女」。朱子果然認罪耶？此則不可不考。

謝表云，「謂其習魔外之妖言，履市廛之汚行。有母而嘗小人之食，可驗恩衰。爲臣而畜不事之心，足明禮闕。以至私故人之財，而納其尼女。規學官之地，而改爲僧坊。諒皆考覈以非誣，政使竄投而奚憾。不虞恩貸，乃誤保全。第令少避於清班，尚許仍居於散秩」㉜。大陸學者忽略「謂其」二字，以爲朱子自認其罪。實則「謂其」乃述疏中大意，非認罪也。下文卽言其目的在於詆誣，欲投諸死地。而朝廷乃保全其性命，詔以依舊修撰清平之職，其非認罪也明矣。查慶元二年丙辰（一一九六）十月繼祖上疏，十二月落職罷祠。三年丁巳（一一九七）正月拜命，並上落職罷宮祠謝表㉝。在此表中，對於「大譴大訶之目，已皆不忠不孝之科」，初乃「初罔聞知」，繼而「甫深疑懼」。某月某日之後，又準告命一道，著了落秘閣修撰依前官，故有落秘閣修撰依前官謝表也。謝表未嘗爲事實上之辯護，蓋事實昭然，無辯白之必要也。

⑰ 文集，卷八十五，落職罷宮祠謝表，頁十七上。
⑱ 宋史，卷四二九，朱熹傳，頁一二七六七。
⑲ 王懋竑，朱子年譜，考異，卷四，頁三三七。
⑳ 宋史，卷四二九，朱熹傳，頁一二七六八。
㉑ 同上註⑲。
㉒ 象山全集（四部備要本），卷三十六，頁九上。
㉓ 參見拙著朱學論集（臺北，學生學局，一九八二），頁二三三至二四九，朱陸鵝湖之會補述。
㉔ 文集，卷九，武夷櫂歌，頁六上。
㉕ 同上，卷九十，聘士劉公先生墓表，頁二十一上。
㉖ 長沙縣志（同治七年戊辰，一八六八，本），卷三十六，拾遺，頁六上。參看頁七七四，「朱子之執法」一條。
㉗ 參看拙著朱子門人（臺北，學生書局，一九八二），頁一至二七，朱門之特色及其意義，亦載朱學論集，頁二七一至二九七。
㉘ 文集，卷二十二，辭免改官宮觀狀一，頁四下至五上。
㉙ 參看朱學論集，頁二〇五至二三二，朱子固窮。
㉚ 文集，卷六十，答潘子善第五書，頁二十七下。
㉛ 陳邦瞻，宋史紀事本末（國學基本叢書本），頁六八四。
㉜ 文集，卷八十五，落職罷宮祠謝表，頁十八下至十九上。
㉝ 同上，落職罷宮祠謝表，頁十七下至十八下。

（一一八）朱子之憂國

反抗對金人議和，乃朱家一貫之傳統。朱子之父朱松（一〇九七—一一四三）與同僚反抗秦檜（一〇九一—一一五五）議和，因而罷官。朱松死後，朱子依劉子羽（一〇九三—一一四二）。語類云，「劉共父創第，規模宏麗。先生（朱子）勸止之，曰，『匈奴未滅，何以家爲』」❶。共父即劉珙（一一二二—一一七八），子羽之子。劉珙死時朱子年四十九，則此必朱子中年之事也。壬午（紹興三十二年，一一六二）應詔封事，早已極言「金虜於我有不共戴天之讎。……所謂講和者有百害而無一利，何苦而必爲之」❷？

淳熙六年己亥（一一七九）朱子作臥龍庵於廬山之陽五老峯下，以祠諸葛亮（字孔明，一八一—二三四）。捐俸錢，自畫諸葛武侯像於堂中（參看頁七四一「畫人朱熹」條），復書武侯制表中語「洪毅忠壯，忘身憂國。鞠躬盡力，死而後已」十六字於亭之楣間。葉公回校訂朱子年譜❸與戴銑（一五〇八年卒）朱子實紀之年譜❹，均云，「其微意必有識之者矣」。堅瓠集云，「先生嘗作臥龍庵，祀孔明於此。意以高宗偏安江左，委靡頹廢，不能復仇，故於孔明三致意焉」❺。

從上所述觀之，則朱子憂國之心，異常痛切。惟其戊申（淳熙十五年，一一八八）封事，長一萬餘言，謂「今日之急務，則輔翼太子，選任大臣，振舉綱維，變化風俗，愛養民力，修明軍政，六者是也」❻。似是大改以前反對議和與力主恢復之態度，而漸趨調和妥協者。於是門人楊復不得不爲之解釋曰，「先生當孝宗初政，囊封陛對，皆陳復讎之義，力辨和議之非。其後乃置而不論。何故？竊觀戊申封事有曰，『此事之失，已在隆興（一一六三—一一六四）之初，不合遽然罷兵講和，遂使宴安酖毒之害，日滋日長。臥薪嘗膽之志，日遠日忘。是以數年以來，綱維鬆弛，釁孽萌生。區區東南事，猶有不勝慮者，何恢復之可圖乎』❼？此所以惓惓獨以天下之大本，天下之急務爲言也。又曰，『大本誠正，急務誠修，而治效不進，國事不彊，中原不復，讎虜不滅，臣請伏鐵鉞之誅』❽。以此言觀之，先生曷嘗忘復讎之義哉？但以事不可幸成，政必先于自治。能如是，則復中原滅讎虜之規模，已在其中矣」。楊復之文，各年譜均全載之。朝鮮李滉（一五〇一—一五七〇）註朱子行狀，亦於戊申封事下註

❶ 語類，卷一三三，第六十八條（頁五一〇一）。

❷ 文集，卷十一，壬午應詔封事，頁四上下。

❸ 葉公回校訂，朱子年譜（近世漢籍叢刊本），卷中尾，頁六上，總頁一二三。

❹ 朱子實紀（近世漢籍叢刊本），卷三，年譜，頁六上，總頁一二五。以上兩譜均系建臥龍庵於淳熙七年庚子（一一八〇），已經王懋竑朱子年譜（叢書集成本），考異，卷二，頁二八七改正爲六年己亥（一一七九）。

❺ 褚人穫，堅瓠集（清代筆記叢刊本），查不見。丁傳靖編，宋人軼事彙編（臺北，商務印書館，一九六六）卷十七，頁八六二引。

❻ 文集，卷十一，戊申封事，頁十八下。

❼ 同上，頁三十四下。

❽ 同上，頁三十三上。

此全文，且比他註爲最長⑨，皆所以表明朱子憂國之切也。

戊申以後，語類有兩條爲深有意義者。朱子曰，「恢復之計，須是自家喫得些辛苦，少做十年或二十年，多做三十年。豈有安坐無事，而大功自致之理哉」⑩？此條爲楊道夫己酉（一一八九）以後所錄。其時朱子至少已六十歲矣。上述「匈奴未滅，何以爲家」之言，亦爲道夫所錄。事已隔十餘年而道夫猶回憶記之，蓋必有深意存焉。

戊申十年以後「先生喟然嘆曰，『某要見復中原。今老矣，不及見矣』」⑪。此爲郭友仁戊午（一一九八）所聞。此時朱子已年六十九矣。

尚有一事，足以見其憂國之深者。慶元五年己未（一一九九）朱子撰楚辭集註⑫。序云，「原之爲人，其志行雖或過於中庸，而不可以爲法，然皆出於忠君愛國之誠心。……定爲集註八卷，庶幾讀者得以見古人於千載之上，而死者可作，又足以知千載之下，有知我者而不恨於來者之不聞也」⑬。楊楫（字通老，一一四二—一二一三）跋云，「慶元乙卯（一一九五），楫侍先生於考亭精舍。時朝廷治黨人方急。丞相趙公（趙汝愚，一一四〇—一一九六）謫死於永⑭。先生憂時之意，屢形於色。忽一日出示學者以所釋楚辭一篇。某退而思之，先生平居教學者，皆以大學語孟中庸四書，次而六經，又次而史傳。至於秦漢以後詞章，特餘論及之耳。乃獨爲楚辭解釋，其義何也？然先生終不言，某輩亦不敢竊有請焉」。楫之跋諸年譜均載之，且謂「楫之言婉而深，故錄之」。李默改訂年譜（一五五二）且云，「先生憂時之意，屢形於色，因註楚辭以見意」⑮。朱子之如屈原之憂時傷君，已成公論。王懋竑慶元五年己未楚辭集註條下不引楊跋，而於考異引之，以證楊跋乙卯之誤而改正爲己未。王氏考據精審，其判爲己未是也。其實楊跋乙卯之誤顯然，蓋趙汝愚卒於慶元二年丙辰。跋言其死，故知必在乙卯之後也。王氏且謂「楫爲門人，不見於文集語錄，其言要未可據」⑯。王氏或專指乙卯而言。若謂全跋爲不可據，則殊不合理。蓋門人不見於文集語類者約半百人，豈其言皆不足信耶？言之可據與否與其人之是否門人何關？而況楊楫實是門人耶（參看頁四五一「楊楫果非門人乎」條）。

---

⑨ 參看頁六「朱子行狀」條。

⑩ 語類，卷一三三，第四十五條（頁五一三五）。

⑪ 同上，第三十七條（頁五一二九）。

⑫ 諸年譜系楚辭集註於慶元元年乙卯（一一九五），已經王氏考異，卷四，頁三四〇至三四一改正爲是年。

⑬ 文集，卷七十六，楚詞集註序，頁三十一上至三十二上。

⑭ 故治今湖南零陵縣。

⑮ 王懋竑，朱子年譜，考異，卷四，頁三四一引。

⑯ 同上。

（一一九）朱子之執法

從來描寫朱子之政治活動者，絕不談朱子之執法。然普通印象，以為朱子執法太嚴。中日學者或因此而諱其言，亦未可料。朱子自認，「治財太急，用刑過嚴，二事亦實有之」❶，陸象山（陸九淵，一一三九—一一九三）亦云，「朱元晦在南康（淳熙六年己亥至八年辛丑，一一七九—一一八〇）已得太嚴之聲」❷。然實際情形如何？過嚴又何所指？吾人皆莫得其詳，無從判斷。黃榦（一一五二—一二二一）朱子行狀敍述南康政績，只謂「姦豪侵擾細民，撓法害政者，懲之不少貸。由是豪強斂戢，里閭安靖」❸。及至提舉兩浙東路常平茶鹽公事（淳熙八年辛丑至九年壬寅，一一八一—一一八二），巡歷所屬州縣，則行狀紀之曰，「皆乘單車，屏徒從。所歷雖廣，而人不知。郡縣官吏，憚其風采。蒼黃驚懼，常若使者壓其境。至有自引去者。由是所部肅然」❹。其嚴肅之威，現於紙上。在兩浙東路任內，屢次奏劾縣丞州守多人，即丞相姻家新除江西提刑之唐仲友，亦上章六次。此節行狀、年譜、與宋史本傳均詳。然此乃奏劾惡吏，而非行法治民。究竟用刑如何？有無殘酷冤枉之處？史家從未有實情報導。今考明確事件有二，一在南康，一在潭州（今湖南長沙，紹熙五年甲寅，一一九四）。

語類記載南康之事頗詳。據云，「某南康臨罷，有躍馬於市者，踏了小兒將死。某時在學中，令送軍院。次日以屬知錄。晚過廨舍，知錄云，『早上所喻，已栲治如法』。某既而不能無疑。回至軍院，則其人冠屨儼然，初未嘗經栲掠也。遂將吏人並犯者訊。次日吏人杖脊勒罷，偶一相識云，『此是人家子弟，何苦辱之』？某曰，『人命所係，豈可寬弛？若云子弟得躍馬踏人，則後日將有甚於此者矣。況州郡乃朝廷行法之地。保佑善良，抑挫豪橫，乃其職也。縱而不問，其可得耶』？後某罷，諸公相餞於白鹿。某爲極口說西銘『民吾同胞，物吾與也』一段」❺。註云杖之譙樓之下。又云好言家世者乃劉子澄（劉清之，一一三九—一一九五）。此條王懋竑（一六六八—一七四一）朱子年譜系於淳熙八年辛丑（一一八一）閏三月。非謂此事在此時發生，蓋此月朱子去郡東歸，指爲任內之事耳。❻

此次論點不在法之寬嚴而在犯人之地位。上面所謂過嚴者必有所指。果何所指，則吾人不得而知。張南軒（張栻，一一三三—一一八〇）爲朱子知交，常有忠告。有書云，「某於此有所見，亦不敢以隱，但亦精審而後發耳」❼。此雖對南康政事一般而言，然執法料亦其中之一項。過嚴之說，南軒或有所聞。兩人互相切磋。朱子或亦以南軒爲過嚴者。同書下文云，「所諭傳聞之說，其皇恐不知何以得此？連日循省，緣初到時，羗縱盜之後，不免重賞。連

❶ 文集，卷三十四，答呂伯恭第七十九書，頁十九下。
❷ 象山全集（四部備要本），卷三十六，年譜，頁十二上，淳熙十年癸卯（一一八三）冬。
❸ 勉齋集（四庫全書珍本），卷三十六，朱子行狀，頁七上。
❹ 同上，朱子行狀，頁十三下至十四上。
❺ 張子全書（四部備要本），卷一，西銘，頁三上。
❻ 語類，卷一〇六，第七條（頁四一九五）。
❼ 南軒先生文集，（近世漢籍叢刊本），卷二十四，答朱元晦秘書第六十九書，頁八下，總頁七五二。

獲江湖間積年殺人之賊，以正典刑。……今年茶客盡循約束，無一夫敢持兵行於途者，此一事之力爲多。恐或者便以爲嗜殺耳。近數月以來，既幸無新盜，而舊盜已多得。亦無所用刑矣」❽。

南軒嗜殺，既是傳聞之誤，則朱子過嚴，或亦傳聞之誤也。朱子致呂伯恭（呂祖謙，一一三七—一一八〇）書，自認用刑過嚴，已如上述。此四字或伯恭來函所據傳聞而言。朱子之書，下文尙有解釋者。下文續云，「士人犯法者，敎唆把持，其罪不一，但後來坐法結斷贓罪爲重耳。然亦但送學夏楚，編管江州❾。其人經赦，便計會彼州官吏，違法放還。今日到家，明日便陪涉宗室，敎唆詞訟。爲人所訴，復追來欲撻之，而同官多不欲者。只決卻小杖數下，再送他州，亦不爲過也。弊政固多疎脫，至此一事，往來之人，雖有苦口見規者，問於道途，無不以此事爲當也。判語之失，誠如所喩。前亦覺之，但已施行，無及於改耳。其所爭者，乃是一人與妻有私而共殺其夫，暑中繫獄病死。而此宗室者乃認爲己僕，而脅持官吏，禁近十人在獄，踰年不決。勢不得已須與放卻。但一時不勝其忿。故詞語不平至此耳」❿。以此兩事而論，則朱子並非嚴酷，而反爲寬也。

象山謂朱子在南康已得太嚴之聲。然此下卽云，「元晦之政，亦誠有病，然恐不能泛然以嚴病之。使罰當其罪，刑故無小。遽可以嚴而非之乎？某嘗謂不論理之是非，事之當否，而汎然爲寬嚴之論者，乃後世學術議論無根之弊。道之不明，政之不理，由此其故也」⓫。象山與朱子學術異途，各有偏見。而此處象山卻爲朱子辨護，說公道話。

長沙之事，行狀、年譜、宋史本傳均所不提。敍述與討論朱子生平者，亦不言及，似於朱子有所諱者。惟近年大陸學者攻擊朱子，則好舉之，謂爲壓制農民起義。此事來自地方志。長沙縣志云，「朱晦翁帥潭日，得趙丞相（汝愚，一一四〇—一一九六）簡，已立嘉王爲上（寧宗），當首以經筵召公。晦翁藏簡袖中，竟入獄取大囚十八人，立斬之。纔畢而登極赦至。晦翁恐赦至而大惡脫網也⑫」。沈繼祖上奏誣朱子六罪，又謂朱子藏匿赦書而斷徒刑者甚多（參看頁七六二，「沈繼祖誣朱子六罪」條）。繼祖改簡札爲赦書，意謂朱子不忠於君。又謂斬徒刑之犯，意謂其殘忍。究竟是否有其事？果有之，所犯之罪爲何？均不可考。吾人不能憑空臆度，只可以朱子一生之思想行動以揆之。語類載有長沙一事，足爲參考。朱子云，「今人獄事，只管理會要從厚。不知不問是非善惡，只務從厚，豈不長姦惠惡？大凡事付之無心。因其所犯，考其實情。輕重厚薄，付之當然可也。若從薄者固不是，只云我要從厚，則此病所係亦不輕。某在長沙治一姓張人。初不知其惡如此，只因所犯追來，久之乃出頭。適有大赦，遂且與編管。後來聞得此人凶惡不可言人。只是平白地打殺，不問。門前有一木橋。商販者自橋上過。若以柱杖拄其橋，必捉來吊縛。此等類甚多。若不痛治，何以懲戒」⑬。又在（福建）漳州，有婦與人通，殺其夫密埋之。其鬼作出祟。朱子恐奏裁免死，遂與決罪。婦人斬，

⑧ 同上，第六十九書，頁九下至十上，總頁七五四至七五五。
⑨ 今江西九江。
⑩ 同上註⑪，頁二十上。
⑪ 同上註②。
⑫ 長沙縣志（同治七年戊辰，一八六八，本），卷三十六，拾遺，頁六上。
⑬ 語類，卷一〇六，第四十七條（頁四二二三至四二二四）。

與婦人通者絞。寃魂乃息⑭。朱子之處理此事，似是迷信，其實主旨在免其長姦惠惡也。朱子又嘗致書門人方耒云，「大率天下事，循理守法，平心處之，便是正當。如盜賊入獄，而加以桎梏箠楚，乃是正理。今欲廢此以誘其心，欲其歸恩於我，便是挾私任術，不行衆人公共道理。況恩既歸己，怨必歸於他人。彼亦安得無忿疾於我耶」⑮？象山堅持論理之是非與考查事實，與朱子同調。朱子又主無心，更進一步矣（參看頁七八一「朱子之於婦女」條）。

⑭ 同上，卷三，第四十條（頁六十九）。

⑮ 文集，別集，卷五，與方耕道第一書，頁一上。

（一二〇）朱子之於婦女

朱子對於婦女之關係，其涉及五倫之夫婦與家道者，論者間或言及，然亦不多。至於朱子之如何待遇婦女，關於婚姻如何措施等等則絕未言及。有之亦三言兩語而已。今從文集語類搜集材料，以補其缺。然必尚有未盡也。

朱子極重人倫，言行相顧。行狀謂其「行於家者，奉親極其孝，撫下極其慈。閨庭之間，內外斬斬。恩義之篤，怡怡如也」❶。此亦大概言之，或理想化。至其實踐，則年譜載其乾道五年（一一六九）丁母憂，六年葬祝孺人於福建建陽縣崇泰里後山天湖之陽，名曰寒泉塢。朱子建寒泉精舍於此，「日居墓側，旦望則歸奠几筵」（參看頁一五六「朱子之行」條）。孝思之誠，可無疑義。沈繼祖誣朱子六罪，謂其不以白米供其母爲不孝。狂言亂語，不値一哂（參看頁七六二「沈繼祖誣朱子六罪」條）。其本人夫婦間之關係如何，則傳記絕不提及。此爲我國傳記傳統，以此爲私人之事，與局外人無關也。惟朱子對於婦女感情之厚，則有可記者多端。淳熙十四年（一一八七）幼女死。哀傷之餘，以告象山（陸九淵，一一三九—一一九三）。象山與書云，「冬初許氏子來，始得五月八日書，且聞令小娘竟不起。諒惟傷悼。……某不肖，禍釁之深。……比又喪一姪孫女」❷。兩人學術痛辨，固不減其幼女云亡之傷，而舉以相告也。伯恭（呂祖謙，一一三七—一一八一）喪妻，朱子致書云，「伏惟伉儷義重，傷悼難堪。區區所願，

❶ 黃榦，勉齋集（四庫全書珍本），卷三十六，朱子行狀，頁四十一下。
❷ 象山全集（四部備要本），卷十三，與朱元晦第一書，頁七上。

約情就禮」❸。同情之感，躍於紙上。

朱子之兒孫配偶，依傳統習慣，在其夫人未去世之前，必由其夫婦選擇。朱子女五人，女孫九人，女曾孫七人（參看頁四十九「朱子之親屬」條）。女仲季二人早卒。壻一爲縣令劉學古，一爲門人知府黃榦（一一五二—一二二一），一爲門人范元裕進士。嘗有書黃榦云，「此女得歸德門事賢者，固爲甚幸。但早年失母，闕於禮敎。而貧家資遣，不能豐備，深用愧恨。想太夫人慈念，必能濶略。然婦禮不可缺者，亦更賴直卿（黃榦）早晚詳細與說，使不至曠敗乃善」❹。其愛護女兒之情，溢於言表。又嘗謂直卿曰，「吾道之託在此者，吾無憾矣」❺。其女家庭之樂，亦可想見。宋元學案載「陳思謙，字退之，（福建）龍溪人。學問該博，敎授後學。嘗魁鄉薦，著春秋三傳會同及列國類編。朱文公喜之，因語其門人李唐咨以女妻焉」❻。可見朱子不特爲自己女兒謀幸福而已也。門人呂煥，字德遠，與兩兄炎燾學於朱子。慶元五年己未（一一九九）告辭云，「將娶，擬某日歸」。及期，其兄云，「與舍弟商量了。且更承敎一月，卻歸」。朱子曰，「公將娶了。如何又恁地說？此大事，不可恁地。宅中想都安排了，須在等待。不可如此」。呂卽日歸❼。答鞏仲至（鞏豐，淳熙十一年，一一八四，進士）云，「斯遠（門人徐文卿）省闈不偶，家無內助。嗣續之計，亦復茫然。急欲爲謀婚之計，而未有其處。不知親舊門亦有可爲物色處否」❽？其關心配偶，有如此者。朱子對於婦女之同情，又有推至貧而無告者。某縣有婦人，夫無以贍。父母欲取以歸。縣之主簿許之。門人趙師夏（字致道，紹熙元年庚戌，一一九〇，進士）以爲不然。謂「夫婦之義，豈可以貧而相棄？官司又豈遂從其請」？朱子曰，「這般事都就一邊看不得。若是夫不才，不能育其妻，無以自給，又奈何？這似不可拘以大義。只怕妻之欲離其夫，別有曲折，不可不根究」❾。

朱子所守之婚姻制度，自然是儒家傳統之制度。擇婚之權，歸於父母。嘗論詩經標有梅之詩⑩，謂「標有梅女子自言婚姻之意。如此看來，自非正理。但人情亦有如此者。……爲父母者能於是而察之，則必使之及時矣」⑪，此可謂情理兼顧。在男女平權尚未發達之前，如此意見，亦算進步。我國從來男尊女卑，朱子相沿其說。某日到蔡元定（一一三五－一一九八）家，適值得男。乃謂自年三十餘時，每到人家，輒令生女，以爲素不利市⑫。此或幽默之言，然其重男輕女，無可諱言也。朱子堅信「婦人從一而終，以順爲正」⑬。又言「妻之所天，不容有二」⑭，故主張孀婦不應再嫁（參看頁七八九「孀婦再嫁」條）。名教有七出之說⑮，朱子亦從之。門人問，「妻有七出，此卻是正當道理，非權也」。朱子答曰，「然」⑯。男女

③ 文集，卷三十三，答呂伯恭第九書，頁八上。
④ 同上，續集，卷一，答黃直卿第三十四書，頁十上。
⑤ 同上，正集，卷二十九，與黃直卿書，頁二十二下。
⑥ 宋元學案（四部備要本），卷七十，頁七下。
⑦ 語類，卷一二〇，第一二五條（頁四六六二）。
⑧ 文集，卷六十四，答鞏仲至第八書，頁八上。
⑨ 語類，卷一〇六，第二十一條（頁四二〇一至四二〇二）。
⑩ 詩經，第二十篇，國風，召南，標有梅。
⑪ 語類，卷八十一，第五十條（頁二三四一）。
⑫ 文集，卷四十四，答蔡季通第八書，頁十下。
⑬ 語類，卷七十二，第二十八條（頁二九〇一）。

平等之運動，朱子數百年後乃產生於歐洲。朱子未嘗革命，非其過也。嘗言條例母已出嫁，欲賣產業，必須出母著押之類爲「此皆非理」⑰，則寡婦不嫁，享有著押之權矣。

在德性方面，天之所賦男女無別。仁義禮智，人皆有之，只男女表現不同而已。比如仁，門人問婦人臨事多怕，亦是氣偏了。朱子答云，「婦人之仁，只流從愛上去」⑱。又曰，「婦人之仁，不能忍於愛」⑲。從愛而言，則女勝於男矣。在才方面，則女不及男。朱子以爲詩經之國風，「或出於婦人小夫之口」，非如小雅以後，「都是識道理人言語」⑳。卽是謂婦人不識道理也。又謂「本朝婦人能文，只有李易安（李清照一〇八四—一一五六）與魏夫人（曾布，一〇三五—一一〇七，之妻，名字失傳）。李有詩大略云。……此等語豈女子所能」㉑？以李易安爲特出，亦卽以女詩人之不比男詩人耳。門人以詩經葛覃爲女功，采蘩爲婦職㉒，可視爲與祭事同類。朱子答云，「此說亦姑存之而已」㉓。此雖是解詩問題，然別爲女工，恐亦有婦女才力有限之意。然朱子與伊川（程頤，一〇三三—一一〇七）均謂女子能識心，則可謂贊美之至。語類載范淳夫（范祖禹，一〇四一—一〇九八）之女，謂心豈有出入？伊川曰，『此女雖不識孟子㉔，卻能識心』㉕。朱子評之曰，「心卻易識，只是不識孟子之意」㉖。程朱之意見或有不同，固不必說，兩人之以此女爲識心，則到底不以女子爲才劣也。

然有一事頗難解者，朱子臨死揮婦人無得近是也。王懋竑（一六六八—一七四一）朱子年譜引李默朱子年譜（一五五二）云，朱子「就枕誤觸巾，目門人使正之。揮婦人無得近。諸生揖而退」㉗。大概懋竑以黃榦朱子行狀與蔡沈（一一六七—一二三〇）之夢奠記均無揮婦人去之事，故於考異言之而不採入正譜。且是時朱子已不能言，亦不能自正其巾，何由揮手？然早於李本年譜數十年戴銑（一五〇八年卒）之朱子實紀（一五一三）內之年譜，所載與李本同，王懋竑未之見耳。兩處年譜似同出一源（參看頁六十二「朱子年譜」條），則此傳說由來已久。且張栻（張南軒，一一三三—一一八〇）之父張浚（一〇九六—一一六四）將死亦命婦女悉去㉘，則此是儒家之傳統也。問題是婦人爲傭僕抑親屬？至今已不可考。至於何以不許其近，則可作四解。一者朱子

⑭ 文集，卷六十二，答李晦叔第七書，頁二十七下。

⑮ 大戴禮記（四部叢刊本），卷十三，本命第八十，頁六上，「婦有七去：不順父母去，無子去，淫去，妬去，有惡疾去，多言去，竊盜去。不順父母去，爲其逆德也。無子，爲其絕世也。淫，爲其亂族也。妬，爲其亂家也。有惡疾，爲其不可與共粢盛也。口多言，爲其離親。盜竊，爲其反義也。婦有三不去：有所取，無所歸，不去。與更三年喪，不去。前貧賤，後富貴，不去」。

⑯ 語類，卷十三，第七十八條（頁三七二）。

⑰ 同上，卷一二八，第五十六條（頁四九三七）。

⑱ 同上，卷四，第九條（頁九十一）。

⑲ 同上，卷四十五，第六十四，六十五條（頁一八四九）。

⑳ 同上，卷八十，第六十七條（頁三三一〇）。

㉑ 同上，卷一四〇，第六十三條（頁五三五二）。

㉒ 詩經，第三篇，國風，召南，葛覃；第十篇，國風，召南，采蘩。

㉓ 語類，卷八十一，第三十三條（頁三三三五）。

㉔ 孟子，告子篇第六上，第八章，「出入無時，莫知其鄉，惟心之謂與」。

㉕ 外書（四部備要二程全書本），卷十一，頁四下。

㉖ 語類，卷五十九，第一一九條（頁二二二九）。

㉗ 王懋竑，朱子年譜（叢書集成本），考異，卷四，頁三四三。

以婦女爲不祥。此說無據。朱子言行，未嘗有此示意也。一者婦女屬陰，朱子或欲死後陽氣爲盛，不以陰氣稍減其勢。此說與前說同，朱子言行上並無可據，況朱子絕無死後爲鬼之觀念耶？一者道家影響。莊子謂「子來有病，喘喘然將死，其妻子環而泣之。子犁往問之，曰，『叱避！无怛化』」㉙。叱令其妻子避去，勿驚子來之將化也。儒家原始反終，不信化爲何物。故此傳說必非來自莊子。尙有一說，最爲合理。根據上文婦女之仁流於愛與朱子勸呂伯恭約情，朱子必以婦人易於過傷啼哭，故使之去也。儒家傳統病篤遷居正寢，安枕而逝。司馬光（一〇一九—一〇八六）所撰書儀云，「悲哀哭泣，傷病者心。叫呼憾悴，尤爲不可。使病者驚怛搖頭而死，皆未免爲不終天年。故不若安恬靜默，以待其氣息自盡爲最善也」㉚。如是解說，乃情理之常，固不必從陰陽善惡，與道家理論，求之過深也。考亭傳說，朱子將死呼婦人近前看其陪葬物，雖不可信，然其意義則與年譜所載大不相同（參看頁一五八「考亭傳說」條）。

朱子曾留心婦女教育。門人問，「女子亦當有教。自孝經之外，如論語只取其面前明白者教之，如何」？朱子答曰，「亦可。如曹大家（班昭）女戒，溫公（司馬光）家範亦可」㉛。於是極力鼓吹印行女戒。曾請福建建寧傅守（傅自得一一一六—一一八三）刊弟子職㉜女誡各爲一秩，而以（溫公）雜儀附其後，「蓋男女之敎雖殊，此則當通知者。使其流行，亦輔成世教之一事也」㉝。印者合二書爲一册。印成之後，曾付一本劉淸之（字子澄，一一三九—一一九五），並於函內注云，「令人家小兒女各取一本讀誦爲便也」㉞。答呂伯恭書云，「弟子職女戒二書，以溫公家儀（家範）系之。尤溪欲刻未及，而（建寧）漕司取去。今已成書，納去各一本。初欲遍寄朋舊。今本已盡，所存只此矣。如可付書肆摹刻，以廣其傳，亦深有補於世教。或更得數語題其後，尤幸也」㉟。伯恭卒之印行與否，不得而知。獨惜朱子本人財力不足耳。

朱子除鼓勵印行曹大家女戒之外，又嘗思另編一書，有如小學。與劉子澄書云，「向讀女戒，見其言有未備及鄙淺處。伯恭亦嘗病之，間嘗欲別集古語如小學之狀爲數篇。其目曰正靜，曰卑弱，曰孝愛，曰和睦，曰勤謹，曰儉質，曰寵惠，曰講學。班氏書可取者，亦刪取之。……病倦不能檢閱，幸更爲詳此目，有無漏落。有即補之，而輯成一書，亦一事也」㊱。講學一項，爲從來敎導婦女之書所未有。或朱子欲造成一新空氣，未可料也。朱子之編小學，實託子澄，故又以此書託之也。小學成於淳熙十四年（一一八七）而子澄死於慶元元年（一一九五）。何以此八年間竟未成書，則無可考矣。

紹熙元年（一一九〇）朱子知福建漳州。到任即頒禮敎，凡男女聚僧廬爲傳經會，女不嫁者私爲菴舍以居，悉禁之。其榜諭云，「豈若使其年齒尚少，容貌未衰者，各歸本家，聽從尊長之命，公行媒娉，從便昏嫁，以復先王禮義之敎，以遵人道性情之常。息魔佛之妖言，

㉘ 文集，卷九十五下，魏國公張公行狀下，頁三十七上。
㉙ 莊子（四部叢刊本名南華眞經），卷三，大宗師第六，頁十六下至十七上。
㉚ 書儀，（叢書集成本），卷五，喪儀，頁四十七。
㉛ 語類，卷七，第十八條（頁二〇四）。
㉜ 管子，卷十九，弟子職第五十九。
㉝ 文集，卷二十五，與建寧傳守劄子，頁十二上。
㉞ 同上，別集，卷三，與劉子澄，頁十三下。
㉟ 同上，正集，卷三十三，答呂伯恭第三十一書，頁二十一下。
㊱ 同上，卷三十五，與劉子澄第十五書，頁二十七下。

革淫亂之汚俗，豈不美哉」㊲？此事與其在漳州未能實行之經界不同。據語類，「平時習浮屠爲傳經禮塔朝岳之會者，在在皆爲之屛息。……良家子女從空門者，各閉精廬，或復人道之常」㊳。可知此事有相當之成功。沈繼祖志在驟得富貴，乃謂朱子誘引尼姑二人以爲寵妾，每之官則與之偕行。沈謂朱子「娶劉珙之女，而奄有其身沒巨萬之財」。其實所娶非劉珙之女。繼祖之造謠，不問可知（參看頁七六四「沈繼祖誣朱子六罪」條）。朱子以使節行部至江西台州，奏劾前知州唐仲友，謂其「悅營妓嚴蘂，欲攜以歸。遂令僞稱年老，與之落籍。多以錢物償其母及兄弟。……白晝公然乘轎出入娼家」。又謂「嚴蘂稍以色稱。仲友與之媟狎。雖在公筵，全無顧忌。公然與之落籍，今表弟高宣敎以公庫轎乘錢物津發歸婺州㊴別宅。嚴蘂臨行時，係是仲友祖母私忌式假。卻在宅堂令公庫安排筵會，餞送嚴蘂」㊵。齊東野語謂朱子「欲摭與正（唐仲友）之罪，遂指其嘗與蘂爲濫，繫獄月餘。蘂雖備受箠楚，而一語不及唐。然猶不免受杖」㊶。朱子所控乃唐仲友而非嚴蘂，何由繫獄？且已餞送發歸別宅，見諸公文。齊東野語所言，「得之天台㊷故家」。兩者相比，誰爲可信明矣。若謂朱子志在逼供，豈朱子執法之精神與對待婦女之態度耶？（參看頁七七四「朱子之執法」條。）

㊲ 同上，卷一百，勸女道還俗榜，頁五上。
㊳ 語類，卷一〇六，第三十六條（頁四二一八）。
㊴ 故治在今浙江金華縣。
㊵ 文集，卷十八，按唐仲友第三狀，頁二十上，二十七下。
㊶ 周密，齊東野語（叢書集成本），卷二十，台妓嚴蘂，頁二六四。
㊷ 浙江天台縣。

(二二) 孀婦再嫁

五四運動以來，攻擊理學者，最喜舉程伊川(程頤，一〇三三—一一〇七)「餓死事小，失節事大」之語，以攻擊伊川，亦卽以攻擊朱子。中共作者，攻之尤急，以文化大革命十年內爲最烈。北京歷史博物院，特標此二語，以示程頤之殘之忍。革命者借此爲口號，並不爲奇。然以此語代表封建制度之殘害婦人，則頭腦太過簡單。

伊川之言，來自遺書。遺書云，「問孀婦於理似不可取，如何？曰，『然。凡取以配身也。若取失節者以配身，是己失節也』。又問或有孤孀貧窮無託者，可再嫁否？曰，『只是後世怕寒餓死，故有是說。然餓死事極小，失節事極大』」❶。

朱子與呂東萊(呂祖謙，一一三七—一一八一)合輯近思錄，採用此段爲第六章家道之一條。顯然有意維持儒家之家庭制度。然朱呂所採伊川之言，皆以其義理正當，可作行爲之範。伊川對孀婦再嫁之問，不答以傳統制度，而答以失節問題，且婦之失節亦卽丈夫之失節。可知節之問題，乃伊川之中心問題。此問題從孔孟以來，在儒家思想上極是重要。孔子曰，「君子喩於義，小人喩於利」❷。孟子曰，「生亦我所欲也，義亦我所欲也。二者不可得兼，舍生

---

❶ 遺書(四部備要二程全書本)，卷二十二上，頁二上。

❷ 論語，里仁篇第四，第十六章。

而取義者也」❸。從此角度觀之，則伊川之論，並非特殊。在程朱之倫理系統，此是古今不易之常理。門人陳守（字師中）之女弟作寡，朱子去書曰，「朋友傳說令女弟甚賢，必能養老撫孤，以全柏舟❹之節。此事更在丞相（陳守之父俊卿，一一一三—一一八六）夫人獎勸扶植，以成就之，使自明（鄭鑑）沒爲忠臣，而其室家生爲節婦。斯亦人倫之美事。計老兄昆仲，必不憚贊成之也。昔伊川先生嘗論此事，以爲餓死事小，失節事大。自世俗觀之，誠爲迂闊。然自知經識理之君子觀之，當有以知其不可易也。伏況丞相一代元老，名教所宗。舉錯之間，不可不審。熹既辱知之厚，於義不可不言。未敢直前，願因老兄而密白之，不自知其爲僭率也」❺。朱子此事不敢直言，必是俊卿欲爲孀女再嫁，而朱子則以義爲重，亦爲名教所關也。

數百年後，汪紱（一六九二—一七五九）復申此義，且設譬以闡明之。其讀近思錄有云，「孀婦不可娶，以自修君子言之。若市井小人，何能問此？然或疑程子此章之言爲過，則程子此言非過也，常理而已。孀婦怕寒餓死而失節，何異於臣怕戰而降賊哉？孀婦再嫁，孀婦亦羞之。羞而可爲，則亦何不爲之有？可以知人道之大防矣」❻。汪氏從基本問題着想，可謂善於讀書。人道之大防，固不止爲婦人言也。張伯行（一六五二—一七二五）極尊朱子，然亦以伊川此言爲過，似以朱子爲不應採用者。故其所著近思錄集解，删去此條，而以伊川「兄弟之愛」❼一段代之。此處拋龍轉鳳，從來未經有人發覺。伯行可謂不識程朱矣。

或謂婦人須忠於一夫，而男子可續娶，豈非不平之甚耶。應之曰，此誠是矣。當時制度如此，朱子亦遵從之。其答門人李晦叔（李煇）書云，「夫婦之義，如乾大坤至，自有等差。故方其生存，夫得有妻有妾，而妻之所天，不容有二」❽。宋代社會制度與二十世紀之社會制度當然不同。然吾人不能以二十世紀之標準，以評定宋代之習俗。亦猶一千五百年後，如實行公妻，而謂吾人在二十世紀之一夫一妻爲不道德，不自由也。

或又謂孀婦將死而不救耶？伊川答語，乃依據原則而言。朱子採用此段，亦以其原則之故。至於實際情形，則或有反經爲權之必要。此是經權問題，從孟子以來，提出男女授受不親，而嫂溺則應援之以手，亦成爲儒家之中心道德問題。伊川論經權云，「權量輕重，傳之合義。纔合義，便是經也」❾。朱子亦云，「經是萬世常行之道，權是不得已而用之，須是合義也」❿。伊川之父，嘗行權矣。伊川撰其父之家傳，述其父取甥女歸嫁云，「旣而女兄之女又寡。父懼女兄之悲思，又取甥女以歸嫁之」⓫。又稱其父「慈恕而剛斷。平居與幼賤

❸ 孟子，告子篇第六上，第十章。

❹ 詩經第四十五篇，國風，鄘，柏舟。詩序云，「柏舟，共姜自誓也。衞世子共伯蚤死，其妻守義。父母欲奪而嫁之，誓而弗許，故作是詩以絕之」。

❺ 文集，卷二十六，與陳師中書，頁二十六下至二十七上。

❻ 讀近思錄（汪雙池叢書本），頁三十五上。

❼ 遺書，卷十八，頁四十五上。

❽ 文集，卷六十二，答李晦叔第七書，頁二十八上。

❾ 遺書，卷十八，頁三十八下。

❿ 語類，卷三十七，第四十五條（頁一五七八）。

⓫ 伊川文集（二程全書本），卷八，先公太中家傳，頁四下。

語，惟恐有傷其意。至於犯義理，則不假也」⓬。伊川必以其父之歸嫁孀婦為合於義理，否則必不於其家傳特提此事也。

表面上程頤自相矛盾。朱子門人亦有如是想。故門人問曰，「取甥女歸嫁一段，與前孤孀不可再嫁相反，何也」。朱子答云，「大綱恁地。但人亦有不能盡者」⓭。不能盡云云，可依汪紱解釋。在當時信仰，其理想為孀婦寧死不再嫁，然此極高標準，非普通人所能達到。亦如凡人不應說謊，大綱如此，但人亦有不能盡者。然不害毋說謊之為原則也。

⓬ 同上，頁四下至五上。
⓭ 語類，卷九十六，第六十條（頁三九二八）。

（一二一） 朱子發見化石

語類載朱子云，「常見高山有螺蚌殼，或生石中。此石卽舊日之土，螺蚌卽水中之物。下者卻變而爲高，柔者變而爲剛。此事思之至深有可驗者」❶。又云，「今高山上有石蠣殼之類，是低處成高。又蠣須生於泥沙中。今乃在石上，則是柔化爲剛」❷。歐西至十五世紀下半葉 Leonardo da Vinci（一四五二—一五一九）然後發見化石。故胡適（一八九一—一九六二）謂朱子之發見化石比歐洲 da Vinci 之發見早三百年❸。da Vinci 爲科學家，與朱子之爲哲學家不同。朱子之發見，乃基于易之哲學。太極生陰陽，陰陽生萬物。陰陽升降，變化不窮，故柔變爲剛。蠣變爲石，卽柔爲剛，乃陰陽二氣升降之一例。故朱子所見，乃哲學之智慧，而非科學之結論。然其爲科學之一事，則無可否認。

莊子至樂篇云，「種有幾。得水則爲㡭。……胡碟胥也，化而爲蟲。……鴝掇千日而爲鳥。……程生馬，馬生人。人又反入于機」❹。論者謂此爲進化論，有類達爾文。辨之者則

❶ 語類，卷九十四，第十六條（頁三七五九）。
❷ 同上，第十七條（頁三七六一）。
❸ Hu Shih, *The Chinese Renaissance* (Chicago: University of Chicago Press, 1934), p. 59.
❹ 莊子（四部叢刊本名南華眞經），卷六，至樂篇第十八，頁三十五下。

謂達爾文之進化論乃由客觀調查、觀察、解析、與分類得來，乃現代科學之成果。莊子則幻想而已。與朱子比較，則朱子既非達爾文，亦非莊周。其發見化石，乃從其卽物以窮其理之方法而來。此方法未能臻現代分析實驗之水準，然以一理學家而竟然有一科學之發見，則其科學之精神與意義，實出人意料之外。

關於朱子之思想與科學，有兩點值得讀者注意者。一爲胡適之論朱子科學方法。胡先生所言，精明公正，爲前人所未道，足以破中外學者以近數百年我國科學不發達歸咎於理學思想之謬論（參看頁七九八「胡適與朱子」條）。一爲李約瑟（Joseph Needham）之討論朱子思想與科學與予對於彼之評語。李氏爲中國科學史之世界權威。其中國之文化與科學第二册討論朱子哲學之是否有符科學，凡五十餘頁[5]，精細入微，莫可倫比。至其結論謂朱子之機體哲學根本上與科學融和，惟彼解朱子之「理」爲「結構」（organization），於是以朱子思想爲缺乏自然律與普遍律，又以朱子不信上帝，於是無最上之立法者，而科學之自然律與普遍律無由發生，以致科學不能發達。此說予不敢贊同，故撰評李約瑟中國科學思想史，強調「理」字「則」字均爲普遍概念，而朱子之天雖非人格神而有主宰性。李氏謂必信上帝乃有科學，又以別處科學發達之條件必須與歐洲相同，皆無實證。且歐洲科學昌明，乃近代事，而信上帝爲創造者已二千餘年，豈時機未熟耶？此文長及萬言，近日再印，玆不贅[6]。

⑤ *Science and Civilisation in China*, Vol. II, *History of Scientific Thought* (Cambridge,England: The University Press, 1956), pp. 455-505.

⑥ 原載東方雜誌，復刊第三卷，第十二期（民國五十九年，一九七〇，六月），頁一至六。轉載文薈，第十三期（紐約，一九七〇，六月），頁三十八至四十二。採入拙著王陽明與禪（臺北，學生書局，一九八四），頁二〇三至二一七。

（一一三）朱子與金門

金門叢書之一，題朱熹與金門❶。卷首有胡美琦摹朱子像，題宋徽國朱文公遺像，無年月日，乃摹臺北國立故宮博物院所藏而曾爲朱熹牘册之前副葉之宋徽國朱文公遺像。摹寫畢眞，幾如攝影。又有朱子書「鳶飛月窟地，魚躍海中天」聯石刻拓本，乃朱子生前書題福州鼓山名勝聯句拓本❷。民國五十七年（一九六八）重建浯江書院之朱子祠，祠中正面懸掛錢穆夫人胡美琦繪朱子像。像之兩旁，懸「鳶飛」聯（參看頁七五四「朱子之聯語」條之(27)）第一章朱子與金門第一節爲教化金門。其與朱子有直接關係者，錄之如下：

金門在宋時為同安縣綏德鄉翔風里。朱子簿同五年，以他知南康、漳州每旬下鄉視學的情形而論，他定期或不定期視察金門，在五年中次數一定不少。茲依據金門志乘，紀述其對金門的政教設施，及直接或間接予金門之影響，作為朱子與金門的主要考據。

（一）朱子精易學，當留心山川自然形勢。金門舊志說：「金門山脈有謂起自秀山發脈，歷鴻漸山、小嶝、角嶼而過青嶼」。語云，「天弧天角，龍躍渡江，鴻漸非卽天弧天角乎」？朱文公嘗至鴻漸歎曰，「鴻漸腦已渡江矣」。又曰，「鴻漸反背皆是同（安），乃向浯（金門）也」。康熙輿地志「鴻漸高冠羣山，浯洲（金門）隔海望之，尤為竦秀」。故金門有謂：凡各鄉能與鴻漸山相照者，必人文蔚起。

（二）朱子當年視學金門，曾遊唐代開拓金門的陳淵祠。該祠卽在金城鎮之庵前，亦卽陳淵牧馬的馬坪。明永樂十七年（一三一八），金門守禦千戶所鎮撫（千戶下主管刑名之官）解智的孚濟廟（陳淵祠於元代賜額「孚濟」）記，有朱子次牧馬王祠詩。詩曰，「此日觀風海上馳，慇懃父老遠追隨。野饒稻黍輸王賦，地接扶桑擁帝基。雲樹葱蘢神女室，岡巒連抱聖侯祠。黃昏更上靈山望，四際天光蘸碧漪」。由這詩看來，文公必來過金門，而且為地方父老熱烈歡迎，陪同參觀陳淵祠。於此並可想見當年庵前豐蓮山一帶，林木之盛，風景之美。金門父老相傳，朱子觀風金門後曾說，「此日山林，卽他年儒林」。是在預言金門未來人文之盛。

（三）朱子官同安主簿，兼辦學事，曾在金門立燕南書院。滄浯瑣錄載：「朱子主邑簿，採風島上，以禮導民，浯既被化，因立書院於燕南山（故曰燕南書院）。自後家弦戶誦，優游正義，涵泳聖經，則風俗一丕變也」。

按燕南山，卽今之太文山，在金城鎮古坵村後，燕南書院在明代已無遺址可考。當年朱子在該處設書院，必係附近居民甚多。證之唐代開拓金門的陳淵在今庵前、泗湖等地牧馬，明代在今舊金城設千戶所城，一則係金門西部地勢較東部為佳，一則係人口聚

❶ 郭堯齡編纂。民國五十八年（一九七九）由金門縣文獻委員會編印。共一三〇頁。分九章：朱子與金門，朱子的生平與著作，朱子的教育思想，朱子的政治思想，朱子與四書，朱子學派及影響，朱子大事紀略，朱子主簿同安文獻，金門朱子祠。

❷ 朱熹與金門，頁一〇九。

集之故❸。

以上所記，其以爲朱子生平史實者，共有四端。㈠朱子定期或不定期視察金門，在同安主簿五年中次數一定不少。㈡朱子嘗至鴻漸山，嘆曰，「鴻漸腦已渡江矣」。㈢朱子曾游金門之陳淵祠，有朱子次牧馬王祠詩爲徵。㈣朱子曾在金門設立燕南書院。以上四事，歷史專家應作進一步之精詳考據。

朱子爲同安縣主簿，紹興二十三年癸酉（一一五三）七月至同安，二十六年丙子（一一五六）七月秩滿。其間前後只歷三載。秩滿後檄走旁郡數月，間或折道。則其曾到金門，亦是可能。鴻漸山之名與次牧馬王祠詩，均不見文集，亦不見各本年譜。游鴻漸山之說，乃據金門舊志，游陳淵祠之說，則據朱子死後百餘年金門守禦解智之孚濟廟記。此兩者不知所據云何。明人戴銑（一五〇八年卒）所著朱子實紀卷七羅列與朱子有關之書院甚多，而燕南書院不與焉。文集語類亦未提及。

朱子曾築精舍，並重建白鹿洞岳麓兩書院，然未曾建立書院。門人創設或掌教書院者不少，然未聞與燕南有關者❹。朱熹與金門第九章第四節祠宇煥新列舉金門歷代名賢碩士。其中宋代陳綱、陳統、陳棫、陳昌侯、陳良才、陳櫄❺，文集語類均無其人。其中陳櫄（慶元丙辰，一一九六，進士）與朱子同時，然既非門人，亦未與朱子書札往來或唱和，不知與朱子有無關係。朱子有同安門人王力行、許升、陳齊仲，友人蘇玭，均不知爲同安何鄉人❻，然可斷定其非宋時之金門綏德鄉。同安人立朱子祠於學宮之東，配以許升、王力行、呂大奎、丘葵四子。呂大奎乃同安人，爲朱子門人陳淳再傳弟子❼。丘葵乃金門小嶝人，爲朱子四傳弟子❽。祠宇煥新之鄉賢匾額進士題名與武功題石只舉丘葵，則其他同安諸子非金門人可知。

總之，朱子曾游金門，不無可能。朱子逸詩不止一首❾。以次牧馬王祠詞之詞氣觀之，或可出于朱子之手。其嘆贊鴻漸山之語，皆據傳說，不見文集語類。然此不能遽謂絕無其事。燕南書院之說最爲可疑。各地設立書院以紀念朱子者爲數不少。後人號爲朱子所建，不知燕南書院是否如此。

---

❸ 同上，頁五至六。
❹ 參看頁四七八，「朱子與書院」與頁五一四「諸生與書院」兩條。
❺ 朱熹與金門，頁一一三至一一四。
❻ 參看拙著朱子門人（臺北，學生書局，一九八二），頁五十九，二〇〇，二三三，三六一。
❼ 宋元學案（四部備要本），卷六十八，北溪學案，頁十二下。
❽ 朱熹與金門，頁二。宋元學案，卷六十八，頁十三上。
❾ 參看頁六六八，「逸詩」條。

（一二四）胡適與朱子

胡適（一八九一—一九六二）生於傳統家庭，有理學之遺風。五歲喪父，從四叔介如讀書。九歲（一八九九）背誦朱子所編之小學。讀至司馬溫公（司馬光，一○一九—一○八六）書儀「死者形既朽滅，神亦飄散。雖有剉燒舂磨，且無所施」❶之語，忽爾興高，遂留下信仰無神之種子。到十一、二歲，已成爲無神論者❷。由五歲（一八九五）至十四歲（一九○四），在鄉家塾讀書九年。除小學外，已誦讀朱子之四書章句集註，連註文讀。朱子之詩集傳與周易本義，雖只誦經文，而朱子之註經大旨，已頗明瞭矣。年十五（一九○五），進上海澄衷學堂。二哥嗣秬勸其讀朱子之近思錄。是爲胡先生讀理學書之第一部。印像最深而影響最大者爲伊川（程頤，一○三三—一一○七）「學原於思」一語❸。胡氏自述云，「『學原於思』一句話是我在澄衷學堂讀朱子近思錄時注意到的。我後來的思想走上了赫胥黎和杜威的路上去，也正是因爲我十幾歲時就那樣十分看思想的方法了」❹。可注意者，此語乃程頤之語而非朱子之語，而所影響者非理學之思想而乃理學之方法。雖近思錄帶引其讀程朱語錄，但未多讀❺。其時嚴復（一八五三—一九二一）天演論及羣己權界等書，已深入青年腦袋矣❻。

此後數年在上海讀書教書，不聞與朱子有何接觸。從二十歲到二十七歲，在美留學，更少機會。回國後領導文學改革與新思潮運動。思想方面，鼓吹實驗主義與戴東原（戴震，一七二四—一七七七）哲學。學術興趣，幾乎全在清代之考證學。一九一九年八月開始寫清代學者的治學方法，以程子之釋大學「格物」之「格」爲「至」，與朱子之「卽物而窮其理」❼之「卽」爲有歸納的精神。然「他們所希望的是那『一旦豁然貫通』的絕對的智慧」，又「全不注重假設」，「決沒有科學」❽。但同時亦舉出語類兩條，以表明朱子之格物精神。一爲朱子謂羣山皆爲波浪之狀，乃因山原爲水，水凝爲山。一爲朱子嘗見高山有螺蚌殼，或生石中。此石卽舊日之土，螺蜯卽水中之物❾。胡先生云，「這兩條都可見朱子頗能實行格物。他這種觀察，斷案雖不正確，已很可使人佩服。西洋的地質學者，觀察同類的現狀，加上大膽的假設，作爲有系統的研究，便成了歷史的地質學」❿。

如此結論，相當公平。當反孔思潮動盪之秋，而能對朱子有所恭維，誠非易事。然當時

❶ 小學，外篇，嘉言第五，廣明倫，第十四條。

❷ 胡適，四十自述（香港，世界文摘出版社，一九五四），頁四十一至四十二。（一九三三，上海，亞東圖書館原刊）。

❸ 近思錄，卷三，第六條，採自遺書（四部備要二程全書本）卷六，頁一上。

❹ 四十自述，頁六十一，七十三至七十四。

❺ 同上，頁六十一。

❻ 胡頌平，胡適先生年譜長編初稿（臺北，聯經出版公司，一九八四），頁六十。

❼ 遺書（四部備要二程全書本），卷二十二上，頁一上；大學，第五章補傳。

❽ 胡適文存（臺北，遠東圖書公司，一九五三），第一集，清代學者的治學方法，頁三八六。

❾ 語類，卷九十四，第十六，十七條（頁三七五九，三七六一）。

❿ 同上註❽，頁三八七。

學術空氣，極反程朱。胡氏特別提倡戴震。其戴東原的哲學，刊於一九二七年。彼不免受戴氏之影響。故於一九二八年幾個反理學的思想家文內，討論戴震部份，屢述戴震謂宋儒「以理殺人」之言。雖愼重指明此是戴氏個人偏私之見，而仍謂「宋儒的毛病在於妄想那『一旦豁然貫通焉』的最高境界」⑪。又舉程頤「涵養須用敬，進學則在致知」與「餓死事極小，失節事極大」之語⑫。討論顏元（一六三五—一七〇四）部份，亦舉其「必破一分程朱，始入一分孔孟」之言⑬。此是當時反對程朱所通用之口號，在反宋儒方面，胡先生不免與衆同流。

胡先生之學術探討，亦深亦博，然理學非其所專，朱子更非其所用力之地。此後二十五年，對於朱子，幾絕不留意。一九三三年在美國主持芝加哥大學講座，講中國文化的趨勢。演詞中述及朱子在高山見石上螺殼，指出朱子之發見化石，比歐洲 da Vinci (1452—1519) 發見早三百年⑭。此處不提朱子格物之弱點而強調其積極之貢獻，雖未必爲對朱子態度之轉變，而論調確有不同。至一九五〇年間，則視線截然不同。是時胡氏寓居美國，比較清閒。又找得語類全套，可以作有統系之朱子研究。第一成果卽爲其一九五〇年八月劃時代之朱子語類的歷史。此乃是胡氏第一篇之朱子文章，其精詳處可謂前無古，後無今。此文載於臺北正中書局一九六二年與一九七〇本朱子語類之首。一九五〇年採語類六條與文集三段，以見朱子對尊君卑臣制度的批評。一九五二年，六十二歲有朱子論死生與鬼神的讀書摘記，採文集八段，語類六條，連帶考究朱子答廖子晦最後一書的年分而改正王懋竑繫年之錯誤。同年又有禪家的方法一則⑮，單就題目觀之，則知胡先生此數年間從多方面考究朱子。彼既有第一手材料而又長期有統系之探求，自然與早年過信顏元戴震不同。一九六一年又有朱子語略二十卷，現藏臺北中央圖書館。

意義最大者乃其在檀香山一九五九年第三次東西哲學家會議所獻之文。過去十年，予常到紐約。踵其公寓拜候者數次，知其對於朱子語類，極有興趣。今在檀會期一月，時相過從，更知其對朱子雖不五體投地，而亦嘆其貢獻之偉大也。文之題目為"The Scientific Spirit and Method in Chinese Philosophy"（中國哲學裏的科學精神與方法）。文甚長，一萬一千餘字。幾以一半討論朱子格物窮理之精神與方法。以朱子從大學出發，注全生之精力於四書章句集註，遂開研究經學之新紀元。彼建立研究之精神、方法、步驟若干原則。其一為疑。歷引張載（一〇二〇—一〇七七）謂「為學首要學疑。為學要不疑處有疑，纔是進步」⑯。又引朱子之言，謂「讀書無疑者，須教有疑，有疑者卻要無疑，到這裏方是長進」。隨述朱子

⑪ 胡適文存，第三集，幾個反理學的思想家，頁七十六至七十七，八十二。

⑫ 同上，頁七十一，七十六。捷按：首語出遺書，卷十八，頁五下。後語出遺書，卷二十二下，頁三上。

⑬ 同上，頁六十三。捷按：顏語出顏李遺書（畿輔叢書本），第二冊，年譜下，頁二十五下。

⑭ Hu Shih, *The Chinese Renaissance* (Chicago: University of Chicago Press, 1934), p. 59.

⑮ 四文均採入胡適手稿，第九集卷一，頁八十五至一三七。參看胡適先生年譜長編初稿頁二二〇一，二二〇二至二二〇五，二二〇五至二二一七。又中央研究院歷史語言研究所集刊，第三十四本，故院長胡適先生紀念論文集，下冊（一九六三），徐高阮編，胡適先生中文遺稿目錄，頁八〇二至八〇三。

⑯ 此語經余英時指出（中國近代思想史上的胡適〔臺北，聯經出版事業公司，一九八四〕），頁四十五，註56，張子全書，並無此語，恐是記憶錯誤，而此語大概是出自語類卷十一朱子語云云，即指隨引「長進」之言，出自語類，卷十一，第七十八條（頁二九六）。余氏所言誠是，因張子全書確

教人去思索求所疑，自有所得而疑，與自有窒碍不通處乃疑[17]。如是者數引。另一方法爲虛心。虛心卽「須退一步思量」[18]。又引朱子云，「凡看書須虛心看。不要先立說。看一段有下落了，然後又看一段。須如人受訟詞，聽其說盡，然後方可決斷」[19]。如此乃能濯去舊見，以來新見[20]。胡氏以此爲朱子之「假設與求實證」之方法。朱子應用此精神與方法，以考證論語、書經、詩經，遂成以後顧炎武（一六一三—一六八二）、閻若璩（一六三六—一七〇四）、江永（一六八一—一七六二）、戴震、段玉裁（一七三五—一八一五）、王念孫（一七四四—一八三二）等人考證學之先鋒。胡先生此處所舉朱子與清代學者考證之例甚詳。朱子假設與實證之方法，數百年之後，始放異彩。獨惜中國學者只以此精神方法研究古籍，而同時西方學者以此精神方法研究物理現象，因而新科學與新世界生于歐西而不生於中國云[21]。

予嘗以此文爲胡先生研究朱子最重要之文字，其故有四。一爲此乃討論朱子思想最長之文章。二爲專言朱子，只是略提二程而已。三爲解釋我國近數百年現代科學不發達之原因。論者紛紛其說，終是虛談，至胡氏而後有合理之解釋。四爲其特重朱子之方法。前者謂理學家無假設，今則承認朱子之一大貢獻，正在其假設實證。四十年前清代學者的治學方法「大膽的假設，小心的求證」之兩點精神，今則歸於朱子。上所引述之朱子句語，幾全出於語類卷十一之讀書法而非大學之格物補傳。「豁然貫通」亦不再提。然胡氏明言朱子之精神與方法，皆原於其研考大學，則懷疑與虛心，皆爲格物之事，而豁然貫通以求絕對的智慧，實與科學無乖也。胡先生留美期間，到處演講。仰慕者每請求留言。胡先生喜書「寧繁毋略，寧下毋高，寧近毋遠，寧拙毋巧」，並書明「朱子語」[22]，奉爲格言。胡適紀念館印製爲明信片。此可以謂爲朱子之「十六字訣」，亦可以謂爲胡先生之「十六字訣」矣。

無此語也。然張子全書（四部備要本），卷六，義理，頁四上，有云，「所以觀書者，釋己之疑，明己之未達。每見每知所益，則學進矣。於不疑處有疑，方是進矣」。胡氏殆泛引耳。余博士之張子全書有類似之語，或卽指此。

⑰ 語類，卷十一，第七十六條（頁二九五）。以下四引，均出自卷十一讀書法。胡氏原文卷，條，頁數均缺。

⑱ 同上，第三十條（頁二八五）。

⑲ 同上，第三十六條（頁二八四）。

⑳ 同上，第三十二條（頁二八六）。

㉑ Charles A. Moore, *The Chinese Mind* (Honolulu: University of Hawaii Press, 1967), pp. 104-131.

㉒ 語類，卷一一六，第二十一條（頁四四五〇）。原文爲「寧詳毋略，寧近毋遠，寧下毋高，寧拙毋巧」。胡先生靠記憶，但取傳神，不求形似。參看頁四二六「朱子格言」之㉕。

（一二五）引語來源

搜尋引語來源，眞是海底撈針。古經之語，尚有索引可查。宋明清儒之語，則茫茫無路。即以朱子而論。人名、地名、書名，尚可參考朱子語類之索引❶、文集人名索引❷與朱子文集固有名詞索引❸。若其句語，則惟有向文集、語類等書，逐頁找尋，希望中彩。日本學者間或只舉書名卷數，然亦甚少。王懋竑（一六六八—一七四一）朱子年譜附朱子論學切要語二卷❹。然文集只云答某人書而語錄（語類）則只註記錄者之名。文集書札共四十一卷。語類如葉賀孫所錄，將近千條，從何下手？錢穆之朱子新學案❺備舉文集與語類卷數，幫補大矣。然亦有語類引語只舉記錄者之名者，大概從王著轉錄而來。即指明卷數，仍屬茫無頭緒，非逐頁窮索不可。數十年來，翻來覆去，不知費盡幾許時光。幸而千百引語，除少數外，均已尋出來源。惟下列數語，尚在探索中。諸方君子如知其所自，不吝示知，則銘感萬分矣：

(1)「某少時爲學，十六歲便好理學，十七歲便有如今學者見識。後得謝顯道論語，甚喜，乃熟讀」。（見朱子全書，康熙五十三年，一七一四，本，卷五十五，自論爲學工夫，頁九上。朱子語類索引遍查「謝顯道」，「論語」等不見。此索引錯誤甚多，必有遺漏。）

(2)「窮天下之理，盡人物之性，而合於天，此聖人作易之極功也」。（日本寬文十年，一六七〇，本性理字義，荔墩散人引。）

(3) 天將降非常之禍於此世，必預非常之人以擬之。（不審誰語。語類，卷一，第二十條頁七引之。）

(4) 「康節先生云，『性者道之形體』。……又云，『靜而不知所存，則性不得其中』」。（文集，卷五十六，答方賓王第二書，頁十上引。查不見皇極經世書。）

(5) 「明道先生所謂『句句同，事事合，然而不同』」（文集，卷五十九，答吳斗南第二書，頁三十三上）。此當是孟子或問之刪節。孟子或問云，「程子有言，『以吾觀於釋氏，句句同，事事合。然其本之不正，卒無一事一句之同』」（近世漢籍叢刊本，卷十二，頁二上，總頁一五五）。查不見遺書。

---

❶ 臺北，正中書局，一九七〇。

❷ 佐藤仁編，晦庵先生朱文公文集人名索引（京都，中文出版社，一九七七）。

❸ 東京大學中國哲學研究會編。東京，東豐書店，一九八〇。

❹ 朱子年譜（叢書集成本），頁三四七至四〇〇。

❺ 朱子新學案，五册（臺北，三民書局，一九七一）。

（一二六）國際朱子會議始末

近年美國學者，每有朱子會議之議，然未見實行。一九八〇年予被選為亞洲與比較哲學學會會長，思有以玉成其事。乃於六月二十七日致書夏威夷老友程慶和博士，請其資助此會工作、研究、叢刊或小型朱子會議。程氏往年曾籌款舉辦夏威夷東西哲學家會議兩次。彼以航空領袖，而能竭力於東西思想之溝通，甚難得也。予正在靜候其復書之際，忽接其六月三十日來信。蓋尚未接到予之去函，兩信撞頭也。彼謂東西思想家未會者已有年所。吾等年事日邁，亟宜再開一次。如予肯擔任組織，彼夫婦當負責籌經費美金十五萬元云。予以兩人意見不期而同，似是天意。是以喜出望外，急以電話錯商。國際朱熹會議，卽以產生。不兩星期，程博士籌款已達足數。彼雖着予全權辦理，然予不願獨裁。乃設會議委員會與當地委員會。會議委員會諮詢秩序、預算，與乎獻文與評議學者之聘請。地方委員會執行事務，決定社交程序，與青年研究學者（Fellows）之推薦。

近年國際思想會議不少，然每趨極端。或如東方學者會議，人數千百。討論門類衆多，各獻所長。或如元代思想會議，門目亦多，但人數只一二十，討論透澈。惟近年會議趨勢，則顯然由汎論而日益專門。故會議委員會決定以朱熹為題。誠以朱子思想為我國數百年哲學、教育、考試、書院等等之典型，而又操縱中韓日三國之思潮與制度，達數百載。顯為孔孟以後影響最大之思想家。五十年來三國朱子專家輩出，而此十餘年間，美國青年學者對朱子亦極生興趣。於是會議委員會決請世界朱子專家或與朱子研究有特殊關係之學者爲獻文與評議者四十人，而由地方委員會經國際競選而推薦各國青年研究學者二十人。又定秩序不依百科全書，於朱子生平、事功、思想各方，面面俱全，而只是以世界學者對於朱子研究之成就爲準。任其選題，去其重複。幸太極、理、氣、心、性、仁、尊德性與道問學、修身、經權、宗教、教育、書院、朱子與各學派及釋道之關係，均有獻文。而政治等題，既乏專家，則亦割愛。獻文與評議二十八次以外，又設研習會三，專爲青年研究學者而設。分別研究朱子之方法論與形上學，朱子之心性論，與朱子與教育。原有朱子與科學研習會，以不只宋代理學思想與科學融合，而朱子本人亦發見化石，比歐西之發見更早三百年也。此會請世界馳名之編撰中國文明與科學八大巨著者英人李約瑟主持。李氏滿擬來會，惟臨時以事不能參加，是以取銷。會議由七月六日至十五日在夏威夷舉行。天時地利人和，盡歡而散。

回憶十日之會，不能不感覺此會與其他國際思想會議，迥然不同，而有可紀者。

(1) 此會因青年研究朱子學者衆多，增至三十人。另自費觀察者十餘人，共八十餘人。同敍一堂，討論雖未澈底，仍稱滿意。最初一大難關爲中韓日英四國語言翻譯問題。國際思想會議，多以英文爲主。其他語言不與翻譯。此會早定東西語言同等重視，且皆翻譯。然若採用聯合國之同時口譯方法，則座衆呆坐而聽，於思想交流，極不自然。會議幸得夏威夷大學教授與青年研究學者之東方語言流利者多人，或在講堂向衆口譯，或在座衆各自向中日韓不熟英文之學者低聲口譯。此一嘗試，堪稱成功。是以人數不多不少，討論順利。

(2) 此會可謂集世界研究朱子學者之精英。以學術水準而言，罕有其匹。被聘者如牟宗三教授，因憚於遠行，辭而不受。其受聘者，除李約瑟外，其他徐復觀教授身故，梁漱溟教授、錢穆博士、與黃公偉教授等數人，以年邁或疾病不能參加。然梁錢徐三氏，均獻論文，在場有人代讀。黃氏亦撰聯以賀。馮友蘭博士則雖在八十七歲高齡，不遠千里，親來與會。當然尚有著名朱子專家，不在其中。然以一專題之人才而論，則鮮有如是之羣英大會者。

(3) 東方語言論文諸篇，均備東西文二本。水準既高，與會者於焉重視。每次會議出席者總在九五人以上，且依時開會。白頭馮氏亦每早必到。此踴躍參加，亦可爲一新紀錄。

(4) 若謂此次討論朱學有何新發見，則殊不敢言。太極、理、氣、心性諸說，中、日、韓儒者已言之數百年。所謂新見，談何容易？然朱子之仁說，玉山講義，經權、朱子與胡宏、朱子之宗教地位、朱子與教育、書院、鄉約、與太極並非朱子中心思想等等，則確實別開生面。故謂此後二三十年朱子學因此會而水準提高，園地新闢，不爲過也。論文將刊爲一二集，以待讀者之公評。

(5) 最特殊者爲青年研究學者學額之設，與其研習會。以前青年學者只有旁聽資格，今則爲正式會員，與已享盛名之獻文或評議學者，共同討論，同遊共膳，一如平輩，對於青年學者之鼓舞，何可限量？

(6) 學者來自大陸臺灣，政治背景不同，所見自異。一九八二年三月，大陸與臺灣學者初次合議於美國威斯康辛，題目爲辛亥革命，意見不無隔膜。本會則純以學術爲主，不涉政治，與會者並不代表任何國家政團或機關，只以私人資格，互談學術。會議開始前夕舉行酒會。大陸與臺灣學者多未相識，卽一見如故。其言語不通者，亦得青年學者之傳譯，交談愉快。此後十日之歡敍，已於此奠其基矣。

(7) 會中東西人士各半，大陸與臺灣學者數亦相等。此乃所以避免以前會議純以西人爲主，因而觀法亦以西方觀點爲主之病。大陸近來排朱，他方近來擁朱。此會互換意見，公正討論，以求其平。於朱子與陸象山之關係，會議文章多篇，一掃數百年門戶之見。不重二者之異，而側重其同。此爲近年趨向，而此會可云爲其決然轉關也。

(8) 此外如學者爲會議吟詩唱和，宴會演唱貴妃醉酒。刊四本書（劉述先之朱子哲學之形成與演變，蔡仁厚之新儒學精神方向，與拙著朱子門人與朱學論集，皆由著者自費購買，以贈與會學者），另岡田武彥博士影印九州大學所藏孤本朝鮮古寫徽州本朱子語類特爲此次會議紀念。每日有朱子翰墨與朱子遺蹟之展覽，及關於朱學新刊之報告。來自美國之外者均有醫費保險免費。乘飛機赴花園島整日遊覽等，其餘事也。總之，會議進行順適出乎意料之外。毋怪送別酒會，當地人士有謂五年後應再開一次。此言雖似過早，然其滿意之情，可以見矣。

〔原載史學評論，第五期（民國七十二年，一九八三，一月）頁二七七至二八〇〕。

編後話

厦門大學高令印教授研究朱子遺跡有年，福建朱子墨蹟，考查殆盡。數年來撰朱子事迹考，約愚爲序，愚欣然爲之。一九八七年冬，高教授舉辦朱子學國際學術會議，邀愚前往參加。其時拙著朱子新探索正在校對。事畢卽赴厦門。高教授謂予曰，「朱熹事迹考由上海人民出版社印行，本年十月出版，明日可能寄到」。果然。歸途急以捧讀爲快。得知拙著朱子新探索頁七四九中⒂之「朱子之聯語」所列四十九聯，其中三十一聯見於高著頁二二〇至二三八，且考據較詳。此外爲愚所未收者共有七聯，列之如下：

春報南橋川疊翠，香飛輪苑野圖新。

建甌朱氏家族原藏本刻。

雪堂養浩凝清氣，月窟觀空靜我神。

同上。

心外無法，滿目青山；

通元頂峯，不是人間。

爲安溪縣通元觀題。

碧海開龍藏，靑雲起雁堂。

古田縣彬洋横路坂遺存木刻。

學武侯愼事，效司馬存心。

同上，木刻

千尋瀑布如飛練，簇人飛烟似畫圖。

福建永春摩崖石刻。

明月虞涵處，和風靜春時。

江西廬山白鹿洞書院有石刻拓片。

高教授又于頁二七七影印朱熹手書春夏秋冬詩石刻，每句五字。首兩句云，「曉起坐書齋，落花堆深徑」。其餘字跡朦朧，不可認（參看頁七〇八之(36)）。其調查最週，考據最精者，則爲朱子墨蹟。全書三百餘頁，幾以過半研究此題。其條數與討論，遠出乎予個人見聞所及。計下列有百餘宗，爲予所未收者，大足以補予所收二百八十餘宗之不逮：

屬於上面頁六八四「見諸書記載」者，有恂如（福建泰寧，高著頁二〇五）遠庵，希賢堂，高齋，廉靜（俱浙江，二〇九），雲谷，晦庵，寒泉精舍（俱建陽，二一七），大學聖經，福（俱福州，二四四），海濱鄒魯（福州，二四九），遙通洙泗，觀物，觀德（俱江西廬山，二四七），社倉記（五夫里，二五〇），觀妙堂李彌遜詩刻跋語（二五三），鄒康節誡子孫文，崔嘉彥西原庵記（俱二五五），幔亭記（二六〇），郭岩隱神道碑（二六六）。

屬於上面頁七〇二之石刻者，有蒼野摩崖石刻（莆田，一六四），烏石山摩崖石刻（福州，一六五），定山摩崖石刻（杭州，一六八），題廬山華蓋石（一七一），騰紫峯，文山，應城山，偃月石，廬山，極目，留心佛，雲雲，太華巖，靈源，望雲，安樂村，並石台，眞隱處（俱同安，一七九），有泉清邱，石鐫談，談元石，塢老，迎化（俱同安，一九〇），鵬峯勝地（南安，一九三），鶴林鳳邱（福州，一九五），德成（福州，二四一），魁龍，朝陽，去華才翁（俱長樂，二〇一），振衣，留雲，梅溪，觀雲，觀雲岫，香山洞，龍門（俱福清，二〇一），降龍，雷移（俱連江，二〇二），觀復，幔亭（俱武夷，二〇三），岱宗，鹿眠處，鹿洞，敕白鹿洞書院，谷帘泉，潄石，風雲，隱處，流杯池，流杯，流觴，歸去來館，連理，臥龍，聽泉（俱廬山，二〇六），枕石，天然，小瀛洲（俱浙江天台山，二〇九），韋齋舊治（古田 二一一），浮玉，順昌，潤泉（建安），吟室（延平），錦江書堂（邵武）（俱二一五），南澗（建陽，二一七），愛蓮說（二五四）。

屬於上面頁七一六已佚石刻者，有五老峯摩崖石刻（一六九），落星寺石刻（一七〇），題石乳寺，題尋貞觀（俱一七二），書風光霽月亭（一七二），折桂院行記（一七三）（俱廬山），題詩山（古田 二一四）。

屬於上面頁七一八木刻者，有仰高（晉江），鐵峯巖，月逢第一峯，居敬（俱永春，一九四），一經，聚遠（俱莆田，二〇二），白雲深處（霞浦），華峯（侯官）（俱二〇六），不弍室，文昌閣，聚星（俱古田，二一一），芹溪小隱（建陽，二一七），靜神養氣（廬山，二四七）。

屬於上面頁七二二已佚木刻者，有紫陽書堂，韋齋（俱五夫里，一七七），四會亭（古田，二一二），濯泉亭，蒙谷，果亭，育亭，琴泉軒（俱邵武，二一五），溪山精舍，黃梅庵，竹林精舍，滄洲（俱建陽，二一七）。

以上所言，足以證明兩點。一爲高令印教授考查朱子墨蹟之淵博，其數目之多與考據之詳，爲中外學者所莫可倫比。一爲福建方面，大概無遺，而恐江西、湖南、浙江等處，不免遺漏。可知全面調查，有待中、韓、日諸國學者與學術團體之合作，編成朱子遺墨全集，豈不快哉？

朱子新探索 索引

四劃

五劃

六劃

七劃

八　劃

九 劃

十一劃

十二劃

十三劃

雷　九七

十四劃

十五劃

十六劃

十七劃

十八劃

十九劃

二十劃

二十一劃

二十三劃

二十四劃

陳榮捷中文著作 目錄

朱學論集
朱子門人
王陽明「傳習錄」詳註集評
王陽明與禪
朱子新探索
「近代中國における宗教の足跡」

朱子新探索／陳榮捷著，--初版，--台北市：台灣學生，民77

〔23〕,840 面：像；21公分

含索引

新台幣610元（精裝），--新台幣560元（平裝）

1.（宋）朱熹—學識—理學　I 陳榮捷著

125.5/8767

朱子新探索（全一冊）

著作者：陳榮捷

出版者：臺灣學生書局

發行人：丁文治

發行所：臺灣學生書局

本書局登記證字號：行政院新聞局局版臺業字第一一〇〇號

台北市和平東路一段一九八號

郵政劃撥帳號〇〇〇二四六六～八號

電話：三二一四一五六・三二一一〇九七

印刷所：淵明印刷有限公司

地址：永和市成功路一段43巷五號

電話：九二八七一四五五

香港總經銷：藝文圖書公司

地址：九龍又一村達之路三十號地下後座

電話：三－八〇五八〇七

定價 精裝新臺幣六一〇元 平裝新臺幣五六〇元

中華民國七十七年四月初版

1268